Herzlich willkommen! Das ist dein persönliches MEHR!-Buch.

Aktiviere dein MEHR!-Buch online und nutze es mit zusätzlichen Inhalten und Funktionalitäten.

lernenwillmehr.at

W0173390

64862Bxw1NLh

Hier ist dein persönlicher Start-Code.

Autoren
Redaktio

soglia
ch Web

Dieses Arbeitsbuch wurde vom Bundesministerium für Bildung mit Bescheid vom 20.02.2019, Geschäftszahl BMB-5.025/0026-Präs/14/2018, für den Unterricht an Höheren technischen und gewerblichen Lehranstalten im Unterrichtsgegenstand Wirtschaft und Recht für geeignet erklärt.

Dem Hölzel Verlag ist es ein grundlegendes Anliegen, Chancengleichheit wo immer möglich zu fördern. Frauen und Männer werden in den Texten und Beispielen dieses Buches gleichberechtigt behandelt. Um den Lesefluss nicht zu stören, wird aber – wo nötig – auf das Nebeneinander weiblicher und männlicher Formen verzichtet.

Kopierverbot. Wir weisen darauf hin, dass das Kopieren zum Schulgebrauch aus diesem Buch verboten ist – § 42 Abs. 6 der Urheberrechtsgesetznovelle 2003: „Die Befugnis zur Vervielfältigung zum eigenen Schulgebrauch gilt nicht für Werke, die ihrer Beschaffenheit und Bezeichnung nach zum Schul- oder Unterrichtsgebrauch bestimmt sind."

Druck: PRINTERA GRUPA d.o.o., 10431 Sveta Nedelja – Kroatien, ISBN 978-3-7068-6486-2
Das vorliegende Buch wurde auf chlorfrei gebleichtem Papier gedruckt.

Hier ist dein MEHR!-Buch, gedruckt und digital ...

Das MEHR!-Buch ist ein Multimedia-Schulbuch.
Es steht sowohl gedruckt als auch online zur Verfügung.

Das bietet dir dein MEHR!-Buch

Umfangreiche Downloads

Lernkarten mit den wichtigsten Inhalten

Interaktive Übungen

Kompetenzchecks zur Selbstein-schätzung

Leicht verständliche Infografiken

Optimale Lesbarkeit auch auf kleinen Bildschirmen

Gedruckt und digital

Mit deinem MEHR!-Buch lernst du, wo du willst. Im gedruckten Buch und auf allen deinen Bildschirmen.

… und so aktivierst du dein MEHR!-Buch online

Mit der Aktivierung deines MEHR!-Buchs kannst du alle Vorteile des Multimedia-Schulbuchs nutzen.

1 Browser öffnen und lernenwillmehr.at aufrufen

2 Oben rechts auf ANMELDEN klicken und neu registrieren oder mit bereits vorhandenen Zugangsdaten anmelden

3 Im Menü LERNRAUM oder links unten am Bildschirm auf MEINE MEHR!-MEDIEN klicken

4 Auf das Feld „Start-Code eingeben" klicken

5 Den Start-Code von der ersten Seite deines MEHR!-Buchs eingeben

6 Aktiviertes MEHR!-Buch starten

Der MEHR!-Lernraum ist deine smarte Lernplattform …

Hier kannst du selbständig lernen und mit deinen Lehrern/Lehrerinnen online zusammenarbeiten: **lernenwillmehr.at**

So lernst du online im MEHR!-Lernraum

MEHR!-Bücher aktivieren

Sobald du deine MEHR!-Bücher unter MEINE MEHR!-MEDIEN aktiviert hast, kannst du sie öffnen und darin spannende Erklärvideos, interaktive Übungen und interessantes Zusatzmaterial nutzen.

MEHR!-Kursen beitreten

Im LERNRAUM können deine Lehrer/innen MEHR!-Kurse anlegen und ihnen MEHR!-Bücher zuordnen.

Deine Lehrer/innen erhalten KURS-CODES, die sie an dich weitergeben.

Mit diesen Codes kannst du deinen MEHR!-Kursen gleich beitreten.

Aufgaben bearbeiten

In den MEHR!-Kursen stellen dir deine Lehrer/innen Aufgaben. Du kannst diese Aufgaben online bearbeiten und abgeben.

Deine Lehrer/innen beurteilen die von dir abgegebenen Aufgaben direkt in den MEHR!-Kursen.

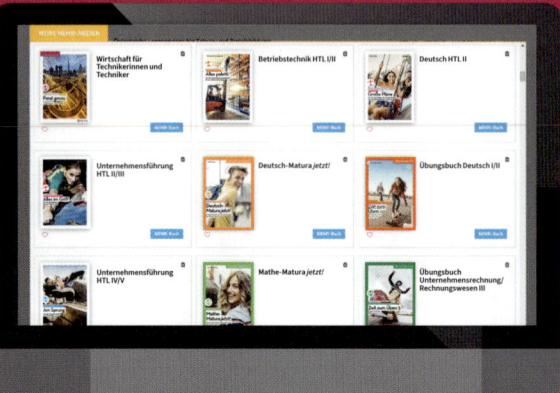

MEINE MEHR!-MEDIEN

In deiner persönlichen MEHR!-Medienbibliothek aktivierst du deine MEHR!-Bücher mithilfe von START-CODES.

MEINE MEHR!-KURSE

Deine Lehrer/innen legen MEHR!-Kurse an und stellen dir darin Aufgaben, die du löst und zur Bewertung abgibst.

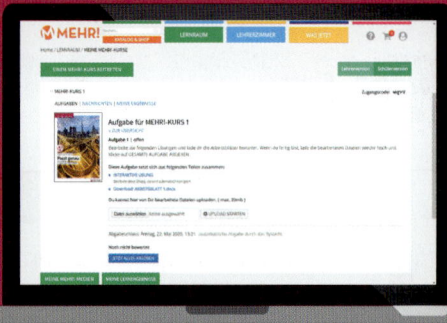

MEINE LERNERGEBNISSE

Unter MEINE LERNERGEBNISSE siehst du alle deine Ergebnisse nach MEHR!-Büchern und MEHR!-Kursen geordnet.

… und so nutzt du deine MEHR!-Kurse im MEHR!-Lernraum

Hier kannst du schnell und effizient Aufgaben bearbeiten, abgeben und beurteilen lassen.

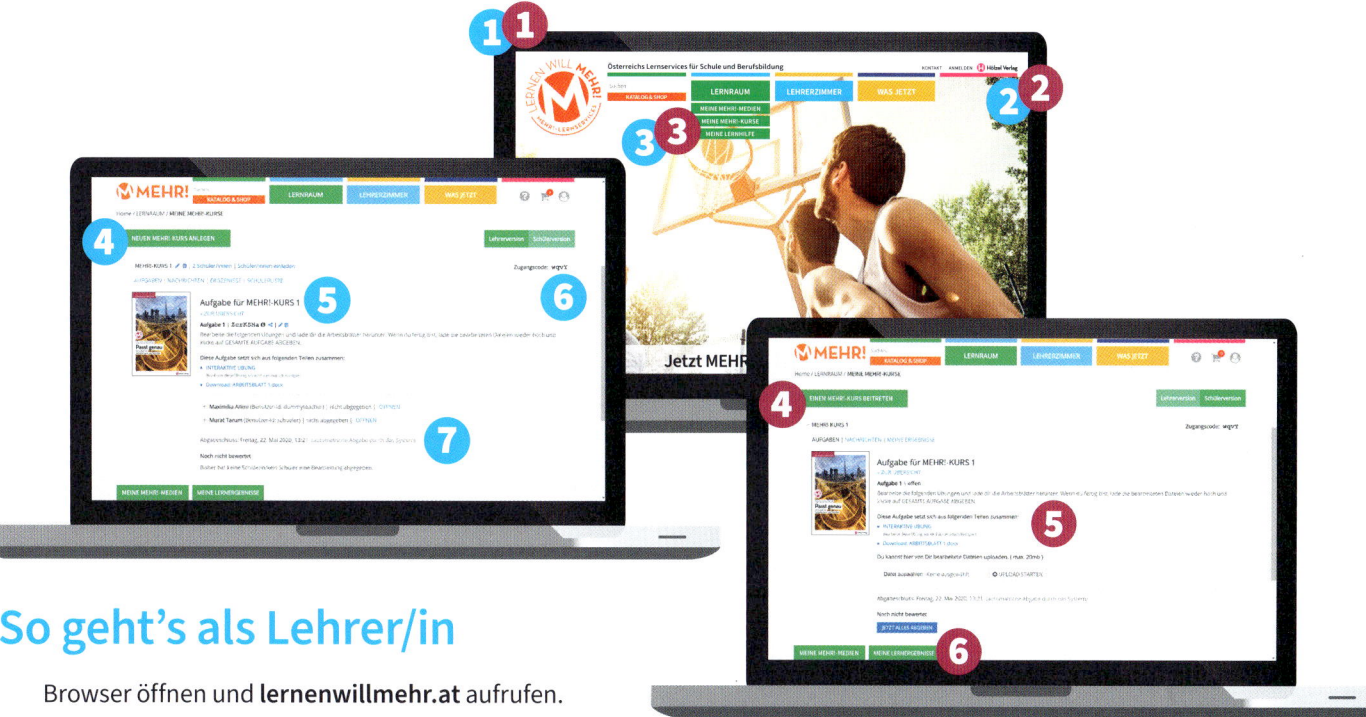

So geht's als Lehrer/in

Browser öffnen und **lernenwillmehr.at** aufrufen.

Oben rechts auf **ANMELDEN** klicken und als Lehrer/in neu registrieren oder sich mit bereits vorhandenen Zugangsdaten anmelden.

Im Menü **LERNRAUM** auf **MEINE MEHR!-KURSE** klicken.

Auf **NEUEN MEHR!-KURS ANLEGEN** klicken und einen MEHR!-Kurs mit einem Namen eigener Wahl anlegen, dabei das zuvor aktivierte MEHR!-Buch zuordnen.

Im neuen MEHR!-Kurs selbst Aufgaben erstellen oder auf **AUFGABE IMPORTIEREN** klicken, mit **Aufgaben-Codes**[1] vorgefertigte Aufgaben importieren und Abgabetermine festlegen.

Den **Kurs-Code** an die Schüler/innen **weitergeben,** die dem MEHR!-Kurs beitreten und die Aufgaben bearbeiten sollen.

Nach der Abgabe der Aufgaben durch die Schüler/innen die **Arbeiten beurteilen.**

So geht's als Schüler/in

1. Browser öffnen und **lernenwillmehr.at** aufrufen.

2. Oben rechts auf **ANMELDEN** klicken und als Schüler/in neu registrieren oder sich mit bereits vorhandenen Zugangsdaten anmelden.

3. Im Menü **LERNRAUM** auf **MEINE MEHR!-KURSE** klicken.

4. Auf **EINEM MEHR!-KURS BEITRETEN** klicken und mit dem **Kurs-Code** (wird von der Lehrperson bekannt gegeben) dem MEHR!-Kurs beitreten.

5. Im MEHR!-Kurs die **Aufgaben bearbeiten** und abgeben.

6. Nach der **Beurteilung** durch die Lehrperson die Beurteilung anschauen.

[1] Aufgaben-Codes

Alle Detail-Infos zum Importieren von fertigen Aufgaben mit Aufgaben-Codes gibt es unter **lernenwillmehr.at/aufgaben-codes**

Mit deinem neuen
MEHR!-Buch kannst du …

Dein MEHR!-Buch bietet dir viele Lernhilfen
und Zusatzmaterialien – gedruckt und digital.

… anhand von echten Unternehmen Einblicke in die Wirtschaft gewinnen.

… das Wichtigste auf Lernkarten nachlesen und sie online einzeln durchklicken.

LERNEN

3 Geldveranlagung

Die passende Form der Geldveranlagung hängt primär von den Erwartungen der Investoren an Sicherheit, Rendite und Liquidität ab. Ein perfektes Finanzprodukt, das die Bedürfnisse aller Anleger gleichermaßen erfüllt, gibt es nicht.

Ü 9.13 Führe eine klasseninterne Befragung durch, ob und wie viel monatlich gespart wird und welche Sparform bevorzugt wird.

1 Formen der Geldanlage

Wenn man Kapital anlegen möchte, gibt es dafür verschiedene Möglichkeiten.

Formen der Geldanlage: Kapital kann auf unterschiedliche Art veranlagt werden.

Geldanlage		
Spareinlagen	**Wertpapiere**	**Andere Formen**

• Sparbuch
  – Online-Sparen
  – Kapitalsparbuch
  – Prämiensparbuch
• Bausparen
	• Forderungswertpapiere
	  – Anleihen
	  – Pfand- und Kommunalbriefe
	• Beteiligungswertpapiere
	  – Aktien
	  – Investmentzertifikate
		• Immobilien
		• Versicherungssparen
		• Edelmetalle

Wiener Börse
Die Drehscheibe des Kapitalmarkts ist die Börse – in Österreich ist das die 1771 gegründete Wiener Börse.

financial investment
Geldveranlagung

Wirtschaft für Technikerinnen und Techniker

… in kurzen Lernschritten die Inhalte kennenlernen und mit vielen Übungen und Aufgabenstellungen selbst aktiv werden.

2 Veranlagung bei Banken

Unternehmen können ebenso wie Private ihr Geld bei Banken anlegen.

Sparbuch

Ein Sparbuch dient der Geldanlage, nicht dem Zahlungsverkehr. Einlagen auf ein Sparbuch können bar oder unbar, z.B. durch Überweisung, vorgenommen werden. Für Abhebungen ist die **Vorlage des Sparbuchs** notwendig.

Die Höhe der Zinsen, die der Sparer erhält, richtet sich nach dem Kapitalmarktzinssatz, der von der Europäischen Zentralbank (EZB) beeinflusst wird. Die Geldinstitute geben die aktuellen Zinsen durch Aushang in den Filialen bekannt.

Ein **höherer Zinssatz** kann vereinbart werden, wenn

- sich der Sparer verpflichtet, eine bestimmte Zeit das Geld nicht abzuheben (z.B. Bindung von 1 Jahr; derartige Sparbücher werden je nach Geldinstitut als Kapitalsparbücher, Gewinnsparbücher o. Ä. bezeichnet),
- das Sparbuch ein größeres Guthaben aufweist.

savings book
Sparbuch

M LINK
Vergleich von Bankkonditionen
Hier findest du die aktuelle Sparkonditionen und Angebote der Banken im Vergleich.

Kapitalsparen

Das Kapitalsparen ist eine der beliebtesten Sparformen Österreichs und wird von fast allen heimischen Banken unter diesem Namen angeboten. Man legt **einmalig einen Betrag** auf ein Sparbuch. Nachträgliche Einlagen auf das gleiche Sparbuch sind nicht möglich – man kann aber Kapitalsparbücher in unbegrenzter Anzahl (und bei allen Banken) eröffnen.

Die **Mindesteinlage** liegt zumeist zwischen 100 und 500 Euro. Eine Maximaleinlage ist nicht vorgesehen. Der fixe Zinssatz bei Kapitalsparbüchern richtet sich nach der jeweiligen Marktlage – normalerweise gilt: Je länger die Laufzeit, desto höher der Zinssatz. Zinssenkungen gibt es beim Kapitalsparen genauso wenig wie Erhöhungen.

capital savings
Kapitalsparen

Strategien beim Kapitalsparbuch	
Niedrigzinsphasen	**Hochzinsphasen**
In Niedrigzinsphasen sollte man keine langen Bindungen eingehen. Die Laufzeit soll in dieser Phase zwischen einem halben Jahr bis zu zwei Jahren dauern.	In Hochzinsphasen macht es durchaus Sinn, längere Laufzeiten zu wählen, da der höhere Zinssatz über die Laufzeit garantiert ist.

building societies
Bausparen

Bausparen

Bausparen ist eine **staatlich geförderte Sparform mit Zweckbindung.** Die Idee des Bausparens ist, Personen, die Grundstücke, Häuser oder Wohnungen erwerben, errichten bzw. sanieren wollen, oder Personen, die Geld für Pflege- und Bildungsmaßnahmen benötigen, günstige Darlehen zur Verfügung zu stellen. Der Staat fördert das Bausparen durch eine Prämie, die sich nach der Höhe der Einzahlung in den Bausparvertrag richtet und nach oben hin beschränkt ist.

Wird im Anschluss an das Bausparen ein Bauspardarlehen gewährt, ist die Höhe des Zinssatzes mit 6 % begrenzt, d.h., diese Begrenzung ist besonders während hoher Zinsphasen ein Pluspunkt. Die Zinssätze steigen und fallen je nach Zinsanpassungsklausel.

Einen „Bausparer" nutzen
Das Bauspardarlehen kann u.a. für „wohnungswirtschaftliche Zwecke" genutzt werden, z.B. für den Kauf oder die Renovierung von Wohneigentum, aber nicht für Konsumgüter, wie z.B. ein Auto.

… englische Fachvokabeln lernen. Am Ende des Buches findest du dann alle Begriffe noch einmal zusammengefasst.

… über die M-LINKS Zusatzmaterial im MEHR!-Buch online finden.

→ Hol dir PDF-Formulare, um Übungsbeispiele zu bearbeiten.

→ Folge externen Links zu weiteren Informationen.

→ Lade dir Zusatzinhalte als PDF-Datei herunter.

… anhand von lebensnahen Beispielen den theoretischen Lernstoff mit deinem Alltag verknüpfen.

Inhalt

Die Wirtschaft. Jeder Mensch ist ein Teil der Wirtschaft. Wir arbeiten und erhalten Geld. Wir produzieren und konsumieren Waren und Dienstleistungen.

Aufzeichnungen für die Gewinnermittlung. Mithilfe des betrieblichen Rechnungswesens wird das Geschehen im Unternehmen zahlenmäßig erfasst und überwacht.

8. Semester
● ● ● ● ● ● ● ●

Kapitel 1
Die Wirtschaft

2 **LERNEN**
 1 Einstieg in die Welt der Wirtschaft
 · Wirtschaftliche Grundbegriffe 2
 · Wirtschaftswissenschaften (Ökonomik) 6
6 **ÜBEN**

7 **LERNEN**
 2 Die Betriebswirtschaftslehre
 · Einteilung der Betriebswirtschaftslehre 7
 · Unternehmensplanung 9
 · Betriebliche Leistungserstellung 10
11 **ÜBEN**

12 **KÖNNEN**

Kapitel 2
Aufzeichnungen für die Gewinnermittlung

16 **LERNEN**
 1 Grundlagen des Rechnungswesens
 · Einteilung des Rechnungswesens 16
 · Buchführungsgrenzen 18
 · Formvorschriften 20
 · Belege 20
22 **ÜBEN**

26 **LERNEN**
 2 Die Einnahmen-Ausgaben-Rechnung
 · Grundlagen der Einnahmen-Ausgaben-Rechnung 26
 · Anlagevermögen 28
 · Wie sieht eine Einnahmen-Ausgaben-Rechnung aus? 34
43 **ÜBEN**

44 **LERNEN**
 3 Die Pauschalierung
 · Die pauschale Gewinnermittlung 44
45 **ÜBEN**

47 **KÖNNEN**

Drei Phasen zum Lernerfolg

1. LERNEN
Wissen & Verstehen
In der ersten Phase erklärt dir dein MEHR!-Buch die Lerninhalte.

2. ÜBEN
Probieren & Trainieren
Die zweite Phase bietet dir zusätzliche Übungsbeispiele.

3. KÖNNEN
Anwenden & Vernetzen
In der dritten Phase zeigst du, was du kannst, und wendest das Gelernte gleich an.

Die Buchhaltung. Unternehmen wollen nicht nur ihren Gewinn ermitteln, sie müssen auch einen Überblick über ihr Vermögen, ihre Forderungen und Schulden haben.

Kostenrechnung. Welche Komponenten sollen selbst produziert, welche zugekauft werden? Diese Fragen können mithilfe der Kostenrechnung beantwortet werden.

Kapitel 3
Die Buchhaltung

50 **LERNEN**

    1 Grundbegriffe der Buchhaltung
- Die Bilanz 50
- Bestandskonten 53
- Kreditoren und Debitoren 57
- Erfolgskonten 58
- Kontenplan 61
- Der Buchungskreislauf 62

64 **ÜBEN**

66 **LERNEN**

    2 Ein- und Verkauf von Waren
- Begriffsbestimmungen 66
- Verbuchung von Warenein- und -verkauf 68
- Inventur 69
- Bewertung 71

74 **ÜBEN**

75 **LERNEN**

    3 Abschlussbuchungen
- Rechnungsabgrenzung 75
- Rückstellungen 77
- Rücklagen 80
- Latente Steuern 81

84 **ÜBEN**

86 **LERNEN**

    4 Bilanzen lesen
- Bestandteile des Jahresabschlusses 86
- Kennzahlen 88

88 **ÜBEN**

97 **KÖNNEN**

Kapitel 4
Kostenrechnung

102 **LERNEN**

    1 Grundlagen der Kostenrechnung
- Welche Aufgaben hat die Kostenrechnung? 102
- Was versteht man unter Kosten? 103

104 **ÜBEN**

106 **LERNEN**

    2 Kostenartenrechnung
- Betriebsüberleitung 106
- Kalkulatorische Kosten 107
- Personalkosten 112
- Einzelkosten – Gemeinkosten 114
- Umsatzsteuer 115

115 **ÜBEN**

116 **LERNEN**

    3 Kalkulation in Handel und Dienstleistung
- Kalkulationsverfahren 116
- Divisionskalkulation 117
- Kalkulation in Handelsunternehmen 118
- Kalkulation in Dienstleistungsunternehmen 123

126 **ÜBEN**

128 **LERNEN**

    4 Kostenstellenrechnung
- Kostenstellen 128
- Betriebsabrechnung 130
- Hilfskostenstellen 134
- Differenzierte Zuschlagskalkulation 136

138 **ÜBEN**

140 **LERNEN**

    5 Teilkostenrechnung
- Fixe und variable Kosten 141
- Deckungsbeitragsrechnung 143

Organisation. Bei der Feuerwehr ist eine perfekte Organisation lebenswichtig. In einem Notfall können Strukturen und Abläufe nicht jedes Mal neu besprochen werden.

Mitarbeiterführung. Motivation, Respekt, Toleranz und ein lebendiges Miteinander tragen wesentlich zum Unternehmenserfolg bei.

· Fixkostendeckungsrechnung 147
· Kundendeckungsbeitragsrechnung 148
· Gewinnschwellenanalyse
  (Break-even-Analyse) 149
· Kostenbegriffe 151

152 ÜBEN

154 KÖNNEN

9. Semester
• • • • • • • •

Kapitel 5
Organisation

160 LERNEN
1 Grundbegriffe der Organisation
· Bedeutung von „Organisation" 160
· Organisationsbereiche 161
· Tätigkeiten in einer Organisation 161

162 ÜBEN

163 LERNEN
2 Die Aufbauorganisation
· Aufbauorganisation und Organigramm 163
· Elemente der Aufbauorganisation 164
· Aufgabengliederung 166
· Formen der Über- und Unterordnung 169

172 ÜBEN

174 LERNEN
3 Die Ablauforganisation
· Inhalte der Ablauforganisation 174
· Darstellung der Ablauforganisation 176

179 ÜBEN

180 KÖNNEN

Kapitel 6
Mitarbeiterführung

182 LERNEN
1 Mitarbeiterführung und ihr Umfeld
· Entwicklung der Mitarbeiterführung 182
· Der soziale Status im Unternehmen 184
· Gruppen im Betrieb 185

187 ÜBEN

189 LERNEN
2 Die Mitarbeiterinnen und Mitarbeiter
· Leistung im Unternehmen 189
· Fähigkeiten und Fertigkeiten 190
· Disposition 190
· Motivation 191

194 ÜBEN

195 LERNEN
3 Die Führungskraft
· Macht – wer hat hier das Sagen? 195
· Einstellungen gegenüber den Mitarbeitern 196
· Führungsstile – wie verhält sich die
  Führungskraft? 199
· Führungsinstrumente – Handwerkszeug für
  Führungskräfte 201
· Managementprinzipien für Führungskräfte 203

205 ÜBEN

206 KÖNNEN

Marketing. Unternehmen aller Größen müssen marktgerichtet handeln, um ihren Erfolg zu sichern.

Unternehmensgründung. Die Gründung eines Unternehmens bedeutet, Visionen mit großer Leidenschaft umzusetzen.

Kapitel 7
Marketing

210 LERNEN

1 Der Kunde ist König
· Warum gibt es Marketing? 210
· Vom Bedürfnis zum Kauf 211
· Marktforschung 213

214 ÜBEN

215 LERNEN

2 Marktanalyse
· Der Markt 215
· Wettbewerb bzw. Konkurrenz 217
· Instrumente der Marktanalyse 219

230 ÜBEN

233 LERNEN

3 Marketing-Mix
· Die vier Ps des Marketings 233
· Produktpolitik 234
· Preispolitik 236
· Vertriebspolitik 238
· Kommunikationspolitik 239

241 ÜBEN

243 KÖNNEN

Kapitel 8
Unternehmensgründung

250 LERNEN

1 Die Geschäftsidee
· Suche nach einer Geschäftsidee 250
· Kreativitätstechniken 251
· Übernahme einer bestehenden Idee 254
· USP – Unique Selling Proposition 255
· Geschäftsmodell 255

260 ÜBEN

261 LERNEN

2 Die Planung der Gründung
· Wozu ein Businessplan? 261
· Aufbau des Businessplans 262

266 ÜBEN

267 LERNEN

3 Die Gründung
· Gewerbeberechtigung 267
· Wahl der Rechtsform 268
· Behördenwege und Gründungskosten 272

275 ÜBEN

277 LERNEN

4 Umsetzung des Unternehmenskonzepts
· Wichtige Entscheidungen in der Umsetzungsphase 277
· Erfolgsfaktoren 278
· Checkliste für den Erfolg 279

280 ÜBEN

281 KÖNNEN

Finanzierung. Die Hauptaufgabe der Finanzierung besteht darin, die Versorgung des Unternehmens mit Geldmitteln sicherzustellen.

Personalverrechnung. Zu den wiederkehrenden Arbeiten gehört u.a. das Berechnen und Auszahlen der Entgelte sowie die Überweisung der Steuern und Sozialversicherungsbeiträge an die zuständigen Stellen.

10. Semester
• • • • • • • •

Kapitel 9
Finanzierung

286 **LERNEN**
   1 Das Finanzwesen
   · Aufgaben des Finanzwesens 286
   · Verzinsung 288
   · Finanzplanung 290

297 **ÜBEN**

300 **LERNEN**
   2 Kapitalbeschaffung
   · Lieferantenkredit 300
   · Bankkredit 302

308 **ÜBEN**

310 **LERNEN**
   3 Geldveranlagung
   · Formen der Geldanlage 310
   · Veranlagung bei Banken 311
   · Veranlagung durch Wertpapiere 312

315 **ÜBEN**

316 **LERNEN**
   4 Sonderformen der Finanzierung
   · Leasing 316
   · Factoring 318
   · Crowdfunding 319

320 **ÜBEN**

322 **KÖNNEN**

Kapitel 10
Personalverrechnung

328 **LERNEN**
   1 Abrechnung von Löhnen und Gehältern
   · Das Arbeitsentgelt 328
   · Abrechnungsschema 329
   · Bruttobezug 330
   · Sozialversicherung 332
   · Lohnsteuer 335
   · Abrechnung laufender Bezüge 339
   · Sonderzahlungen 341
   · Personalnebenkosten 342

344 **ÜBEN**

344 **KÖNNEN**

Anhang

347   **Stichwortverzeichnis**

349   **Fachbegriffe Deutsch – Englisch**

359   **Bildnachweis**

Handlungskompetenzen

Du siehst bei jeder Aufgabe, welche Handlungskompetenz du für die Lösung brauchst.

C Anwenden

Du kannst praxisnahe Aufgabenstellungen mithilfe gelernter Verfahren und Werkzeuge bearbeiten.

A Wiedergeben

Du kannst grundlegende Inhalte, die du gelernt hast, wiedergeben, beschreiben und einordnen.

HANDLUNGS-KOMPETENZEN

D Analysieren & Interpretieren

Du kannst Gelerntes neu strukturieren und nach eigenen Kriterien beurteilen.

B Verstehen

Du kannst Gelerntes auf einen bestimmten Sachverhalt beziehen. Du kannst es mit einem Beispiel erklären, zusammenfassen und Zusammenhänge erkennen.

E Entwickeln

Du kannst eigenständig Neues entwickeln.

Ziel deiner Schulausbildung ist nicht nur die Aneignung von Fachwissen, sondern vor allem der Aufbau von Kompetenz. Kompetenz bedeutet, dass man Wissen auch anwenden und neue Lösungen entwickeln kann.

Platz zum Schreiben

1 Die Wirtschaft

Markthalle im Zentrum von Rotterdam
Jeder Mensch ist ein Teil der Wirtschaft. Wir arbeiten und erhalten Geld. Wir produzieren und konsumieren Waren und Dienstleistungen.

Darum geht's in diesem Kapitel:

Die Wirtschaft (oder Ökonomie) ist ein umfassendes Thema. Um die Zusammenhänge auf welt-, volks- und betriebswirtschaftlicher Ebene besser zu verstehen, werden in diesem Kapitel einige grundlegende Begriffe erklärt.

Das lernst du in den folgenden Lerneinheiten:

1 Was sind die **wesentlichen Begriffe** in der Welt der Wirtschaft?

2 Womit beschäftigt sich die **Betriebswirtschaftslehre?**

Aktiviere dein MEHR!-Buch online: **lernenwillmehr.at**

⊙ LERNEN

1 Einstieg in die Welt der Wirtschaft

Die Wirtschaft soll Bedürfnisse der Menschen befriedigen. In einer arbeitsteiligen Gesellschaft sind die Menschen nicht in der Lage, alle ihre Bedürfnisse nach Waren und Dienstleistungen selbst zu decken. Es braucht die Kooperation mit anderen.

Ü 1.1 Nenne drei deiner Bedürfnisse, die du selbst decken kannst, und drei, für die die Arbeit anderer Menschen notwendig ist.

1 Wirtschaftliche Grundbegriffe

Im Folgenden werden einige Ausdrücke aus der Wirtschaftswelt erklärt.

Bedürfnis

Jeder Mensch hat zahlreiche Bedürfnisse. Ein Bedürfnis ist das **Empfinden eines Mangels,** der beseitigt werden soll. Die **Bedürfnisse der Menschen** sind **unbegrenzt.** Die **Güter,** die diese Bedürfnisse befriedigen, sind allerdings nur **knapp** verfügbar, also begrenzt.

Ü 1.2 Bedürfnisvergleich B

Vergleiche deine Existenzbedürfnisse, Kulturbedürfnisse und sozialen Bedürfnisse mit denen deiner Klassenkolleginnen und -kollegen.

Personelle Arbeitsteilung
Beim Bau eines Wohnhauses wirken viele spezialisierte Fachkräfte zusammen: Trockenbauer, Zimmerer, Estrichleger, Türen- und Fensterbauer …

Arten von Gütern
Der Begriff "Güter" umfasst materielle Güter (Produkte), z.B. ein Auto, und immaterielle Güter (Dienstleistungen), z.B. eine Kfz-Versicherung.

needs
Bedürfnisse

Die **Wirtschaft** (oder Ökonomie) ist die Gesamtheit aller Einrichtungen und Handlungen, die der **planvollen Befriedigung der Bedürfnisse** dienen.

economics
Wirtschaft, Ökonomie

Arten von Bedürfnissen		
Existenzbedürfnisse	**Kulturbedürfnisse**	**Soziale Bedürfnisse**
Bedürfnis nach lebensnotwendigen Dingen, z.B. Nahrung, Wohnung, ärztliche Versorgung	Bedürfnis nach Dingen, die im Kulturkreis, in dem man lebt, üblich sind, z.B. Konzertkarte, modische Schuhe, Mitgliedschaft im Sportverein	Bedürfnis nach einem Leben mit Mitmenschen und Individualität, z.B. Anerkennung, Sicherheit, Kommunikation

Ökonomisches Prinzip

Da nur begrenzt Mittel zur Verfügung stehen, müssen alle Wirtschaftsteilnehmer nach dem **Prinzip der Wirtschaftlichkeit** (nach dem **ökonomischen Prinzip**) handeln. Das bedeutet, die vorhandenen Ressourcen so einzusetzen, dass die menschlichen Bedürfnisse bestmöglich gedeckt werden.

Das **ökonomische Prinzip** ist das optimale Verhältnis von **Mitteleinsatz (Input)** und dem **Ergebnis** (**Output**):

- **Minimalprinzip:** Bei einem vorgegebenen Ergebnis den Aufwand minimieren.
- **Maximalprinzip**: Bei einem vorgegebenen Aufwand das Ergebnis maximieren.

economic principle
ökonomisches Prinzip

minimum principle
Minimalprinzip

maximum principle
Maximalprinzip

Ü 1.3 Ökonomisches Prinzip **B**

Nenne das ökonomische Prinzip, das hinter der jeweiligen Zielvorgabe steht.

a) „Mit möglichst wenig Benzin (Aufwand) nach Wien fahren (Ergebnis)"

b) „Mit 60 Liter Benzin (Aufwand) eine möglichst große Strecke (Ergebnis) zurücklegen"

LINK
Ü 1.3 Ökonomisches Prinzip
interaktive Übung

Begriffe der Wirtschaftspolitik

In **Wirtschaftsordnungen** wird beschrieben, wie stark der Staat durch gesetzliche Regelungen Einfluss auf das Wirtschaftsgeschehen nimmt. Sie werden auch als Wirtschaftssystem eines Landes bezeichnet.

- **Freie Marktwirtschaft:** wenige Regeln und Gesetze, Preisbildung durch Angebot und Nachfrage, freie Wahl des Arbeitsplatzes
- **Soziale Marktwirtschaft:** freie Marktwirtschaft mit lenkendem Eingriff des Staates, um soziale Ungleichheiten zu verringern
- **Ökosoziale Marktwirtschaft:** soziale Marktwirtschaft mit lenkendem Eingriff des Staates zum Schutz der Umwelt
- **Planwirtschaft:** viele Regeln und Gesetze, der Staat bestimmt Angebot und Preis von Gütern, entscheidet über Berufsausbildung

economies
Wirtschaftssysteme

Die **Wirtschaftspolitik** umfasst alle staatlichen Maßnahmen, die den Ablauf des Wirtschaftsgeschehens gestalten und beeinflussen. Die Ziele der staatlichen Wirtschaftspolitik werden häufig in einem Vieleck („Magisches Vieleck") dargestellt.

economic policies
Wirtschaftspolitik

Ziele der Wirtschaftspolitik: Das Magische Vieleck zeigt die Ziele der staatlichen Wirtschaftspolitik.

Wirtschaftswachstum
Steigerung der wirtschaftlichen Leistungsfähigkeit einer Volkswirtschaft, die Folge sind Wohlstand, Arbeitsplätze, Gewinne der Unternehmen, Steuereinnahmen des Staates.

Geldwertstabilität
Die Kaufkraft soll möglichst gleich bleiben; die Preise sollen nur in geringem Ausmaß steigen.

Hohes Beschäftigungsniveau
Möglichst viele Personen sollen einen Arbeitsplatz haben.

Ausgeglichener Staatshaushalt
Der Staat soll nur in geringem Ausmaß verschuldet sein.

Ziele der Wirtschafts-politik

Gute Lebensqualität & Gesunde Umwelt
Alle Menschen sollen in einer gesunden Umwelt angenehm leben können.

Gerechte Einkommens- und Vermögensverteilung
Der Unterschied zwischen hohen und niedrigen Einkommen soll nicht zu groß sein.

Außenwirtschaftliches Gleichgewicht
Die Zahlungen, die wir aus dem Ausland erhalten, und die Zahlungen an das Ausland (= Zahlungs-bilanz) sollen möglichst ausgeglichen sein.

Es gibt verschiedene Arten von Wirtschaftspolitik:

- Ordnungspolitik: schafft Rahmenbedingungen für die Wirtschaft, z. B. Wettbewerbspolitik
- Strukturpolitik: gestaltet regionale Wirtschaft, z. B. Infrastrukturpolitik, Regionalpolitik
- Prozesspolitik: beeinflusst direkt die Wirtschaftsprozesse, z.B. Arbeits-marktpolitik, Finanzpolitik, Steuerpolitik, Konjunkturpolitik

Das **Wirtschaftsrecht** beinhaltet alle Rechtsnormen und andere Maßnah-men, mit denen der Staat die Beziehungen der Wirtschaftsteilnehmer unter-einander und deren Verhältnis zum Staat regelt, z. B.

- **Wirtschaftsverfassungsrecht:** Rechtsnormen zur Regelung der Wirtschaftsordnung
- **Wirtschaftsverwaltungsrecht:** z. B. Gewerberecht
- **Wirtschaftsprivatrecht:** z. B. Patentrecht

Die **Wirtschaftsethik** befasst sich mit der moralischen Rechtfertigung von Wirtschaftssystemen und dem ethischen Handeln der Wirtschaftsteilneh-mer.

Das **Wirtschaftswachstum** beschreibt die Steigerung der wirtschaftlichen Leistungsfähigkeit einer Volkswirtschaft. Dies kann durch die **Veränderung des Bruttoinlandsprodukts (BIP)** gemessen werden: Man versteht darunter den Gesamtwert aller Waren und Dienstleistungen, die im Inland (in einer Volkswirtschaft) als Endprodukt (abzüglich aller Vorleistungen) erzeugt werden. Die jährliche Veränderung des BIP wird in Prozent angegeben und als **Konjunktur** bezeichnet.

business law
Wirtschaftsrecht

Ethik
beschäftigt sich mit der Bewertung menschlichen Handelns

business ethics
Wirtschaftsethik

Wirtschaftssubjekte sind alle Personen und Institutionen, die am Wirtschaftsleben teilhaben bzw. dieses wesentlich mitbeeinflussen (Staat, Haushalt, Banken, Ausland).

Im **Wirtschaftskreislauf** – dies ist ein Modell einer Volkswirtschaft – werden alle wesentlichen Tauschvorgänge zwischen den Wirtschaftssubjekten als Geldströme und Güterströme (Wirtschaftsobjekte) dargestellt.

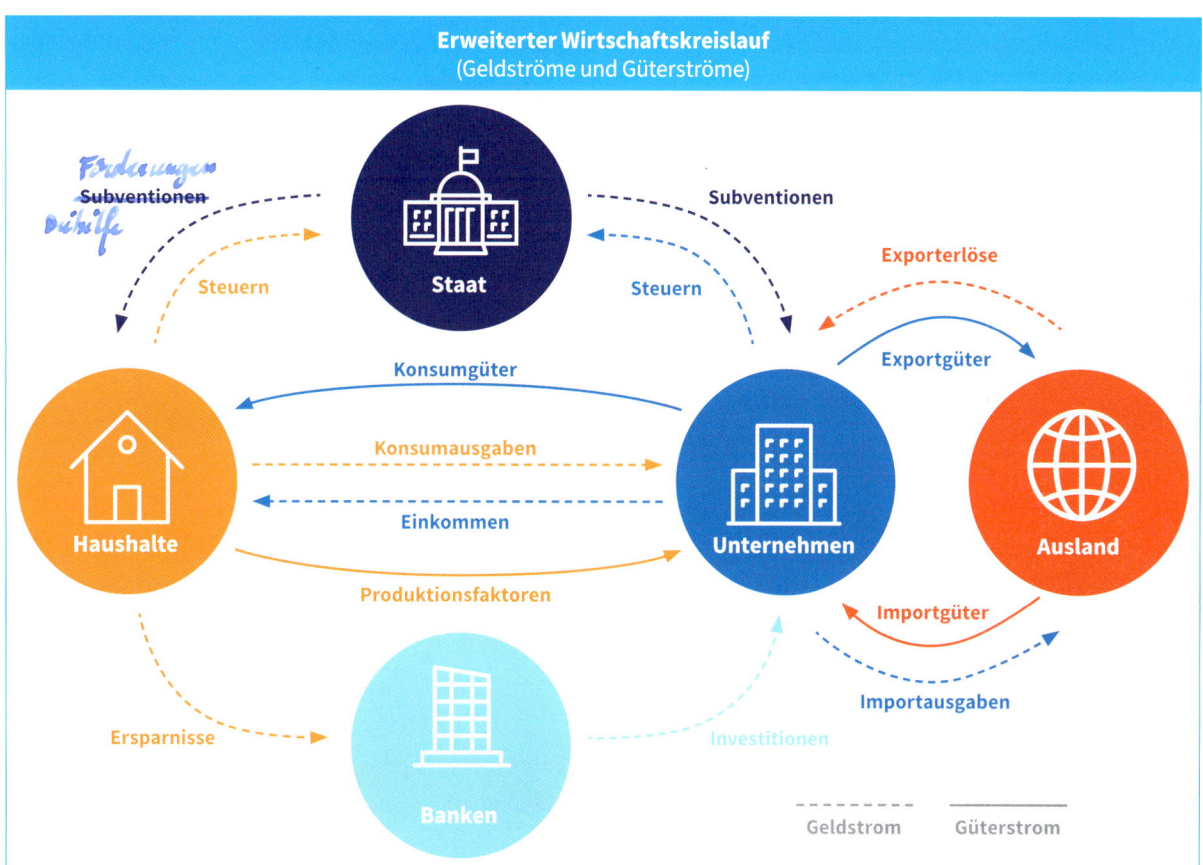

Die Wirtschaft eines Landes wird in **drei Wirtschaftssektoren** eingeteilt:

economic sectors
Wirtschaftssektoren

- **Primärsektor** (Urproduktion): z. B. Landwirtschaft, Forstwirtschaft
- **Sekundärsektor** (industrieller und gewerblicher Sektor): z. B. Handwerk, Baugewerbe
- **Tertiärsektor** (Dienstleistungssektor): z. B. Banken, Gesundheitsbereich, Handel

Je höher der Anteil des Tertiärsektors ist, desto höher entwickelt ist das Land. Dieser dominiert in der Wertschöpfung. Manchmal wird als vierter Sektor der **Quartärsektor** genannt. Man versteht darunter Tätigkeiten aus dem Bereich des Tertiärsektors, die besonders hohe Anforderungen haben und ausgeprägte Verantwortungsbereitschaft erfordern (z. B. qualifizierte Beratungen von Ingenieuren, Rechtsanwälten, Steuerberatern, IT-Dienstleistungen, Hochtechnologie).

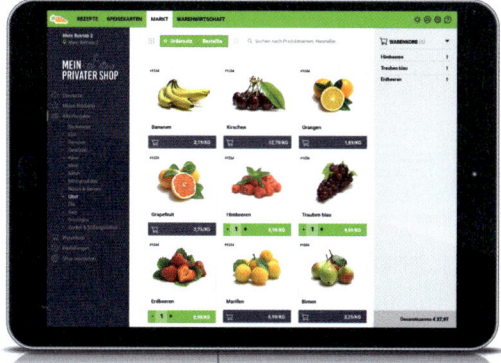

Dienstleistung für Gastronomie und Hotellerie
Die FoodNotify GmbH aus Wien hat eine Datenbank mit über 1,5 Millionen Einträgen zu Allergenen, Nährwerten, Verpackungsgrößen, Preisen und Herkunft programmiert.

Ü 1.4 Anteile an den Wirtschaftssektoren B

Recherchiere die prozentuellen Anteile des primären, sekundären und tertiären Wirtschaftssektors am Bruttoinlandsprodukt (BIP) in Österreich.

2 Wirtschaftswissenschaften (Ökonomik)

Die Wirtschaftswissenschaften (Ökonomik) zeigen den Weg zum **„erfolgreichen Wirtschaften"**. Sie werden in zwei **Disziplinen** unterteilt:

Wirtschaftswissenschaften	
Betriebswirtschaftslehre (BWL)	**Volkswirtschaftslehre (VWL)**
nimmt die Perspektive eines Unternehmens ein; unterstützt Unternehmen in allen innerbetrieblichen Angelegenheiten; z.B. Beschaffung, Produktion, Logistik, Marketing und Rechnungswesen.	betrachtet einen Wirtschaftsraum, d.h. Staaten oder einen Staatenverbund (z.B. EU); erarbeitet Vorschläge und Modelle zu wirtschaftlichen Fragen und ist sehr wichtig für politische Entscheidungen.

business sciences
Wirtschaftswissenschaften

Disziplin
Einzelwissenschaft; ist ein eigenes Fachgebiet in der Wissenschaft

business administration
Betriebswirtschaftslehre

economics
Volkswirtschaftslehre

Ü 1.5 Betriebswirtschaft – Volkswirtschaft

Entscheide, welche der Fragestellungen die BWL und welche die VWL betreffen.

M LINK
Ü 1.5 Betriebswirtschaft – Volkswirtschaft
interaktive Übung

Fragestellung	BWL	VWL
Wie können die Verkaufszahlen eines Unternehmens erhöht werden?		
Die Bundesregierung legt ihre Ziele für die kommende Legislaturperiode in ihrem Regierungsprogramm fest.		
Wie wirkt sich eine Preissteigerung auf den Absatz des Unternehmens aus?		
Der Nationalrat beschließt im Parlament eine Entlastung im Bereich der Einkommensteuer.		

⊚ ÜBEN

Nun kennst du die wichtigsten Begriffe der Wirtschaft. Die folgenden Aufgaben helfen, das Gelernte zu festigen.

Ü 1.6 Wirtschaft B

„Die Knappheit an Ressourcen ergibt die Notwendigkeit zu wirtschaften."
Erkläre in diesem Zusammenhang folgende Begriffe:

a) Bedürfnis

b) Ökonomisches Prinzip

Ü 1.7 Wirtschaftspolitik A

Nenne die Ziele der Wirtschaftspolitik und erkläre sie.

Ü 1.8 Wirtschaftssystem B

a) Nenne und vergleiche die möglichen Wirtschaftssysteme.

b) Nenne das Wirtschaftssystem Österreichs.

Ü 1.9 Wirtschaftssektoren A

a) Nenne und beschreibe die Wirtschaftssektoren.

b) „Der Anteil des Tertiärsektors in einer Volkswirtschaft ist ein Indikator dafür, wie hoch ein Land entwickelt ist." Erkläre diese Aussage.

Ü 1.10 Wirtschaftskreislauf A

Nenne die Wirtschaftssubjekte im Wirtschaftskreislauf.

Ü 1.11 Wirtschaftswissenschaften C

a) Nenne die zwei Disziplinen der Wirtschaftswissenschaften.

b) Beschreibe den Unterschied dieser beiden Disziplinen.

Dienstleistungssektor
In Österreich wird 70,7% der Wirtschaftsleistung im tertiären Sektor erbracht.

Wirtschaft für Technikerinnen und Techniker

⊙ LERNEN

2 Die Betriebswirtschaftslehre

Nahezu jedes Produkt, das wir kaufen und im Alltag nutzen, kommt dank der vielfältigen Erkenntnisse der Betriebswirtschaftslehre bei uns Verbrauchern an. Die Betriebswirtschaftslehre (BWL) beschreibt die Führung, Steuerung und Organisation von Unternehmen und soll deren Entscheidungsprozesse unterstützen.

Ü 1.12 Nenne einige Hilfestellungen, die ein Unternehmen in der Praxis für folgende Bereiche benötigen könnte:
- **Steuerung betrieblicher Abläufe**
- **Treffen von Unternehmensentscheidungen**
- **Erstellen eines Angebots**

Teilbereiche der Betriebswirtschaftslehre
Speditionen erbringen ihre Leistungen im Bereich des Vertriebs, Steuerberater erbringen Leistungen im Bereich des Rechnungswesens.

① Einteilung der Betriebswirtschaftslehre

Die Betriebswirtschaftslehre wird in folgende Disziplinen unterteilt:

Betriebswirtschaftslehre	
Allgemeine Betriebswirtschaftslehre	**Spezielle Betriebswirtschaftslehre**
beschäftigt sich mit den Vorgängen und Problemen in allen Betrieben	behandelt rechtliche Fragen einzelner Branchen (z. B.Industriebetriebslehre, Bankenbetriebslehre …)

Die **Allgemeine Betriebswirtschaftslehre** befasst sich mit planerischen, organisatorischen und rechentechnischen Entscheidungen in Betrieben. Ziel ist es, das fachübergreifende Denken und Entscheiden zu fördern.

Die **Spezielle Betriebswirtschaftslehre** konzentriert sich auf ausgewählte Fragen, die jeweils nur für bestimmte Unternehmen oder Unternehmensteile relevant sind.

Betrieb, Unternehmen, Firma

Die Begriffe „Betrieb", „Unternehmen" und „Firma" werden im alltäglichen Sprachgebrauch oft nicht unterschieden. Die folgenden Definitionen erklären den Unterschied.

Begriff	Erklärung	Beispiele
Betrieb	Ort, an dem Sachgüter und Dienstleistungen für andere (Haushalte, andere Betriebe) hergestellt werden	Gärtnerei, Schokoladefabrik, Transportbetrieb
Unternehmen	Rechtsform des Betriebes; ein Unternehmen kann mehrere Betriebe haben	Aktiengesellschaft, Einzelunternehmen
Firma	Name eines Unternehmens	Siemens AG, Fritz Huber & Sohn, Holzhandel

Betrieb

Der **Betrieb** ist eine **örtlich abgeschlossene Wirtschaftseinheit,** in der Produkte hergestellt und Dienstleistungen erbracht werden. Betriebe lassen sich nach verschiedenen Merkmalen einteilen:

- **nach der Betriebsgröße:** Nach einer EU-Empfehlung gibt es bestimmte Kriterien, die für die Zuordnung der Unternehmen nach ihrer Größe entscheidend sind.

Unternehmen	Beschäftigte	Umsatz	Bilanzsumme
Kleinstunternehmen	1 bis 9	< 2 Mio. Euro	< 2 Mio. Euro
Kleinunternehmen	10 bis 49	< 10 Mio. Euro	< 10 Mio. Euro
mittelgroße Unternehmen	50 bis 249	< 50 Mio. Euro	< 43 Mio. Euro
Großunternehmen	ab 250	> 50 Mio. Euro	> 43 Mio. Euro

In diesem Zusammenhang werden häufig die Begriffe „KMU" und „EPU" verwendet: **„KMU"** ist die Abkürzung für „kleine und mittlere Unternehmen"; **„EPU"** bedeutet „Ein-Personen-Unternehmen", d. h. Unternehmen, die von 1 Person geführt werden und keine fix angestellten Mitarbeiter beschäftigen.

- **nach dem Wirtschaftszweig (Branche):** eine Gruppe von Unternehmen, die ähnliche Produkte anbietet, z. B. Gewerbebetriebe, Industriebetriebe, Handelsbetriebe, Dienstleistungsbetriebe, Bankbetriebe, Versicherungsbetriebe

- **nach der erstellten Leistung:** Rohstoffgewinnung, Konsumgüterherstellung, Sachgüterherstellung, Investitionsgüterherstellung

Unternehmen

Ein **Unternehmen** ist der **rechtliche Rahmen** und kann einen oder mehrere Betriebe umfassen. Der Begriff des Unternehmens und des Unternehmers ist im **Unternehmensgesetzbuch (UGB)** definiert:

§ 1 (2) UGB: „Ein Unternehmen ist jede auf Dauer angelegte Organisation selbständiger wirtschaftlicher Tätigkeit, mag sie auch nicht auf Gewinn ausgerichtet sein."

enterprise
Betrieb

size of enterprise
Betriebsgröße

Umsatz
Menge der verkauften Produkte multipliziert mit dem Verkaufspreis des jeweiligen Produkts
Bilanzsumme
Summe der Werte der Vermögensgegenstände eines Unternehmens.

branch of the economy
Wirtschaftszweig

output
erstellte Leistung

company
Unternehmen

Firma

Der Begriff „Firma" ist ebenso im Unternehmensgesetzbuch definiert. Dies ist der **Name eines Unternehmers,** der in das Firmenbuch eingetragen ist.

company name; firm
Firma

Beispiel: ProMe GmbH

Unternehmen ProMe	**2 Betriebe**	**Stammwerk in Linz**	**Niederlassung in Wien (Vertrieb)**	**Firma**	**ProMe GmbH**

2 Unternehmensplanung

Die Unternehmensplanung ist eine der wichtigsten Aufgaben des Managements und des Controllings. In der Planungsphase kommt der **richtigen Zielformulierung** große Bedeutung zu.

corporate planning
Unternehmensplanung

business objective
Unternehmensziel

„Machen wir die richtigen Dinge und machen wir die Dinge richtig?"

Ziele lassen sich in **einzelne Meilensteine** zerlegen; diese beschreiben den Weg zum Ziel. Die Formulierung von Zielen bietet vor allem folgende Nutzen:

- **Orientierung:** Tun wir die richtigen Dinge?
- **Klarheit:** Diese Dinge können wir richtig tun.
- **Priorisierung und Fokussierung:** Reihen der Dinge nach Dringlichkeit, Auswahl der Dinge nach Wichtigkeit

In Bezug auf den Planungshorizont wird zwischen **strategischen** und **operativen Zielen** unterschieden. Auf Basis der strategischen Ziele werden die operativen Ziele geplant; die operativen Ziele sind also den strategischen Zielen untergeordnet.

strategic objective
strategisches Ziel
operative point
operatives Ziel

Strategische Ziele: „Die richtigen Dinge tun"
Planungshorizont: langfristig (bis 3 Jahre)

Operative Ziele: „Die Dinge richtig tun"
Planungshorizont: kurz- bis mittelfristig (1 bis 3 Jahre)

Die operativen Unternehmensziele sollen eindeutig und messbar sein Die **SMART-Formel** unterstützt die klare Zielformulierung.

Spezifisch (specific)	**Messbar (measurable)**	**Ausführbar (achievable)**	**Realistisch (reasonable)**	**Terminiert (time-bound)**
Was genau soll erreicht werden?	Welches sind die Messgrößen, um den Grad der Zielerreichung zu überprüfen?	Welche konkreten Schritte sind zur Zielerreichung notwendig?	Wird die Zielerreichung hilfreich sein? Passt das Ziel zur persönlichen Mission?	Bis wann soll das Ziel erreicht werden?

Die SMART-Formel soll helfen, das Ziel **konkret** und **messbar** zu formulieren. Das formulierte Ziel soll **erreichbar** und mit dem Leitbild abgestimmt sein. Ein festgelegter Zeitplan sorgt für Verbindlichkeit.

Unternehmensleitbild

Im Unternehmensleitbild sind Standards formuliert, die ein Unternehmen erreichen möchte. Das Leitbild soll als Orientierung dienen, z.B. für Mitarbeiterinnen und Mitarbeiter.

Beispiele: „Unser Anspruch ist die höchste Qualität." – „Wir verkaufen keine Produkte, die nicht zu 100 % fehlerfrei sind. Nur so kommt der Kunde wieder. Fehlerhafte Produkte werden entweder repariert oder entsorgt."

Aus dem Unternehmensleitbild bildet sich die **Corporate Identity (CI).** Darunter versteht man die öffentliche Erscheinung des Unternehmens. Die CI setzt sich aus drei Elementen zusammen:

Corporate Identity		
Corporate Behaviour	**Corporate Communication**	**Corporate Design**
Verhalten von allen im Unternehmen Tätigen gemäß der Corporate Identity, internen und externen Partnern gegenüber	Einheitlichkeit von Struktur und Inhalt aller Informationen intern und extern	Äußeres Erscheinungsbild, gemeinsame Gestaltungs- und Identifikationsmerkmale
Beispiele: Führungsstil, Verhalten der Mitarbeiter untereinander, Verhalten gegenüber Kunden und Lieferanten	**Beispiele:** Presseaussendungen, Geschäftsberichte, Tag der offenen Tür, Sponsoring	**Beispiele:** Logo, Typografie, Farben, Zeichen, Innenarchitektur, Produkt- und Verpackungsgestaltung, Anzeigen

3 Betriebliche Leistungserstellung

Das Ziel der betrieblichen Leistungserstellung ist die **Optimierung betrieblicher Abläufe:** Die vier Produktionsfaktoren (Natur, Arbeit, Kapitel, Know-how) müssen optimal eingesetzt werden und die Kosten sollten so gering wie möglich gehalten werden, um das bestmögliche Ergebnis zu erzielen **(Prinzip der Wirtschaftlichkeit).**

Die vier Produktionsfaktoren: Unternehmen kombinieren die Produktionsfaktoren, um Waren und Dienstleistungen zu erstellen.

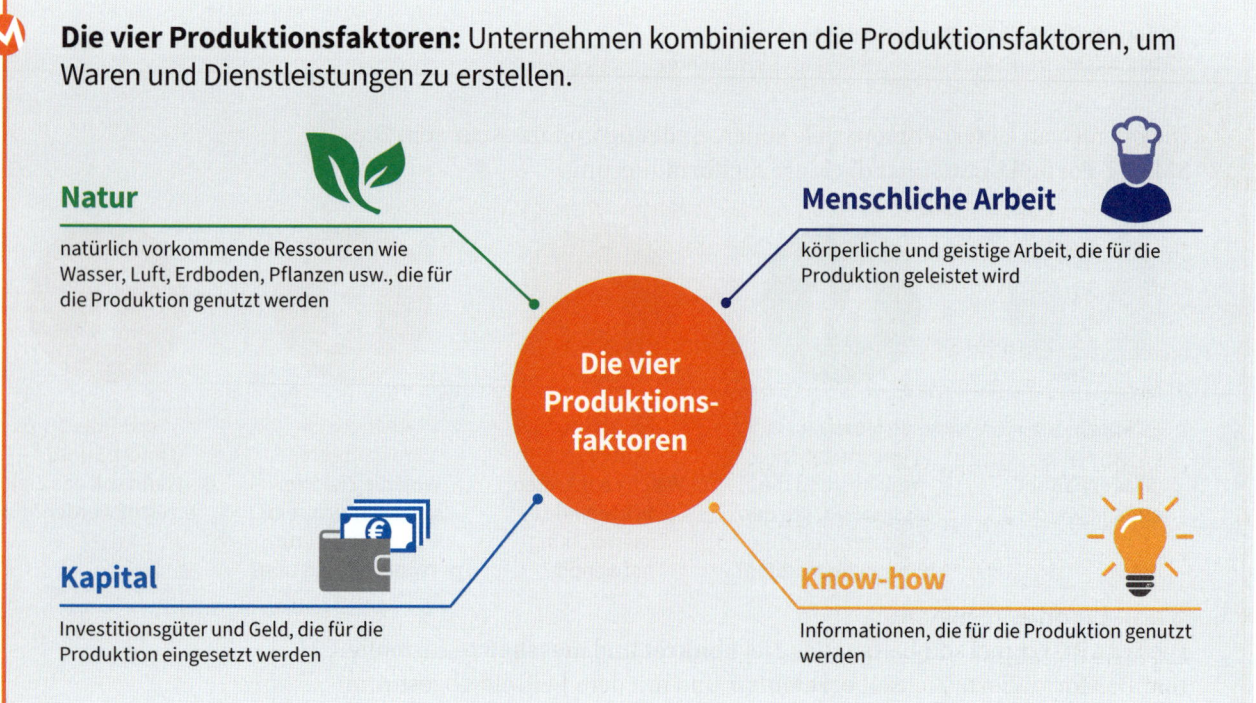

Natur
natürlich vorkommende Ressourcen wie Wasser, Luft, Erdboden, Pflanzen usw., die für die Produktion genutzt werden

Menschliche Arbeit
körperliche und geistige Arbeit, die für die Produktion geleistet wird

Die vier Produktionsfaktoren

Kapital
Investitionsgüter und Geld, die für die Produktion eingesetzt werden

Know-how
Informationen, die für die Produktion genutzt werden

Der Weg des Produkts vom Hersteller über den Lieferanten bis zum Endkunden bzw. die Gesamtheit der Prozesse, die in einem Unternehmen zur Schaffung von Mehrwert beitragen, wird als **Wertschöpfungskette** bezeichnet: **Wertschöpfung** ist die Summe aller in einem Unternehmen geschaffenen Werte in einer gewissen Periode.

value added chain
Wertschöpfungskette

- **Überbetrieblicher Wertschöpfungsprozess:** Lieferant → Betrieb → Kunde
- **Betrieblicher Wertschöpfungsprozess:** Entwicklung → Beschaffung → Produktion → Absatz

Der **betriebliche Leistungserstellungsprozess** (Leistungsstrom) umfasst die unmittelbar an der Erstellung der betrieblichen Leistung beteiligten Bereiche, wie **Beschaffung, Produktion** und **Absatz.**

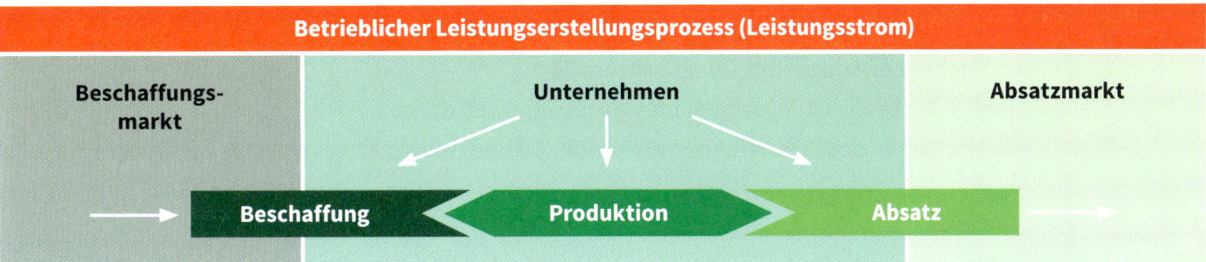

Betrieblicher Leistungserstellungsprozess (Leistungsstrom)

Beschaffungs-markt | Unternehmen | Absatzmarkt

Beschaffung | Produktion | Absatz

- **Beschaffung:** Bereitstellung der Produktionsfaktoren, die für den betrieblichen Leistungserstellungsprozess notwendig sind (z. B. Kauf von Materialien zur Weiterverarbeitung)
- **Produktion:** die eigentliche betriebliche Leistungserstellung in Form von Sachleistungen (z. B. Herstellung von Photovoltaik-Modulen) bzw. Dienstleistungen (z. B. Energieberatung für den Kunden). Aufgabe der Produktion ist die Erbringung der betrieblichen Leistung in richtiger Art und Qualität, zum richtigen Termin und zu möglichst geringen Kosten.
- **Absatz:** Ziel ist es, Güter und Dienstleistungen am Markt abzusetzen. Eine ausreichende Anzahl von Kunden muss bereit sein, die Produkte bzw. Dienstleistungen zu einem entsprechenden Preis zu kaufen.

Adam Smith (1723–1790)
Der schottische Ökonom und Aufklärer nannte in seinem Hauptwerk „Wohlstand der Nationen" (1776) als klassische Produktionsfaktoren Arbeit, Kapital und Boden.

ÜBEN

In dieser Lerneinheit hast du einige Themen der Betriebswirtschaftslehre kennengelernt. Die folgenden Aufgaben sollen helfen, das Gelernte zu festigen.

Ü 1.13 Betriebsgröße `B`

a) Beschreibe die Merkmale, nach denen Betriebe gegliedert werden können.

b) Erläutere die Merkmale von Klein- und Mittelbetrieben.

c) Nenne die Bedeutung der Abkürzungen „KMU" und „EPU".

Ü 1.14 Betrieb, Unternehmen, Firma `C`

Erkläre den Unterschied zwischen „Betrieb", „Unternehmen" und „Firma".

Ü 1.15 Unternehmensziele `C`

Erläutere die folgenden Aussagen: „Die richtigen Dinge tun" und „Die Dinge richtig tun".

Ü 1.16 SMART-Formel D

Formuliere ein persönliches Ziel nach der SMART-Formel.

Ü 1.17 Corporate Identity B

a) Erkläre die Bedeutung des Begriffs „Coporate Identity".

b) Beschreibe die Begriffe „Corporate Design", „Corporate Communication", „Corporate Behaviour".

Ü 1.18 Produktionsfaktoren C

a) Erkläre den Begriff „Produktionsfaktoren".

b) Nenne vier Produktionsfaktoren.

Ü 1.19 Wertschöpfungskette B

Beschreibe den Begriff „Wertschöpfungskette".

Ü 1.20 Betrieblicher Leistungserstellungsprozess C

a) Stelle den betrieblichen Leistungserstellungsprozess grafisch dar.

b) Erläutere die Aufgaben der Beschaffung, der Produktion und des Absatzes.

KÖNNEN

In diesem Kapitel hast du grundlegende Begriffe der Wirtschaft kennengelernt. Bei der folgenden Aufgabe kannst du dein Wissen anwenden.

K 1.1 Rätsel A

Löse das Rätsel zu den wirtschaftlichen Grundbegriffen. Jede Zahl entspricht einem Buchstaben. Wie lautet das gesuchte Lösungswort?

Ä = Ä, Ö = Ö, Ü = Ü

1. Fachbegriff für „Wirtschaft":

_____

26   15   11   12   11   13   17   21

2. den größtmöglichen Output mit möglichst wenig Aufwand erzielen:

_____

13   17   12   17   13   25   14   10   8   17   12   27   17   10

3. prozentueller Anstieg des BIP in einem Jahr:

_____

3   17   8   6   7   23   18   25   20   6   7   3   25   23   18   7   6   5   13

4. Formel, die eine klare Zielformulierung unterstützt (Abkürzung):

_____

7   13   25   8   6

5. andere Bezeichnung für „Dienstleistungssektor":

_____

6   21   8   6   17   28   8   7   21   15   6   11   8

6. Name eines Unternehmens:

_____

20   17   8   13   25

7. Bedeutung der Abkürzung „EPU" (3 Wörter):

21 17 12 10 21 8 7 11 12 21 12 5 12 6 21 8 12 21 18 13 21 12

8. Begriff für „Wirtschaftszweig":

24 8 25 12 23 18 21

9. Modell, das alle wesentlichen Vorgänge zwischen den Wirtschaftssubjekten abbildet:

3 17 8 6 7 23 18 25 20 6 7 15 8 21 17 7 14 25 5 20

10. englischer Begriff für „Unternehmensleitbild" (2 Wörter):

23 11 8 10 11 8 25 6 21 17 22 21 12 6 17 6 1

11. Weg eines Produkts vom Hersteller bis zum Endverbraucher:

3 21 8 6 7 23 18 26 10 20 5 12 19 7 15 21 6 6 21

12. Die Kaufkraft soll möglichst gleichbleiben, die Preise sollen nur in geringem Ausmaß steigen.:

19 21 14 22 3 21 8 6 7 6 25 24 17 14 17 6 28 6

13. Fachbegriff für Wirtschaftswissenschaften:

26 15 11 12 11 13 17 15

14. Menge der verkauften Produkte mal Verkaufspreis:

5 13 7 25 6 27

Lösungswort:

24 21 6 8 17 21 24 7 3 17 8 6 7 23 18 25 20 6 7 14 21 18 8 21

KOMPETENZCHECK

Meine Kompetenzen	Kann ich?	Lernstoff	Aufgaben
Ich kenne die Bedeutung des Begriffs „Ökonomie".		Lerneinheit 1	Ü 1.2, Ü 1.3
Ich kenne die wichtigsten Wirtschaftssysteme.		Lerneinheit 1	Ü 1.6
Ich kenne die Einteilung in Wirtschaftssektoren.		Lerneinheit 1	Ü 1.4, Ü 1.7
Ich kann die Wirtschaftssubjekte im Wirtschaftskreislauf nennen.		Lerneinheit 1	Ü 1.8
Ich kann den Unterschied zwischen der Betriebswirtschaftslehre und der Volkswirtschaftslehre erklären.		Lerneinheit 2	Ü 1.5, Ü 1.9
Ich kenne die wichtigsten Unternehmensziele und Methoden für die Zielformulierung.		Lerneinheit 2	Ü 1.12, Ü 1.13, Ü 1.14
Ich kann die Begriffe Firma, Betrieb und Unternehmen unterscheiden und kann Betriebe nach bestimmten Kriterien einteilen.		Lerneinheit 2	Ü 1.10, Ü 1.11
Ich kann die Produktionsfaktoren nennen.		Lerneinheit 2	Ü 1.15
Ich kann den Unterschied zwischen Wertschöpfungskette und Leistungserstellungsprozess erklären.		Lerneinheit 2	Ü 1.16, Ü 1.17

2 Aufzeichnungen für die Gewinnermittlung

Dokumentation und Analyse
Mithilfe des betrieblichen Rechnungswesens wird das Geschehen im Unternehmen zahlenmäßig erfasst und überwacht.

Darum geht's in diesem Kapitel:

An einem Unternehmen sind nicht nur die Eigentümer und Mitarbeiter interessiert, sondern auch externe Partner, wie der Staat, Lieferanten, Kunden, aber auch Investoren. Ihnen gegenüber ist ein Unternehmen rechenschaftspflichtig. Dies ist Aufgabe des externen Rechnungswesens.

Das lernst du in den folgenden Lerneinheiten:

1 Auf welche Art kann das **betriebliche Rechnungswesen** unternehmerische Entscheidungen unterstützen?

2 Wie wird der Gewinn mithilfe der **Einnahmen-Ausgaben-Rechnung** ermittelt?

3 Wie wird das Ergebnis mithilfe der **Pauschalierung** ermittelt?

Aktiviere dein MEHR!-Buch online: **lernenwillmehr.at**

LERNEN

1 Grundlagen des Rechnungswesens

Das Rechnungswesen soll das betriebliche Geschehen im Unternehmen dokumentieren und Hilfe bei unternehmerischen Entscheidungen bieten. Außerdem soll es Abweichungen zwischen Plan und Ist aufzeigen und Lernprozesse anstoßen. Weiters soll es einen Einblick in die Ursachen des in der Vergangenheit erwirtschafteten Erfolges geben und eine Abschätzung der zukünftigen Entwicklung des Unternehmens ermöglichen.

Ü 2.1 Überlege, wer an folgenden Informationen über ein Unternehmen interessiert sein könnte:

a) Höhe des Unternehmensgewinns

b) Höhe der Schulden des Unternehmens

c) Wert der vorhandenen Maschinen und Anlagen

d) Zahlungsfähigkeit des Unternehmens

e) zukünftige Entwicklung des Unternehmens

1 Einteilung des Rechnungswesens

Das Rechnungswesen ist ein wichtiges Instrument für die Unternehmensführung. Es besteht aus verschiedenen Teilen. Jedem Teilbereich kann man andere Informationen entnehmen.

Anschaffung einer neuen Druckmaschine
Das Rechnungswesen hilft Unternehmen bei der Lösung von verschiedensten Fragestellungen und unterstützt unternehmerische Entscheidungen durch Zahlen.

LINK
Die Umsatzsteuer
Hier findest du grundlegende Bestimmungen zur Umsatzsteuer.

accounting
Rechnungswesen

	Einteilung des Rechnungswesens			
	Externes Rechnungswesen	**Internes Rechnungswesen**		
Für wen?	v. a. unternehmens-externe Personen: • Finanzbehörden • Gläubiger • Investoren	v. a. unternehmensinterne Personen: • Unternehmensleitung • Eigentümer • Aufsichtsrat		
Verpflichtend?	gesetzlich vorge-schrieben	nicht gesetzlich vorgeschrieben		
Bezeichnung	Buchhaltung	Kostenrechnung	Finanzrechnung	Planungsrechnung
Hauptaufgabe	Dokumentation der Vergangenheit	Bereitstellung von Entscheidungs-grundlagen	Sicherung der Zahlungsfähigkeit	Vorausschau auf zukünftige Entwicklungen
Zweck der Rechnung	• Information und Schutz Externer • Ermittlung des Steueranspruchs des Staates	• Hilfe bei internen Entscheidungen (z.B. Preisermitt-lung, Entschei-dung, ob Eigener-stellung oder Kauf)	• Aufzeigen von Finanzmittel-überschüssen und -engpässen • Hilfe bei Entschei-dungen über Kreditaufnahme und Geldveran-lagung	• Hilfe bei internen Planungen • Aufzeigen zukünftiger Entwicklungs-möglichkeiten

Ü 2.2 Teilbereiche des Rechnungswesens A

Schreibe zu jeder der folgenden Aussagen, welcher Bereich des Rechnungswesens betroffen ist.

Aussage	Teilgebiet des Rechnungswesens
ist gesetzlich vorgeschrieben	
soll Hilfestellung bei Festlegung des Ver-kaufspreises der Erzeugnisse bieten	
hilft zu erkennen, ob Aufnahme eines Kre-dites notwendig ist	
dokumentiert Betriebsgeschehen der Ver-gangenheit	
soll Zahlungsfähigkeit sicherstellen	
bietet Grundlage für die Ermittlung der vom Unternehmen zu zahlenden Steuern	
hilft, zukünftige Entwicklungen zu erkennen	

Ü 2.3 Weitere Teile des Rechnungswesens C

Recherchiere, ob es auch andere Einteilungsmöglichkeiten des Rechnungswesens gibt. Kläre, welche Informationen die hier nicht genannten Bereiche des Rechnungswesens bereitstellen sollen und an wen sich diese richten.

Gläubiger
jemand, bei dem man Schulden hat

accounting, bookkeeping
Buchhaltung

cost accounting
Kostenrechnung

planning
Planung

LINK
Ü 2.2 Teilbereiche des Rechnungswesens
interaktive Übung

In unserem Chaos herrscht Ordnung
Egal wie kreativ-chaotisch ein Unternehmen arbeitet – im Rechnungswesen muss der Überblick gewahrt werden.

2 Buchführungsgrenzen

Wie der **Gewinn ermittelt** wird, für den Steuern zu zahlen sind und der an die Eigentümer ausgeschüttet werden kann, ist in Gesetzen geregelt. Rechtsvorschriften für die Buchführung sind in verschiedenen Gesetzen zu finden.

Rechtsvorschriften für die Buchführung		
Steuerrecht	**Unternehmensrecht**	
Einkommensteuergesetz (EStG) Körperschaftsteuergesetz (KStG) Umsatzsteuergesetz (UStG) Bundesabgabenordnung (BAO)	Große Unternehmen: Rechnungslegungsgesetz (RLG)	Konzerne und börsenotierte Unternehmen: internationale Rechnungslegungsvorschriften (IAS/IFRS)

Das **Steuerrecht** kennt folgende **Möglichkeiten zur Gewinnermittlung** für Gewerbetreibende und freie Berufe:

Rechnungssysteme zur Ermittlung des steuerlichen Gewinns		
Pauschalierung	**Einnahmen-Ausgaben-Rechnung**	**Doppelte Buchhaltung**
darf verwendet werden von Einzelunternehmern und Personengesellschaften bis € 220.000,– Jahresumsatz	darf verwendet werden von Einzelunternehmern und Personengesellschaften, die • einen freien Beruf ausüben: immer • ein Gewerbe ausüben: bis € 700.000,– Jahresumsatz	darf immer verwendet werden

Wenn das Steuerrecht von „Aufzeichnungen führen" spricht, meint es die Einnahmen-Ausgaben-Rechnung. „Bücher führen" hingegen bezeichnet die Buchhaltung.

Das Unternehmensrecht bestimmt, dass **Kapitalgesellschaften** und **Unternehmen mit einem Umsatz von mehr als € 700.000,–** Bücher führen müssen.

Welches Rechnungssystem Gewerbetreibende und Unternehmer, die einen freien Beruf ausüben, anwenden dürfen, hängt vom **Umsatz** und von der **Rechtsform** ab:

profit
Gewinn

tax law
Steuerrecht

commercial code
Unternehmensrecht

International Accounting Standards (IAS), International Financial Reporting Standards (IFRS)
werden von einem privaten Verein erarbeitet und sind nach Prüfung und Verlautbarung durch die EU verpflichtend anzuwenden

Freier Beruf Ziviltechniker
Rechtsanwälte, Steuerberater, Ärzte, Ziviltechniker, Notare oder Schriftsteller zählen zu den freien Berufen.

Umsatz
Summe der Einnahmen, die das Unternehmen mit seinen Geschäften erzielt

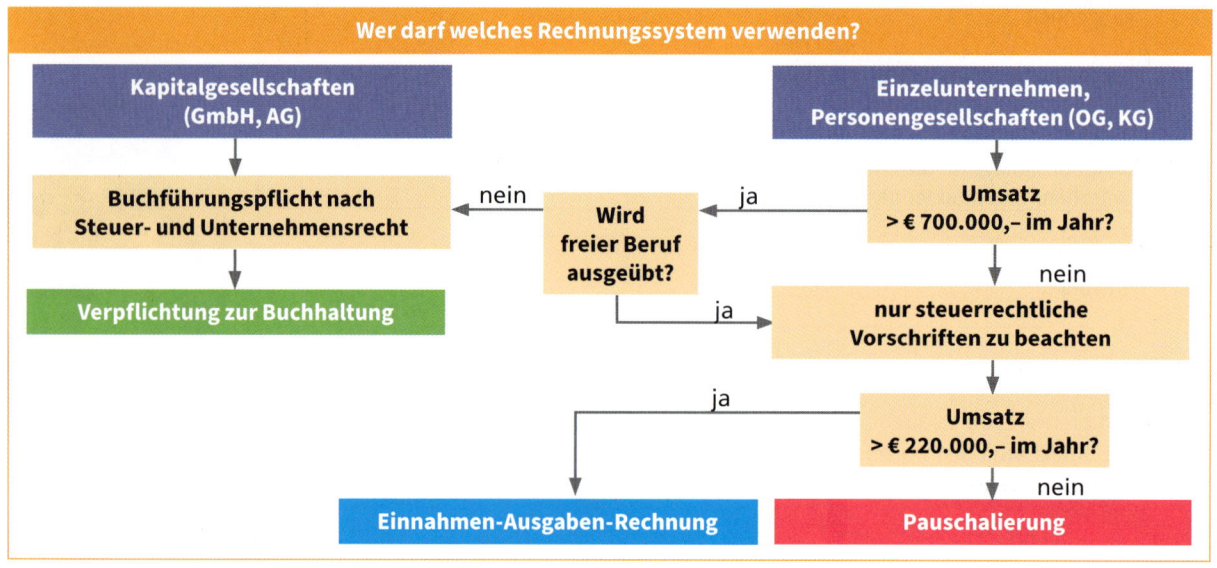

Wer darf welches Rechnungssystem verwenden?

- **Kapitalgesellschaften (GmbH, AG)**
  - Buchführungspflicht nach Steuer- und Unternehmensrecht
  - Verpflichtung zur Buchhaltung
- **Einzelunternehmen, Personengesellschaften (OG, KG)**
  - Umsatz > € 700.000,– im Jahr?
    - ja → Wird freier Beruf ausgeübt?
      - nein → Buchführungspflicht nach Steuer- und Unternehmensrecht
      - ja → nur steuerrechtliche Vorschriften zu beachten
    - nein → nur steuerrechtliche Vorschriften zu beachten
      - ja → Einnahmen-Ausgaben-Rechnung
      - Umsatz > € 220.000,– im Jahr?
        - nein → Pauschalierung

Unternehmen dürfen immer ein genaueres, aufwendigeres System nutzen. Daher dürfen z. B. Kleinstunternehmer, die ein Gewerbe betreiben, ihren Gewinn auch mithilfe einer Einnahmen-Ausgaben-Rechnung oder einer Buchhaltung ermitteln. Ein Großkonzern darf hingegen nicht den Gewinn mithilfe einer Einnahmen-Ausgaben-Rechnung oder Pauschalierung ermitteln.

Ü 2.4 Aufzeichnungen B

Müssen folgende Unternehmen aufgrund des UGB bzw. des Steuerrechts eine Buchhaltung führen oder genügt eine Einnahmen-Ausgaben-Rechnung bzw. kann eine Pauschalierung genutzt werden?

LINK
Ü 2.4 Aufzeichnungen
interaktive Übung

Unternehmen	Art der Aufzeichnung	Begründung
Ärztin, die Praxis alleine betreibt, mit € 800.000,– Umsatz jährlich		
GmbH mit € 150.000,– Umsatz jährlich		
Ziviltechniker-GmbH mit einem Umsatz von € 210.000,– jährlich		
Einzelunternehmer, der Hardware repariert, mit € 1.000.000,– Jahresumsatz		
Kommanditgesellschaft, die ein Handelsunternehmen betreibt, mit € 300.000,– Jahresumsatz		
Gastwirtschaft, die Einzelunternehmer betreibt, mit € 130.000,– Umsatz		
Studentin, die neben dem Studium für verschiedene Unternehmen Software schreibt. Sie betreibt das Unternehmen alleine und erwirtschaftet einen Umsatz von € 45.000,– im Jahr.		

Ü 2.5 Möglichkeiten der Gewinnermittlung A

Nenne die Möglichkeiten der Gewinnermittlung, die die Steuergesetze vorsehen.

Ü 2.6 Rechtsgrundlagen A

Nenne Gesetze, in denen Regeln für die Buchführung folgender Unternehmen enthalten sind:

a) ein Unternehmen, das pauschaliert ist

b) ein Einnahmen-Ausgaben-Rechner

c) ein Unternehmen, das seinen Gewinn mithilfe einer doppelten Buchhaltung ermittelt

Gesetzbücher für Unternehmen
Im Unternehmensgesetzbuch (UGB) steht u. a., wie die Bücher zu führen sind.

3 Formvorschriften

Die Gesetze verlangen, dass die Bücher und Aufzeichnungen so geführt werden, dass die **Geschäftsfälle nachvollziehbar** sind und zeigen, was im Unternehmen tatsächlich geschehen ist.

Formvorschriften der Buchführung: Unternehmen müssen bestimmte Formvorschriften einhalten, damit keine Manipulationen vorkommen.

Formvorschrift	Erklärung
Keine Buchung ohne Beleg!	Buchungen dürfen nur aufgrund entsprechender Belege vorgenommen werden.
lebende Sprache	Die Bücher sind in einer **lebenden Sprache** und **deren Schriftzeichen** zu führen. Werden sie nicht in deutscher Sprache geführt, hat der Steuerpflichtige auf Verlangen der Abgabenbehörde eine beglaubigte Übersetzung beizubringen.
7 Jahre Aufbewahrungsfrist	Sämtliche Aufzeichnungen sind **7 Jahre ab Ende des Geschäftsjahres** aufzubewahren. Belege aus 2021 sind daher bis 31. Dezember 2028 aufzubewahren. Aufzeichnungen, die Grundstücke betreffen, sind 22 Jahre aufzubewahren.
zeitlich geordnet, vollständig, richtig, zeitgerecht	Die Eintragungen sind der Zeitfolge nach **geordnet, vollständig und richtig** vorzunehmen.
eindeutige Bezeichnung der Konten	Die **Bezeichnung der Konten** soll die darauf verbuchten Geschäftsfälle erkennen lassen.
Belege geordnet aufbewahren	Die Belege sind so aufzubewahren, dass sie jederzeit gefunden und der **Zusammenhang zwischen Buchung und Beleg festgestellt** werden kann.
nichts unleserlich machen	**Falsche Eintragungen** müssen **lesbar** bleiben. Sie sind daher durchzustreichen, aber nicht zu radieren oder auszulacken.
auf dauerhaftem Datenträger aufbewahren	Werden Bücher und Aufzeichnungen mit EDV geführt, muss die dauerhafte Wiedergabe möglich sein. Die elektronischen Aufzeichnungen sind **auf Datenträgern** aufzubewahren.

4 Belege

receipt
Beleg

Im Rechnungswesen werden Geldbewegungen (Ein- und Auszahlungen in die Kasse oder auf Konten) sowie die Schulden und Forderungen des Unternehmens aufgezeichnet. Diese Eintragungen müssen durch **schriftliche Belege** nachgewiesen werden. Sie sind die Voraussetzung eines ordentlichen Rechnungswesens und stellen die Verbindung zwischen Geschäftsfall und den Aufzeichnungen dar. Belege müssen auch Externen ermöglichen, den Geschäftsfall nachzuvollziehen.

Es gilt der Grundsatz: **Keine Eintragung ohne Beleg!** Belege sind z. B. Rechnungen, Zahlungsbestätigungen, Gutschriften oder Lastschriften. Derartige Belege werden **externe Belege** genannt.

invoice, bill
Rechnung

www.EDV-SCHUSTER.com

Werner Schuster
Bahnstraße 16
2100 Korneuburg

Tel.: +43 720 50 59 48
Fax: +43 720 50 59 489
UID-Nr.: ATU51828204

Taschen & Co mit Gefühl
Sigrid Flott e. U.
Josef-Jesserniggstr. 10
2000 Stockerau

KdNr:	20340
Ihre UID-Nr.	ATU66918115
Datum:	18.12.20 . .
Lieferdatum:	18.12.20 . .

Sachbearbeiter: Schuster
Vertreter: –
Auftrag vom 17.12.20 . .

Rechnung Nr. 412

Bestellung vom 07.12.20 . .

1 Lenovo ThinkPad T430s N1RLNGE 2356LNG Intel Core i7-3520M, 240GB SSD, UMTS, Thunderbold

Notebook mit Intel® Core™ i7-3520M 2x 2.60 GHz (TurboBoost bis zu 3.60 GHz) / 4 GB RAM / 240 GB SSD Festplatte / DVD-Brenner / Intel HD Graphics 4000 / 35 cm (14") 1600 x 900 Pixel (WXGA++) mattes Display / Intel® Centrino® Advanced-N 6205 (2x) AGN / Bluetooth 4.0 / HD 720p Webcam mit Face-Tracking / bis zu 7.5 Std. Akkulaufzeit / 1.79 kg / Backlit Keyboard / UltraNav™ / UMTS / 3 Jahre Vor-Ort-Service / Microsoft® Windows® 7 Professional (64 Bit)

Nettobetrag	1.332,50 €
20 % Umsatzsteuer	266,50 €
Bruttobetrag	1.599,00 €

Versandart	**GLS Austria**
Zahlungskondition	**Zahlbar netto innerhalb von 14 Tagen ohne Abzug**
Bankverbindung	BAWAG P.S.K. AG – BLZ: 60000 – Kontonummer: 5883000
	BIC OPSKATWW – IBAN AT57 6000 0000 0588 3000

Firmenbuch-Nummer
FN 815793y

Firmenbuch-Gericht:
Korneuburg

Hat man keinen Beleg vom Geschäftspartner, muss das Unternehmen **selbst einen Beleg** erstellen. Darauf müssen zumindest vermerkt sein:

- Datum
- Betrag
- Grund der Zahlung
- Art und Menge der gelieferten Ware bzw. der erhaltenen Leistung
- genaue Bezeichnung (Name bzw. Firma) des Zahlungsempfängers

Diese Belege nennt man **Eigenbelege** oder **interne Belege.** Das Finanzamt kann verlangen, dass der genaue Name und die Adresse des Zahlungsempfängers genannt werden. Verweigert das Unternehmen diese Angaben, werden die Zahlungen nicht als Betriebsausgabe anerkannt.

Zahlen bitte!
Belege sind das A und O des Rechnungswesens. Ohne Beleg keine Buchung! Und dann muss der Beleg auch noch richtig sein.

Gibt ein Unternehmen z. B. Trinkgeld, erhält es normalerweise keinen externen Beleg. Es muss daher ein Eigenbeleg angefertigt werden:

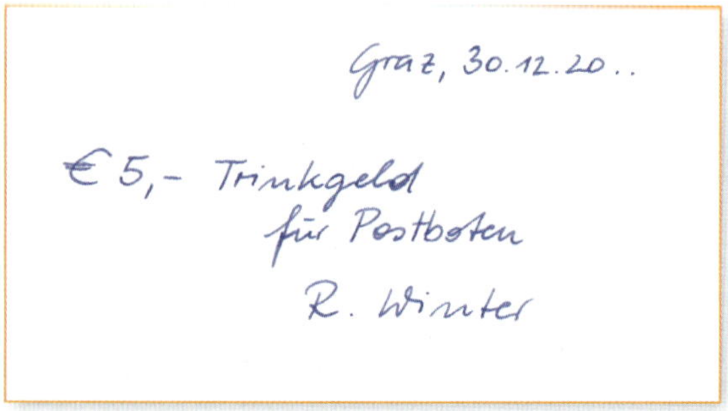
Graz, 30.12.20..

€ 5,– Trinkgeld für Postboten

R. Winter

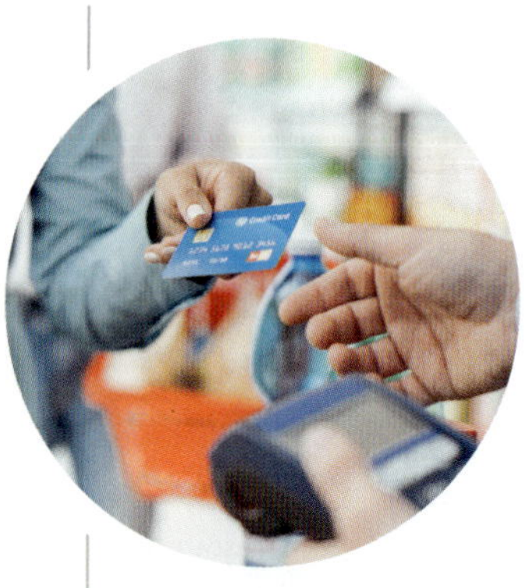
Mit der Karte zahlen
Zu den Barzahlungen zählen auch Zahlungen mit Bankomat- bzw. Kreditkarte oder vergleichbare elektronische Zahlungsformen.

Unternehmen müssen **alle Bareingänge und Barausgänge** täglich einzeln festhalten. Zahlt ein Kunde bar, dann ist der Unternehmer verpflichtet, dem Kunden einen Beleg zu geben. Folgende Angaben muss der Beleg enthalten:

1. Bezeichnung des liefernden oder leistenden Unternehmens
2. fortlaufende Nummer
3. Tag der Belegausstellung
4. Menge und handelsübliche Bezeichnung der Ware oder die genaue Bezeichnung der sonstigen Leistungen
5. Zahlungsbetrag

Wenn der Jahresumsatz mindestens € 15.000,– beträgt und die Barumsätze höher sind als € 7.500,–, ist das Unternehmen verpflichtet, diese Umsätze mittels einer **elektronischen Registrierkasse** zu erfassen. Dabei ist ein Beleg mit einer **elektronischen Signatur** zu erstellen und dem Kunden zu übergeben. Keine Registrierkasse wird benötigt

- bei Umsätzen im Freien bis zu einem Jahresumsatz von € 30.000,–,
- bei kleinen Vereinsfesten,
- für Automaten bis zu einem Einzelumsatz von € 20,–.

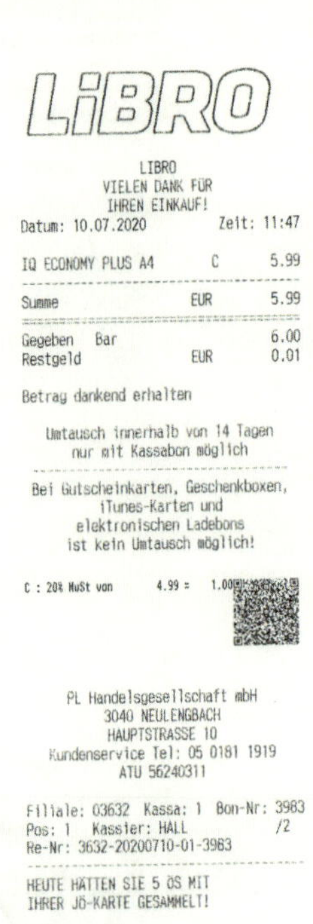
LiBRO

LIBRO
VIELEN DANK FÜR
IHREN EINKAUF!
Datum: 10.07.2020 Zeit: 11:47

IQ ECONOMY PLUS A4 C 5.99

Summe EUR 5.99

Gegeben Bar 6.00
Restgeld EUR 0.01

Betrag dankend erhalten

Umtausch innerhalb von 14 Tagen
nur mit Kassabon möglich

Bei Gutscheinkarten, Geschenkboxen,
iTunes-Karten und
elektronischen Ladebons
ist kein Umtausch möglich!

C : 20% MwSt von 4.99 = 1.00

PL Handelsgesellschaft mbH
3040 NEULENGBACH
HAUPTSTRASSE 10
Kundenservice Tel: 05 0181 1919
ATU 56240311

Filiale: 03632 Kassa: 1 Bon-Nr: 3963
Pos: 1 Kassier: HALL /2
Re-Nr: 3632-20200710-01-3963

HEUTE HÄTTEN SIE 5 ÖS MIT
IHRER J6-KARTE GESAMMELT!

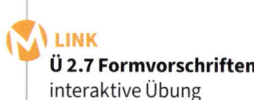

Maschinenlesbarer Code
Die elektronische Signatur wird zumeist in Form eines QR-Codes dargestellt.

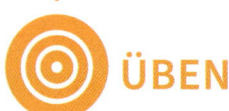

ÜBEN

In dieser Lerneinheit hast du erfahren, welche Funktion das betriebliche Rechnungswesen hat und wie Aufzeichnungen zu führen sind. Mit den folgenden Aufgaben kannst du das Gelernte üben.

Ü 2.7 Formvorschriften A

Kennzeichne, ob folgende die Formvorschriften betreffenden Aussagen richtig oder falsch sind. Ist die Aussage falsch, stelle sie richtig:

Aussage	richtig/falsch	Korrektur
Für Buchungen, die interne Vorgänge betreffen, wie z. B. Privatentnahmen aus der Kasse, muss kein Beleg existieren.		
Alle Unternehmen können ihren Tagesumsatz ermitteln, indem sie den Kassenbestand am Tagesende mit dem Kassenbestand am Tagesanfang vergleichen.		

LINK
Ü 2.7 Formvorschriften
interaktive Übung

Aussage	richtig/falsch	Korrektur
Falsche Eintragungen werden durch Auslacken korrigiert.		
Sämtliche Buchungsunterlagen müssen 10 Jahre aufbewahrt werden.		
Die Aufzeichnungen dürfen z. B. in Klöstern in lateinischer Sprache erfolgen.		
Zahlt ein Kunde bei einem Automaten € 12,–, muss er einen Beleg mit elektronischer Signatur bekommen.		

Ü 2.8 Belege C

Entscheide, ob die folgenden Belege als Grundlage für Eintragungen herangezogen werden können.

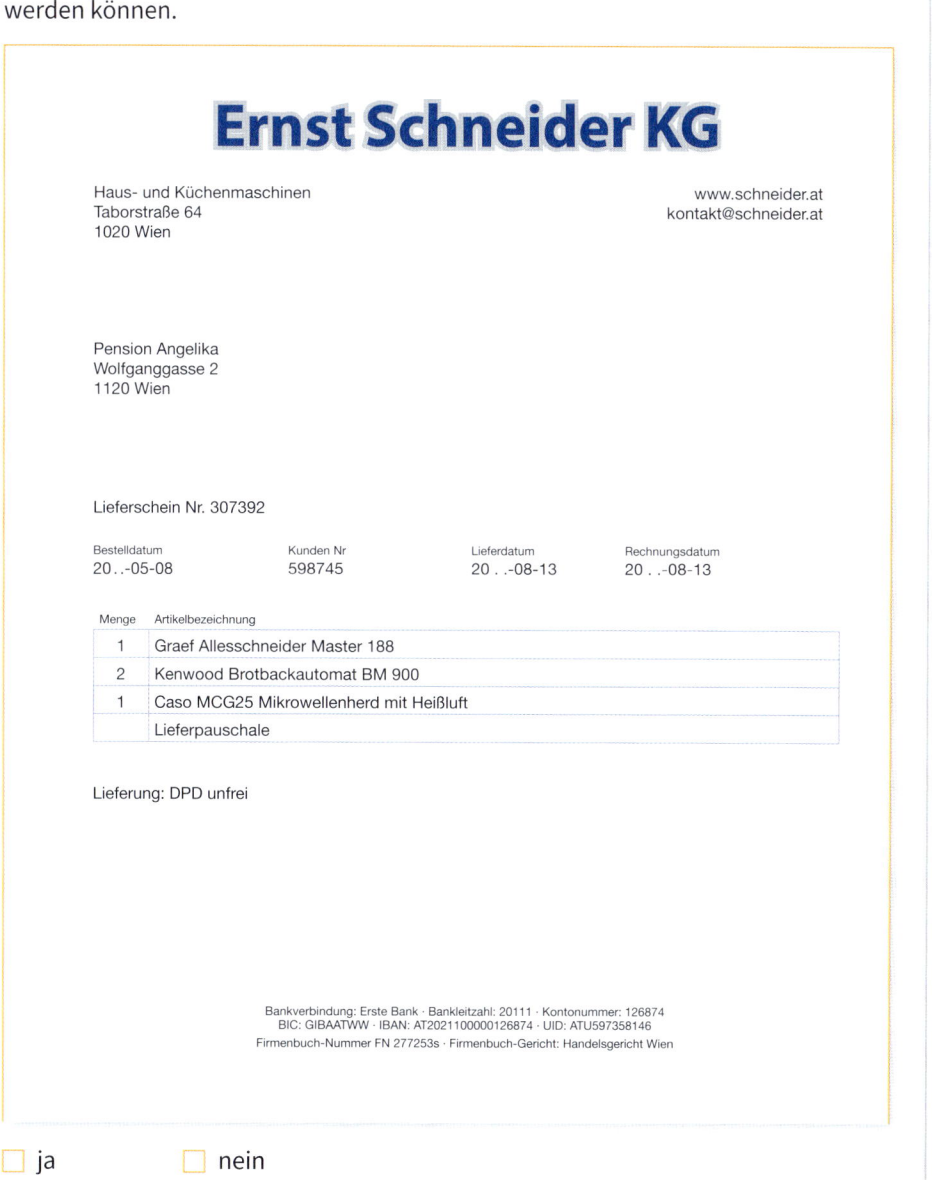

Ernst Schneider KG

Haus- und Küchenmaschinen
Taborstraße 64
1020 Wien

www.schneider.at
kontakt@schneider.at

Pension Angelika
Wolfganggasse 2
1120 Wien

Lieferschein Nr. 307392

Bestelldatum	Kunden Nr	Lieferdatum	Rechnungsdatum
20..-05-08	598745	20 . .-08-13	20 . .-08-13

Menge	Artikelbezeichnung
1	Graef Allesschneider Master 188
2	Kenwood Brotbackautomat BM 900
1	Caso MCG25 Mikrowellenherd mit Heißluft
	Lieferpauschale

Lieferung: DPD unfrei

Bankverbindung: Erste Bank · Bankleitzahl: 20111 · Kontonummer: 126874
BIC: GIBAATWW · IBAN: AT2021100000126874 · UID: ATU597358146
Firmenbuch-Nummer FN 277253s · Firmenbuch-Gericht: Handelsgericht Wien

☐ ja   ☐ nein

RAD SCHUPPEN

Radschuppen GmbH
Fahrräder und Fahrradzubehör
Kleine Sperlgasse 3
1020 Wien

www.radschuppen.at • kontakt@radschuppen.at

Georg Hermann
Radshop
Taborstraße 97
1020 Wien

Rechnung Nr. 30867

Bestelldatum	Kunden Nr	Lieferdatum	Rechnungsdatum
20..-03-30	598755	20..-04-06	20..-04-06

Menge	Artikelbezeichnung	Einzelpreis exkl. MwSt	Gesamtpreis exkl. MwSt
1	Römer Britax Kindersitz Relax Lilly	75,00	600,00
8	Klemmstück für Römer Relax	5,90	47,20
8	Gurtzeug für Römer Relax	15,00	120,00
	Lieferpauschale		35,00
	Nettobetrag		802,20
	MwSt 20%		160,44
	Rechnungsbetrag		**962,64**

Lieferung: DPD unfrei

Zahlung: 10 Tage ohne Abzug

Bankverbindung:	Bankleitzahl:	Kontonummer:	
Erste Bank	2011	126874	Firmenbuch-Nummer: FN 304742t
BIC GIBAATWW	IBAN AT2021100000126874	UID ATU597358146	Firmenbuch-Gericht: Handelsgericht Wien

☐ ja   ☐ nein

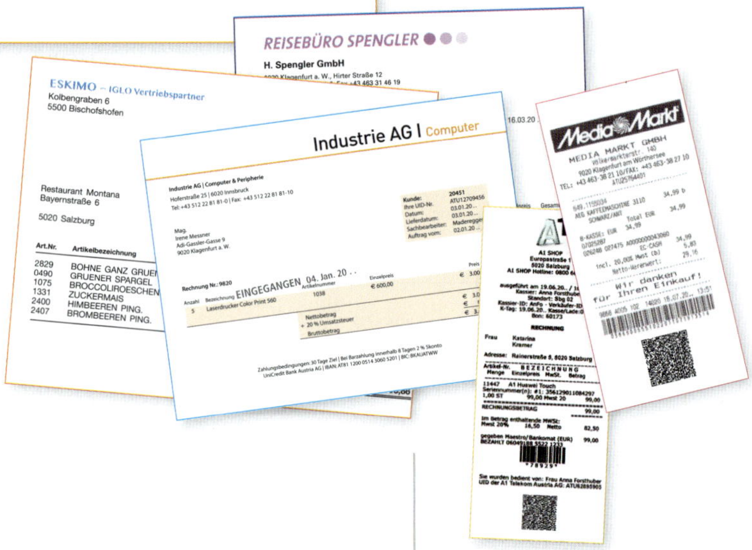

Keine Buchung ohne Beleg!
Belege müssen sieben Jahre
lang aufbewahrt werden.

ELEKTRO MAIER
1010 Wien, Seilerstätte 19
Telefon +43 1 512 52 53
www.elektromaier.at
UID-Nr.: ATU22439866

Beleg-Nr. #8137 20..0130 17:43:01

RECHNUNG

2 x 5,60	€	11,20
USB-Kabel		
Summe	€	11,20
Netto	€	9,33
+20% USt	€	1,87
Brutto	€	11,20
BAR	**€**	**11,20**

☐ ja   ☐ nein

€ 500,– erhalten!

☐ ja   ☐ nein

Ü 2.9 Geldentnahme B

Die Unternehmerin entnimmt € 200,– aus der Unternehmenskasse für private Zwecke.

a) Prüfe, ob sie das darf.

b) Fertige einen entsprechenden Beleg an.

Bargeld für den Einkauf
Aus der eigenen Unternehmenskasse Geld entnehmen – was ist zu tun?

LERNEN

2 Die Einnahmen-Ausgaben-Rechnung

Kleinere Unternehmen können ihren Gewinn mithilfe der Einnahmen-Ausgaben-Rechnung (EAR) ermitteln. Diese ist im Vergleich zur Buchhaltung einfacher und weniger aufwendig.

Ü 2.10 Ein Unternehmer hat die Belege der von ihm abgeschlossenen Geschäfte in einer Schachtel gesammelt.

a) Überlege, was er tun muss, damit er daraus seinen Gewinn ermitteln kann.

b) Überlege, welche Informationen er noch darüber hinaus aus den Belegen gewinnen kann.

1 Grundlagen der Einnahmen-Ausgaben-Rechnung

Kleine Unternehmen und Unternehmen, die einen freien Beruf ausüben, können ihren Gewinn mithilfe einer Einnahmen-Ausgaben-Rechnung ermitteln. Das Unternehmensrecht enthält keine Bestimmungen für die Einnahmen-Ausgaben-Rechnung. Diese sind im Steuerrecht enthalten.

Grundlage für die Planung im Unternehmen
Unternehmen müssen jedes Jahr ihren Gewinn ermitteln. Dieser bildet die Grundlage für die Berechnung der Einkommensteuer.

cash-based accounting
Einnahmen-Ausgaben-Rechnung

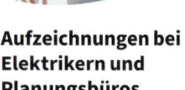

Aufzeichnungen bei Elektrikern und Planungsbüros
Klein- und Mittelbetriebe (KMU) sind die Säulen der österreichischen Wirtschaft. Sie führen meist eine Einnahmen-Ausgaben-Rechnung. Dies ist weniger zeitaufwendig.

Einnahmen-Ausgaben-Rechnung: Die Betriebseinnahmen werden den Betriebsausgaben gegenübergestellt.

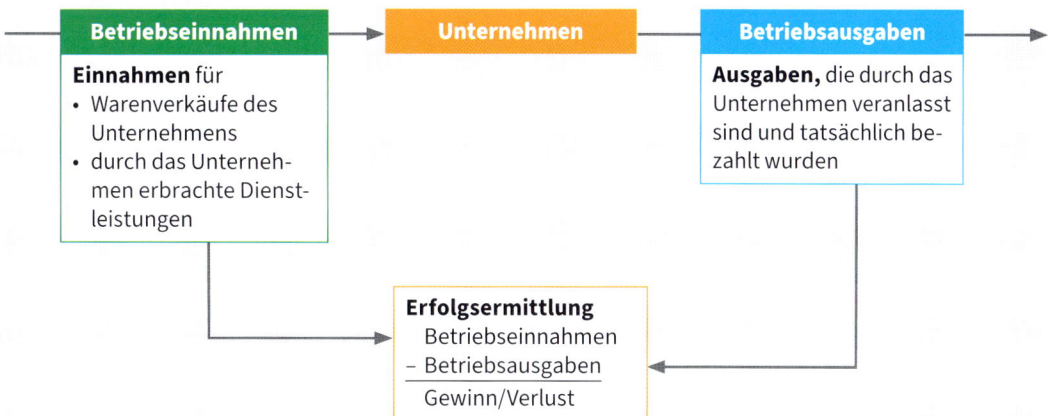

Betriebseinnahmen sind **Zugänge von Geld** oder anderen Werten durch die Leistungen des Betriebes, z. B.

- Einnahmen aus Warenverkäufen,
- Einnahmen aus Dienstleistungen,
- Provisionseinnahmen im Rahmen des Betriebs,
- Honorare (Entgelt für Leistungen freier Berufe).

Betriebsausgaben sind **Abgänge von Geld**, die durch den Betrieb veranlasst sind, z. B.

- Ausgaben für Waren- und Materialeinkauf,
- Ausgaben für Büromaterial und Werbung
- Ausgaben für Fachliteratur und -zeitschriften,
- Miete für Geschäftsräume,
- Ausgaben für Steuerberatung,
- Löhne und Gehälter der Mitarbeiter,
- Sozialversicherungsbeiträge des Unternehmers,
- Ausgaben für Energie,
- Ausgaben für Reparatur der Betriebseinrichtungen.

Zahlungen sind in dem Zeitpunkt als Betriebseinnahme oder Betriebsausgabe zu verrechnen, in dem das **Geld dem Betrieb zufließt** oder das **Geld aus dem Betrieb abfließt**.

Kredite im Unternehmen
Die Rückzahlung eines Kredits ist keine Betriebsausgabe, genauso wenig wie die Aufnahme eines Kredites eine Betriebseinnahme ist. Nur die für einen Kredit bezahlten Zinsen, Gebühren und sonstigen Kosten werden als Betriebsausgaben verrechnet.

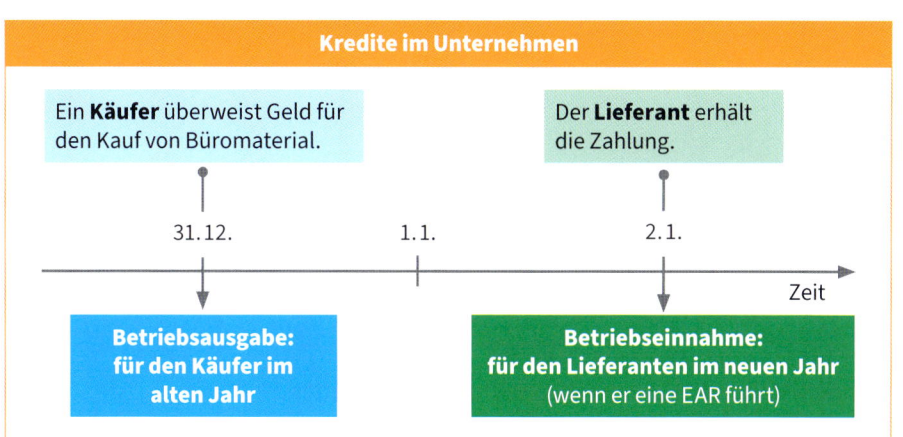

2 Anlagevermögen

Zum **Anlagevermögen** gehören Sachen, die das Unternehmen länger nutzen möchte, wie

fixed assets
Anlagegüter

- Maschinen,
- EDV-Anlagen,
- Geschäftseinrichtungen,
- Grundstücke oder
- Bilder.

Gegenstände, die dem Unternehmen **auf Dauer dienen** sollen, werden **Anlagegegenstände** bzw. zusammen **Anlagevermögen** genannt. „Auf Dauer" dienen Sachen dem Unternehmen, wenn geplant ist, diese länger als ein Jahr zu nutzen.

Einige dieser Anlagegegenstände verlieren durch den Gebrauch bzw. Besitz an Wert. Der Wert anderer Anlagen verändert sich durch den Gebrauch bzw. Besitz hingegen nicht. Man unterscheidet daher **abnutzbares Anlagevermögen** und **nicht abnutzbares Anlagevermögen**.

Nutzt sich Software ab?
Auch ein EDV-Programm kann eine Anlage sein.

| Anlagevermögen ||
Abnutzbares Anlagevermögen (Wertminderung durch Gebrauch)	Nicht abnutzbares Anlagevermögen (keine Wertminderung durch Gebrauch)
Beispiele: • Gebäude • Betriebsausstattung	**Beispiele:** • Grundstück • Kunstwerke, • Wertpapiere

Der Kaufpreis von Anlagegegenständen ist keine Betriebsausgabe. Die Betriebsausgabe entsteht erst durch die **Wertminderung.** Sie wird durch die **Abschreibung** im Rechnungswesen berücksichtigt.

depreciation
Abschreibung

Lineare Abschreibung

Berechnet wird die lineare Abschreibung, indem der **Anschaffungspreis** gleichmäßig auf die **Zeit der voraussichtlichen Nutzung** aufgeteilt wird.

Abschreibung
Das Steuerrecht nennt die Abschreibung „Absetzung für Abnutzung"; sie wird mit AfA abgekürzt.

Begonnen wird mit der Verrechnung der Abschreibung ab dem Beginn der Nutzung. Wird die Sache im **1. Halbjahr** in Betrieb genommen, wird die **volle Abschreibung** verrechnet. Liegt der Nutzungsbeginn im **2. Halbjahr,** darf nur die **halbe Abschreibung** verrechnet werden. Für nicht abnutzbares Anlagevermögen darf keine Abschreibung verrechnet werden.

Die **Nutzungsdauer** muss vom Betrieb aufgrund der jeweiligen Gegebenheiten geschätzt werden. In der Praxis wird meist mit folgender Dauer gerechnet:

useful life
Nutzungsdauer

- Maschinen: 5–10 Jahre
- Büroeinrichtung: 10 Jahre
- EDV-Geräte: 3–5 Jahre

Für einige Wirtschaftsgüter ist die Mindest-Nutzungsdauer im Gesetz bzw. in Erlässen des BMF festgelegt. Dies sind z. B.

- für PKWs und Kombis 8 Jahre oder
- für EDV-Anlagen 3 Jahre.

  (Es darf jedoch auch in diesen Fällen mit einer längeren Nutzungsdauer gerechnet werden.)

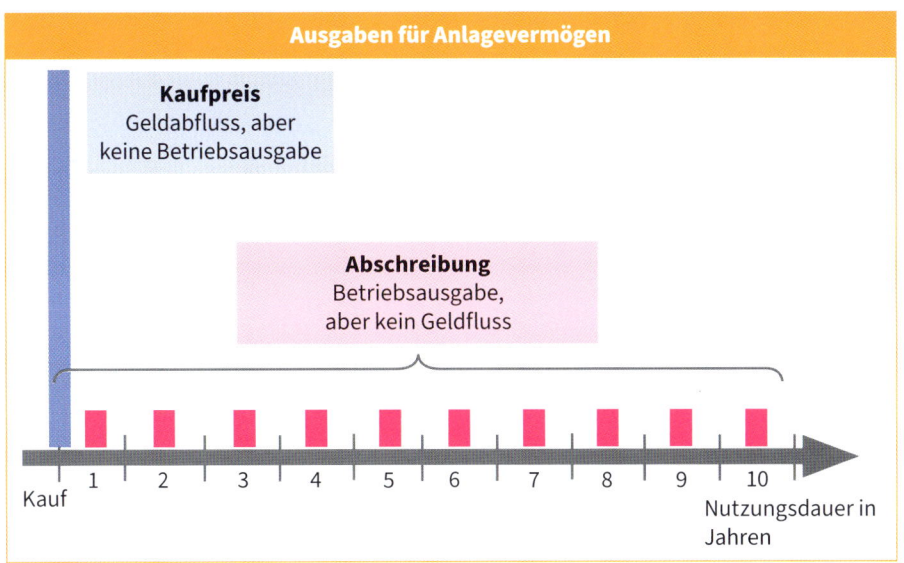

Ausgaben für Anlagevermögen

Kaufpreis
Geldabfluss, aber keine Betriebsausgabe

Abschreibung
Betriebsausgabe, aber kein Geldfluss

Kauf 1 2 3 4 5 6 7 8 9 10

Nutzungsdauer in Jahren

L 2.1 Lineare Abschreibung einer Büroeinrichtung

Ein Unternehmen kauft im Jänner 2016 eine neue Büroeinrichtung um € 8.500,– und nutzt sie ab Februar 2016. Das Unternehmen schätzt die Nutzungsdauer auf 10 Jahre.

Berechne die lineare Abschreibung der Büroeinrichtung.

Lösung:

$$\text{Abschreibungsbetrag} = \frac{\text{Anschaffungswert}}{\text{Nutzungsdauer}} = \frac{€\,8.500,-}{10\ \text{Jahre}} = €\,850,-\ \text{pro Jahr}$$

oder

$$\text{Abschreibungssatz} = \frac{1 \times 100}{\text{Nutzungsdauer}} = \frac{100}{10\ \text{Jahre}} = 10\%\ \text{pro Jahr}$$

Das Unternehmen hat im Jahr der Anschaffung den Kaufpreis von € 8.500,– bezahlt. Es können im Jahr, in dem mit der Nutzung begonnen wurde, und in den folgenden 9 Jahren jedes Jahr € 850,– als Betriebsausgabe geltend gemacht werden.

Die Aufzeichnungen des Unternehmens zeigen für die Büroeinrichtung folgende Wertentwicklung:

Jahr	Wert zu Jahresbeginn	Abschreibungssatz in % des Anschaffungswertes	Abschreibungs-betrag	Wert am Jahresende
2016	€ 8.500,–	10%	€ 850,–	€ 7.650,–
2017	€ 7.650,–	10%	€ 850,–	€ 6.800,–
2018	€ 6.800,–	10%	€ 850,–	€ 5.950,–
2019	€ 5.950,–	10%	€ 850,–	€ 5.100,–
2020	€ 5.100,–	10%	€ 850,–	€ 4.250,–
2021	€ 4.250,–	10%	€ 850,–	€ 3.400,–
2022	€ 3.400,–	10%	€ 850,–	€ 2.550,–
2023	€ 2.550,–	10%	€ 850,–	€ 1.700,–
2024	€ 1.700,–	10%	€ 850,–	€ 850,–
2025	€ 850,–	10%	€ 850,–	€ 0,–

Frachtspesen müssen mitgerechnet werden
Zum Anschaffungspreis zählt alles, was das Unternehmen aufzuwenden hat, damit die Sache betriebsbereit im Unternehmen ist. Beispiele: Transportkosten, Transportversicherung, Aufwendungen für die Aufstellung der Maschine im Unternehmen.

Stellt man die Wertentwicklung grafisch dar, erhält man folgendes Bild:

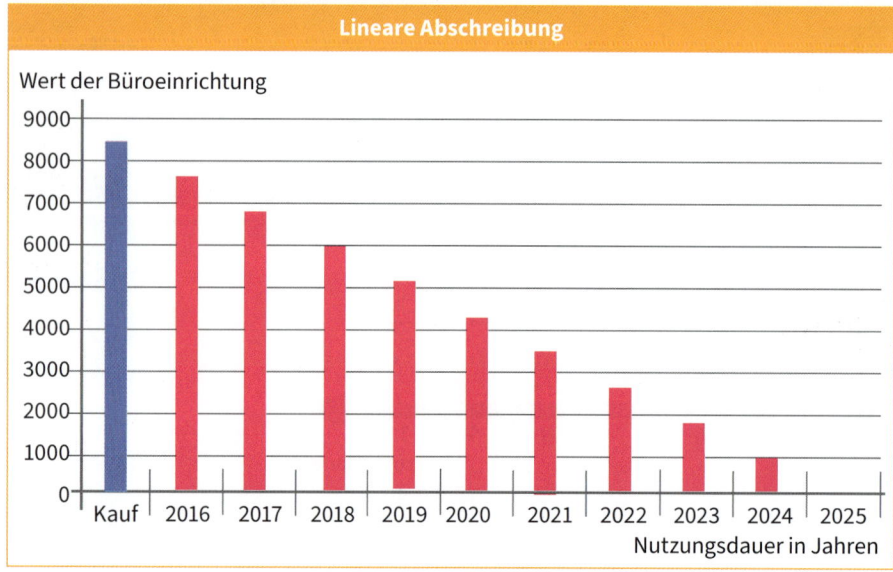

Lineare Abschreibung

Wert der Büroeinrichtung

(Balkendiagramm: y-Achse von 0 bis 9000, x-Achse mit Nutzungsdauer in Jahren; Kauf, 2016, 2017, 2018, 2019, 2020, 2021, 2022, 2023, 2024, 2025)

Nutzungsdauer in Jahren

Wenn das Unternehmen die Abschreibungsbeträge zur Seite legt, hat es am Ende der Nutzungsdauer einen Betrag, der dem Anschaffungswert entspricht. Es kann sich eine neue Büroeinrichtung kaufen.

Degressive Abschreibung

Insbesondere Maschinen und Geräte verlieren zu Beginn viel an Wert und später weniger. Häufig verläuft der Wertverlust <u>degressiv</u>:

degressiv
abnehmend, sich kontinuierlich vermindernd

So schnell verliert dein Auto an Wert!

Heute gekauft, morgen schon viel weniger wert. Der Wertverlust der Autos verläuft nicht linear: In den ersten drei bis fünf Jahren ist er am größten und flacht in den Folgejahren ab. Sobald Sie Ihren Neuwagen zugelassen und die Schilder drangeschraubt haben, ist ganz viel Bares weg.

Beispiel Golf:

Nach 1 Jahr – ca. 30 % Wertverlust

Nach 3 Jahren – ca. 45 % Wertverlust

Nach 5 Jahren – ca. 55–60 % Wertverlust

Danach kann für jedes Folgejahr ca. 5 % an Wertverlust angenommen werden.

Quelle: https://oe3.orf.at/stories/2709809/, letzter Zugriff: 8.7.2020

Unternehmen dürfen die Abschreibung auch so berechnen, dass sie einen degressiven Verlauf hat, d. h., dass sie zu Beginn größer ist und mit der Zeit geringer wird.

Neuwagen oder Gebrauchtkauf?
Für wen der letzte Stand der Sicherheit und die Garantie eines neuen Autos an erster Stelle steht, wird eher einen Neuwagen anschaffen. Dem entgegen stehen der hohe Anschaffungspreis und der starke Wertverlust zu Beginn.

L 2.2 Degressive Abschreibung einer Büroeinrichtung

Ein Unternehmen kauft im Jänner 2016 eine neue Büroeinrichtung um
€ 8.500,– und nutzt sie ab Februar 2016. Das Unternehmen schätzt die
Nutzungsdauer auf 10 Jahre.

Errechne die degressive Abschreibung der Büroeinrichtung.

Lösung:

Abschreibungsbetrag = Abschreibungssatz × Buchwert zum Schluss des
Vorjahres

Im Gesetz ist der Abschreibungssatz mit 30 % festgelegt.

Jahr	Wert zu Jahresbeginn	Abschreibungssatz in % des Buchwertes	Abschreibungs- betrag	Buchwert am Jahresende
Kauf				€ 8.500,–
2016	€ 8.500,–	30,00 %	€ 2 550,–	€ 5.950,–
2017	€ 5.950,–	30,00 %	€ 1 785,–	€ 4.165,–
2018	€ 4.165,–	30,00 %	€ 1 250,–	€ 2.916,–
2019	€ 2.916,–	30,00 %	€ 875,–	€ 2.041,–
2020	€ 2.041,–	30,00 %	€ 612,–	€ 1.429,–
2021	€ 1.429,–	30,00 %	€ 429,–	€ 1.000,–
2022	€ 1.000,–	30,00 %	€ 300,–	€ 700,–
2023	€ 700,–	30,00 %	€ 210,–	€ 490,–
2024	€ 490,–	30,00 %	€ 147,–	€ 343,–
2025	€ 343,–	30,00 %	€ 103,–	€ 240,–

Büroeinrichtung nutzt sich ab
Durch den Gebrauch werden Büromöbel weniger wert.

Stellt man die Wertentwicklung grafisch dar, erhält man folgendes Bild:

Da der Buchwert der Anlage nie Null wird, kann der Unternehmer zu einem
von ihm festgelegten Zeitpunkt von der degressiven zur linearen Abschreibung wechseln. Ein Wechsel von der linearen zur degressiven Abschreibung
ist verboten.

Ü 2.11 Abschreibung B

Ein Unternehmen kauft und bezahlt im Mai eine Maschine um € 3.000,– inkl. 20% USt, die 6 Jahre genutzt werden soll. Es wird sofort mit der Nutzung begonnen. Das Unternehmen ist nicht vorsteuerabzugsberechtigt.

a) Berechne die Abschreibung, wenn linear abgeschrieben wird, und stelle den Wertverlauf in einer Tabelle dar.

b) Berechne die Abschreibung, wenn degressiv abgeschrieben wird, und stelle den Wertverlauf in einer Tabelle dar.

c) Stelle die Vor- und Nachteile der linearen und der degressiven Abschreibung in einer Tabelle gegenüber.

Bei sämtlichen folgenden Beispielen wird linear abgeschrieben.

Geringwertige Wirtschaftsgüter

Geringwertige Wirtschaftsgüter sind Anlagegüter, deren **Anschaffungspreis nicht mehr als € 800,–** beträgt.

Beispiel: Ein Unternehmen kauft einen Drucker um € 160,–. Dies ist ein Anlagegegenstand, da geplant ist, den Drucker mehrere Jahre zu nutzen.

Würden auch derartige Anlagegüter abgeschrieben, bedeutete dies einen enormen Arbeitsaufwand. Das Gesetz enthält für diese Güter eine Ausnahme: Anlagegüter mit einem Anschaffungspreis von höchstens € 800,– dürfen **sofort als Betriebsausgabe verrechnet** werden. Sie müssen nicht abgeschrieben werden.

Geringwertige Wirtschaftsgüter sind z. B.:

- Schreibtischlampe
- Sessel
- Heftmaschine
- Taschenrechner
- Buch
- Schraubenschlüssel
- Handbohrmaschine
- USB-Stick u. a.

Gegenstände, die nach ihrem Zweck eine **wirtschaftliche Einheit** bilden, müssen gemeinsam betrachtet werden. Das heißt, nur wenn der Wert der gesamten Einheit € 800,– nicht überschreitet, kann sie als geringwertiges Wirtschaftsgut behandelt werden. Wirtschaftliche Einheiten sind z. B.:

- Werkzeugsatz
- gesamte Kino- oder Theaterbestuhlung
- Sitzgarnitur
- Zentraleinheit, Bildschirm und Tastatur eines PC (Drucker und Maus zählen nicht dazu)

low value assets
geringwertige Wirtschaftsgüter

Anschaffungspreis
Für vorsteuerabzugsberechtigte Unternehmen ist dies der Nettopreis (exklusive Umsatzsteuer).

Anschaffung eines Beamers
Wenn das Gerät weniger als € 800,– kostet, kann es sofort als Betriebsausgabe abgezogen werden. Dies mindert den Durchschnittsteuersatz des Anschaffungsjahres.

Ü 2.12 Betriebseinnahme oder Betriebsausgabe B

Kennzeichne, ob es sich in folgenden Fällen im Abrechnungsjahr um eine Betriebseinnahme, eine Betriebsausgabe oder keines von beiden handelt.

LINK
Ü 2.12 Betriebseinnahme oder Betriebsausgabe
interaktive Übung

Geschäftsfall	Betriebseinnahme	Betriebsausgabe	keines von beiden
Zahlung der Miete für Geschäftslokal		X	
Zahlung der Entgelte für Mitarbeiter		X	
Abschreibung einer Maschine		X	
Privatentnahme			X
Kunde kauft Waren und zahlt bar	X		
Kunde kauft Waren, Zahlung erfolgt im nächsten Jahr	X (zum Zahlungseingang)		
Kauf einer Handbohrmaschine für das Unternehmen, die 5 Jahre genutzt wird, um € 75,–			X
Kauf einer Maschine, Preis € 50.000,–. Sie wird voraussichtlich ab nächstem Jahr 10 Jahre genutzt.			X
Abhebung vom Bankkonto und Einzahlung des Betrags in die Kassa			X
Zahlung der Zinsen für Betriebskredit		X	

Ü 2.13 Anlagegegenstände in einer Buchhandlung B

Entscheide, ob folgende Sachen Anlagegegenstände für ein vorsteuerabzugsberechtigtes Unternehmen sind. Falls ja, ergänze, ob es sich um ein geringwertiges Wirtschaftsgut handelt, ob das Wirtschaftsgut planmäßig abgeschrieben wird oder ob es nicht abgeschrieben wird.

LINK
Ü 2.13 Anlagegegenstände in einer Buchhandlung
interaktive Übung

Gegenstand	Anlagegut? (ja/nein)	Geringwertiges Wirtschaftsgut? (ja/nein)	Abschreibung? (ja/nein)
Bücher zum Weiterverkauf			
Vitrine zur Präsentation der Bücher (Preis: € 1.530,– inkl. USt)			
Kunstwerk, das im Verkaufsraum zur Dekoration aufgehängt ist (Preis € 22.500,– inkl. USt)			
Schreibtischlampe im Büro (Preis: € 85,– inkl. USt)			
Tisch, auf dem Bücher zum Verkauf aufgelegt sind (Preis: € 850, – inkl. USt)			
Verpackungsmaterial für verkaufte Bücher			

Ü 2.14 Abschreibung C

Ein Unternehmen kauft und bezahlt im Mai eine Maschine um € 3.000,– inkl. 20% USt, die 6 Jahre genutzt werden soll. Nach dem Betriebsurlaub, der Mitte Juli endet, wird sie erstmalig verwendet. Ermittle, wie hoch die lineare Abschreibung im Jahr des Kaufes ist, wenn das Unternehmen nicht vorsteuerabzugsberechtigt ist.

Ü 2.15 Kleingerät **C**

Ein Unternehmen kauft im Dezember ein Gerät zum Preis von €300,– exkl. 20% USt und beginnt sofort mit der Nutzung. Es ist geplant, das Gerät 10 Jahre zu nutzen. Das Unternehmen ist nicht vorsteuerabzugsberechtigt und schreibt linear ab.

a) Um welchen Betrag wird der Gewinn im Anschaffungsjahr vermindert?

b) Um welchen Betrag wird der Gewinn im nächsten Jahr vermindert?

Ü 2.16 Geräte für Teeküche **C**

Ein Unternehmen kauft am 5. Mai Geräte für die Teeküche (das Unternehmen ist nicht vorsteuerabzugsberechtigt und schreibt linear ab). Beide Geräte können voraussichtlich 6 Jahre genutzt werden.

- Geschirrspüler um €420,– inkl. USt
- Kaffeeautomaten um €890,– inkl. USt

Führe folgende Berechnungen für beide Geräte durch:

a) Um welchen Betrag wird der Gewinn im Anschaffungsjahr vermindert?

b) Um welchen Betrag wird der Gewinn im nächsten Jahr vermindert?

c) Um welchen Betrag wird der Geldbestand (bar oder Bank) im Anschaffungsjahr vermindert?

d) Um welchen Betrag wird der Geldbestand (bar oder Bank) im nächsten Jahr vermindert?

3 Wie sieht eine Einnahmen-Ausgaben-Rechnung aus?

Abhängig von der Art der Geschäfte und von der Größe des Unternehmens müssen Einnahmen-Ausgaben-Rechner bestimmte Aufzeichnungen führen.

Hinweis: In diesem Buch wird davon ausgegangen, dass die Unternehmen umsatzsteuerbefreit sind. Ist ein Unternehmen umsatzsteuerpflichtig, müssen Nettobeträge (exkl. USt) eingetragen werden und zusätzliche Spalten für die Umsatz- und Vorsteuer vorgesehen werden.

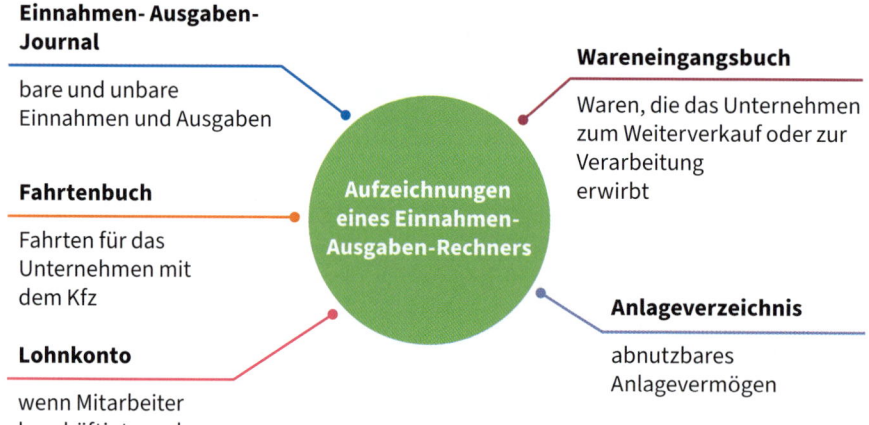

Einnahmen- Ausgaben-Journal
bare und unbare Einnahmen und Ausgaben

Fahrtenbuch
Fahrten für das Unternehmen mit dem Kfz

Lohnkonto
wenn Mitarbeiter beschäftigt werden

Aufzeichnungen eines Einnahmen-Ausgaben-Rechners

Wareneingangsbuch
Waren, die das Unternehmen zum Weiterverkauf oder zur Verarbeitung erwirbt

Anlageverzeichnis
abnutzbares Anlagevermögen

Ein Unternehmen muss nur jene Aufzeichnungen führen, die es aufgrund der von ihm getätigten Geschäfte tatsächlich benötigt. Werden z.B. keine Mitarbeiter beschäftigt, muss kein Lohnkonto geführt werden; werden keine Fahrten mit dem Pkw unternommen, muss kein Fahrtenbuch geführt werden.

Gewinnermittlung in der Einnahmen-Ausgaben-Rechnung: Die Gewinnermittlung erfolgt nach einem bestimmten Schema:

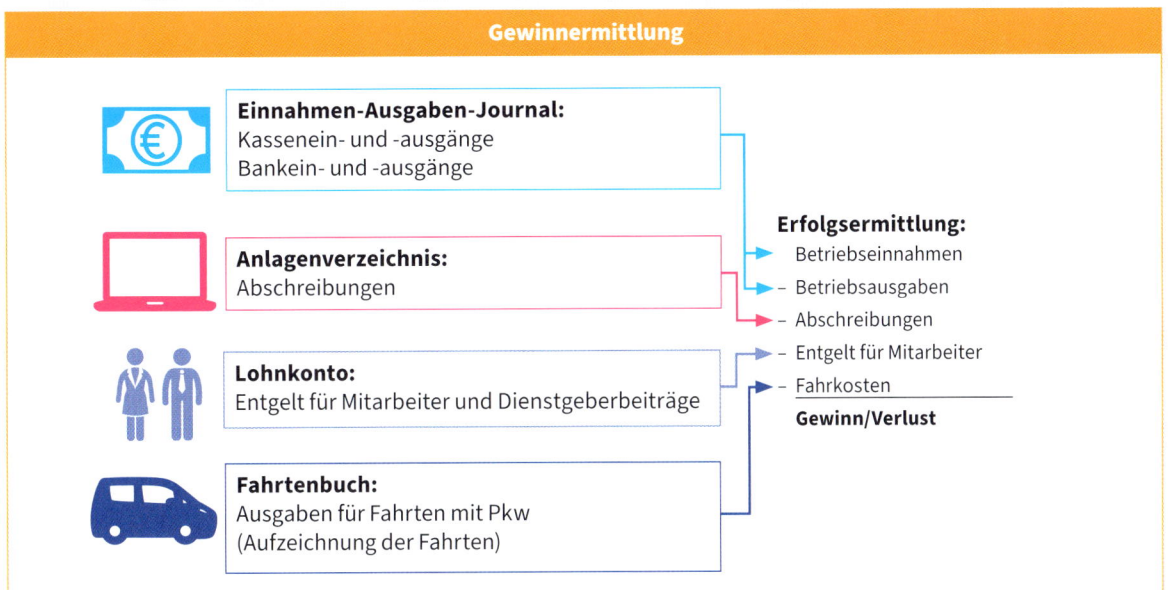

Wareneingangsbuch

Die Waren, die ein Unternehmen zum Weiterverkauf oder zur Verarbeitung erwirbt, müssen in ein **Wareneingangsbuch** eingetragen werden. Folgende Angaben müssen darin zu finden sein:

- fortlaufende Nummer der Eintragung
- Tag des Wareneingangs oder der Rechnungslegung
- Name (Firma) und Anschrift des Lieferanten
- Bezeichnung der Ware
- Preis der Ware
- Hinweis auf die dazugehörigen Belege (Belegnummer)

supplier, contractor
Lieferant

product, commodity, article
Ware

Wareneingangsbuch

lfd. Nr.	Tag des Warenein- ganges	Belegnr.	Lieferant Name und Anschrift	Art der Ware	Einkaufs- preis

L 2.3 Einnahmen-Ausgaben-Rechnung des Unternehmers Felix Winkler – Wareneingangsbuch

Felix Winkler schreibt für Unternehmen Software. Er übt die Tätigkeit alleine aus, ohne Mitarbeiter. Seine Einnahmen betrugen voriges Jahr € 22.420,–. Daher kann er seinen Gewinn mithilfe einer Einnahmen-Ausgaben-Rechnung ermitteln. Er erwirbt keine Waren zum Weiterverkauf oder zur Verarbeitung.

Prüfe, ob er ein Wareneingangsbuch führen muss.

Lösung:

Unternehmen müssen nur jene Aufzeichnungen führen, die aufgrund ihrer Geschäfte erforderlich sind. Da Felix Winkler keine Waren zum Weiterverkauf oder zur Verarbeitung erwirbt, muss er kein Wareneingangsbuch führen.

Anlagenverzeichnis

Die abnutzbaren Anlagegüter des Unternehmens sind in das **Anlagenverzeichnis** einzutragen. Dieses muss zumindest folgende Angaben enthalten:

- Anschaffungstag
- Anschaffungs- oder Herstellungskosten
- Name und Anschrift des Lieferanten
- Nutzungsdauer
- Betrag der jährlichen Absetzung für Abnutzung
- den noch absetzbaren Betrag (Restbuchwert, Wert am Jahresende)

Sinnvoll ist es, auch den Beginn der Nutzung und damit den Beginn der Abschreibung in das Anlagenverzeichnis aufzunehmen.

L 2.4 Einnahmen-Ausgaben-Rechnung des Unternehmers Felix Winkler (Fortsetzung von L 2.3) – Anlagenverzeichnis

Felix Winkler hat 2018 eine Büroeinrichtung um € 7.300,– gekauft, die zehn Jahre genutzt werden soll. Im Oktober 2021 wurde ein neuer PC um € 2.200,– angeschafft, der voraussichtlich vier Jahre genutzt wird.

Ermittle die lineare Abschreibung für

a) die Büroeinrichtung,

b) den PC.

Lösung:

a) Die Abschreibung (AfA) der Büroeinrichtung beträgt:

$$\text{Abschreibung} = \frac{\text{Anschaffungskosten}}{\text{Nutzungsdauer}} = \frac{€\,7.300,-}{10\ \text{Jahre}} = €\,730,-\ \text{pro Jahr}$$

b) Die Abschreibung des PC errechnet sich:

$$\text{Abschreibung} = \frac{\text{Anschaffungskosten}}{\text{Nutzungsdauer}} = \frac{€\,2.200,-}{4\ \text{Jahre}} = €\,550,-\ \text{pro Jahr}$$

Da der PC erst im 2. Halbjahr in Betrieb genommen wurde, darf nur die halbe Abschreibung verrechnet werden.

Das Anlagenverzeichnis von Felix Winkler zeigt folgende Eintragungen:

lfd. Nr.	Tag der Anschaffung	Belegnr.	Lieferant Name und Anschrift	Art der Ware	Datum Inbetriebnahme	Nutzungsdauer	Anschaffungskosten	AfA -Betrag	Wert am 31.12.2018	Wert am 31.12.2019	Wert am 31.12.2020	Wert am 31.12.2021
1	19.04.18	BA 8/16	Semler GmbH 1170 Weißg. 3	Büroeinrichtung	25.04.18	10 Jahre	7.300,00 €	730,00 €	6.570,00 €	5.840,00 €	5.110,00 €	4.380,00 €
2	06.10.21	KA 4/19	Winter eU 1030 Keinerg. 18	PC	08.10.21	4 Jahre	2.200,00 €	550,00 €				1.925,00 €

Lohnkonto

Beschäftigt ein Unternehmen Arbeitnehmer, dann ist für jeden Mitarbeiter ein **Lohnkonto** zu führen. Darin sind u. a. einzutragen:

1. Name des Arbeitnehmers
2. Wohnsitz
3. Versicherungsnummer
4. Name und Versicherungsnummer des (Ehe-)Partners, wenn der Alleinverdienerabsetzbetrag berücksichtigt wurde
5. Name und Versicherungsnummer des (jüngsten) Kindes, wenn der Alleinerzieherabsetzbetrag berücksichtigt wurde
6. der für den Arbeitnehmer zuständige Sozialversicherungsträger
7. Bemessungsgrundlage für Dienstgeberbeitrag und Zuschlag zum Dienstgeberbeitrag

social insurance
Sozialversicherung

8. monatlicher laufender Bruttobezug inkl. Sachbezüge, Mehrarbeit, Überstunden, Zuschläge und Zulagen

9. Sonderzahlungen bzw. sonstige Bezüge

10. Sozialversicherungsbeitrag vom laufenden Bezug und von Sonderzahlungen bzw. sonstigen Bezügen (Dienstnehmeranteil)

11. Lohnsteuer vom laufenden Bezug und von Sonderzahlungen bzw. sonstigen Bezügen

Folgende Unterlagen sind im Original beim Lohnkonto aufzubewahren:

- Erklärung zur Berücksichtigung des Alleinverdiener-/Alleinerzieherabsetzbetrages

- Erklärung zur Berücksichtigung des Pendlerpauschales und Ausdruck des Pendlerrechners

- Mitteilung zur Vorlage beim Arbeitgeber (für die Berücksichtigung des Freibetragsbescheids)

- Aufzeichnung der geleisteten Überstunden

L 2.5 Einnahmen-Ausgaben-Rechnung des Unternehmers Felix Winkler (Fortsetzung von L 2.3) – Lohnkonto

Prüfe, ob Felix Winkler ein Lohnkonto führen muss.

Lösung:

Da Felix Winkler keine Mitarbeiter beschäftigt, muss er kein Lohnkonto führen.

Fahrtenbuch

Benützt ein Unternehmer für sein Unternehmen einen PKW, dann kann er für jeden mit dem PKW gefahrenen Kilometer **€ 0,42 Kilometergeld** verrechnen. Dies soll sämtliche Ausgaben decken, die durch die Nutzung des Autos angefallen sind, wie

- Treibstoffkosten,

- Versicherung,

- Parkgebühren,

- Autobahnvignette,

- Anschaffungskosten bzw. Abschreibung,

- Service- und Reparaturkosten.

Weitere Ausgaben für das Kfz dürfen nicht verrechnet werden.

Im **Fahrtenbuch** sind aufzuzeichnen:

- Datum

- Ausgangsort und Ziel der Fahrt

- Zeit und Kilometerstand am Anfang sowie am Ende der beruflichen Fahrt

- Dauer der beruflichen Fahrt

- Zweck der beruflichen Fahrt

- gefahrene Kilometer, getrennt nach beruflichen und privaten Fahrten

Durch das Fahrtenbuch sollen die insgesamt zurückgelegten Kilometer nachgewiesen werden, daher sind auch die nicht beruflich gefahrenen Kilometer aufzunehmen. Bei privaten Fahrten müssen aber weder Ziel noch Zeit eingetragen werden.

salary, wage
Bezug

Unterwegs mit dem Firmenauto
Für alle mit einem Pkw oder einem Kombi zusammenhängenden Ausgaben darf keine Vorsteuer abgezogen werden. Dies gilt auch für Unternehmen, die sonst die Vorsteuer vom Finanzamt zurückerhalten. Alle Unternehmen haben die Ausgaben inkl. USt zu verrechnen.

L 2.6 Einnahmen-Ausgaben-Rechnung des Unternehmers Felix Winkler (Fortsetzung von L 2.3) – Einträge ins Fahrtenbuch

Felix Winkler wohnt in Zell am Ziller (Tirol). Sein Fahrtenbuch enthält folgende Eintragungen:

Datum	Fahrtstrecke	Zweck	Zeiten Beginn	Zeiten Ende	km-Stand Anfang	km-Stand Ende	Entfernung	Fahrt-kosten
	privat				24.179	25.135	956	
15.2.	Zell - Imst - Zell	Besprechung mit Hr. Winter	07:30	15:40	25.135	25.386	251	105,42
	privat				25.386	26.928	1.542	
7.4.	Zell - Graz - Zell	Softwaretest bei Fa. HTECH	10:30	19:15	26.928	27.680	752	315,84
	privat				27.680	30.038	2.358	
8.5.	Zell - Linz - Zell	Besprechung bei Fa. Grünmeier	08:00	20:30	30.038	30.665	627	263,34
	privat				30.665	31.652	987	
2.9.	Zell - Saalfelden - Zell	Besprechung bei HTECH	09:00	15:00	31.652	31.899	247	103,74
	privat				31.899	34.833	2.934	
12.10.	Zell - Imst - Zell	Besprechung bei HTECH	07:30	19:15	34.833	35.082	249	104,58
	privat				35.082	37.217	2.135	
22.11.	Zell - Innsbruck - Zell	EDV Zubehör bei Fa. Mittner holen	10:00	14:00	37.217	37.342	125	52,50
	privat				37.342	38.798	1.456	
	Summe							945,42

Nenne den Betrag, den Felix als Betriebsausgabe verrechnen kann.

Lösung:

Felix kann für die beruflich gefahrenen Strecken €945,42 als Betriebsausgabe verrechnen.

Einnahmen-Ausgaben-Journal

In das **Einnahmen-Ausgaben-Journal** sind die Einnahmen und Ausgaben des Unternehmens zeitlich geordnet und vollständig einzutragen.

L 2.7 Einnahmen-Ausgaben-Rechnung des Unternehmers Felix Winkler – Einnahmen-Ausgaben-Journal

Die Kunden von Felix Winkler haben ihm folgende Honorare auf sein Bankkonto überwiesen:

3. April € 8.300,–

5. Mai € 1.680,–

15. September € 4.500,–

10. Dezember € 7.940,–

In diesem Jahr fielen folgende Ausgaben an:

14. Februar Büromaterial € 130,– Barzahlung

20. Februar Porto € 1,20 Barzahlung

21. April USB-Stick € 25,– Barzahlung

2. Mai Farbpatronen € 136,– Barzahlung

6. Mai Fachbuch € 43,– Barzahlung

17. Mai Druckerpapier € 15,– Barzahlung

3. September Telefon € 33,– Überweisung

12. Oktober Sozialversicherung € 250,– Überweisung

8. November Büromaterial € 74,– Barzahlung

Da für die **Steuererklärung** die **Ausgaben aufgeschlüsselt** werden müssen, ist es empfehlenswert, dies sofort bei der Eintragung in das Einnahmen-Ausgaben-Journal vorzunehmen. Die Steuererklärung unterscheidet im Wesentlichen folgende Kategorien von Ausgaben:

■ Ausgaben für Waren, Roh- und Hilfsstoffe

Ausfüllen der Steuererklärung
Steuererklärungen sind online einzureichen.

- Fremdpersonal
- Personalausgaben (eigenes Personal)
- Abschreibungen auf das Anlagevermögen (AfA, geringwertige Wirtschaftsgüter)
- Instandhaltungen für Gebäude
- Reise- und Fahrtspesen (inkl. Kilometergeld und Diäten)
- tatsächliche Kfz-Kosten (Treibstoffe, Reparatur- und Servicekosten, Versicherungsprämien, Steuern)
- Miete und Pacht, Leasing
- Provisionen an Dritte, Lizenzgebühren
- Werbe- und Repräsentationsausgaben, Spenden, Trinkgelder
- Buchwert abgegangener Anlagen (damit ist der Verkaufspreis von Anlagegegenständen gemeint, die im Unternehmen verwendet wurden)
- Zinsen und ähnliche Ausgaben
- eigene Pflichtversicherungsbeiträge und Beiträge zu Versorgungs- und Unterstützungseinrichtungen (dies sind die Sozialversicherungsbeiträge des Unternehmers) und Beiträge zur Selbständigenvorsorge
- betriebliche Spenden
- übrige Betriebsausgaben

Eine derartige Tabelle, die eine Aufgliederung der Ausgaben zeigt, wird auch „Spesenverteiler" genannt.

Vorsorgemodell für Gewerbetreibende und Neue Selbständige
Bei Aufgabe des Unternehmens oder Pensionsantritt erhalten Selbständige Zahlungen aus der Selbständigenvorsorgekasse. Dafür müssen Selbständige, während sie das Unternehmen betreiben, Beiträge leisten.

L 2.8 Einnahmen-Ausgaben-Rechnung des Unternehmers Felix Winkler – Einnahmen-Ausgaben-Journal (Fortsetzung von L 2.7)

Das Einnahmen-Ausgaben-Journal von Felix zeigt folgende Eintragungen:

Datum	Text	Beleg	Kassa Einnahmen	Kassa Ausgaben	Bank Einnahmen	Bank Ausgaben	AfA, GwG	Reisekosten, Fahrtspesen	Sozialversicherung	übrige Ausgaben
14.2.	Büromaterial	K 1/09		130,00						130,00
20.2.	Porto	K 2/09		1,20						1,20
3.4.	Honorar Fa. Reichenberger GmbH	BA 2/09			8.300,00					
21.4.	USB-Stick	K 3/09		25,00			25,00			
2.5.	Druckerpatronen	K 4/09		136,00						136,00
5.5.	Honorar HTECH	BA 3/09			1.680,00					
6.5.	Fachbuch	K 5/09		43,00						43,00
17.5.	Papier	K 5/09		15,00						15,00
3.9.	Telefon	PT 1/09				33,00				33,00
15.9.	Honorar Fa. Grünmeier	BA 6/09			4.500,00					
12.Okt	Sozialversicherungsbeitrag	SV 3/09				250,00			250,00	
8.11.	Büromaterial	K 6/09		74,00						74,00
10.12.	Honorar Fa. Zentner eU	BA 7/0			7.940,00					
	Fahrtspesen lt. Fahrtenbuch							945,42		
	Abschreibung lt. Anlagenverzeichnis						1.005,00			
	Summen		0,00	424,20	22.420,00	283,00	1.030,00	945,42	250,00	432,20

Anlagenverzeichnis

lfd. Nr.	Tag der Anschaffung	Belegnr.	Lieferant Name und Anschrift	Art der Ware	Datum Inbetriebnahme	Nutzungsdauer	Anschaffungskosten	AfA -Betrag	Wert am 31.12.2018	Wert am 31.12.2019	Wert am 31.12.2020	Wert am 31.12.2021
1	19.04.18	BA 8/16	Semler GmbH 1170 Weiß3. 3	Büroeinrichtung	25.04.18	10 Jahre	7.300,00 €	730,00 €	6.570,00 €	5.840,00 €	5.110,00 €	4.380,00 €
2	06.10.21	KA 4/19	Winter eU 1030 Keinerg. 18	PC	08.10.21	4 Jahre	2.200,00 €	550,00 €				1.925,00 €

Fahrtenbuch

Datum	Fahrtstrecke	Zweck	Zeiten Beginn	Zeiten Ende	km-Stand Anfang	km-Stand Ende	Entfernung	Fahrtkosten
	privat				24.179	25.135	956	
15.2.	Zell - Imst - Zell	Besprechung m	07:30	15:40	25.135	25.386	251	105,42
	privat				25.386	26.928	1.542	
7.4.	Zell - Graz - Zell	Softwaretest b	10:30	19:15	26.928	27.680	752	315,84
	privat				27.680	30.038	2.358	
8.5.	Zell - Linz - Zell	Besprechung b	08:00	20:30	30.038	30.665	627	263,34
	privat				30.665	31.652	987	
2.9.	Zell - Saalfelden - Zell	Besprechung b	09:00	15:00	31.652	31.899	247	103,74
	privat				31.899	34.833	2.934	
12.10.	Zell - Imst - Zell	Besprechung b	07:30	19:15	34.833	35.082	249	104,58
	privat				35.082	37.217	2.135	
22.11.	Zell - Innsbruck - Zell	EDV Zubehör b	10:00	14:00	37.217	37.342	125	52,50
	privat				37.342	38.798	1.456	
	Summe							945,42

Daraus kann nun der Gewinn errechnet werden:

Betriebseinnahmen			22.420,00 €
Betriebsausgaben			
	AfA	1.030,00 €	
	Reisespesen	945,42 €	
	Sozialversicherung	250,00 €	
	übrige Ausgaben	432,20 €	
	Summe Betriebsausgaben		2.657,62 €
Gewinn			**19.762,38 €**

Diese Daten sind die Grundlage für die Einkommensteuererklärung, die Felix Winkler bis zum 30.6. des nächsten Jahres beim Finanzamt abzugeben hat. Die Finanzverwaltung errechnet aufgrund dieser Daten seine Einkommensteuer. Felix Winkler kann dies auch selbst machen:

Gewinn						**19.762,38 €**
Gewinnfreibetrag		13%				€ 2.569,11
steuerlicher Gewinn						**€ 17.193,27**
Bemessungsgrundlage (Einkommen)						**€ 17.193,27**
	0,00 €	11.000,00 €	0%	11.000,00 €	€ 0,00	
	11.000,01 €	18.000,00 €	20%	€ 6.193,27	€ 1.238,65	
Steuer lt. Tarif						€ 1.238,65
zu zahlende Einkommensteuer						**€ 1.238,65**

Für das Ausfüllen der Steuererklärung sind folgende Daten bekannt:

Felix Winkler, wohnhaft in 6280 Zell am Ziller, Schwimmbadweg 5, Steuernummer 081/4711, geboren am 8. Mai 1989, Sozialversicherungsnummer 3223 080589, ist unverheiratet, hat keine Kinder und keine sonstigen Einkünfte. Er erstellt Software für andere Unternehmen.

Hinweise zum Formular auf den folgenden Seiten:

- Das Formular für die Einkommensteuererklärung ist zu finden unter: www.bmf.gv.at> Formulare > E1a.

- Wird USt-Bruttosystem angegeben, dann sind sämtliche Betriebseinnahmen und Betriebsausgaben inklusive Umsatzsteuer anzusetzen. Die in den Rechnungen ausgewiesene Umsatzsteuer ist im Zeitpunkt der Vereinnahmung als Betriebseinnahme und im Zeitpunkt der Abfuhr an das Finanzamt als Betriebsausgabe zu verrechnen.

- Beim USt-Nettosystem wird die Umsatzsteuer als durchlaufender Posten behandelt und sämtliche Beträge sind exklusive Umsatzsteuer anzugeben. Die Umsatzsteuer ist diesfalls weder Betriebseinnahme noch Betriebsausgabe.

- Unecht umsatzsteuerbefreite Einnahmen-Ausgaben-Rechner, z. B. Kleinunternehmer, haben immer USt-Bruttosystem anzukreuzen.

Fristen beim Finanzamt
Wird die Steuererklärung elektronisch abgegeben, muss sie bis 30.6. des Folgejahres eingereicht werden. Verfügt das Unternehmen über keinen Internetanschluss oder lag der Umsatz unter € 35.000,– dann darf bis 30.4. die Erklärung in Papierform abgegeben werden.

An das Finanzamt

Finanzamt Kufstein Schwaz
Brandlstraße 19/1, 6130 Schwaz

Eingangsvermerk

Dieses Formular wird maschinell gelesen, füllen Sie es daher nur mittels Tastatur und Bildschirm aus. Eine handschriftliche Befüllung ist unbedingt zu vermeiden. Betragsangaben in EURO und Cent (rechtsbündig). Eintragungen außerhalb der Eingabefelder können maschinell nicht gelesen werden.
Die stark hervorgehobenen Felder sind jedenfalls auszufüllen.

Abgabenkontonummer
Finanzamtsnummer – Steuernummer

| 8 | 3 | 0 | 8 | 1 | | 4 | 7 | 1 | 1 |

10-stellige Sozialversicherungsnummer laut e-card 1)

| 3 | 2 | 2 | 3 | 0 | 8 | 0 | 5 | 8 | 9 |

Geburtsdatum (TTMMJJJJ)
(Wenn keine SV-Nummer vorhanden, jedenfalls auszufüllen)

| 0 | 8 | 0 | 5 | 1 | 9 | 8 | 9 |

FAMILIEN- ODER NACHNAME

W i n k l e r

VORNAME

F e l i x

TITEL

Beilage zur Einkommensteuererklärung E 1 für Einzelunternehmerinnen/ Einzelunternehmer (betriebliche Einkünfte) für 2021

Wird ohne nähere Bezeichnung auf gesetzliche Bestimmungen verwiesen, ist darunter das Einkommensteuergesetz 1988 (EStG 1988) zu verstehen.

Beachten Sie bitte die Ausfüllhilfe zu dieser Beilage (E 2). Pro Betrieb und Wirtschaftsjahr eine Beilage ausfüllen! [1]

Einkünfte aus Land- und Forstwirtschaft, ☐ **Einkünfte aus selbständiger Arbeit**

☒ **Einkünfte aus Gewerbebetrieb**

Beachten Sie bitte: Bei Vollpauschalierung für Lebensmitteleinzel- oder Gemischtwarenhändlerinnen/- händler müssen Sie außer den Angaben zur Person nur den Punkt 6 ausfüllen.

Zutreffendes bitte ankreuzen!

1. Derzeitige Anschrift

Postleitzahl	Betriebsanschrift (Ort, Straße, Platz, Haus-Nr., Stiege, Tür-Nr.)
6280	Zell am Ziller, Schwimmbadweg 5

Staat (nur ausfüllen, wenn nicht in Österreich)

2. Angaben zum Betrieb

Bilanzierung gemäß		§ 4 Abs. 1		[2]	☒	Vollständige Einnahmen-Ausgaben-Rechnung gemäß § 4 Abs. 3	[3]
☒	USt-Bruttosystem		USt-Nettosystem	[4]		Basispauschalierung gemäß § 17 Abs. 1	[5]
	Gastgewerbepauschalierung			[6]		Drogistenpauschalierung	[7]
	Künstler/-innen-, Schriftsteller/-innen-Pauschalierung			[8]		Handelsvertreter/-innen-Pauschalierung	[9]
	Sportler/-innen-Pauschalierung			[10]		Pauschalierung für nichtbuchführende Gewerbetreibende	[11]

Branchenkennzahl (ÖNACE 2008) lt. E 2 **Bitte unbedingt ausfüllen!**

| 8 | 4 | | 6 | 2 | 0 | [12] Mischbetrieb [12]

Ein Antrag gemäß § 5 Abs. 2 wird gestellt ("Fortführungsoption") [13]

Der Antrag gemäß § 5 Abs. 2 ("Fortführungsoption") wird widerrufen [13]

Beginn des Wirtschaftsjahres (TT.MM.JJJJ) [14]   01.01.2021   Ende des Wirtschaftsjahres (TT.MM.JJJJ) [14]   31.12.2021

Ein Antrag gemäß § 24 Abs. 6 wird gestellt (Gebäudebegünstigung bei Betriebsaufgabe) [15]

Ich beanspruche eine Entlastung von der Doppelbesteuerung auf Grund der Verordnung BGBl. II Nr. 474/2002. [16]

Im Veranlagungszeitraum erfolgte eine Umgründung

BITTE DIESES GRAUE FELD NICHT BESCHRIFTEN

bmf.gv.at

Bundesministerium
Finanzen

1) *Geben Sie hier die vom österreichischen Sozialversicherungsträger vergebene 10-stellige Versicherungsnummer vollständig an.*

E 1a-PDF-2021 Bundesministerium für Finanzen

Datenschutzerklärung auf bmf.gv.at/datenschutz oder auf Papier in allen Finanz- und Zolldienststellen

E 1a, Seite 1, Version vom 04.10.2019

FANr.-Steuernummer: 83 - 081/4711   VNR.: 3223080589

3. Gewinnermittlung [17]

*Grundsätzlich sind Erträge/Betriebseinnahmen und Aufwendungen/Betriebsausgaben **ohne Vorzeichen** anzugeben. Nur wenn sich bei einer Kennzahl ein negativer Wert ergibt, ist ein negatives Vorzeichen („–") anzugeben.*

		Beträge in Euro und Cent
Erträge/Betriebseinnahmen (Waren-/Leistungserlöse) (Achtung: Kennzahlen 9040 und 9050 müssen jedenfalls ausgefüllt werden (§ 62 Abs. 5 BAO). Gegebenenfalls ist der Wert „0" einzutragen.)		
Erträge/Betriebseinnahmen (Waren-/Leistungserlöse) ohne solche, die in einer Mitteilung gemäß §109a erfasst sind – EKR 40-44 – einschließlich Eigenverbrauch (Entnahmewerte von Umlaufvermögen) [18]	**9040**	22.420,00
Erträge/Betriebseinnahmen, die in einer Mitteilung gemäß § 109a erfasst sind EKR 40-44 [19]	**9050**	
Anlagenerträge/Entnahmewerte von Anlagevermögen EKR 460-462 vor allfälliger Auflösung auf 463-465 bzw. 783 [20]	**9060**	
Nur für Bilanzierer: Aktivierte Eigenleistungen EKR 458-459 [21]	**9070**	
Nur für Bilanzierer: Bestandsveränderungen EKR 450-457 [22]	**9080**	
Übrige Erträge/Betriebseinnahmen (z.B. Finanzerträge, Gewinnanteile aus einer stillen Beteiligung.) Saldo (Bei USt-Bruttosystem: inkl. USt-Gutschrift, jedoch ohne Kennzahl **9093**) [23]	**9090**	
Nur bei USt-Bruttosystem: vereinnahmte USt für Lieferungen und sonstige Leistungen (Achtung: Nur ausfüllen, wenn die Betriebseinnahmen ohne USt angeführt werden) [24]	**9093**	22.420,00
Summe der Erträge/Betriebseinnahmen (muss nicht ausgefüllt werden)	**9100**	
Aufwendungen/Betriebsausgaben		
Waren, Rohstoffe, Hilfsstoffe EKR 500-539, 580 [25]	**9100**	
Beigestelltes Personal (Fremdpersonal) und Fremdleistungen EKR 570-579, 581, 750-753 [26]	**9110**	
Personalaufwand („eigenes Personal") EKR 60-68 [27]	**9120**	
Abschreibungen auf das Anlagevermögen (z.B. AfA, geringwertige Wirtschaftsgüter) EKR 700-708 [28]	**9130**	1.030,00
Nur für Bilanzierer: Abschreibungen vom Umlaufvermögen, soweit diese die im Unternehmen üblichen Abschreibungen übersteigen – EKR 709 – und Wertberichtigungen zu Forderungen [29]	**9140**	
Instandhaltungen (Erhaltungsaufwand) für Gebäude EKR 72 [30]	**9150**	
Reise- und Fahrtspesen inkl. Kilometergeld und Diäten (ohne tatsächliche Kfz-Kosten) EKR 734-737 [31]	**9160**	945,42
Tatsächliche Kfz-Kosten (ohne AfA, Leasing und Kilometergeld) EKR 732-733 [32]	**9170**	
Miet- und Pachtaufwand, Leasing EKR 740-743, 744-747 [33]	**9180**	
Provisionen an Dritte, Lizenzgebühren EKR 754-757, 748-749 [34]	**9190**	
Werbe- und Repräsentationsaufwendungen, nicht in den Kennzahlen **9243** bis **9246** zu erfassende Spenden, Trinkgelder EKR 765-769 [35]	**9200**	
Buchwert abgegangener Anlagen EKR 782 [36]	**9210**	
Zinsen und ähnliche Aufwendungen EKR 828-834 [37]	**9220**	
Gewinnanteile echter stiller Gesellschafter (§d § 27 Abs. 2 Z 4 [38]	**9258**	
Eigene Pflichtversicherungsbeiträge, Beiträge zu Versorgungs- und Unterstützungseinrichtungen und Beträge zur Selbständigenvorsorge [39]	**9225**	250,00
Betriebliche Spenden an begünstigte Forschungs- und Lehreinrichtungen, Museen, Kultureinrichtungen, das Bundesdenkmalamt, Behindentensport-Dachverbande, die Internationale Anti-Korruptions-Akademie u.a. 2) [40]	**9243**	
Betriebliche Spenden an mildtätige Organisationen, begünstigte Spendensammelvereine u.a. Nur absetzbar, wenn die jeweilige Einrichtung in der Liste der begünstigten Spendenein- richtungen des Bundesministeriums für Finanzen enthalten ist. 2) [40]	**9244**	
Betriebliche Spenden an Umweltschutzorganisationen und Tierheime Nur absetzbar, wenn die jeweilige Einrichtung in der Liste der begünstigten Spendenein- richtungen des Bundesministeriums für Finanzen enthalten ist. 2) [40]	**9245**	
Betriebliche Spenden an freiwillige Feuerwehren und Landesfeuerwehrverbände 2) [41]	**9246**	
Zuwendungen zur Vermögensausstattung einer gemeinnützigen Stiftung 2) [41]	**9261**	
Zuwendungen an die Innovationsstiftung für Bildung und an deren Substiftungen 2) [42]	**9262**	

2) *Beachten Sie: Die hier einzutragenden Beträge dürfen nicht in einer elektronischen Sonderausgaben-Datenübermittlung an das Finanz- amt enthalten sein. Sollte dies dennoch der Fall sein, müssen Sie eine Korrektur der Sonderausgaben-Datenübermittlung veranlassen.*

E 1a-PDF-2021

E 1a, Seite 2, Version vom 04.10.2019

E 1a-PDF-2021 (Seite 4)

FANr.-Steuernummer: 83 - 081/4711   VNR.: 3223080589

Position	Kennzahl	Betrag
Siebentelbeträge aus einem Übergangsverlust des laufenden Jahres und/oder eines Vorjahres	[62] 9242	19.762,38
Zu-/Abschlag gemäß § 4 Abs. 2	[63] 9247	
Sonstige Änderungen – Saldo	[64] 9290	-2.569,11

Gewinn/Verlust nach Vornahme der obigen Korrekturen und Ergänzungen (muss nicht ausgefüllt werden) [65]

Gewinnfreibetrag

Position	Kennzahl	
Grundfreibetrag (wenn keine Vollpauschalierung für Lebensmitteleinzel- oder Gemischtwarenhändlerinnen/-händler gemäß Punkt 6 in Anspruch genommen wird)	[66] 9221	
Auf den Grundfreibetrag wird verzichtet	[67]	
Investitionsbedingter Gewinnfreibetrag für körperliche Wirtschaftsgüter *Achtung: Die Eintragung ist Voraussetzung für die Berücksichtigung des Freibetrages*	[68] 9227	
Investitionsbedingter Gewinnfreibetrag für Wertpapiere *Achtung: Die Eintragung ist Voraussetzung für die Berücksichtigung des Freibetrages*	[69] 9229	
Nachzuversteuernder Gewinnfreibetrag	[70] 9234	

Betriebsveräußerung/-aufgabe, auszuscheidende Einkünfte

Position	Kennzahl	
(Teil-)Betrieb wurde veräußert oder aufgegeben — Höhe des Veräußerungsgewinnes (vor Freibetrag)/Veräußerungsverlustes	[71] 9020	
Freibetrag für Veräußerungsgewinn gemäß § 24 Abs. 4	[72] 9021	
Höhe eines auszuscheidenden Gewinnes oder Verlustes	[73] 9030	17.193,27

Steuerlicher Gewinn/Verlust [74]
[Bitte diesen Betrag im Formular E 1 in die Punkte 9a), 10a) oder 11a) übernehmen.]

5. Bilanzposten (NUR für Bilanzierer gemäß §§ 4 Abs. 1 oder 5)

Position	Kennzahl	
Privatentnahmen (abzüglich Privateinlagen) EKR 96 (Bei negativen Beträgen unbedingt das Vorzeichen angeben!)	[75] 9300	
Grund und Boden EKR 020-022	[76] 9310	
Gebäude auf eigenem Grund EKR 030, 031	[77] 9320	
Finanzanlagen EKR 08-09	[78] 9330	
Vorräte EKR 100-199	[79] 9340	
Forderungen aus Lieferungen und Leistungen	[80] 9350	
Sonstige Rückstellungen (ohne Rückstellungen für Abfertigungen, Pensionen oder Steuern) EKR 304-309	[81] 9360	
Verbindlichkeiten gegenüber Kreditinstituten und Finanzinstituten EKR 311-319	[82] 9370	

6. Einkünfte aus gewerblicher Vollpauschalierung für Lebensmitteleinzel- oder Gemischtwarenhändlerinnen/-händler [83]

Position	Kennzahl	
Pauschal ermittelte Einkünfte	9006	
In Kennzahl 9006 ist ein Grundfreibetrag enthalten in Höhe von	9007	
Wechsel der Gewinnermittlungsart (§ 4 Abs. 10) wurde vorgenommen	[61] 9010	
Höhe des Übergangsgewinnes/Übergangsverlustes (Verluste in voller Höhe, wenn keine Eintragung in Kennzahl 9242 zu erfolgen hat)		
Siebentelbeträge aus einem Übergangsverlust des laufenden Jahres und/oder eines Vorjahres	[62] 9242	
(Teil-)Betrieb wurde veräußert oder aufgegeben — Höhe des Veräußerungsgewinnes (vor Freibetrag)/Veräußerungsverlustes	[71] 9020	
Freibetrag für Veräußerungsgewinn gemäß § 24 Abs. 4	[72] 9021	
Im Antrag gemäß § 24 Abs. 6 wird gestellt (Gebäudebegünstigung bei Betriebsaufgabe)	[15]	
Im Veranlagungszeitraum erfolgte eine Umgründung		

WICHTIGER HINWEIS: Bitte übermitteln Sie keine Originaldokumente/Belege, da die im Finanzamt einlangenden Schriftstücke nach elektr. Erfassung datenschutzkonform vernichtet werden! Bewahren Sie diese aber mindestens 7 Jahre für eine etwaige Überprüfung auf.
Noch einfacher können Sie diese Erklärung papierlos über bmf.gv.at (FinanzOnline) einbringen.
FinanzOnline steht Ihnen kostenlos und rund um die Uhr zur Verfügung und bedarf keiner speziellen Software.

Steuerliche Vertretung (Name, Anschrift, Telefonnummer)

13.07.2022
Datum, Unterschrift

E 1a-PDF-2021   E 1a, Seite 4, Version vom 04.10.2019

E 1a-PDF-2021 (Seite 3)

FANr.-Steuernummer: 83 - 081/4711   VNR.: 3223080589

Position	Kennzahl	Betrag
In den obigen Kennzahlen nicht erfasste übrige Aufwendungen/Betriebsausgaben (ohne pauschalierte Betriebsausgaben), Kapitalveränderungen – Saldo (Bei USt-Bruttosystem: inkl. USt-Zahllast, jedoch ohne Kennzahl 9233)	[43] 9230	432,20
Nur bei USt-Bruttosystem: bezahlte USt für Lieferungen und sonstige Leistungen (Achtung: darf nur ausgefüllt werden, wenn die Betriebsausgaben ohne USt angeführt werden)	[24] 9233	
Pauschalierte Betriebsausgaben	[44] 9259	2.657,62

Summe der Aufwendungen/Betriebsausgaben (muss nicht ausgefüllt werden)

Position	Kennzahl	Betrag
Einkünfte aus betrieblich gehaltenen Beteiligungen an Mitunternehmerschaften – Ergebnis aus der Beilage E 11	9237	
Bei Ermittlung der positiven Einkünfte gemäß Kennzahl 9249 berücksichtigte Spenden aus dem Betriebsvermögen	9249	19.762,38

Gewinn/Verlust [Sofern keine Korrekturen und Ergänzungen gemäß Punkt 4. erfolgen, bitte diesen Betrag im Formular E 1 in die Punkte 9a), 10a) oder 11a) übernehmen.] [46]

4. Korrekturen und Ergänzungen zur Gewinnermittlung laut Punkt 3 (Steuerliche Mehr-/Weniger-Rechnung)
Gewinnerhöhende Korrekturen sind ohne Vorzeichen, gewinnmindernde Korrekturen sind mit negativem Vorzeichen („–") anzugeben.

Position	Kennzahl	
Korrekturen zu Abschreibungen auf das Anlagevermögen (z.B. AfA, geringwertige Wirtschaftsgüter, EKR 700-708) - Kennzahl 9130	[47] 9240	
Korrekturen zu Abschreibungen vom Umlaufvermögen, soweit diese die im Unternehmen üblichen Abschreibungen übersteigen und Wertberichtigungen zu Forderungen - Kennzahl 9140	[48] 9250	
Korrekturen zu Kfz-Kosten	[49] 9260	
Korrekturen zu Miet- und Pachtaufwand, Leasing (EKR 740-743, 744-747) Kennzahl 9180	[50] 9270	
Korrekturen zu Werbe- und Repräsentationsaufwendungen, Spenden, Trinkgelder (EKR 765-769) - Kennzahl 9200	[51] 9280	
Korrekturen betreffend Spenden der Kennzahlen 9243, 9244, 9245, 9246	[40] 9317	
Korrektur betreffend Zuwendungen zur Vermögensausstattung einer gemeinnützigen Stiftung Kennzahl 9261	[41] 9322	
Korrekturen betreffend Zuwendungen an die Innovationsstiftung für Bildung und an deren Substiftungen - Kennzahl 9262	[42] 9325	
Einkünfte betreffend Entgelte für Arbeits- und Werkleistungen (§ 20 Abs. 1 Z 7 und 8)	[52] 9257	

Einkünfte aus betrieblichen Finanzanlagen, die nicht tarifsteuerpflichtig sind

Position	Kennzahl	
a) Abzug von endbesteuerten bzw. dem besonderen Steuersatz unterliegenden Einkünften aus der Überlassung von Kapital (Kapitalerträge)	[53] 9283	
b) Berücksichtigung von dem besonderen Steuersatz unterliegenden Einkünften aus realisierten Wertsteigerungen und Derivaten (Substanzgewinne bzw. -verluste) [54]		
Korrekturen zu Einkünften aus realisierten Wertsteigerungen und Derivaten (Substanzgewinne bzw. -verluste)	[55] 9305	
Hinweis zur Eintragung in Kennzahl 9289: Bei einem positiven Saldo ist dieser mit negativem Saldo sind 45% dieses Saldos mit Plus einzutragen. Substanzgewinne	[56]	
Substanzverluste		
Saldo	positiver/negativer Saldo	9289

Einkünfte aus der Veräußerung, Entnahme oder Zu- oder Abschreibung von Betriebsgrundstücken, die nicht tarifsteuerpflichtig sind [57]

Position	Kennzahl	
Korrekturen zu Einkünften aus der Veräußerung, Entnahme oder Zu- oder Abschreibung von Betriebsgrundstücken, die nicht tarifsteuerpflichtig sind	[58] 9285	
Hinweis zur Eintragung in Kennzahl 9316: Bei einem positiven Saldo ist dieser mit negativem Saldo sind 40% dieses Saldos mit Plus einzutragen. Substanzgewinn(e) gemäß § 30	[59]	
Substanzverlust(e)		
Saldo	positiver/negativer Saldo	9316

Unter Punkt 3 nicht erfasste Einkünfte aus Anlass der Veräußerung von Leitungsrechten (§ 107), die

Position	Kennzahl	
im Umfang von 33 % des Auszahlungsbetrages zu besteuern sind (Ausübung der Regelbesteuerungsoption gem. § 107 Abs. 11)	[60] 9326	
in der durch ein Gutachten nachgewiesenen Höhe		
zu besteuern sind (Ausübung der Regelbesteuerungsoption gem. § 107 Abs. 11)		

Wechsel der Gewinnermittlungsart (§ 4 Abs. 10) wurde vorgenommen [61] 9010
Höhe des Übergangsgewinnes/Übergangsverlustes (Verluste in voller Höhe, wenn keine Eintragung in Kennzahl 9242 zu erfolgen hat)

E 1a-PDF-2021   E 1a, Seite 3, Version vom 04.10.2019

 ÜBEN

In dieser Lerneinheit hast du erfahren, wie eine Einnahmen-Ausgaben-Rechnung erstellt wird. Bei den folgenden Aufgaben kannst du weiter üben.

Ü 2.17 Aufzeichnungen von Einnahmen-Ausgaben-Rechnern A

Beschreibe, welche Aufzeichnungen ein Einnahmen-Ausgaben-Rechner führen muss.

Ü 2.18 Einnahmen-Ausgaben-Rechnung B

Entscheide, ob die folgenden Aussagen zur Einnahmen-Ausgaben-Rechnung richtig oder falsch sind.

LINK
Ü 2.18 Einnahmen-Ausgaben-Rechnung
interaktive Übung

Aussage	richtig	falsch
Die offenen Forderungen müssen aufgezeichnet werden.		
Der Wert der vorhandenen Waren muss einmal jährlich ermittelt werden.		
Werden Fahrten für das Unternehmen gemacht, muss ein Fahrtenbuch geführt werden.		
Für jede Eintragung muss ein Beleg vorhanden sein.		
Werden Waren kurz vor Jahresende gekauft, kann der Gewinn vermindert werden.		

Ü 2.19 Eintragung in Aufzeichnungen A

Einnahmen-Ausgaben-Rechner müssen verschiedene Aufzeichnungen führen. Gib an, wo folgende Geschäftsfälle erfasst werden:

a) Einkauf von Waren

b) Überweisung der Betriebsversicherung

c) Urlaubsreise des Unternehmers

d) Fahrten für das Unternehmen mit Privat-Pkw der Unternehmerin

e) Entlohnung der Mitarbeiter

f) Barzahlung eines Fachbuches

g) Kauf einer teuren Maschine

Ü 2.20 Gewinnermittlung B

Ein Unternehmen, das den Gewinn mithilfe einer Einnahmen-Ausgaben-Rechnung ermittelt, hat Mitte Dezember seine Aufzeichnungen geprüft und einen Gewinn von € 21.748,– errechnet.

a) Prüfe, was das Unternehmen tun kann, damit der Gewinn auf € 20.550,– sinkt.

b) Erkläre, warum das Unternehmen einen geringeren Gewinn möchte.

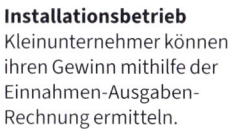

Installationsbetrieb
Kleinunternehmer können ihren Gewinn mithilfe der Einnahmen-Ausgaben-Rechnung ermitteln.

Ü 2.21 Formular für Steuererklärung A

Beschreibe, wo das Formular für die Steuererklärung zu finden ist.

Ü 2.22 Fahrtkosten A

Erkläre, was ein Unternehmer zu tun hat, damit er Fahrten mit dem eigenen Kfz für das Unternehmen als Betriebsausgabe verrechnen darf. Beschreibe auch, welche Beträge er für die Fahrten verrechnen darf.

Ü 2.23 Aufgliederung der Betriebsausgaben A

Erkläre, warum die Betriebsausgaben aufgegliedert werden sollten. In welche Kategorien sollten sie gegliedert werden?

LERNEN

3 Die Pauschalierung

Die Pauschalierung ist eine Vereinfachung. Sie verzichtet auf eine genaue Aufgliederung der Einnahmen bzw. Ausgaben und schätzt diesen Wert aufgrund anderer Merkmale. Dadurch wird Zeit und Arbeit gespart.

Ü 2.24 Du hast im vorigen Abschnitt eine einfache Einnahmen-Ausgaben-Rechnung erstellt.

a) Schätze, wie lange du dafür gebraucht hast.

b) Schätze, wie lange ein Unternehmen für seine Einnahmen-Ausgaben-Rechnung braucht, wenn es viel mehr Geschäftsfälle hat.

1 Die pauschale Gewinnermittlung

Grundsätzlich wird bei der **Pauschalierung** der Erfolg nach demselben Schema wie bei der Einnahmen-Ausgaben-Rechnung ermittelt:

Betriebseinnahmen
– Bestriebsausgaben

Gewinn/Verlust

Die **Betriebseinnahmen** müssen wie bei der Einnahmen-Ausgaben-Rechnung einzeln aufgezeichnet werden.

Sonderfall der Gewinnermittlung
Bestimmte Berufsgruppen, z.B. Vortragende, dürfen ihre Aufzeichnungen nach sehr einfachen Regeln führen.

flat-rate bookkeeping
Pauschalierung

Gewinnermittlung in der Landwirtschaft
Neben der hier dargestellten Basispauschalierung gibt für verschiedene Berufsgruppen andere Pauschalierungssätze. In der Landwirtschaft wird teilweise der gesamte Gewinn aufgrund der Betriebsgröße pauschal ermittelt. Hier müssen weder Einnahmen noch Ausgaben aufgezeichnet werden.

Als **Betriebsausgaben** dürfen verrechnet werden:

- **Wareneinkäufe:** Dazu zählen nur Waren, die unbearbeitet weiterverkauft werden (Handelswaren), oder Roh- und Hilfsstoffe, die im Betrieb verarbeitet und danach verkauft werden.

- **Personalausgaben** (Löhne, Gehälter und Nebenkosten): Unter Personalausgaben dürfen nur Zahlungen an Personen verrechnet werden, die im Verkauf, in der Produktion oder sonst unmittelbar für den Kunden tätig sind, wie Kfz-Mechaniker oder Servicetechniker, die Geräte von Kunden reparieren.

- Ausgaben für die **Sozialversicherung** des Unternehmers

Diese Betriebsausgaben müssen durch Belege nachgewiesen werden.

Alle **übrigen Betriebsausgaben** werden **pauschal mit 12 % der Einnahmen** (exklusive USt) angenommen. Diese Betriebsausgaben müssen

- nicht durch Belege nachgewiesen werden,

- nicht mit den tatsächlich getätigten Ausgaben übereinstimmen.

Bei bestimmten Tätigkeiten (z. B. kaufmännische und technische Beratung, wissenschaftliche, schriftstellerische, unterrichtende Tätigkeiten) vermindert sich der Satz auf 6 %.

L 2.9 Pauschalierung

Kunden bezahlen einem Unternehmen für die Herstellung von Prototypen € 25.000,– im Jahr. € 2.000,– werden für Materialeinkäufe ausgegeben und € 3.700,– beträgt der Beitrag des Unternehmers für seine Sozialversicherung.

Ermittle den Gewinn, für den das Unternehmen Einkommensteuer bezahlen muss.

Lösung:

Umsatz	€	25.000,–
Material	– €	2.000,–
SV-Beiträge des Unternehmers	– €	3.700,–
12 % Betriebsausgabenpauschale	– €	3.000,–
Gewinn	€	16.300,–
13 % Gewinnfreibetrag	– €	2.119,–
Bemessungsgrundlage	€	14.181,–

ÜBEN

In dieser Lerneinheit hast du erfahren, wie der Gewinn durch Pauschalierung ermittelt werden kann. Mit den folgenden Aufgaben kannst du weiter üben.

Ü 2.25 Gewinnermittlung mithilfe der Pauschalierung C

Karl Lauter führt kleinere Reparaturarbeiten durch. Er hat damit vergangenes Jahr € 42.300,– Honorar eingenommen. An Ausgaben sind in diesem Jahr angefallen:
Telefon € 325,30, Fahrtspesen € 524,30, Literatur € 1.214,90, Sozialversicherungsbeiträge € 2.150,–.

Karl Lauter ermittelt seinen Gewinn mithilfe der Pauschalierung. Berechne den Gewinn und die von Karl Lauter zu zahlende Einkommensteuer.

cost of sales
Wareneinkäufe

social insurance contributions
Sozialversicherungsbeiträge

Reparaturtätigkeiten
Kleinstunternehmer dürfen ihren Gewinn mithilfe der Pauschalierung ermitteln.

Ü 2.26 Gewinnermittlung mithilfe der Pauschalierung C

Berechne den Gewinn des Unternehmens in K 2.2, wenn dieses die Betriebsausgaben pauschal ermittelt.

Ü 2.27 Pauschalierung B

LINK
Ü 2.27 Pauschalierung
interaktive Übung

Kennzeichne, ob folgende Aussagen richtig oder falsch sind, und stelle fasche Aussagen gegebenenfalls richtig.

Aussage	richtig	falsch	Richtigstellung
Gewerbebetriebe mit einem Umsatz von weniger als €220.000,– dürfen ihren Gewinn mithilfe der Pauschalierung ermitteln.			
Freiberuflich Tätige (z.B. Ärzte, Ziviltechniker, Notare, Architekten) müssen ihren Gewinn mithilfe der Pauschalierung ermitteln.			
Mithilfe der Pauschalierung können Schwachstellen eines Unternehmens erkannt werden.			
Der pauschalierte Gewinn entspricht dem tatsächlich erwirtschafteten Gewinn.			
Ermittelt ein Unternehmen seinen Gewinn mithilfe der Pauschalierung, müssen überhaupt keine Aufzeichnungen geführt werden.			

Ü 2.28 Pauschalierte Ausgaben B

LINK
Ü 2.28 Pauschalierte Ausgaben
interaktive Übung

Kennzeichne, ob folgende Betriebsausgaben von der Pauschalierung erfasst sind oder ob sie neben dem Pauschale gesondert vom Gewinn abgezogen werden dürfen:

Betriebsausgabe	pauschaliert	zusätzlich zum Pauschale verrechenbar
Ausgaben für Internet		
Einkauf von Waren zum Weiterverkauf		
Sozialversicherungsbeiträge des Unternehmers		
Abschreibung von Anlagegütern		
Energieausgaben		

KÖNNEN

In diesem Kapitel hast du erfahren, welche Aufzeichnungen für die Gewinnermittlung erforderlich sein. Bei den folgenden Aufgaben kannst du dein Wissen anwenden.

K 2.1 Gewinnermittlung C

Ein Unternehmen, das technische Beratungen durchführt, hat vergangenes Jahr € 24.785,30 für seine Dienstleistungen eingenommen. Die laufenden Ausgaben betrugen € 6.789,10. Weiters hat das Unternehmen Anlagegüter um € 4.750,– angeschafft, die 10 Jahre genutzt werden können.

Ermittle den Gewinn mithilfe einer Einnahmen- Ausgaben-Rechnung und fülle das Formular für die Steuererklärung, E1a, aus. Verwende dafür deine Daten mit der Steuernummer 017/9204.

K 2.2 Gewinnermittlung mittels Einnahmen-Ausgaben-Rechnung C

Ein Unternehmen hat vergangenes Jahr € 98.780,– für den Verkauf von Waren eingenommen. Folgende Betriebsausgaben sind angefallen:

a) Wareneinkäufe € 20.198,–

b) Porti, Telefon € 463,–

c) Gehälter der Mitarbeiterin (inkl. Nebenkosten) € 34.112,–

d) Miete für Geschäftslokal € 6.100,–

e) Zinsen für Bankkredit € 2.452,–

Zusätzlich ist zu berücksichtigen:

- Ein Kunde hat für Waren, die er im November abgeholt hat, € 5.100,– überwiesen; der Betrag wurde am 30. Dezember am Bankkonto gutgeschrieben.
- Eine andere Kundin hat für Waren, die sie am 20. Dezember abgeholt hat, € 2.110,– überwiesen. Die Gutschrift erfolgte am 5. Jänner.
- Das Unternehmen besitzt folgende Gegenstände:
  - Geschäftseinrichtung, die 10 Jahre genutzt werden kann und vor drei Jahren um € 22.100,– gekauft wurde
  - einen PC samt Zubehör, der voriges Jahr um € 1.000,– angeschafft wurde und der 4 Jahre genutzt werden kann

Ermittle den Gewinn in Form einer Einnahmen-Ausgaben-Rechnung.

K 2.3 Fallbeispiel C

Karina Greuter führt in 4190 Bad Leonfelden, Hagauer Straße 17 ein Beratungsunternehmen als Einzelunternehmen. Sie hat die Sozialversicherungsnummer 5547 30 11 91, ist unverheiratet und hat keine Kinder. Sie ist beim Finanzamt Freistadt Rohrbach Urfahr unter der Steuernummer 471/0815 veranlagt.

Das Unternehmen hat 2021 folgende Rechnungen an seine Kunden gestellt, die auf das Bankkonto überwiesen wurden:

3. Februar € 3.650,–

17. Mai € 2.980,–

9. November € 17.940,–

Dafür sind folgende Ausgaben angefallen:

13. Jänner Büromaterial € 75,– bar

20. März Porto € 2,55 bar

12. April Sozialversicherung € 250,– Überweisung

21. April Fachbuch € 45,– bar

30. April Büromaterial € 250,– Überweisung

2. Mai Telefon € 36,– Überweisung

17. Mai Druckerpapier € 15,– bar

6. Juni Telefon € 43,– Überweisung

3. September Telefon € 33,– Überweisung

12. Oktober Sozialversicherung € 250,– Überweisung

8. November Büromaterial € 174,– bar

31. Dezember Bankspesen € 43,– Überweisung

Fahrtkosten lt. Fahrtenbuch € 2.626,10

Das Anlagenverzeichnis enthält folgende Daten:

lfd. Nr.	Tag der Anschaffung	Belegnr.	Lieferant Name und Anschrift	Art der Ware	Nutzungs-dauer	Anschaffungs-kosten	AfA-Betrag	Wert am 31.12.2018	Wert am 31.12.2019	Wert am 31.12.2020	Wert am 31.12.2021
1	19.4.2018	BA 8/08	Richter GmbH 3040 Grüng. 3	Büroeinrichtung	10 Jahre	€ 7.300,00	€ 730,00	€ 6.570,00	€ 5.840,00	€ 5.110,00	€ 4.380,00
2	6.4.2019	KA 4/09	Winter e. U. 3170 Riesg. 18	PC	4 Jahre	€ 2.200,00	€ 550,00		€ 1.650,00	€ 1.100,00	€ 550,00
3	6.8.2021	BA 9/10	Dist GmbH 4711 Leichterstr. 5	Beamer	5 Jahre	€ 1.100,00					

Der Beamer wurde im August angeschafft und im September erstmals in Betrieb genommen.

a) Vervollständige das Anlageverzeichnis.

b) Berechne die von Karina Greuter zu zahlende Einkommensteuer.

c) Fülle das Formular E1a für die Einkommensteuererklärung aus.

KOMPETENZCHECK

Meine Kompetenzen	Kann ich?	Lernstoff	Aufgaben
Ich kann darstellen, welche Aufgaben das Rechnungswesen erfüllt.		Lerneinheit 1	Ü 2.2, Ü 2.3
Ich kann erläutern, welche Gesetze das Rechnungswesen regeln.		Lerneinheit 1	Ü 2.5, Ü 2.6, Ü 2.21, Ü 2.22
Ich kann die wichtigsten Formvorschriften wiedergeben.		Lerneinheit 1	Ü 2.4
Ich kann beschreiben, wer eine Buchhaltung und wer eine Einahmen-Ausgaben-Rechnung führen muss und wer mithilfe der Pauschalierung den Gewinn ermitteln muss.		Lerneinheit 2	Ü 2.11, Ü 2.14
Ich kann Abschreibungen berechnen und kenne deren Bedeutung für das Unternehmen.		Lerneinheit 2	Ü 2.15, Ü 2.16
Ich kann Betriebseinnahmen und Betriebsausgaben erkennen.		Lerneinheit 2	Ü 2.12, Ü 2.13, Ü 2.28
Ich kann den Gewinn oder Verlust mithilfe einer Einnahmen-Ausgaben-Rechnung ermitteln.		Lerneinheit 3	Ü 2.19, Ü 2.20
Ich kann den Gewinn für ein pauschaliertes Unternehmen ermitteln.		Lerneinheit 3	Ü 2.25, Ü 2.26

3 Die Buchhaltung

Sitzung des Aufsichtsrats
Der Aufsichtsrat hat den vom Unternehmen erstellten Jahresabschluss zu prüfen.

Darum geht's in diesem Kapitel:

Unternehmen wollen nicht nur ihren Gewinn ermitteln, sie müssen auch einen Überblick über ihr Vermögen, ihre Forderungen und Schulden haben. Diese Informationen werden in der Buchhaltung aufgezeichnet.

Das lernst du in den folgenden Lerneinheiten:

1 Was beinhaltet eine **Bilanz**?

2 Wie wird der **Ein- und Verkauf von Waren** gebucht?

3 Welche Arbeiten sind zur **Erstellung des Jahresabschlusses** erforderlich?

4 Welche **Informationen** können aus dem **Jahresabschluss** gewonnen werden?

Aktiviere dein MEHR!-Buch
online: **lernenwillmehr.at**

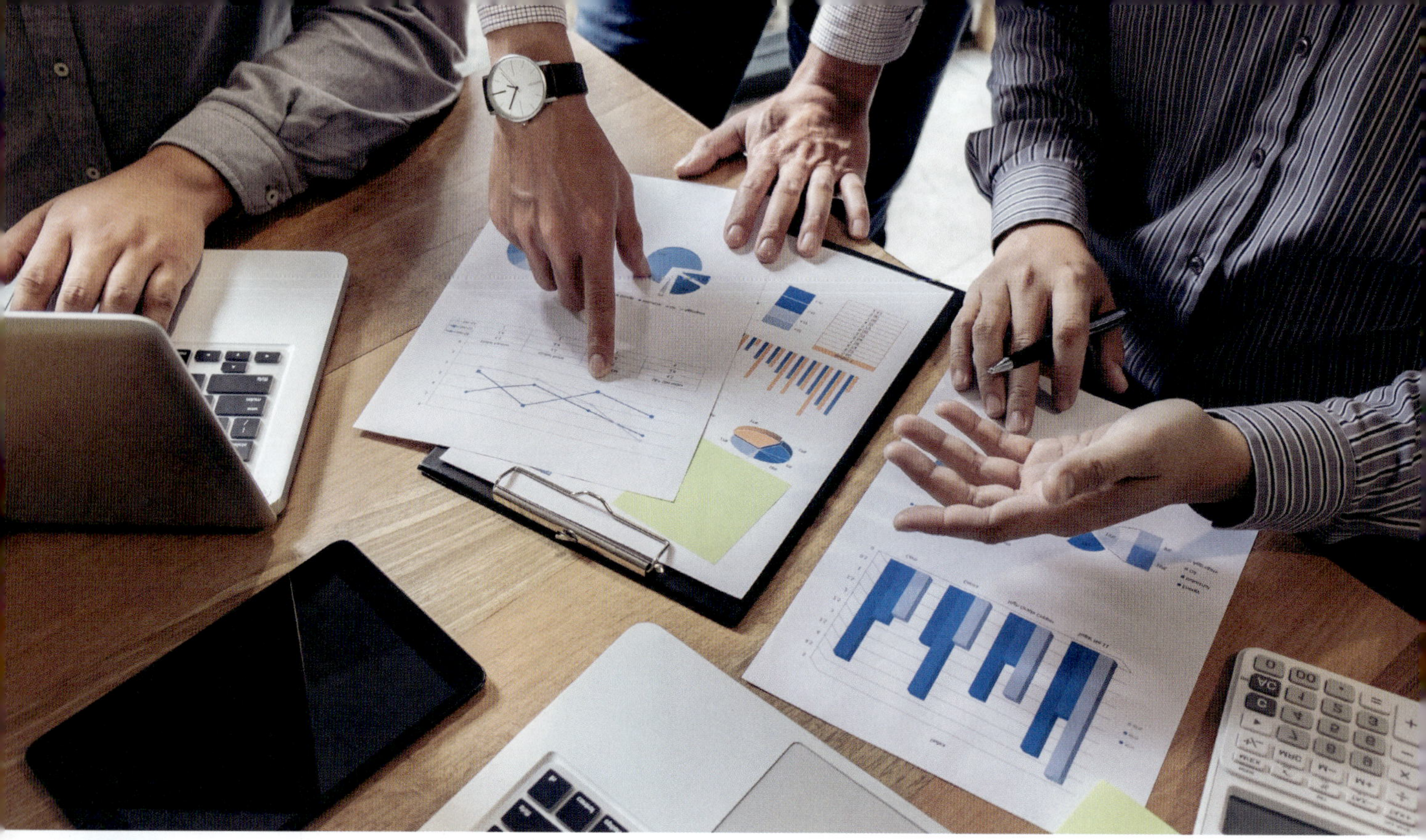

Ein Unternehmen wächst
Das Rechnungswesen muss stets der Größe des Unternehmens angepasst sein.

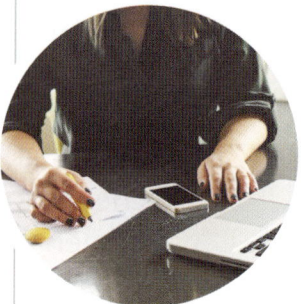

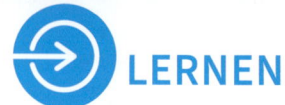

LERNEN

1 Grundbegriffe der Buchhaltung

Die Buchhaltung bietet einen wesentlich besseren Einblick in das Unternehmen, d. h. in die Ursachen eines Gewinns oder Verlusts, als die Einnahmen-Ausgaben-Rechnung.

Ü 3.1 Überprüfe für die folgenden Fragestellungen, ob die genannten Informationen in einer Einnahmen-Ausgaben-Rechnung zu finden sind.

Fragestellung	In einer Einnahmen-Ausgaben-Rechnung zu finden?
Wie hoch sind die Schulden des Unternehmens?	
Wie hoch war der Gewinn oder Verlust im vergangenen Jahr?	
Wer schuldet dem Unternehmen Geld?	
Wie viel Geld wurde den Mitarbeitern bezahlt?	
Wie viel Geld wurde für den Einkauf von Waren ausgegeben?	

1 Die Bilanz

Jedes buchführungspflichtige Unternehmen muss eine **Bilanz** erstellen. Diese zeigt, was ein Unternehmen besitzt und wie diese Gegenstände finanziert wurden.

Private Bilanz
Auch privat möchten wir den Überblick über unsere Einnahmen und Ausgaben bewahren. Im Unternehmen geschieht dies aufgrund von gesetzlichen Verpflichtungen.

Inhalt einer Bilanz: Die Bilanz ist eine Gegenüberstellung von Vermögen und Kapital.

linke Seite:		**rechte Seite**
Vermögen		Kapital
Aktiva	**Bilanz**	Passiva

zeigt	zeigt
■ welche Vermögenswerte das Unternehmen besitzt	■ wie das Unternehmen sein Vermögen finanziert hat
■ die Verwendung der Finanzmittel (= Investitionen)	■ die Herkunft der Finanzmittel (= Finanzierung)
Summe	**=**	**Summe**

Summe Aktiva = Summe Passiva

Sämtliche Vermögensgegenstände, die sich im Unternehmen befinden, müssen finanziert werden. Sämtliches Geld des Unternehmens muss in irgendeiner Form verwendet werden. Daher müssen **Vermögen und Kapital immer gleich groß** sein.

Wird ein Unternehmen gegründet, muss es zunächst eine **Eröffnungsbilanz** erstellen.

balance sheet
Bilanz

assets
Aktiva

liabilities
Passiva

L 3.1 Die Bilanz

Gerda hat beschlossen, sich selbständig zu machen. Sie eröffnet ihr Unternehmen am 1. März und stellt dem Unternehmen € 50.000,00 aus ihrem Privatvermögen als Startkapital zur Verfügung. € 30.000,00 zahlt sie auf das Bankkonto des Unternehmens ein, € 20.000,00 legt sie in die Unternehmenskassa.

Die Bilanz dieses Unternehmens sieht folgendermaßen aus:

Aktiva	**Eröffnungsbilanz zum 1. März**		Passiva
Bank	30.000,00	Eigenkapital	50.000,00
Kassa	20.000,00		
Summe	50.000,00	Summe	50.000,00

Das Geld wird auf ein Bankkonto und in die Kassa gelegt. Dies sind die Vermögenswerte des Unternehmens, es zeigt die Verwendung der Geldmittel. Finanziert wird es durch Kapital der Eigentümerin, d.h. durch Eigenkapital.

Gerda kauft am **5. März** um € 2.500,00 einen PC samt Peripherie für das Unternehmen. Die Zahlung erfolgt durch Überweisung vom Bankkonto. Die Bilanz verändert sich dadurch:

Aktiva	**Bilanz zum 5. März**		Passiva
EDV-Anlagen	2.500,00	Eigenkapital	50.000,00
Bank	27.500,00		
Kassa	20.000,00		
Summe	50.000,00	Summe	50.000,00

Das Bankguthaben verringert sich, dafür scheint die neue Position EDV-Anlagen in der Bilanz auf.

Gerda kauft am **8. März** 100 Stück einer Ware um je € 100,00. Sie bezahlt insgesamt € 10.000,00 bar. Nach dem Kauf hat die Bilanz folgendes Aussehen:

Aktiva	**Bilanz zum 8. März**		Passiva
EDV-Anlagen	2.500,00	Eigenkapital	50.000,00
Warenvorrat	10.000,00		
Bank	27.500,00		
Kassa	10.000,00		
Summe	50.000,00	Summe	50.000,00

Der Kassabestand verringert sich, dafür scheint zusätzlich die neue Position Warenvorrat in der Bilanz auf.

Am **10. März** kauft Gerda Einrichtungsgegenstände für das Geschäftslokal. Sie kosten € 12.000,00. Mit dem Lieferanten wird vereinbart, dass Gerda den Rechnungsbetrag in zwei Wochen überweisen wird. Bis dahin bleibt sie den Betrag dem Lieferanten schuldig.

Lieferverbindlichkeiten
Schulden (= Verbindlich-keiten) aufgrund einer Lieferung

Aktiva		Bilanz zum 10. März		Passiva
Geschäftseinrichtung	12.000,00	Eigenkapital		50.000,00
EDV-Anlagen	2.500,00	Lieferverbindlichkeiten		12.000,00
Warenvorrat	10.000,00			
Bank	27.500,00			
Kassa	10.000,00			
Summe	62.000,00	Summe		62.000,00

Der Lieferant borgt dem Unternehmen Geld. Daher verfügt das Unternehmen über zusätzliches Kapital, das in der Position Lieferverbindlichkeiten auf der Passivseite ausgewiesen wird.

liability
Verbindlichkeit

Gleichzeitig erwirbt das Unternehmen einen neuen Vermögensgegenstand (die Geschäftseinrichtung), der auf der Aktivseite ausgewiesen wird.

fixed assets
Anlagevermögen

Am **24. März** bezahlt Gerda die offene Rechnung für die Geschäftseinrichtung mittels Banküberweisung.

current assets
Umlaufvermögen

Aktiva		Bilanz zum 24. März		Passiva
Geschäftseinrichtung	12.000,00	Eigenkapital		50.000,00
EDV-Anlagen	2.500,00			
Warenvorrat	10.000,00			
Bank	15.500,00			
Kassa	10.000,00			
Summe	50.000,00	Summe		50.000,00

equity capital
Eigenkapital

Durch die Bezahlung werden die Lieferverbindlichkeiten getilgt. Dieser Posten kann daher weggelassen werden. Gleichzeitig vermindert die Bezahlung das Bankguthaben.

borrowed capital, liabilities
Fremdkapital

Die Bilanz	
Anlagevermögen	**Eigenkapital**
Geschäftseinrichtung und **EDV-Anlagen** sollen im Unternehmen länger verwendet werden.	Das **Eigenkapital** hat die Eigentümerin zur Verfügung gestellt. Es wird auch als Reinvermögen bezeichnet.
Umlaufvermögen	**Fremdkapital**
Warenvorrat, Bankguthaben und **Kassa** verbleiben nur vorübergehend im Unternehmen.	**Lieferverbindlichkeiten.** Dieses Kapital hat nicht der Unternehmer, sondern ein Externer zur Verfügung gestellt (z.B. Bank).

Gliederung einer Bilanz: Das Vermögen und das Kapital in der Bilanz wird in folgende Gruppen untergliedert:

Aktiva	Bilanz	Passiva
Anlagevermögen		**Eigenkapital**
Umlaufvermögen		**Fremdkapital**
Summe	=	Summe

2 Bestandskonten

Jeder Geschäftsfall eines Unternehmens verändert die Bilanz. Für ein Unternehmen, das laufend Geschäfte tätigt, wäre der Aufwand sehr groß, nach jedem Geschäft die Bilanz zu ändern. Daher wird während des Geschäftsjahres auf **Konten** gebucht.

Das Bestandskonto: Für jede Bilanzposition wird ein eigenes Konto eingerichtet, auf dem sämtliche Änderungen dieser Bilanzposition verrechnet werden. Diese Konten können jederzeit zu einer Bilanz zusammengefasst werden.

Aktive Bestandskonten: Konten, die Positionen der Aktivseite (Vermögen) der Bilanz zeigen

Passive Bestandskonten: Konten, die Positionen der Passivseite (Kapital) zeigen

Soll-Seite: linke Seite eines Kontos; sie zeigt, wofür das Geld verwendet wird (Mittelverwendung); die Buchung auf der Soll-Seite ist daher eine Soll-Buchung

Haben-Seite: rechte Seite eines Kontos; sie zeigt, wo das Geld herkommt (Mittelherkunft); die Buchung auf der Haben-Seite ist daher eine Haben-Buchung

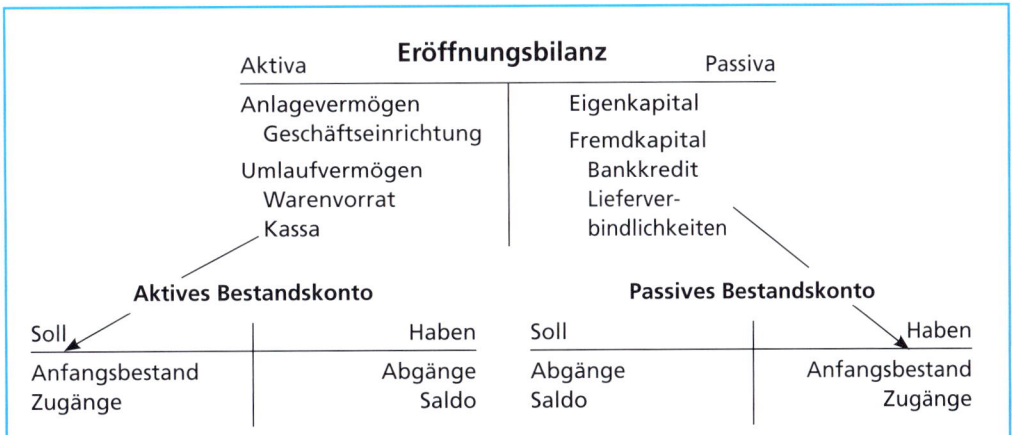

L 3.2 Konten

Gerda eröffnet bei der Gründung ihres Unternehmens am 1. März folgende Konten:

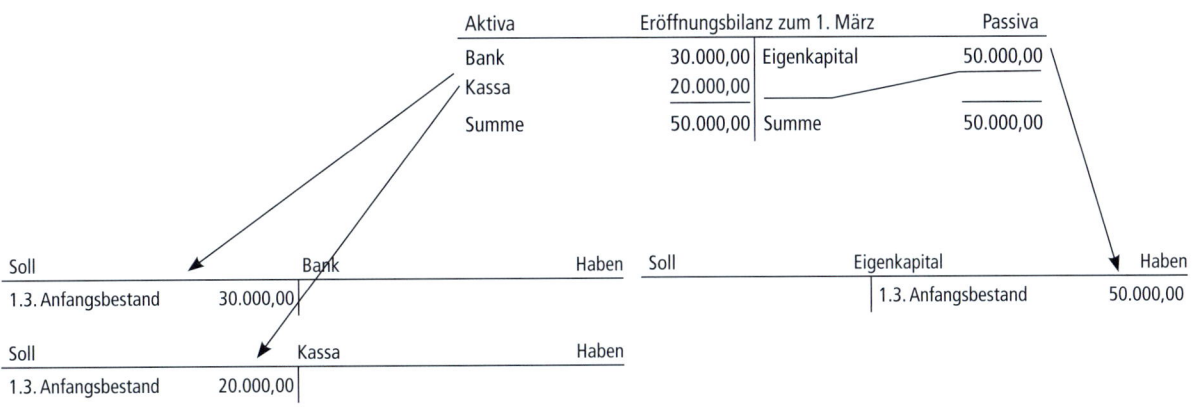

Jeder Geschäftsfall, der einen Bilanzposten verändert, wird auf dem entsprechenden Konto verbucht.

Am **5. März** kauft Gerda um € 2.500,00 einen PC samt Peripherie. Sie bezahlt mittels Banküberweisung.

Soll	EDV-Anlagen	Haben		Soll	Bank		Haben
5.3. Kauf PC	2.500,00			1.3. Anfangsbestand	30.000,00	5.3. Kauf PC	2.500,00

Der PC wird in einer eigenen Bilanzposition ausgewiesen, daher muss er auf einem gesonderten Konto verbucht werden. Da es dieses Konto noch nicht gibt und kein Anfangsbestand vorhanden ist, muss es **neu eröffnet** werden.

Sollbuchungen zeigen die **Mittelverwendung**. **Habenbuchungen** zeigen die **Mittelherkunft**.

Konto EDV-Anlagen	Konto Bank
Durch den Kauf des PCs wird die Position **„EDV-Anlagen"** vermehrt.	Durch den Kauf des PCs wird die Position **„Bankguthaben"** vermindert.
Das Geld wird für den Kauf von EDV-Anlagen verwendet. → **Mittelverwendung**	Das Geld kommt von der Bank. → **Mittelherkunft**
Es erfolgt daher eine **Buchung im Soll.**	Es erfolgt daher eine **Buchung im Haben.**

Sowohl auf der Haben- als auch auf der Soll-Seite kann auch auf mehreren Konten gebucht werden. Jedenfalls muss derselbe Betrag einmal im Soll und einmal im Haben gebucht werden.

L 3.2 Konten (Fortsetzung)

Am **8. März** kauft Gerda Waren um € 10.000,00, die bar bezahlt werden. Auch in diesem Fall muss ein neues Konto eröffnet werden, und zwar das Konto Warenvorrat.

Soll	Warenvorrat	Haben		Soll	Kassa		Haben
8.3. Kauf Waren	10.000,00			1.3. Anfangsbestand	20.000,00	8.3. Kauf Waren	10.000,00

Das Geld wird für den Kauf von Waren verwendet. (Mittelverwendung) → Buchung im Soll

Das Geld kommt aus der Kassa. (Mittelherkunft) → Buchung im Haben

Am **10. März** kauft Gerda Einrichtungsgegenstände für das Geschäftslokal um € 12.000,00. Die Zahlung ist erst in 2 Wochen fällig. Weder das Konto Geschäftseinrichtung noch das Konto Lieferverbindlichkeiten sind bereits vorhanden. Daher müssen beide Konten eröffnet werden.

Soll	Geschäftseinrichtung	Haben		Soll	Lieferverbindlichkeiten		Haben
10.3. Kauf Einrichtung	12.000,00					10.3. Kauf Einrichtung	12.000,00

Das Geld wird für den Kauf von Einrichtungsgegenständen verwendet. (Mittelverwendung) → Buchung im Soll

Das Geld kommt vom Lieferanten. (Mittelherkunft) → Buchung im Haben

Am **24. März** bezahlt Gerda die offene Rechnung für die Geschäftseinrichtung mittels Banküberweisung.

Soll	Lieferverbindlichkeiten	Haben			Soll	Bank		Haben
24.3. Ausgl. Lieferverbindl.	12.000,00	10.3. Kauf Einrichtung	12.000,00		1.3. Anfangsbestand	30.000,00	5.3. Kauf PC	2.500,00
							24.3. Ausgl. Lieferverbindl.	12.000,00

Das Geld wird für die Bezahlung der Schuld verwendet. (Mittelverwendung) → Buchung im Soll

Das Geld kommt von der Bank. (Mittelherkunft) → Buchung im Haben

Buchungsregeln für Bestandskonten

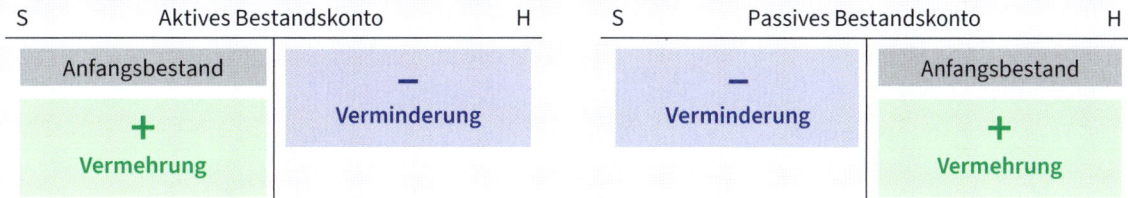

S	Aktives Bestandskonto	H
Anfangsbestand		–
		Verminderung
+		
Vermehrung		

S	Passives Bestandskonto	H
–		Anfangsbestand
Verminderung		
		+
		Vermehrung

Ein **aktives Bestandskonto** wird im **Soll vermehrt** und im **Haben vermindert.**

Ein **passives Bestandskonto** wird im **Soll vermindert** und im **Haben vermehrt.**

Abschluss der Konten

Unternehmen sind verpflichtet, am Ende des Geschäftsjahres ihre Konten abzuschließen und die **Bilanz zu erstellen.** Dazu werden im ersten Schritt die Soll- und die Habenseite addiert:

Soll	Bank		Haben
1.3. Anfangsbestand	30.000,00	5.3. Kauf PC	2.500,00
		24.3. Überweisung	12.000,00
Summe	30.000,00	Summe	14.500,00

Im nächsten Schritt wird die **Differenz zwischen der Soll- und der Habensumme** gebildet. Diese Differenz wird **Saldo** genannt und ist auf der betraglich kleineren Seite einzutragen. Bei einer neuerlichen Addition sind Soll und Haben gleich:

Soll	Bank		Haben
1.3. Anfangsbestand	30.000,00	5.3. Kauf PC	2.500,00
		24.3. Überweisung	12.000,00
		Saldo	15.500,00
Summe	30.000,00	Summe	30.000,00

Der Saldo wird auf der betraglich kleineren Seite eingesetzt, aber nach der betraglich größeren Seite benannt. Das Konto Bank weist hier einen Soll-Saldo auf.

Der **Saldo** zeigt den **Bestand dieses Kontos** an jenem Tag, an dem er ermittelt wird. Daher entspricht hier der Saldo dem Stand des Bankguthabens am 24.3.

Am Ziel
Am Ende eines Geschäftsjahres ist es Zeit, Bilanz zu ziehen. Wenn es ein erfolgreiches Jahr war, darf auch mal gefeiert werden.

Gerda hat ein Bankguthaben von € 15.500,00 am Bilanzstichtag. Dieser Saldo, der Endbestand, wird in die Bilanz eingetragen.

Die Bilanz von Gerdas Unternehmen zeigt am 24. März:

Soll	Geschäftseinrichtung		Haben
10.3. Kauf Einrichtung	12.000,00	Saldo	12.000,00
Summe	12.000,00	Summe	12.000,00

Soll	EDV-Anlagen		Haben
5.3. Kauf PC	2.500,00	Saldo	2.500,00
Summe	2.500,00	Summe	2.500,00

Soll	Warenvorrat		Haben
8.3. Kauf Waren	10.000,00	Saldo	10.000,00
Summe	10.000,00	Summe	10.000,00

Soll	Bank		Haben
1.3. Anfangsbestand	30.000,00	5.3. Kauf PC	2.500,00
		24.3. Ausgl. Lieferverbindl.	12.000,00
		Saldo	15.500,00
Summe	30.000,00	Summe	30.000,00

Soll	Kassa		Haben
1.3. Anfangsbestand	20.000,00	8.3. Kauf Waren	10.000,00
		Saldo	10.000,00
Summe	20.000,00	Summe	20.000,00

Soll	Eigenkapital		Haben
Saldo	50.000,00	1.3. Anfangsbestand	50.000,00

	Lieferverbindlichkeiten		
24.3. Ausgleich Lieferverb.	12.000,00	10.3. Kauf Einrichtung	12.000,00

Aktiva	Bilanz zum 24. März		Passiva
Anlagevermögen		Eigenkapital	50.000,00
Geschäftseinrichtung	12.000,00		
EDV-Anlagen	2.500,00		
Umlaufvermögen			
Warenvorrat	10.000,00		
Bank	15.500,00		
Kassa	10.000,00		
Summe	50.000,00	Summe	50.000,00

Zu spät!
Kleine Fehler oder Versäumnisse in der Buchhaltung können oft große Auswirkungen haben. Durch verpasste Skontofristen gingen der Deutschen Bahn im Jahr 2017 ca. € 20 Mio. verloren.

3 Kreditoren und Debitoren

Oft werden Geschäfte – insbesondere zwischen Unternehmen und im Versandhandel – nicht sofort bar bezahlt. Dem Kunden wird eine Frist zur Zahlung eingeräumt. Diese Frist wird **Zahlungsziel** genannt.

Kreditoren und Debitoren: Hat das Unternehmen Geld hergeborgt oder hat sich das Unternehmen Geld ausgeborgt?

- Ist Gerda (das Unternehmen) **Käuferin**, hat sie eine **Verbindlichkeit**:

- Ist Gerda (das Unternehmen) **Verkäuferin**, hat sie eine **Forderung**:

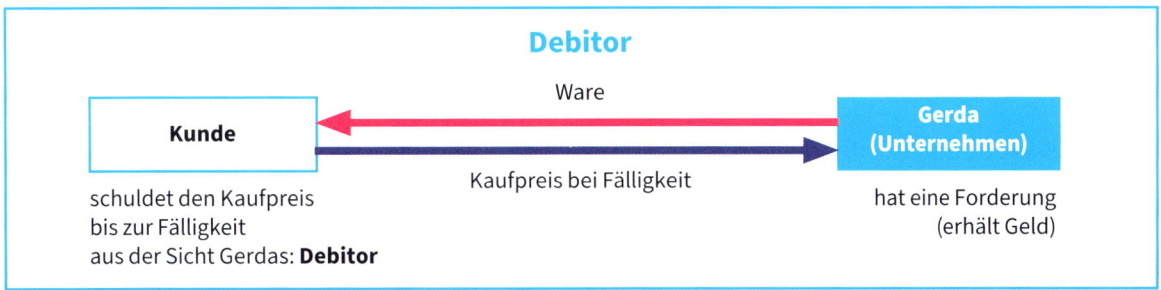

Ü 3.2 Debitor oder Kreditor? B

Entscheide bei jedem der folgenden Geschäftsfälle, ob eine Geldforderung oder Geldverbindlichkeit begründet wurde und ob der Geschäftspartner aus deiner Sicht Debitor oder Kreditor ist.

Geschäftsfall	Forderung/Verbindlichkeit	Debitor/ Kreditor
Du bestellst im Internet ein Headset. Es wird geliefert und du hast 14 Tage Zahlungsziel.		
Du bist Eigentümer/in eines Sparbuchs mit einem Kontostand von €1.875,–.		
Du borgst einer Freundin €70,– für eine Woche.		
Deine Eltern geben dir €50,–. Dieses Geld wird dir von der nächsten Taschengeldzahlung abgezogen.		

4 Erfolgskonten

Die bisherigen Geschäfte in L 3.1 bis L 3.3 haben die Unternehmerin Gerda weder reicher noch ärmer gemacht. Geändert hat sich nur die **Zusammensetzung ihres Vermögens.**

L 3.4 Aufwände und Erträge

Gerda bezahlt am 27. März die **Miete** in Höhe von € 500,00 bar. Wie ändert dieser Geschäftsfall die Bilanz?

Die Position **Kassa** vermindert sich um € 500,00. Da das Geld verbraucht wird und keine anderen Vermögenswerte dafür angeschafft werden, vermindert sich die Aktivseite der Bilanz ebenfalls um € 500,00.

Bei einer Bilanz müssen aber Aktiv- und Passivseite denselben Betrag aufweisen. Daher muss auch die Passivseite um € 500,00 geringer werden. Den Verbrauch muss die Eigentümerin bezahlen, daher verringert sich die Position **Eigenkapital** auf der Passivseite um € 500,00.

Die Bilanz hat nach Verbuchung der Bezahlung der Miete folgendes Aussehen:

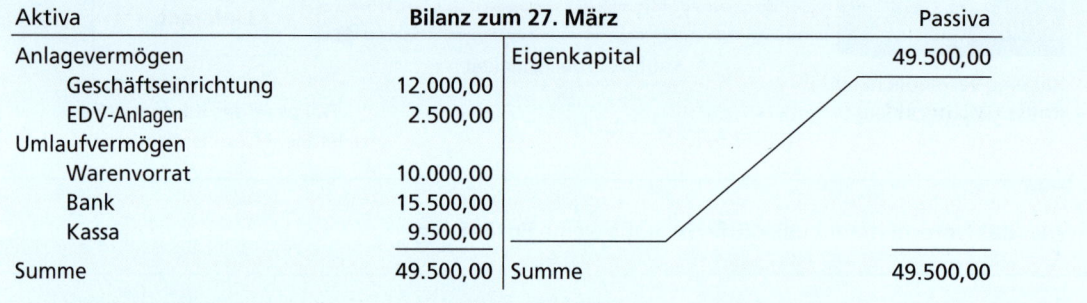

Aktiva	Bilanz zum 27. März		Passiva
Anlagevermögen		Eigenkapital	49.500,00
Geschäftseinrichtung	12.000,00		
EDV-Anlagen	2.500,00		
Umlaufvermögen			
Warenvorrat	10.000,00		
Bank	15.500,00		
Kassa	9.500,00		
Summe	49.500,00	Summe	49.500,00

Der **Verbrauch von Werten** wird **Aufwand** genannt.

L 3.4 Aufwände und Erträge (Fortsetzung)

Für die Vermittlung eines Geschäfts erhält Gerda am 29. März € 800,00 **Provision.** Diese wird auf ihr Bankkonto überwiesen. Dadurch erhöht sich der Kontostand des **Bankguthabens.** Das übrige Vermögen ändert sich nicht. Daher erhöht sich die Aktivseite der Bilanz um € 800,00.

Auch hier gilt: Aktiv- und Passivseite müssen gleich groß sein. Daher muss sich auch die Passivseite um € 800,00 erhöhen. Da der Wertzuwachs der Eigentümerin gehört, erhöht sich auf der Passivseite die Position **Eigenkapital** um € 800,00.

Die Bilanz hat nach Verbuchung der Provision folgendes Aussehen:

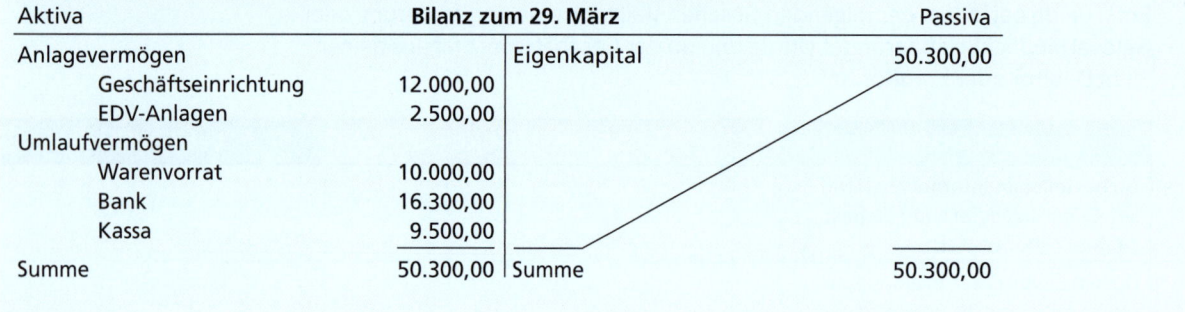

Aktiva	Bilanz zum 29. März		Passiva
Anlagevermögen		Eigenkapital	50.300,00
Geschäftseinrichtung	12.000,00		
EDV-Anlagen	2.500,00		
Umlaufvermögen			
Warenvorrat	10.000,00		
Bank	16.300,00		
Kassa	9.500,00		
Summe	50.300,00	Summe	50.300,00

Der **Zufluss von Werten** für Leistungen des Unternehmens wird **Ertrag** genannt.

Da bei den beiden vorigen Buchungen nicht erkennbar ist, warum sich das Eigenkapital verändert, werden die **Aufwände** und **Erträge** während des Jahres auf eigenen Konten erfasst. Dadurch wird der Informationsgehalt des Jahresabschlusses erhöht. Diese Konten werden **Erfolgskonten** genannt.

expense
Aufwand

revenue
Ertrag

Erfolgskonten	
Aufwandskonten **(erfassen den Verbrauch von Werten)**	**Ertragskonten** **(erfassen den Zufluss von Werten)**
Aufwände sind eine Kapitalverminderung. Sie werden im **Soll** gebucht. **Beispiele:** • Mietaufwand, • Zinsaufwand, • Versicherungsaufwand, • Gehälter ...	Erträge sind eine Kapitalerhöhung. Sie werden im **Haben** gebucht. **Beispiele:** • Mieterträge, • Zinserträge, • Handelswarenerlöse, • Provisionserträge ...

Die **Erfolgskonten** sollen die Aufwände und Erträge des Jahres zeigen. Daher haben sie **keinen Anfangsbestand** und müssen zu Jahresbeginn **nicht eröffnet** werden.

Aufwand entsteht **im Zeitpunkt des Verbrauchs**, nicht im Zeitpunkt des Kaufs oder der Zahlung.

> Bei Buchungen auf Erfolgskonten erfolgt die Gegenbuchung immer auf einem Bestandskonto.
>
> **income statement**
> GuV

L 3.4 Aufwände und Erträge (Fortsetzung)

Die Barzahlung der Miete in Höhe von € 500,00 am 27. März führt zu folgenden Buchungen:

Soll	Mietaufwand	Haben		Soll	Kassa	Haben
27.3. Miete	500,00			1.3. Anfangsbestand	20.000,00	8.3. Kauf Waren	10.000,00
						27.3. Miete	500,00

Die Gutschrift der Provision in Höhe von € 800,00 am 29. März führt zu folgenden Buchungen:

Soll	Bank	Haben		Soll	Provisionserträge	Haben
1.3. Anfangsbestand	30.000,00	5.3. Kauf PC	2.500,00			29.3. Provision	800,00
29.3. Provision	800,00	24.3. Ausgl. Lieferverbindl.	12.000,00				

Abschluss der Erfolgskonten: Am Jahresende werden die Salden der Aufwände und Erträge in der Gewinn-und-Verlust-Rechnung (GuV) einander gegenübergestellt.

Der Saldo des Kontos **Gewinn-und-Verlust-Rechnung** zeigt den erwirtschafteten Gewinn oder Verlust. Dieser wird auf das **Eigenkapitalkonto** übertragen:

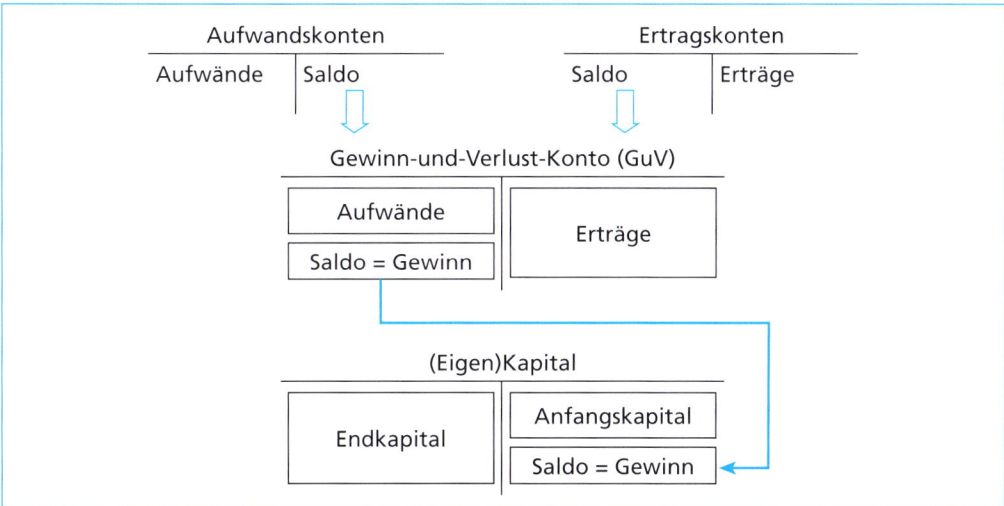

Ein erzielter **Gewinn** gehört dem Eigentümer und erhöht daher das Eigenkapital. Einen **Verlust** hat der Eigentümer zu tragen. Daher vermindert ein Verlust das Eigenkapital.

L 3.4 Aufwände und Erträge (Fortsetzung)

Für Gerdas Unternehmen zeigt die Gewinn-und-Verlust-Rechnung folgenden Erfolg

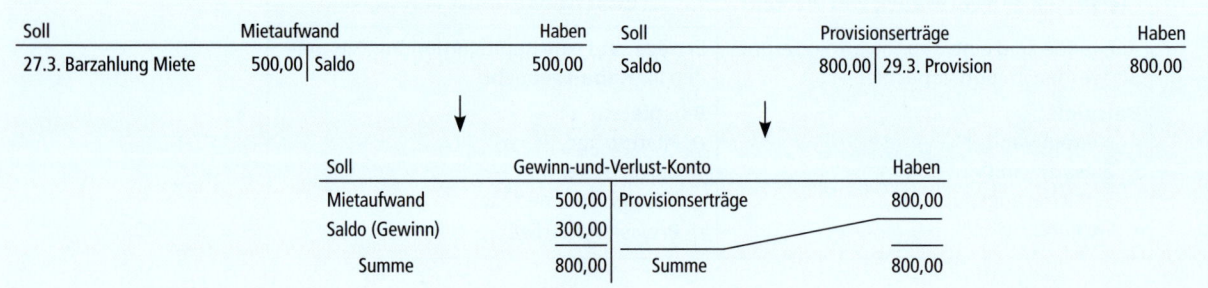

Soll	Mietaufwand	Haben
27.3. Barzahlung Miete	500,00	Saldo	500,00

Soll	Provisionserträge	Haben
Saldo	800,00	29.3. Provision	800,00

Soll	Gewinn-und-Verlust-Konto	Haben
Mietaufwand	500,00	Provisionserträge	800,00
Saldo (Gewinn)	300,00		
Summe	800,00	Summe	800,00

Von der Eröffnungsbilanz zur Schlussbilanz: Bei bereits bestehenden Unternehmen entspricht die Schlussbilanz des alten Jahres der Eröffnungsbilanz des neuen Jahres.

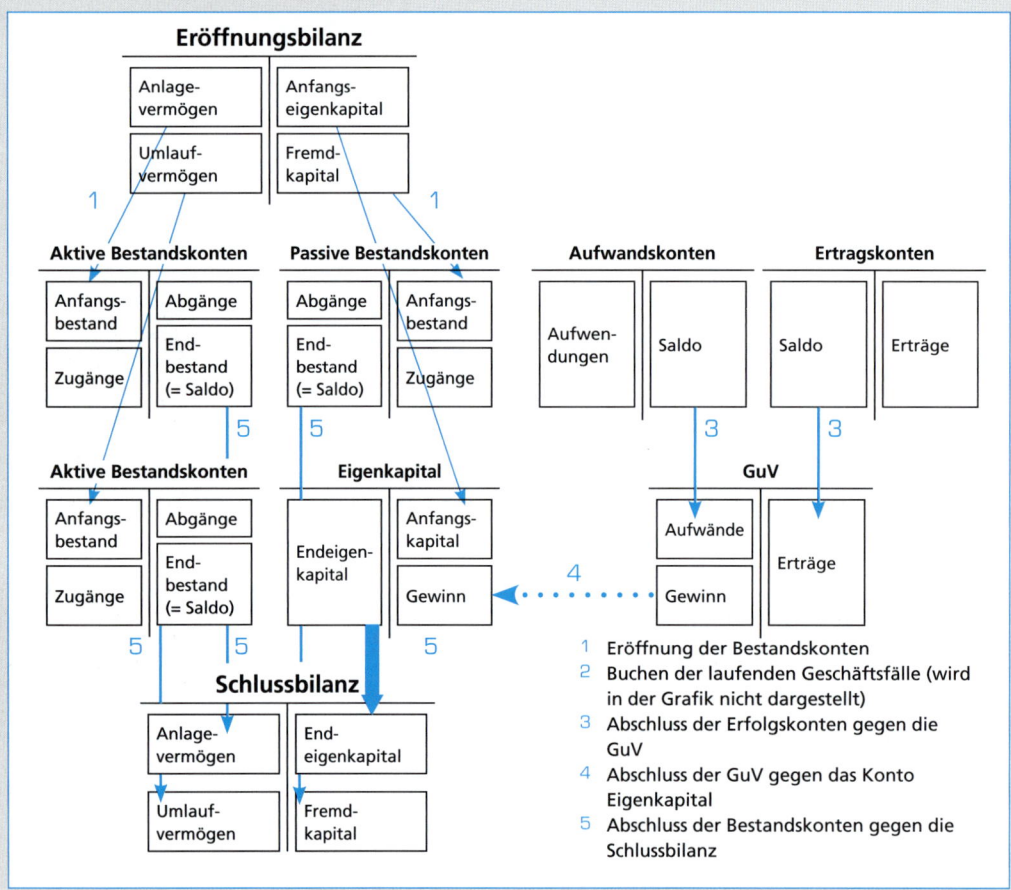

1 Eröffnung der Bestandskonten
2 Buchen der laufenden Geschäftsfälle (wird in der Grafik nicht dargestellt)
3 Abschluss der Erfolgskonten gegen die GuV
4 Abschluss der GuV gegen das Konto Eigenkapital
5 Abschluss der Bestandskonten gegen die Schlussbilanz

Die **Buchhaltung** bietet **zwei Möglichkeiten**, den Gewinn zu ermitteln:

- Gegenüberstellung der **Aufwände und Erträge**. Dies geschieht mithilfe der GuV.

- Vergleich des **Eigenkapitals** am Jahresende (Endeigenkapital) mit dem Eigenkapital zu Jahresbeginn (Anfangseigenkapital):

Endeigenkapital

– Anfangseigenkapital

Gewinn/Verlust

Die Buchhaltung wird wegen der zweifachen Möglichkeiten der Gewinnermittlung auch **„doppelte Buchhaltung"** genannt.

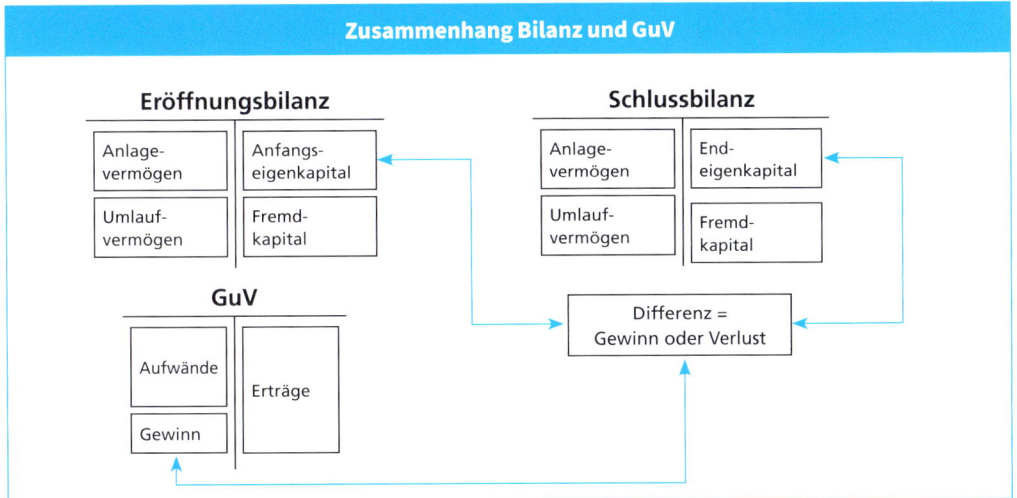

Zusammenhang Bilanz und GuV

- Die **Bilanz** zeigt die Änderung des Eigenkapitals.
- In der **GuV** sieht man, warum sich das Eigenkapital verändert hat.

Der **Gewinn oder Verlust** muss in beiden Fällen **gleich hoch** sein.

5 Kontenplan

Das Gesetz verlangt, die Buchhaltung so zu führen, dass sich ein Fachmann in angemessener Zeit einen Überblick verschaffen kann. Auch innerhalb eines Unternehmens sollte klar sein, welche Buchung auf welchem Konto zu finden ist. Daher ist eine **Ordnung der Konten** nach bestimmten Gesichtspunkten erforderlich.

Die Kammer der Wirtschaftstreuhänder hat gemeinsam mit dem ÖPWZ (Österreichisches Zentrum für Produktivität und Wirtschaftlichkeit) einen **Kontenrahmen** erarbeitet, der jedem Konto eine Nummer zuweist.

Die erste Stelle wird **Kontenklasse** genannt. Sie zeigt, um welche Art von Konten es sich handelt.

Ideen gestalten Zukunft
Das ÖPWZ verleiht jährlich die Ideenmanagement Awards an Unternehmen, in denen Mitarbeiter die Arbeitsprozesse aktiv mitgestalten können. Der Preisträger 2018 war die oberösterreichische Pöttinger Landtechnik GmbH.

Kontenrahmen

	Bilanz		
Kontenklasse		Kontenklasse	
0	Anlagevermögen	9	Kapital
1	Umlaufvermögen (Vorräte)	3	Fremdkapital
2	Umlaufvermögen (Sonstiges)		

	GuV		
Kontenklasse		Kontenklasse	
5	Materialaufwand	4	Betriebliche Erträge
6	Personalaufwand		
7	Sonstiger Aufwand		
8	Finanzaufwand	8	Finanzerträge

Der Kontenrahmen ist eine unverbindliche Empfehlung für die Einteilung der Konten und deren Bezeichnung. Aus diesem Kontenrahmen leitet jeder Betrieb die in diesem Betrieb **tatsächlich benötigten und geführten Konten** ab. Dies wird **Kontenplan** genannt.

6 Der Buchungskreislauf

Die Arbeiten in der Buchhaltung laufen nach einem Schema ab, das sich jedes Jahr wiederholt:

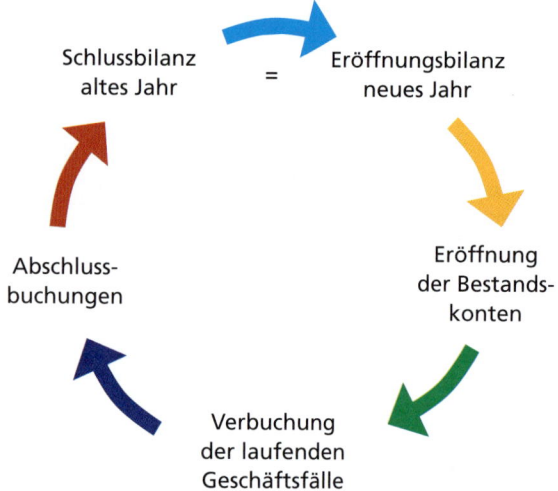

Die **Schlussbilanz** zeigt, welche Werte am Jahresende im Unternehmen vorhanden sind. Die **Eröffnungsbilanz** zeigt, welche Werte zu Beginn des Jahres vorhanden sind. Da Beginn und Ende zusammenfallen und zwischen den Jahren keine Geschäfte getätigt werden können, entspricht die Schlussbilanz des alten Jahres der Eröffnungsbilanz des neuen Jahres.

L 3.5 Gerdas Buchhaltung im März

Gerda hat ihr Unternehmen am 1. März mit einem Startkapital von € 50.000,00 eröffnet: € 30.000,00 hat sie auf das Bankkonto des Unternehmens und € 20.000,00 in die Unternehmenskassa gelegt.

Folgende Geschäfte hat sie getätigt:

5. März: Kauf eines PC samt Peripherie um € 2.500,00 mittels Banküberweisung

8. März: Barkauf von Waren um € 10.000,00

10. März: Kauf von Einrichtungsgegenständen um € 12.000,00 auf Ziel

24. März: Bezahlung der Lieferverbindlichkeit mittels Banküberweisung

27. März: Barzahlung der Miete in Höhe von € 500,00

29. März: Gutschrift eines Provisionsertrags von € 800,00

In Gerdas Büchern sind daher folgende Buchungen zu finden:

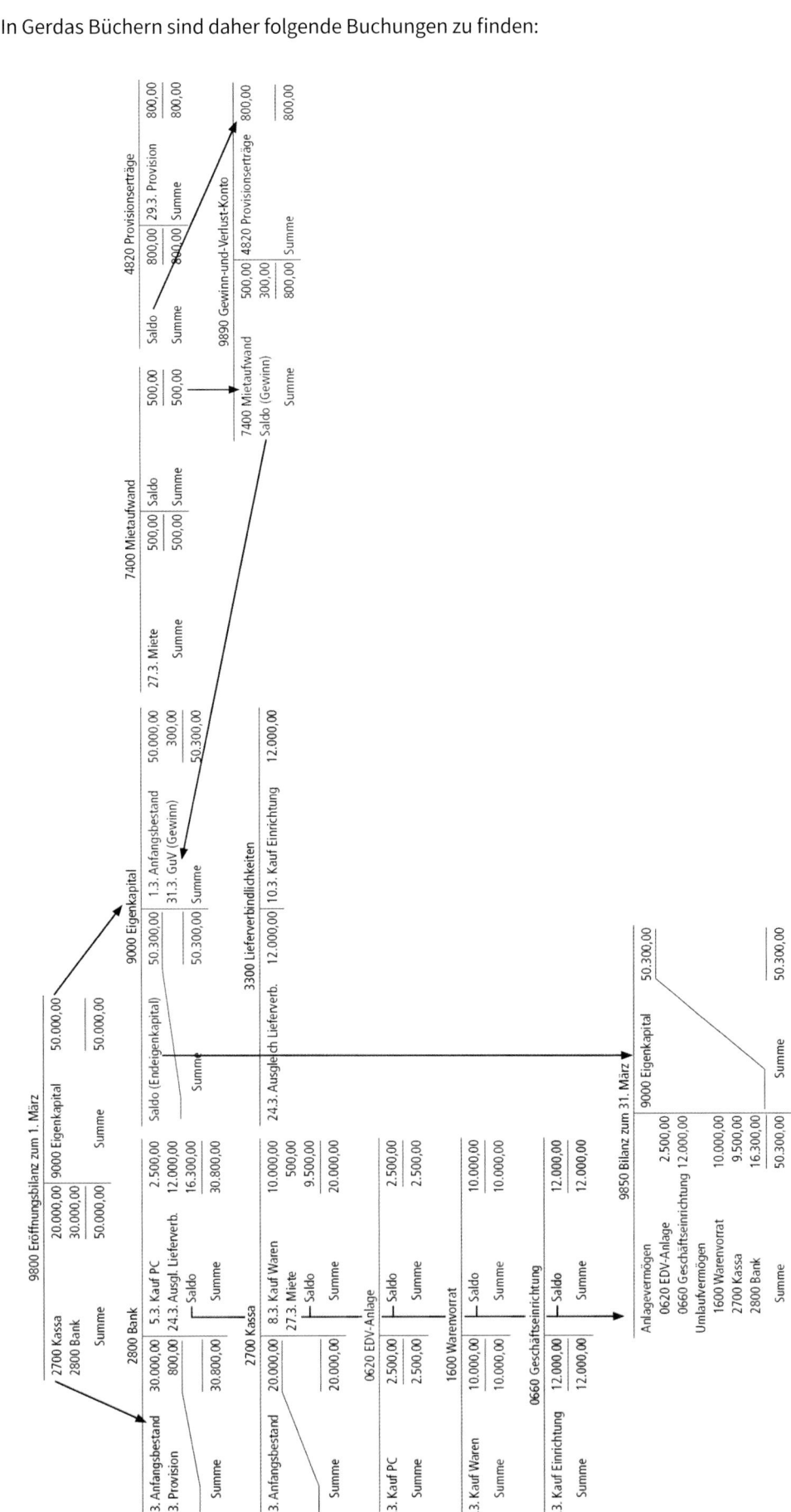

ÜBEN

In dieser Lerneinheit hast du die Bestandteile einer Bilanz sowie die Bestands- und Erfolgskonten kennengelernt. Mit den folgenden Aufgaben kannst du das Gelernte üben.

Ü 3.3 Bilanz und GuV A

Entscheide, ob die folgenden Aussagen richtig oder falsch sind, und begründe deine Antwort.

LINK
Ü 3.3 Bilanz und GuV
interaktive Übung

Aussage	Richtig	Falsch	Begründung
Die Bilanz zeigt, wofür Geld während des Jahres ausgegeben bzw. eingenommen wurde.			
Mindestens zweimal jährlich muss ein Jahresabschluss erstellt werden.			
In der Gewinn-und-Verlust-Rechnung werden Aufwände und Erträge einander gegenübergestellt.			
Die Eröffnungsbilanz des neuen Jahres entspricht der Schlussbilanz des alten Jahres.			
Zu Beginn jedes Jahres müssen die Erfolgskonten eröffnet und der Anfangsbestand eingetragen werden.			

Ü 3.4 Arten von Konten und deren Abschluss A

Entscheide, ob es sich bei den genannten Konten um ein Bestands- oder um ein Erfolgskonto handelt und wie der Abschluss erfolgt.

LINK
3.4 Arten von Konten und deren Abschluss
interaktive Übung

Konto	Art des Kontos		Abschluss gegen	
	Bestandskonto	Erfolgskonto	Bilanz	GuV
Handelswarenvorrat				
Mieterträge				
Gehälter				
Internetgebühren				
Zinserträge				
Maschinen				
Forderungen aus Lieferungen				

Ü 3.5 Gewinnermittlung A

Der Gewinn kann in der Buchhaltung auf zwei Arten ermittelt werden. Erkläre, wie dies erfolgt.

Ü 3.6 Struktur des Jahresabschlusses

1. Bezeichne die beiden Seiten der Bilanz und der GuV.

SBK		GuV	

2. Trage weiters ein, wo folgende Gruppen von Vermögensgegenständen bzw. Kapital zu finden sind.

a) Anlagevermögen,

b) Umlaufvermögen,

c) Eigenkapital,

d) Fremdkapital,

e) Aufwände

f) Erträge

3. Trage darüber hinaus folgende Positionen an der richtigen Stelle ein.

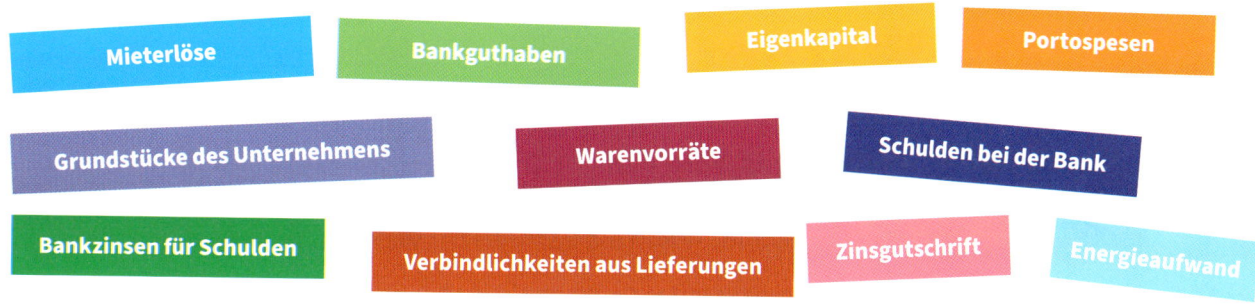

Automatisierter Materialfluss
Lagerführungssysteme erfassen sämtliche Prozesse vom Warenein- bis zum Warenausgang, auch unternehmensübergreifen. In der Buchhaltung wird der Wert der Waren verzeichnet.

LERNEN

2 Ein- und Verkauf von Waren

Die Buchhaltung ermittelt die Veränderung des Vermögens: Wenn das Unternehmen Waren kauft, wird es nicht ärmer oder reicher, es ändert sich nur die Zusammensetzung des Vermögens. Warenkäufe werden erst zum Aufwand, wenn sie verbraucht werden.

Ü 3.7 **Karl Lichtner verwendet sein gesamtes Geld, um ein großes und modern ausgestattetes Haus zu kaufen. Danach besitzt er zwar eine luxuriöse Liegenschaft, hat aber nicht genug Geld, um sein Leben (Essen, Kleidung, Heizung …) zu finanzieren. Erkläre, ob Karl Lichtner arm oder reich ist.**

1 Begriffsbestimmungen

Auszahlung und **Aufwand** sind Begriffe, die im täglichen Sprachgebrauch manchmal mit gleicher Bedeutung verwendet werden. Im Rechnungswesen haben sie hingegen eine spezielle Bedeutung und meinen Unterschiedliches. Dasselbe gilt für die Begriffe **Einzahlung** und **Ertrag.**

Auszahlung	Einzahlung
Beispiel: Wir bezahlen die Heizölrechnung.	**Beispiel:** Ein Kunde bezahlt die gelieferte Ware.

Betrachtet wird die **Veränderung der liquiden Mittel.** Es wird der Bargeldbestand betrachtet, d.h. die Fähigkeit, Zahlungsverpflichtungen zu erfüllen.

Nach dieser Logik ermittelt die **Einnahmen-Ausgaben-Rechnung** den Erfolg. Ein Gewinn zeigt sich in einer Vermehrung des Geldbestandes; ein Verlust in einer Verminderung.

liquid funds
liquide Mittel (flüssige Mittel; dazu zählen das Bargeld und die jederzeit verfügbaren Bankguthaben)

Aufwand	Ertrag
Beispiel: Wir verbrennen das Heizöl.	**Beispiel:** Wir erhalten die Miete für ein Geschäftslokal, das wir vermietet haben.

Betrachtet wird der **Zufluss und Verbrauch von Werten** in der Abrechnungsperiode. Es wird die Veränderung des Vermögens gezeigt.

Dies ist die Logik der **Buchhaltung.** Ein Gewinn wird erzielt, wenn das Vermögen steigt, ein Verlust, wenn es sinkt.

Ein Geschäftsfall kann eine **Auszahlung** und ein **Aufwand zugleich** sein:

- Das Unternehmen bezahlt das Porto für Briefe, die es auf dem Postamt aufgibt, bar. Der Kassabestand vermindert sich, dadurch wird der Zahlungsmittelbestand geringer**. (Auszahlung)**
- Das Unternehmen verbraucht das Porto durch den Versand der Briefe. **(Aufwand)**

Ein Geschäftsfall kann eine **Auszahlung,** jedoch **kein Aufwand** sein:

- Ein Unternehmen kauft ein Grundstück und bezahlt es sofort. **(Auszahlung)**
- Das Unternehmen ist nicht ärmer geworden. Verändert hat sich nur die Zusammensetzung des Vermögens. Vor dem Kauf hatte es Geld, danach ein Grundstück. Es wurde nichts verbraucht. **(kein Aufwand)**

Ein Geschäftsfall kann auch **nur Auszahlung** oder **nur Aufwand** sein:

- Ein Unternehmen kauft eine Büroeinrichtung mittels Barzahlung. **(Auszahlung)** Die Einrichtung hat im Kaufzeitpunkt noch keinen Wert verloren, daher ist der Kauf kein Aufwand. Die Einrichtung könnte wieder verkauft werden und das Unternehmen hätte wieder Bargeld. Daher hat sich das Vermögen des Unternehmens nicht verändert, nur seine Zusammensetzung. **(kein Aufwand)**
- Ein Wertverlust entsteht erst durch den Gebrauch, der in Form der Abschreibung berücksichtigt wird. Die Verbuchung der Abschreibung stellt daher einen **Aufwand** dar, jedoch erfolgt zu diesem Zeitpunkt **keine Auszahlung.**

Büromöbel weiterverkaufen
In einem Handelsbetrieb für Büromöbel sind Büroschränke, Schreibtische, Drehsessel usw. Handelswaren und werden ein- und weiterverkauft.

Die **Gegenüberstellung der Einzahlungen und Auszahlungen** zeigt, ob sich der Bargeldbestand verändert hat. Dies erfolgt im Rahmen der **Kapitalflussrechnung** (Cashflow-Statement). Unternehmen, die an einer Börse notieren, müssen eine derartige Rechnung erstellen.

Ü 3.8 Auszahlung – Aufwand B

Entscheide, ob es sich in folgenden Fällen bei einem buchführenden Unternehmen um eine Auszahlung, einen Aufwand oder keines von beiden handelt:

LINK
Ü 3.8 Auszahlung – Aufwand
interaktive Übung

Geschäftsfall	Auszahlung	Aufwand	keines von beiden
Barkauf von Warenvorräten			
Unternehmer entnimmt Gewinn aus der Unternehmenskasse			
Verbuchung der Abschreibung			
Verbrauch von Material, das voriges Jahr gekauft wurde			
Einlage von überschüssigem Bargeld auf das Unternehmenskonto			

LINK
Ü 3.9 Einzahlung – Ertrag
interaktive Übung

Ü 3.9 Einzahlung – Ertrag B

Entscheide, ob es sich in folgenden Fällen bei einem buchführenden Unternehmen um eine Einzahlung, einen Ertrag oder keines von beiden handelt:

Geschäftsfall	Einzahlung	Ertrag	keines von beiden
Barverkauf von Waren			
Lieferung von Waren auf Ziel			
Einlage von überschüssigem Bargeld auf das Unternehmenskonto			

2 Verbuchung von Warenein- und -verkauf

Kauft ein Unternehmen Waren,

- fließt Geld aus dem Unternehmen (Auszahlung),
- ändert sich nur die Zusammensetzung des Vermögens, aber es werden keine Werte verbraucht. (kein Aufwand).

Die **Buchung eines Wareneinkaufs** erfolgt daher auf dem **Bestandskonto Warenvorrat.**

Verkauft ein Unternehmen Waren,

- fließt Geld in das Unternehmen (Einzahlung) und
- das Vermögen wird mehr (Ertrag).

Die **Buchung eines Warenverkaufs** erfolgt daher auf dem **Ertragskonto Umsatzerlöse**.

asset account
Bestandskonto

stock, inventory
Warenvorrat

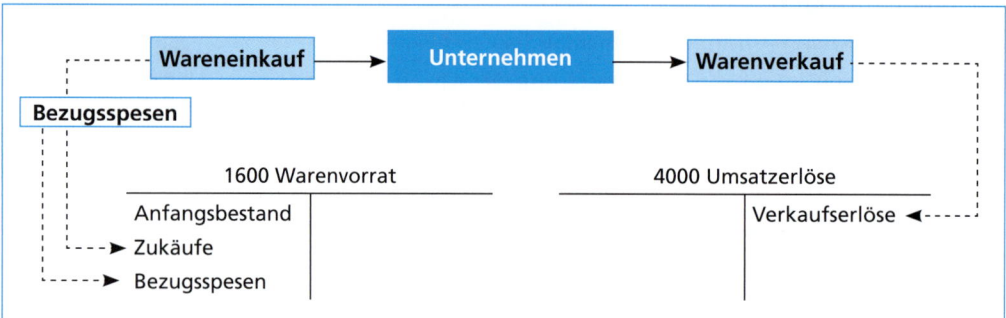

Auf dem Konto Warenvorrat sind sämtliche Zahlungen zu verbuchen, die angefallen sind, damit die Ware im Unternehmen ist: z. B.

- Einkaufspreis,
- Bezugsspesen (Transportkosten, Verpackungs- und Versicherungskosten).

sales revenues
Umsatz

L 3.6 Warenverkauf

Wenn Gerda am 30. März 15 Stück ihrer Ware um insgesamt €3.300,– bar verkauft, scheinen folgende Buchungen in ihrer Buchhaltung auf:

Soll	2700 Kassa		Haben	Soll	4000 Umsatzerlöse	Haben
1.3. Anfangsbestand	20.000,00	8.3. Kauf Waren	10.000,00			
30.3. Warenverkauf	3.300,00	27.3. Barzahlung Miete	500,00		30.3. Warenverkauf	3.300,00

Geld kommt vom Verkauf. → Mittelherkunft → Habenbuchung

Geld wird in die Kasse gelegt → Mittelverwendung → Sollbuchung

3 Inventur

stock-taking
Inventur

Da nicht sichergestellt ist, dass die im Rechnungswesen aufscheinenden Bestände mit den tatsächlich vorhandenen übereinstimmen, sind Unternehmen verpflichtet, **mindestens einmal jährlich** eine **Inventur** vorzunehmen.

Ablauf einer Inventur: Bei einer Inventur müssen sämtliche Vermögensgegenstände und Schulden des Unternehmens aufgenommen werden

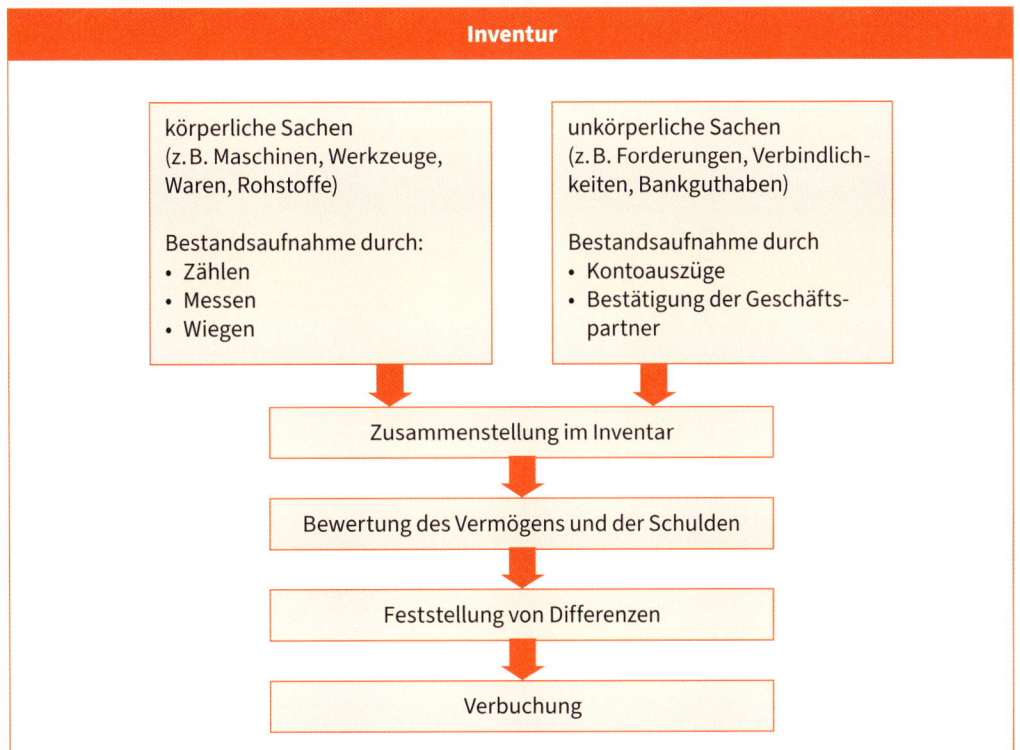

Forderungen und Verbindlichkeiten können nicht durch körperliche Aufnahme festgestellt werden. Sie werden durch Kontoauszüge der Bank, Saldenbestätigungen der Geschäftspartner o. Ä. festgestellt.

Das **Ergebnis der Inventur** ist das **Inventar.** Dies ist eine detaillierte mengen- und wertmäßige Aufstellung des Vermögens und der Schulden des Unternehmens.

Im Rahmen einer **Inventur**

■ kann der **Schwund** festgestellt werden. Dies ist nur möglich, wenn das Unternehmen zusätzlich Lageraufzeichnungen führt. Ist der Schwund zu groß, wird das Unternehmen Maßnahmen zu seiner Verminderung einleiten müssen.

■ können **Organisations- und Dispositionsmängel** festgestellt werden, wie Lagerhüter oder zu große Lagermengen.

■ sind das **Vermögen** und die **Schulden** zu bewerten.

Lagerbestand feststellen
Bei einer Inventur werden die Lagerbestände ermittelt.

L 3.7 Inventur

Wenn Gerda im Rahmen der Inventur feststellt, dass sie von den ursprünglich gekauften 100 Stück noch 84 Stück einer Ware auf Lager hat, bedeutet dies:

	Stück	Preis	Wert
Einkauf	100	100,00	10.000,00
Verkauf	15	100,00	1.500,00
Soll-Endbestand	85	100,00	8.500,00
Ist-Endbestand	84	100,00	8.400,00
Schwund	1		100,00

• Da nur mehr 84 Stück auf Lager sind, dürfen in der Bilanz als **Warenvorrat** auch nur 84 Stück mit einem Wert von € 8.400,00 ausgewiesen werden.

• 16 Stück wurden verbraucht. Diese sind als Aufwand, **Wareneinsatz**, auszuweisen.

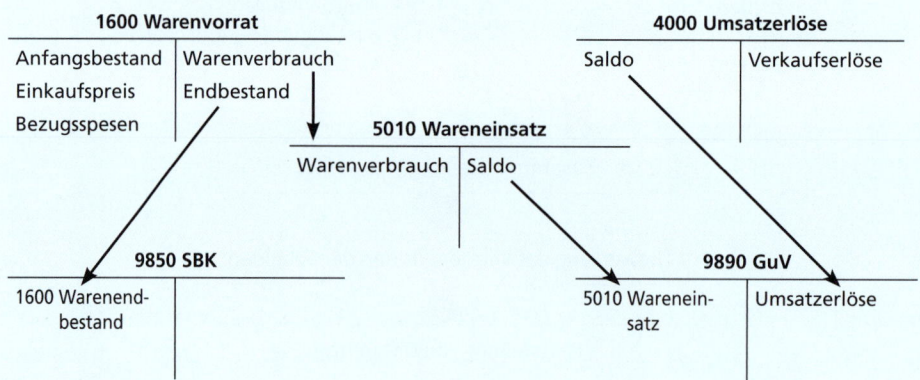

Dies führt zu folgenden Buchungen:

Soll	1600 Warenvorrat		Haben
8.3. Kauf Waren	10.000,00	31.3. Warenverbrauch	1.600,00
		31.3. Saldo (Bilanz)	8.400,00

Soll	5010 Wareneinsatz		Haben
31.3. Warenverbrauch	1.600,00	31.3. Saldo (GuV)	1.600,00

Ü 3.10 Verbuchung von Waren Ⓐ

Kennzeichne, ob folgende Aussagen richtig oder falsch sind.

Aussage	richtig	falsch
Jedes buchführungspflichtige Unternehmen muss mindestens 1-mal jährlich seine Lagerbestände kontrollieren.		
Aus den Aufzeichnungen der Buchhaltung sind die Mengen der Waren ersichtlich.		
Am Konto Wareneinsatz wird der Wert der im Unternehmen verbrauchten Waren ausgewiesen.		

LINK
Ü 3.10 Verbuchung von Waren
interaktive Übung

4 Bewertung

Wenn ein Unternehmen bei der Bank einen Kredit aufnimmt, wird sich die Bank die Bilanz vorlegen lassen. Daraus kann sie erkennen, was die Warenvorräte und Maschinen wert sind. Sie kann in der Bilanz auch die anderen Schulden sehen. Die Bank kann sich ausrechnen, ob das Vermögen ausreicht, die bisherigen Schulden und den neuen Kredit abzudecken.

Scheinen das Vermögen mit zu hohen Werten oder die Schulden mit zu niedrigen Werten in der Bilanz auf, sind die Berechnungen der Bank falsch. Das Vermögen reicht nicht aus, die Schulden abzudecken. Daher ist es wichtig, dass die Bank darauf vertrauen kann, dass der **Wert des Vermögens nicht zu hoch** und der **Wert der Schulden nicht zu gering** dargestellt wird.

Zum Schutz der Gläubiger verlangt das Gesetz, dass Vermögensgegenstände eher mit niedrigen Werten ausgewiesen werden. Forderungen hingegen sollen eher mit höheren Werten in der Bilanz aufscheinen. Der **Unternehmer** muss sich im Zweifel in der Bilanz **eher ärmer darstellen.**

Ausbau der Lagerhalle
Für größere Investitionen muss ein Unternehmen häufig bei der Bank einen Kredit aufnehmen. Diese wird sich dafür die Bilanz vorlegen lassen.

Bilanz

Aktiva		Passiva
Anlagevermögen		**Eigenkapital**
• **nicht abnutzbar:** Anschaffungs- oder Herstellungskosten Ist der Wert am Bilanzstichtag dauerhaft und wesentlich niedriger, muss abgewertet werden. • **abnutzbar:** Buchwert (= Anschaffungskosten – Abschreibung)		Saldo
Umlaufvermögen		**Fremdkapital**
Anschaffungs- oder Herstellungskosten Ist der Wert am Bilanzstichtag niedriger, muss abgewertet werden.		Ist zu befürchten, dass die Schuld steigt (z.B. bei Verschlechterung des Wechselkurses bei Fremdwährungen), muss in der Bilanz der höhere Wert aufscheinen.

Niederstwertprinzip (links) — *Höchstwertprinzip* (rechts)

Umlaufvermögen

Im Rahmen der Inventur werden die Mengen der auf Lager liegenden Waren festgestellt. In der Bilanz scheinen aber nicht die Mengen, sondern die **Werte der Waren** auf. Daher müssen die Waren zunächst bewertet werden.

Dazu werden die Anschaffungspreise mit den Preisen am Bilanzstichtag verglichen. Die Waren werden mit dem **niedrigeren Preis** bewertet:

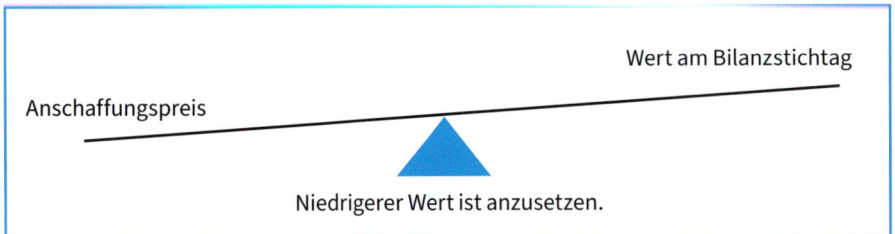

Anschaffungspreis

Wert am Bilanzstichtag

Niedrigerer Wert ist anzusetzen.

L 3.8 Niederstwertprinzip

Bei der Bewertung ihrer Ware muss Gerade folgendermaßen vorgehen:

- Hat der Lieferant den Preis der Ware, die Gerda gekauft hat, gesenkt, muss Gerda den niedrigeren Wert am Bilanzstichtag ausweisen.

- Hat der Lieferant den Preis der Ware erhöht, wird die Ware unverändert mit dem Anschaffungspreis in der Bilanz ausgewiesen.

Anlagevermögen

Das **nicht abnutzbare Anlagevermögen** scheint mit dem Anschaffungspreis in der Bilanz auf. Sinkt der Wert von Gegenständen des nicht abnutzbaren Anlagevermögens dauernd und wesentlich, dann muss der niedrigere Wert im Jahresabschluss ausgewiesen werden.

Abnutzbares Anlagevermögen wird in der Bilanz mit dem Anschaffungspreis abzüglich der bisherigen Abschreibungen ausgewiesen.

Der Wert, mit dem ein Vermögensgegenstand in der Bilanz bzw. in den Büchern (Buchhaltung) aufscheint, wird **Buchwert** genannt.

Zum Arbeiten braucht man Anlagen
Anlagen werden im Unternehmen idealerweise lange genutzt, selbst wenn sie in der Buchhaltung bereits abgeschrieben wurden.

L 3.9 Abschreibung des Anlagevermögens

Gerda plant, die Geschäftseinrichtung 10 Jahre und den PC 5 Jahre zu nutzen. Die Abschreibungen errechnen sich folgendermaßen:

$$\text{AfA Einrichtung} = \frac{12.000}{10} = € 1.200,00$$

$$\text{AfA PC} = \frac{2.500}{5} = € 500,00$$

Dies führt zu folgenden Buchungen:

Soll	0620 EDV-Anlage		Haben
5.3. Kauf PC	2.500,00	31.3. AfA	500,00

Soll	Geschäftseinrichtung		Haben
10.3. Kauf Einrichtung	12.000,00	31.3. AfA	1.200,00

Soll	7010 Absetzung für Abnutzung (AfA)		Haben
31.3. AfA EDV	500,00	31.3. Saldo (GuV)	1.700,00
31.3. AfA Geschäftseinr.	1.200,00		

Das Konto „Absetzung für Abnutzung" ist ein Aufwandskonto. Die AfA ist daher Aufwand und mindert den Gewinn.

Nach Vornahme der Warenverbuchung und der Abschreibung sind in Gerdas Büchern zu finden:

9800 Eröffnungsbilanz zum 1. März

2700 Kassa	20.000,00	9000 Eigenkapital	50.000,00
2800 Bank	30.000,00		
Summe	50.000,00	Summe	50.000,00

2800 Bank

1.3. Anfangsbestand	30.000,00	5.3. Kauf PC	2.500,00
29.3. Provision	800,00	24.3. Ausgl. Lieferverb.	12.000,00
		Saldo	16.300,00
Summe	30.800,00	Summe	30.800,00

2700 Kassa

1.3. Anfangsbestand	20.000,00	8.3. Kauf Waren	10.000,00
30.3. Warenverkauf	3.300,00	27.3. Miete	500,00
		Saldo	12.800,00
Summe	23.300,00	Summe	23.300,00

0620 EDV-Anlage

5.3. Kauf PC	2.500,00	31.3. AfA	500,00
		Saldo	2.000,00
Summe	2.500,00	Summe	2.500,00

1600 Warenvorrat

8.3. Kauf Waren	10.000,00	31.3. Warenverbrauch	1.600,00
		Saldo	8.400,00
Summe	10.000,00	Summe	10.000,00

0660 Geschäftseinrichtung

10.3. Kauf Einrichtung	12.000,00	31.3. AfA	1.200,00
		Saldo	10.800,00
Summe	12.000,00	Summe	12.000,00

9000 Eigenkapital

Saldo (Endeigenkapital)	50.300,00	1. 3. Anfangsbestand	50.000,00
		31.12. GuV (Gewinn)	300,00
Summe	50.300,00	Summe	50.300,00

3300 Lieferverbindlichkeiten

24.3. Ausgleich Lieferverb.	12.000,00	10.3. Kauf Einrichtung	12.000,00
Summe	12.000,00	Summe	12.000,00

7400 Mietaufwand

27.3. Miete	500,00	Saldo	500,00
Summe	500,00	Summe	500,00

5010 Wareneinsatz

31.3. Warenverbrauch	1.600,00	Saldo	1.600,00
Summe	1.600,00	Summe	1.600,00

7010 Absetzung für Abnutzung (AfA)

31.3. AfA EDV	500,00	Saldo	1.700,00
31.3. AfA Geschäftseinr.	1.200,00		
Summe	1.700,00	Summe	1.700,00

9890 Gewinn- und Verlustkonto

5010 Wareneinsatz	1.600,00	4000 Umsatzerlöse	3.300,00
7010 AfA	1.700,00	4820 Provisionserträge	800,00
7400 Mietaufwand	500,00		
Saldo (Gewinn)	300,00		
Summe	4.100,00	Summe	4.100,00

4820 Provisionserträge

Saldo	800,00	29.3. Provision	800,00
Summe	800,00	Summe	800,00

4000 Umsatzerlöse

Saldo (GuV)	3.300,00	30.3. Warenverk.	3.300,00
Summe	3.300,00	Summe	3.300,00

9850 Bilanz zum 31. März

Anlagevermögen		9000 Eigenkapital	50.300,00
0620 EDV-Anlage	2.000,00		
0660 Geschäftseinrichtung	10.800,00		
Umlaufvermögen			
1600 Warenvorrat	8.400,00		
2700 Kassa	12.800,00		
2800 Bank	16.300,00		
Summe	50.300,00	Summe	50.300,00

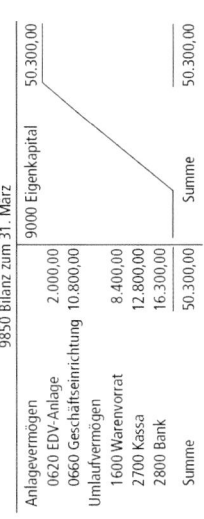

ÜBEN

In dieser Lerneinheit hast du dem Unterschied zwischen Aufwand und Auszahlung sowie die Bewertungsregeln gelernt. Mit den folgenden Aufgaben kannst du das Gelernte üben.

Ü 3.11 Ergebniswirksamkeit B

Entscheide, ob folgende Geschäftsfälle das Ergebnis in der Buchhaltung verbessern, verschlechtern oder nicht beeinflussen:

Geschäftsfall	Einfluss auf Ergebnis
Kauf von Heizöl im Sommer	
Gutschrift von Zinsen	
Verbuchung des Wareneinsatzes	
Bezahlung der Mitarbeiterentgelte	
Kauf einer Maschine	

LINK
Ü 3.11 Ergebniswirksamkeit
interaktive Übung

Ü 3.12 Liquidität – Gewinn B

Erhöhen (+) oder senken (–) folgende Sachverhalte die Liquidität bzw. den Gewinn? (Ändert der Geschäftsfall die Liquidität bzw. den Gewinn nicht (0), dann trage auch dies ein.)

Geschäftsfall	Liquidität	Gewinn
Ein Kunde zahlt seine Schulden.		
Die Abschreibung wird verbucht.		
Die Löhne und Gehälter werden überwiesen.		
Waren werden bar verkauft.		
Eine Büroeinrichtung wird bar gekauft.		
Die Stromrechnung wird verbucht, die nächste Woche bezahlt wird.		

LINK
Ü 3.12 Liquidität – Gewinn
interaktive Übung

Ü 3.13 Bewertung A

Kennzeichne, ob folgende Aussagen richtig oder falsch sind, und stelle falsche Aussagen gegebenenfalls richtig.

Aussage	richtig	falsch	Korrektur
Steigen die Preise von Gütern des Umlaufvermögens, scheinen sie in der Bilanz mit dem neuen Wert auf, auch wenn dieser über dem Anschaffungspreis liegt.			
Abnutzbares Anlagevermögen wird in der Bilanz immer mit dem Anschaffungspreis ausgewiesen.			
Nicht abnutzbares Anlagevermögen wird in der Bilanz mit dem Anschaffungspreis abzüglich der bisher verrechneten Abschreibungen ausgewiesen.			

LINK
Ü 3.13 Bewertung
interaktive Übung

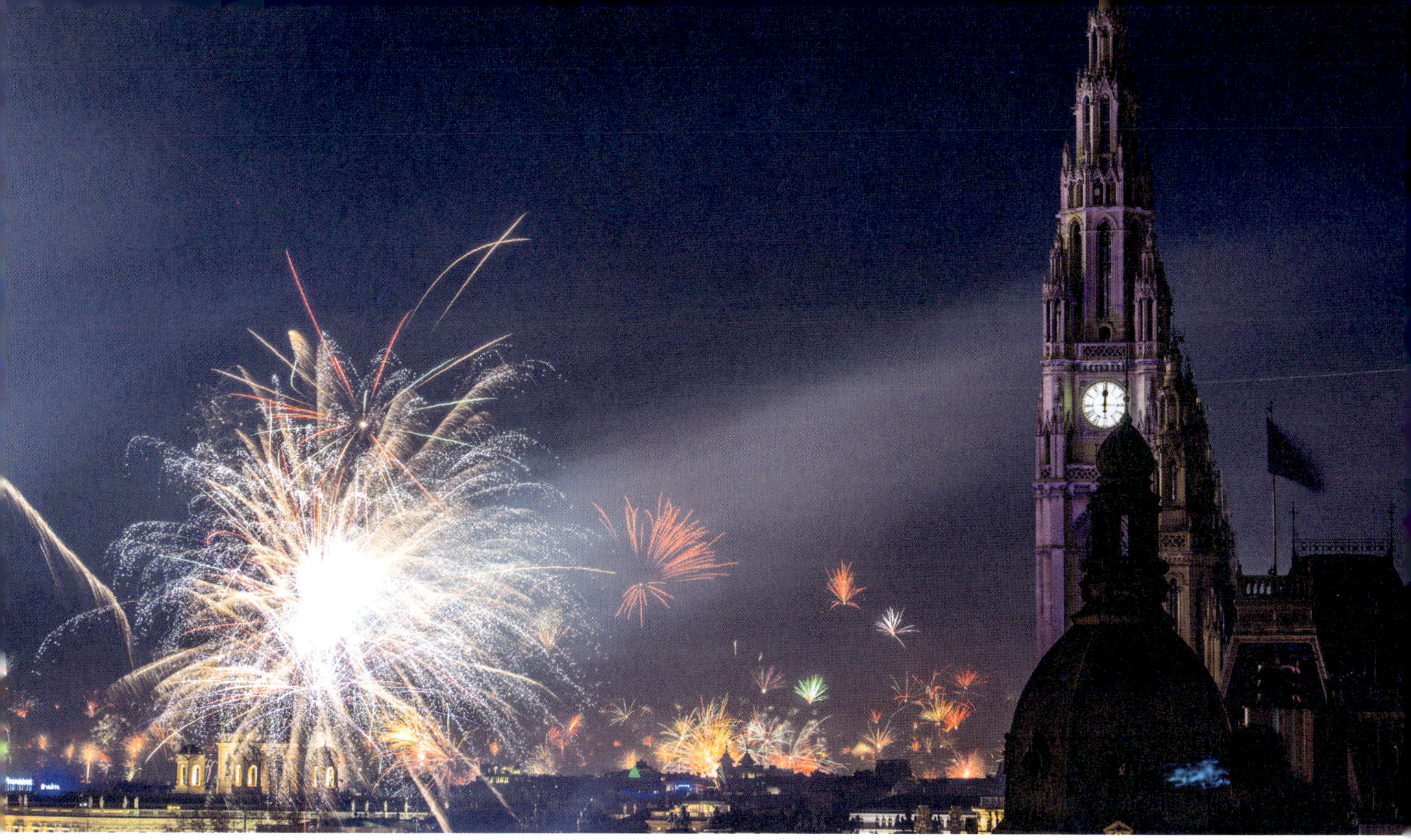

LERNEN

3 Abschluss-buchungen

Während in der Einnahmen-Ausgaben-Rechnung der Zahlungszeitpunkt entscheidend ist, ist es in der Buchhaltung der Zeitpunkt des Verbrauchs. Aufwand und Ertrag sollen dem Jahr zugerechnet werden, in dem sie wirtschaftlich anfielen, auch wenn die Zahlung in einem anderen Jahr erfolgte.

Ü 3.14 Suche im Internet die Bilanz eines Unternehmens. (Tipp: Unternehmen, die an der Börse notieren, müssen diese veröffentlichen.) Kennzeichne alle Begriffe, die du noch nicht kennst.

accrual
Rechnungsabgrenzung

1 Rechnungsabgrenzung

Manche Zahlungen betreffen einen Zeitraum, der über den Jahreswechsel reicht.

L 3.10 Versicherungsschutz über den Jahreswechsel hinaus

Wenn Gerda am 1. Oktober die Versicherungsprämie von € 1.200,00 für ein ganzes Jahr bezahlt, dann betreffen 3/12 das alte Jahr und 9/12 das neue Jahr:

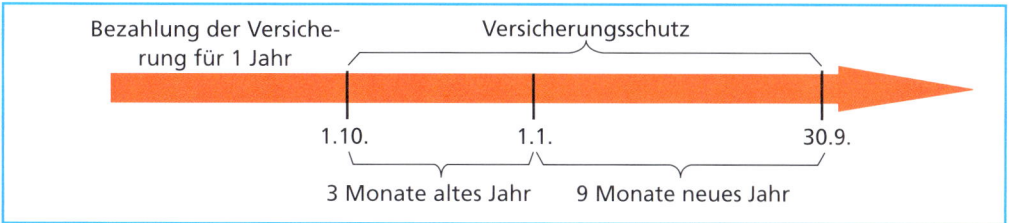

Dies muss auch im Jahresabschluss entsprechend dargestellt werden:

- 3/12 der Zahlung (€ 300,00) als Aufwand im laufenden Jahr
- 9/12 der Zahlung (€ 900,00) als Vorauszahlung für das nächste Jahr

Eine Vorauszahlung für das nächste Jahr muss abgegrenzt und im nächsten Jahr als Aufwand verbucht werden. In der Bilanz wird dies als **Rechnungsabgrenzung** dargestellt.

Rechnungsabgrenzung in der Bilanz: Es dürfen nur jene Zahlungen als Aufwand bzw. Ertrag erfasst werden, die dieses Wirtschaftsjahr betreffen.

Eine Vorauszahlung stellt eine Forderung dar. Daher sind **geleistete Vorauszahlungen** auf der Aktivseite der Bilanz als **aktive Rechnungsabgrenzungen** zu finden.

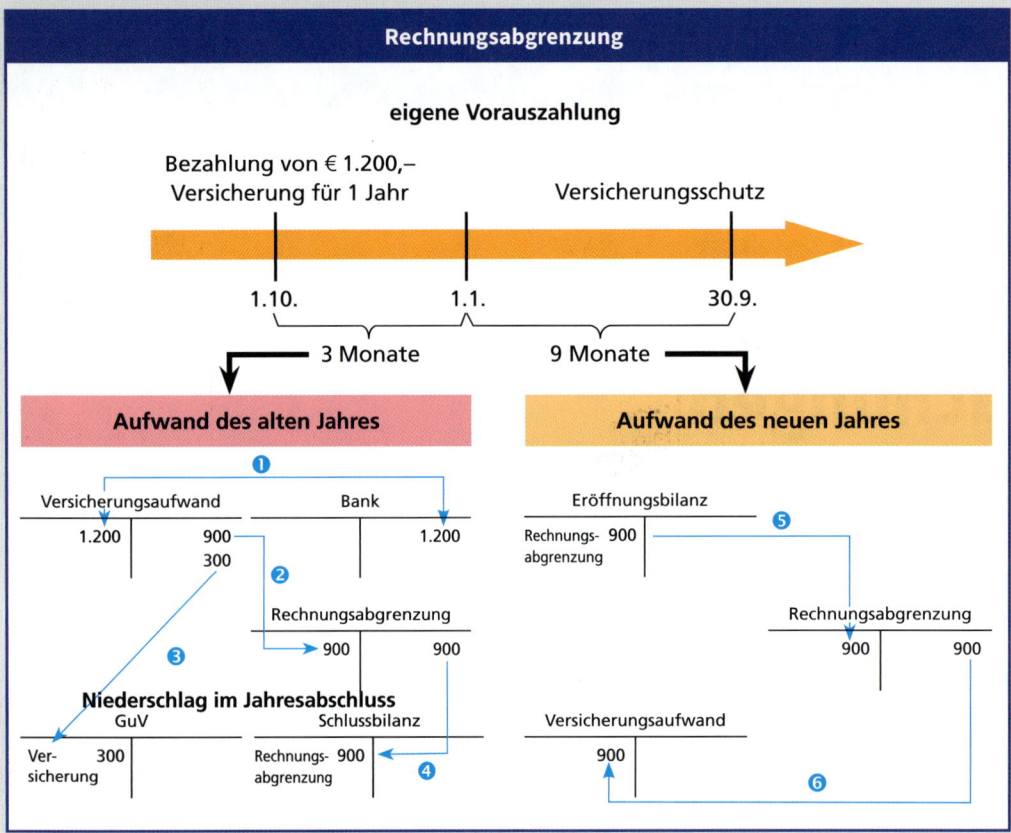

Erhält ein Unternehmer eine **Vorauszahlung**, scheint diese in der Bilanz auf der Passivseite als **passive Rechnungsabgrenzung** auf

Ü 3.15 Vorauszahlung des Mitgliedsbeitrags B

Ein Unternehmen zahlt Ende 2021 den Beitrag des Jahres 2022 für die Mitgliedschaft bei einem Autofahrerclub. Erkläre, wie dies im Jahresabschluss dargestellt wird.

2 Rückstellungen

Rückstellungen sind **ungewisse Verpflichtungen,** die das laufende Jahr betreffen. Der Rechtsgrund für die Zahlung ist bereits am Abschlussstichtag vorhanden, die Höhe und/oder der Zahlungstermin sind jedoch noch offen.

L 3.11 Dienstleistung über den Jahreswechsel hinaus

Gerda lässt ihren Jahresabschluss von einem Steuerberater erstellen. Die Arbeiten dauern meist bis in den März. Die Rechnung erhält Gerda im April.

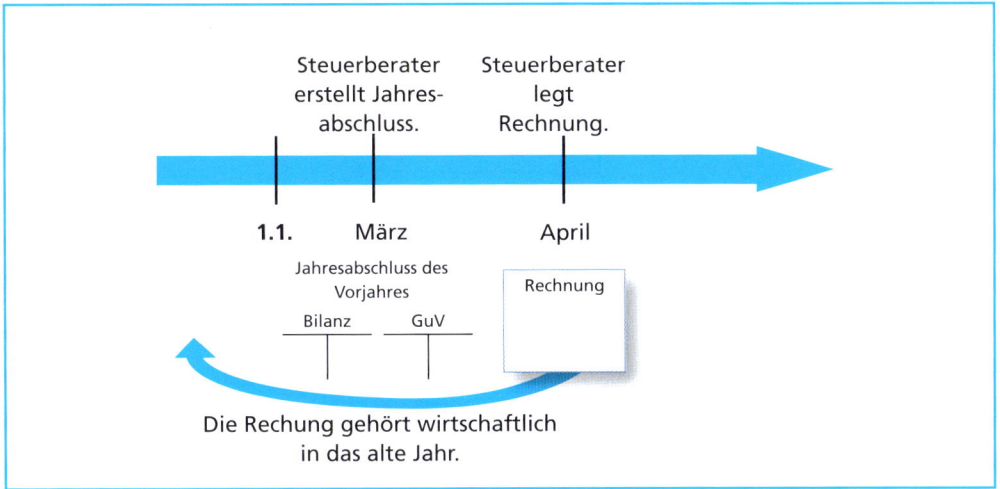

Bei der Erstellung des Jahresabschlusses ist die genaue Höhe des Rechnungsbetrags noch nicht bekannt. Er muss daher geschätzt werden. Der Rechtsgrund für die Zahlung ist am Abschlussstichtag aber vorhanden.

Für Verpflichtungen, deren genaue Höhe am Abschlussstichtag noch nicht bekannt ist oder bei denen unsicher ist, ob sie überhaupt bestehen, ist eine **Rückstellung** zu bilden. Dadurch können Aufwendungen dem Jahr zugeordnet werden, zu dem sie wirtschaftlich gehören.

Unsichere Verpflichtungen, für die eine Rückstellung zu bilden ist, sind z. B.

- Schadenersatzprozesse, da offen ist, wie der Prozess ausgeht und ob das Unternehmen überhaupt zahlen muss
- Zeitguthaben von Mitarbeitern, da offen ist, ob und wann sie dafür Freizeit oder Geld erhalten

Verbindlichkeiten
Sind der Rechtsgrund und die Höhe der Verbindlichkeit (Schuld) bekannt und lediglich der genaue Zeitpunkt der Fälligkeit offen, dann ist eine Verbindlichkeit auszuweisen. Dies gilt ebenso, wenn nur die Person des Gläubigers unbekannt ist.

Rückstellungen in der Bilanz: Rückstellungen stellen für das Unternehmen Aufwand, aber keine Auszahlung oder Ausgabe dar.

Sie werden in der Bilanz auf der Passivseite als Fremdkapital ausgewiesen. Wenn im nächsten Jahr die Rechnung einlangt, wird die Rückstellung aufgelöst und scheint dann nicht mehr in der Bilanz auf.

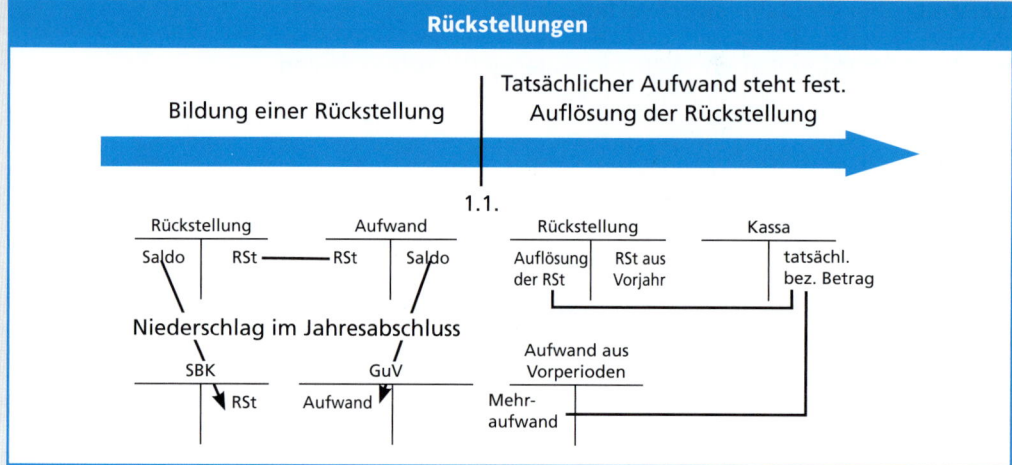

Durch die Bildung einer Rückstellung wird der **Gewinn gemindert,** es fließt aber kein Bargeld ab. Das Unternehmen zahlt in dem Jahr, in dem eine Rückstellung gebildet wird, weniger Steuern und kann das Geld veranlagen.

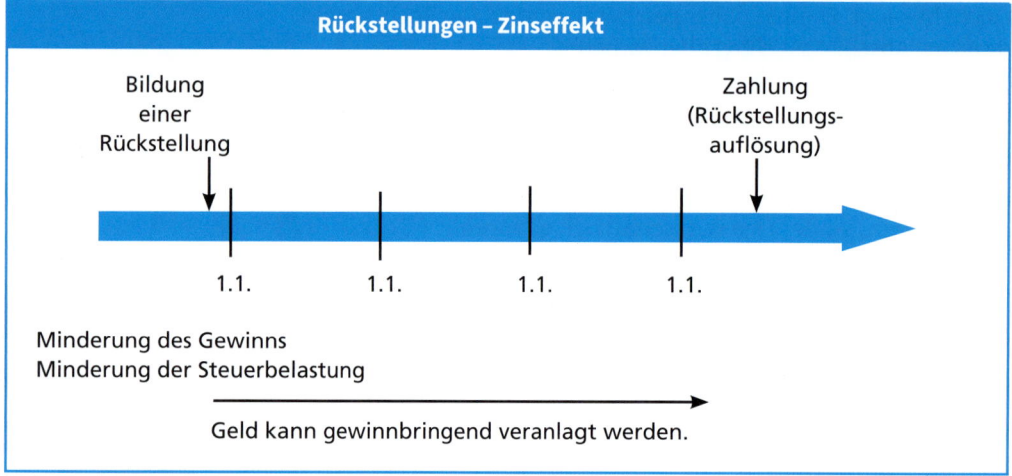

Erfolgt die Auflösung der Rückstellung nicht innerhalb des nächsten Jahres, müssen die Zinsen mitberücksichtigt werden. Dies nennt man **„abzinsen":**

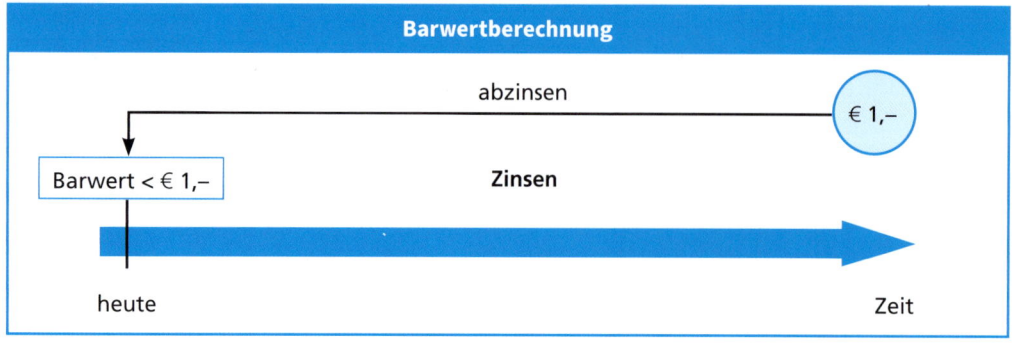

L 3.12 Abzinsung

Gerda darf eine Wiese 10 Jahre lang als Schipiste nutzen. Nach Ablauf der Frist muss die Wiese instandgesetzt dem Eigentümer zurückgegeben werden. Die Instandsetzung kostet Gerda voraussichtlich € 10.000,–.

Legt Gerda heute € 7.089,19 auf ein Sparbuch, das mit 3,5 % jährlich verzinst wird (der Zinssatz von 3,5% wird durch das Steuerrecht vorgegeben), hat sie in 10 Jahren ein Guthaben von € 10.000,–.

Jahr	Wert am Jahresbeginn	Zinsen	Wert am Jahresende
1	€ 7.089,19	€ 248,12	€ 7.337,31
2	€ 7.337,31	€ 256,81	€ 7.594,12
3	€ 7.594,12	€ 265,79	€ 7.859,91
4	€ 7.859,91	€ 275,10	€ 8.135,01
5	€ 8.135,01	€ 284,73	€ 8.419,73
6	€ 8.419,73	€ 294,69	€ 8.714,42
7	€ 8.714,42	€ 305,00	€ 9.019,43
8	€ 9.019,43	€ 315,68	€ 9.335,11
9	€ 9.335,11	€ 326,73	€ 9.661,84
10	€ 9.661,84	€ 338,16	€ 10.000,00

Es ist daher eine Rückstellung in Höhe von € 7.089,19 zu bilden. Der Betrag ist jedes Jahr anzupassen.

Ü 3.16 Rückstellungen B

Prüfe, ob in folgenden Fällen eine Rückstellung zu bilden ist. Falls ja, kläre, ob diese abzuzinsen ist.

Beispiel	Rückstellung?	abzinsen?	Begründung
Ein Elektrotechniker hat unsere elektrische Anlage geprüft. Die Rechnung wurde im Dezember gelegt und ist im Februar fällig.			
Ein Kunde hat einen Mangel reklamiert, den wir zu Beginn des nächsten Jahres reparieren werden.			
Unser Unternehmen wird geklagt. Der Prozess wird voraussichtlich drei Jahre dauern. Es wird damit gerechnet, dass wir einen Teil des eingeklagten Betrags bezahlen müssen.			

Zwischen Rechnungsabgrenzung, Forderung/Verbindlichkeit und Rückstellung ist folgendermaßen zu unterscheiden:

Rechnungsabgrenzung	Forderung/Verbindlichkeit	Rückstellung
• Zahlung im alten Jahr (Vorauszahlung) • Aufwand/Ertrag im neuen Jahr	• Leistung und Rechnung im alten Jahr • Zahlung im neuen Jahr	• Aufwand im alten Jahr • Zahlungszeitpunkt und Betrag ungewiss

Faktura
Rechnung

③ Rücklagen

Wenn ein **Einzelunternehmen** einen Gewinn erzielt, dann wird der Gewinn dem Konto „Eigenkapital" gutgeschrieben. Erwirtschaftet aber eine **Kapitalgesellschaft** einen Gewinn, dann kann dieser nicht als Grund- oder Stammkapital verbucht werden. Das Eigenkapital kann nur durch einen Beschluss der Gesellschafter geändert werden. Daher muss der Gewinn auf einem speziellen Konto gebucht werden.

Rücklagen sind **spezielle Positionen des Eigenkapitals.** Gründe für die Bildung von Rücklagen sind:

Flughafen Wien AG
Kapitalgesellschaften sind Gesellschaften mit beschränkter Haftung (GmbH)und Aktiengesellschaften(AG). Das Eigenkapital von AGs wird Grundkapital, dasEigenkapital von GmbHs wird Stammkapital genannt.

- **steuerrechtliche Vorschriften:** Möchte ein Unternehmen steuerliche Begünstigungen in Anspruch nehmen, wird manchmal verlangt, dass die Begünstigung auf einem Rücklagenkonto ausgewiesen wird.
- **Eigenkapital von Kapitalgesellschaften,** das nicht am Konto Eigenkapital ausgewiesen wird. Bei diesen Rücklagen werden Kapitalrücklagen und Gewinnrücklagen unterschieden:

Kapitalrücklagen		Gewinnrücklagen		
entstehen durch Einzahlung der Eigentümer		entstehen durch Einbehaltung von Gewinn		
gebundene Rücklagen	nicht gebundene Rücklagen	gesetzliche Rücklagen	satzungsmäßige Rücklagen	freie Rücklagen
Ist der Ausgabebetrag einer Aktie höher als der Nennbetrag, dann ist der Unterschied (Agio) in eine Rücklage einzustellen. Die Auflösung ist nur zur Verlustabdeckung möglich.	Die Rücklagen entstehen durch Einzahlungen der Eigentümer. Die Auflösung ist jederzeit möglich.	AGs und große GmbHs müssen aus ihrem versteuerten Jahresgewinn eine Rücklage in Höhe von 10% des Grund- oder Stammkapitals bilden.	Die Bildung der Rücklagen ist im Gesellschaftsvertrag (Satzung) vorgesehen. Die Rücklagen können für einen bestimmten Zweck gebildet werden.	Die Rücklagen werden ohne rechtliche Verpflichtung gebildet.

Bei Rücklagen wird nach ihrem Ausweis in der Bilanz zwischen offenen und stillen Rücklagen unterschieden.

Rücklagen	
Offene Rücklagen	Stille Rücklagen
• auf der Passivseite der Bilanz zu finden	• scheinen in der Bilanz nicht auf • entstehen z.B. durch Unterbewertung von Vermögen oder Überbewertung von Verbindlichkeiten

Stille Rücklagen (auch Stille Reserven genannt):

- Wenn ein Unternehmen Grundstücke besitzt, scheinen sie in der Bilanz mit dem Kaufpreis auf. Ist der Preis des Grundstückes seither gestiegen, dann ist der tatsächliche Wert höher als der Buchwert.
- Wird die Nutzungsdauer für ein Anlagegut sehr kurz geschätzt und kann es tatsächlich länger genutzt werden, dann ist der Buchwert ebenfalls geringer als der tatsächliche Wert.

Zwischen Rückstellungen und Rücklagen bestehen folgende Unterschiede:

Rückstellung	Rücklage
• Fremdkapital • Ungewisse Schuld	• Eigenkapital • Einbehalt von Gewinn oder Einzahlung der Eigentümer
1.1. • Entstehen des Aufwands • keine Faktura	1.1.

4 Latente Steuern

Kapitalgesellschaften führen ihre Bücher i.d.R. nach den Vorschriften des **Unternehmensrechts.** Den Abschluss müssen sie als Information für die Allgemeinheit veröffentlichen. Er bildet die Grundlage für die Berechnung des Gewinns, den die Eigentümer entnehmen dürfen.

Für die Ermittlung der Steuerbemessungsgrundlage sind die Vorschriften des **Steuerrechts** zu beachten Diese regeln bestimmte Sachverhalte anders als das Unternehmensrecht.

Daher muss der Gewinn der Buchhaltung in die **Steuerbemessungsgrundlage** übergeleitet werden. Dies geschieht mithilfe der „**Mehr-Weniger-Rechnung**".

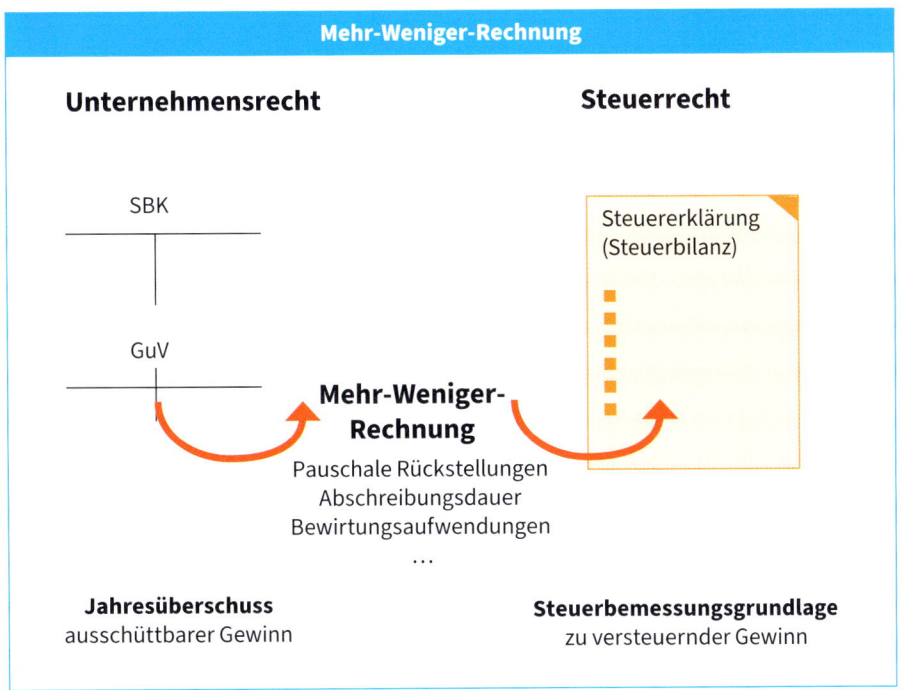

Der Jahresüberschuss in der Bilanz und die Steuerbemessungsgrundlage stimmen nicht überein. Die Höhe der Körperschaftsteuer kann nicht mit dem Jahresüberschuss in der Bilanz erklärt werden. Die tatsächlich bezahlte Steuer ist zu hoch oder zu gering für den ausgewiesenen Jahresüberschuss. Wird diese Differenz in späteren Jahren wieder abgebaut, hat das Unternehmen bis dahin ein Steuerguthaben oder eine Steuerschuld.

latens (lat.)
verborgen

Diese **verborgene Steuerdifferenz** wird **latente Steuer** genannt. Aus Sicht der Bilanz kann man unterscheiden:

Latente Steuer	
Aktive latente Steuer	**Passive latente Steuer**
Steuerbemessungsgrundlage > Jahresüberschuss	Steuerbemessungsgrundlage < Jahresüberschuss
Es wurde zu viel Steuer bezahlt. Das Unternehmen hat ein Steuerguthaben.	Es wurde zu wenig Steuer bezahlt. Das Unternehmen hat eine Steuerschuld.

Aktive latente Steuern stellen eine Forderung des Unternehmens dar. Sie dürfen in der Bilanz ausgewiesen werden. **Passive latente Steuern** stellen eine Steuerschuld dar. Sie müssen ausgewiesen werden.

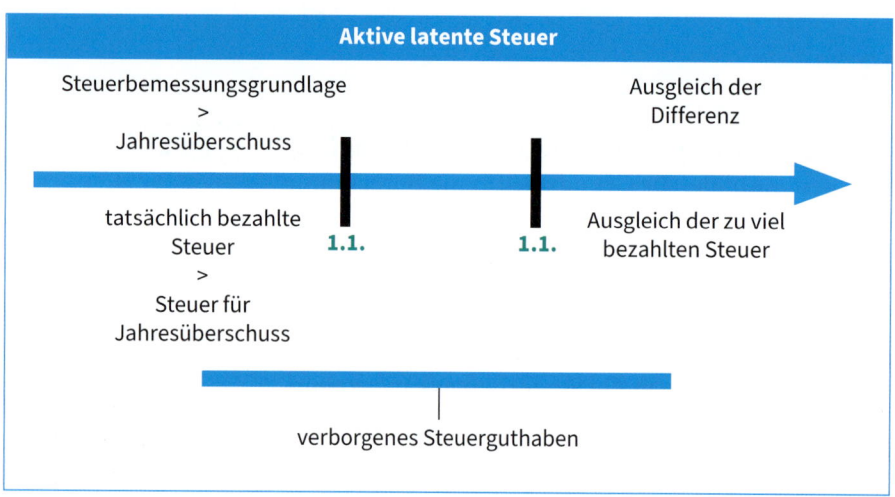

L 3.13 Aktive latente Steuer

Ein Unternehmen erwirbt einen Pkw um € 36.000,–. Dieser Pkw wird unternehmensrechtlich auf 5 Jahre abgeschrieben. Das unternehmensrechtliche Ergebnis wird um € 7.200,- (= 36.000/5) gemindert.

Steuerrechtlich muss ein Pkw auf 8 Jahre abgeschrieben werden. Daher mindert sich das steuerrechtliche Ergebnis nur um € 4.500,- (= 36.000/8).

Erzielt dieses Unternehmen € 100.000,– Gewinn vor Verrechnung der Abschreibung des Pkws, sind folgende Ergebnisse zu verzeichnen:

	Unternehmensrecht	Steuerrecht
vorläufiger Gewinn	€ 100.000,00	€ 100.000,00
Abschreibung Pkw	– 7.000,00	– 4.6500,00
Gewinn	€ 92.500.00	€ 95.500.00

Das Unternehmen muss für einen Gewinn von € 95.500,– Steuern bezahlen, obwohl der unternehmensrechtliche Gewinn nur € 92.800,– beträgt. Ist dieses Unternehmen eine Kapitalgesellschaft, dürfen nur € 92.800,– abzüglich 25 % Körperschaftsteuer (= 25 % von 95.500,–) ausgeschüttet werden.

Der Pkw wird in der Unternehmensbilanz und in den Aufzeichnungen für die Steuer mit einem anderen Wert ausgewiesen. Am Ende des 8. Jahres, wenn der Pkw in beiden Aufzeichnungen vollständig abgeschrieben ist, wird er mit demselben Wert ausgewiesen:

pAvA
planmäßige Abschreibung vom Anlagevermögen. Dies ist die unternehmensrechtliche Abschreibung.

AfA
Absetzung für Abnutzung. Dies ist die steuerrechtliche Abschreibung.

| | Unternehmensrecht | | Steuerrecht | | temporäre | aktive latente |
	Buchwert	pAvA	Buchwert	AfA	Differenz	Steuern
Anschaffungspreis 1.1.2016	36 000,00	7 200,00	36 000,00	4 500,00	0,00	0,00
Buchwert 31.12.2016	28 800,00	7 200,00	31 500,00	4 500,00	2 700,00	675,00
Buchwert 31.12.2017	21 600,00	7 200,00	27 000,00	4 500,00	5 400,00	1 350,00
Buchwert 31.12.2018	14 400,00	7 200,00	22 500,00	4 500,00	8 100,00	2 025,00
Buchwert 31.12.2019	7 200,00	7 200,00	18 000,00	4 500,00	10 800,00	2 700,00
Buchwert 31.12.2020	0,00	0,00	13 500,00	4 500,00	13 500,00	3 375,00
Buchwert 31.12.2021	0,00	0,00	9 000,00	4 500,00	9 000,00	2 250,00
Buchwert 31.12.2022	0,00	0,00	4 500,00	4 500,00	4 500,00	1 125,00
Buchwert 31.12.2023	0,00	0,00	0,00	4 500,00	0,00	0,00

Insgesamt wird der Pkw unternehmensrechtlich und steuerrechtlich mit demselben Betrag abgeschrieben, jedoch anders verteilt. Daher wäre auch die Steuerbelastung anders auf die Jahre verteilt, wenn das unternehmensrechtliche Ergebnis als Grundlage für die Steuerberechnung herangezogen würde. Diese Differenz ist als latente Steuer in der Bilanz auszuweisen.

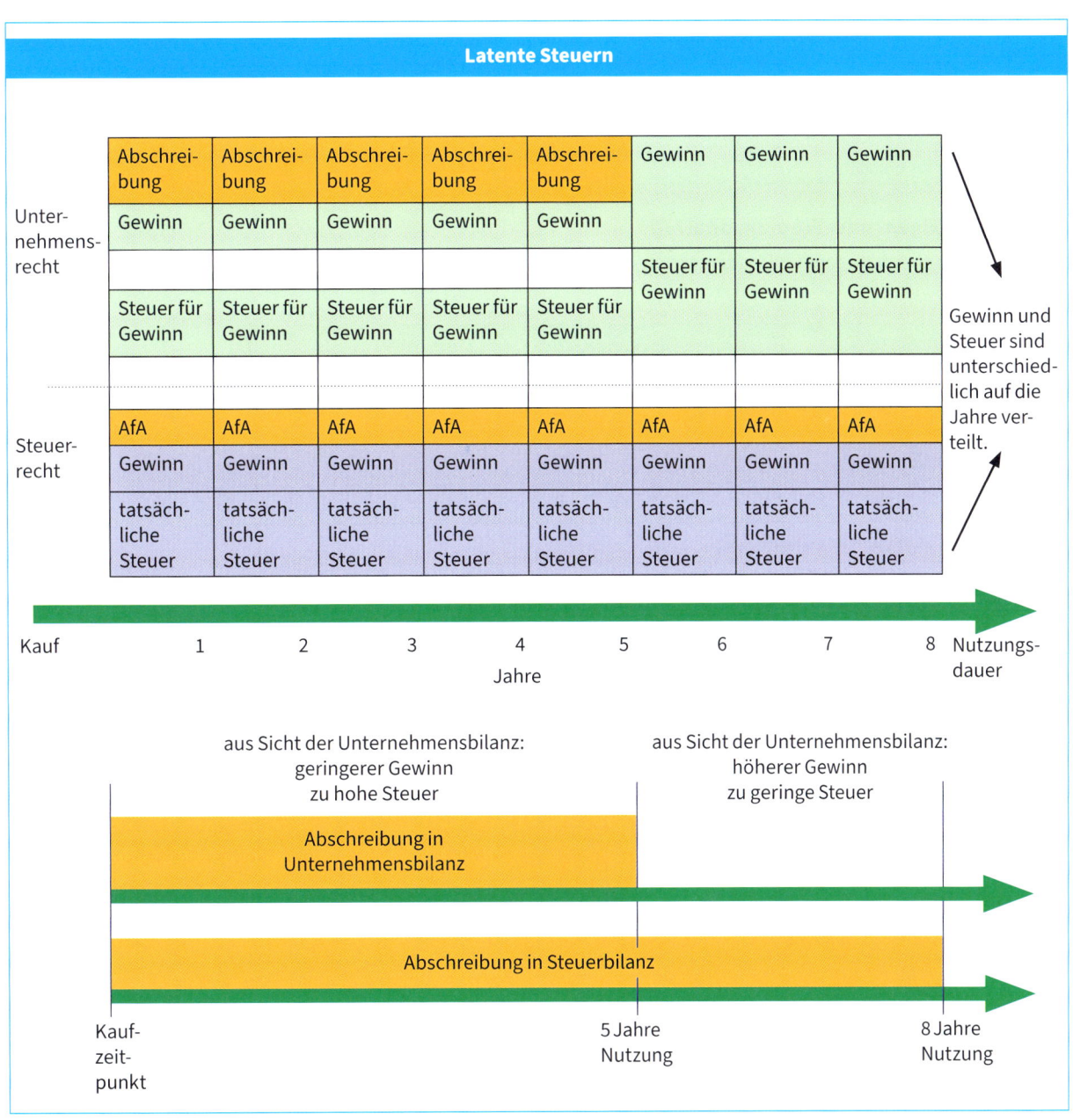

ÜBEN

In dieser Lerneinheit hast du gelernt, welche Arbeiten für die Erstellung eines Jahresabschlusses durchzuführen sind. Mit den folgenden Aufgaben kannst du dies festigen.

Ü 3.17 Jahresabschlussbuchungen B

Wie werden folgende Sachverhalte im Jahresabschluss dargestellt?

Sachverhalt	Darstellung im Jahresabschluss
Honorar des Rechtsanwalts für Prozess, der im alten Jahr geführt, aber noch nicht abgerechnet wurde	
Verkauf von Waren im Dezember, die im Februar bezahlt werden sollen	
Erhalt der Miete für den Zeitraum Oktober bis März	
Umsatzsteuer für den Monat Dezember	
Einbehaltung von Gewinn durch Kapitalgesellschaft	
Zahlung der Kfz-Versicherung am 1. September für ein Jahr	

Ü 3.18 Eigen- oder Fremdkapital? B

Ordne bei den folgenden Positionen zu, ob es sich um Eigen- oder um Fremdkapital handelt.

Position	Eigenkapital	Fremdkapital
Rückstellung für Bilanzerstellung		
Lieferverbindlichkeiten		
Gewinnrücklage		
Stammkapital		
Verbindlichkeiten gegenüber Bank		

Ü 3.19 Rücklagen B

LINK
Ü 3.19 Rücklagen
interaktive Übung

Kennzeichne, ob die folgenden Aussagen richtig oder falsch sind. Ist die Aussage falsch, stelle diese richtig.

Aussage	richtig	falsch	Korrektur
Rücklagen werden ausschließlich aus steuerlichen Gründen gebildet.			
Gewinnrücklagen werden aus dem unversteuerten Gewinn gebildet.			
Stille Rücklagen kann man der Bilanz entnehmen.			

Ü 3.20 Rechnung, die nächstes Jahr gelegt wird B

Der Steuerberater wird für die Erstellung des Jahresabschlusses des Jahres 1 voraussichtlich €4.000,00 verrechnen. Die Rechnungslegung und Bezahlung werden wahrscheinlich im Mai des Jahres 2 erfolgen.

a) Gib an, in welchem Jahr das Honorar den Gewinn mindert.

b) Prüfe, wie dies im Jahresabschluss dargestellt wird.

Ü 3.21 Rechnungsabgrenzung A

Erkläre, wofür Rechnungsabgrenzungsposten gebildet werden.

Ü 3.22 Rückstellung A

Erkläre, was Rückstellungen sind.

Ü 3.23 Stille Reserven A

Erkläre, was man unter „stillen Reserven" versteht.

Ü 3.24 Latente Steuern A

Erläutere, warum latente Steuer in der Bilanz ausgewiesen werden.

4 Bilanzen lesen

Der Gewinn oder Verlust eines Unternehmens wird durch viele Faktoren beeinflusst, z. B. kann durch den Verkauf eines Grundstücks einmalig ein Gewinn ausgewiesen werden, der nie wieder erzielt werden kann. Die Bilanz muss daher genau analysiert werden – zumeist mithilfe von Kennzahlen.

Ü 3.25 Überlege, ob du folgende Fragen mit deinem bisherigen Wissen mithilfe eines Jahresabschlusses beantworten kannst:

a) Kann das Unternehmen seine Schulden bezahlen?

b) Erhält der Unternehmer mehr Zinsen, wenn er sein Geld auf ein Sparbuch legt oder in das Unternehmen investiert?

c) Kann das Unternehmen einen Nachfragerückgang verkraften?

1 Bestandteile des Jahresabschlusses

Der **Jahresabschluss** jedes buchführungspflichtigen Unternehmens besteht aus

- der **Bilanz** und
- der **Gewinn-und-Verlust-Rechnung.**

Kapitalgesellschaften und Genossenschaften müssen innerhalb von 9 Monaten nach dem Bilanzstichtag ihren Jahresabschluss durch Hinterlegung bestimmter Daten beim Firmenbuch allen Interessierten zugänglich machen.

Wie viel PS hat das Auto?
Ein Auto kann man z. B. mithilfe der Kennzahlen Höchstgeschwindigkeit, Kraftstoffverbrauch, Ladevolumen, Drehmoment ... beschreiben. Ebenso gibt es Kennzahlen, die helfen, rasch die wichtigsten Informationen aus der Bilanz zu entnehmen.

Große Investition
Ein Unternehmen kauft eine teure Maschine. Die Abschreibung mindert den Gewinn nur wenig, trotzdem ist kein Geld zur Bezahlung der Schulden vorhanden. Auch hier muss die Bilanz genau analysiert werden.

annual financial statement
Jahresabschluss

Gliederung der Gewinn-und-Verlust-Rechnung: Durch eine einheitliche Gliederung kann der Bilanzleser leichter erkennen, warum das Unternehmen einen Gewinn oder Verlust erzielt hat und wofür der Gewinn verwendet wird.

Das Gesetz sieht folgende Gliederung der Gewinn- und Verlust-Rechnung vor:

	Umsatzerlöse
+/–	Bestandsveränderungen
+	Eigenleistungen
	Betriebsleistung
+	sonstige Erträge
–	betriebliche Aufwendungen
	Betriebsergebnis (EBIT – Earnings before interest and taxes)
+/–	Finanzerfolg
	Ergebnis vor Steuern
–	Steuern vom Einkommen und vom Ertrag
	Ergebnis nach Steuern (Jahresüberschuss/Fehlbetrag)
+	Auflösung von Rücklagen
–	Zuweisung an Rücklagen
+	Gewinnvortrag
	Bilanzgewinn/Bilanzverlust

Eine Erhöhung des Lagerbestandes bedeutet eine **positive Bestandsveränderung**. Eine Senkung des Lagerbestandes bedeutet eine **negative Bestandsveränderung.**

Eigenleistungen sind Anlagegüter, die das Unternehmen selbst hergestellt hat.

Die **Betriebsleistung** zeigt den Wert der vom Unternehmen hergestellten Waren und Leistungen, gleichgültig ob sie verkauft oder auf Lager gelegt werden.

Sonstige Erträge ergeben sich z. B. aus:

- Verkauf von Anlagevermögen
- Auflösung von Rückstellungen

Das **Betriebsergebnis** zeigt den Erfolg, der durch die Produktion bzw. den Verkauf der Produkte oder die Erbringung der Dienstleistungen erzielt wurde. Das Betriebsergebnis sollte das Unternehmen auch in den nächsten Jahren erwirtschaften können, wenn sich nichts Wesentliches ändert.

Der **Finanzerfolg** enthält die Aufwendungen und Erträge sämtlicher finanzieller Transaktionen, wie

- Kapitalveranlagung:
- Zinserträge
- Beteiligungserträge
- Zinsaufwand

Geschäftsbericht als Marketing-Maßnahme
Der von Kapitalgesellschaften jährlich zu veröffentlichende Geschäftsbericht (hier: Manner, Münze Österreich und Wienerberger) enthält u. a. den Jahresabschluss. Geschäftsberichte sind meist aufwendig gestaltet und sind ein Mittel zur Präsentation des Unternehmens.

Der **Jahresüberschuss** ist der im Jahr erwirtschaftete Gewinn.

Das Unternehmen kann den Jahresüberschuss oder einen Teil davon einbehalten und als Eigenkapital bzw. Rücklage (bei Kapitalgesellschaften) in der Bilanz ausweisen.

Das Unternehmen kann den **Bilanzgewinn** an die Gesellschafter bzw. Eigentümer ausschütten. (Kapitalgesellschaften dürfen nicht mehr als den Bilanzgewinn ausschütten.)

Hat das Unternehmen einen Verlust erwirtschaftet, wird dieser als **Fehlbetrag** bezeichnet. Diesen kann das Unternehmen durch Auflösung von Rücklagen vermindern.

interest earned
Zinsertrag

interest expenses
Zinsaufwand

② Kennzahlen

Aus den Daten der Buchhaltung bzw. den sonstigen Aufzeichnungen des Unternehmens können viele Informationen nur mit großem Aufwand entnommen werden. Teilweise müssen für sinnvolle Aussagen und bessere Informationen diese Zahlen mit anderen kombiniert werden. Zum Erhalt eines raschen und aussagekräftigen Überblicks werden daher häufig **Kennzahlen** gebildet.

Welche Kennzahlen herangezogen werden, hängt von der Fragestellung ab. Folgende Fragen zur Analyse können unterschieden werden:

Wie steht das Unternehmen da?
Da der Bilanzgewinn/ Bilanzverlust durch die Bildung bzw. Auflösung von Rücklagen beeinflusst werden kann, sagt er nur wenig über die wirtschaftliche Situation des Unternehmens aus.

Ist der Fortbestand des Unternehmens gesichert?	Arbeitet das Unternehmen gut?
Beantwortung durch Kennzahlen zu • Liquidität • Finanzierung • Investitionstätigkeit	Beantwortung durch Kennzahlen zu • Ertragslage • Rentabilität

ratios
Kennzahlen

Um die berechnete Kennzahl interpretieren zu können, wird ein **Vergleichswert** benötigt. Dies kann sein:

- **innerbetrieblicher Vergleich:** Es wird dieselbe Kennzahl aus den Jahresabschlüssen verschiedener Jahre desselben Unternehmens berechnet. Der Zeitvergleich zeigt, ob sich das Unternehmen im Zeitablauf verbessert hat.

- **zwischenbetrieblicher Vergleich:** Die Kennzahlen werden mit denselben Kennzahlen anderer Unternehmen verglichen. Dadurch kann geprüft werden, ob das eigene Unternehmen besser oder schlechter arbeitet als andere Unternehmen.

- **Soll-Werte.** Dies können sein:
  - die geplanten Werten des eigenen Unternehmens
  - allgemein anerkannte Werte

liquidity
Liquidität

profitability
Rentabilität

reference value
Vergleichswert

Vergleichende Analyse
Der zwischenbetriebliche Vergleich wird auch „Benchmarking" genannt.

target value
Soll-Wert

L 3.14 Bilanz

Die Firma Fahringer e. U. ist ein Einzelunternehmen. Dies ist die Bilanz:

Bilanz zum 21.12.20XX

Aktiva		Passiva	
A. Anlagevermögen		**A. Eigenkapital**	
II. Sachanlagen		**I. Eigenkapital**	
3. Betriebs- und Geschäftsausstattung		9000 Eigenkapital	81.664,41
0400 Maschinen	121.701,01	9400 Privatentnahmen	–31.620,00
0510 Werkzeuge	18.218,44	9390 Bilanzgewinn	38.315,34
0600 Büro- und Geschäftseinrichtung	14.489,60	**B. Rückstellungen**	
B. Umlaufvermögen		1. Rechts- und Beratungskosten	
I. Vorräte		mit einer Restlaufzeit bis 1 Jahr	
1100 Rohstoffvorrat	25.263,21	3050 Sonstige Rückstellungen	2.906,92
1200 Bezogene Teile	11.567,30	2. sonstige Rückstellungen	
1300 Hilfsstoffvorrat	3.186,21	mit einer Restlaufzeit bis 5 Jahre	
II. Forderungen und sonstige Vermögensgegenstände		3120 sonstige Rückstellungen	3.386,30
1. Forderungen aus Lieferungen und Leistungen		**C. Verbindlichkeiten**	
mit einer Restlaufzeit bis 1 Jahr		2. Verbindlichkeiten gegenüber Kreditinstituten	
2000 Sammelkonto Debitoren	29.881,50	mit einer Restlaufzeit bis 1 Jahr	
2. Sonstige Forderungen und Vermögensgegenstände		3213 BA-CA (Girokonto)	19.814,34
mit einer Restlaufzeit über 1 Jahr		mit einer Restlaufzeit über 1 Jahr	
2450 Sonstige Forderungen	50.180,58	3215 Raiffeisen (Hypothekarkredit)	130.953,34
IV. Kassenbestände, Schecks, Guthaben bei Banken		4. Verbindlichkeiten aus Lieferungen und Leistungen	
1. Kassenbestände, Schecks		mit einer Restlaufzeit bis 1 Jahr	
2700 Kasse	623,95	3300 Sammelkonto Kreditoren	29.405,53
2. PSK		8. Sonstige Verbindlichkeiten	
3201 PSK	3.935,22	mit einer Restlaufzeit bis 1 Jahr	
3. Erste Bank		3500 Verrechnung Finanzamt	5.162,84
3202 E.Ö.	846,22		**279.989,02**
C. Rechnungsabgrenzung			
1. ARA			
2900 Aktive Rechnungsabgrenzung	95,78		
	279.989,02		

Gewinn-und-Verlust-Rechnung

1. Umsatzerlöse	
4000 Umsatzerlöse 20%	3.358.248,36
5. Aufwendungen für Material und sonstige bezogene Herstellungsleistungen	
5100 Verbrauch Rohstoffe	–1.362.365,20
5800 Fremdleistungen	–174.546,94
6. Personalaufwand	
6000 Löhne	–757.350,00
6200 Gehälter	–287.000,00
6500 gesetzl. Sozialaufwand Arbeiter	–166.617,00
6550 gesetzl. Sozialaufwand Angestellte	–63.140,00
6600 Kommunalsteuer	–31.330,50
6610 Dienstgeberbeitrag zum FLAF	–46.995,75
6615 Zuschlag zum DB	–5.221,75
6800 freiw. Sozialaufwendungen	–2.484,74
7. Abschreibungen auf immaterielle Vermögensgegenstände und Sachanlagen	
7020 AfA Sachanlagen	–23.161,36
7041 GwG	–5.847,57
8. Sonstige betriebliche Aufwendungen	
7230 Instandhaltung Betriebs–/Geschäftsausstattung	–72.023,25
7450 Briefporto/Telegrammgebühren	–4.289,37
7460 Telephon/Telefax	–21.247,14
7505 Mieten f. Geschäft/Büro	–101.400,00
7630 Zeitschriften/Fachliteratur	–2.376,08
7600 Büromaterial	–15.130,71
7650 Werbeaufwand 20%	–25.071,14
7700 Versicherungsaufwand	–13.258,23
7760 sonst. Beiträge und Gebühren	–32.236,15
7770 Bankspesen, Kontoführung 0%	–904,09
5720 Energie	–38.618,82
7741 Aus– und Fortbildungsaufwand 20%	–9.372,31
7395 Frachten	–15.361,30
7750 Rechtsberatungsaufwand	–3.825,06
7730 Steuerberatungsaufwand	–14.653,46
7692 Trinkgelder	–91,16
7850 sonstiger Aufwand	–15.364,23
8888 Rundungsdifferenzen	–0,16
9. Zwischensumme 1 bis 8	46.964,89
11. Zinserträge, Wertpapiere	
8060 Zinserträge aus Bankguthaben	2.481,48
12. Zinsen und ähnliche Aufwendungen	
8200 Zinsaufwand	–11.131,03
16. Zwischensumme 10 bis 15	–8.649,55
19. Ergebnis nach Steuern	38.315,34
21. Jahresüberschuss	38.315,34
26. Bilanzgewinn/Bilanzverlust	38.315,34

Im **Jahresabschluss von Einzelunternehmen**

- sind praktisch kaum Rücklagen zu finden.
- sind keine Steuern vom Einkommen und Ertrag zu finden, da der Unternehmer die Einkommensteuer aus seinem Privatvermögen zu bezahlen hat.

Daher sind

- Ergebnis vor Steuern,
- Jahresüberschuss und
- Bilanzgewinn

in der Regel gleich hoch.

Es soll nun mithilfe von Kennzahlen untersucht werden, wie gut es dem Unternehmen geht.

Steuern vom Gewinn
Unternehmen zahlen Körperschaftsteuer, Unternehmer zahlen Einkommensteuer.

Eigenkapitalquote

$$\textbf{Eigenkapitalquote} = \frac{\text{Eigenkapital}}{\text{Gesamtkapital}} \times 100$$

Das Eigenkapital ist der Puffer, der allfällige Verluste abfangen soll. Je größer das Eigenkapital, desto geringer ist die Gefahr, dass bei Verlusten nicht genug Vermögen vorhanden ist, um das Fremdkapital zurückzuzahlen. Ist die Eigenkapitalquote klein, sinkt auch die Kreditwürdigkeit.

Bei Industriebetrieben sind Eigenkapitalquoten von mehr als 30 % sehr gut, mehr als 20 % gut. Negative Eigenkapitalquoten zeigen Insolvenzgefährdung.

equity ratio
Eigenkapitalquote

L 3.14 Bilanz (Fortsetzung)

Die Eigenkapitalquote errechnet sich für die Fa. Fahringer e.U.:

9000 Eigenkapital alt	81.664,41
9400 Privatentnahmen	−31.620,00
9390 Bilanzgewinn	38.315,34
Eigenkapital neu	88.359,75

$$\frac{\text{Eigenkapital}}{\text{Gesamtkapital}} \times 100 = \frac{88.359,75}{279.989,02} \times 100 = 31,56\ \%$$

Anlagendeckung (Goldene Bilanzregel)

$$\textbf{Anlagendeckung I} = \frac{\text{Eigenkapital}}{\text{Anlagevermögen}} \times 100$$

L 3.14 Bilanz (Fortsetzung)

Die Anlagendeckung errechnet sich für die Fa. Fahringer e. U.:

0400 Maschinen	121.701,01
0510 Werkzeuge	18.218,44
6000 Büro- und Geschäftseinrichtung	14.489,60
Summe	154.409,05

$$\frac{\text{Eigenkapital}}{\text{Anlagevermögen}} \times 100 = \frac{88.359,75}{154.409,05} \times 100 = 57,22\,\%$$

Das Anlagevermögen ist **langfristig im Unternehmen gebunden;** es sollte daher auch langfristig finanziert sein. Das am längsten dem Unternehmen zur Verfügung stehende Kapital ist das Eigenkapital. Daher sollte das Eigenkapital dem Anlagevermögen entsprechen.

Werden Maschinen und Anlagen mit einem kurzfristigen Kredit finanziert, der nicht verlängert wird, muss das Unternehmen Maschinen und Anlagen verkaufen, um den Kredit zurückzuzahlen. Dem Unternehmen fehlen dann Anlagen, Maschinen und Geräte, die es für die Produktion benötigt.

Insbesondere bei **anlageintensiven Betrieben** ist dies unrealistisch. Hier wird eine erweiterte Fassung verwendet. Diese besagt, dass auch langfristiges Fremdkapital zur Finanzierung der Anlagen verwendet werden kann:

$$\textbf{Anlagendeckung II} = \frac{\text{Eigenkapital} + \text{langfristiges Fremdkapital}}{\text{Anlagevermögen}} \times 100$$

L 3.14 Bilanz (Fortsetzung)

Die sonstigen Rückstellungen am Konto 3120 sind innerhalb der nächsten 3 Jahre zurückzuzahlen. Sie werden nicht zum langfristigen Fremdkapital gezählt. Daher stellt nur der Hypothekarkredit langfristiges Fremdkapital dar.

Eigenkapital	88.359,75
Raiffeisen (Hypothekarkredit)	130.953,34
Summe	219.313,09

$$\textbf{Anlagendeckung II} = \frac{\text{Eigenkapital} + \text{langfristiges Fremdkapital}}{\text{Anlagevermögen}} = \frac{219.313,09}{154.409,05} = 142,03\,\%$$

Das langfristige Kapital ist größer als das Anlagevermögen. Daher besteht keine Gefahr für die Fa. Fahringer e. U., dass bei einer Kündigung eines Kredits Anlagevermögen verkauft werden muss.

Liquidität

$$\textbf{Liquidität 1. Grades} = \frac{\text{Zahlungsmittel}}{\text{kurzfristige Verbindlichkeiten}} \times 100$$

cash ratio
Liquidität 1. Grades

Die Liquidität soll zeigen, ob das Unternehmen am Bilanzstichtag seine in nächster Zeit fälligen **Zahlungspflichten erfüllen** kann.

Zu den **Zahlungsmitteln** zählen sämtliche im Unternehmen vorhandenen Kassenbestände (Bargeld) und sofort fälligen Bankguthaben. Diese Mittel stehen sofort zur Bezahlung von Verbindlichkeiten zur Verfügung.

L 3.14 Bilanz (Fortsetzung)

Die Liquidität 1. Grades beträgt für die Fa. Fahringer e.U.:

		3050 Sonstige Rückstellungen	2.906,92
3201 PSK	3.935,22	3213 BA (Girokonto)	19.814,34
2700 Kassa	623,95	3300 Sammelkonto Kreditoren	29.405,53
3202 E. Ö.	846,22	3500 Verrechnung Finanzamt	5.162,84
Summe Zahlungsmittel	5.405,39	kurzfristige Verbindlichkeiten	57.289,63

$$\frac{\text{Zahlungsmittel}}{\text{kurzfristige Verbindlichkeiten}} \times 100 \quad \frac{5.405,39}{57.289,63} \times 100 = 9\,\%$$

$$\textbf{Liquidität 2. Grades} = \frac{\text{Zahlungsmittel} + \text{kurzfristige Forderungen}}{\text{kurzfristige Verbindlichkeiten}} \times 100$$

Bei der **Liquidität 2. Grades** wird angenommen, dass nicht sämtliche Verbindlichkeiten sofort fällig werden, sondern dass Zeit bleibt, Forderungen einzutreiben. Daher wird angenommen, dass Forderungen, die innerhalb von drei Monaten fällig werden, ebenfalls zur Abdeckung der Verbindlichkeiten zur Verfügung stehen.

quick ratio
Liquidität 2. Grades

L 3.14 Bilanz (Fortsetzung)

Die Liquidität 2. Grades beträgt für die Fa. Fahringer e.U.:

Zahlungsmittel	5.405,39
2000 Sammelkonto Debitoren	29.881,50
Summe	35.286,89

$$\frac{\text{Zahlungsmittel} + \text{kurzfristige Forderungen}}{\text{kurzfristige Verbindlichkeiten}} \times 100 = \frac{35.286,89}{57.289,63} \times 100 = 62\,\%$$

$$\textbf{Liquidität 3. Grades} = \frac{\text{Zahlungsmittel} + \text{kurzfristige Forderungen} + \text{Vorräte}}{\text{kurzfristige Verbindlichkeiten}} \times 100$$

Bei der **Liquidität 3. Grades** wird angenommen, dass bis zur Fälligkeit der Verbindlichkeiten auch die im Unternehmen vorhandenen Vorräte verkauft werden können und dieses Geld ebenfalls zur Abdeckung der Verbindlichkeiten zur Verfügung steht.

current ratio
Liquidität 3. Grades

L 3.14 Bilanz (Fortsetzung)

Die Liquidität 3. Grades beträgt für die Fa. Fahringer e.U.:

Zahlungsmittel + kurzfristige Forderungen	35.286,89
1100 Rohstoffvorrat	25.263,21
1200 Bezogene Teile	11.567,30
1300 Hilfsstoffvorrat	3.186,21
Summe	75.303,61

$$\frac{\text{Zahlungsmittel + kurzfristige Forderungen + Vorräte}}{\text{kurzfristige Verbindlichkeiten}} \times 100 = \frac{75.303,61}{57.289,63} \times 100 = 131\,\%$$

Die **Liquidität 1. Grades** sollte nicht unter 20 % liegen, die **Liquidität 2. Grades** bei 100 %, die **Liquidität 3. Grades** deutlich darüber. Ist dies nicht der Fall, so stellt dies ein Warnzeichen dar. Ist andererseits die Liquidität zu hoch, bedeutet dies, dass das Unternehmen sein Geld nicht gut veranlagt hat und auf Zinsen verzichtet.

Cashflow

Cashflow = Einzahlungen – Auszahlungen

Der Cashflow soll Aussagen über die **Finanzkraft eines Unternehmens** ermöglichen. Er zeigt die Veränderung der Liquiditätslage des Unternehmens bzw. die finanzielle Entwicklung. Er kann aus dem Jahresabschluss ermittelt werden:

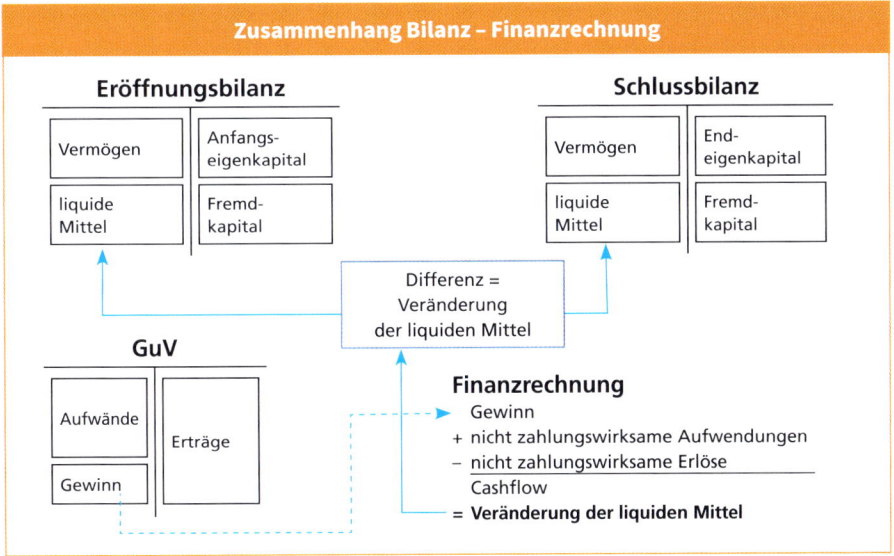

Vereinfacht kann der Cashflow errechnet werden:

	Jahresüberschuss
+	Abschreibungen
+	Bildung langfristiger Ruckstellungen
–	Auflösung langfristiger Ruckstellungen
+	Rücklagendotierung
–	Rücklagenauflösung
	Cashflow

Aus dem Cashflow kann man ersehen, welche **finanziellen Mittel** das Unternehmen **aus eigener Kraft** erwirtschaftet hat. Diese können verwendet werden, um

- Schulden zu tilgen
- Gewinne auszuschütten,
- Investitionen zu finanzieren.

L 3.14 Bilanz (Fortsetzung)

Für die Berechnung des Cashflows der Fa. Fahringer e. U. stehen folgende Zusatzinformationen zur Verfügung:

Die sonstigen Rückstellungen sind langfristige Rückstellungen. Diese betrugen im Vorjahr € 5.621,30.

Rückstellungen Vorjahr	€ 5.621,30
Rückstellungen dieses Jahr	− € 3.386,30
Differenz	€ 2.235,00

Die sonstigen Rückstellungen haben sich daher um € 2.235,00 vermindert.

Die Rückstellungen für Rechts- und Beratungskosten sind kurzfristig. (Der Steuerberater erstellt zu Jahresbeginn den Jahresabschluss und legt gleich danach Rechnung.)

Die Fa. Fahringer e. U. hat weder Rücklagen gebildet noch welche aufgelöst.

Der Cashflow der Fa. Fahringer e. U. beträgt:

Jahresüberschuss	€	38.315,34
+ AfA	€	23.161,36
+ Bildung langfr. RSt	€	0,00
− Auflösung langfr. RSt	€	− 2.235,00
Cashflow	€	59.241,70

Dynamischer Verschuldungsgrad

debt ratio
Verschuldungsgrad

$$\text{Dynamischer Verschuldungsgrad} = \frac{\text{Fremdkapital}}{\text{Cashflow}}$$

Der dynamische Verschuldungsgrad zeigt, wie viele Jahre das Unternehmen braucht, um die **Schulden aus dem Cashflow zu tilgen,** sofern dieser gleich hoch bleibt.

L 3.14 Bilanz (Fortsetzung)

Der dynamische Verschuldungsgrad der Fa. Fahringer e. U. errechnet sich folgendermaßen:

Fremdkapital = Gesamtkapital – Eigenkapital =

279.989,02 – 88.359,75 = 191.629,27

$$\frac{\text{Fremdkapital}}{\text{Cashflow}} = \frac{191.629,27}{59.241,70} = 3{,}23 \text{ Jahre}$$

Verwendet die Fa. Fahringer e. U. den gesamten Cashflow zur Bezahlung ihrer Schulden, ist sie in 3,23 Jahren schuldenfrei. Voraussetzung ist, die Fa. Fahringer e. U. erwirtschaftet in den nächsten Jahren einen Cashflow in gleicher Höhe.

Cashflow-Leistungsrate

$$\text{Cashflow-Leistungsrate} = \frac{\text{Cashflow} \times 100}{\text{Betriebsleistung}}$$

Hinweis: Da die Fa. Fahringer keine Bestandsveränderungen oder Eigenleistungen ausweist, sind Umsatzerlöse und Betriebsleistung gleich.

Die Cashflow-Leistungsrate gibt an, welcher Anteil der Betriebsleistung (Wert der erstellten Waren und Dienstleistungen) als Cashflow für Investitionen, Schuldentilgung und Gewinnausschüttung übrig bleibt.

L 3.14 Bilanz (Fortsetzung)

Die Cashflow-Leistungsrate der Fa. Fahringer e. U. beträgt:

$$\frac{\text{Cashflow}}{\text{Betriebsleistung}} \times 100 = \frac{59.241,70}{3.358.248,36} \times 100 = 2\,\%$$

Eigenkapitalrentabilität

$$\text{Eigenkapitalrentabilität} = \frac{\text{Jahresüberschuss}}{\text{Eigenkapital}} \times 100$$

return on equity
Eigenkapitalrentabilität

Das Ergebnis zeigt, wie sich das dem Unternehmen zur Verfügung gestellte **Eigenkapital verzinst.** Da bei Investition in ein Unternehmen das Risiko höher als bei Veranlagung auf einem Sparbuch ist, sollte die Rentabilität über dem Zinssatz für risikolose Anlagen liegen.

L 3.14 Bilanz (Fortsetzung)

Die Eigenkapitalrentabilität der Fa. Fahringer e. U. beträgt:

$$\frac{\text{Jahresüberschuss}}{\text{Eigenkapital}} \times 100 = \frac{38.315,34}{88.359,75} \times 100 = 43\,\%$$

Der Gewinn von Einzelunternehmen und Personengesellschaften beinhaltet auch eine Abgeltung für

- die Arbeitsleistung des Unternehmers und
- die Zurverfügungstellung der Anlagen und Räume.

Daher kann die Eigenkapitalrentabilität von Einzelunternehmen und Personengesellschaften nicht mit Bankzinsen verglichen werden, die Eigenkapitalrentabilität von Kapitalgesellschaften hingegen schon.

Gesamtrentabilität (return on investment/ROI)

$$\text{Gesamtkapitalrentabilität} = \frac{\text{Jahresüberschuss} + \text{Fremdkapitalzinsen}}{\text{Gesamtkapital}} \times 100$$

return on investment (ROI)
Gesamtkapitalrentabilität

Die Gesamtkapitalrentabilität zeigt, wie sich das gesamte dem Unternehmen zur Verfügung gestellte **Kapital verzinst:** Wie hoch sind die mit dem Eigenkapital und mit dem Fremdkapital erwirtschafteten Zinsen? Ist die Gesamtrentabilität höher als die Zinsen, die für das Fremdkapital zu bezahlen sind, ist es sinnvoll, sich Geld auszuborgen.

L 3.14 Bilanz (Fortsetzung)

Die Gesamtrentabilität der Fa. Fahringer e.U. errechnet sich:

$$\frac{\text{Jahresüberschuss} + \text{Fremdkapitalzinsen}}{\text{Gesamtkapital}} \times 100 = \frac{11.131,03 + 38.315,34}{279.989,02} = \frac{49.446,37}{279.989,02} \times 100 = 18\,\%$$

Quicktest

Eine Hilfe, die Kennzahlen zu interpretieren, bietet der Quicktest.

Beurteilung durch den Quicktest: Beim Quicktest werden vier Kennzahlen errechnet und für jede Kennzahl wird eine Note vergeben.

Danach wird das arithmetische Mittel der Teilnoten gebildet und daraus eine Gesamtnote ermittelt

Zusammenfassung: Beurteilung Quicktest					
Kennzahl	**Sehr gut**	**Gut**	**Mittel**	**Schlecht**	**Insolvenzgefahr**
Eigenkapitalquote	> 30 %	> 20 %	> 10 %	< 10 %	negativ
Cashflow in % der Betriebsleistung	> 10 %	> 8 %	> 5 %	< 5 %	negativ
Gesamtkapitalrentabilität	> 15 %	> 12 %	> 8 %	< 8 %	negativ
Schuldentilgungsdauer	< 3 Jahre	< 5 Jahre	< 12 Jahre	> 12 Jahre	> 30 Jahre

L 3.14 Bilanz (Fortsetzung)

Für die Fa. Fahringer e.U. ergibt der Quicktest:

Kennzahlen	Wert	Note
Eigenkapitalquote	31,56 %	1
Cashflow-Leistungsrate	2 %	4
Gesamtkapitalrentabilität	18 %	1
Schuldentilgungsdauer	3,23 Jahre	2
Gesamtnote		2

Die Fa. Fahringer e.U. ist grundsätzlich ein gutes Unternehmen und nicht insolvenzgefährdet. Lediglich die Cashflow-Leistungsrate sollte verbessert werden.

ÜBEN

In dieser Lerneinheit hast du die Bestandteile des Jahresabschlusses und die wichtigsten Kennzahlen kennengelernt. Mit den folgenden Aufgaben kannst du das Gelernte üben.

Ü 3.26 Kennzahlen B

Kennzeichne, ob folgende Aussagen zu den Kennzahlen richtig oder falsch sind:

Aussage	richtig	falsch
Aus einer einzelnen Kennzahl können Schlüsse über den Zustand des Unternehmens abgeleitet werden.		
Für jede Kennzahl gibt es einen Normwert, der aussagt, ob das Unternehmen gut geführt wird.		
Errechnete Kennzahlen treffen nur Aussagen über den Bilanzstichtag, über die zukünftige Entwicklung können nur Annahmen getroffen werden.		
Um sinnvolle Aussagen über ein Unternehmen treffen zu können, werden Entwicklungen von Kennzahlen benötigt.		

Ü 3.27 Zahlungsfähigkeit B

Kennzeichne, ob folgende Aussagen richtig oder falsch sind:

Aussage	richtig	falsch
Weist ein Unternehmen im Jahresabschluss einen Gewinn aus, ist es auch zahlungsfähig.		
Ob ein Unternehmen am Bilanzstichtag zahlungsfähig war, kann aus der Bilanz ermittelt werden.		

KÖNNEN

In diesem Kapitel hast du die Struktur eines Jahresabschlusses kennengelernt und welche Schlussfolgerungen man daraus ziehen kann. Bei den folgenden Aufgaben kannst du dein Wissen anwenden.

K 3.1 Analyse eines Jahresabschlusses D

Der Jahresabschluss eines Einzelunternehmens zeigt folgende Daten:

Aktiva			Passiva	
A. Anlagevermögen			**A. Eigenkapital**	
I. Sachanlagen			I. Eigenkapital	
1. Betriebs- und Geschäftsausstattung			9000 Eigenkapital	41.664,41
0400 Maschinen	21.701,01		9400 Privatentnahmen	−31.620,00
0510 Werkzeuge	14.218,44		9390 Bilanzgewinn	33.712,75
0600 Büro- und Geschäftseinrichtung	2.489,60		**B. Rückstellungen**	
B. Umlaufvermögen			1. Rechts- und Beratungskosten	
I. Vorräte			mit einer Restlaufzeit bis 1 Jahr	
1100 Rohstoffvorrat	5.263,21		3050 Sonstige Rückstellungen	2.906,92
1200 Bezogene Teile	2.567,30		2. sonstige Rückstellungen	
1300 Hilfsstoffvorrat	986,21		mit einer Restlaufzeit über 1 Jahr	
II. Forderungen und sonstige Vermögensgegenstände			3120 sonstige Rückstellungen	1.386,30
1. Forderungen aus Lieferungen und Leistungen			**C. Verbindlichkeiten**	
davon mit einer Restlaufzeit bis 1 Jahr			1. Verbindlichkeiten aus Lieferungen und Leistungen	
2000 Sammelkonto Debitoren	6.731,50		davon mit einer Restlaufzeit bis 1 Jahr	
2. Sonstige Forderungen und Vermögensgegenstände			3300 Sammelkonto Kreditoren	51.882,30
davon mit einer Restlaufzeit über 1 Jahr			2. Verbindlichkeiten bei Banken	
2450 Sonstige Forderungen	57.180,58		davon mit einer Restlaufzeit über 1 Jahr	
II. Kassenbestände, Schecks, Guthaben bei Banken			3215 Raiffeisen	13.893,50
1. Kassenbestände, Schecks			3. Sonstige Verbindlichkeiten	
2700 Kasse	623,95		davon mit einer Restlaufzeit bis 1 Jahr	
2. BA-CA			3500 Verrechnung Finanzamt	2.812,84
3201 PSK	3.935,22			**116.639,02**
3. Erste Bank				
3202 E.Ö.	846,22			
C. Rechnungsabgrenzung				
1. ARA				
2900 Aktive Rechnungsabgrenzung	95,78			
	116.639,02			

```
                    Gewinn-und-Verlust-Rechnung
1. Umsatzerlöse
        4000 Umsatzerlöse 20 %                        415.824,36
5. Aufwendungen für Material und sonstige bezogene Herstellungsleistungen
        5100 Verbrauch Rohstoffe                     −132.365,20
        5800 Fremdleistungen                           −4.546,94
6. Personalaufwand
        6000 Löhne                                    −91.220,98
        6200 Gehälter                                 −28.700,00
        6500 gesetzl. Sozialaufwand Arbeiter          −20.068,61
        6550 gesetzl. Sozialaufwand Angestellte        −6.314,00
        6600 Kommunalsteuer                            −3.597,63
        6610 Dienstgeberbeitrag zum FLAF               −5.396,44
        6615 Zuschlag zum DB                             −599,60
        6800 freiw. Sozialaufwendungen                   −84,74
7. Abschreibungen auf immaterielle Vermögensgegenstände und Sachanlagen
        7020 AfA Sachanlagen                           −5.761,36
        7041 GwG                                       −5.847,57
8. Sonstige betriebliche Aufwendungen
        7230 Instandhaltung Betriebs–/Geschäftsausstattung  −7.202,25
        7450 Briefporto/Telegrammgebühren                −428,37
        7460 Telephon/Telefax                          −2.124,14
        7505 Mieten f. Geschäft/Büro                  −17.400,00
        7630 Zeitschriften/Fachliteratur                 −176,08
        7600 Büromaterial                              −1.130,71
        7650 Werbeaufwand 20 %                         −5.071,14
        7700 Versicherungsaufwand                      −3.258,23
        7760 sonst. Beiträge und Gebühren             −12.236,15
        7770 Bankspesen, Kontoführung 0 %               −404,09
        5720 Energie                                   −8.618,82
        7741 Aus- und Fortbildungsaufwand 20 %         −1.372,31
        7395 Frachten                                  −5.361,30
        7750 Rechtsberatungsaufwand                    −3.825,06
        7730 Steuerberatungsaufwand                    −2.653,46
        7692 Trinkgelder                                 −91,16
        7850 sonstiger Aufwand                         −5.364,23
        8888 Rundungsdifferenzen                          −0,16
9. Zwischensumme 1 bis 8                               34.603,62
11. Zinserträge, Wertpapiere
        8060 Zinserträge aus Bankguthaben              2.481,48
12. Zinsen und ähnliche Aufwendungen
        8200 Zinsaufwand                               −3.372,35
16. Zwischensumme 10 bis 15                              −890,87
19. Ergebnis nach Steuern                             33.712,75
21. Jahresüberschuss                                  33.712,75
```

In der Bilanz des vorhergehenden Jahres waren keine Rücklagen und Rückstellungen ausgewiesen. Die Forderungen aus Lieferungen und Leistungen werden in den nächsten beiden Monaten fällig.

1. Berechne für das Unternehmen:

a) den Cashflow,

b) die Anlagendeckung,

c) die Liquidität 1. Grades,

d) die Liquidität 2. Grades,

e) die Liquidität 3. Grades

und interpretiere die Ergebnisse.

2. Beurteile das Unternehmen mithilfe des Quick-Tests.

K 3.2 Bilanzierung eines Grundstücks B

Ein Unternehmen hat vor 20 Jahren ein Grundstück um € 100.000,– gekauft. Der aktuelle Wert (Verkehrswert) beträgt € 180.000,–.

a) Prüfe, ob Grundstücke planmäßig abgeschrieben werden.

b) Kläre, mit welchem Wert das Grundstück in der Bilanz aufscheint.

c) Gib an, wie man die Differenz zwischen Buchwert und Verkehrswert nennt.

K 3.3 Gewinneinbehalt B

Eine GmbH hat einen Gewinn von € 500.000,00 erwirtschaftet. Da das Unternehmen in den nächsten Jahren größere Anschaffungen plant, möchte es einen Teil des Gewinnes einbehalten und nicht an die Gesellschafter ausschütten.

a) Prüfe, ob für den Gewinn eine Steuer anfällt. Falls ja, welche und wie hoch ist sie?

b) Erkläre, wo der einbehaltene Gewinn im Jahresabschluss zu finden ist.

K 3.4 Gewinn D

Analysiere, ob es möglich ist, dass ein Unternehmen einen Gewinn ausweist und trotzdem nicht über genügend Zahlungsmittel verfügt, um seine Schulden zu bezahlen.

K 3.5 Verlust B

Die Majer KG weist seit einigen Jahren einen Verlust auf. Trotzdem entnehmen die Unternehmer jedes Jahr Geld, um ihr Leben zu finanzieren. Erkläre, wie das möglich ist.

K 3.6 Bewertung von nicht abnutzbarem Anlagevermögen B

Ein Unternehmen besitzt ein Grundstück, das es vor 10 Jahren um € 100.000,00 gekauft hat. Inzwischen sind die Preise gestiegen und das Grundstück könnte heute um € 250.000,00 verkauft werden. Mit welchem Wert ist das Grundstück in der Bilanz zu finden? Begründe deine Antwort.

K 3.7 Bewertung von abnutzbarem Anlagevermögen B

Prüfe, mit welchem Wert eine Maschine in der Bilanz aufscheint, die vor 5 Jahren um € 10.000,00 angeschafft wurde und deren Nutzungsdauer auf 8 Jahre geschätzt wurde. Wie wird dieser Wert genannt?

K 3.8 Verrechnung von Waren A

Kennzeichne, ob folgende Aussagen richtig oder falsch sind:

Aussage	richtig	falsch
Der Wert, mit dem Waren in der Bilanz ausgewiesen werden, wird durch Transportkosten erhöht.		
Unternehmen sind nicht verpflichtet, ihre Warenbestände zu kontrollieren.		
Werden Waren verkauft, wird der Wert der verkauften Waren sofort als Aufwand verrechnet.		
Werden Waren verkauft, wird der Verkaufspreis sofort als Ertrag verrechnet.		
Unter Buchwert wird der Wert der Bücher des Unternehmens verstanden.		

KOMPETENZCHECK

Meine Kompetenzen	Kann ich?	Lernstoff	Aufgaben
Ich kann die Inhalte und den Aufbau der Bilanz und der Gewinn- und-Verlust-Rechnung beschreiben.		Lerneinheit 1, Lerneinheit 3	Ü 3.4, Ü 3.6, Ü 3.18, Ü 3.20, Ü 3.21, Ü 3.22
Ich kann die Ergebniswirksamkeit von einfachen Geschäftsfällen beurteilen.		Lerneinheit 2, Lerneinheit 3	Ü 3.11, Ü 3.12, Ü 3.17
Ich kann aus betriebswirtschaftlichen Kennzahlen Schlussfolgerungen ziehen.		Lerneinheit 4	Ü 3.26

Platz für Notizen

4 Kosten-rechnung

Herstellung von Solarpaneelen
Welche Komponenten sollen selbst produziert, welche zugekauft werden? Diese Fragen können mithilfe der Kostenrechnung beantwortet werden.

Darum geht's in diesem Kapitel:

Welche Produkte sollen hergestellt werden? Sollen die Teile selbst erstellt oder zugekauft werden? Welcher Preis kann verlangt werden? Werden diese Fragen „aus dem Bauch" beantwortet, kann es zu Fehlentscheidungen kommen. Eine fundierte Grundlage bietet die Kostenrechnung.

Das lernst du in den folgenden Lerneinheiten:

1 Wie ist eine **Kostenrechnung aufgebaut** und welche Aufgaben soll sie erfüllen?
2 Auf welche Weise werden **Kosten ermittelt?**
3 Was ist bei **Kalkulationen in Handels- und Dienstleistungsbetrieben** zu beachten?
4 Wie ist die **Kostenrechnung in einem Großbetrieb** ausgestaltet?
5 Wie wird bei der **Teilkostenrechnung** vorgegangen?

Aktiviere dein MEHR!-Buch online: **lernenwillmehr.at**

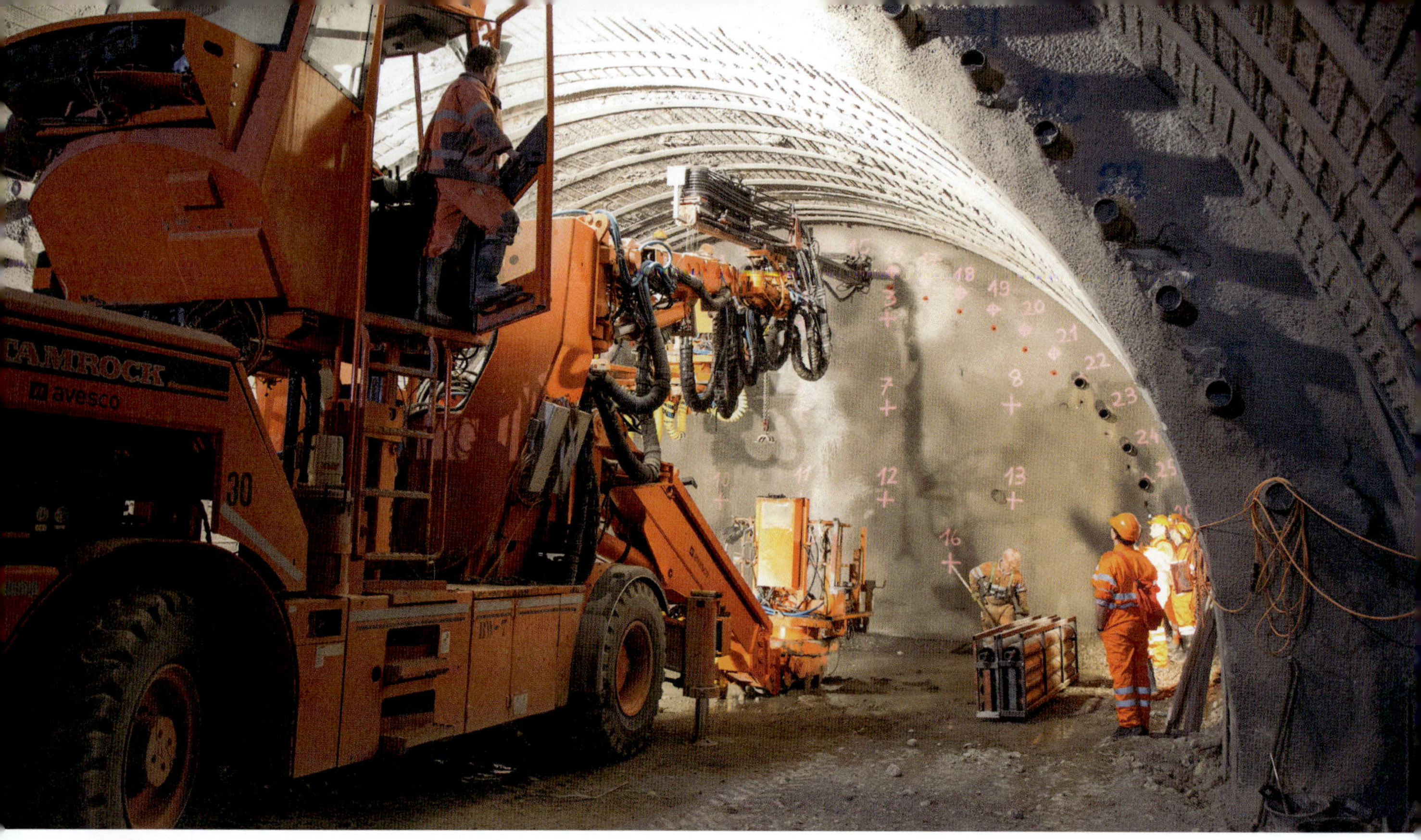

Tunnelbaustelle
Ob Großbauprojekt oder Produktion in einem kleinen Unternehmen: Es muss stets ermittelt werden, welche Kosten angefallen sind.

LERNEN

1 Grundlagen der Kostenrechnung

In der Buchhaltung eines Unternehmens ist verzeichnet, in welcher Höhe Löhne ausbezahlt wurden und welchen Wert das verbrauchte Material hatte. Man kann aber nicht erkennen, ob die Arbeiter im Lager oder in der Produktion beschäftigt waren. Man sieht auch nicht, wofür das Material verwendet wurde.

Ü 4.1 Überlege, ob du aus den Daten der Buchhaltung ermitteln kannst, welchen Preis du für dein Produkt verlangen sollst.

1 Welche Aufgaben hat die Kostenrechnung?

Die Kostenrechnung ist nicht gesetzlich vorgeschrieben. Es steht daher jedem Unternehmen frei, ob und wie es eine Kostenrechnung einsetzt.

cost element accounting
Kostenartenrechnung
cost center accounting
Kostenstellenrechnung
cost unit accounting
Kostenträgerrechnung

Aufbau von Kostenrechnungssystemen: Zumeist besteht ein Kostenrechnungssystem aus folgenden Teilbereichen.

Aufbau eines Kostenrechnungssystems

Kostenartenrechnung	Kostenstellenrechnung	Kostenträgerrechnung
Erfassen der angefallenen Kosten	Zuordnen der Kosten zu den Bereichen (Abteilungen), in denen sie angefallen sind	Zurechnen der Kosten auf Produkte, die sie verursacht haben

Die Kostenrechnung bietet eine Möglichkeit zur **Kontrolle,** ob der **Betrieb wirtschaftlich arbeitet.** Sie kann u. a. bei folgenden Fragen helfen:

- **Kalkulation:** Wie hoch waren meine Kosten? Welchen Preis muss ich für meine Leistung verlangen?
- **Kontrolle:** Wie hoch sind die tatsächlichen Kosten im Vergleich mit den geplanten Kosten?
- **Betriebliche Entscheidungen:** Soll das Produkt selbst gefertigt werden oder soll es zugekauft werden? Welche Waren sollen produziert werden?

2 Was versteht man unter Kosten?

Aufwendungen und Kosten sind nicht dasselbe:

costs
Kosten

Aufwendungen sind der Verbrauch von Werten durch das Unternehmen. **Kosten** sind der Verbrauch von Werten durch das Unternehmen, die

- für die **Erstellung der betrieblichen Leistung**
- während der **Abrechnungsperiode**

verbraucht wurden.

Aufwendungen, die mit der Erstellung der **Betriebsleistungen nichts zu tun** haben oder die in **anderen Perioden (Jahren) angefallen** sind, haben keinen Zusammenhang mit den in der Abrechnungsperiode hergestellten Leistungen. Sie sind daher nicht als Kosten zu berücksichtigen.

Kosten	keine Kosten
• für die Erstellung von betrieblichen Leistungen verbrauchte Ressourcen • in der Abrechnungsperiode verbrauchte Ressourcen	• für andere Zwecke verbrauchte Ressourcen • in anderen Perioden verbrauchte Ressourcen

Ressourcen
(von frz. ressource = Hilfsmittel) Güter, die zur Erstellung einer Leistung benötigt werden, z.B. Maschinen, Anlagen, Geräte, Rohstoffe, Energie und Arbeitsleistung.

Aufwendungen, die **mit der Betriebsleistung nichts zu tun** haben, sind z. B.

- Steuern für nicht genutzte Grundstücke,
- Spenden,
- Forderungsausfälle durch Kunden, die nicht bezahlen,
- Verluste aus Geldveranlagungen,
- außerordentliche Aufwendungen, wie Unwetterschäden, Brandschäden oder Diebstähle.

Aufwendungen, die **in anderen Perioden verbraucht** wurden, sind z. B.

- Steuernachzahlungen für das vergangene Jahr,
- Mietvorauszahlungen für das kommende Jahr,
- Sofortabschreibung von geringwertigen Wirtschaftsgütern,
- Kauf von Vorräten, die nächstes Jahr verwendet werden.

Würden diese Aufwendungen berücksichtigt, so **ergäbe sich ein falsches Bild,** da die Kostenrechnung die in der Abrechnungsperiode hergestellten Leistungen den dabei verbrauchten Ressourcen gegenüberstellt.

September

Tue	Wed	Thu
29	30	31
	6	7

Betriebliche Abrechnungs-periode
Die Verrechnung der Kosten erfolgt in Großbetrieben oft für 1 Monat oder 1 Quartal, in Kleinbetrieben meist für 1 Jahr.

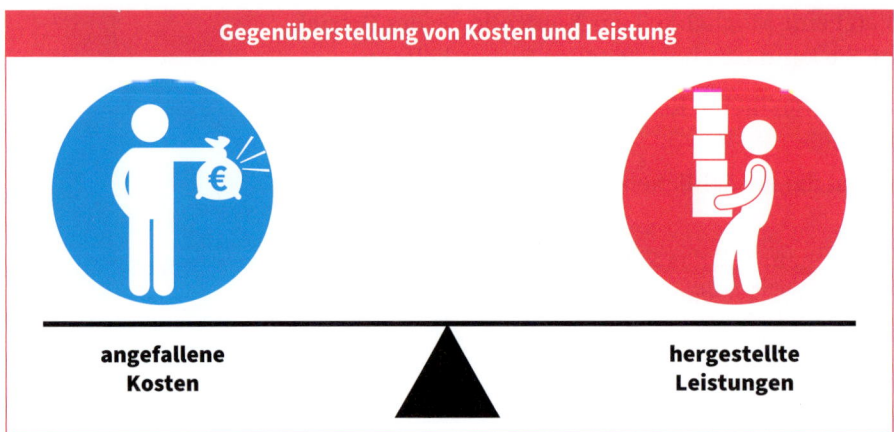

Gegenüberstellung von Kosten und Leistung

angefallene
Kosten

hergestellte
Leistungen

Innerbetriebliche Leistungen, wie

- freiwillige Sozialleistungen (Werkskantine, Betriebssportplatz oder betriebliche Zusatzversicherung),
- Reparatur- und Servicearbeiten für Maschinen des Betriebes oder
- Herstellung von Maschinen und Anlagen, die im eigenen Betrieb verwendet werden,

fallen an, weil produziert wird. Sie stellen daher **Kosten** dar.

incurred costs
angefallene Kosten

 # ÜBEN

In dieser Lerneinheit hast du gelernt, wie Kosten von Nicht-Kosten unterschieden werden. Mithilfe der folgenden Aufgabe kannst du das Gelernte üben.

Ü 4.2 Kosten B

Stelle fest, ob es sich bei einem Schlossereibetrieb in den folgenden Fällen um Kosten handelt, und begründe deine Antwort:

Fall	Kosten ja	Kosten nein	Begründung
Lohn der Monteure			
Benzin des Lieferwagens			
Ausgaben für Werkskantine			
Alarmanlage, die der Unternehmer zu Hause installiert			
Einkauf von Material, das nächstes Jahr verbraucht wird			
Kursverlust bei einem Wertpapiergeschäft			

Fall	Kosten		Begründung
	ja	nein	
Spende aus der Unternehmenskasse			
Zinsen für einen Privatkredit des Unternehmers			
Miete für Lagerraum			
Gehalt der Buchhalterin			
Nachzahlung von Löhnen des vergangenen Jahres			
Material, das voriges Jahr bezahlt und heuer verbraucht wurde			

Volles Lager
Gut gefüllte Regale – welche
Kosten sind für das
Unternehmen angefallen?

LERNEN

2 Kostenarten-rechnung

Aufgabe der Kostenartenrechnung ist es, aus den Aufwendungen die Kosten zu ermitteln. Viele Buchhaltungsprogramme bieten entsprechende Funktionen, damit dies rasch und einfach möglich ist.

Ü 4.3 Ein Unternehmen hat eine Maschine um €95.500 gekauft und schreibt sie auf 10 Jahre ab. Nach diesen 10 Jahren möchte das Unternehmen die Maschine durch eine gleichwertige neue ersetzen. Zur Finanzierung der neuen Maschine sollen die Abschreibungen der 10 Jahre dienen.

Überlege, ob das Unternehmen mit den 10 Abschreibungs-beträgen den Ersatz finanzieren kann. Bedenke dabei auch, wie sich Preise üblicherweise entwickeln.

1 Betriebsüberleitung

Zur **Ermittlung der Kosten** können folgende Daten herangezogen werden:

- **innerbetriebliche Aufzeichnungen,** wie Arbeitszeitaufzeichnungen der Mitarbeiter, Aufzeichnungen über die Verwendung von Material etc.
- **Daten der Finanzbuchhaltung**

Anschaffung einer CNC-Maschine
Die Abschreibung erfolgt auf 10 Jahre, danach soll die Maschine ersetzt werden.

cost adaption
Betriebsüberleitung

Betriebsüberleitung: Da die Buchhaltung andere Ziele verfolgt als die Kostenrechnung, müssen die Aufwendungen der Finanzbuchhaltung in Kosten übergeleitet werden.

Ziele der Kostenrechnung	Ziele der Finanzbuchhaltung
Information der Unternehmensleitung	Schutz der Gläubiger
Bereitstellung von Entscheidungsgrundlagen	Ermittlung der Steuerbemessungsgrundlage

2 Kalkulatorische Kosten

In der Buchhaltung gibt es keine Aufwendungen, die den kalkulatorischen Kosten entsprechen.

imputed costs/implicit costs
kalkulatorische Kosten

Zusatzkosten

Ein Teil der **kalkulatorischen Kosten (Zusatzkosten)** stellt einen **Ersatz für Erlöse** dar, die der Unternehmer bei einer anderweitigen Nutzung der Ressourcen erwirtschaften könnte. Man nennt derartige Kosten, die durch die „Nichtnutzung" entstehen, auch **Opportunitätskosten.** In der Buchhaltung ist dies Teil des Gewinnes.

opportunity costs
Opportunitätskosten

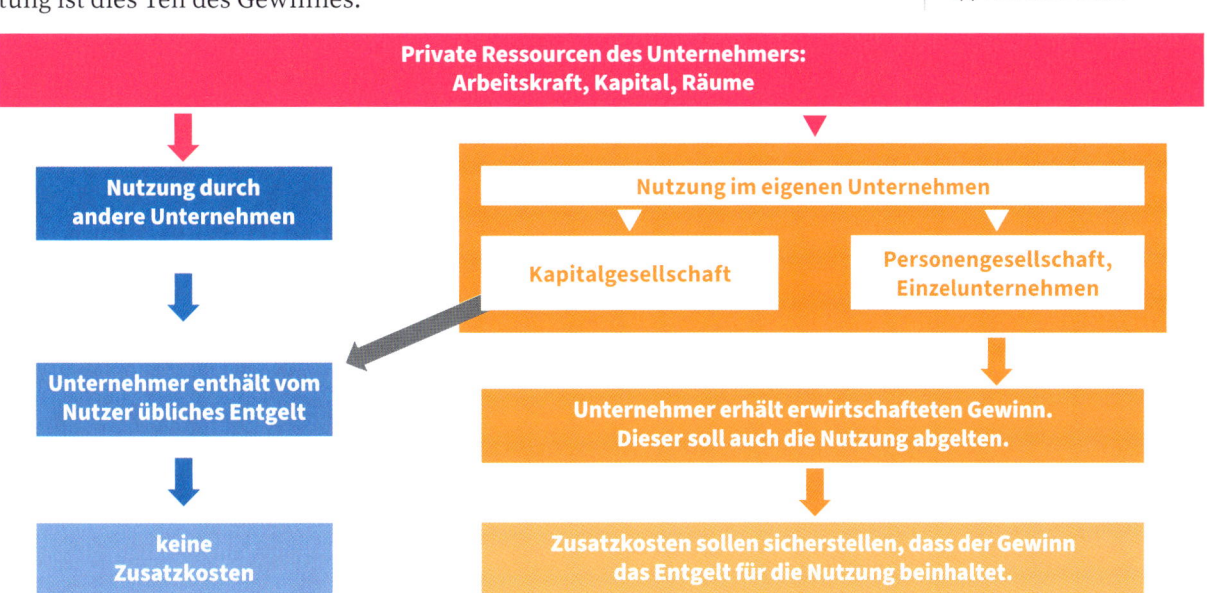

Zwischen **Gesellschafter bzw. Geschäftsführung und Kapitalgesellschaft** können Verträge wie mit fremden Unternehmen abgeschlossen werden. Daher werden Kapitalgesellschaften, die Ressourcen von Gesellschaftern nutzen, wie Unternehmen behandelt, an denen die Gesellschafter nicht beteiligt sind.

Würde man den Kunden für die vom Unternehmer bei Einzelunternehmen bzw. Personengesellschaften zur Verfügung gestellten Ressourcen (Arbeit, Kapital, Räume) keine Zusatzkosten verrechnen, erhielte der Unternehmer dafür auch kein Entgelt. Er wäre schlechter gestellt, als wenn er diese Ressourcen anderen Unternehmen zur Verfügung stellen würde.

Kalkulatorischer Unternehmerlohn

Im **Personalaufwand** ist bei Einzelunternehmen und Personengesellschaften (OG, KG) kein **Entgelt für die mitarbeitenden Unternehmer** enthalten. Sie erhalten den Gewinn. Aber auch ihre Arbeit stellt Werteinsatz und damit Kosten dar, die in der Kostenrechnung berücksichtigt werden müssen.

Die **Arbeitsleistung des Unternehmers** könnte auch von einer anderen Person ausgeführt werden. Dem Unternehmer steht daher dasselbe Entgelt wie dieser Person zu.

Um auch die größere Verantwortung und höhere Belastung des Unternehmers mit zu berücksichtigen, wird dieses Entgelt meist um einen sogenannten **Dispositionszuschlag** von 10 bis 15 % erhöht. Damit dieser Betrag als Gewinn übrig bleibt, muss er zuvor zu den Kosten dazugerechnet werden.

imputed entrepreneur's salary
kalkulatorischer Unternehmerlohn

Kalkulatorische Zinsen

Für das **Eigenkapital,** das die Unternehmer dem Betrieb zur Verfügung stellen, dürfen in der Buchhaltung keine Zinsen verrechnet werden. Dieses Eigenkapital ist im Betrieb gebunden und den Unternehmern entgehen dadurch die Zinsen, die sie von der Bank erhalten würden.

imputed interests
kalkulatorische Zinsen

Kapital	
Fremdkapital	**Eigenkapital**
wird von Unternehmensexternen meist gegen Verzinsung bereitgestellt	wird vom Unternehmer ohne Anspruch auf Verzinsung bereitgestellt
Die Zinsen scheinen in der Buchhaltung als Aufwand auf.	Der Unternehmer verliert u. U. Zinsen, die er bei einer anderen Veranlagung erhalten hätte.

In der Kostenrechnung sind **für das gesamte vom Betrieb benötigte Kapital Zinsen zu berücksichtigen.** Die Zinsen für das ausgeborgte Fremdkapital können aus den Aufzeichnungen der Buchhaltung entnommen werden, die Zinsen für das vom Unternehmer zur Verfügung gestellte Eigenkapital müssen errechnet und zu jenen des Fremdkapitals addiert werden.

Kalkulatorische Miete

Werden vom Einzelunternehmer oder einem Gesellschafter einer Personengesellschaft (OG, KG) dem Betrieb **Gegenstände oder Räume ohne Berechnung einer Miete** zur Verfügung gestellt, so ist dafür eine kalkulatorische Miete anzusetzen. Die Höhe der kalkulatorischen Miete richtet sich nach dem Preis, der am Markt dafür zu bezahlen wäre.

imputed costs for rent
kalkulatorische Miete

Ü 4.4 Zusatzkosten B

Prüfe, ob in folgenden Fällen kalkulatorische Kosten zu verrechnen sind, und begründe deine Antwort. Falls Kosten anzusetzen sind, erkläre, wie du deren Höhe ermittelst.

Fall	kalk. Kosten?	Begründung
mitarbeitender Gesellschafter einer kleinen GmbH		
Geschäftslokal, das der vollhaftende Gesellschafter einer KG zur Verfügung gestellt hat		
Kapital, das sich das Unternehmen bei der Bank ausgeborgt hat		
mitarbeitender Gesellschafter einer großen OG		
Kapital, das Einzelunternehmer seinem Unternehmen zur Verfügung gestellt hat		
Lagerraum, den eine Aktionärin dem Unternehmen zur Verfügung gestellt hat		
Kapital, das die Gesellschafter einer GmbH als Eigenkapital zur Verfügung gestellt haben		

Anderskosten

Der andere Teil der kalkulatorischen Kosten wird als **Anderskosten** bezeichnet. Einige Aufwendungen der Buchhaltung entsprechen nicht dem tatsächlichen Ressourcenverbrauch. Daher werden diese Aufwendungen durch **anders berechnete Kosten** ersetzt.

Kalkulatorische Abschreibung

Durch die Verrechnung der Abschreibung soll

- der **tatsächliche Wertverlust der Anlagen** dargestellt werden,
- der Betrieb Geld hereinbekommen, damit er nach Ablauf der Nutzungsdauer eine **neue Anlage kaufen** kann.

Da die in der Buchhaltung vorgenommenen Abschreibungen aufgrund steuer- und unternehmensrechtlicher Vorschriften meist nicht den tatsächlichen Wertverlust zeigen, sind sie in der Kostenrechnung durch die kalkulatorische Abschreibung zu ersetzen.

$$\textbf{kalkulatorische Abschreibung} = \frac{\text{Wiederbeschaffungswert}}{\text{kalkulatorische Nutzungsdauer}}$$

- **Wiederbeschaffungswert:** In der Kostenrechnung wird zur Berechnung der Abschreibung jener Preis herangezogen, der heute zu bezahlen wäre, damit diese (oder eine gleichwertige) Maschine funktionsbereit im Betrieb steht.
- **Restwert:** Allfällige Erlöse, die am Ende der Nutzungsdauer erzielt werden können, sind vom Wiederbeschaffungswert abzuziehen, z. B. Verkaufspreis oder Schrottpreis.

imputed depreciation
kalkulatorische Abschreibung

Transportspesen sind Teil der Anschaffungskosten
Beim Wiederbeschaffungswert sind auch Kosten für Transport und Montage sowie Zölle zu berücksichtigen.

- **kalkulatorische Nutzungsdauer:** Hier ist die Zeitdauer einzusetzen, die die Anlage im Betrieb tatsächlich genutzt werden kann. Sie ist aufgrund der betrieblichen Gegebenheiten und Erfahrungen zu schätzen.

L 4.1 Kalkulatorische Abschreibung

Ein Betrieb kauft eine Maschine um € 150.000,–. Zusätzlich sind Transportkosten von € 8.500,– und Transportversicherungskosten von € 4.500,– zu bezahlen. Das Unternehmen hofft, am Ende der Nutzungsdauer für den Schrott € 3.000,– zu erhalten (= Restwert). Die Maschine kann 8 Jahre genutzt werden.

Wie hoch ist die kalkulatorische Abschreibung?

Lösung:

Kaufpreis	€	150.000,00
Transport	€	8.500,00
Transportversicherung	€	4.500,00
Schrottwert (= Restwert)	– €	3.000,00
Anschaffungskosten	€	160.000,00

$$\text{kalk. Abschreibung} = \frac{160.000}{8} = €\,20.000,00$$

Bei dieser Form der Berechnung der Abschreibung wird davon ausgegangen, dass die Maschine **jedes Jahr** ungefähr **gleich genutzt** wird.

Zumeist steigt der Preis von Anlagegütern während der Nutzungsdauer. Das Unternehmen soll durch die Abschreibung das Geld, das zur Wiederbeschaffung notwendig ist, verdienen. Daher wird in der Kostenrechnung als Berechnungsbasis der **aktuelle Wiederbeschaffungswert** verwendet. Die Abschreibung ist jedes Jahr mit korrigierten Daten neu zu berechnen. Der Wiederbeschaffungswert kann entweder den aktuellen Preislisten der Lieferanten entnommen werden oder der aktuelle Preis wird mithilfe eines Index hochgerechnet.

Ein **Index** zeigt die **Veränderung einer Größe im Zeitablauf,** z. B. die Entwicklung von Preisen. Er wird errechnet, indem die Preise heuer mit den Preisen eines Basisjahres verglichen wird:

$$\text{Index} = \frac{\text{Preise heuer}}{\text{Preise im Basisjahr}} \times 100$$

Der Index zeigt die prozentuelle Veränderung zum Basisjahr. Hat man die Indizes zweier Jahre und möchte die Preissteigerung zwischen diesen Jahren errechnen, müssen die Indizes dividiert (nicht subtrahiert) werden!

Steigende Lebenshaltungskosten
Der Verbraucherpreisindex (VPI) ist ein Maßstab für die allgemeine Preisentwicklung bzw. für die Inflation in Österreich und wird u.a. zur Wertsicherung von Geldbeträgen, aber auch als Grundlage bei Lohnverhandlungen herangezogen.

L 4.2 Ermittlung des Wiederbeschaffungswertes

Der Maschinenkostenindex betrug im Kaufzeitpunkt der obigen Maschine 136,5. Im Abrechnungsjahr ist er auf 141,6 gestiegen. Wie ist der Wiederbeschaffungswert zu errechnen?

Lösung:

$$\text{Preissteigerung: } \frac{141,6}{136,5} = 1,03736$$

aufgewertete Anschaffungskosten = 160.000 × 1,03736 = 165.978

Dies ergibt eine Abschreibung für das laufende Jahr von:

$$\text{kalk. Abschreibung} = \frac{165.978}{8} = €\,20.747,00$$

Die kalkulatorische Abschreibung ist so lange zu verrechnen, wie die Anlage im Betrieb genutzt wird. Wird die **Nutzungsdauer zu lange geschätzt,** d. h., scheidet die Anlage im obigen Beispiel nach sechs Jahren aus, so können zwei Abschreibungen nicht verdient werden, sie müssen aus den kalkulatorischen Wagnissen gedeckt werden.

Wird hingegen die **Nutzungsdauer zu kurz geschätzt,** dann sollte in dem Zeitpunkt, in dem der Fehler erkannt wird, die Abschreibung mit der „richtigen" Nutzungsdauer neu berechnet werden und zukünftig in der Kostenrechnung angesetzt werden. Damit werden zumindest für die Zukunft „richtige" Abschreibungen verrechnet.

Ü 4.5 Kalkulatorische Abschreibung C

Ein Unternehmen hat 2017 eine Maschine um € 250.000,– exkl. USt gekauft, die es 11 Jahre nutzen will. Es sind keine Transport- und Montagekosten zu bezahlen. Der Schrottwert am Ende der Nutzungsdauer ist 0. Im Jahr 2020 beträgt der Preis einer gleichartigen neuen Maschine € 276.000,– exkl. USt.

Berechne die kalkulatorische Abschreibung für 2017 und 2020.

Ü 4.6 Kalkulatorische Abschreibung C

Ein Unternehmen hat 2018 eine Maschine um € 283.000,– inkl. USt gekauft, die es 7 Jahre nutzen will. Für den Transport sind € 12.000,– exkl. USt zu zahlen. Es wird angenommen, dass die Maschine am Ende der Nutzungsdauer um € 5.000,– inkl. USt verkauft werden kann. Der Maschinenkostenindex betrug im Kaufjahr 247,5. Im Jahr 2021 beträgt er 265,9. Das Unternehmen ist vorsteuerabzugsberechtigt.

Berechne die kalkulatorische Abschreibung für 2018 und 2021.

Kalkulatorische Wagnisse

Die **betriebliche Tätigkeit** ist mit **Risiken** verbunden, z. B.

- Produktion von Ausschuss,
- Diebstahl,
- Feuer,
- Verderb von Lagerbeständen oder
- Nichterhalt von Forderungen.

Auch dies stellt einen **Werteverzehr** dar, der durch die betriebliche Tätigkeit veranlasst wurde. Daher handelt es sich dabei um Kosten.

Kalkulatorische Wagnisse sollen nicht das allgemeine Unternehmerrisiko abdecken:

- Risiko, dass die angebotenen Waren keine Abnehmer finden
- Risiko, dass aufgrund schlechter Konjunktur die Nachfrage sinkt
- Risiko, dass Mitbewerber die Kunden abwerben

Diese Risiken sind aus dem **Gewinn** abzudecken.

Durch die Verrechnung von kalkulatorischen Wagnissen sollen die nicht versicherten Schadensfälle normalisiert werden. Das heißt, die in den einzelnen Jahren auftretenden Schäden fallen in unterschiedlicher Höhe an. Es könnte keinem Kunden erklärt werden, warum die Preise derart schwanken. Durch die Verrechnung von kalkulatorischen Wagnissen werden alle Jahre mit Schäden in gleicher Höhe belastet.

imputed entrepreneur's risks
kalkulatorische Wagnisse

Hochwasser in Stein (NÖ)
Die Extremwetterereignisse nahmen in den letzten Jahren zu. Schäden im Unternehmen durch Starkregen zählen zu den kalkulatorischen Wagnissen.

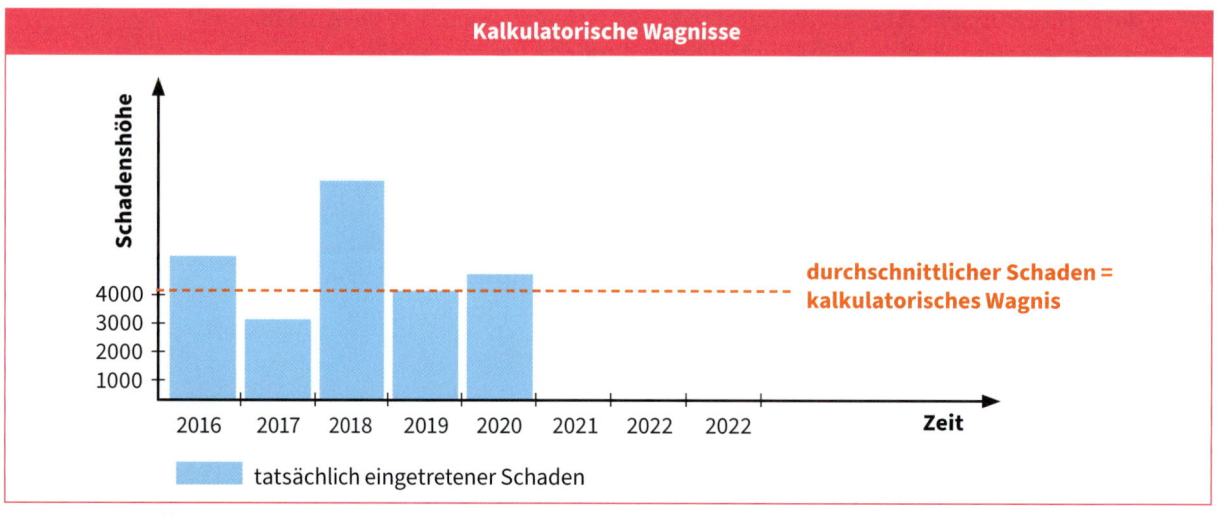

Kalkulatorische Wagnisse

Schadenshöhe

durchschnittlicher Schaden = kalkulatorisches Wagnis

4000
3000
2000
1000

2016 2017 2018 2019 2020 2021 2022 2022   Zeit

■ tatsächlich eingetretener Schaden

Die **Höhe der Wagnisse** kann wie folgt ermittelt werden:

Höhe der Wagnisse	
versicherbar	**nicht versicherbar**
Kann das Wagnis versichert werden, so sind Kosten in **Höhe der Versicherungsprämie** zu verrechnen. Dies gilt auch, wenn keine Versicherung abgeschlossen wurde. In diesem Fall muss der Unternehmer das Risiko selbst tragen. Falls ein Schaden eintritt, muss er ihn selbst begleichen; er „versichert sich bei sich selbst".	Für nicht versicherbare Wagnisse müssen **Durchschnittssätze** als Kosten angesetzt werden, da diese Schäden in unterschiedlicher Höhe anfallen. Die Durchschnittssätze werden aufgrund der Schäden der vergangenen Jahre gebildet.

③ Personalkosten

Die Kosten, die Arbeitgeber **zusätzlich zum Bezug der Arbeitnehmer** zahlen müssen, werden **Lohn- oder Personalnebenkosten** genannt. Sie setzen sich zusammen aus:

❶ Abgaben, die der Unternehmer neben dem Bruttobezug zu tragen hat

❷ Entgelt für Nichtleistungszeiten

personnel costs
Personalkosten

non wage labour costs
Lohnnebenkosten

Abgaben neben dem Bruttobezug

Die Abgaben, die der Unternehmer neben dem Entgelt zu tragen hat, setzen sich folgendermaßen zusammen:

Abgabe	Prozent
Dienstgeberbeitrag zur Sozialversicherung	21,23%
Dienstgeberbeitrag zum Familienlastenausgleichsfonds	3,90%
Zuschlag zum Dienstgeberbeitrag (hier: Beispiel Wien)*	0,38%
Kommunalsteuer	3,00%
Beitrag zur Mitarbeitervorsorgekasse	1,53%
Summe	**30,04% ≈ 30%**

* Der Zuschlag zum Dienstgeberbeitrag ist in den Bundesländern unterschiedlich hoch.

In Wien kommt zusätzlich noch die Wiener Dienstgeberabgabe („U-Bahn-Steuer") in Höhe von € 2,00 je Arbeitnehmer und Woche dazu.

Entgelt für Nichtleistungszeiten

Das Unternehmen muss auch Entgelt für Zeiten bezahlen, in denen der Mitarbeiter keine Leistung erbringt. Solche Nichtleistungszeiten sind z. B. Urlaub, gesetzliche Feiertage, krankheitsbedingte Abwesenheit, durch Kollektivvertrag geregelte Ausfallszeiten (z. B. Arztbesuch, Behördenwege, Wohnungswechsel).

Berechnet man das **Verhältnis Nichtleistungszeiten zur Anwesenheitszeit** im Betrieb, ergibt sich folgende Rechnung (es wird von einer 5-Tage-Woche und einer wöchentlichen Arbeitszeit von 38,5 Stunden ausgegangen):

Betriebliche Anwesenheitszeit

52 Wochen à 5 Tage	260 Tage
– Urlaub	25 Tage
– Feiertage	13 Tage
– Krankenstand	9 Tage
– sonst. Verhinderungen	2 Tage
Anwesenheitszeit	211 Tage

Im Durchschnitt ist daher ein Mitarbeiter **211 Tage à 7,7 Stunden = 1.625 Stunden** im Jahr im Unternehmen **anwesend.**

Nichtleistungszeiten, die zu bezahlen sind

Urlaub	25 Tage
Feiertage	13 Tage
Krankenstand	9 Tage
sonst. Verhinderungen	2 Tage
Urlaubszuschuss	21,7 Tage*
Weihnachtsremuneration	21,7 Tage*
Nichtleistungszeiten	92,4 Tage

Feiertage in Europa
Spitzenreiter ist die Slowakei mit 15 Feiertagen im Jahr, Großbritannien hingegen hat nur 8 gesetzliche Feiertage.

*Die Sonderzahlungen betragen meist 1 Monatsbezug. Die genaue Höhe und Berechnung ist im Kollektivvertrag geregelt. Im Durchschnitt hat 1 Jahr 52 Wochen/12 Monate = 4,3333 Wochen je Monat. 1 Woche hat 5 Arbeitstage, daher entspricht 1 Monatsbezug = 4,3333 × 5 = 21,6666 gerundet 21,7 Tage.

In **1 Stunde Arbeitszeit** müssen der **Stundenlohn und zusätzlich ca. 44 % des Stundenlohns** zur Abdeckung der Nichtleistungszeiten verdient werden.

$$\frac{\text{Nichtleistungszeiten} \times 100}{\text{Anwesenheitszeiten}} = \frac{92,4 \times 100}{211} = 43,79\,\%$$

Lohnnebenkosten

Da auch die Nichtleistungszeiten mit lohnabhängigen Abgaben belastet sind, muss auch dies in der Kalkulation berücksichtigt werden:

$$(100 + 43,79) \times (1 + 30\,\%) = 186,93$$

Dies bedeutet, dass der Mitarbeiter in einer Stunde Arbeitszeit den Stundenlohn und zusätzlich fast 87 % des Stundenlohns verdienen muss. Damit hat das Unternehmen den Bezug samt Nebenkosten eingenommen. Die sonstigen Kosten des Betriebes oder ein Gewinn wurden dadurch noch nicht erwirtschaftet.

Nicht sämtliche Anwesenheitsstunden können unmittelbar zur Erstellung der Betriebsleistungen verwendet und den Kunden auch verrechnet werden. Es ist daher zu unterscheiden:

Anwesenheitzeit	
direkte Stunden	**indirekte Stunden**
dienen zur Erstellung der Betriebsleistungen und können den Kunden direkt verrechnet werden	dienen innerbetrieblichen Tätigkeiten und können den Kunden nicht direkt verrechnet werden
Beispiel: Automechaniker repariert Kundenauto	**Beispiel:** Automechaniker pflegt Werkzeuge

Bei der Kostenstellenrechnung, insbesondere in Großbetrieben, wird häufig folgende Unterscheidung getroffen:

Fertigungslöhne	Hilfslöhne
werden bezahlt für die Herstellung der zum Absatz bestimmten Erzeugnisse	werden bezahlt für Leistungen, die nur in mittelbarem Zusammenhang mit der Herstellung der betrieblichen Leistung stehen
Beispiel: Montagetätigkeit am Fließband	**Beispiel:** Rüsten der Maschinen

Ü 4.7 Personalnebenkosten C

Die Aufzeichnungen eines Betriebes zeigen für das abgelaufene Jahr folgende Daten:

Ein Mitarbeiter beanspruchte durchschnittlich 26 Arbeitstage Urlaub, 10 Arbeitstage Krankenstand und 6 Arbeitstage für sonstige Verhinderungen. Der Betrieb gewährte 4 Arbeitstage Zusatzurlaub sowie eine Sonderzahlung in Höhe von 2 Wochenlöhnen. Berechne die Personalnebenkosten.

Ü 4.8 Direkte Zeiten – indirekte Zeiten B

Ordne richtig zu: Direkte oder indirekte Zeit?

Tätigkeit	direkte Zeiten	indirekte Zeiten
Reparatur einer Maschine, die dem Betrieb gehört		
Reparatur eines Gerätes für einen Kunden		
Besorgen von Material für Kunden durch Handwerker		
Inventurarbeiten im Lager des Betriebs		

4 Einzelkosten – Gemeinkosten

Die Unterscheidung von Kosten in Einzelkosten und Gemeinkosten erfolgt nach deren **Zurechenbarkeit auf eine Leistung** (Produkt, Dienstleistung etc.).

primary costs
Einzelkosten

overhead costs
Gemeinkosten

Einzelkosten	Gemeinkosten
Kosten, die der erzeugten Leistung unmittelbar zugerechnet werden können	Kosten, die der erzeugten Leistung nicht unmittelbar zugerechnet werden können bzw. deren Zurechnung einen zu großen Aufwand erfordern würde
Beispiel: Ein Unternehmen erzeugt u. a. Motorwellen. Das dafür angekaufte Rohmaterial kann der einzelnen Welle mit einem vertretbaren Aufwand zugerechnet werden. Die Materialkosten sind daher Einzelkosten.	**Beispiel:** Für die Erzeugung der Motorwellen wird auch Strom benötigt und eine Maschine genutzt. Ebenso sind die Betriebsräume zu heizen und zu reinigen, Papier für die Verwaltung ist zu zahlen etc. Diese Kosten können der einzelnen Welle praktisch nicht unmittelbar zugerechnet werden. Es handelt sich daher um Gemeinkosten.

Ü 4.9 Einzel- oder Gemeinkosten B

Entscheide, ob die folgenden Kosten in einem Schuhreparaturbetrieb als Einzel- oder Gemeinkosten zu verrechnen sind.

Kosten	Einzelkosten	Gemeinkosten
Arbeitsstunde zur Reparatur von Schuhen		
Arbeitsstunde zur Reparatur der im Unternehmen verwendeten Werkzeuge		
Kleber zur Reparatur von Schuhen		
Stromkosten des Betriebs		
neue Sohle, die bei der Reparatur verwendet wird		
Telefonkosten		
Gehalt des Buchhalters		

5 Umsatzsteuer

Ist das Unternehmen **vorsteuerabzugsberechtigt,** stellt die Umsatzsteuer keine Kosten dar. Sämtliche Kosten sind daher exkl. USt zu verrechnen.

Ist das Unternehmen **nicht vorsteuerabzugsberechtigt,** stellt die USt einen Kostenfaktor dar. Die Kosten sind daher inkl. USt anzusetzen.

In diesem Kapitel wird davon ausgegangen, dass das Unternehmen vorsteuerabzugsberechtigt ist.

ÜBEN

In dieser Lerneinheit hast du gelernt, was zu den kalkulatorischen Kosten zählt. Mithilfe der folgenden Aufgabe kannst du das Gelernte üben und festigen.

Ü 4.10 Kalkulatorische Abschreibung C

Der Anschaffungswert einer Maschine beträgt € 14.000,– exkl. USt. Es sind keine Transport- und Montagekosten zu bezahlen. Der Schrottwert am Ende der Nutzungsdauer ist 0. Mit dieser Maschine sollen innerhalb von 5 Jahren 250.000 Stück erzeugt werden.

Die Produktionsleistung schwankt stark von Jahr zu Jahr und beträgt im laufenden Jahr 20.000 Stück.

a) Prüfe, ob es in diesem Fall sinnvoll ist, die Abschreibung so zu berechnen, dass die Wiederbeschaffungswert gleichmäßig auf alle Jahre verteilt wird.

b) Kläre, wie in diesem Fall die Abschreibung berechnet werden soll.

Ü 4.11 Verdienst des Unternehmers B

In einem Einzelunternehmen sind vergangenes Jahr Kosten in Höhe von € 685.123,– angefallen. Genau diesen Betrag hat es für seine Leistungen von den Kunden erhalten. Begründe, ob der Unternehmer etwas verdient hat.

Negativer Schrottwert
Es kann passieren, dass man für eine Maschine am Ende der Nutzungsdauer nicht nur nichts erhält, sondern sogar Entsorgungskosten zahlen muss. Dies erhöht die kalkulatorische Abschreibung.

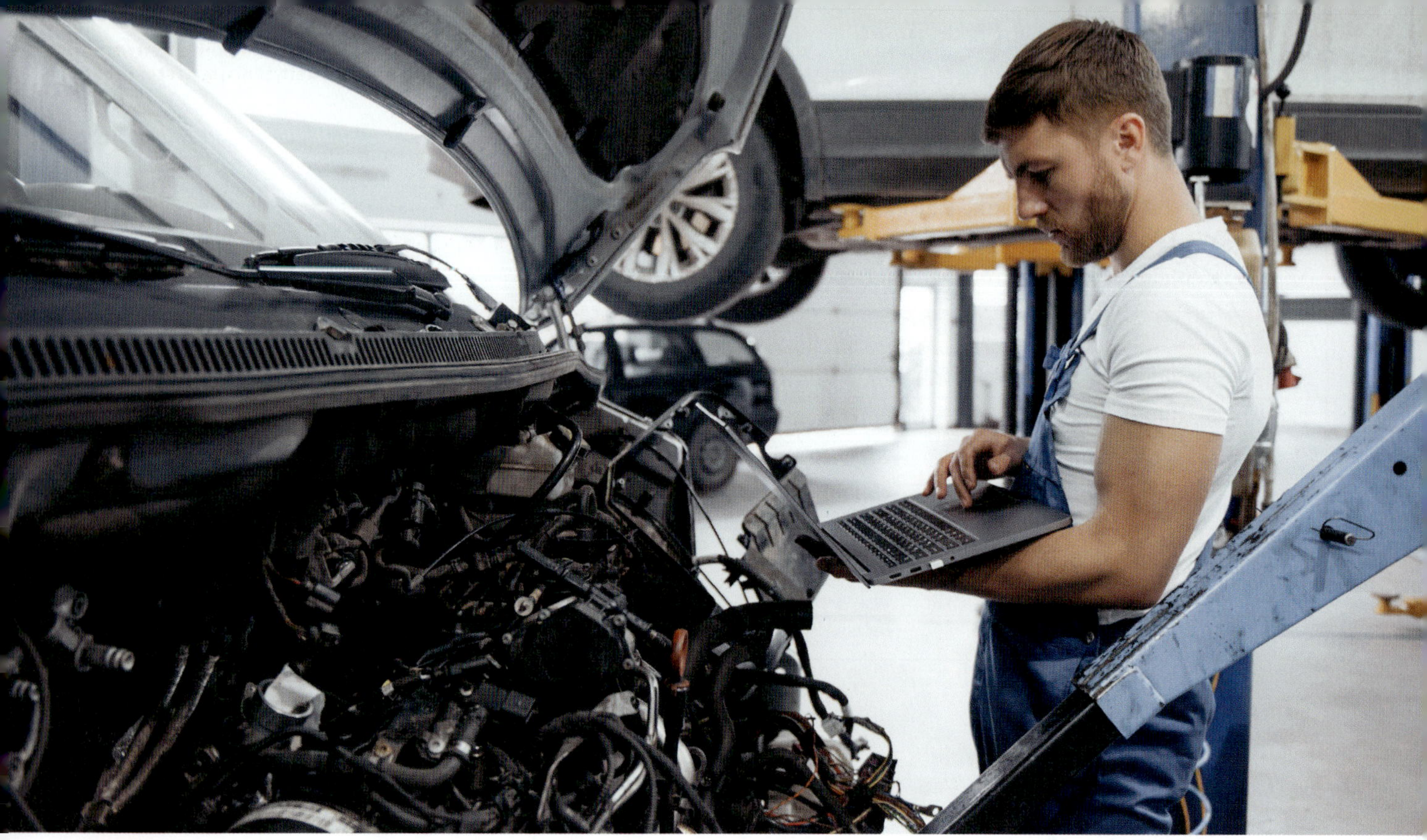

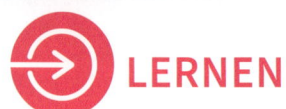

LERNEN

3 Kalkulation in Handel und Dienstleistung

Wie die Kosten der Herstellung von Produkten oder Dienstleistungen ermittelt werden, hängt von der Größe des Betriebs und der hergestellten Leistung ab.

Ü 4.12 Recherchiere, wie viel bei einem Automechaniker für eine Arbeitsstunde zu bezahlen ist. Suche den höchsten und den niedrigsten Preis. Überlege, warum die Preise so unterschiedlich sind.

Kalkulation
Dienstleistungsbetriebe kalkulieren anders als Handelsbetriebe.

1 Kalkulationsverfahren

Mithilfe der Kalkulation werden folgende Fragen beantwortet:

- Welche **Kosten** hat eine Leistung verursacht?
- Wie hoch soll der **Verkaufspreis** sein?

Die **einfachen Verfahren** (Divisionskalkulation, summarische Zuschlagskalkulation) verzichten auf die Bildung von Kostenstellen, daher entfällt die Kostenstellenrechnung. Ursachen des Gewinns oder Verlusts bzw. Ansatzpunkte für Steuerungsmaßnahmen können bei diesen Verfahren nur schwer erkannt werden. Sinnvoll können diese Verfahren daher nur in kleinen oder **sehr einfach strukturierten** Betrieben eingesetzt werden. (In diesem Buch werden nicht alle Kalkulationsverfahren behandelt.)

calculation methods
Kalkulationsverfahren

Hinweis: Die Begriffe Kalkulation und Kostenträgerrechnung bedeuten dasselbe.

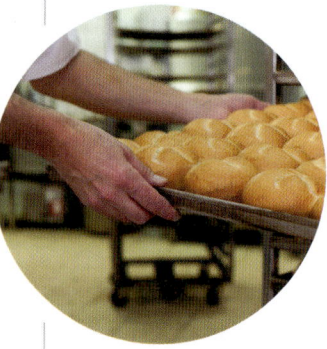

Backwarenproduktion
Stellt eine Bäckerei beispielsweise ausschließlich Semmeln her, kann die Divisionskalkulation angewendet werden.

Kalkulationsverfahren: Es stehen verschiedene Verfahren zur Verfügung. Bei der Auswahl des Kalkulationsverfahrens gilt das ökonomische Prinzip: Die erforderliche Information soll mit dem geringsten Aufwand gewonnen werden.

2 Divisionskalkulation

Die Divisionskalkulation ist die einfachste Möglichkeit der Ermittlung der Kosten je Stück: Es werden **sämtliche Kosten eines Jahres** auf die **erzeugte Stückanzahl** aufgeteilt. (Bei vorsteuerabzugsberechtigten Unternehmen sind die Gesamtkosten die Kosten exkl. USt.)

process costing
Divisionskalkulation

$$\text{Kosten je Stück} = \frac{\text{Gesamtkosten}}{\text{erzeugte Stück}}$$

L 4.3 Kosten pro Kilometer

Die Gesamtkosten eines Transportunternehmens betrugen im abgelaufenen Jahr € 289.900,–. In diesem Jahr wurden 376.645 km gefahren. Wie hoch waren die Kosten pro gefahrenem Kilometer?

Lösung:

$$\frac{289.900}{376.645} = 0{,}77/\text{km}$$

Ein gefahrener Kilometer hat Selbstkosten von € 0,77 verursacht.

Die Divisionskalkulation kann nicht verwendet werden, wenn das Unternehmen **verschiedene Leistungen** erbringt. Beispiel: Ein Unternehmen führt Gütertransporte sowohl mit schweren Lkw als auch mit Kleintransportern durch. Jede Fahrzeuggruppe verursacht andere Kosten.

Die Divisionskalkulation wird angewandt:

- zur **Nachkalkulation** (Überprüfung, ob Gewinn übrig blieb nach Abschluss eines Auftrags)
- bei Unternehmen, die nur **ein einheitliches Produkt** erzeugen

Ü 4.13 Selbstkosten einer Tankstelle C

Eine Tankstelle handelt nur mit Dieselkraftstoff. Vergangenes Jahr wurden 2.409.900 Liter verkauft. Die in diesem Jahr angefallenen Gesamtkosten betrugen € 266.810,–.

a) Prüfe, ob in diesem Fall eine Divisionskalkulation angewandt werden kann.

b) Berechne die Selbstkosten pro Liter Diesel.

Diesel für die Landwirtschaft
Neben 2.733 Tankstellen mit mehreren Treibstoffen im Angebot gab es 2019 in Österreich 286 Dieselabgabestellen v.a. für landwirtschaftliche Fahrzeuge.

3 Kalkulation in Handelsunternehmen

Auch der Handel muss seine Kosten laufend prüfen. Weiters benötigt er eine Grundlage für die Festsetzung der Verkaufspreise. Dafür muss er seine Kosten kalkulieren.

Vom Einstandspreis zum Verkaufspreis: Handelsbetriebe erzielen ihre Einnahmen aus dem Verkauf von Waren. Durch die Verkaufspreise müssen daher sämtliche Kosten abgedeckt werden: Einstandspreis, Gemeinkosten und Gewinn.

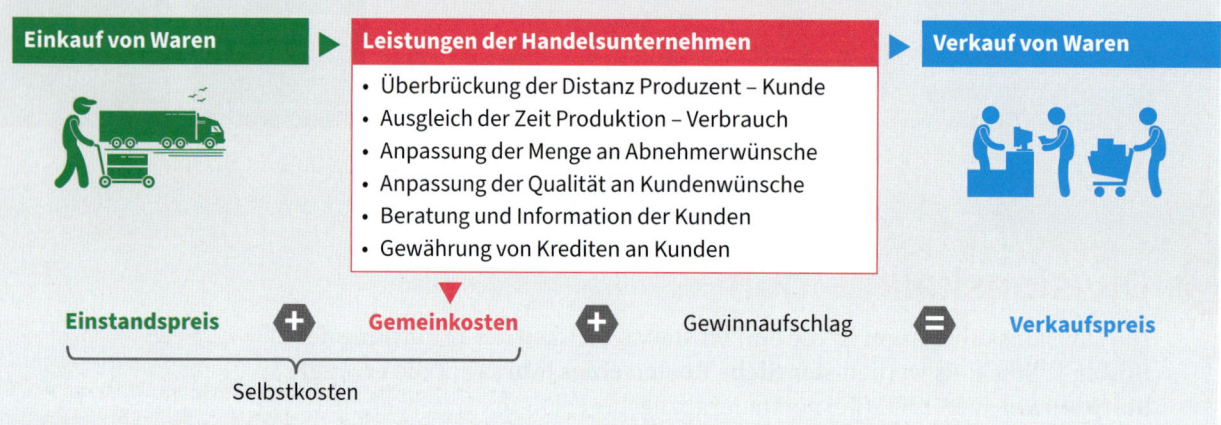

Einstandspreis

Basis für die Kalkulation ist der Einstandspreis. Dieser beinhaltet nicht nur den Kaufpreis, sondern alles, was aufzuwenden ist, damit die Ware im Betrieb ist (Bezugsspesen). Er wird nach folgendem Schema berechnet:

Bezugsspesen
z.B. Frachtkosten, Transportversicherung, Zölle

Verkäufer der Ware stellt Bezugsspesen in Rechnung	Dritter (z.B. Spediteur) stellt Bezugsspesen in Rechnung
Bruttopreis – Umsatzsteuer	Bruttopreis – Umsatzsteuer
Nettopreis – Rabatt	Nettopreis – Rabatt
rabattierter Preis + Bezugsspesen (exkl. USt)	rabattierter Preis – Skonto
Zwischensumme – Skonto	Kassapreis + Bezugsspesen (exkl. USt)
Einstandspreis	**Einstandspreis**

■ **Nettopreis:** Ist das Unternehmen vorsteuerabzugsberechtigt und ist der Bruttopreis angegeben, muss die Umsatzsteuer herausgerechnet werden.

Bruttopreis
Preis inkl. Umsatzsteuer (USt)

100 %	Nettopreis
20 %	USt
120 %	Bruttopreis

L 4.4 Ermittlung des Nettopreises

Einem Unternehmen wird ein Gerät um € 75,– inkl. USt (= Bruttopreis) angeboten. Wie hoch ist der Nettopreis?

Lösung:

Die angeschriebenen € 75,– entsprechen 120 %.

$$1\,\% = \frac{75}{120} = 0{,}625$$

Soll der Nettopreis berechnet werden, muss das Ergebnis mit 100 multipliziert werden. Ist die USt gefragt, muss mit 20 multipliziert werden.

100% Nettopreis	€ 62,50
20% USt	€ 12,50
120% Bruttopreis	€ 75,00

Der Nettopreis beträgt € 62,50.

- **Skonti:** Preisabzüge, die der Verkäufer gewährt, wenn die Zahlung innerhalb einer kurzen Frist erfolgt. Manchmal werden sie auch als Finanzierungsgewinne betrachtet und in der Kalkulation nicht berücksichtigt.

- **Rabatte:** Preisnachlässe, die dem Käufer aus verschiedenen Gründen gewährt werden, z. B. Mengenrabatt, Treuerabatt, Sonderrabatt, Großhandelsrabatt …

- **Bezugsspesen:** Darunter werden die Nebenkosten (Verpackung, Manipulationsgebühren) und die Kosten für den Transport (Spedition, Versicherung, Lagerung, Eingangsabgaben …) zusammengefasst. Sie können entweder vom Verkäufer in Rechnung gestellt werden oder der Käufer hat die Leistung bei einem anderen Unternehmen (z. B. Spedition) beauftragt und erhält dafür gesonderte Fakturen. Stellt der Verkäufer die Bezugsspesen in Rechnung und gewährt er einen Skonto, dann steht i. d. R. der Skonto auch für die Bezugsspesen zu.

Skonto, Mehrzahl: Skonti
von ital. scontare = abrechnen, abziehen

Faktura, Mehrzahl: Fakturen
Rechnung

L 4.5 Berechnung des Einstandspreises

Die Fa. Meixner KG ist ein vorsteuerabzugsberechtigtes Unternehmen. Sie erhält von der Fa. ProMe GmbH folgendes Angebot:

„10 Pumpen, Listenpreis € 121,22 je Stück inkl. 20% USt. Es werden 30% Rabatt auf den Listenpreis und bei Zahlung innerhalb von 8 Tagen 2% Skonto angeboten. Die Transportkosten in Höhe von € 6,90 exkl. USt sind unmittelbar an den Frachtführer zu entrichten."

Die Fa. Meixner KG möchte die Höhe des Einstandspreises ermitteln, um das Angebot mit anderen vergleichen zu können.

Lösung:

Bruttopreis	€ 1.212,20
– Umsatzsteuer	€ 202,03 *
Nettopreis	€ 1.010,17
– Rabatt (30%)	€ 303,05
rabattierter Preis	€ 707,12
– Skonto (2%)	€ 14,14
Kassapreis	€ 692,97
+ Bezugsspesen	€ 6,90
Einstandspreis für 10 Stück	€ 699,87

Einstandspreis je Stück € 69,99

* Die Umsatzsteuer wird errechnet:

$$\text{Umsatzsteuer} = \frac{\text{Bruttopreis} \times 20}{120} = \frac{1.212,20 \times 20}{120} = 202,03$$

Basis für den Rabatt ist der Nettopreis, Basis für den Skonto ist der rabattierte Preis. Daher wird der Rabattsatz als Prozentsatz des Nettopreises angegeben. Der Skontosatz bezieht sich auf den rabattierten Preis.

Der Einstandspreis pro Stück ist € 69,99.

Verkaufspreis

Der Verkaufspreis wird nach folgendem Schema ermittelt:

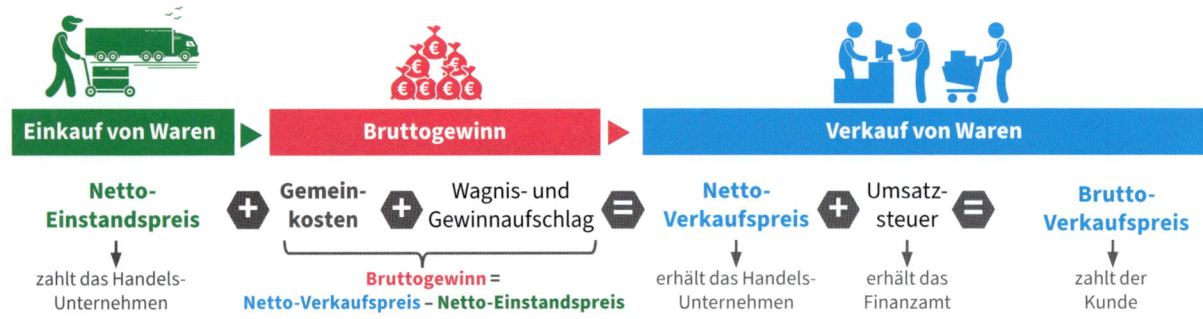

L 4.6 Ermittlung der Selbstkosten

Die Fa. Meixner KG ist ein Handelsunternehmen. Bei ihr sind im vorigen Jahr Gemeinkosten von € 63.632,50 angefallen. Sie hat in diesem Jahr Waren mit einem Einstandspreis von € 100.000,00 verkauft. Wie hoch waren die Selbstkosten je Pumpe bei der Fa. Meixner KG?

Lösung:

Auf den Einstandspreis werden die im Betrieb angefallenen Gemeinkosten aufgeschlagen. Dazu ist im ersten Schritt zu errechnen, wie hoch der Aufschlag ist:

$$\text{Gemeinkostenzuschlagssatz (oder Regiesatz)} = \frac{\text{Gemeinkosten} \times 100}{\text{Einstandspreis der Waren}}$$

Durch den Regiesatz sollen die Gemeinkosten des Unternehmens abgedeckt werden. Für die Meixner KG betrug der Regiesatz:

$$\text{Gemeinkostenzuschlagssatz} = \frac{63.632,5 \times 100}{100.000} = 63,63\,\%$$

Die Selbstkosten für eine Pumpe betrugen bei der Meixner KG:

$$€\,69,99 + 63,63\,\% = €\,114,52$$

Einstandspreis + Zuschlag zur Abdeckung der Gemeinkosten des U. = Selbstkosten

cost of sales
Selbstkosten

mark up/margin
Gewinnaufschlag

net sales price
Nettoverkaufspreis

gross sales price
Bruttoverkaufspreis

Es können nicht immer sämtliche Waren verkauft werden, weil z. B. zu viel auf Lager gelegt wurde oder der Geschmack der Kunden nicht getroffen wurde. Auch für derartige Fehlentscheidungen ist Vorsorge zu treffen. Daher sind die Selbstkosten um einen **Wagnis- und Gewinnzuschlag** zu erhöhen.

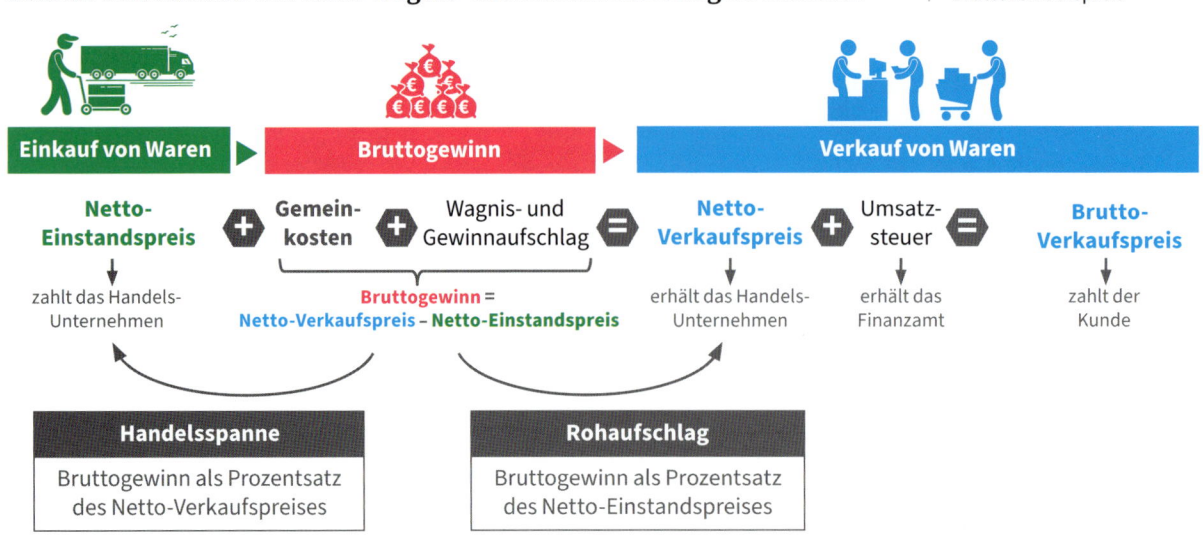

Die betragsmäßige Differenz zwischen Nettoverkaufspreis und Nettoeinstandspreis wird **Bruttogewinn** genannt.

■ Wird der Bruttogewinn als Prozentsatz des Nettoeinstandspreises ausgedrückt, dann nennt man dies **Rohaufschlag.** Er beinhaltet die Gemeinkosten und den Gewinn:

gross profit margin
Rohaufschlag

$$\text{Rohaufschlag} = \frac{(\text{Nettoverkaufspreis} - \text{Nettoeinstandspreis}) \times 100}{\text{Nettoeinstandspreis}}$$

■ Wird der Bruttogewinn hingegen auf den Nettoverkaufspreis bezogen, dann wird dies **Handelsspanne** genannt:

trade margin
Handelsspanne

$$\text{Handelsspanne} = \frac{(\text{Nettoverkaufspreis} - \text{Nettoeinstandspreis}) \times 100}{\text{Nettoverkaufspreis}}$$

L 4.7 Berechnung des Einstandspreises

Schlägt die Fa. Meixner KG auf die Selbstkosten 15 % Wagnis- und Gewinnzuschlag auf, ergibt dies: (€ 100.000,00 + € 63.632,50) × 15 % = € 24.544,88

Durch den Verkauf der Waren muss neben dem Einstandspreis ein Betrag von € 63.632,50 + € 24.544,88 = € 88.177,38 eingenommen werden. Dieser Betrag ist der geplante Bruttogewinn. Setzt man diesen Bruttogewinn in Relation zum Einstandspreis der verkauften Waren, erhält man den Rohaufschlag:

$$\text{Rohaufschlag} = \frac{\text{Bruttogewinn} \times 100}{\text{Nettoeinstandspreis der verk. Waren}} = \frac{88.177,38 \times 100}{100.000} = 88{,}18\,\%$$

Die Fa. Meixner KG wird unter diesen Umständen die Pumpen zu folgendem Preis anbieten:

	Einstandspreis	€ 69,99
+ 88,18 %	Rohaufschlag	€ 61,72
	Nettopreis	€ 131,71
+ 20,00 %	Umsatzsteuer	€ 26,34
	Bruttoverkaufspreis	€ 158,05

Die ProMe GmbH liefert der Fa. Meixner KG auch die Steuerung für die Pumpen. Diese kann am Markt um € 25,30 exkl. USt verkauft werden. Welchen Preis wird die Fa. Meixner KG bereit sein, zu zahlen?

Lösung:

Die Fa. Meixner KG wird für sämtliche Produkte denselben Rohaufschlag verrechnen. Daher kann mithilfe der Daten der Pumpe die Handelsspanne errechnet werden und danach der maximale Einstandspreis.

• Berechnung der Handelsspanne

$$\text{Handelsspanne} = \frac{(\text{Nettoverkaufspreis} - \text{Nettoeinstandspreis}) \times 100}{\text{Nettoverkaufspreis}}$$
$$= \frac{(131,71 - 69,99) \times 100}{131,71} = 46{,}86\,\%$$

Die Handelsspanne beträgt für dieses Produkt: € 25,30 × 46,86 % = € 11,85.

• Im zweiten Schritt kann vom Verkaufspreis zurückgerechnet werden:

	Nettoverkaufspreis	€ 25,30
–	Handelsspanne	€ 11,85
	Nettoeinstandspreis	€ 13,45

Die Fa. Meixner KG wird bereit sein, höchstens € 13,45 zu bezahlen.

Ü 4.14 Einstandspreis C

Ein Betrieb bezieht 500 kg einer Ware, wofür er € 7,00 pro kg inkl. USt bezahlt. Er erhält 25 % Wiederverkäuferrabatt. Auf der Rechnung sind weiters Transportkosten in Höhe von € 25,00 (exkl. USt) ausgewiesen. Vom gesamten Rechnungsbetrag können 3 % Skonto abgezogen werden.

Berechne den Einstandspreis je kg.

Ü 4.15 Verkaufspreis im Handel C

Entscheide, wie hoch der Verkaufspreis in Ü 4.14 angesetzt werden soll, wenn der Betrieb mit 90 % Rohaufschlag kalkuliert.

Ü 4.16 Handelsspanne C

Ermittle für Ü 4.14 die Handelsspanne.

Ü 4.17 Einstandspreis C

Ein Unternehmen erhält folgende Angebote für 1.000 Stück derselben Ware:

1. Bruttopreis € 2,70 je Stück, 30 % Rabatt, 3 % Skonto; Transportkosten des Spediteurs € 120,00 inkl. 20 % USt

2. Nettopreis € 2,20 je Stück, 22 % Rabatt, 2 % Skonto, keine Transportkosten

Begründe, für welches Angebot sich der Betrieb entscheiden sollte, wenn er den Einstandspreis möglichst gering halten will.

Kosten für den Transport
Die Transportkosten stellen einen Teil des Einstandspreises dar.

Ü 4.18 Handelsspanne oder Rohaufschlag B

Begründe, ob zur Lösung folgender Probleme die Handelsspanne oder der Rohaufschlag herangezogen werden soll:

a) Ein Einkäufer kennt den maximalen Verkaufspreis eines Produkts und verhandelt mit der Lieferantin über den Einkaufspreis.

b) Eine Händlerin legt die Verkaufspreise der in ihrem Geschäft angebotenen Waren fest.

Ü 4.19 Auswirkungen auf Kalkulation B

Ein Unternehmen handelt mit Profilen, Beschlägen und Spezialschrauben. Prüfe, ob sich in der Kalkulation der Verkaufspreis der Beschläge ändert, und begründe deine Antwort.

Aussage	Änderung des Verkaufspreises?	Begründung
Die Transportkosten für die Profile steigen.		
Das Unternehmen hat einen neuen Energieversorger und die Stromkosten sinken.		
Die auf Lager liegenden Schrauben können nicht verkauft werden.		
Der Lieferant der Beschläge senkt seinen Preis.		

4 Kalkulation in Dienstleistungs- unternehmen

Bei Handwerkern, Friseuren, Softwareentwicklern, Beratungsunternehmen … steht die persönliche Arbeitsleistung im Vordergrund. Daher müssen derartige Unternehmen den Großteil ihrer Kosten mit den für die Kunden geleisteten Stunden verdienen. Verkaufen sie den Kunden auch Waren, kann auch damit ein Teil der Kosten abgedeckt werden.

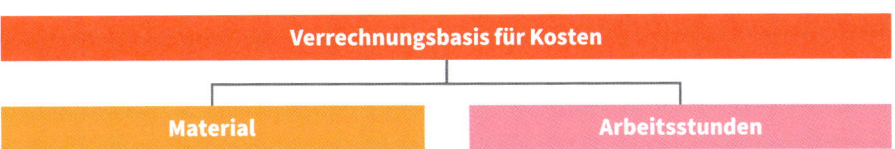

Verrechnungsbasis für Kosten	
Material	Arbeitsstunden

Durch den **Verkauf der Arbeitsstunden und des Materials** müssen sämtliche Kosten und ein Gewinn verdient werden:

Die **Materialien** und die **Löhne inkl. Lohnnebenkosten** werden den Kunden aufgrund der für sie erbrachten Leistung direkt verrechnet. Diese Kosten können unmittelbar dem erzeugten Produkt zugerechnet werden, es handelt sich daher um **Einzelkosten.**

Die **übrigen Kosten** können den Kunden nicht direkt verrechnet werden. Sie müssen auf das Material bzw. auf den Stundensatz aufgeschlagen werden. Da diese Kosten nur über eine ungefähre Verteilung den hergestellten Produkten zugerechnet werden können, handelt es sich um **Gemeinkosten.**

Dies ist eine Form der summarischen Zuschlagskalkulation.

Wartung des Netzwerks
Auch die Reparatur von Kommunktationseinrich- tungen ist eine Dienstleistung, die kalkuliert werden muss.

Materialkosten

Das Unternehmen möchte von seinen Kunden

- den **Materialeinstandspreis** sowie
- die **Materialgemeinkosten** (Gemeinkosten des Lagers und der Material- bewirtschaftung)

ersetzt haben. Zur Abdeckung der Gemeinkosten wird ein Aufschlag auf den Materialeinstandspreis verrechnet:

Materialgemeinkosten
z. B. Kosten der Lagerräume, Kosten der Lagereinrichtung, Bestellkosten, Kosten des Lagerpersonals …

Materialeinstandspreis
+ Materialgemeinkosten

Materialkosten

Die Materialgemeinkosten werden meist als **Prozentsatz der Materialein- zelkosten** angegeben. Dieser prozentuelle Aufschlag wird **Materialgemein- kostenzuschlagssatz** genannt.

Arbeitskosten

Den Preis, den das Unternehmen dem Kunden für eine Arbeitsstunde verrechnet, bezeichnet man als **Stundensatz.** Er wird nach folgendem Schema ermittelt:

Stundenlohn
+ Lohnnebenkosten
+ Gemeinkostenstundensatz

Selbstkosten je Stunde

- Der **Stundenlohn** ist das Entgelt, das der Mitarbeiter für eine Arbeitsstunde erhält. Er ergibt sich aus dem Arbeitsvertrag oder dem Kollektivvertrag.

- Die **Lohnnebenkosten** werden als Prozentsatz auf die direkt verrechenbaren Löhne aufgeschlagen.

- Der **Gemeinkostenstundensatz** kann mithilfe des folgenden Schemas ermittelt werden:

Gesamtkosten
- Materialeinzelkosten
- Materialgemeinkosten
- direkt verrechenbare Löhne
- Lohnnebenkosten für direkte Löhne

Diese Kosten werden den Kunden bereits direkt verrechnet.

restliche Gemeinkosten

Nur die restlichen Gemeinkosten, die nicht anderswo verrechnet werden können, müssen durch den **Gemeinkostenstundensatz** (Regiestundensatz) gedeckt werden:

$$\text{Gemeinkostenstundensatz} = \frac{\text{restliche Gemeinkosten}}{\text{Anzahl der direkt verrechenbaren Arbeitsstunden}}$$

Die restlichen Gemeinkosten sind auf die **direkten Stunden** zu verteilen. Dies sind die Arbeitsstunden, die das Unternehmen den Kunden verrechnet. Auch die Kosten der indirekten Stunden sind durch den Gemeinkostenstundensatz zu decken.

L 4.8 Berechnung des Stundensatzes

In einem Elektroinstallationsbetrieb arbeiten der Inhaber und fünf Monteure. Durchschnittlich werden den Kunden 7.500 Monteurstunden und 750 Stunden des Inhabers verrechnet.

Der Stundenlohn beträgt € 13,40 für den Inhaber und € 11,20 für einen Monteur; die Lohnnebenkosten werden mit 95 % verrechnet.

Die Gesamtkosten des Unternehmens betrugen € 904.500,00, wovon € 397.028,00 Materialeinzelkosten waren. Der Betrieb kalkuliert mit 38 % Materialgemeinkostenzuschlag.

Berechne die Stundensätze.

Lösung:

1. Berechnung der direkt verrechenbaren Löhne:

	Zahl der direkten Stunden		Stunden-lohn		Lohn-kosten		Lohnneben-kosten
Unternehmer	750 Std.	×	15,60	=	11.700,00	× 95 %	11.115,00
Monteur	7.500 Std.	×	12,50	=	93.750,00	× 95 %	89.062,50
Summe	8.250 Std.				105.450,00		100.177,50

2. Berechnung der Gemeinkosten

Gesamtkosten	€ 914.500,00	
- Materialeinzelkosten	€ 347.028,00	
- Materialgemeinkosten	€ 131.870,64	(= 38 % von € 347.028,00)
- Lohnkosten	€ 105.450,00	
- Lohnnebenkosten	€ 100.177,50	
restliche Gemeinkosten	€ 229.973,86	

Verschieden Gruppen in der Belegschaft
In einem Betrieb arbeiten oft der Chef bzw. die Chefin, Fachkräfte und angelernte Kräfte. Für diese werden unterschiedliche Stundensätze verrechnet.

$$\text{Gemeinkostenstundensatz} = \frac{\text{restliche Gemeinkosten}}{\text{direkte Arbeitsstunden}} = \frac{229.973,86}{8.250} = 27,88$$

4. Berechnung der Kosten je Arbeitsstunde

	Unternehmer	Monteur
Stundenlohn	€15,60	€12,50
+95% Lohnnebenkosten	€14,82	€11,88
+ Gemeinkostenstundensatz	€27,88	€27,88
Stundensatz (Selbstkosten je Stunde)	€58,30	€52,26

Werden alle Stunden und das Material zu den Selbstkosten verkauft, dann sind sämtliche Kosten gedeckt. Das Entgelt für die Mitarbeit des Unternehmers – der Unternehmerlohn – ist bereits in den Kosten enthalten.

Die **ermittelten Selbstkosten je Stunde** sollen

- einen **Vergleich** zwischen dem erzielbaren Verkaufspreis und den Selbstkosten je Stunde ermöglichen,

- eine **Grundlage für die Preisberechnung** bieten.
  Dazu werden auf die Selbstkosten ein Wagnis- und Gewinnaufschlag sowie die Umsatzsteuer aufgeschlagen. Dieser soll Risiken, die jeder Unternehmer zu tragen hat, abdecken:
  - Risiko, keine Aufträge zu bekommen
  - Risiko, dass Kunden nicht bezahlen

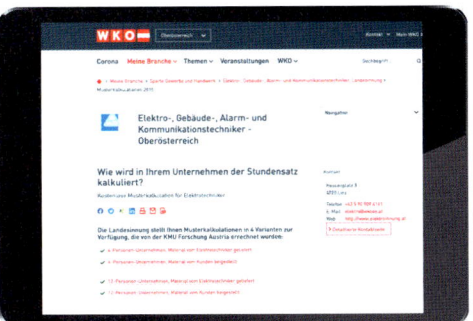

Beispielhafte Kalkulationen für viele Branchen
Die Wirtschaftskammer bietet zahlreiche Empfehlungen für die Kalkulation eines Musterstundensatzes, detailliert vorgerechnet.

L 4.9 Kalkulation mit Wagnis- und Gewinnaufschlag

Wie hoch ist der Verkaufspreis einer Arbeitsstunde, wenn der Elektroinstallationsbetrieb mit 15% Wagnis- und Gewinnaufschlag und 20% Umsatzsteuer kalkuliert?

Lösung:

	Unternehmer	Monteur
Selbstkosten je Stunde	€58,30	€52,26
+15% Wagnis und Gewinnaufschlag	€8,75	€7,84
Nettopreis	€67,05	€60,09
+20% Umsatzsteuer	€13,41	€12,02
Bruttopreis	€80,46	€72,11

Preise werden nicht ausschließlich aufgrund von Kalkulationen festgelegt. Es muss auch die **Gesamtsituation** – Angebot und Nachfrage sowie die Preise der Mitbewerber – beachtet werden. Die Kalkulation kann jedoch eine **Hilfestellung für die Preisgestaltung** bieten und zeigen, ob es wirtschaftlich sinnvoll ist, einen Auftrag anzunehmen.

Verrechnung im Handwerk

kauft Teile
zahlt Einstandspreis

beschäftigt Dienstnehmer
zahlt Lohn/Gehalt

Unternehmen bietet Service an

verkauft Material
Einstandspreis
+ Materialgemeinkostenzuschlag

verrechnet Arbeitszeit
Lohn für Arbeitszeit bei Kunden
+ Lohnnebenkosten
+ Gemeinkostenstundensatz

Kunde lässt Service durchführen

L 4.10 Kalkulation eines Auftrags

Der Elektroinstallationsbetrieb soll ein Angebot für einen Auftrag erstellen. Der Inhaber besichtigt die auszuführende Arbeit und ermittelt, dass für den Auftrag Installationsmaterial mit einem Einkaufspreis von €542,00, 1 Arbeitsstunde des Inhabers und 5 Arbeitsstunden der Monteure erforderlich sind.

Berechne, wie viel für diesen Auftrag mindestens verlangt werden sollte.

Lösung:

Die Kalkulation des Rechenbeispiels ergibt:

Materialeinzelkosten	€542,00	
38% Materialgemeinkosten	€205,96	
Materialkosten		€ 747,96
1 Stunde Inhaber	€ 67,05	
5 Monteurstunden	€300,47	
Kosten Arbeitszeit		€ 367,51
Nettopreis		€1.115,47
20% USt		€ 223,09
Bruttopreis		€1.338,56

ÜBEN

In dieser Lerneinheit hast du gelernt, was bei Kalkulationen in Handels- und Dienstleistungsunternehmen beachtet werden muss. MMit den folgenden Aufgaben kannst du das Gelernte üben.

Ü 4.20 Kalkulation in Schlosserei C

In einer Schlosserei arbeiten der Meister und drei Gesellen. Den Kunden werden durchschnittlich 4.650 Gesellenstunden und 825 Meisterstunden verrechnet.

Der Stundenlohn für den Meister beträgt € 13,50, für einen Gesellen € 11,00, die Lohnnebenkosten werden mit 92 % verrechnet.

Die Gesamtkosten des Unternehmens betrugen € 1.505.000,00, wovon € 856.241,00 Materialeinzelkosten waren. Der Betrieb kalkuliert mit 45 % Materialgemeinkostenzuschlag.

Berechne die Selbstkosten je Arbeitsstunde!

Ü 4.21 Kalkulation in Kfz-Werkstätte C

In einer Kfz-Werkstätte arbeiten der Meister und sechs Gesellen. Durchschnittlich werden 9.950 Gesellenstunden und 1.600 Meisterstunden gearbeitet. 90 % der Gesellenstunden und 45 % der Meisterstunden können den Kunden direkt verrechnet werden.

Der Meister erhält den Gesellenlohn plus 20 % Dispositionszuschlag, ein Geselle € 12,00 pro Stunde, die Lohnnebenkosten werden mit 94 % verrechnet.

Die Gesamtkosten des Unternehmens betrugen € 1.655.000,00, wovon € 876.241,00 Materialeinzelkosten waren. Der Betrieb kalkuliert mit 40 % Materialgemeinkostenzuschlag.

Berechne die Selbstkosten-Stundensätze!

Preisauszeichnung bei Dienstleistungen
Kfz-Techniker müssen die Preise für eine Arbeitsstunde für den Kunden sichtbar auszuhängen.

Ü 4.22 Kalkulation eines Auftrags C

In einem Betrieb arbeiten der Meister und zwei Gesellen. Durchschnittlich werden 2.850 Gesellenstunden und 1.600 Meisterstunden gearbeitet. 100 % der Gesellenstunden und 45 % der Meisterstunden können Kunden direkt verrechnet werden.

Der Meister erhält € 13,20 Stundenlohn, ein Geselle € 10,80 pro Stunde. Die Lohnnebenkosten werden mit 96 % verrechnet.

Die Gesamtkosten des Unternehmens betrugen € 264.100,00, wovon € 76.300,00 Materialeinzelkosten waren. Der Betrieb kalkuliert mit 40 % Materialgemeinkostenzuschlag.

Es wird ein Gewinnzuschlag von 15 % verrechnet.

Für einen Auftrag benötigt der Betrieb Material, das im Einkauf € 238,00 gekostet hat. Weiters arbeitete der Meister eine Stunde und ein Geselle fünf Stunden an dem Auftrag.

a) Berechne, den Preis, der dem Kunden aufgrund der Kalkulation in Rechnung gestellt werden soll.

b) Prüfe, welche anderen Faktoren noch bei der Festlegung des Preises berücksichtigt werden können.

4 Kostenstellenrechnung

Große Unternehmen erzeugen meist viele verschieden Produkte mit unterschiedlichen Abläufen: Manche Produkte benötigen viel Zeit in der Montage und werden danach lackiert. Andere sehen die Montage und Lackiererei gar nicht. Werden die Kosten gleichmäßig auf alle Produkte aufgeteilt, werden den Produkten nicht die tatsächlich verursachten Kosten zugerechnet. Daher werden Kostenstellen gebildet.

Ü 4.23 Die Kosten in einem Unternehmen, das Pumpen und Förderbänder erzeugt, sind zu hoch. Es muss geprüft werden, ob Einsparungen im Lager, in der mechanischen Werkstätte oder in der Montage möglich sind. Die Kostenrechnung in diesem Unternehmen erfolgt in Form einer summarischen Zuschlagskalkulation (Kalkulation in Dienstleistungsunternehmen).

Prüfe, ob das Unternehmen erkennen kann, ob im Lager, in der mechanischen Werkstätte oder in der Montage Einsparungen möglich sind.

Industrielle Metallbeschichtung
Unternehmen müssen ihre Kosten im Blick behalten, damit ihre Produkte am Markt konkurrenzfähig bleiben. Kostenstellen erlauben eine genauere Kontrolle und verursachungsgerechte Zuordnung der Kosten auf die hergestellten Produkte.

Fördertechnik aus Wiener Neudorf (NÖ)
Die Firma mk Austria produziert Kunststoffkettenförderer und Scharnierbandförderer, entweder als Einzelkomponenten oder als Komplettlösung.

1 Kostenstellen

Kostenstellen werden gebildet, um die Gemeinkosten den Betriebsbereichen zuzuordnen, in denen sie angefallen sind. Dadurch kann **genauer kalkuliert** und **überprüft** werden, ob in den einzelnen Bereichen **wirtschaftlich gearbeitet** wurde.

Kostenstellen sind **Betriebsbereiche,**

- die in der Kostenrechnung **selbständig abgerechnet** werden,
- denen die von ihnen **verursachten Kosten zugerechnet** werden.

cost center
Kostenstelle

Zumeist stimmen Kostenstellen mit den Abteilungen überein, die in der Aufbauorganisation gebildet wurden. Jedoch sollte darauf geachtet werden, dass in einer Kostenstelle Maschinen und Arbeitsplätze zusammengefasst werden, die möglichst ähnliche Tätigkeiten ausführen, d. h. eine gleichartige (homogene) Kostenstruktur aufweisen. Nur dann können die Kosten sinnvoll den Produkten zugerechnet werden. Eine **homogene Kostenstruktur** liegt dann vor, wenn die Kosten an sämtlichen Arbeitsplätzen einer Kostenstelle von derselben Größe abhängen, z. B.

- Zahl der Arbeitsstunden,
- Löhne der Mitarbeiter,
- Maschinenlaufzeit,
- Menge des bearbeiteten Materials.

Es sollte für jede Kostenstelle einen **Verantwortlichen** geben, der für die Einhaltung der Kostenziele zuständig ist. Kostenstellen können z. B. sein:

- Materialstelle
- Fertigung
- Dreherei
- Fräserei
- Schweißerei
- Lackiererei
- Verwaltung
- Vertrieb

costs directly allocated to a cost unit
Kosten, die einem Kostenträger direkt zuordenbar sind

 Einteilung der Kosten: Kosten werden nach ihrer Zurechenbarkeit den Kostenstellen und Kostenträgern zugeordnet.

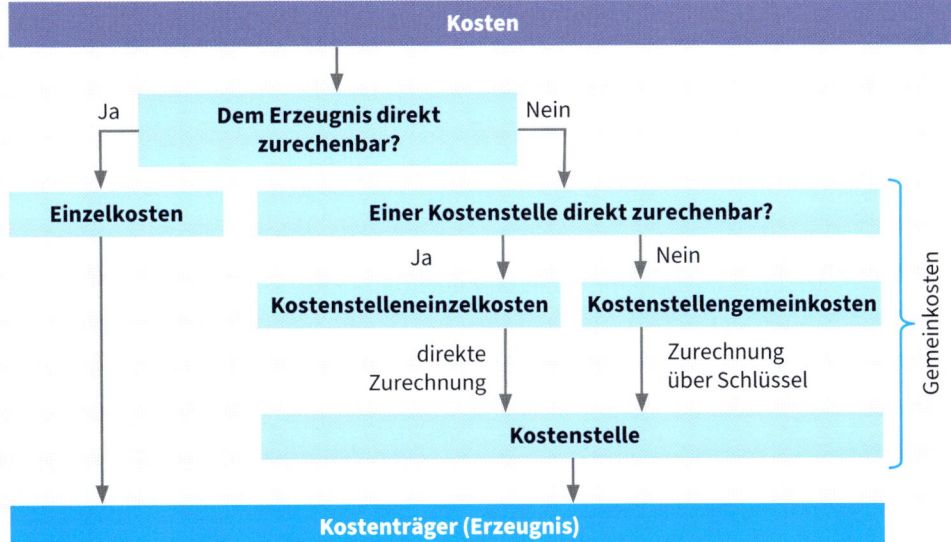

- **Einzelkosten:** können dem Kostenträger (= der Leistung, die verkauft werden soll) direkt zugerechnet werden
- **Gemeinkosten:** können dem Kostenträger nicht direkt zugerechnet werden. Sie werden daher zuerst den Kostenstellen, in denen sie angefallen sind, zugerechnet. Erst im nächsten Schritt werden sie den Kostenträgern zugerechnet (z. B. Hilfslöhne und Lohnnebenkosten, Energiekosten, Reinigungskosten, Heizkosten, Büromaterial, Kosten des Fuhrparks, Verpackungsmaterial).
  - **Kostenstelleneinzelkosten:** Gemeinkosten, die den Kostenstellen direkt zugerechnet werden
  - **Kostenstellengemeinkosten:** Gemeinkosten, die mithilfe von Schlüsselgrößen auf die Kostenstellen aufgeteilt werden müssen

Ü 4.24 Einteilung der Kosten B

Ein Betrieb stellt Kunststoffteile mithilfe einer Spritzgussmaschine her. Folgende Kostenstellen sind in diesem Betrieb eingerichtet:

- Materiallager
- Werkstätte
- Qualitätssicherung
- Verwaltung
- Vertrieb

Prüfe, um welche Art von Kosten (Einzelkosten, Kostenstelleneinzelkosten oder Kostenstellengemeinkosten) es sich in folgenden Fällen handelt:

Kosten	Art der Kosten	Begründung
Stromkosten, wobei der Stromverbrauch des gesamten Betriebes über 1 Zähler gemessen wird		
Kosten der Messgeräte für die Qualitätssicherung		
Kosten für das Kunststoffgranulat		
Kosten der Spritzgussmaschine		
Kosten für Telefon und Internet		

2 Betriebsabrechnung

Das Hilfsmittel für die Aufteilung der Gemeinkosten auf die Kostenstellen ist der **Betriebsabrechnungsbogen (BAB).**

cost distribution sheet
Betriebsabrechnungsbogen

	Kostenarten (Spalte 1)	Gesamtkosten (Spalte 2)	Kostenstellen (Spalten 3–6)			
			Material	Fertigung 1	Fertigung 2	Verwaltung
Einzelkosten	Materialeinzelkosten					
	Fertigungslöhne					
Gemeinkosten	Hilfslöhne					
	Gehälter					
	Lohnnebenkosten					
	Energie					
	Versicherung					
	Werbung					
	Instandhaltung					
	Büromaterial					
	Leistungen Dritter					
	Summe Gemeinkosten					
	Zuschlagsbasis					
	Zuschlagssatz					

Ein BAB hat folgenden Aufbau:

- In die Spalte **Kostenarten** (1) wird die Bezeichnung der Kosten eingetragen.
- In die Spalte **Gesamtkosten** (2) werden sämtliche Kosten dieser Kostenart eingetragen. Diese Spalte dient auch Kontrollzwecken.
- Die Spalte **Kostenstellen** (3–6) wird weiter unterteilt: Für jede im Betrieb gebildete Kostenstelle ist eine Unterspalte vorzusehen. Die Kostenstellen werden dabei so gereiht, wie die Güter durch den Betrieb fließen.

Die **Kostenstelleneinzelkosten** (grau gerastert) können den Kostenstellen unmittelbar zugeordnet werden.

130

Wirtschaft für Technikerinnen und Techniker

Die **Kostenstellengemeinkosten** werden auf die Kostenstellen mithilfe von **Schlüsselgrößen** verteilt. Diese sind so zu wählen, dass die Kosten jenen Kostenstellen zugerechnet werden, die sie tatsächlich verursacht haben. Häufig verwendete Schlüssel sind:

cost by cause principle
Kostenverursachungsprinzip

distribution key
Schlüsselgröße

Kostenart	Schlüsselgröße
Reinigungskosten	Fläche der Kostenstelle (m²)
Heizungskosten	Kubatur der beheizten Räume (m³) oder Zahl der Heizkörper(rippen)
Arbeitskleidung	Anzahl der Beschäftigten
Stromverbrauch	Anschlusswerte der Maschinen (kW)
Schmiermittelkosten	Einsatzzeit der Maschinen
Reparaturkosten	Einsatzzeit der Maschinen
Sozialkosten	Zahl der Mitarbeiter in der Kostenstelle

1 In jede Zeile wird eingetragen, welcher Anteil der Kosten der jeweiligen Kostenart (Spalte 1) auf diese Kostenstelle entfällt. Die Quersumme einer Kostenart über alle Kostenstellen (Spalten 3–6) muss die Gesamtkosten dieser Kostenart (Spalte 2) ergeben!

2 Im letzten Schritt werden für jede Kostenstelle (Spalten 3–6) die gesamten ihr zugerechneten Gemeinkosten addiert (Zeile „Summe Gemeinkosten").

L 4.11 Verteilung der Kosten auf Kostenstellen

Ein Betrieb hat folgende Kostenstellen:

Kostenstelle	Raumgröße
Lager	60 m²
Fertigung	175 m²
Verwaltung und Vertrieb	80 m²
Gesamt	315 m²

Die Kosten für die Reinigung betrugen € 5.200,–. Wie sind diese Kosten auf die Kostenstellen zu verteilen, wenn die Kosten nach der Fläche aufgeteilt werden?

Reinigungsunternehmen
In Österreich gibt es ca. 1.800 Unternehmen, die in der Allgemeinen Gebäudereinigung tätig sind. Die Branche ist durch eine hohe Gründungsquote, aber auch durch eine überdurchschnittlich hohe Schließungsquote gekennzeichnet

Lösung:

Kostenarten (Spalte 1)	Gesamtkosten (Spalte 2)	Kostenstellen (Spalten 3–5)		
		Lager	Fertigung	Verwaltung
Reinigung	€ 5.200,00	€ 990,48	€ 2.888,89	€ 1.320,63

Die gesamte Fläche des Betriebes beträgt: 60 m² + 175 m² + 80 m² = 315 m²

Die gesamten Reinigungskosten betragen: € 5.200,–

Die Reinigungskosten je m² betragen daher:

$$\frac{5.200}{315} = €16,51$$

Für das 60 m² große Lager ergeben sich daher Reinigungskosten von:

Kosten je m² × Zahl der m² der Kostenstelle

€ 16,51 × 60 = € 990,48

Die Summe der auf die Kostenstellen (Spalten 3–5) aufgeteilten Gemeinkosten einer Kostenart muss den Gesamtkosten dieser Kostenart in Spalte 2 entsprechen.

Um die Kosten weiterverrechnen zu können, werden die Gemeinkosten in **Beziehung zur Leistung der Kostenstelle** gesetzt. Die Leistung, zu der die Kosten in Beziehung gesetzt werden, wird **Zuschlagsbasis** genannt Daraus werden im letzten Schritt die **Zuschlagssätze** errechnet.

overhead rate
Zuschlagssatz

L 4.12 Betriebsabrechnungsbogen

Die ProMe GmbH erzeugt Maschinen und Anlagen. Ihr Betriebsabrechnungsbogen enthält folgende Daten (Einzelkosten sind grau unterlegt):

Kosten	Gesamtkosten	Material	Fertigung 1	Fertigung 2	Verwaltung	Vertrieb
Fertigungsmaterial	€ 246.000	€ 246.000				
Fertigungslöhne	€ 83.000			€ 83.000		
Lohnnebenkosten	€ 80.510			€ 80.510		
Hilfslöhne	€ 28.500		€ 15.000	€ 13.500		
Lohnnebenkosten für Hilfslöhne	€ 27.645		€ 14.550	€ 13.095		
Gehälter	€ 36.300	€ 14.000			€ 9.800	€ 12.500
Gehaltsnebenkosten	€ 19.965	€ 7.700			€ 5.390	€ 6.875
Energie	€ 37.600	€ 4.600	€ 13.400	€ 10.600	€ 6.800	€ 2.200
Heizung	€ 12.160	€ 2.500	€ 460	€ 3.500	€ 4.200	€ 1.500
Reinigung	€ 11.430	€ 800	€ 2.200	€ 3.200	€ 2.800	€ 2.430
Telefonkosten	€ 1.320	€ 320	€ 50	€ 100	€ 350	€ 500
Instandhaltung durch Dritte	€ 10.900	€ 450	€ 5.800	€ 4.200	€ 300	€ 150
kalkulatorische Kosten	€ 18.450	€ 2.000	€ 8.900	€ 4.500	€ 1.800	€ 1.250
diverse Kosten	€ 286.650	€ 46.000	€ 61.400	€ 156.000	€ 8.750	€ 14.500
Summe Gemeinkosten	**€ 571.430**	**€ 78.370**	**€ 121.760**	**€ 289.205**	**€ 40.190**	**€ 41.905**

Errechne daraus die Zuschlagssätze.

Lösung:

$$\text{Materialgemeinkostenzuschlagssatz} = \frac{\text{Materialgemeinkosten} \times 100}{\text{Materialeinzelkosten}}$$

- **Material:** Die Zuschlagsbasis bilden die Kosten des Fertigungsmaterials. Dies sind die Einstandspreise des Materials:

  Der Materialgemeinkostenzuschlagssatz der ProMe GmbH beträgt:

$$\text{Materialgemeinkostenzuschlagssatz} = \frac{\text{Materialgemeinkosten} \times 100}{\text{Materialeinzelkosten}} = \frac{78.370 \times 100}{246.000} = 31,86\,\%$$

- **Fertigung 1:** Hier stehen CNC-Maschinen. Aufgabe der Mitarbeiter ist es, die Maschinen zu rüsten und zu überwachen. Die Mitarbeiter können durch ihre Arbeit die Fertigungszeit praktisch nicht beeinflussen. Ihre Löhne sind daher Hilfslöhne. Der entscheidende Faktor ist die Maschinenlaufzeit. Daher wird ein Maschinenstundensatz berechnet:

production
Fertigung

$$\text{Maschinenstundensatz} = \frac{\text{Fertigungsgemeinkosten}}{\text{Maschinenlaufzeit}}$$

Vergangenes Jahr sind die Maschinen 3.000 Stunden gelaufen. Der Maschinenstundensatz beträgt daher:

$$\text{Maschinenstundensatz} = \frac{\text{Fertigungsgemeinkosten}}{\text{Maschinenlaufzeit}} = \frac{121.760}{3.000} = €40,59/\text{ Maschinenstunde}$$

- **Fertigung 2:** Hier wird händisch wärmebehandelt und es wird ein Fertigungszuschlagssatz berechnet. Dieser ist ein Prozentsatz der Fertigungslöhne:

LNK
Lohnnebenkosten

$$\text{Fertigungszuschlagssatz} = \frac{\text{Fertigungsgemeinkosten inkl. LNK} \times 100}{\text{Fertigungslöhne}}$$

Der Fertigungszuschlagssatz der ProMe GmbH errechnet sich:

$$\text{Fertigungszuschlagssatz} = \frac{\text{Fertigungsgemeinkosten inkl. LNK} \times 100}{\text{Fertigungslöhne}} = \frac{289.205 \times 100}{83.000} = 348,44\ \%$$

- **Verwaltung und Vertrieb:** Die Zuschlagsbasis bilden hier die Herstellkosten.
  Diese werden nach folgendem Schema berechnet:

Materialeinzelkosten
+ Materialgemeinkosten

Materialkosten   →   Materialkosten

Fertigungslöhne
+ Fertigungsgemeinkosten

Fertigungskosten   →   Fertigungskosten
                               Herstellkosten

$$\text{Verwaltungsgemeinkostenzuschlagssatz} = \frac{\text{Verwaltungsgemeinkosten} \times 100}{\text{Herstellkosten}}$$

$$\text{Vertriebsgemeinkostenzuschlagssatz} = \frac{\text{Vertriebsgemeinkosten} \times 100}{\text{Herstellkosten}}$$

administration
Verwaltung

distribution
Vertrieb

Die Fertigungskosten setzen sich zusammen aus sämtlichen in der Fertigung anfallenden Kosten. Daher variiert die genaue Berechnung je nach gewählter Basis für die Aufteilung der Gemeinkosten.

Für die Berechnung des Verwaltungs- und des Vertriebsgemeinkostenzu-schlagssatzes sind im ersten Schritt die Herstellkosten zu errechnen:

Materialstelle:

Materialeinzelkosten	€ 246.000
Materialgemeinkosten	€ 78.370
Materialkosten	€ 324.370

In Fertigung 1 fallen keine Einzelkosten (Löhne) an.

Fertigung 1:

Fertigungsgemeinkosten	€ 121.760
Kosten Fertigung 1	€ 121.760

Fertigung 2:

Fertigungslöhne	€ 83.000
Fertigungsgemeinkosten	€ 289.205
Kosten Fertigung 2	€ 372.205
Herstellkosten	€ 818.335

Danach kann der eigentliche Verwaltungs- und Vertriebsgemeinkostenzuschlagssatz ermittelt werden. Dieser beträgt für die ProMe GmbH:

$$\text{Verwaltungsgemeinkostenzuschlagssatz} = \frac{\text{Verwaltungsgemeinkosten} \times 100}{\text{Herstellkosten}} = \frac{€ 40.190 \times 100}{€ 818.335} = 4,91\%$$

$$\text{Vertriebsgemeinkostenzuschlagssatz} = \frac{\text{Vertriebsgemeinkosten} \times 100}{\text{Herstellkosten}} = \frac{€ 41.905 \times 100}{€ 818.335} = 5,12\%$$

Die Ergebnisse lassen sich im BAB wie folgt zusammenfassen:

Kosten	Gesamtkosten	Material	Fertigung 1	Fertigung 2	Verwaltung	Vertrieb
Fertigungsmaterial	€ 246.000	€ 246.000				
Fertigungslöhne	€ 83.000			€ 83.000		
Lohnnebenkosten	€ 80.510			€ 80.510		
Hilfslöhne	€ 28.500		€ 15.000	€ 13.500		
Lohnnebenkosten für Hilfslöhne	€ 27.645		€ 14.550	€ 13.095		
Gehälter	€ 36.300	€ 14.000			€ 9.800	€ 12.500
Gehaltsnebenkosten	€ 19.965	€ 7.700			€ 5.390	€ 6.875
Energie	€ 37.600	€ 4.600	€ 13.400	€ 10.600	€ 6.800	€ 2.200
Heizung	€ 12.160	€ 2.500	€ 460	€ 3.500	€ 4.200	€ 1.500
Reinigung	€ 11.430	€ 800	€ 2.200	€ 3.200	€ 2.800	€ 2.430
Telefonkosten	€ 1.320	€ 320	€ 50	€ 100	€ 350	€ 500
Instandhaltung durch Dritte	€ 10.900	€ 450	€ 5.800	€ 4.200	€ 300	€ 150
kalkulatorische Kosten	€ 18.450	€ 2.000	€ 8.900	€ 4.500	€ 1.800	€ 1.250
diverse Kosten	€ 286.650	€ 46.000	€ 61.400	€ 156.000	€ 8.750	€ 14.500
Summe Gemeinkosten	**€ 571.430**	**€ 78.370**	**€ 121.760**	**€ 289.205**	**€ 40.190**	**€ 41.905**
Zuschlagsbasis		€ 246.000	3.000 h	€ 83.000	€ 818.335	€ 818.335
Zuschlagssatz		**31,86 %**	**€ 40,59**	**348,44 %**	**4,91 %**	**5,12 %**

3 Hilfskostenstellen

Kostenstellen können auch gebildet werden, um

- die Kosten **leichter erfassen** zu können,
- die Kosten besser **verursachungsgerecht zuordnen** zu können,
- die Entwicklung bestimmter Kosten **genauer kontrollieren** zu können,
- die **Kostenstellen und Verantwortungsbereiche** in Übereinstimmung zu bringen.

Beispiel: Ein Betrieb möchte wissen, wie hoch seine Fuhrparkkosten waren. Er bildet daher eine eigene Kostenstelle Fuhrpark, der sämtliche Kosten des Fuhrparks zugerechnet werden. Diese Kostenstelle zeigt dann alle im Betrieb angefallenen Fuhrparkkosten.

Fuhrpark
alle Fahrzeuge eines Unternehmens

Folgende Arten von Kostenstellen können unterschieden werden:

Kostenstellen	
Hauptkostenstellen	**Hilfskostenstellen**
erbringen Leistungen, die unmittelbar dem Kostenträger zugerechnet werden können	erbringen innerbetriebliche Leistungen für andere Kostenstellen. Sie können nicht direkt dem Kostenträger zugerechnet werden.
Beispiele: Lager, Fertigung, Vertrieb	**Beispiele:** Fuhrpark, Instandhaltung, Werksküche

Vor Ermittlung der Zuschlagssätze müssen die Kosten der Hilfskostenstellen **auf die Hauptkostenstellen umgelegt** werden:

Kostenstellenumlage

Kostenarten		Gesamt-kosten	Hilfskosten-stelle	Kostenstellen			
				Material	Fertigung 1	Fertigung 2	Verwaltung
Einzel-kosten	Materialeinzelkosten						
	Fertigungslöhne						
Gemeinkosten	Hilfslöhne						
	Gehälter						
	Lohnnebenkosten						
	Energie						
	Versicherung						
	Werbung						
	Instandhaltung						
	Büromaterial						
	Leistungen Dritter						
	Summe Gemeinkosten						
	Zuschlagsbasis						
	Zuschlagssatz						

Verursachungsgerechte Aufteilung der Kosten der Hilfskostenstelle auf die Hauptkostenstellen

Die Kosten der Hilfskostenstelle müssen vor Berechnung der Zuschlagssätze auf die Hauptkostenstellen umgelegt werden. Dafür sind **geeignete Schlüsselgrößen** zu suchen. Diese müssen die Kosten der Hilfskostenstelle auf die Hauptkostenstellen so verteilen, wie die Hauptkostenstellen Leistungen der Hilfskostenstelle beansprucht haben.

Beispiel Fortsetzung: Durch die Bildung der Hilfskostenstelle Fuhrpark

- kann das Unternehmen erkennen, welche Kosten seine Fahrzeuge verursacht haben.

- können sämtliche Fahrzeugkosten auf dieser Hilfskostenstelle gesammelt werden. Sie werden anlässlich der Abrechnung auf die Hauptkostenstellen aufgeteilt. Dies erleichtert die Arbeit, da sonst jedes Mal, wenn den Fuhrpark betreffende Kosten verrechnet werden, diese auf sämtliche Kostenstellen aufgeteilt werden müssten.

Hilfskostenstelle Fuhrpark
Für die Fahrzeuge im Unternehmen fallen viele Kosten an: Treibstoff, Versicherung, Reparaturen, Reinigung …

Ü 4.25 Kostenstellen B

Entscheide bei jeder der folgenden Aussagen, ob sie richtig oder falsch ist, und begründe deine Antwort:

Aussage	richtig	falsch	Begründung
Jeder Betrieb muss dieselben Kostenstellen bilden, damit sie zwischen den Betrieben verglichen werden können.			

Aussage	richtig	falsch	Begründung
Kostenstellen und Betriebsorganisation sind vollkommen unabhängig voneinander.			
Kostenstellen dienen auch zur Kostenkontrolle.			

4 Differenzierte Zuschlagskalkulation

overhead calculation
Zuschlagskalkulation

Wie berechnen Unternehmen, die unterschiedliche Produkte fertigen, ihre Selbstkosten?

 Zuschlagskalkulation: Die Zuschlagskalkulation ist das in der Praxis am meisten verwendete Verfahren, da es immer einsetzbar ist. Als Nachteil muss ein größerer Arbeits- und Zeitaufwand hingenommen werden.

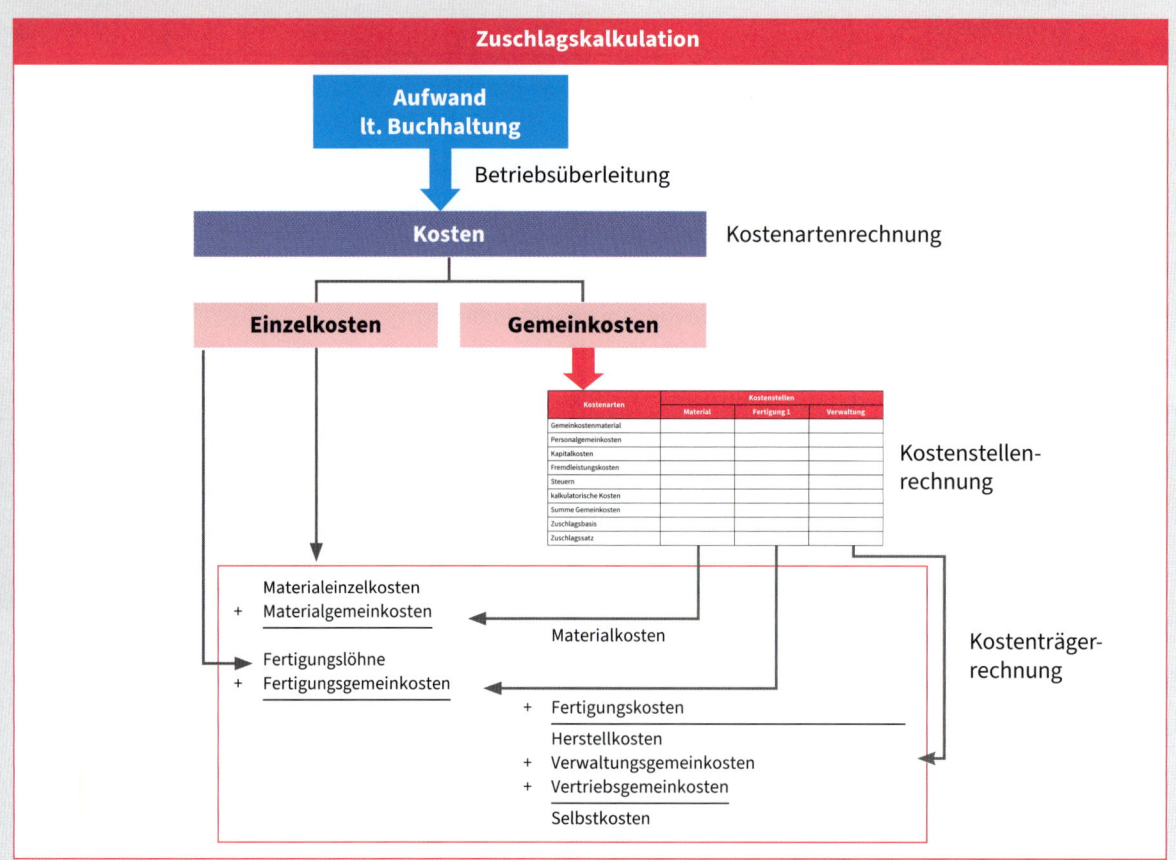

Die **Einzelkosten** werden dem Kostenträger – dem Produkt, das es verursacht hat – direkt zugerechnet.

Die **Gemeinkosten** werden zuerst den Kostenstellen zugerechnet. Im nächsten Schritt werden sie mithilfe der Zuschlagssätze auf die Kostenträger verrechnet. Diese berücksichtigen die Kosten, die das Produkt in den einzelnen Kostenstellen verursacht hat.

L 4.13 Kalkulation der Produktion einer Kolbenstange

Die ProMe GmbH stellt u. a. Kolbenstangen her:

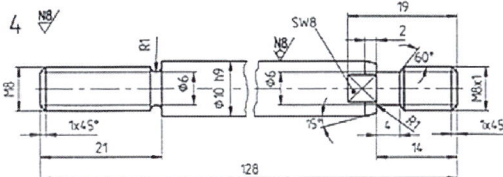

Laut Arbeitsplan wird die Kolbenstange 5 Minuten auf der CNC-Maschine bearbeitet und anschließend 15 Minuten wärmebehandelt. Weitere Daten für die Herstellung der Kolbenstange:

- Einstandspreis des Fertigungsmaterials für 1 Kolben: €1,50
- Materialgemeinkostenzuschlagssatz: 31,86 %
- Maschinenstundensatz Fertigung 1: €40,59
- Fertigungszeit in Fertigung 1: 5 min
- Stundenlohn in Fertigung 2: €12,10
- Gemeinkostenzuschlagssatz Fertigung 2: 348,44 %
- Fertigungszeit in Fertigung 2: 15 min
- Verwaltungsgemeinkostenzuschlagssatz: 4,91 %
- Vertriebsgemeinkostenzuschlagssatz: 5,12 %

Ermittle die Selbstkosten, die bei der Herstellung der Kolbenstangen anfallen.

Lösung:

Die Berechnung der Selbstkosten erfolgt mittels Zuschlagskalkulation:

	Materialeinzelkosten	€ 1,50	
31,86 %	Materialgemeinkosten	€ 0,48	
	Materialkosten		€ 1,98
	Fertigung 1		
	Kosten Fertigung 1 [€ 40,59 × 5/60]		€ 3,38
	Fertigung 2		
	Löhne [€ 12,10 × 15/60]	€ 3,03	
348,44 %	Gemeinkosten	€10,54	
	Kosten Fertigung 2		€13,57
	Herstellkosten		€18,93
4,91 %	Verwaltungsgemeinkosten		€ 0,93
5,12 %	Vertriebsgemeinkosten		€ 0,97
	Selbstkosten		€20,83

Den Verkaufspreis legt die ProMe GmbH üblicherweise fest, indem sie 30 % Gewinnaufschlag auf die Selbstkosten aufschlägt. Daher bietet die ProMe GmbH die Kolbenstange zu folgendem Preis an:

	Selbstkosten	€20,83
30 %	Gewinnaufschlag	€ 6,25
	Nettopreis	€27,08
20 %	Umsatzsteuer	€ 5,42
	Bruttopreis	€32,50

Ob die ProMe GmbH diesen Preis auch bekommt, hängt vom Markt ab. Jedenfalls sollte der Preis höher sein als die Selbstkosten. Wenn nicht, muss die ProMe GmbH versuchen, die Kosten zu senken.

Die **Zuschlagssätze** werden in der Praxis häufig auf Ganze gerundet!

Der **Maschinenstundensatz** in Fertigung 1 in Höhe von €40,59 gilt für eine Stunde. Die Bearbeitungszeit beträgt nur 5 Minuten. Daher errechnet sich als Preis für die CNC-Bearbeitungszeit: $(40,59 \times 5)/60$

€12,10 erhält ein Mitarbeiter für 1 Stunde Arbeit. Er benötigt aber nur 15 min. Daher errechnet sich sein **Lohn:** $(12,10 \times 15)/60$

ÜBEN

In dieser Lerneinheit hast du erfahren, wie Kosten verursachungs-gerecht zugeordnet werden können.

Ü 4.26 Betriebsabrechnungsbogen `C`

In einem Betrieb sind im vergangenen Jahr folgende Kosten angefallen:

Kostenart	Material	Fertigung 1	Fertigung 2	Verwaltung
Fertigungsmaterial	€ 72.000,00			
Fertigungslöhne		€ 28.500,00		
Hilfslöhne			€ 11.000,00	
Lohnnebenkosten				
Gehälter	€ 6.500,00			€ 12.000,00
Gehaltsnebenkosten				
Energie	€ 1.000,00	€ 3.500,00	€ 3.300,00	€ 700,00
Reinigung	€ 800,00	€ 500,00	€ 900,00	€ 800,00
diverse Kosten	€ 16.000,00	€ 63.000,00	€ 32.000,00	€ 9.000,00
Summe Gemeinkosten				
Zuschlagsbasis				
Zuschlagssatz				

- Die Lohnnebenkosten betrugen 85 %. Die Gehaltsnebenkosten betrugen 45 %.
- In der Fertigung 1 wird vorwiegend Handarbeit geleistet.
- In der Fertigung 2 wird mit den Maschinenstunden kalkuliert. Es wurden 1.300 Maschinenstunden geleistet.

Ergänze im Betriebsabrechnungsbogen die fehlenden Daten und berechne die Zuschlagssätze und den Maschinenstundensatz.

Handarbeit
Auch in Industriebetrieben sind nicht immer alle Tätigkeiten automatisiert.

Ü 4.27 Betriebsabrechnungsbogen `C`

In einem Betrieb sind folgende Kosten angefallen:

Kostenart	Material	Fertigung	Verwaltung
Fertigungsmaterial	€ 980.000,00		
Fertigungslöhne		€ 790.000,00	
Lohnnebenkosten			
Gehälter	€ 95.300,00	€ 157.800,00	€ 265.500,00
Gehaltsnebenkosten			
Energiekosten	€ 120.500,00	€ 190.000,00	€ 75.600,00
Raumkosten	€ 76.100,00	€ 200.500,00	€ 55.400,00
Abschreibungen	€ 35.000,00	€ 480.700,00	€ 115.500,00
sonstige Kosten	€ 85.100,00	€ 260.000,00	€ 115.000,00
Summe Gemeinkosten			
Zuschlagsbasis			
Zuschlagssatz			

Die Lohnnebenkosten betrugen 87 %. Die Gehaltsnebenkosten betrugen 55 %.

Stelle den Betriebsabrechnungsbogen auf und berechne die Zuschlagssätze.

Ü 4.28 Zuschlagskalkulation C

Ein Unternehmen möchte die Selbstkosten für ein Produkt ermitteln. Dafür stehen ihm folgende Daten zur Verfügung:

Materialeinzelkosten pro Stück: € 25,–

Materialgemeinkostenzuschlagssatz: 38 %

Fertigungslöhne: € 13,30

Fertigungszeit je Stück: 195 Minuten

Fertigungszuschlagssatz: 320 %

Verwaltungsgemeinkostenzuschlagssatz: 7 %

Vertriebsgemeinkostenzuschlagssatz: 5 %

Berechne die Höhe der Selbstkosten für das Produkt.

Ü 4.29 Zuschlagskalkulation C

Ein Unternehmen möchte den Preis für seine Produkte kalkulieren. Folgende Daten sind bekannt:

Lohnkosten:

Stundenlohn in Fertigung 1: € 13,00

Stundenlohn in Fertigung 2: € 11,40

Gemeinkostensätze:

Materialgemeinkostenzuschlagssatz: 25 %

Fertigungszuschlagssatz Fertigung 1: 340 %

Fertigungszuschlagssatz Fertigung 2: 424 %

Verwaltungsgemeinkostenzuschlagssatz: 6 %

Vertriebsgemeinkostenzuschlagssatz: 7 %

Verbrauch pro erzeugtem Stück:

Materialeinzelkosten pro Stück: € 31,–

Fertigung 1: 110 Minuten

Fertigung 2: 75 Minuten

Gewinnaufschlag: 20 %

Umsatzsteuer: 20 %

Ermittle, welcher Betrag für den Bruttoverkaufspreis angesetzt werden soll.

Sichere Verbindungen für die Trinkwasserversorgung
Die Hawle Österreich Gruppe produziert und vertreibt weltweit Schwerarmaturen. Die Produkte werden in der Siedlungswasserwirtschaft von der Quelle bis zum Hausanschluss eingesetzt.

LERNEN

5 Teilkosten-rechnung

Die NIK GmbH hatte Erlöse von € 2.570.000,– und Kosten von € 2.340.000,–. Das Unternehmen war mit dem Betriebsergebnis von € 230.000,– zufrieden. Im nächsten Jahr wurde in unmittelbarer Nähe ein neuer Betrieb eröffnet, der dieselben Leistungen billiger anbot. Die Aufträge und damit die Erlöse gingen auf € 1.460.000,– zurück, die Kosten sanken auf € 1.620.000,–. Die NIK GmbH musste daher € 160.000,– Verlust hinnehmen. Warum sanken trotz geringerer Aufträge die Kosten nicht im selben Ausmaß?

Ü 4.30 Ein Taxi steht abends am Standplatz und wartet auf Kunden. Nach langer Zeit kommt eine Person vorbei und fragt, was eine Fahrt in den nächsten Ort kostet. Der Taxifahrer nennt als Preis € 45,–. Darauf meint die Person, dass dies zu teuer wäre und sie nur € 20,– bezahlen möchte. Der Taxifahrer fragt sich, ob er um diesen Preis fahren soll.

Liste auf, welche Kosten anfallen, wenn das Taxi am Standplatz steht, und welche Kosten zusätzlich anfallen, wenn die Fahrt durchgeführt wird.

Preisnachlass im Ausverkauf
Billig, billiger, am billigsten - sind diese Schnäppchen für den Unternehmer noch rentabel?

direct cost accounting/ marginal costing
Teilkostenrechnung

Leer stehen oder billig fahren?
Beim Preis nachzugeben, zahlt sich nur bis zu einer gewissen Grenze aus.

Fixe und variable Kosten
1 Fixe und variable Kosten

Kosten können sich mit der produzierten Menge ändern.

Fixe und variable Kosten: Kosten können danach eingeteilt werden, ob sie sich mit der Produktionsmenge verändern.

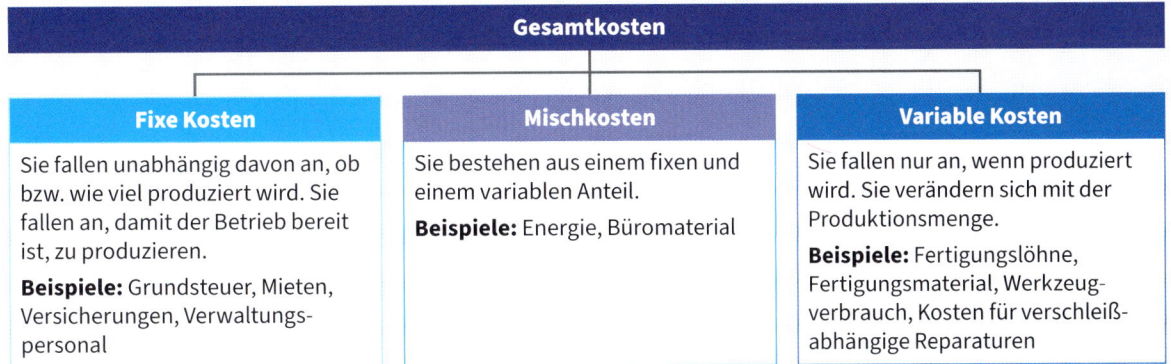

Für jede Kostenart muss die Frage gestellt werden:

Fixkostendegression

Während die **variablen Kosten je Stück konstant** sind, **sinken die Fixkosten mit der erzeugten Menge.** Dies wird **Fixkostendegression** genannt Auch Abschreibungen sind Fixkosten, da sie unabhängig davon anfallen, ob etwas hergestellt wird oder nicht.

variable costs
variable Kosten

operating costs
betriebliche Kosten

fixed costs
fixe Kosten

fixed cost degression
Fixkostendegression

L 4.14 Fixkostendegression

Eine CNC-Maschine hat € 100.000 gekostet und kann 10 Jahre genutzt werden. Die Abschreibung beträgt daher € 10.000 pro Jahr.

Wie groß ist jeweils der Anteil der Fixkosten, wenn auf der CNC-Maschine pro Jahr

a) 1 Stück erzeugt wird?

b) 2 Stück erzeugt werden?

c) 5 Stück erzeugt werden?

d) 10 Stück erzeugt werden?

Stelle den Verlauf auch grafisch dar.

Lösung:

a) Wird auf der Maschine 1 Stück erzeugt, muss die gesamte Abschreibung dem 1 Stück zugerechnet werden = € 10.000.

b) Werden 2 Stück erzeugt, wird jedem Stück 1/2 = € 5.000 zugerechnet.

c) Werden 5 Stück erzeugt, wird jedem Stück 1/5 = € 2.000 zugerechnet.

d) Werden 10 Stück erzeugt, wird jedem Stück 1/10 = € 1.000 zugerechnet.

Die Fixkosten haben daher folgenden Verlauf:

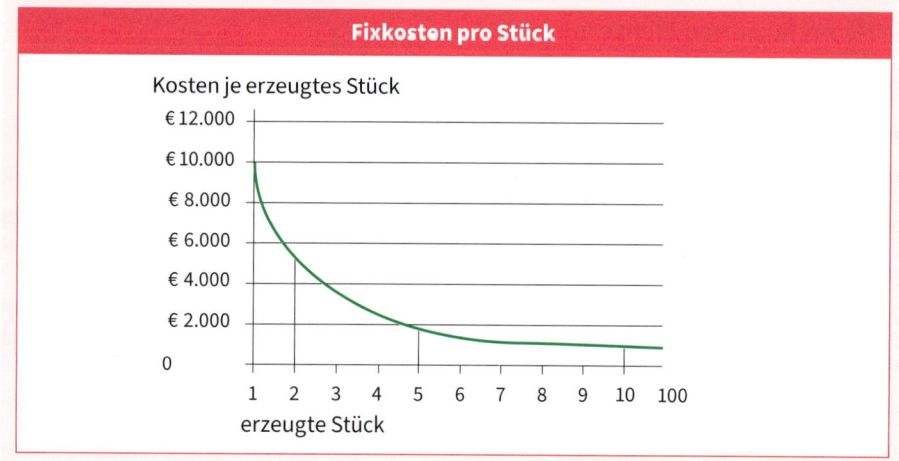

Fixkosten pro Stück

Kosten je erzeugtes Stück

erzeugte Stück

Ü 4.31 Fixkostendegression

Ein Betrieb hat Fixkosten von €25.000. Wie groß ist der Anteil an den Fixkosten, der mit einem verkauften Produkt verdient werden muss, wenn

a) 3 Stück verkauft werden?

b) 6 Stück verkauft werden?

c) 12 Stück verkauft werden?

d) 24 Stück verkauft werden?

e) 50 Stück verkauft werden?

Berechne die auf 1 Stück entfallenden Fixkosten und stelle dies auch grafisch dar:

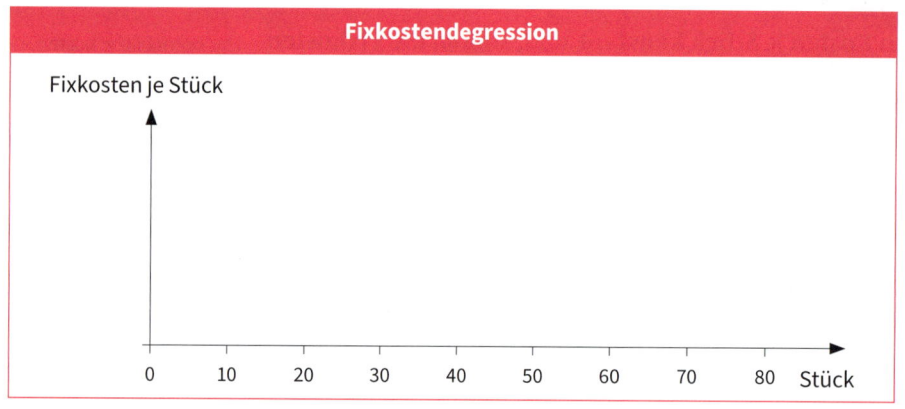

Fixkostendegression

Fixkosten je Stück

Stück

Größeres Lager
Fixkosten sind nur innerhalb bestimmter Grenzen fix. Muss z. B. zusätzlicher Raum angemietet werden, ändern sich auch die Fixkosten.

Ü 4.32 Fixkosten – variable Kosten B

Überprüfe, ob es sich in den folgenden Fällen um fixe oder variable Kosten handelt, und kreuze entsprechend an:

LINK
Ü 4.32 Fixkosten – variable Kosten
interaktive Übung

	Fixkosten	Variable Kosten
Versicherung für Betriebs-LKW		
Strom für Dreherei		
Gehalt des Buchhalters		
Beheizung des Büros		
Kosten für Spezialwerkzeug, das für einen Auftrag benötigt wird		
Fertigungsmaterial		
Lohn der Mitarbeiterin in der Montage		

2 Deckungsbeitragsrechnung

Ein Transportunternehmer hat € 2,10 als Selbstkosten pro km errechnet. Ein Kunde bietet ihm € 1,50 pro km an. Da er nicht ausgelastet ist, überlegt er, ob er den Auftrag vielleicht doch annehmen soll. Bei diesen Überlegungen kann ihm die Deckungsbeitragsrechnung helfen.

contribution margin
Deckungsbeitrag

Deckungsbeitrag: Die Differenz zwischen den Verkaufserlösen und den variablen Kosten wird Deckungsbeitrag genannt. Er gibt an, wie viel ein Produkt zur Deckung der fixen Kosten beiträgt.

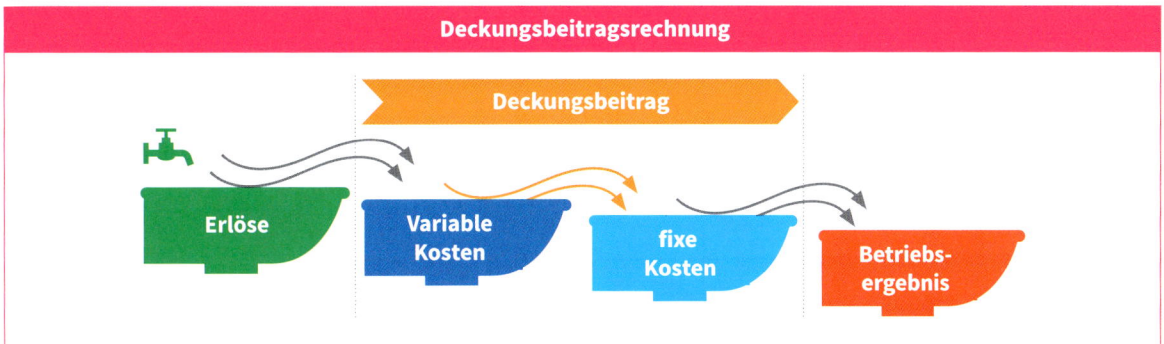

Die **Deckungsbeitragsrechnung** geht von folgender Überlegung aus:

- Die **fixen Kosten** fallen auf jeden Fall an, auch wenn nichts erzeugt wird.
- Die **variablen Kosten** fallen nur an, wenn etwas produziert wird. Sie müssen daher auf jeden Fall durch den Verkaufserlös gedeckt werden.
- Übersteigt der Verkaufserlös die variablen Kosten, so kann dieser **Deckungsbeitrag** zur Abdeckung der fixen Kosten verwendet werden:

   Deckungsbeitrag = Verkaufserlös – variable Kosten

Sind freie Produktionskapazitäten vorhanden, so können Aufträge angenommen werden, wenn sie zumindest die variablen Kosten decken. Langfristig müssen jedoch sämtliche Kosten gedeckt werden, d. h., die Summe aller Deckungsbeiträge muss zumindest die Fixkosten abdecken. Erst wenn die Deckungsbeiträge höher sind als die Fixkosten, erzielt das Unternehmen ein positives Betriebsergebnis:

Kapazität
vorhandene Ressourcen

Betriebsergebnis = Summe der Deckungsbeiträge – Fixkosten

L 4.15 Deckungsbeitragsrechnung

Für die Erzeugung von Printplatten und Kleintransformatoren sind folgende Daten bekannt:

- Eine Printplatte kann um € 11,20 verkauft werden, die bei der Erzeugung anfallenden variablen Kosten betragen € 4,80. Vergangenes Jahr wurden 3.000 Stück verkauft.
- Ein Transformator kann um € 26,80 verkauft werden, die variablen Kosten betragen € 9,80 pro Stück. Vergangenes Jahr wurden 1.000 Stück verkauft.
- Die gesamten Fixkosten des Unternehmens betrugen im vergangenen Jahr € 17.950,–.

Berechne die Deckungsbeiträge je Stück sowie das Betriebsergebnis.

contribution margin per unit
Deckungsbeitrag pro Stück

Lösung:

	Printplatten	Transformatoren
Erlöse	€11,20	€26,80
– variable Kosten	€4,80	€9,80
Deckungsbeitrag je Stück	€6,40	€17,00

Multipliziert man die Deckungsbeiträge je Stück mit der Anzahl der verkauften Stücke, erhält man den mit diesem Produkt insgesamt erzielten Deckungsbeitrag.

erzielter Deckungsbeitrag = Deckungsbeitrag je Stück × verkaufte Stück

Diese Deckungsbeiträge können den Fixkosten gegenübergestellt werden. Dies ergibt das Betriebsergebnis.

	Menge	DB/St.	Gesamt
Printplatten	3.000,00	€6,40	€19.200,00
+ Transformatoren	1.000,00	€17,00	€17.000,00
= Summe DB			€36.200,00
– Fixkosten			€17.950,00
Betriebsergebnis			**€18.250,00**

Sowohl mit den Printplatten als auch mit den Transformatoren wird ein positiver Deckungsbeitrag erwirtschaftet. Beide Produkte tragen zur Abdeckung der Fixkosten des Unternehmens bei. Der insgesamt mit beiden Produkten erwirtschaftete Deckungsbeitrag ist höher als die Fixkosten, daher wird ein **positives Betriebsergebnis,** ein Gewinn, erzielt.

Die Deckungsbeitragsrechnung kann eine Hilfestellung bei Entscheidungen bieten, z. B.:

- Einstellung oder die Fortführung eines Produkts
- Zukauf oder Selbstherstellung einer Leistung

Die **Entscheidungsregeln** lauten:

- Ist der Deckungsbeitrag eines Produkts negativ, so sollte die Produktion aus Sicht der Kostenrechnung eingestellt werden.
- Sind mehrere Produkte mit positivem Deckungsbeitrag im Produktionsprogramm, so sollte das Produkt mit dem größten Deckungsbeitrag am stärksten beworben und verkauft werden. Dieses Produkt
  - trägt am meisten zur Abdeckung der Fixkosten bei und
  - trägt am meisten zur Verbesserung des Betriebsergebnisses bei.

Es kann aus Marketinggründen allerdings sinnvoll sein, ein Produkt mit negativem Deckungsbeitrag im Sortiment zu behalten.

Zulieferer der Automobilindustrie
Der MAHLE Konzern (mit Standort in Vöcklabruck) optimiert Verbrennungsmotoren, bietet u. a. aber auch Komponenten für die Elektromobilität.

L 4.16 Deckungsbeitragsrechnung und Betriebserfolg

Ein Betrieb erzeugt drei Produkte. Folgende Daten sind dafür bekannt:

variable Materialgemeinkosten: 3,50 %

Stundenlohn in der Fertigung: €11,60

variabler Fertigungszuschlagssatz: 175,00 %

variable Verwaltungs- und Vertriebsgemeinkosten: 7,00 %

Für die hergestellten Produkte gelten folgende Daten:

	Produkte		
	A	B	C
Materialeinzelkosten/Stück	€12,30	€5,60	€22,30
Fertigungszeit/Stück in min	30	140	75
Erlös/Stück	€54,00	€79,00	€73,00

Berechne die Deckungsbeiträge der Produkte und das Betriebsergebnis.

Hinweis: Die Berechnung erfolgt in Form einer Zuschlagskalkulation, wie in der Vollkostenrechnung, allerdings werden nur die variablen Kosten berücksichtigt:

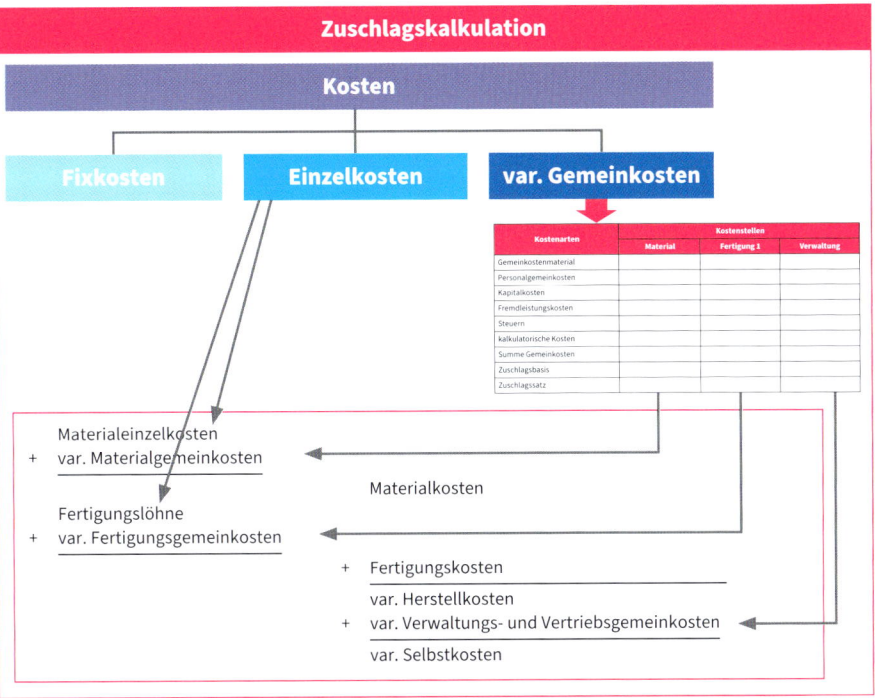

Einzelkosten werden immer als variable Kosten behandelt.

Lösung:

	A		B		C	
Materialeinzelkosten	€ 12,30		€ 5,60		€ 22,30	
Materialgemeinkosten	€ 0,43		€ 0,20		€ 0,78	
variable Materialkosten		€ 12,73		€ 5,80		€ 23,08
Fertigungslöhne	€ 5,80		€ 27,07		€ 14,50	
variable Fertigungs-gemeinkosten	€ 10,15		€ 47,37		€ 25,38	
variable Fertigungskosten		€ 15,95		€ 74,44		€ 39,88
variable Herstellkosten		€ 28,68		€ 80,24		€ 62,96
var. Verw. u. Vertr. GK		€ 2,01		€ 5,62		€ 4,41
variable Selbstkosten		€ 30,69		€ 85,86		€ 67,37
Erlös		€ 54,00		€ 79,00		€ 73,00
– variable Kosten		–€ 30,69		–€ 85,86		–€ 67,37
Deckungsbeitrag		€ 23,31		–€ 6,86		€ 5,63

Das Produkt B erzielt einen negativen Deckungsbeitrag. Der Verkaufspreis deckt nicht einmal die variablen Kosten. Die Produktion sollte eingestellt oder die Kosten müssen gesenkt werden.

Die Produkte A und C erzielen einen positiven Deckungsbeitrag, sie tragen zur Abdeckung der Fixkosten bei.

Da das Produkt A den größeren Deckungsbeitrag erzielt, muss versucht werden, dieses Erzeugnis verstärkt zu bewerben und damit vermehrt zu verkaufen.

Fortsetzung:

Ermittle das Betriebsergebnis, wenn

- von Produkt A 15.000 Stück,
- von Produkt B 8.000 Stück,
- von Produkt C 20.000 Stück

verkauft wurden und die fixen Kosten € 395.100 betrugen.

Lösung:

Deckungsbeitrag A	€ 349.650,00
Deckungsbeitrag B	− € 54.880,00
Deckungsbeitrag C	€ 112.600,00
Gesamtdeckungsbeitrag	€ 407.370,00
− fixe Kosten	− € 395.100,00
Betriebsergebnis	€ 12.270,00

Würde die Produktion von B eingestellt, könnte das Betriebsergebnis auf € 67.150,00 steigen.

Ü 4.33 Deckungsbeitrag C

Ein Betrieb erzeugt drei Produkte. Folgende Daten sind bekannt:

variable Materialgemeinkosten: 5,00 %

Stundenlohn in der Fertigung: € 14,30

variabler Fertigungsstundensatz: 136,00 %

variable Verwaltungs- und Vertriebsgemeinkosten: 6,00 %

	Produkte		
	A	B	C
Materialeinzelkosten/Stück	€ 16,00	€ 27,00	€ 29,00
Fertigungszeit/Stück in min	25	120	40
Erlös/Stück	€ 36,20	€ 84,50	€ 47,00
erzeugte und verkaufte Menge	7.320	11.850	7.500

a) Berechne den Deckungsbeitrag je Stück.

b) Berechne das Betriebsergebnis, wenn die Fixkosten des Unternehmens € 62.420,00 betragen.

c) Prüfe, welche Maßnahmen das Unternehmen aufgrund der Berechnung setzen soll. Analysiere, wie sich dadurch das Betriebsergebnis ändern würde.

d) Ein Betrieb erhält von Kunden folgende Anfragen:

   1. Produktion von 4.500 Stück von Produkt A, welche er zu einem Preis von € 29,50 verkaufen kann

   2. Produktion von 3.200 Stück von Produkt B, welche er zu einem Preis von € 83,50 verkaufen kann

   Er kann aufgrund der vorhandenen Produktionskapazitäten nur einen der beiden Aufträge annehmen. Berechne, welchen Auftrag er annehmen sollte, wenn er ein möglichst hohes Betriebsergebnis erzielen möchte.

Möbel-Bewegungstechnologie aus Vorarlberg
Die Julius Blum GmbH ist ein weltweit tätiges Familienunternehmen, das auf Möbelbeschläge spezialisiert ist. Die Hauptproduktgruppen sind Klappen-, Scharnier- und Auszugsysteme, v. a. für Küchen.

3 Fixkostendeckungsrechnung

Ein Unternehmen, das Büromaterial erzeugt, hat folgende Organisation:

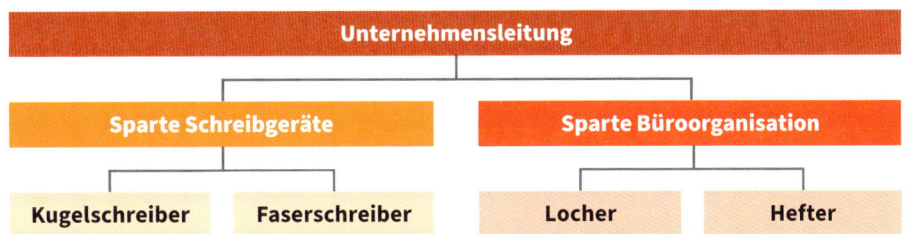

Die Unternehmensleitung möchte wissen, mit welchen Produkten und in welchen Sparten Gewinne und wo Verluste erwirtschaftet werden. Wie soll es seine Kostenrechnung gestalten?

L 4.17 Fixkostendeckungsrechnung

Für die Herstellung eines **Kugelschreibers** fallen variable Kosten in Höhe von €0,04 und Fixkosten von insgesamt €5.650,– an; der Verkaufspreis beträgt €0,25. Es können 53.500 Stück abgesetzt werden.

Die variablen Kosten eines **Faserschreibers** betragen €0,09 je Stück, die Fixkosten €6.810,–; der Verkaufspreis beträgt €0,45. Es werden 33.800 Stück verkauft.

Es werden 5.800 **Locher** zu einem Preis von €2,40 verkauft, die variablen Kosten je Locher betragen €0,20, die Fixkosten €4.850,–.

Bei der Herstellung einer **Heftmaschine** fallen variable Kosten von €0,35 je Stück und Fixkosten von €9.425,– an. Je Heftmaschine wird ein Erlös von €3,60 erzielt. Es werden 2.900 Stück verkauft.

Die Fixkosten der **Sparte Schreibgeräte** betragen €7.590,–. Die Fixkosten der **Sparte Büroorganisation** betragen €6.520,–. Die Fixkosten des **Gesamtunternehmens** betragen €5.860,–.

Die Rechnung wird so aufgebaut, wie der Betrieb organisiert ist. Für jedes Produkt und für jede Sparte wird ein gesonderter Deckungsbeitrag errechnet.

Österreichischer Hersteller von Büroartikeln
SAX ist eine traditionsreiche Marke im Büroartikelmarkt. Das Sortiment umfasst ein breites Angebot von vielfältigen „Werkzeugen" für den Schreibtisch.

	Kugel-schreiber	Faser-schreiber	Locher	Hefter
Erlöse	€ 0,25	€ 0,45	€ 2,40	€ 3,60
variable Kosten	€ 0,04	€ 0,09	€ 0,20	€ 0,35
Deckungsbeitrag je Stück	€ 0,21	€ 0,36	€ 2,20	€ 3,25
verkaufte Stück	53.500,00	33.800,00	5.800,00	2.900,00
Deckungsbeitrag I	€ 11.235,00	€ 12.168,00	€ 12.760,00	€ 9.425,00
Produktfixkosten	€ 5.650,00	€ 6.810,00	€ 4.850,00	€ 6.200,00
Deckungsbeitrag II	€ 5.585,00	€ 5.358,00	€ 7.910,00	€ 3.225,00
	€ 10.943,00		€ 11.135,00	
Spartenfixkosten	€ 7.590,00		€ 6.520,00	
Deckungsbeitrag III	€ 3.353,00		€ 4.615,00	
	€ 7.968,00			
Unternehmenskosten	€ 5.860,00			
Betriebserfolg	€ 2.108,00			

Durch die stufenweise Fixkostendeckungsrechnung können die Ursachen des Betriebserfolgs besser erkannt werden: Welche Artikel bzw. Artikelgruppen haben Gewinne erwirtschaftet, welche sind für Verluste verantwortlich? Dadurch wird ersichtlich, wo Maßnahmen ergriffen werden sollen.

Ü 4.34 Fixkostendeckungsrechnung

Ein Unternehmen erzeugt folgende Produkte mit untenstehenden Daten:

	Produkt					
	A	B	C	D	E	F
Nettoerlös je Stück	€ 12,00	€ 8,00	€ 1,00	€ 8,00	€ 7,00	€ 6,00
var. Kosten je Stück	€ 7,00	€ 4,00	€ 5,00	€ 6,00	€ 5,00	€ 3,00
verkaufte Stück	2.500,00	3.000,00	4.000,00	5.000,00	7.000,00	2.500,00
Artikelfixkosten	€ 6.000,00	€ 4.000,00	€ 3.000,00	€ 5.000,00	€ 6.000,00	€ 3.000,00

Artikelgruppenfixkosten für A und B: €6.000,–
Artikelgruppenfixkosten für C und D: €4.500,–
Artikelgruppenfixkosten für E und F: €5.000,–
bereichsfixe Kosten für A, B, C und D: €12.000,–
bereichsfixe Kosten für E und F: €3.000,–
unternehmensfixe Kosten: €13.500,–

Stelle für das Unternehmen eine Fixkostendeckungsrechnung auf!

4 Kundendeckungsbeitragsrechnung

Kunden, mit denen hohe Umsätze erzielt werden, haben oft eine gute Verhandlungsposition und versuchen, die Preise zu drücken oder Sonderwünsche erfüllt zu bekommen. Daher werden manchmal mit diesen Kunden Verluste erwirtschaftet. Dies kann mithilfe der Kundendeckungsbeitragsrechnung analysiert werden.

Die **Kundendeckungsbeitragsrechnung** zeigt, wie hoch der **Deckungsbeitrag** ist, der **mit einem bestimmten Kunden erwirtschaftet** wurde.

Die Kundendeckungsbeitragsrechnung hilft, die **Kundenbeziehungen zu optimieren.** Voraussetzung ist, dass die angefallenen Kosten eindeutig den Kunden zugerechnet werden können. Gerechnet wird nach folgendem Schema:

mit dem Kunden in der Abrechnungsperiode getätigte Umsätze
– Erlösschmälerungen (Skonti, Rabatte)

Kundennettoerlöse in der Abrechnungsperiode
– Einstandspreise der vom Kunden bezogenen Produkte

Kundendeckungsbeitrag I
– eindeutig kundenbedingte Auftragskosten

Kundendeckungsbeitrag II
– eindeutig kundenbedingte Besuchskosten
– sonstige Einzelkosten des Kunden in der Abrechnungsperiode

Kundendeckungsbeitrag III

Kundenbedingte Auftragskosten	Sonstige Einzelkosten des Kunden
Beispiele: Kosten der Angebotserstellung, Kosten der Auftragsabwicklung, Verpackungskosten ...	**Beispiele:** Anbringen von Kundenlabels, Einfärben der Ware, Entwicklungsarbeiten für den Kunden ...

Starker Kunde
Kunden können in einer Branche hohen Druck ausüben, wenn sie große Volumina kaufen und wenn die Branche hohe Fixkosten hat.

L 4.18 Ermittlung des Kundendeckungsbeitrags

Mit der Kreixner KG wurden vergangenes Quartal €50.000,– netto umgesetzt. Es werden 20% Rabatt gewährt und bei Einhaltung der Skontofrist weitere 2%, was regelmäßig ausgenützt wird. Die Einstandspreise der von ihr gekauften Waren betrugen €26.500,–. Für die Angebotserstellung, Telefonate, Rückfragen bei Kunden und Lieferanten sowie für Verpackung und Versicherung fielen €3.300,– an, die laufende Betreuung der Kreixner KG verursachte Kosten von €2.850,–. Die Waren wurden für die Kreixner KG gesondert lackiert und verpackt, wofür €4.000,– anfielen.

Ermittle den mit der Kreixner KG erzielten Deckungsbeitrag.

Lösung:

	Umsätze	€50.000,00
20%	Rabatte	– €10.000,00
	rabattierte Umsätze	€40.000,00
2%	Skonti	– € 800,00
	Nettoerlöse	€39.200,00
	Einstandspreise	– €26.500,00
	Kundendeckungsbeitrag I	€12.700,00
	Auftragskosten	– € 3.300,00
	Kundendeckungsbeitrag II	€ 9.400,00
	Besuchskosten	– € 2.850,00
	Einzelkosten	– € 4.000,00
	Kundendeckungsbeitrag III	€ 2.550,00

Kundenstrukturanalysen zeigen sehr oft, dass mit Kunden, mit denen hohe Umsätze erzielt werden, nur geringe Deckungsbeiträge erwirtschaftet werden, da sie über eine große Verhandlungsstärke verfügen.

Ü 4.35 Kundendeckungsbeitragsrechnung

Mit einem Kunden wurden vergangenes Quartal €75.000,– umgesetzt. Diesem Kunden werden 25% Rabatt gewährt und bei Einhaltung der Skontofrist weitere 3%, die er bei der Hälfte der Bestellungen abzieht. Die Einstandspreise der von ihm gekauften Waren betrugen €55.000,–. Für die Angebotserstellung, Telefonate, Rückfragen bei Kunden und Lieferanten sowie für Verpackung und Versicherung fielen €4.300,– an, die laufende Betreuung des Kunden verursachte Kosten von €2.850,–. Zu Weihnachten erhielt der Kunde ein Geschenk um €150,–. Die bestellten Waren wurden für den Kunden extra zusammengestellt, wofür €5.000,– anfielen. Sämtliche Preise sind exkl. USt.

Berechne, ob mit diesem Kunden weitere Geschäfte zu diesen Bedingungen getätigt werden sollen.

Mehr als Ziegel
Das vor mehr als 200 Jahren gegründete Unternehmen Wienerberger entwickelte sich von der Ziegelfabrik zum universellen Anbieter von Baustoff- und Infrastrukturlösungen – hier z.B. die Betonflächenbefestigung am Wiener Hauptbahnhof.

break even point
Gewinnschwelle

5 Gewinnschwellenanalyse (Break-even-Analyse)

Mithilfe der **Break-even-Analyse** wird die Verkaufsmenge ermittelt,

- deren Überschreiten zu Gewinnen führt und
- deren Unterschreiten zu Verlusten führt.

Der Break-even-Punkt: Im Break-even-Punkt sind Kosten und Erlöse gleich hoch.

Mathematisch formuliert ist dies jener Punkt, bei dem die Erlösfunktion die Kostenfunktion schneidet:

Preis × Menge = Fixkosten + variable Kosten je Stück × Menge

gesamte Erlöse   **gesamte Kosten**

Nach Umformung kann man den Break-even-Punkt errechnen:

$$\text{Break-even-Punkt (BEP)} = \frac{\text{Fixkosten}}{\text{Deckungsbeitrag je Stück}}$$

L 4.19 Ermittlung des Break-even-Punktes

Ein Betrieb stellt Lampen her. Eine Lampe kann zu einem Preis von €25,– verkauft werden. Die Fixkosten des Betriebes betragen €80.000,–, die variablen Kosten je Lampe €13,–.

Wie viele Lampen müssen verkauft werden, damit alle Kosten gedeckt sind?

Lösung:

1. Deckungsbeitrag je Lampe:

€25,– – €13,– = €12,–

Pro verkaufter Lampe erwirtschaftet der Betrieb €12,– Deckungsbeitrag, der zur Abdeckung der Fixkosten verwendet werden kann.

2. Break-even-Point (kritische Menge):

Die Fixkosten betragen €80.000,–. Je Lampe erhält der Betrieb einen Deckungsbeitrag von €12,–. Um sämtliche Fixkosten abdecken zu können, gilt:

$$\text{BEP} = \frac{\text{Fixkosten}}{\text{DB je Stück}} = \frac{80.000}{12} = 6.666,67 \approx 6.667 \text{ Stück}$$

Wenn 6.667 Stück verkauft werden, erhält der Betrieb einen Deckungsbeitrag in Höhe von 6.667 × €12,– = €80.004,–.

Dieser Deckungsbeitrag entspricht den Fixkosten.

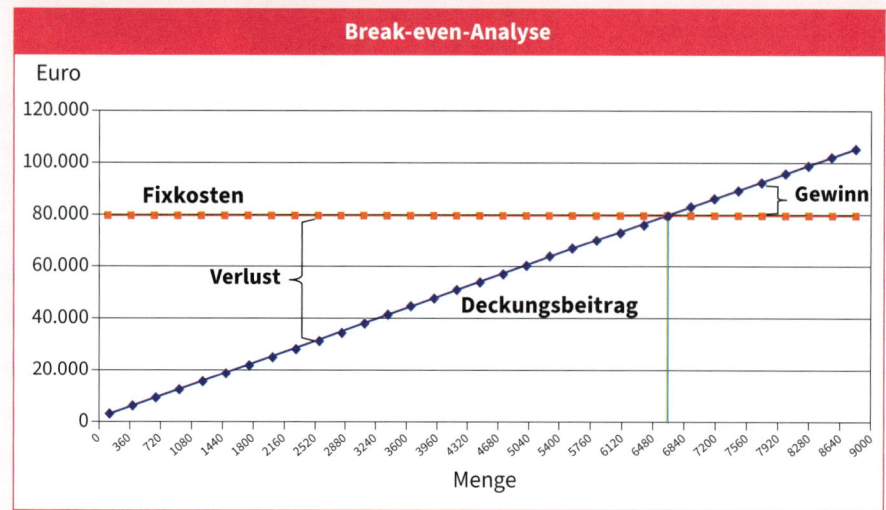

Break-even-Analyse

Euro

Fixkosten

Gewinn

Verlust

Deckungsbeitrag

Menge

Es werde Licht!
Die Produktion eines Lampenschirms im Salzburger Unternehmen Pamalux erfolgt zur Gänze im eigenen Haus: von den ersten CAD-Plänen über die tatsächliche Umsetzung durch die Schweißerei bzw. Lackiererei bis schlussendlich dem Bestücken mit Stoff und (LED-)Technik.

Wie viele Lampen müssen verkauft werden, damit ein Gewinn von €25.000,– übrig bleibt?

Lösung:

$$X = \frac{\text{Fixkosten} + \text{Gewinn}}{\text{DB je Stück}} = \frac{80.000 + 25.000}{12} = 8.750 \text{ Stück}$$

Der Gewinn muss zusätzlich zu den Fixkosten erwirtschaftet werden, er kann daher zu den Fixkosten addiert und wie diese behandelt werden.

Probe: 8.750 × € 12,– = € 105.000,–.

Dies entspricht den Fixkosten und dem geplanten Gewinn.

6 Kostenbegriffe

Wird statt mit den in der Vergangenheit angefallen Kosten mit jenen Kosten gerechnet, die wahrscheinlich in der Zukunft anfallen werden, dann wird aus der Kostenrechnung eine **Plankostenrechnung.**

Plan-Kosten

Die Kosten müssen nicht immer aus den Aufwendungen der Vergangenheit abgeleitet werden. Je nach dem Zweck, der mit der Kostenrechnung verfolgt wird, können verschiedene Kosten verrechnet werden:

Kosten	
Plan-Kosten	**Ist-Kosten**
Dies sind die **in der nächsten Periode** erwarteten Kosten. Ermittelt werden können • die **Mengen** aus den Produktions- und Absatzplänen der nächsten Periode (Mengengerüst), • die **Preise** aus den Kosten der vergangenen Periode. Diese sind um die erwarteten Preissteigerungen zu erhöhen (Preisgerüst).	Dies sind die **in der Vergangenheit** angefallenen Kosten. Sie werden aus den Daten der Buchhaltung gewonnen. Teilweise werden die Anschaffungspreise durch die Tagespreise ersetzt.

Nach dem Zeitpunkt, zu dem die Kalkulation durchgeführt wird, unterscheidet man **Vorkalkulation** und **Nachkalkulation.**

Vorkalkulation

Produktplanung
Erhalt eines Auftrages

Plankosten

Produktion

Nachkalkulation

Auslieferung
Abschluss eines Auftrages

Istkosten

Vorkalkulation	Nachkalkulation
Für die Erstellung von Angeboten und zur Festlegung der Verkaufspreise müssen die erwarteten Kosten ermittelt werden. Da nicht alle Daten im Voraus bekannt sind, müssen manche Kosten aufgrund von Arbeitsplänen, Zeitstudien, Stücklisten etc. geschätzt werden. Dafür wird mit **Plan-Kosten** gerechnet.	Nach Beendigung eines Auftrags werden die dabei tatsächlich angefallenen Kosten ermittelt und mit den in der Vorkalkulation geplanten Kosten verglichen. Dafür wird mit **Ist-Kosten** gerechnet. Das Ergebnis • zeigt den erzielten Erfolg und • bildet die Grundlage für die Vorkalkulation ähnlicher Produkte.

Kostenmanagement

Stellt man die Ist-Kosten, welche die tatsächlich angefallenen Kosten zeigen, den Plan-Kosten gegenüber, kann festgestellt werden,

- ob die Planvorgaben erreicht wurden,
- warum es zu Abweichungen gekommen ist,
- wo Planungsfehler gemacht wurden.

Eine **Plan-Kostenrechnung** ist nur **gemeinsam mit einer Ist-Kostenrechnung** sinnvoll!

Zumeist wird die Kostenplanung für ein Jahr vorgenommen, die Kostenkontrolle hingegen monatlich. Dadurch stehen kurzfristig Auswertungen zur Verfügung und es kann bei Bedarf rasch eingegriffen werden, um die Planvorgaben zu erreichen. Ist dies nicht möglich, muss der Plan geändert werden:

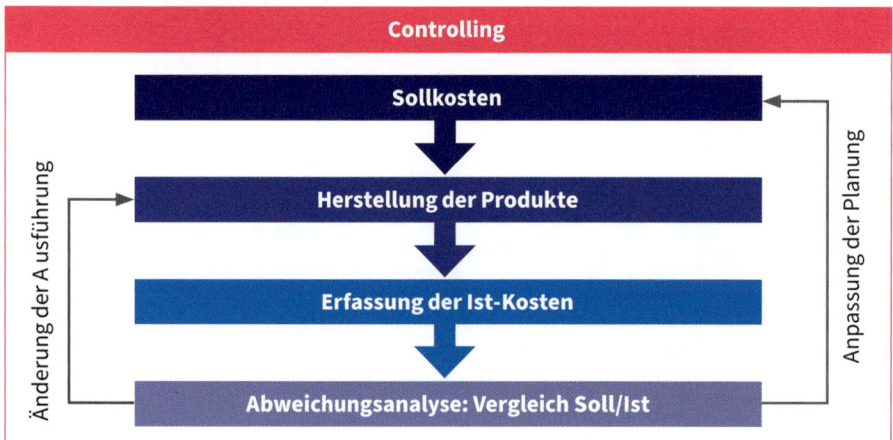

Seilbahn in Bolivien
Das Seilbahnunternehmen Doppelmayr (mit Sitz in Wolfurt, Vbg.) baut nicht nur Schilifte. In Bolivien wurde das größte urbane Seilbahnnetz mit der Línea Azul erweitert. Bei jedem Großprojekt müssen die Plan-Kosten überwacht werden.

ÜBEN

In dieser Lerneinheit hast du den Unterschied zwischen fixen und variablen Kosten kennengelernt und erfahren, wie der Deckungsbeitrag ermittelt wird. Mit den folgenden Aufgaben kannst du das Gelernte üben.

LINK
Ü 4.36 Fixe und variable Kosten
interaktive Übung

Ü 4.36 Fixe und variable Kosten B

Ordne zu, ob es sich bei den genannten Kosten um fixe oder variable Kosten handelt.

Anfallende Kosten in einem Restaurant	Fixe Kosten	Variable Kosten
Lohnkosten für die angestellten Köche und Kellner		
Kosten für die Lebensmittel (sämtliche Zutaten für die Speisenzubereitung)		
Abschreibungskosten der Restaurant-Ausstattung (Tische, Sessel etc.)		
Energiekosten (Strom, Heizung, Warmwasser etc.)		
Werbekosten (Flyer für das Silvester-Galadinner)		

Ü 4.37 Unternehmensentscheidung `C`

In einem Betrieb werden Produkte erzeugt, für die folgende Daten bekannt sind:

variable Materialgemeinkosten	4,20 %
Stundenlohn in der Fertigung	€ 11,80
variabler Fertigungszuschlagssatz	182,00 %
variable Verwaltungs - und Vertriebsgemeinkosten	8,00 %

	Produkte	
	A	**B**
Materialeinzelkosten/Stück	€ 12,80	€ 24,00
Fertigungszeit/Stück in min	0,75	1,15
Erlös/Stück	€ 52,00	€ 77,00
erzeugte und abgesetzte Menge	6.000	9.000

a) Berechne den Deckungsbeitrag je Stück.

b) Berechne das Betriebsergebnis, wenn die Fixkosten des Unternehmens € 49.760,00 betragen.

c) Analysiere, ob aufgrund des Ergebnisses der Kostenrechnung Maßnahmen gesetzt werden sollen.

d) Die Kapazität des Betriebs würde es erlauben, zusätzlich

- entweder 1.000 Stück Produkt A zu einem Preis von je € 42,50
- oder 1.500 Stück Produkt B zu einem Preis von je € 47,30

zu verkaufen. Absatzmöglichkeiten wären vorhanden. Der Preis für den bisherigen Absatz wäre nicht gefährdet. Es kann nur eines der beiden Produkte erzeugt werden. Berechne, welches Produkt der Betrieb erzeugen soll, wenn er ein möglichst hohes Betriebsergebnis erzielen möchte.

Ü 4.38 Break-even-Punkt `C`

Ein Betrieb erzeugt Kunststoffteile. Die Fixkosten betrugen im vergangenen Jahr € 42.000,–. Die variablen Kosten je Stück betragen € 50,–, der Erlös je Stück € 75,–.

Berechne die Gewinnschwelle.

Ü 4.39 Break-even-Punkt `C`

Ein Betrieb erzeugt Kleintransformatoren.

Die Fixkosten betrugen € 76.000,–, die variablen Kosten je Stück € 27,–, der Erlös je Stück € 41,–.

a) Berechne, wie viele Stück mindestens verkauft werden müssen, damit der Betrieb keinen Verlust hat.

b) Wenn der Preis um 5 % gesenkt wird, wie viel Stück müssen dann verkauft werden, um den Break-even-Punkt zu erreichen?

Großmaschinen für Kunststoffverarbeitung
Die Firma ENGEL hat u.a. Produktionsstandorte in Schwertberg und St. Valentin. Bei teuren Maschinen muss geprüft werden, ob sich die Anschaffung rentiert, ob genügend Stück hergestellt und verkauft werden können Dabei kann die Break-even-Analyse helfen.

KÖNNEN

In diesem Kapitel hast du erfahren, wie die Kostenrechnung betriebliche Entscheidungen untersützen kann. Wende dein Wissen nun bei den folgenden Aufgaben an.

K 4.1 Kostenrechnungssystem A

Beschreibe

a) die Aufgaben der Kostenartenrechnung,

b) die Aufgaben der Kostenstellenrechnung,

c) die Aufgaben der Kostenträgerrechnung.

K 4.2 Kosten A

Erkläre, was man unter Kosten versteht.

K 4.3 Zusammenhang mit Betriebsleistung B

Ein Unternehmer betreibt eine Schlosserei und vermietet auch eine Wohnung. Sind die Ausgaben für das Ausmalen der Wohnung Kosten der Schlosserei? Begründe deine Antwort.

K 4.4 Kalkulatorische Kosten A

Welche kalkulatorischen Kostenarten kennst du? Begründe, warum sie in der Kostenrechnung berücksichtigt werden.

kalkulatorische Kostenart	Begründung für Berücksichtigung in der KORE

K 4.5 Entgelt für Unternehmer B

Ein Handwerksbetrieb, in dem der Inhaber selbst mitarbeitet, hat alle Stunden zum geplanten Preis verkauft. Es sind dadurch sämtliche Kosten gedeckt. Ein Wagnis- und Gewinnaufschlag konnte den Kunden nicht verrechnet werden.

Prüfe, ob der Unternehmer einen Gewinn erzielt hat, und begründe deine Entscheidung.

K 4.6 Entgelt für Unternehmer A

Felix Winkler schreibt für verschiedene Unternehmen Software. Er ist als Einzelunternehmer tätig und beschäftigt keine Mitarbeiter. Er arbeitet von zu Hause und nutzt für Fahrten des Unternehmens seinen Privat-PKW. Da er wissen möchte, ob er mit den verlangten Preisen seine Kosten abdecken kann, möchte er eine Kostenrechnung einführen. Beschreibe,

a) wie er seine Kosten ermitteln kann,

b) welche kalkulatorischen Kosten er berücksichtigen muss,

c) wie er seine Kostenrechnung aufbauen sollte.

K 4.7 Kalkulation D

Analysiere, ob in den folgenden Fällen eine Divisionskalkulation genutzt werden kann oder eine Zuschlagskalkulation verwendet werden muss.

a) Der Eintrittspreis für eine Sauna soll bestimmt werden.

b) Ein Mineralwasserabfüller möchte den Verkaufspreis festlegen.

c) Ein Betrieb erzeugt verschiedene elektrische Maschinen, die unterschiedliche Fertigungszeiten benötigen. Dafür soll der Preis festgesetzt werden.

K 4.8 Herstellkosten A

Erkläre, wie die Herstellkosten berechnet werden.

K 4.9 Verwaltungsgemeinkostenzuschlagssatz A

Stelle dar, wie der Verwaltungsgemeinkostenzuschlagssatz berechnet wird.

K 4.10 Zuschlagssatz – Stundensatz B

In einem Betrieb gibt es zwei Werkstätten:

- In Werkstätte 1 werden Leiterplatten automatisch bestückt und verlötet. Aufgabe der Mitarbeiter ist, dafür zu sorgen, dass genug Material vorhanden ist, und bei Störungen einzugreifen.

- In Werkstätte 2 werden die Leiterplatten händisch in Gehäuse montiert.

Beschreibe, wie die Gemeinkosten der beiden Werkstätten den hergestellten Produkten zugerechnet werden sollen, und begründe deine Antwort.

K 4.11 Kostenstellen B

LINK
K 4.11 Kostenstellen
interaktive Übung

Entscheide bei jeder der folgenden Aussagen, ob sie richtig oder falsch ist, und begründe deine Antwort:

Aussage	richtig	falsch	Begründung
Der Betriebsabrechnungsbogen dient zur Aufteilung der Einzelkosten auf die Kostenstellen.			
Ohne Betriebsabrechnungsbogen können die Selbstkosten eines Produkts nicht berechnet werden.			
Als Zuschlagsbasis wird eine Größe genommen, die die Leistung der Kostenstelle zeigt.			
Kostenstelleneinzelkosten werden mithilfe von Schlüsselgrößen auf die Kostenstellen aufgeteilt.			
Abschreibungen sind Kostenstelleneinzelkosten.			

K 4.12 Kostenrechnung B

Entscheide bei jeder der folgenden Aussagen, ob sie richtig oder falsch ist. Ist die Aussage falsch, stelle sie richtig:

LINK
K 4.12 Kostenrechnung
interaktive Übung

Aussage	richtig	falsch	Begründung
Die Kostenartenrechnung erfasst die Kosten einer Abrechnungsperiode.			
Die Kostenstellenrechnung rechnet die Kosten den Produkten oder Dienstleistungen zu.			
Im Rahmen der Kostenträgerrechnung werden die Kosten den Betriebsbereichen, die sie verursacht haben, zugerechnet.			
Aus der Kostenstellenrechnung kann man erkennen, wofür die Kosten angefallen sind.			

K 4.13 Schlüsselgrößen B

Begründe, welche Schlüsselgröße gewählt werden soll, um

a) Heizkosten

b) Kosten der Arbeitskleidung

c) Telefonkosten

auf die Kostenstellen aufzuteilen.

K 4.14 Variable Kosten B

Erkläre, warum kurzfristig nur die variablen Kosten gedeckt sein müssen.

K 4.15 Unternehmensentscheidung D

Die Anlagen der Firma Meier & Sohn sind voll ausgelastet. Alle Produkte bringen die Vollkosten herein. Es wird dem Betrieb ein Auftrag angeboten, der die variablen Kosten, aber nicht die Fixkosten deckt.

Analysiere, ob der Betrieb den Auftrag annehmen soll.

K 4.16 Break-even-Punkt A

Erläutere, was man unter dem Break-even-Punkt versteht.

K 4.17 Negativer Deckungsbeitrag D

Analysiere, ob es Fälle geben kann, in denen es sinnvoll ist, ein Produkt trotz negativen Deckungsbeitrags weiter zu produzieren.

K 4.18 Voll- oder Teilkostenrechnung? B

Gib für die folgenden Fälle an, ob mit Vollkosten oder Teilkosten gerechnet werden soll. Nur im Falle der Vollkostenrechnung nenne auch das für diesen Zweck einfachste Kalkulationsverfahren.

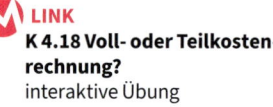
LINK
K 4.18 Voll- oder Teilkostenrechnung?
interaktive Übung

Fall	Vollkosten	Teilkosten
Entscheidung, ob ein Produkt selbst hergestellt werden soll oder ob es zugekauft wird		
Produktpreis, wenn Betrieb nur ein einziges Produkt erzeugt		
Produktpreis, wenn Betrieb viele verschiedene Produkte erzeugt		
Festlegung der kurzfristigen Preisuntergrenze		

K 4.19 Vorkalkulation – Nachkalkulation B

Entscheide bei jeder der folgenden betrieblichen Situationen, welche Art der Kalkulation angewandt werden soll.

LINK
K 4.19 Vorkalkulation – Nachkalkulation
interaktive Übung

Betriebliche Situation	Vorkalkulation	Nachkalkulation
zur Überprüfung des Betriebserfolgs		.
zur Erstellung von Angeboten		
Grundlage für die Preisgestaltung ähnlicher Produkte		

K 4.20 Kostenarten B

Gib jeweils an, welche Art von Kosten bei den folgenden Fällen verrechnet werden sollte.

LINK
K 4.20 Kostenarten
interaktive Übung

Fall	Art der Kosten	Begründung
Kostenkontrolle		
Verrechnungspreise innerhalb eines Konzerns		
Erstellung von Angeboten		
Überprüfung des Erfolges eines Auftrages		
Kostenvorgabe für nächstes Jahr		

KOMPETENZCHECK

Meine Kompetenzen	Kann ich?	Lernstoff	Aufgaben
Ich kann Kosten definieren.		Lerneinheit 1	Ü 4.2
Ich kann erklären, warum kalkulatorische Kosten verrechnet und ermittelt werden.		Lerneinheit 2	Ü 4.4, Ü 4.5, Ü 4.6, Ü 4.10, Ü 4.11
Ich kann zwischen verschiedenen Arten von Kosten unterscheiden.		Lerneinheit 2	Ü 4.7, Ü 4.8, Ü 4.9, Ü 4.24
Ich kann erläutern, wie kleinere Handelsbetriebe kalkulieren.		Lerneinheit 3	Ü 4.13, Ü 4.14, Ü 4.15, Ü 4.16, Ü 4.17, Ü 4.18, Ü 4.19
Ich kann erläutern, wie kleine Gewerbe- und Dienstleistungsbetriebe kalkulieren.		Lerneinheit 3	Ü 4.20, Ü 4.21, Ü 4.22
Ich kann erklären, was Kostenstellen sind und wie sie verrechnet werden.		Lerneinheit 4	Ü 4.25, Ü 4.26, Ü 4.27
Ich kann die Selbstkosten eines Produkts mithilfe der Zuschlagskalkulation berechnen.		Lerneinheit 4	Ü 4.28, Ü 4.49
Ich kenne den Unterschied zwischen fixen und variablen Kosten.		Lerneinheit 5	Ü 4.31, Ü 4.32, Ü 4.36
Ich kann die Teilkostenrechnung als Hilfestellung für unternehmerische Entscheidungen nutzen		Lerneinheit 5	Ü 4.35, Ü 4.37, Ü 4.38, Ü 4.39

5 Organisation

Darum geht's in diesem Kapitel:

Um Unternehmensziele zu erreichen, ist es wichtig, Strukturen für die Orientierung der Mitarbeiterinnen und Mitarbeiter zu schaffen. Mit einer guten Organisation kann sich das Unternehmen auf seine wesentlichen Aufgaben konzentrieren.

Das lernst du in den folgenden Lerneinheiten:

1 Welche **grundlegenden Begriffe** sind notwendig, um die Inhalte einer **Organisation** zu verstehen?

2 Aus welchen Elementen besteht die **Aufbauorganisation?**

3 Was sind Arbeitsabläufe und in welche Bereiche wird die **Ablauforganisation** unterteilt?

LERNEN WILL MEHR!
MEHR!-LERNSERVICES

Aktiviere dein MEHR!-Buch
online: **lernenwillmehr.at**

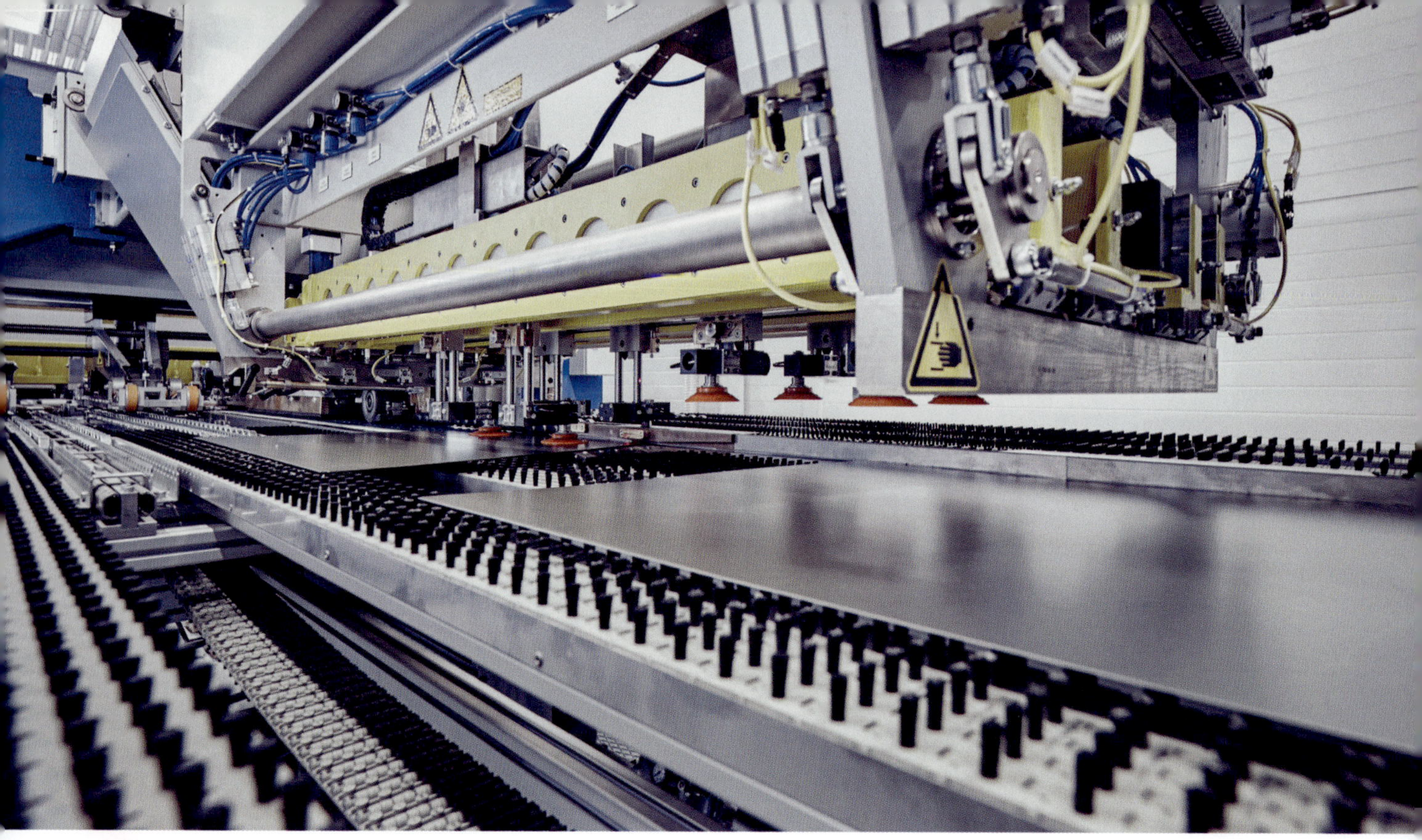

Bauteile für die Automobilindustrie
Als global agierendes, professionell organisiertes Netzwerk fertigt die voestalpine in Linz Bauteile aus Stahl und anderen Metallen für internationale Kunden.

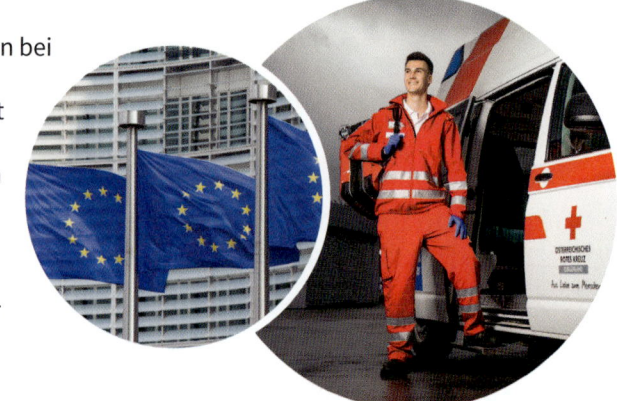

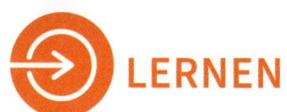

LERNEN

1 Grundbegriffe der Organisation

Der Begriff Organisation umfasst zwei miteinander verbundene Gebiete: den Aufbau eines Unternehmens und die Planung und Realisierung von betrieblichen Abläufen.

Ü 5.1 Stell dir vor du hast in einem Online-Shop einen Büroschrank bestellt, ihn liefern lassen und musst ihn nun zusammenbauen. Mit der Anleitung wird es dir schon gelingen, aber du wirst recht lange brauchen, da du bei jedem Arbeitsschritt genau nachschauen musst. Solltest du später einmal wieder einen Schrank zusammenbauen, hast du sicher vieles davon vergessen und musst erneut nachschauen.

Daher werden in der Industrieproduktion die Tätigkeiten bei der Produktherstellung so organisiert, dass sie in viele Einzelschritte unterteilt werden. Jeder Mitarbeiter führt dann nur genau seine Arbeitsschritte durch. Durch die oftmalige Wiederholung seiner Tätigkeiten wird er nach einer bestimmten Einarbeitungszeit immer schneller werden.

Recherchiere auf der Website der voestalpine Stahl GmbH, welche Prozessstufen im Hüttenwerk Linz in der Produktion durchlaufen werden.

Blaulichtorganisation und Staatengemeinschaft
Auch ein einheitlich aufgebauter Verband, z. B. das Rote Kreuz oder eine Institution wie die EU, wird als Organisation bezeichnet.

1 Bedeutung von „Organisation“

Als **Organisation** bezeichnet man ein **System von Strukturen und Regeln** in einem Unternehmen, um die erforderlichen Aufgaben zur Erreichung eines festgelegten Unternehmensziels effizient und zielgerichtet durchführen zu

können. Durch die **Tätigkeit des Organisierens** werden diese Strukturen und Regeln geschaffen.

Je mehr Mitarbeiter ein Unternehmen beschäftigt, desto wichtiger werden Aufgabenteilung und Unternehmensorganisation, vor allem:

- die **eindeutige Zuordnung von Aufgaben, Kompetenzen und Verantwortlichkeiten** für jeden einzelnen Mitarbeiter
- die Erstellung von Regelungen für die **standardisierte Abwicklung von häufig wiederkehrenden Arbeitsabläufen**

Unabhängig von der Betriebsgröße hat die Gestaltung der Organisation Einfluss auf die Erreichung der Unternehmensziele. Eine unzureichende Organisation bewirkt Verzögerungen, Fehler, Doppelarbeit und Demotivation der Mitarbeiter.

Ü 5.2 Organisation B

Entscheide bei den beiden folgenden Aussagen, ob sie richtig oder falsch sind, und begründe deine Antwort.

Die Schule, die du besuchst, ist eine Organisation. ☐ richtig ☐ falsch

Die Schule, die du besuchst, ist eine Organisation. ☐ richtig ☐ falsch

2 Organisationsbereiche

Die Unternehmensorganisation lässt sich in die Bereiche **Aufbauorganisation** und **Ablauforganisation** gliedern, wobei beide untrennbar miteinander verbunden sind.

structural organization
Aufbauorganisation

process organization
Ablauforganisation

Aufbauorganisation	Ablauforganisation
• bildet **Stellen** und teilt die durchzuführenden Aufgaben im Unternehmen auf diese Stellen auf • gliedert die Stellen hierarchisch und verteilt **Kompetenzen und Verantwortlichkeiten** auf die einzelnen Stellen	• regelt die **standardisierte Abwicklung von häufig vorkommenden Arbeitsabläufen** im Unternehmen, damit die Mitarbeiter diese Prozesse effizient und zielorientiert durchführen können • gestaltet die **innerbetrieblichen Informationsflüsse** zur Durchführung dieser Arbeitsabläufe

hierarchisch
strenge Rangordnung in einem Unternehmen. In einer Hierarchie hat jede Person ihre genau festgelegten Rechte, Befugnisse und Zuständigkeiten.

3 Tätigkeiten in einer Organisation

Die Tätigkeiten in einer Organisation können je nach Gültigkeitsdauer und strukturierender Wirkung in **Disposition, Improvisation** und **Organisation** unterteilt werden.

	Disposition	Improvisation	Organisation
Beschreibung	einmalige Maßnahme, die den Einzelfall regelt	vorübergehende Maßnahme, die eine organisatorische oder keine Lösung nach sich zieht	dauerhafte Maßnahme mit fester Struktur, die längere Zeit besteht
Gültigkeitsdauer	kurzfristig	mittelfristig	langfristig, bis auf Widerruf
Strukturierende Wirkung	keine	teilweise	voll

Das **Ausmaß der Organisation** ist aus dem **Organisationsgrad** ersichtlich:

level of organization
Organisationsgrad

$$\text{Organisationsgrad} = \frac{\text{Anteil der geregelten Tätigkeiten}}{\text{Anteil der dispositiven Tätigkeiten}}$$

Es sollte ein goldener Mittelweg gefunden werden, sodass keine Über- oder Unterorganisation entsteht.

Überorganisation	Unterorganisation
zu starke Strukturierung	**zu geringe Strukturierung**
Aufgrund vieler übersteigerter und versteifter Dauerregelungen bleibt nur ein geringer Spielraum für freie Disposition. Das Unternehmen verliert an Flexibilität und reagiert nur langsam auf Veränderungen.	Es existiert ein zu großer Spielraum. Die Koordination innerhalb des Unternehmens ist gelöst. Der Einzelne hat das Gefühl der Unordnung und es entsteht ein zu hoher Aufwand für Disposition.

ÜBEN

In dieser Lerneinheit hast du die Grundbegriffe der Organisation kennengelernt. Mithilfe der folgenden Aufgaben kannst du das Gelernte üben und festigen.

Ü 5.3 Aufbauorganisation B

Erläutere die Inhalte des Teilbereichs „Aufbauorganisation". Begründe, warum eine entsprechend gestaltete Aufbauorganisation für den Erfolg des Unternehmens wichtig ist.

Ü 5.4 Ablauforganisation B

Erkläre die Inhalte des Teilbereichs „Ablauforganisation". Begründe, warum eine entsprechend gestaltete Ablauforganisation für den Erfolg des Unternehmens wichtig ist.

Ü 5.5 Organisationsbereiche B

Die Unternehmensorganisation lässt sich in die Bereiche Aufbauorganisation und Ablauforganisation gliedern.

Erkläre die markanten Unterschiede dieser beiden Organisationsbereiche und erläutere, warum die beiden untrennbar miteinander verbunden sind.

Ü 5.6 Überorganisation C

Der Organisationsgrad beträgt 1,30; d. h., es ist eine Überorganisation im Unternehmen gegeben. Welche organisatorischen Maßnahmen würdest du ergreifen, damit wieder ein ausgewogeneres Verhältnis zwischen Unter- und Überorganisation vorherrscht?

Ü 5.7 Ausmaß der Organisation B

Sind folgende Aussagen richtig oder falsch? Ist die Aussage falsch, korrigiere sie.

Unter einer Überorganisation versteht man eine zu starke Strukturierung. Aufgrund vieler übersteigerter und versteifter Dauerregelungen bleibt nur ein geringer Spielraum für freie Disposition, d. h., der Betrieb verliert an Flexibilität und reagiert nur langsam auf Veränderungen. ☐ richtig ☐ falsch

Der Organisationsgrad ergibt sich aus dem Anteil der dispositiven Tätigkeiten dividiert durch den Anteil der geregelten Tätigkeiten. ☐ richtig ☐ falsch

LINK

Organigramm von Hofer
Flache Hierarchien und dezentrale Strukturen ermöglichen bei Hofer kurze Entscheidungswege. Die betrieblichen Abläufe sind bis ins kleinste Detail optimiert - von den Bestellvorgängen in den Filialen bis hin zur LKW-Logistik.

**Montageabteilung
in der Autoindustrie**
Im Rahmen der Aufbau-
organisation werden für
jeden einzelnen Mitarbeiter
in der Montageabteilung die
Aufgaben, Kompetenzen
und Verantwortlichkeiten
zugeordnet.

 **LERNEN**

2 Die Aufbauorganisation

Jedes Produkt besteht aus einer Reihe von Einzelteilen, die teils gefertigt bzw. zugekauft und montiert werden müssen. Wer in diesem Prozess welche Aufgaben wann übernimmt, wird geplant und gesteuert.

Ü 5.8 Recherchiere auf der Website des voestalpine-Konzerns, aus welchen Geschäftsbereichen (Divisionen) die Unternehmensgruppe der voestalpine besteht. Zeichne das Organigramm dieser Divisionen und beschreibe sie kurz.

1 Aufbauorganisation und Organigramm

Unter der **Aufbauorganisation** wird die **Gliederung eines Unternehmens in einzelne Organisationseinheiten** verstanden.
In der Aufbauorganisation sind die Verantwortlichkeiten, die Aufgaben, die Kompetenzen und die Weisungsbefugnisse der einzelnen Organisationseinheiten festgelegt. Dargestellt ist die Aufbauorganisation eines Unternehmens in

- Organigrammen (Organisationsschaubildern) und
- Stellenbeschreibungen.

Organigramm/Hierarchie

Ein Organigramm zeigt die **grobe Struktur des Unternehmens.** Man kann daraus ablesen, wie die Stellen einer Ebene zu Abteilungen einer höheren Ebene zusammengefasst sind. Ein Organigramm gibt Auskunft über

Zentrale der voestalpine
Die voestalpine mit Hauptsitz
in Linz ist mit rund
500 Konzerngesellschaften
und -standorten in mehr als
50 Ländern auf allen fünf
Kontinenten vertreten.

organizational chart
Organigramm

- die hierarchische Ordnung im Unternehmen,
- die Art und den Umfang der Arbeitsteilung,
- die Art der Koordination bzw. Kommunikation.

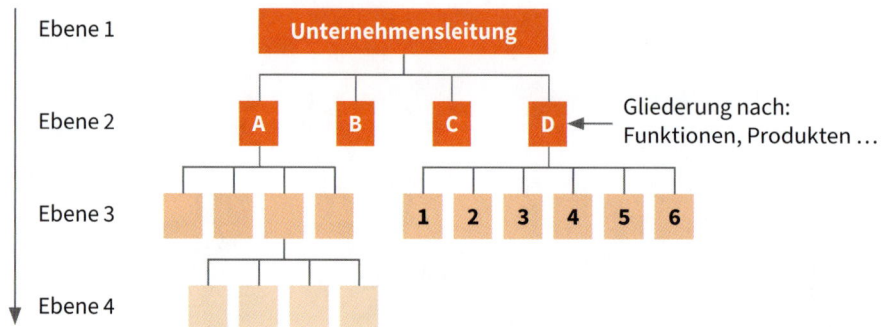

Die Darstellung der **Unternehmenshierarchie** zeigt in Ebene 1 die obere Führungsebene (z. B. Vorstand, Geschäftsführung), in Ebene 2 die mittlere Führungsebene (z. B. Abteilungsleitung, Bereichsleitung), in Ebene 3 die untere Führungsebene (z. B. Gruppenleitung, Vorarbeiter) und in Ebene 4 die ausführende Ebene (z. B. Facharbeiter). Als **Leitungsspanne** bezeichnet man die Anzahl an Mitarbeitern, die einer einzelnen Leitungsstelle direkt untergeordnet ist. Im obigen Beispiel umfasst die Leitungsspanne in der Abteilung D sechs Mitarbeiter der unteren Führungsebene, z. B. Vorarbeiter.

Die einzelnen Bereiche, Abteilungen und Stellen werden meist in Form von **Rechtecken** dargestellt. Die **Verbindungslinien** zeigen die Hierarchie (Über- und Unterstellung) und Kommunikationswege an. Eine frei wählbare farbliche Unterlegung hilft, die Darstellung übersichtlich zu gestalten.

2 Elemente der Aufbauorganisation

Organisatorische Einheiten sind Ausführungs-, Leitungs- und Stabsstellen. Stellen werden zu Gruppen, Abteilungen, Bereichen und Sparten zusammengefasst.

department
Abteilung

area
Bereich

division
Division

Stelle

Eine **Stelle** ist die **kleinste organisatorische Einheit** einer Betriebsorganisation. Sie umfasst die Teilaufgaben, die zum Arbeitsbereich einer Person gehören. **Vorschriften und Anweisungen** zeigen dem Stelleninhaber auf,

- was er zu tun hat (Aufgaben, Zuständigkeiten),
- wofür er verantwortlich ist (Verantwortlichkeiten),
- was er tun darf (Kompetenzen) und
- wer ihm unterstellt und wer ihm vorgesetzt ist (Hierarchie).

Je nach Aufgabenstellung und Leitungsbefugnis unterscheidet man:

- Ausführungsstellen: Diese führen Teilaufgaben durch, haben jedoch keine Leitungsfunktionen. Dazu gehören z. B. Produktionsmitarbeiter, Sekretariatspersonal, Verkaufspersonal, Sachbearbeiter.
- Leitungsstellen (Instanzen): Diese haben Anweisungs-, Entscheidungs- und Kontrollbefugnisse gegenüber ihnen untergeordneten Stellen. Leitungsstellen sind z. B. Vorarbeiter, Meister, Gruppenleiter, Abteilungsleiter.

executive unit
Ausführungsstelle

management position
Leitungsstelle

■ Stabsstellen: Sie unterstützen die Leitungsstellen, denen sie zugeordnet sind. Sie bereiten die Entscheidungen der leitenden Stelle vor, sammeln Informationen, erarbeiten Berichte usw. Manchmal führen sie auch Kontrollaufgaben im Namen der Leitungsstelle aus. Die Entscheidungen trifft jedoch der Inhaber der leitenden Stelle selbst. Typische Beispiele für Stabsstellen sind der Assistent der Geschäftsleitung oder die Pressestelle.

staff position/unit
Stabsstelle

Stellenbeschreibung

Um die **Aufgaben, Kompetenzen und Zuständigkeiten** der einzelnen Stellen im Unternehmen **eindeutig festzulegen** und voneinander abzugrenzen, werden häufig schriftlich formulierte **Stellenbeschreibungen** erstellt. Sie sind eine wichtige Unterlage für die Personalabteilung, weil sie daraus bei einer Neubesetzung der Stelle die erforderliche Qualifikation ableiten kann. Aber auch ein neuer Mitarbeiter kann aus der Stellenbeschreibung ersehen, was in dieser Position von ihm erwartet wird.

job description
Stellenbeschreibung

Beispiel: Stellenbeschreibung eines Industriebetriebs

STELLENBESCHREIBUNG   **NAME:**

Stellenbezeichnung: Montageabteilung
Position: Gruppenleiter
Vorgesetzter: Abteilungsleiter
Stellvertreter: Vorarbeiter
Untergeordnete Stelle: Ausführungsebene der Montageabteilung
Ziele der Stelle: Gruppenleitung und Personalführung mit einer Leitungsspanne von 12 Montagearbeitern und einem Vorarbeiter. Unterstützung des Abteilungsleiters in der Planung und Überwachung der Montagekosten.

Aufgabengebiet:
• Personalführung in der Montageabteilung
• Arbeitseinteilung lt. Werksauftrag
• Arbeitsunterweisung
• Unfallverhütung
• Produktionsmeldung
• Ausschussmeldung
• Materialanforderung
• Überwachung des technischen Zustandes der Betriebsmittel
• Kontakt mit vor- und nachgelagerten Kostenstellen

Betriebsabrechnung:
• Leistungserfassung pro Arbeitsgang als Grundlage für Lohnverrechnung
• Mitarbeit bei Erstellung des Betriebsabrechnungsbogens

Erforderliche Fachkenntnisse:
• Handhabung von Montageautomaten
• Erkennen und Beseitigen von Fehlerquellen

Entlohnung: Kollektivvertrag für Angestellte der Industrie, Beschäftigungsgruppe H

Die Beschreibung einer Stelle wird von der **Personalabteilung** in Abstimmung mit der jeweiligen **Fachabteilung** vorgenommen. Stellenbeschreibungen werden personenunabhängig abgefasst und sollten folgende Angaben enthalten:

■ Stellenbezeichnung

■ Rang bzw. Position (Gruppen-, Abteilungsleiter usw.)

- Vorgesetzter
- Stellvertreter
- untergeordnete Stellen
- Ziele der Stelle
- Aufgaben, Verantwortlichkeiten, Kompetenzen
- Anforderungen an den Stelleninhaber
- tarifliche Einordnung (Entlohnung, Gehaltsstufe)

In Stellenbeschreibungen werden die Aufgaben oft nur allgemein beschrieben, um zu vermeiden, dass sie zu häufig geändert werden müssen.

Vorgesetzte
Stelleninhaber mit Weisungsbefugnis. Stellen mit Weisungsbefugnis werden auch Instanzen genannt.

Abteilung

Mehrere Stellen werden zu einer **Abteilung** zusammengefasst. Diese sind entweder direkt der Unternehmensleitung unterstellt oder werden in **Bereiche** eingegliedert, die der Unternehmensleitung unterstellt sind.

Abteilungen
Zusammenfassungen von Stellen unter einheitlicher Leitung

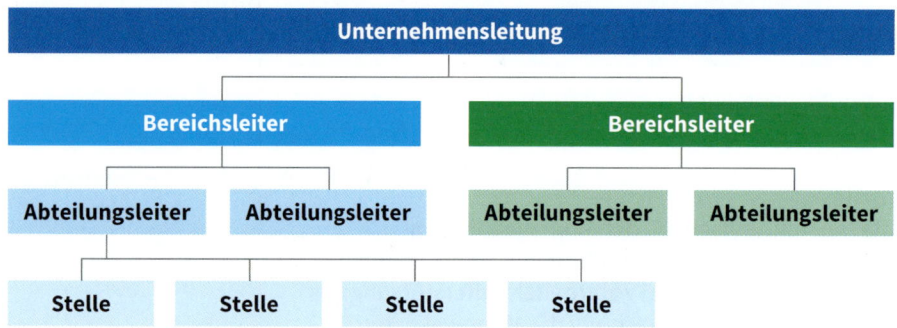

Führungsebenen

Man unterscheidet zwischen

- oberer Führungsebene, z.B. Vorstand, Geschäftsführung, Spartenleitung,
- mittlerer Führungsebene, z.B. Abteilungsleitung, Betriebsleitung,
- unterer Führungsebene, z.B. Meister/in, Gruppenleitung, Vorarbeiter/in.

③ Aufgabengliederung

Die Gestaltung der Hierarchieebene unter der Unternehmensleitung hat maßgeblichen Einfluss auf die Koordination, die Kommunikation und die Art und Weise, wie Unternehmensziele erreicht werden sollen. Wesentlich mitbestimmt wird die Art der Aufgabenabgrenzung durch die Größe des Unternehmens. Die Aufgabengliederung erfolgt nach Funktionen oder Objekten.

Funktionale Gliederung

Wird die Bildung von Abteilungen nach betrieblichen Funktionen gegliedert, z.B. Verkauf, Einkauf, Produktion und Konstruktion, so spricht man von einer **funktionalen Gliederung.** In größeren Unternehmen werden manchmal Abteilungen zu Bereichen (entsprechen den übergeordneten Abteilungen) zusammengefasst.

functional oriented organization
funktionale Gliederung

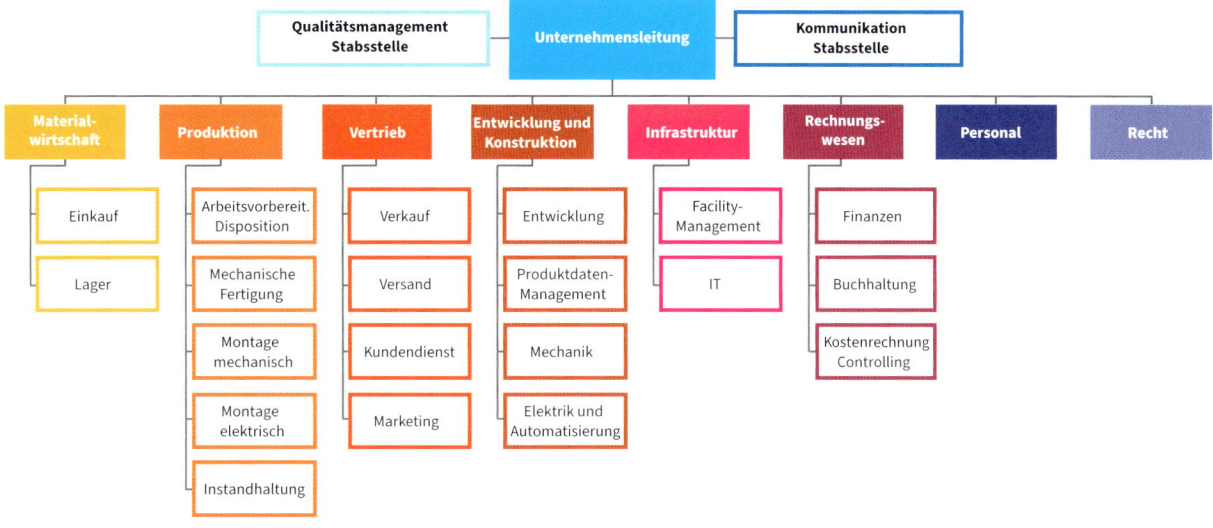

Stärken der funktionalen Gliederung	Schwächen der funktionalen Gliederung
• Die fachlichen Fähigkeiten können durch hohe Spezialisierung der Abteilungen bestmöglich genutzt werden. • Die Aufgaben können effizient durch tiefe Arbeitsteilung erfüllt werden. • Es gibt klare Verantwortungsbereiche.	• Kommunikation zwischen den Bereichen findet prinzipiell über die Unternehmensleitung statt. • Lange Kommunikationswege verhindern oft rasche Entscheidungen. • Probleme in einem Bereich wirken sich direkt auf alle anderen aus. • Auf Nachfrageschwankungen wird oft nur schwerfällig reagiert. • Abteilungen verfolgen oft eigene Ziele, die von übergeordneten Zielen abweichen können.

Objektorientierte Gliederung (Spartenorganisation)

Neben der beschriebenen funktionalen Gliederung gibt es auch die Möglichkeit, die zweite Hierarchieebene **nach gleichartigen Objekten** zusammenzufassen. Beispiele für solche Objekte sind:

divisional organization
Spartenorganisation

- Produkte, z. B. Pkw, Lkw, Busse usw.

- Regionen (Märkte), z. B. Inland, EU, Asien, USA usw.

- Kundensegmente, z. B. Firmenkunden, Privatkunden usw.

Meistens wird die objektorientierte Gliederung auch als **Spartenorganisation** oder **divisionale Organisation** bezeichnet. Jeder Sparte werden eigene funktionale Abteilungen (z. B. Verkauf, Fertigung usw.) übertragen. Bestimmte funktionale Abteilungen können in zentralen Einheiten gemeinsam von allen Sparten genutzt werden. Die einzelnen Sparten können auf verschiedene Arten geführt werden:

- Die Sparte trägt Produktions-, Gewinn- und Kostenverantwortung im Rahmen des von der Unternehmensleitung vorgegebenen Budgets.

- Die Sparte wird als Profitcenter mit eigenem, intern ausgewiesenem Betriebsergebnis geführt.

- Die Sparte wird als rechtlich unabhängiges Tochterunternehmen im Rahmen eines Konzerns geführt.

Die Spartenorganisation ist überwiegend bei international tätigen Großunternehmen, meist mit produktgruppenorientierten Sparten, anzutreffen.

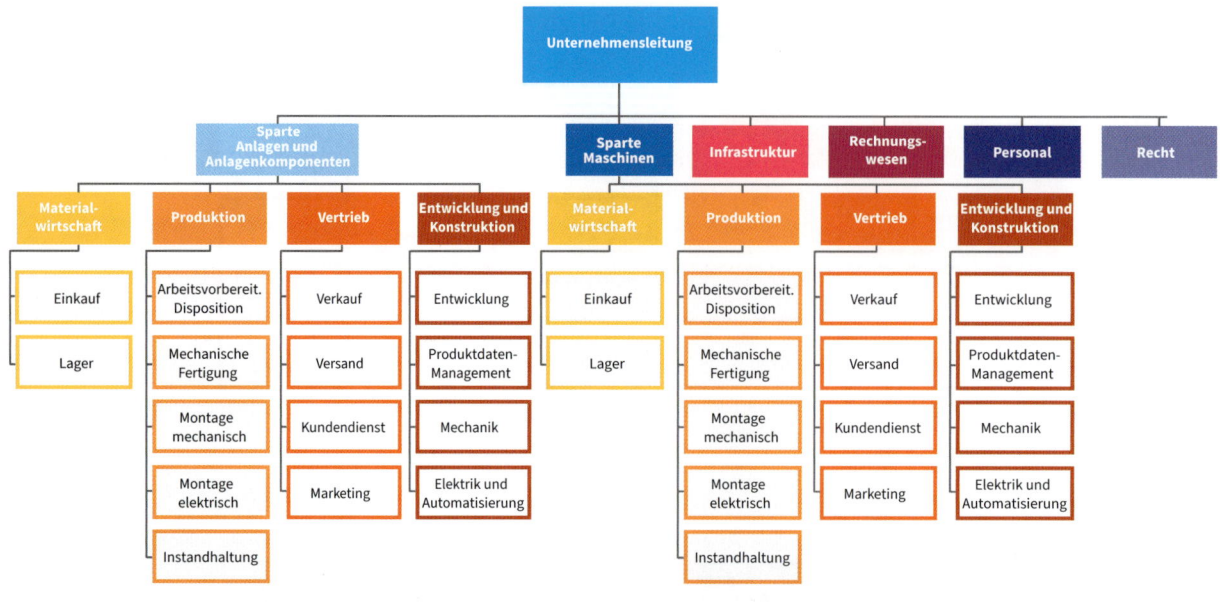

Stärken der Spartenorganisation	Schwächen der Spartenorganisation
• Die Mitarbeiter können sich auf eine Produktgruppe spezialisieren. • Die Verantwortung, auch für Kosten und Gewinn, ist zwischen den einzelnen Sparten klar abgegrenzt. • Im Hinblick auf Markt- und Umweltveränderungen besteht hohe Flexibilität.	• Die Vertriebsmitarbeiter können Kunden meist nur über die Produkte der eigenen Sparte beraten. • Es besteht eine interne Konkurrenzsituation durch unklare Abgrenzungen beim Leistungsangebot der einzelnen Sparten. • Es bestehen mehrere funktional gleiche Abteilungen und somit Doppelgleisigkeiten (z. B. Einkauf, Verkauf etc.).

Unternehmensfunktionen

Die Funktionen der verschiedenen Abteilungen und Bereiche eines Unternehmens sind jeweils unterschiedlich. Eine Aufstellung über die Inhalte einzelner Unternehmensfunktionen, z. B. in den Abteilungen Materialwirtschaft, Produktion und Vertrieb, für funktional gegliederte Erzeugungsbetriebe könnte wie folgt aussehen:

materials management
Materialwirtschaft

distribution, shipping
Vertrieb, Versand

Bereich Logistik	
Lager	kümmert sich um Annahme und Einlagerung der gelieferten Materialien sowie um den Transport aus dem Lager in die Produktion
Versand	ist für Zwischenlagern, Verpacken und Vertrieb der fertigen Produkte an den Kunden zuständig

Bereich Produktion	
Fertigung	stellt die Einzelteile her; wird oft in verschiedene Unterabteilungen gegliedert, z. B. mechanische Fertigung, Schweißerei, Lackiererei
Montage	baut die im Unternehmen selbst gefertigten Einzelteile und die Zukaufteile zu fertigen Produkten zusammen. Man unterscheidet zwischen mechanischer und elektrischer Montage.
Qualitätsmanagement	gestaltet die internen Arbeitsabläufe, damit die im Unternehmen hergestellten Produkte den vorgegebenen Qualitätsanforderungen entsprechen. Auch die erforderlichen qualitätsrelevanten Prüfungen werden hier geplant.
Instandhaltung	ist für den störungsfreien Betrieb der Maschinen und Anlagen zuständig. Dazu gehören erforderliche Reparaturen und die vorbeugende Wartung.

Bereich Vertrieb	
Verkauf	kümmert sich um den Absatz der vom Unternehmen hergestellten Produkte. Dazu gehört u. a. Angebotsbearbeitung, Kundenbesuche und Abschließen von Kaufverträgen
Marketing	betreibt Marktforschung, um Kundenwünsche zu erfassen, gestaltet Werbemaßnahmen und führt diese durch
Kundendienst (auch After-Sale-Service)	kümmert sich um die Kundenberatung und um eventuell notwendige Reparaturen nach dem Kauf, um Ersatzteillieferungen und die Bearbeitung von Kundenreklamationen

4 Formen der Über- und Unterordnung

In Theorie und Praxis haben sich verschiedene Möglichkeiten zur Gestaltung der Aufbauorganisation herausgebildet.

Formen der Aufbauorganisation: Innerhalb der Organisationsgestaltung werden drei unterschiedliche Grundformen der Aufbauorganisation unterschieden.

Die funktions- bzw. objektorientierten Organisationsformen lassen sich nach der **Art der Aufgabenabgrenzung** und der **Form der Über- und Unterordnung** der Liniensysteme folgendermaßen zusammenfassen:

		Aufgabenabgrenzung	
		funktionale Gliederung	**objektorientierte Gliederung**
Über- und Unterordnung	**Einliniensystem**	Abteilungsbildung nach der Art der Tätigkeit – „Verrichtungsprinzip"	Spartenbildung nach • Produktgruppen • Marktregionen • Kundengruppen
	Stabliniensystem	Stäbe als beratende Einheiten, Linien als entscheidende Einheiten (in allen Strukturformen möglich)	
	Matrixorganisation	Mehrliniensystem: Kombination von funktions- und objektorientierter Gliederung	

Einliniensystem

Das **Einliniensystem** ist durch die **eindeutige Zuordnung jeder untergeordneten Stelle** (Abteilung) **zu einer einzigen Leitungsstelle** gekennzeichnet. Jede Stelle (Abteilung) hat nach diesem Prinzip nur einen direkten Vorgesetzten und erhält nur von diesem ihre Anweisungen bzw. gibt Informationen an diesen weiter. Dadurch ist die **Einheitlichkeit der Führung** garantiert.

single line system
Einliniensystem

Stärken des Einliniensystems	Schwächen des Einliniensystems
• einheitliche, zielorientierte Entscheidungen • eindeutige Verantwortungsbereiche • Vermeidung von Kompetenzkonflikten • gute Kontrollmöglichkeit für Vorgesetzte • eindeutige Kommunikationswege	• Beeinträchtigung der Kommunikation zwischen den Bereichen • geringer Entfaltungsspielraum für Mitarbeiter in untergeordneten Stellen • Schwerfälligkeit der Gesamtorganisation bei Marktveränderungen

Das Einliniensystem ist für kleinere und mittlere Unternehmen gut geeignet, da es klare und übersichtliche Weisungsbefugnisse sicherstellt. Aber auch bei großen Unternehmen mit größtenteils gleichbleibenden Arbeitsaufgaben wird diese Form angewendet.

Beispiel: Einliniensystem eines produzierenden Unternehmens, das eine funktionale Gliederung aufweist

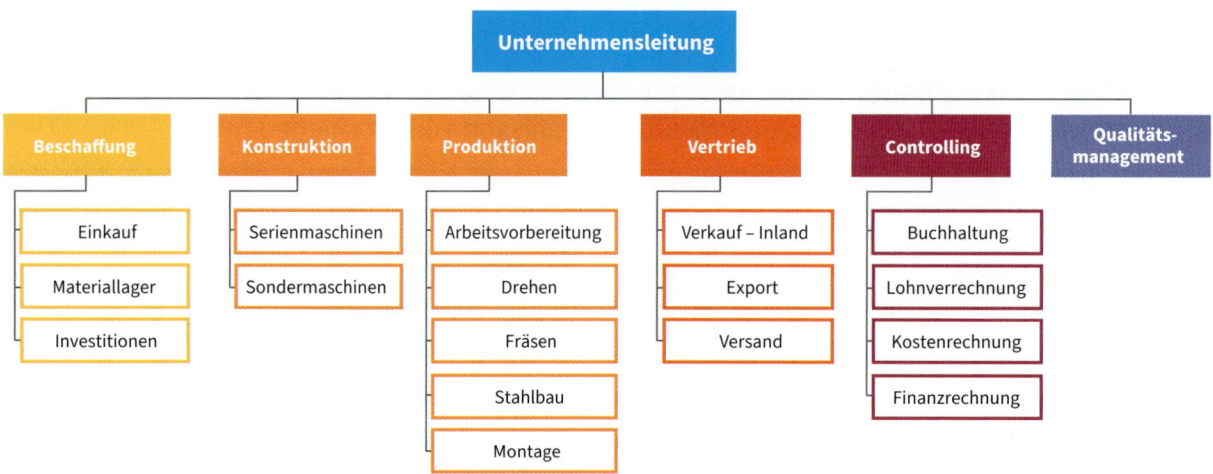

Stabliniensystem

Das Einliniensystem tritt in der Praxis oft in Form eines **Stabliniensystems** auf. **Spezialisierte Stabsstellen** leisten Vorbereitungen für die Leitungsstellen, um deren Entscheidungsfindung zu unterstützen. Ein **Stab** ist eine Organisationseinheit, die

- Informationsfunktionen,
- Beratungsfunktionen,
- Kontrollfunktionen

für eine oder mehrere Abteilungen wahrnimmt, denen die Stabsstelle zugeordnet ist.

Die Stabsstellen erhalten **Anweisungen,** haben aber **keine Weisungsbefugnis.** Die Weisungsbefugnis liegt bei der zugehörigen Instanz, die ihre Entscheidung auf den Arbeiten der Stabsstelle aufbaut.

staff-line system
Stabliniensystem

Stärken des Stabliniensystems	Schwächen des Stabliniensystems
• bessere Entscheidungsvorbereitung durch spezialisierte Stabsstellen • Entlastung der Leitungsstellen • Mitarbeit in einer Stabsstelle qualifiziert für spätere Besetzung einer Leitungsstelle	• Gefahr der Errichtung von zu vielen kostenintensiven Stabsstellen • keine Entscheidungsbefugnis der meist hochqualifizierten Mitarbeiter • großer informeller Einfluss der Stabsstellenmitarbeiter, der teilweise nicht ihrer Position entspricht

Beispiel: Organigramm mit einem Stabliniensystem

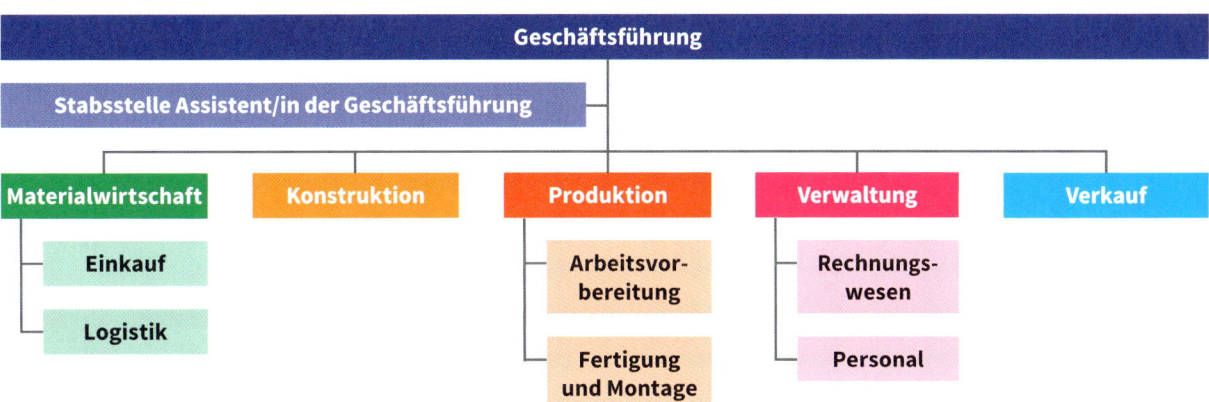

Matrixorganisation

Die Matrixorganisation ist eine Form der Mehrlinienorganisation, da eine Stelle von zwei Leitungsstellen Weisungen bekommen kann. Sie entsteht durch die Überlagerung von funktions- und objektorienterter Gliederung, die formal einer Matrix gleicht.

matrix organization
Matrixorganisation

Beispiel: Organigramm mit einer Matrixorganisation

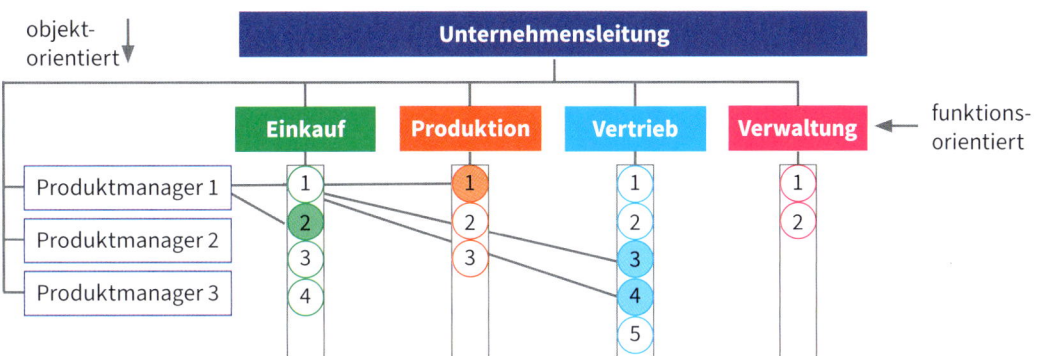

Das Organigramm einer Matrixorganisationsform muss genauer betrachtet werden: Horizontal ist die funktionsorientierte Gliederung dargestellt: die Abteilungen Einkauf, Produktion, Vertrieb und Verwaltung. Vertikal erkennt man die objektorientierte Gliederung: Dem Produktmanager 1 unterstehen der Mitarbeiter 2 der Abteilung 1, der Mitarbeiter 1 der Abteilung 2 und die Mitarbeiter 3 und 4 der Abteilung 3.

Stärken der Matrixorganisation	Schwächen der Matrixorganisation
• hohe Flexibilität der Gesamtorganisation • kurze Kommunikationswege • erhöhte Innovationsfähigkeit • schnelle, abteilungsübergreifende Entscheidungsfindung • hohes Problem- und Konfliktlösungspotential	• Anweisungen von mehreren Leitungsstellen für eine Stelle • höhere Anforderungen an die Selbständigkeit der Mitarbeiter • erhöhte Komplexität der Gesamtstruktur

Die Matrixorganisation findet bei mittleren und großen Unternehmen Anwendung. Es werden z. B. Produktmanager für einzelne Produkte, Area-Manager für einzelne Märkte, Key-Account-Manager für Großkunden oder Projektmanager für Abwicklung von Großprojekten eingesetzt.

ÜBEN

In dieser Lerneinheit hast du die Grundbegriffe der Aufbauorgani-sation kennengelernt. Mithilfe der folgenden Aufgaben kannst du das Gelernte üben und festigen.

Ü 5.9 Aufbauorganisation B

Beurteile, ob die folgenden Aussagen richtig oder falsch sind. Stelle falsche Aussagen richtig.

LINK
Ü 5.9 Aufbauorganisation
interaktive Übung

Aussage	richtig	falsch	Richtigstellung
Die Aufbauorganisation eines Unternehmens ist die Gliederung in räumliche Einheiten.			
Die Aufbauorganisation eines Unternehmens wird mithilfe eines Flussdiagramms dargestellt.			
Die Aufbauorganisation legt fest, wer im Unternehmen wie viel verdient.			

Ü 5.10 Organigramm C

Skizziere das Organigramm eines Unternehmens, das mit Werkzeugen handelt und funktional gegliedert ist. Es weist die Abteilung Logistik mit den darunterliegenden Gruppen Einkauf, Verkauf und Versand sowie die Abteilung Verwaltung mit den darunterliegenden Gruppen Buchhaltung und Lohnverrechnung auf. Geführt wird das Unternehmen von einer Instanz, die als GL (Geschäftsleitung) bezeichnet wird.

Ü 5.11 Funktionale Gliederung B

Richtet sich die Bildung von Abteilungen nach betrieblichen Funktionen, so spricht man von einer funktionalen Gliederung. Erläutere diesen Begriff zunächst allgemein. Nenne mindestens fünf typische funktional gegliederte Abteilungen in produktionsorientierten Unternehmen. Beschreibe die Aufgaben, die die Stellen in diesen Abteilungen durchzuführen haben.

Ü 5.12 Objektorientierte Gliederung B

Werden Stellen auf Grundlage von unterschiedlichen Objekten zu Abteilungen zusammengefasst, spricht man von einer objektorientierten Gliederung. Erläutere die Bedeutung dieses Begriffs. Nenne mindestens zwei Arten von Objekten mit entsprechenden Beispielen, nach denen eine objektorientierte Gliederung in Unternehmen erfolgen kann.

Ü 5.13 Einliniensystem B

LINK
Ü 5.13 Einliniensystem
interaktive Übung

Beurteile, ob die folgenden Aussagen zum Einliniensystem eines Unternehmens richtig oder falsch sind. Stelle falsche Aussagen richtig.

Aussage	richtig	falsch	Richtigstellung
Jeder Mitarbeiter in einem Unternehmen hat immer mehrere Vorgesetzte.			
Ein Einliniensystem bietet Vorgesetzten schlechte Kontrollmöglichkeiten, da die Positionen der untergebenen Stellen nicht eindeutig geregelt sind.			
Die Kompetenzen sind im Unternehmen eindeutig geregelt.			
Die Kommunikationswege sind kurz und flexibel.			

Ü 5.14 Stabliniensystem B

LINK
Ü 5.14 Stabliniensystem
interaktive Übung

Beurteile, ob die folgenden Aussagen zum Stabliniensystem eines Unternehmens richtig oder falsch sind. Stelle falsche Aussagen richtig.

Aussage	richtig	falsch	Richtigstellung
Um Leitungsstellen zu entlasten, werden Stabsstellen eingesetzt.			
Stabsstellen sind grundsätzlich weisungsbefugt, da sie Instanzen angehören.			

Ü 5.15 Matrixorganisation C

Skizziere eine Matrixorganisation, die als Funktionen den Einkauf, die Produktion, den Vertrieb, die Konstruktion, die IT und das Controlling aufweist, weiters zwei Produktmanagement-Abteilungen, eine für mechatronische Geräte und eine für Kunststoffteile. Geleitet wird das Unternehmen von der Geschäftsführung.

LERNEN

3 Die Ablauforganisation

Die Ablauforganisation spiegelt das eigentliche tägliche Geschehen in Unternehmen wider und hat damit große Bedeutung für den Unternehmenserfolg. Sie regelt häufig vorkommende Arbeitsabläufe, um ein einheitliches und effizientes Vorgehen sicherzustellen.

Ü 5.16 Kundenbestellung in einem Industriebetrieb B

Sobald die Kundenbestellung in der Auftragsbearbeitung der Fa. PIRRO GmbH eingegangen ist, wird die dafür benötigte Prozesskette ausgelöst: Die Bestellung wird geprüft, im Materiallager wird anhand des Lagerbestandes überprüft, ob die notwendigen Materialien für die Fertigung bzw. die notwendigen Norm- und Zukaufteile für die Montage vorhanden sind oder nicht. Die nicht auf Lager liegenden Materialien bzw. Montageteile werden durch den Einkauf bestellt und nach Einlangen von der Materialverwaltung geprüft. Nach Materialentnahme werden die entsprechenden Eigenfertigungsteile produziert und mit Norm- und Zukaufteilen montiert. Anschließend wird das bestellte Endprodukt verpackt an den Kunden versendet. Alle einzelnen Prozessschritte sind involviert und werden als ein gesamter Prozess betrachtet.

Beschreibe, wie eine gut strukturierte Ablauforganisation für eine E-Bike-Produktion aussehen könnte.

1 Inhalte der Ablauforganisation

Die Ablauforganisation regelt häufig wiederkehrende Tätigkeiten und Vorgänge im Unternehmen. Der Begriff **Arbeitsablauf** wird meist durch den Begriff **Prozess** ersetzt. Im Gegensatz zu Projekten werden diese Abläufe

Fahrerloses Transportsystem
Im Volkswagen Werk Kassel bringen 18 kundenspezifische Fahrzeuge eines fahrerlosen Transportsystems des österreichischen Herstellers DS Automotion Transport-behälter zu und von 45 Laserschneidmaschinen, wo diese von Robotern mit formgehärteten tragenden Bauteilen beladen werden

130.000 E-Bikes pro Jahr
KTM Fahrrad mit Stammsitz in Mattighofen (OÖ) ist Österreichs größtes Unternehmen im Bereich der E-Mobilität. 2019 wurde die Produktionshalle neu gebaut.

workflow organization
Arbeitsablauforganisation

process
Prozess

(Prozesse) **immer wieder durchlaufen** und machen das sogenannte „Tagesgeschehen" im Unternehmen aus.

Die Ablauforganisation **beantwortet** für häufig vorkommende Arbeitsabläufe bzw. Prozesse u. a. **folgende Fragen:**

- Was ist bei der Abwicklung einer Arbeitsaufgabe zu tun?
- Wer – welche Stelle bzw. Abteilung – ist für die Durchführung verantwortlich?
- Woher erhält man die für die Durchführung erforderlichen Informationen, Materialien, Betriebsmittel und finanziellen Mittel?
- Wohin müssen die Ergebnisse übermittelt werden?
- Welche Betriebsmittel, Vorschriften und Regelungen sind bei der Durchführung einzusetzen?

Im Rahmen der Ablauforganisation werden in einem produktorientierten Unternehmen viele **verschiedene Arbeitsabläufe bzw. Prozesse** geregelt. Dazu gehören:

- Abwicklung einer Kundenbestellung
- Durchführung einer Materialbestellung
- Behandlung von eingehenden Reklamationen
- Abrechnung einer Dienstreise
- Durchführung der Qualitätskontrolle
- Planung und Steuerung von Fertigungsprozessen
- Organisation des Materialflusses
- Behandlung eingehender Rechnungen von der Übernahme bis zur Verbuchung
- Organisation der Auslieferung von Produkten bis zum Versand der Rechnung

Klare Kommunikation ist wichtig
In einem Betrieb müssen die Prozesse und Regelungen klar sein. Desinformation führt zu Unsicherheit und Demotivation bei den Mitarbeitern.

regulation
Regelungen

Verknüpfung zwischen Ablauf- und Aufbauorganisation

Die Prozesse bzw. Arbeitsabläufe laufen fast immer **abteilungsübergreifend** innerhalb der Struktur der Aufbauorganisation ab. Aufbau- und Ablauforganisation sind untrennbar miteinander verknüpft.

Die folgende Grafik zeigt, wie die abteilungsübergreifenden Informationsströme für den **Geschäftsprozess „Auftragsabwicklung"** verknüpft sind.

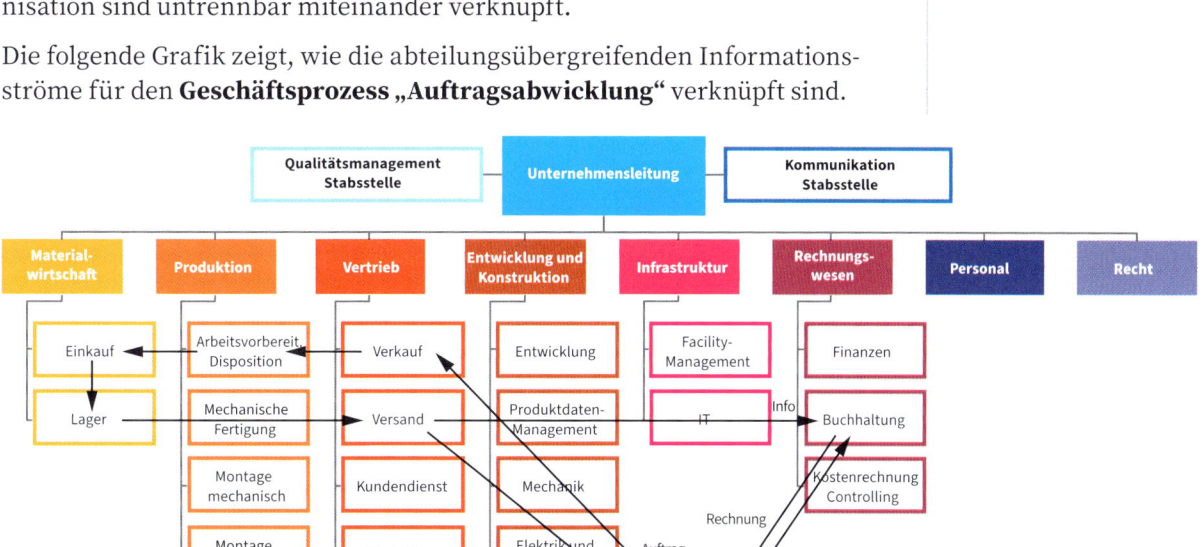

In der Ablauforganisation sollten nur **die Grundmuster von wesentlichen betrieblichen Abläufen** vorgeschrieben werden. Eine detaillierte Festlegung aller betrieblichen Abläufe ist nicht empfehlenswert, da der Aufwand dafür unverhältnismäßig hoch wäre.

Hinweis: Die Beschreibung und Darstellung von Abläufen/ (Prozessen) anhand von Organigrammen ist nicht zielführend. In der Praxis werden Prozesse anhand von Flussdiagrammen oder Arbeitsanweisungen beschrieben.

2 Darstellung der Ablauforganisation

Die Regelungen der Ablauforganisation in einem Unternehmen sollen in übersichtlicher und verständlicher Form dargestellt und **allen Mitarbeitern zugänglich** gemacht werden, damit

- den Mitarbeitern das Vorhandensein entsprechender Regelungen überhaupt bekannt ist,
- die Mitarbeiter sich bei der Durchführung der Arbeitsabläufe (Prozesse) an diese Regelungen halten.

Dargestellt werden die Regelungen der Ablauforganisation meist durch schriftlich formulierte Arbeitsanweisungen oder durch grafische Flussdiagramme.

Flussdiagramme

Flussdiagramme (Flowcharts) dienen der **Darstellung von Abläufen bzw. Prozessen.** Sie sind geeignet, die Abfolge der Teilaufgaben bei der Durchführung von Arbeitsabläufen grafisch darzustellen.

flow chart
Flussdiagramm

Für die Darstellung eines Arbeitsablaufs mithilfe eines Flussdiagramms werden u. a. folgende genormte **Basiselemente** eingesetzt:

Begriff	grafische Darstellung	Erläuterung
Start/Ende		Das Start-/Ende-Symbol dient zur Begrenzung des dargestellten Arbeitsablaufs (Prozesses).
Anweisung		In einem Anweisungsfeld wird eine durchzuführende Einzelaufgabe so genau wie nötig beschrieben.
Verzweigung	nein / ja	Das Verzweigungsfeld leitet zu einer von zwei Alternativen weiter. In der Verzweigung steht eine Frage, die zwei Antworten zulässt.
Unterprozess		Dieses Symbol umfasst einen komplexeren Unterprozess, der in einer separaten Verfahrensanweisung beschrieben ist.
Dokument		Verweis auf ein Dokument, das als Input für die Durchführung einer Tätigkeit dient bzw. als Output weiterzuleiten ist.

Die wesentlichen Kernprozesse im Tagesgeschäft eines produzierenden Unternehmens sind der **Beschaffungsprozess,** der **Produktionsprozess** und der **Vertriebsprozess.**

L 5.1 Flussdiagramm

Die Vertriebsabläufe der produzierenden Fa. PIRRO GmbH sollen anhand eines Flussdiagramms dargestellt werden.

Lösung:

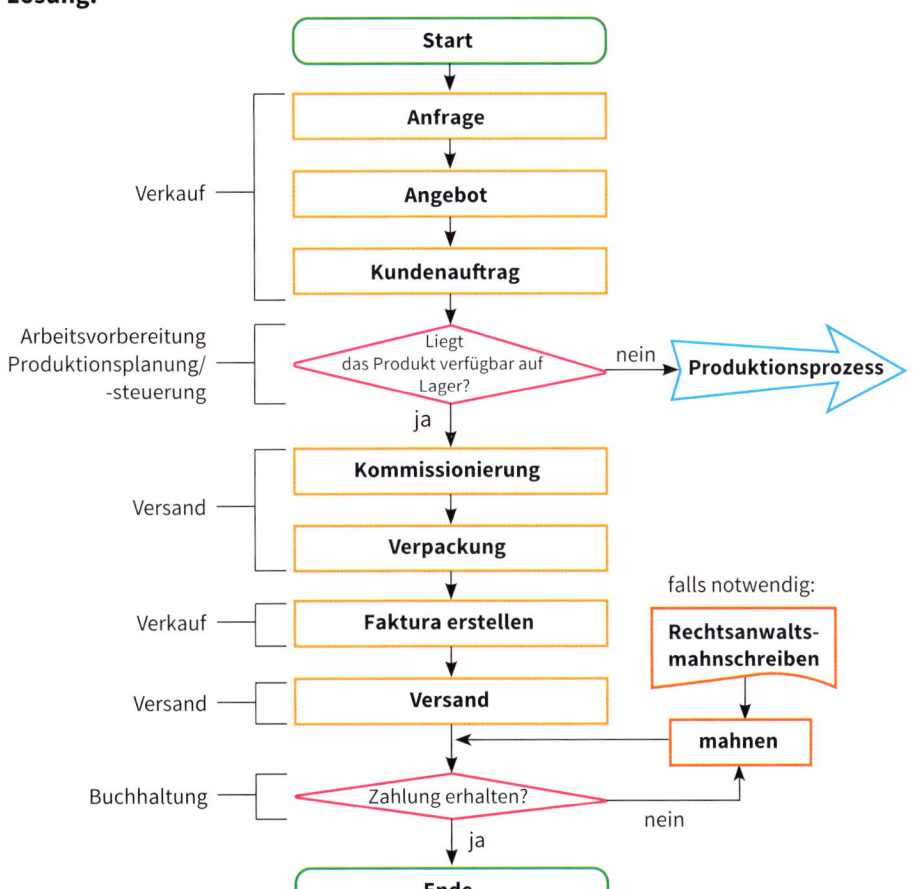

procurement process
Beschaffungsprozess

inquiry
Anfrage

offer
Angebot

customer order
Kundenauftrag

work preparation
Arbeitsvorbereitung

production, controlling
Produktionsplanung, Steuerung

picking
Kommissionierung

packaging
Verpackung

billing
Faktura

shipping
Versand

payment
Zahlung

warning
Mahnung

Ü 5.17 Flussdiagramm D

Die Fa. Bogner GmbH hat einen Kundenauftrag für das Zuschneiden von Holzplatten erhalten. Es soll eine Verfahrensanweisung in Form eines Flussdiagramms erstellt werden, wobei auch Dokumente, die bei diesem Prozess als Input dienen bzw. als Output erstellt werden, zu berücksichtigen sind:

Vom Verkauf wird der Kundenauftrag (Input) für den Maßzuschnitt an den Tischler an der Säge übermittelt, der den schriftlichen Kundenauftrag auf Vollständigkeit prüfen muss. Fehlen Angaben, muss er beim Verkauf die fehlenden Informationen erfragen (Verzweigung). Danach muss der Tischler prüfen, ob sich das gewünschte Material an seinem Arbeitsplatz in ausreichender Menge befindet (Verzweigung). Wenn nicht, muss er das fehlende Material im Materiallager anfordern (Unterprozess mit eigener Verfahrensanweisung). Anschließend werden die Platten nach Maß zugeschnitten. Sind sie fertig, muss der Tischler die Fertigstellung melden, ein Fertigstellungsformular (Output) ausfüllen und an den Verkauf übermitteln. Dieser informiert den Kunden, dass die Ware abholbereit ist, und erstellt die Kundenrechnung (Dokument/Output).

Stelle die Abläufe anhand eines Flussdiagramms dar.

Arbeitsanweisung

Regelungen für die Durchführung von Arbeitsabläufen können u. a. in Form von rein schriftlich formulierten Arbeitsanweisungen bzw. Verfahrensanweisungen veröffentlicht werden. Die Übersichtlichkeit ist jedoch geringer als bei der Darstellung durch Flussdiagramme.

work instruction
Arbeitsanweisung

10 Leitfragen zur Erstellung einer Arbeitsanweisung		Inhalt
1	Wer erledigt die Aufgaben?	Mitarbeiter
2	Was muss getan werden?	Arbeitsgang
3	Wie wird gearbeitet?	Arbeitsablauf
4	Womit soll gearbeitet werden?	Arbeitsmittel
5	Wofür wird gearbeitet?	Ziel, Zweck
6	Wo wird gearbeitet?	Arbeitsplatz
7	Wie viel wird gebraucht?	Menge, Stückzahl
8	Wie lange soll es dauern?	Zeit
9	Wie gut muss gearbeitet werden?	Qualität
10	Wie sicher muss gearbeitet werden?	Arbeitssicherheit

Quelle: https://industrial-engineering-vision.de/arbeitsvorbereitung/arbeitsanweisung/ (19.2.2020)

Beispiel: Arbeitsanweisungsvorlage bei der Einarbeitung neuer Mitarbeiter

Arbeitsanweisung

Name neue/r Mitarbeiter/in _____

Personalnummer _____   Abteilung _____

Vorgesetzte/r _____   Datum des Eintritts _____

Phase	Aufgabe	Zuständige/r	Datum	erledigt
Phase 1: Vor Arbeitsbeginn	Personalabteilung/ Fachabteilung informieren			☐
	Verantwortungsbereich der Stelle skizzieren			☐
	Personalunterlagen prüfen: Fehlt noch etwas?			☐
	Kolleginnen und Kollegen informieren			☐
	Fachlich kompetente/n Betreuer/in aus dem Kollegenkreis auswählen			☐

ÜBEN

In dieser Lerneinheit hast du die Grundbegriffe der Ablauforganisation kennengelernt. Mithilfe der folgenden Aufgaben kannst du das Gelernte üben und festigen.

Ü 5.18 Aufbau- und Ablauforganisation B

Beurteile, ob die folgenden Aussagen richtig oder falsch sind. Stelle falsche Aussagen richtig.

LINK
Ü 5.18 Aufbau- und Ablauforganisation
interaktive Übung

Aussage	richtig	falsch	Richtigstellung
Die Ablauforganisation ist unabhängig von der Aufbauorganisation.			
Für die Zufriedenstellung der Kundenbedürfnisse ist die Aufbauorganisation wichtiger als die Ablauforganisation.			
Mit einem Flussdiagramm (Flowchart) lässt sich der Aufbau eines Unternehmens gut darstellen.			

Ü 5.19 Arbeitsanweisung C

Erstelle mithilfe der „10 Leitfragen zur Erstellung einer Arbeitsanweisung" (siehe Seite 178) eine Arbeitsanweisung für einen Konstrukteur, der eine Hebevorrichtung mit dem CAD-Programms Catia zeichnen soll.

KÖNNEN

In diesem Kapitel hast du die Grundlagen der Organisation kennengelernt. In den folgenden Aufgaben kannst du dein Wissen praktisch anwenden.

K 5.1 Fallbeispiel Aufbau- und Ablauforganisation `C`

Die Fa. PIRRO GmbH ist ein exportorientierter Industriebetrieb und als Einliniensystem organisiert. Sie hat folgende, direkt der Geschäftsleitung untergeordnete Abteilungen, die teilweise weiter untergliedert sind:

- Materialwirtschaft mit Einkauf und Lager
- Produktion mit Arbeitsvorbereitung, mechanischer Fertigung, Montage und Instandhaltung
- Konstruktion, Mechatronik und Forschung & Entwicklung
- Vertrieb mit Marketing, Verkauf, Versand und Kundendienst
- Qualitätsmanagement
- Personalwesen
- Rechnungswesen mit Buchhaltung und Controlling

a) Skizziere das Organigramm der Aufbauorganisation der Fa. PIRRO GmbH anhand der obigen Angaben.

b) Erläutere, warum die Darstellung von Abläufen bzw. Prozessen anhand von Organigrammen nicht zielführend ist.

K 5.2 Ablauforganisation `B`

Erkläre, welche Fragen die Ablauforganisation für häufig wiederkehrende Arbeitsabläufe beantwortet.

K 5.3 Arbeitsabläufe – Prozesse `B`

Stelle dar, welche Möglichkeiten es zur Regelung von Arbeitsabläufen gibt.

KOMPETENZCHECK

Meine Kompetenzen	Kann ich?	Lernstoff	Aufgaben
Ich kann den Unterschied zwischen Organisation, Disposition und Improvisation erklären.		Lerneinheit 1	Ü 5.1–Ü 5.4
Ich kann das Ausmaß der Organisation, welches aus dem Organisationsgrad ersichtlich ist, ermitteln und Maßnahmen ergreifen, damit sich ein ausgewogenes Verhältnis zwischen Über- und Unterorganisation ergibt.		Lerneinheit 1	Ü 5.6
Ich kann die wesentlichen Inhalte einer Stellenbeschreibung erklären.		Lerneinheit 2	L 5.1
Ich kann den Aufbau eines Organigramms beschreiben.		Lerneinheit 2	Ü 5.8, Ü 5.15
Ich kann die Vor- und Nachteile der einzelnen Organisationsformen erklären.		Lerneinheit 2	Ü 5.11, Ü 5.15
Ich kann die Inhalte der Ablauforganisation und die Unterschiede zur Aufbauorganisation erklären.		Lerneinheit 3	Ü 5.16, Ü 5.19
Ich kann die Regelungen der Ablauforganisation durch grafische Flussdiagramme bzw. durch schriftlich formulierte Arbeitsanweisungen darstellen.		Lerneinheit 3	Ü 5.17, Ü 5.18

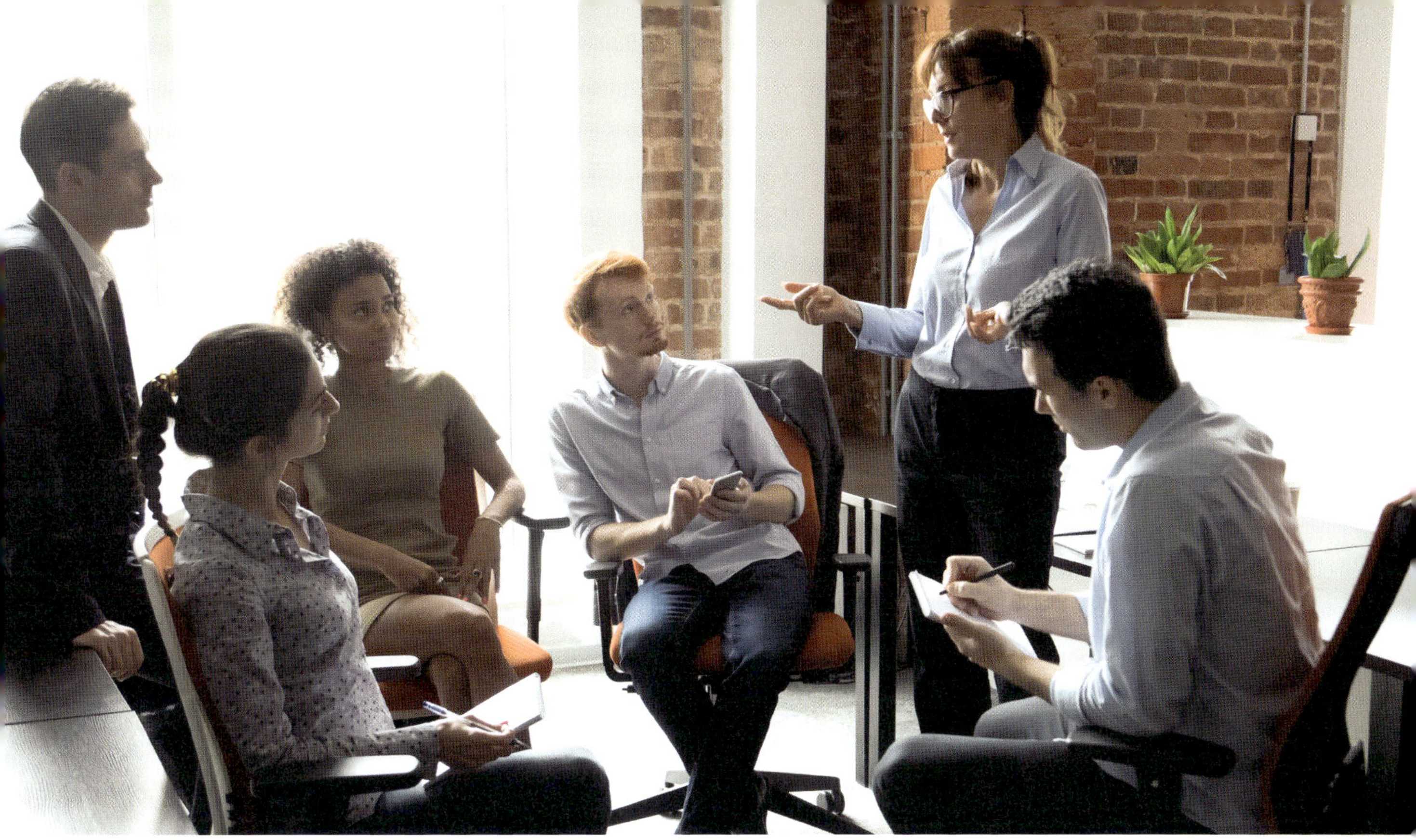

6 Mitarbeiter-führung

Darum geht's in diesem Kapitel:

Die Aufgabe der Unternehmensführung ist die Steuerung des Unternehmens. Führungskräfte haben dabei auch die Aufgabe, die Leistungen und Verhaltensweisen von Mitarbeiterinnen und Mitarbeitern so zu beeinflussen, dass die gesetzten Unternehmensziele erreicht werden.

Das lernst du in den folgenden Lerneinheiten:

1 Was versteht man unter **Mitarbeiterführung** und wie haben sich die Führungsaufgaben verändert?
2 Wie beeinflusst die Disposition der Mitarbeiter ihre Leistungsfähigkeit und wie kann ihre **Motivation** gefördert werden?
3 Welche **Führungsstile und Motivationstheorien** können Führungskräfte anwenden und wovon hängt der Erfolg von Führungsmaßnahmen ab?

Aktiviere dein MEHR!-Buch
online: **lernenwillmehr.at**

Gemeinsam ein Floß bauen
Teambuilding kann neue Teams zusammenschweißen oder bestehenden Teams Erfahrungen abseits der Routine ermöglichen.

 LERNEN

1 Mitarbeiterführung und ihr Umfeld

Gute Mitarbeiterführung ist für eine erfolgreiche Unternehmensführung wesentlich. Auch innerbetriebliche Faktoren, wie die Betriebsorganisation und das Unternehmensklima, beeinflussen das Verhalten der Mitarbeiter und damit den Erfolg der Führung.

Ü 6.1 Überlege dir einige Kriterien, die aus deiner Sicht eine gute Mitarbeiterführung ausmachen.

1 Entwicklung der Mitarbeiterführung

Führung und Organisation hängen eng zusammen. Die Art, wie Unternehmen organisiert sind und wie Mitarbeiter geführt werden, hat sich im Laufe der Zeit geändert.

leadership
Mitarbeiterführung

Konzepte der Mitarbeiterführung: Die Methoden, um Mitarbeiter zum Verfolgen von betrieblichen Zielen zu motivieren, haben einen starken Wandel erfahren.

Wissenschaftliches Management (1909) Frederick W. Taylor	Bürokratische Organisation (1922) Max Weber	Human Relations (1933) Elton Mayo	Lean Management (1990) J. Womack, D. Jones, D. Roos
Effizienzsteigerung der Organisationen nach naturwissenschaftlich-technischen Prinzipien	Schwächen der Bürokratie	Mitarbeiter und deren Bedürfnisse stehen im Mittelpunkt	Effiziente Gestaltung aller Aktivitäten und Vermeidung von Verschwendung

Wissenschaftliches Management

Frederick W. Taylor, ein amerikanischer Ingenieur, begründete zu Beginn des 20. Jahrhunderts das wissenschaftliche Management. Er versuchte, Organisationen nach **naturwissenschaftlich-technischen Prinzipien** zu aufzubauen, um Effizienzsteigerungen zu erzielen, und gestaltete die Arbeit nach folgenden Prinzipien:

- Zerlegung der Arbeitsaufgabe in kleinste Teile
- Aufteilung dieser Teilaufgaben auf verschiedene Mitarbeiter
- genaue Vorgabe, wie die Tätigkeit auszuführen ist
- finanzielle Anreize, damit die Tätigkeit nach den Vorgaben ausgeführt wird
- genaue Kontrolle der Mitarbeiter
- keine Rücksichtnahme auf Wünsche und Bedürfnisse der Mitarbeiter

Frederick Winslow Taylor (1856–1915)
einer der Begründer der Arbeitswissenschaft, führte Zeit- und Arbeitsstudien durch

Bürokratische Organisation

Der deutsche Soziologe **Max Weber** sah in seinem Hauptwerk „Wirtschaft und Gesellschaft", posthum erschienen 1922, die bürokratische Organisation als besonders effizient an. Die Bürokratie besitzt folgende Merkmale:

- hierarchischer Aufbau und klar abgegrenzte Aufgabenbereiche: Die Aufgaben werden personenunabhängig festgelegt, d. h., Personen können ausgetauscht werden, ohne die Aufgabenverteilung zu ändern.
- Weisungs- und Kontrollrechte hierarchisch höherer Stellen: Die Inhaber verfügen über eine höhere Qualifikation.
- gleichbleibende, nach fixen Regeln ablaufende Arbeitsvorgänge: Diese Regeln sind ohne Rücksicht auf die eigene Einstellung ausnahmslos einzuhalten.
- schriftliche Dokumentation: Jeder Geschäftsfall muss aktenkundig sein.
- Aufstieg in der Hierarchie und damit verbundene höhere Entlohnung: Dies erfolgt abhängig vom Alter und vom Urteil des Vorgesetzten.

Maximilian Carl Emil Weber (1864–1920)
deutscher Jurist, Volkswirt und Soziologe

Stärken der Bürokratie	Schwächen der Bürokratie
Übersichtlichkeit und Berechenbarkeit sachliche Aufgabenerfüllung Unabhängigkeit von Einzelpersonen	starre Organisation, die auf eine sich ändernde Umwelt nicht reagieren kann Sinn der Gesamtaufgabe für den Einzelnen nicht mehr erkennbar, daher mangelnde Motivation

Human Relations

Der Soziologe **Elton Mayo** und sein Team untersuchten zwischen 1924 und 1933 die Leistung von Arbeitern in der Western Electric Company in Hawthorne (Illinois, USA). Dabei sollte geklärt werden, welchen Einfluss die Arbeitsbedingungen auf die Leistung haben.

In einem seiner Hawthorne-Experimente versuchte Mayo die Produktivität der Arbeiter zu steigern, indem er die Lichtverhältnisse am Arbeitsplatz verbesserte; die Arbeitsleistung stieg auch wirklich an. Es stellte sich jedoch heraus, dass die Arbeitsleistung auch dann anstieg, wenn die Lichtstärke gleichgeblieben oder reduziert worden war. Es musste also einen Faktor geben, der dafür verantwortlich war, dass die Leistung – unabhängig von den Lichtverhältnissen – anstieg.

Elton Mayo (1880–1949)
australischer Soziologe, lehrte ab 1911 in den USA, Mitbegründer der US-amerikanischen Betriebssoziologie

Aus dieser Untersuchung wurde schließlich abgeleitet, dass

- die Aufmerksamkeit, die die Arbeiter vom Untersuchungsteam und der Unternehmensleitung bekamen,
- das Bewusstsein, an einer wissenschaftlichen Studie teilzunehmen, und
- der Gruppenzusammenhalt zu besseren Leistungen führten.

Dies war der Beginn der **Human-Relations-Bewegung,** die den Mitarbeiter und dessen Bedürfnisse in den Mittelpunkt stellte: Die zwischenmenschlichen Beziehungen haben einen wesentlichen Einfluss auf die Motivation und die Leistung.

Lean Management

Das **Massachusetts Institute of Technology** (James P. Womack, Daniel T. Jones und Daniel Roos) beschrieb nach einer Untersuchung von Toyota ein System, das die Produktion mit dem halben Personaleinsatz, der halben Produktionsfläche, dem halben Investitionsvolumen, den halben Kosten für Entwicklung und Fertigung und dem halben durchschnittlichen Lagerbestand bewerkstelligen konnte.

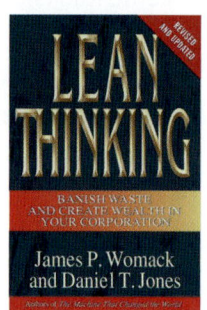

lean
wörtlich: schlank

„Lean Thinking" von Womack und Jones
„Lean" hat mittlerweile in viele Branchen Eingang gefunden. Man spricht von Lean Administration, Lean Production, Lean Healthcare …

Dieses System wird Lean Management genannt und verfolgt die Prinzipien:

- Ausrichtung aller Tätigkeiten auf den Kunden
- Optimierung von Geschäftsprozessen
- ständige Verbesserung der Qualität
- Eigenverantwortung der Mitarbeiter und Teamarbeit
- dezentrale, kundenorientierte Strukturen
- Führen als Service am Mitarbeiter
- offene Informations- und Feedback-Prozesse

Das Ziel ist, alle Aktivitäten der Wertschöpfungskette effizient zu gestalten und in jeder Phase **Verschwendung zu vermeiden.** Durch die Reduzierung der Zahl der Vorgesetzten enthält der einzelne Mitarbeiter mehr Entscheidungsfreiraum, was seine Motivation steigert.

2 Der soziale Status im Unternehmen

In einem Unternehmen verfügt nicht jede Stelle über dieselbe Macht bzw. über dasselbe Ansehen.

 Die betriebliche Hierarchie: Durch die unterschiedliche Wertigkeit der einzelnen Stellen entsteht in Unternehmen eine Hierarchie.

Top Management
(Geschäftsführung)

Middle Management
(Beispiel: Abteilungsleitung)

Lower Management
(Beispiel: Meister, Vorarbeiterin)

ausführende Ebene

Das Ansehen, der soziale Status, den ein Mitarbeiter bzw. eine Mitarbeiterin im Betrieb genießt, hängt z. B. von der Anzahl der unterstellten Mitarbeiter oder dem Platz in der Betriebshierarchie ab. Als äußeres Zeichen für den Status vergibt das Unternehmen häufig gewisse Merkmale – diese werden **Statussymbole** genannt:

- Titel (Meister, Inspektor, Direktor)
- großes Büro
- Dienstwagen

Je nach der **Stellung in der Unternehmenshierarchie** sind unterschiedliche Qualifikationen erforderlich. Mit der Funktion verändern sich

- die Art der Tätigkeit
- das erforderliche Wissen
- die notwendigen Fähigkeiten

social status
sozialer Status

company hierarchy
Betriebshierarchie

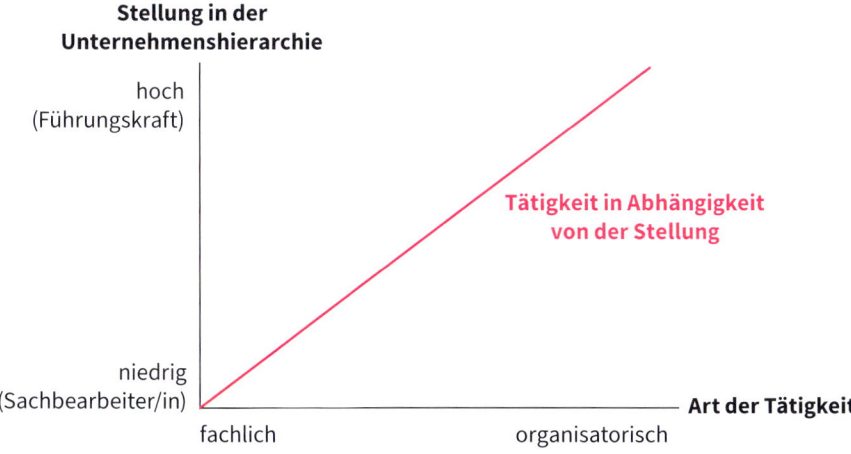

Stellung in der Unternehmenshierarchie

hoch (Führungskraft)

niedrig (Sachbearbeiter/in)

Tätigkeit in Abhängigkeit von der Stellung

fachlich — organisatorisch

Art der Tätigkeit

Teure Kleidung, schnelles Auto
Nicht nur im Job geht es um den Status. Menschen zeigen anderen auch privat gerne, was sie haben. Was ist für dich ein Statussymbol?

manager
Führungskraft

administrator
Sachbearbeiter

professional activity
fachliche Tätigkeit

Sachbearbeiter üben hauptsächlich fachliche Tätigkeiten aus. Manager erledigen hauptsächlich Führungsaufgaben (Planung, Koordination, Kommunikation, Organisation).

3 Gruppen im Betrieb

Viele Tätigkeiten können oder sollen nicht von einem Mitarbeiter alleine erledigt werden (z. B. körperlich anstrengende Arbeiten, abteilungsübergreifendes Entwickeln von Lösungen). Diese Arbeiten werden **Gruppen** übertragen.

 Arten von Gruppen: In jedem Unternehmen gibt es formelle (geplante) und informelle (ungeplante) Gruppen.

Gruppen in Unternehmen	
Formelle Gruppen	**Informelle Gruppen**
Die Anzahl der Mitglieder, ihre Aufgaben und die konkreten Personen werden von der Betriebsleitung festgelegt. **Grund für die Bildung der Gruppe:** Unternehmerische Ziele sollen möglichst effizient erreicht werden.	Mitarbeiter mit gleichen Interessen, gleichen Einstellungen, gleichem Alter oder gleichen Funktionen schließen sich ohne Aufforderung der Betriebsleitung zusammen. **Grund für die Bildung der Gruppe:** Das Bedürfnis nach sozialem Kontakt soll befriedigt werden.

- Unter einer **formellen Organisation** versteht man eine von der Unternehmensleitung geplante Gruppe, in der die Personen und Aufgaben festgelegt sind.
  Diese Organisationsform ist gekennzeichnet durch formelle, geplante Regelungen, die bewusst gestaltet, personenunabhängig formuliert und meist schriftlich dokumentiert sind. Zu diesen Regelungen gehören beispielsweise Arbeits- und Pausenzeiten, festgelegte Weisungsbefugnisse oder Aufgabenbereiche bestimmter Abteilungen. Formelle Regeln haben den Vorteil, dass die Entscheidungskomplexität des Einzelnen reduziert wird.

Viele Ideen gesucht
Beim Brainstorming ist das Arbeiten in Gruppen zielführender als allein.

- Eine **informelle Organisation** bildet sich ohne Mitwirkung der Unternehmensleitung; die Gruppenbildung erfolgt nicht geplant. Darunter werden Verhaltensweisen der Mitarbeiter verstanden, die ungeplant neben der offiziellen Organisation ablaufen. Dabei spielen zwischenmenschliche Beziehungen eine große Rolle. Informelle Gruppen werden durch soziale Kontakte und Sympathien zwischen den Mitgliedern gebildet und entstehen spontan. Sie zeigen sich z. B. in folgenden Formen:
  - Die Mitarbeiter befolgen nicht die Anordnungen des Vorgesetzten bzw. der Unternehmensleitung, sondern agieren nach eigenen Regeln.
  - Informationen werden nicht über die festgelegten Informationskanäle weitergegeben, sondern durch persönliche Bekanntschaften.

  Vorteil der informellen Kommunikation: Informationen gelangen schneller (evtl. auch wahrheitsgemäßer) zum Empfänger. Nachteile der informellen Kommunikation: Es kann zu Kompetenzüberschreitungen kommen, was zu Konflikten führen kann; auch durch Weiterleitung von Gerüchten können Konflikte entstehen.

Beispiel: Formelle Gruppe mit informellem Verhalten

Die Instandhaltungsgruppe war offensichtlich ein gut eingespieltes Team, das sich immer gegenseitig half. Vor einem Monat ist ein neuer Mitarbeiter dazugekommen, der – laut Aussage seiner Kollegen – glaubt, alles besser zu wissen, und versucht, die Arbeiten schneller als die anderen zu erledigen. Er sucht die Nähe des Leiters der Instandhaltungsgruppe und erzählt ihm dabei immer den neuesten Tratsch aus der Gruppe.

Verschiedene Positionen
Sobald sich eine Gruppe gebildet hat, entsteht eine hierarchische Ordnung.

Der Neue hatte gestern einen komplizierten Auftrag zu erledigen und bat einen Kollegen um Hilfe. Der sagte glatt „nein". Als der Leiter des Trupps davon hörte, war er verwundert. So etwas ist in dieser Gruppe noch nie vorgekommen.

Was ist passiert? Bei der Instandhaltungsgruppe handelt es sich um eine formelle Gruppe, da sie in der Betriebsorganisation vorgesehen ist. Die alten Gruppenmitglieder schließen jedoch den Neuen aus, da er Informationen weitergibt und eine zu hohe Leistung erbringt. Bei formellen Gruppen können nicht sämtliche Verhaltensweisen geplant bzw. kontrolliert werden. Auch sie zeigen ein informelles Verhalten.

Verhält sich ein Gruppenmitglied anders als von den übrigen Mitgliedern erwartet, hat es meist mit <u>Sanktionen</u> zu rechnen. Verhält es sich aber wie erwartet, so wird es in die Gruppe integriert, es wird ihm geholfen, es wird beschützt und mit Informationen versorgt.

Sanktion
hier: Bestrafung, z. B. der Ausschluss aus der Gruppe, Verweigerung der Hilfe

Autorität

Eine Person, auf die andere hören, genießt **Autorität.** Dies kann dadurch begründet sein, dass die Person über

- besondere Kenntnisse oder Fähigkeiten (fachliche Autorität),
- besondere Eigenschaften (persönliche Autorität),
- eine besondere Position (positionale Autorität)

verfügt. Die Meinung dieser Person wird von den Übrigen freiwillig anerkannt.

Beispiel: Fachliche Autorität

Robert Wagner beschäftigt sich in seiner Freizeit viel mit seinem PC. Er verfügt daher über gute Kenntnisse und kann die Fragen der Kollegen über Hard- und Software immer zu deren Zufriedenheit beantworten. Er verfügt daher in diesem Bereich über fachliche Autorität.

Robert Wagner ist gleichzeitig als sportlich nicht interessiert bekannt. Noch nie ist ein Kollege auf die Idee gekommen, ihn nach seiner Meinung zu einem Fußballspiel zu fragen.

authority
Autorität

Anerkennung durch Mitarbeiter
Führungskräfte, die über Autorität verfügen, werden am leichtesten ihre Vorstellungen durchsetzen können. Dies ist die beste Form der Mitarbeiterführung.

Ü 6.2 Positionale und persönliche Autorität B

Jede Führung verlangt ein gewisses Maß an Autoritätsausübung. Man unterscheidet dabei die positionale (formale) und persönliche (personale) Autorität.

- Unter welche dieser beiden Kategorien würdest du z. B. Lehrkräfte, Künstler, Richter, berühmte Sportler und Medienstars einordnen?
- Worauf beruht ihre Autorität?

ÜBEN

In dieser Lerneinheit hast du einiges über die Entwicklung der Mitarbeiterführung erfahren. Mithilfe der folgenden Aufgaben kannst du das Gelernte üben und festigen.

Ü 6.3 Entwicklung der Mitarbeiterführung B

Die Art der Mitarbeiterführung hat sich im Laufe des 20. Jahrhunderts geändert.

a) Erkläre die Vor- und Nachteile der bürokratischen Organisation (Vertreter Max Weber) gegenüber der wissenschaftlichen Unternehmensführung (Vertreter Frederick W. Taylor).

b) Analysiere die Unterschiede zwischen der Human-Relations-Bewegung (Vertreter Elton Mayo) und dem Lean Management (Vertreter James P. Womack, Daniel T. Jones und Daniel Roos).

Ü 6.4 Der soziale Status B

Betriebe vergeben Statussymbole, durch die der Einzelne sich von anderen abhebt und seinen Platz in der Betriebshierarchie zeigt.

a) Wovon hängt der soziale Status, den der Mitarbeiter im Betrieb genießt, ab?

b) Worin unterscheiden sich die Tätigkeiten eines Sachbearbeiters von denen einer Führungskraft?

Ü 6.5 Gruppen im Betrieb `C`

LINK
Ü 6.5 Gruppen im Betrieb
interaktive Übung

a) Felix Richter, ein Mitarbeiter, der als besonders bequem bekannt ist, wird einer Arbeitsgruppe zugeteilt, die stets sehr gute Leistungen erbringt. Beschreibe die Auswirkungen, die auf Felix und auf die Gruppe von dieser Maßnahme zu erwarten sind.

b) Kennzeichne, ob in folgenden betrieblichen Situationen Gruppenarbeit sinnvoll ist:

Betriebliche Situation	Gruppenarbeit sinnvoll	Gruppenarbeit nicht sinnvoll
Arbeit, die Konzentration und Ruhe erfordert	☐	☐
Suchen von verschiedenen Lösungsmöglichkeiten für ein Problem	☐	☐
Auswahl der besten Lösungen aus verschiedenen Möglichkeiten	☐	☐
körperlich schwere Arbeit, die einen Mitarbeiter allein überfordert	☐	☐
Anfertigung einer Zeichnung nach einem vorgegebenen Schema	☐	☐

„Great place to work"
Der Rieder Flugzeugbauer FACC bietet seinen Mitarbeitern Kinderbetreuung, Gesundheitsprogramme oder Fortbildungsstipendien, um den Teamgeist zu stärken und dadurch den Unternehmenserfolg zu erhöhen.

LERNEN

2 Die Mitarbeiterinnen und Mitarbeiter

Für den Erfolg eines Unternehmens sind die Menschen entscheidend, die dem Unternehmen ihre Arbeitskraft zur Verfügung stellen. Ihre kollektiven Fertigkeiten, Fähigkeiten, Erfahrungen und ihr Know-how sind das wichtigste Kapital im Unternehmen.

Ü 6.6 Erinnere dich an dein Praktikum. Beschreibe Faktoren, die dazu beigetragen haben, dass du gute Leistungen erbringen konntest.

1 Leistung im Unternehmen

In jedem Unternehmen sind die Mitarbeiter gefordert, Leistung zu erbringen. Die Anforderungen, die an die Mitarbeiter gestellt werden, müssen ihrem Leistungsangebot entsprechen.

performance of the employee
Leistungsangebot des Mitarbeiters

 Das Leistungsangebot: Verschiedene Faktoren bestimmen das Leistungsangebot jedes einzelnen Mitarbeiters.

Das Leistungsangebot von Mitarbeitern hängt ab von ...		
Fähigkeiten und Fertigkeiten	**Disposition**	**Leistungsanreizen**
• Anlagen • Ausbildung • Erfahrung • Grad der Einarbeitung	• Tagesrhythmus • körperliches Befinden • Grad der Ermüdung	• Motivation • Betriebsklima

2 Fähigkeiten und Fertigkeiten

Unter Fähigkeiten werden die zur Ausführung einer bestimmten Arbeitsleistung grundsätzlich erforderlichen **geistigen und körperlichen Voraussetzungen** des Mitarbeiters, wie z. B. Begabungen, Talente und Erfahrungen, bezeichnet. Fertigkeiten benennt **konkret Gelerntes** wie Lesen, Schreiben, Rechnen, professionelle Handhabung eines Werkzeugs oder einer Maschine.

skill
Fertigkeit

3 Disposition

Die gesundheitliche Disposition von Beschäftigten kann durch eine positive Gestaltung des Arbeitsplatzes, z. B. durch gute Licht- und Temperaturverhältnisse, und durch eine gute Arbeitsorganisation positiv beeinflusst werden. Das Wohlbefinden wird gesteigert und der Ermüdungsgrad gesenkt.

Disposition
Bereitschaft zu etwas, Veranlagung

Leistungsvermögen im Tagesablauf

Das Leistungsangebot eines Mitarbeiters hängt u. a. von der **Tageszeit** ab. Die Arbeit sollte so eingeteilt werden, dass anspruchsvolle Tätigkeiten eher am Vormittag, leichtere Arbeiten am frühen Nachmittag erfolgen. Auch bei Personen, die in der Nacht oder in Wechselschichten arbeiten, ist die Leistungsfähigkeit in der Nachtschicht geringer. Gründe dafür sind:

Wechselschicht
Arbeit abwechselnd am Tag und in der Nacht

- Nachtarbeit bedeutet eine höhere Beanspruchung, da sich der Körper nur sehr langsam umstellen kann.
- Der Tagesschlaf ist weniger erholsam, da der Lärmpegel am Tag höher ist.
- Soziale Kontakte (mit Freunden, Verwandten …) können nicht gepflegt werden.

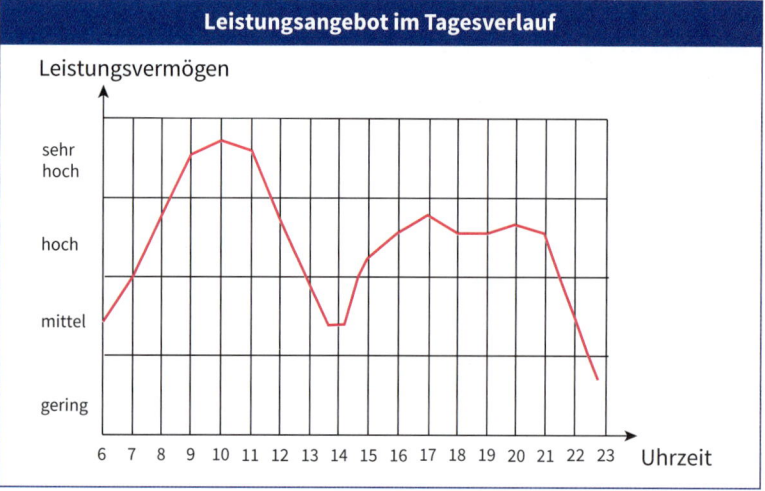

Leistungsangebot im Tagesverlauf

Ü 6.7 Persönliche Leistungskurve A
Beschreibe deine persönliche Leistungskurve im Tagesverlauf.

Ermüdung

Sind Mitarbeiter müde, sinkt ihre Leistung. Dies muss durch entsprechende **Pausen** ausgeglichen werden. Wird trotz Müdigkeit weitergearbeitet,

- sinkt die Konzentration,
- steigen Unfallgefahr und Ausschuss.

Fertigung von Dampfturbinen im Schichtbetrieb
Vorteile der Schichtarbeit sind ein höheres Einkommen, längere Freizeitblöcke und Tagesfreizeit. Der Nachteil ist v. a. das erschwerte Familien- und Sozialleben durch unregelmäßige Arbeitsrhythmen.

tiredness
Ermüdung

risk of accident
Unfallgefahr

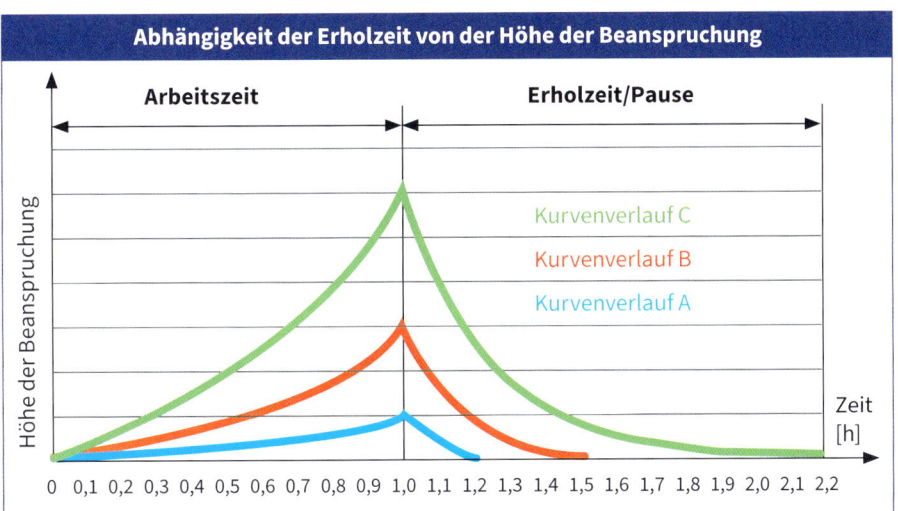

Abhängigkeit der Erholzeit von der Höhe der Beanspruchung

Arbeitszeit | Erholzeit/Pause

Höhe der Beanspruchung

Kurvenverlauf C
Kurvenverlauf B
Kurvenverlauf A

Zeit [h]

0 0,1 0,2 0,3 0,4 0,5 0,6 0,7 0,8 0,9 1,0 1,1 1,2 1,3 1,4 1,5 1,6 1,7 1,8 1,9 2,0 2,1 2,2

Kurvenverlauf	Höhe der Beanspruchung	Beispielhafte Arbeits-/ Sporttätigkeiten	Erholzeit/ Pause
A	gering	Büroarbeit, leichte Handarbeiten, Gehen	kurz
B	mittel	mittelschwere Montage- bzw. Installationsarbeiten, Bergwandern	mittel
C	hoch	Überkopfschweißen, Dachdecken, Bergklettern	lange

Zu Beginn der Pause ist die Erholung am größten. Ist der Mitarbeiter stark ermüdet, benötigt er eine wesentlich längere Pause. Es ist daher gesünder und wirtschaftlicher, bei monotonen Arbeiten, wie z.B. beim Überkopfschweißen, Dachdecken oder Einkaufstaschen zusammennähen, **öfter eine kurze Pause** einzulegen.

Eintönigkeit ermüdet
Ähnliche Auswirkungen wie Ermüdung haben monotone Arbeitsbedingungen, man spricht in diesem Fall von Antriebsermüdung. Sie kann durch Zuweisung einer anderen Tätigkeit ausgeglichen werden.

4 Motivation

Durch Motivation sollen Mitarbeiter zu bestimmten Handlungen oder Denkweisen angeregt werden.

Ansporn entsteht durch **Wertschätzung** und **Leistungsanerkennung.** Mitarbeiter, die Wertschätzung und Anerkennung erfahren, sind motivierter und leisten mehr, haben weniger Krankenstände und sind loyal dem Unternehmen gegenüber. Nicht zuletzt verbreiten sie gute Laune, die sich in einem guten Arbeitsklima niederschlägt und zum Erfolg und zur Weiterentwicklung des Unternehmens beiträgt.

Anerkennung kann sich auch in **verschiedenen Formen von Belohnungen** ausdrücken. Die meisten Belohnungen entsprechen einer von zwei Kategorien:

- **Formelle Belohnungen** sind in der Regel geplante, strukturierte Programme, die im Laufe der Zeit wiederholt und über Jahre durchgeführt werden. Beispiele: Auszeichnungen wie „Mitarbeiter des Monats", die Auszahlung eines Bonus etc.

Häufiger Mitarbeiterwechsel ist teuer
Bei jeder Kündigung verlassen auch viel Wissen und Erfahrung das Unternehmen. Die Neubesetzung einer Stelle kostet rund 14.000 Euro.

- **Informelle Belohnungen** erfolgen eher kurzfristig und sind eine spontane Anerkennung guter Arbeit. Sie sind häufig individuell und zeichnen ein spezielles Verhalten aus, wie besonderer Kundenservice, kostenreduzierende Ideen bzw. das Fertigstellen eines Projekts. Beispiele: Restaurantgutscheine für ein Abendessen, zusätzlicher bezahlter Urlaubstag etc.

Auch beim **Anwerben von Mitarbeitern** sind heute neben leistungsgerechter Entlohnung mehr und mehr Leistungsanreize (Incentives) interessant, die als begehrte Mitarbeiter-Benefits zur optimalen Work-Life-Balance beitragen.

Motivation nach Maslow – die Bedürfnispyramide

Die Bedürfnispyramide von Abraham Maslow zeigt die **Grundbedürfnisse** der Menschen. Diese orientieren sich an einer Rangordnung. Erst, wenn Bedürfnisse einer Stufe abgedeckt sind, werden die Bedürfnisse der nächsthöheren Stufe befriedigt.

Aus dem Modell von Maslow lässt sich ableiten, wie Mitarbeiter am besten motiviert werden können:

LINK
Bedürfnispyramide
Hier findest du die klassische Bedürfnispyramide von Maslow.

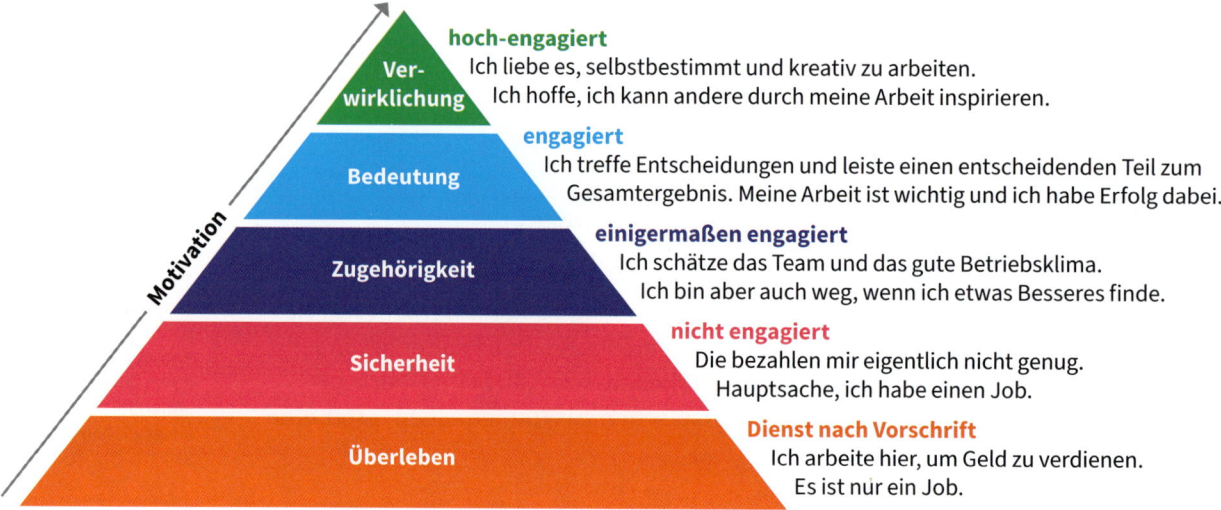

Für Unternehmen ist es wichtig, dafür zu sorgen, die Bedürfnisse ihrer Mitarbeiter zu befriedigen. Dazu gehören materielle Anreize, um Demotivation zu verhindern, sowie immaterielle Anreize, damit der Mitarbeiter das Bedürfnis nach Wertschätzung und Selbstverwirklichung befriedigen kann und einen höheren Grad an Motivation erreicht.

**Abraham Maslow
(1908–1970)**
US-amerikanischer Psychologe

Ü 6.8 Maslows Bedürfnispyramide D

Die Bedürfnispyramide von Maslow zeigt, dass sich bestimmte Gegebenheiten auf die Motivation von Mitarbeiter/innen auswirken und zu einem bestimmten Verhalten führen. Beschreibe die Konsequenzen auf die Motivation, wenn

a) die arbeitsbedingten Belastungen im Industriebetrieb zu hoch sind,

b) eine Kantine vorhanden ist, wo ein gesundes Mittagsmenü angeboten wird,

c) das Unternehmen jedes Jahr einen Betriebsausflug veranstaltet,

d) du vom Chef keine Anerkennung für ein von dir erfolgreich abgeschlossenes Projekt erhältst.

Ü 6.9 Deine Bedürfnispyramide B

Was erwartest du dir von deinem Arbeitsplatz? Zeichne deine eigene Pyramide auf und gib an, welche Bedürfnisse dir wichtig sind.

Motivation nach Herzberg – die Zwei-Faktoren-Theorie

Der Arbeitswissenschaftler Frederick Herzberg fand heraus, dass verschiedene Faktoren Zufriedenheit und Unzufriedenheit bei Arbeitnehmer/innen auslösen können und teilte diese in **Motivatoren** und **Hygienefaktoren** ein:

- Sind Motivatoren vorhanden, erreichen Mitarbeiter einen Zustand der Zufriedenheit. Fehlen diese, führt dies aber nicht automatisch zu Unzufriedenheit.

- Hygienefaktoren sind Stabilisatoren, die zu Unzufriedenheit führen können, wenn sie fehlen. Sind sie vorhanden, führt dies jedoch nicht zur Zufriedenheit, sondern nur dazu, dass sich Mitarbeiter nicht unzufrieden fühlen.

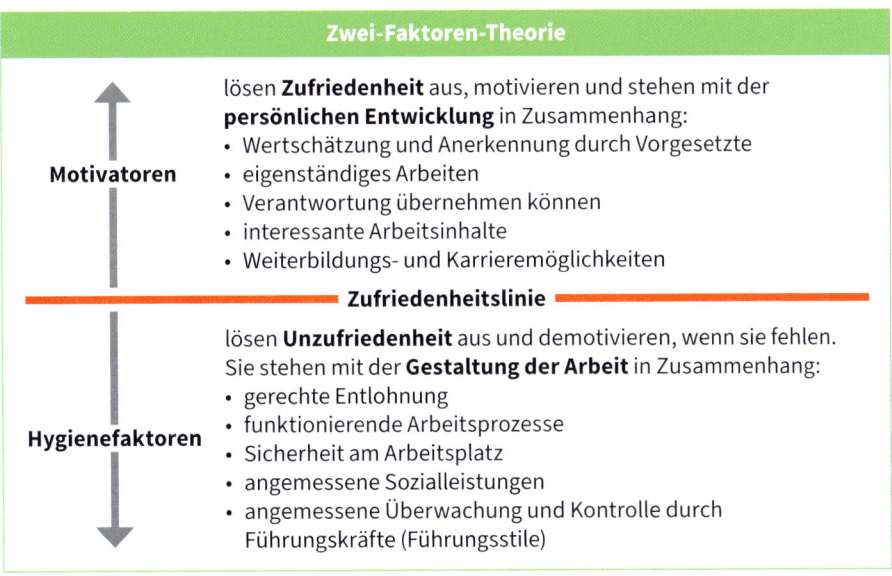

Zwei-Faktoren-Theorie

Motivatoren
lösen **Zufriedenheit** aus, motivieren und stehen mit der **persönlichen Entwicklung** in Zusammenhang:
- Wertschätzung und Anerkennung durch Vorgesetzte
- eigenständiges Arbeiten
- Verantwortung übernehmen können
- interessante Arbeitsinhalte
- Weiterbildungs- und Karrieremöglichkeiten

Zufriedenheitslinie

Hygienefaktoren
lösen **Unzufriedenheit** aus und demotivieren, wenn sie fehlen. Sie stehen mit der **Gestaltung der Arbeit** in Zusammenhang:
- gerechte Entlohnung
- funktionierende Arbeitsprozesse
- Sicherheit am Arbeitsplatz
- angemessene Sozialleistungen
- angemessene Überwachung und Kontrolle durch Führungskräfte (Führungsstile)

Frederick Herzberg (1923–2000)
US-amerikanischer Arbeitswissenschaftler

Für die **Personalpolitik** bedeutet dies, dass Hygienefaktoren unbedingt vorhanden sein müssen, damit keine Unzufriedenheit aufkommt. Das Angebot an Motivatoren sollte ausgebaut werden, um die Zufriedenheit des Personals sicherzustellen.

Ü 6.10 Herzberg **C**

Nenne jeweils drei Motivatoren sowie Hygienefaktoren, die dir beim Arbeiten in deiner Klasse und mit deinen Lehrerinnen und Lehrern am wichtigsten sind.

Motivation nach Simon, March und Barnard – die Anreiz-Beitrags-Theorie

Die US-amerikanischen Sozialwissenschaftler Herbert Simon (1916–2001), James March (1928–2018) und Chester Barnard (1886–1961) entwickelten eine weitere Theorie der Arbeitsmotivation, die Anreiz-Beitrags-Theorie:

Das Unternehmen bietet den Mitarbeitern **Anreize,** im Unternehmen zu arbeiten, diese sind beispielsweise die Bezahlung, Sinnstiftung und Ansehen durch die Arbeitsaufgabe sowie soziale Kontakte. Die Mitarbeiter erbringen ihre **Beiträge** durch Zeit und ihre Leistungskraft.

incentive
Anreiz

Bewertung des Unternehmens durch Mitarbeiter

Anreize im
Unternehmen

Beiträge des
Mitarbeiters

Jeder Mitarbeiter **bewertet die Anreize,** die er erhält, und **vergleicht sie mit den Beiträgen,** die er leisten muss:

- Solange seine Beiträge die Anreize nicht übersteigen, wird er im Unternehmen bleiben und seine Arbeit leisten.
- Bewertet der Mitarbeiter die Anreize geringer als seine Beiträge, wird er das Unternehmen wechseln.

◎ ÜBEN

In dieser Lerneinheit hast du die Faktoren für das Leistungsangebot von Mitarbeitern kennengelernt. Mithilfe der folgenden Aufgaben kannst du das Gelernte üben und festigen.

Ü 6.11 Tagesrhythmus B

Zu welcher Tageszeit werden am häufigsten fehlerhafte Produkte hergestellt? Wann sind die geringsten Arbeitsunfälle zu erwarten?

Ü 6.12 Pausen B

In einer Werkstätte sind schwere körperliche Arbeiten zu verrichten. Begründe, ob es günstiger ist, mehrere kurze oder eine lange Pause zum Abbau der Ermüdung vorzusehen.

Ü 6.13 Belohnungen B

Beschreibe die Unterschiede zwischen formellen und informellen Anreizsystemen (Belohnungen).

Ü 6.14 Bedürfnisse nach Maslow B

Erläutere und begründe, warum es Unterschiede zwischen den Bedürfnissen von Mitarbeitern gibt.

Ü 6.15 Zwei-Faktoren-Theorie von Herzberg B

Ein Mitarbeiter, der besonders gute Leistungen erbracht hat, soll eine Belohnung erhalten. Welche Belohnung könnte man einem Mitarbeiter, der gut verdient, bzw. einem anderen, der wenig verdient, geben? Begründe deine Entscheidung.

Ü 6.16 Anreizsysteme B

Erläutere die Anreiz-Beitrags-Theorie.

Authentische Führung
Johannes Gutmann, der Gründer von „Sonnentor", ist auch abseits des Unternehmens ein Bio-Verfechter. „Ich bin der Meinung: Wenn man etwas erreichen will, dann muss man mit positivem Beispiel vorangehen."

LERNEN

3 Die Führungskraft

Die Mitarbeiterführung ist eine der wichtigsten, aber auch schwierigsten Aufgaben im Management. Mitarbeiterinnen und Mitarbeiter erwarten, dass ihre Führungskräfte mit ihnen auf Augenhöhe kommunizieren und sie in ihre Entscheidungsprozesse einbeziehen.

Ü 6.17 Du hast in deiner Schulzeit bereits unterschiedliche Lehrkräfte erlebt. Nenne Eigenschaften, die deiner Meinung nach eine gute „Klassenführung" ausmachen.

might, power
Macht

1 Macht – wer hat hier das Sagen?

Führungskräfte nehmen in einer Organisation **Führungsaufgaben** wahr. Sie sollen dabei die Mitarbeiterinnen und Mitarbeiter zum Verfolgen der Unternehmensziele veranlassen. Ob Führung gelingt, ist einerseits abhängig von der **Macht,** die die jeweilige Führungskraft ausüben kann, aber auch von

- ihrer Einstellung gegenüber den Mitarbeitern,
- ihrem Führungsstil,
- ihrem Einsatz verschiedener Führungsinstrumente und
- welche Managementprinzipien diese verfolgt.

Die Aufgabe der Führungskraft ist es, das Verhalten der Mitarbeiter zu lenken. Sie übt daher **Macht über die ihr Unterstellten** aus.

Eigen- und Fremdmotivation
Führungskräfte können sich und andere motivieren. Sie vermitteln auch ihren Mitarbeitern eine zuversichtliche Grundhaltung.

Formen von Macht		
Formelle Macht	**Macht durch Autorität**	**Faktische Macht**
Dem Inhaber einer Stelle sind bestimmte Rechte eingeräumt – unabhängig von der Person, die die Stelle innehat.	Eine Person wird durch bestimmte Kenntnisse und Fertigkeiten oder persönliche Eigenschaften besonders anerkannt.	Eine Person übt in der Praxis Macht aus, ohne dafür eine offizielle Berechtigung zu haben.
Beispiel: Eine Abteilungsleiterin kann anderen Anweisungen erteilen, Tätigkeiten kontrollieren und Prämien vergeben.	**Beispiel:** Ein Haustechniker kennt sich besonders gut im Bereich der Kältetechnik aus. Bei der Anschaffung eines neuen Kälteaggregats wird er um Rat gefragt.	**Beispiel:** Im Werkzeugbau werden Aufträge nur dann schnell erledigt, wenn der Meister ein Geschenk erhält.

formal rule
formelle Macht

de facto control
faktische Macht

2 Einstellungen gegenüber den Mitarbeitern

Vom **Menschenbild** und den **Erfahrungen** der Führungskraft hängen ab:

- ihr Verhalten
- ihre Einstellung gegenüber den Untergebenen
- ihre Ausübung von Macht

Theorie X und Theorie Y

Der US-amerikanische Psychologe **Douglas McGregor** stellte in den 1960er-Jahren zwei Extremstandpunkte gegenüber, die eine Führungskraft einnehmen kann: ein **negatives Menschenbild (X)** und ein **positives Menschenbild (Y).** In der Realität wird die Haltung einer Führungskraft den Mitarbeitern gegenüber irgendwo dazwischenliegen.

**Douglas McGregor
(1906–1964)**
Professor für Management am Massachusetts Institute of Technology, untersuchte die Mitarbeiterdynamik in Unternehmen.

	Theorie X	**Theorie Y**
Menschenbild	Der Mensch ist arbeits- und verantwortungsscheu; er sucht lediglich Sicherheit. Leistung kann von ihm nur erwartet werden, wenn er dauernd kontrolliert und korrigiert wird.	Der Mensch ist bereit, zu arbeiten und Leistung zu erbringen. Er übernimmt gerne Verantwortung und arbeitet selbständig, wenn er dabei auch seine Bedürfnisse befriedigen kann. Kontrolle ist daher nicht nötig.
Haltung der Führungskraft	Mitarbeiter müssen, kontrolliert, belohnt oder sanktioniert werden. Nur das Arbeitsergebnis ist interessant, die Bedürfnisse der Mitarbeiter werden nicht beachtet.	Die Führung erfolgt partnerschaftlich; es wird versucht, auf die Wünsche der Mitarbeiter Rücksicht zu nehmen. Ergebnisse und Lösungen zählen mehr als die genaue Befolgung einer Handlungsanweisung.

Annahmen über die Mitarbeiter prägen das Verhalten einer Führungskraft stark. **Vorgesetzte mit positivem Menschenbild** glauben, dass

- die Arbeit ein wichtiges Betätigungsfeld für jeden Menschen ist,
- der Mitarbeiter seine Ideen und Einfälle am Arbeitsplatz einsetzen möchte, wenn man ihn lässt,
- der Mensch, der zufrieden ist, gerne Leistungen erbringt und daher nur wenig kontrolliert werden muss,
- nicht nur finanzielle Anreize für den Menschen wichtig sind.

McGregor war ein Anhänger der Theorie Y und kritisierte, dass sich Manager zu oft an der Theorie X orientieren.

Ü 6.18 Theorie X und Theorie Y B

a) Wenn du an deine schulische Arbeit oder deine Arbeit im Praktikum denkst: Zählst du dich eher zur X- oder zur Y-Gruppe?

b) Argumentiere, ob in deiner Klasse die X- oder die Y-Gruppe größer ist.

c) Begründe, ob du lieber unter einer Führungskraft mit dem Menschenbild X oder dem Menschenbild Y arbeiten würdest.

Managerial Grid

Die beiden US-amerikanischen Wirtschaftswissenschafter **Robert Blake** und **Jane Mouton** entwickelten ein Modell, das die Beziehung zwischen Führungskraft und Mitarbeiter umfassender darstellt. Sie haben festgestellt, dass sich bestimmte Führungsstile aufgrund einer **Kombination von Leistungs- und Mitarbeiterorientierung** bei Führungskräften ergeben. Dies wird in einem **Verhaltensgitter (Managerial Grid)** abgebildet.

Robert R. Blake (1918–2004)
Professor an der Universität Texas, gründete mit Jane Mouton das Grid-Institut (www.gridinternational.com)

behaviour
Verhaltensweise

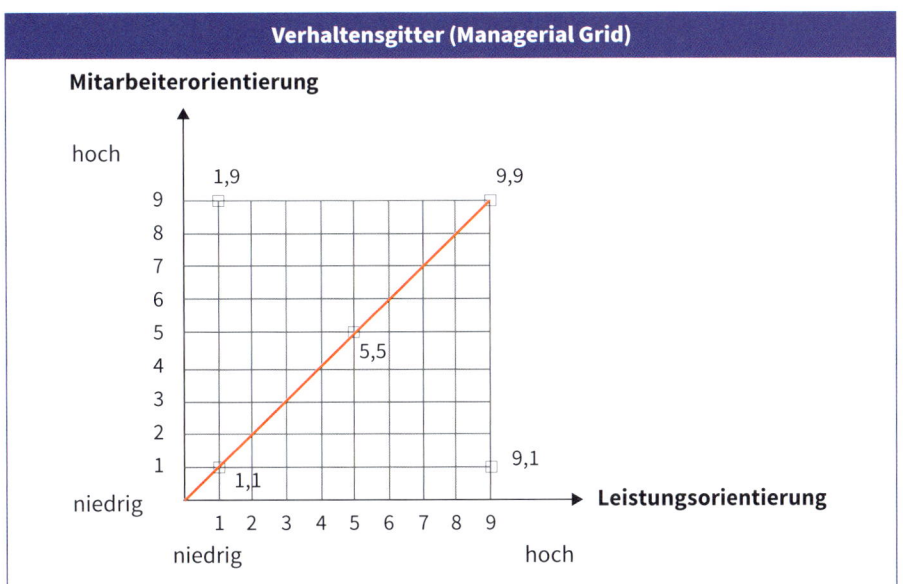

Verhaltensgitter (Managerial Grid)

Mitarbeiterorientierung

Dieses Gitter dient dabei als Raster für die Einordnung des Führungsstils. Aus den 81 möglichen Kombinationen (Leistungs- und Mitarbeiterorientierung) werden hier nur fünf spezielle Kombinationen dargestellt, die die größte Bedeutung haben. Die Verhaltensweise jeder Führungskraft kann aber auch durch eine der weiteren Kombinationen beschrieben werden.

- **Position 1,1 – Überlebensmanagement:** Diese Führungskraft ist weder an den Mitarbeitern noch an der Arbeit interessiert. Sie versucht, mit minimaler Anstrengung und ohne Einsatz ein leichtes Leben zu führen.

- **Position 1,9 – Glacéhandschuh-Management:** Diese Führungskraft ist nur am Wohlergehen der Mitarbeiter interessiert, achtet aber nicht auf den Erfolg der Arbeit. Die Arbeitsleistung ist gering, das Betriebsklima gut. Die Pflege der zwischenmenschlichen Beziehungen dominiert.

- **Position 5,5 – Organisationsmanagement:** Hier legt die Führungskraft sowohl auf die Wünsche der Mitarbeiter als auch auf die Erreichung einer bestimmten Arbeitsleistung Wert. Sie trifft Entscheidungen vorsichtig, unter Beachtung sämtlicher Vorschriften und strebt häufig Kompromisse an. Die Leistung und die Zufriedenheit der Mitarbeiter werden daher geringer sein als möglich.

Einsatz des Managerial Grids
Das Verhaltensgitter wird in Führungskräfte-Trainings verwendet, um den bestehenden Führungsstil einzuordnen. So kann eine Veränderung des Verhaltens reflektiert werden, idealerweise in Richtung einer „9,9-Führungskraft".

- **Position 9,1 – Befehl-Gehorsam-Management:** Die Führungskraft legt Wert auf eine hohe Leistung ohne Berücksichtigung der Wünsche der Mitarbeiter. Sie verhält sich so, wie es von Taylor in seiner wissenschaftlichen Betriebsführung vorgeschlagen wurde.
- **Position 9,9 – Teammanagement:** Die Führungskraft geht davon aus, dass Mitarbeiter, die Freude an ihrer Tätigkeit haben, diese auch gut ausführen. Sie versucht daher, die Wünsche und Bedürfnisse der Mitarbeiter bei der Arbeitsgestaltung und -einteilung zu berücksichtigen. Sie setzt aber auch klare Ziele und erteilt eindeutige Anweisungen, die von den Mitarbeitern befolgt werden müssen. Die Position 9,9 wird von Blake und Mouton als ideal eingestuft – Führungskräfte sollten versuchen, dorthin zu gelangen.

Das Verhaltensgitter kann auch als Basis für Feedback der Mitarbeiterinnen und Mitarbeiter an die Führungskraft dienen.

Flexibilität gewinnt
Das Modell von Blake und Mouton wurde von anderen Wissenschaftern auch kritisiert: Um flexibel handeln zu können, sollten Führungskräfte eine große Bandbreite an Verhaltensmodellen beherrschen.

cognitive error
Wahrnehmungsfehler

Wahrnehmungsfehler

Um die vielen Eindrücke und Informationen, die täglich auf uns einströmen, verarbeiten zu können, entwickeln wir im Laufe unseres Lebens verschiedene **Strategien für Vereinfachungen, Routinen und Muster** und ordnen so unsere Wahrnehmungen ein. Was wir von einer Person wahrnehmen, durchläuft also erst die Denkmuster in unserem Kopf. Da diese von Mensch zu Mensch unterschiedlich sind, nimmt jeder seine Umwelt anders wahr und es können **Wahrnehmungsfehler** entstehen. Führungskräfte sollten sich dieser Fehler bewusst sein und ihre Einschätzungen stets kritisch hinterfragen.

Die **häufigsten Wahrnehmungsfehler** sind:

- **selektive Wahrnehmung:** Man nimmt aufgrund seiner Vorurteile nur bestimmte Merkmale wahr, die einem wichtig oder sympathisch erscheinen. Beispiel: Der Vorgesetzte hat vom Mitarbeiter Meier, dessen Arbeit er beurteilen soll, eine gute Meinung, da beide Anhänger desselben Fußballklubs sind. Daher meint er, dessen Fehler seien einmalige Ausrutscher. Bei der Beurteilung erinnert er sich nur an die guten Leistungen.

prejudice
Vorurteil

- **Kategorisierung oder Vorurteile:** Aufgrund bestimmter Merkmale wird der Mitarbeiter – ohne weitere Überprüfung – einer Klasse zugewiesen. Beispiel: Alle Mitarbeiter der Montage sind schlampig.

- **Persönlichkeitstheorie:** Aufgrund von Erfahrungen mit einer Person, die ein bestimmtes Merkmal aufweist (Name, körperliche Merkmale, Nationalität ...), werden anderen Personen, die das gleiche Merkmal aufweisen, dieselben Eigenschaften zugeschrieben. Beispiel: Autofahrer mit Hut fahren langsam und unsicher.

- **Sympathie und Antipathie:** Bei sympathischen Personen werden die positiven Seiten gesehen; sie werden besser beurteilt. Bei Personen, die Antipathie hervorrufen, werden besonders die negativen Dinge wahrgenommen, die positiven eher übersehen.

- **Andorra-Phänomen:** Schreibt man einer Person bestimmte Eigenschaften zu und behandelt man sie dementsprechend, so wird sie sich nach einiger Zeit der Einschätzung gemäß verhalten, wodurch man in seinem Urteil bestärkt wird. Es handelt sich um eine sich selbsterfüllende Vorhersage („self-fulfilling prophecy").
Beispiel: Ernst Stark, ein junger Elektroniker, beginnt in einem neuen Betrieb. Der Vorgesetzte meint, dass ein Mitarbeiter in diesem Alter

„Andorra" von Max Frisch
Die Bezeichnung des Phänomens leitet sich vom Schauspiel „Andorra" (1961) ab, in dem der Hauptfigur eine vermeintliche Identität von den anderen zugeschrieben wird.

noch nicht die notwendige Erfahrung hat, und schreibt ihm daher jeden Handgriff genau vor. Nach einiger Zeit sieht Stark, dass keine Eigeninitiative gefragt ist, und erledigt nur die vorgeschriebenen Tätigkeiten, auch wenn er bessere Möglichkeiten erkennt.

■ **Einfrieren:** Eine einmal eingenommene Haltung gegenüber einer Person kann nur schwer wieder verändert werden. Beispiel: Die Vorgesetzte Fritsch sieht Florian Weimer öfter zu spät kommen. Daraufhin meint Fritsch, Weimer sei unpünktlich und unzuverlässig. Nach einem Gespräch mit der Vorgesetzten bessert sich Weimer und erscheint seither pünktlich. Als Fritsch einige Zeit später einen besonders zuverlässigen Mitarbeiter zur Erledigung einer komplizierten Aufgabe sucht, wird ihr Weimer empfohlen. Fritsch lehnt jedoch mit der Begründung ab, er sei unpünktlich und unzuverlässig. Sie hat die einmal über Weimer gefasste Meinung beibehalten, obwohl sich Weimer geändert hat.

Führungskräfte sollten stets versuchen, Beobachtung und Bewertung zu trennen und sich auf **messbare Qualifikationen und Leistungsmerkmale** zu konzentrieren.

3 Führungsstile – wie verhält sich die Führungskraft?

Die „idealtypischen" Führungsstile, wie sie in der Theorie beschrieben werden, kommen in dieser Ausprägung in der Praxis kaum vor. Dennoch kann man einer Führungskraft einen bestimmten Stil zuordnen, dessen Merkmale am ehesten auf sie zutreffen.

leadership style
Führungsstil

 Verschiedene Führungsstile: Unter Führungsstil versteht man das Führungsverhalten, das die Führungskraft gegenüber ihren Mitarbeitern zeigt.

Eine Führungskraft kann ihre Entscheidungen ohne Berücksichtigung der Mitarbeiterinnen und Mitarbeiter oder gemeinsam mit ihnen treffen.

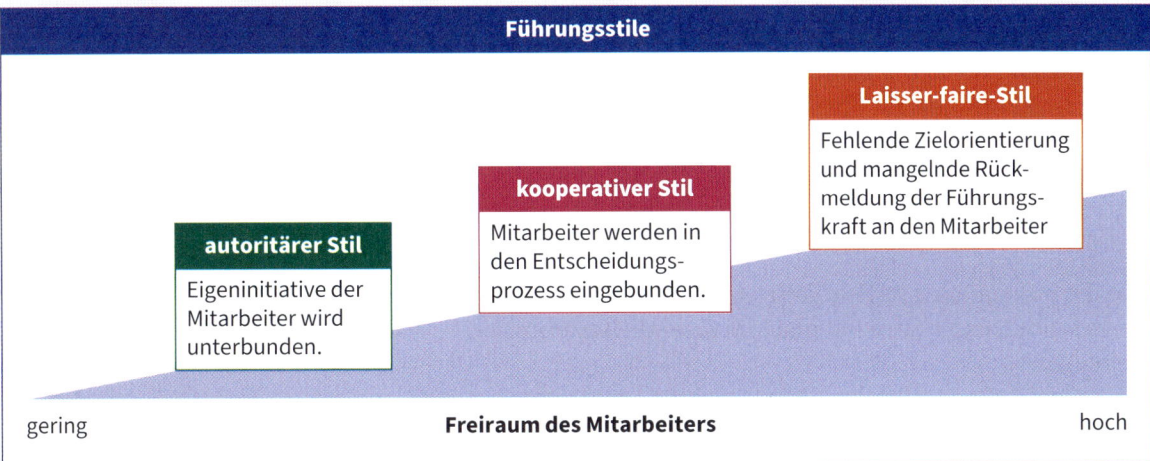

Autoritärer Führungsstil

Die **Führungskraft entscheidet alleine,** ohne auf die Wünsche und Anregungen der Mitarbeiter einzugehen. Sie gibt ihre Anweisungen in Form von Befehlen. Die Mitarbeiter bekommen ihre Aufgaben zugeteilt und haben zu gehorchen.

instruction
Anweisung

command
Befehl

- Vorteil: Entscheidungen können rasch, ohne Zeitverlust, getroffen werden.
- Nachteil: Eigeninitiativen der Mitarbeiter werden unterbunden.

Der **patriarchalische Führungsstil** ist eine Sonderform der autoritären Führung, wenn die Führungskraft eine Stellung hat, die der eines „klassischen Familienvaters" ähnlich ist.

- Die Führungskraft sorgt für die Untergebenen.
- Sie hilft ihnen auch bei persönlichen Schwierigkeiten.
- Ihre Autorität wird von jedem anerkannt.

Als Gegenleistung erwartet die Führungskraft Dankbarkeit, Treue und Gehorsam. Dieser Führungsstil ist heute überholt, hat sich aber in Kleinbetrieben teilweise bis heute erhalten.

Patriarchalische Führung
Die Führung als „Familienoberhaupt" war früher in Handwerksbetrieben üblich, als Lehrlinge und Gesellen in den Haushalt aufgenommen wurden.

Kooperativer Führungsstil

Die **Mitarbeiter** werden **in die Entscheidungen eingebunden.** Vor der Entscheidung werden ihre Meinungen eingeholt und diskutiert. Die Mitarbeiter bekommen dadurch Kompetenz und Verantwortung übertragen.

Die Führungskraft erteilt keine Anweisungen oder Befehle. Sie versucht, die Mitarbeiter zu motivieren, die „demokratischen" Entscheidungen umzusetzen. Dabei muss sie die erforderlichen Informationen bereitstellen und die gefassten Beschlüsse allen gegenüber begründen. Kurzfristig kann auch dieses Verhalten zu Unzufriedenheit führen, langfristig bringt es die größte Zufriedenheit der Mitarbeiter.

Laisser-faire-Stil

Typisch für dieses Führungsverhalten ist das **Gewährenlassen der Mitarbeiterinnen und Mitarbeiter.** Die Führungskraft spielt eine passive Rolle: Die Mitarbeiter genießen volle Freiheit, die Führungskraft gibt auf Fragen die notwendigen Antworten, erteilt sonst aber keine Anweisungen. Dieses Verhalten entspricht dem 1,1-Verhalten im Verhaltensgitter. Die Mitarbeiter sind durch mangelnde Rückmeldung und fehlende Zielorientierung verunsichert und nicht besonders motiviert.

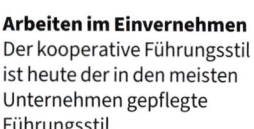

Arbeiten im Einvernehmen
Der kooperative Führungsstil ist heute der in den meisten Unternehmen gepflegte Führungsstil.

Da die Führungskraft nicht führt und keine Bewertungen abgibt, kann man beim Laisser-faire-Stil nicht im eigentlichen Sinn von Führungsstil sprechen.

Führungsinstrumente – Handwerkszeug für Führungskräfte

Führungsinstrumente sind verschiedene Methoden, um Führungssituationen zu meistern. Es handelt sich dabei um **Techniken und Mittel für Führungskräfte,** um die Motivation sowie die Leistung der Mitarbeiter zu steigern. Die Wahl der passenden Führungsinstrumente ist zum einen abhängig von der Persönlichkeit der jeweiligen Führungskraft und zum anderen von der zu führenden Mitarbeitergruppe.

management tool
Führungsinstrument

 Arten von Führungsinstrumenten: Werte, Potenziale, partnerschaftlicher Dialog und Ergebnisorientierung sind jene Faktoren, die (unter Berücksichtigung des Inputs) den beabsichtigten Output ermöglichen.

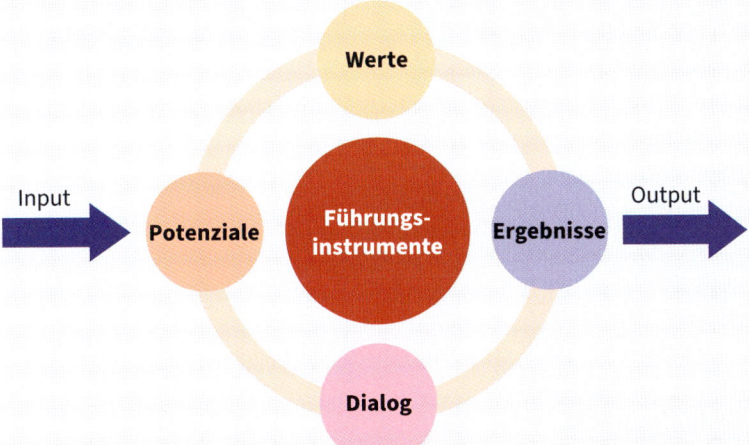

Arten von Führungsinstrumenten			
Wertorientierte Führungsinstrumente	**Potenzialorientierte Führungsinstrumente**	**Dialogorientierte Führungsinstrumente**	**Ergebnisorientierte Führungsinstrumente**
Die Unternehmenswerte – im Leitbild festgehalten – geben den Führungskräften und Mitarbeitern Orientierung.	Ein Unternehmen kann nur so gut sein wie seine Mitarbeiterinnen und Mitarbeiter. Daher muss die Führung deren Potenzial aktivieren.	Der partnerschaftliche Dialog zwischen Führungskraft und Mitarbeitern bildet die Grundlage für Entscheidungen. Dies schafft Vertrauen.	Der Maßstab für den Unternehmenserfolg sind Leistung und Ergebnisse.

- **Wertorientierte Führungsinstrumente** dienen der Förderung des Verhaltens im Sinne des Leitbilds (enthält Visionen, Werte, langfristige Ziele). Werden Unternehmenswerte aktiv vorgelebt, steigert dies die Motivation der Mitarbeiter und führt zu einer konstruktiven Arbeitsatmosphäre. Weiters dienen Werte der Gestaltung eines leistungsfördernden Arbeitsumfelds. Beispiele: Auseinandersetzung mit dem Leitbild, Verbesserung der Qualität des Arbeitsumfelds

- **Potenzialorientierte Führungsinstrumente** dienen der Entwicklung des Leistungspotenzials durch Förderung von Stärken und Abbau von Schwächen. Beispiele: Aufgabenübertragung und Delegation, Kontrolle und Leistungsbewertung, persönlicher Entwicklungsplan

- **Dialogorientierte Führungsinstrumente** dienen dem Aufbau und der Pflege vertrauensvoller Beziehungen und der kommunikativen Lösung von Problemen. Beispiele: Mitarbeitergespräch, partnerschaftlicher

values
Werte

performances
Leistungen

results
Ergebnisse

Dialog, effektive Besprechung (Gruppengespräch und Meetings), Rückmeldung (Feedback)

- Ergebnisorientierte Führungsinstrumente dienen der Konzentration der Kräfte auf konkrete Ziele. Beispiele: Zielvereinbarung und Zielsetzung, Anerkennung und Kritik

Das Mitarbeitergespräch

Unter einem Mitarbeitergespräch versteht man ein **strukturiertes Gespräch zwischen Mitarbeiterin bzw. Mitarbeiter und der Führungskraft.** Ziel des Mitarbeitergesprächs ist es, eine Win-Win-Vereinbarung zu treffen. Das bedeutet, dass die Anforderungen des Unternehmens mit den Bedürfnissen der Mitarbeiter in Einklang zu bringen sind. Ein Mitarbeitergespräch sollte zumindest **ein Mal pro Jahr** stattfinden und unterscheidet sich von anderen Gesprächen durch bestimmte Merkmale:

employee interview
Mitarbeitergespräch

Herkömmliches Gespräch	Strukturiertes Mitarbeitergespräch
• findet zwischendurch statt • ist selten vorbereitet • Thema ist das Tagesgeschäft • es kommt evtl. zu Störungen (z. B. Telefon) • Dauer ist individuell • wird selten protokolliert • dient dem Informationsaustausch	• Termin wird vereinbart • (schriftliche) Vorbereitung • Themen sind Aufgabenschwerpunkte, Zielvereinbarung, Entwicklung • Verlauf ohne Störungen • festgelegte Dauer, Zeit ist reserviert • Vorbereitungsbogen, Gesprächs- und Ergebnisprotokoll • dient der Aufgaben- und Verantwortungsklärung bzw. -delegation

Ablauf eines Mitarbeitergesprächs

1. Gesprächseinstieg

- Ziele des Gesprächs klären (Warum sitzen wir heute hier zusammen, was soll herauskommen?)
- Rahmen und Gesprächsregeln definieren

conversation starter
Gesprächseinstieg

2. Funktionsbeschreibung

- tatsächliche Aufgaben der vergangenen Periode
- Aktualisierung und Anpassung der Aufgaben
- Schwerpunkte für kommende Periode, daraus Ableitung von Zielen

functional description
Funktionsbeschreibung

3. Gegenseitiges Feedback

- Zusammenarbeit im Team
- Zusammenarbeit Mitarbeiter – Führungskraft
- Selbstbild, Fremdbild
- Entwicklungswünsche/-möglichkeiten/-schritte

mutual feedback
gegenseitiges Feedback

4. Zielvereinbarung für das kommende Jahr (Zusammenfassung)

- Schwerpunktsetzung aus Hauptaufgaben (Funktionsbeschreibung)
- erwünschte Veränderungen
- Sonderprojekte

agreement on objectives
Zielvereinbarung

5. Einvernehmliche Vereinbarungen für die Zukunft

- Weiterentwicklung der Funktion
- Gestaltung der Zusammenarbeit
- Fördermaßnahmen

LINK
Mitarbeitergespräch
Vorlage für ein Protokoll

Ziele des Mitarbeitergesprächs	
Sicht der Mitarbeiter/innen	**Sicht der Führungskraft**
• über erbrachte Leistungen Rückmeldungen erhalten • Verbesserungs- und Entwicklungsmöglichkeiten aufgezeigt bekommen • eigene Standpunkte einbringen können • Plattform, um unangenehme Themen anzusprechen	• Leistungserwartungen definieren, Schwerpunkte setzen • bessere Kenntnis über den Mitarbeiter, seine Potenziale und seine Probleme bekommen • Fragen der Zusammenarbeit klären • Unter- und Überforderung von Mitarbeitern rechtzeitig erkennen

Gespräch auf Augenhöhe
Das partnerschaftliche Verständnis des Mitarbeitergesprächs sollte sich auch in der Sitzordnung zeigen. Die Gesprächspartner sitzen möglichst an einem runden Tisch bzw. in L-Form; keinesfalls genau gegenüber.

5 Managementprinzipien für Führungskräfte

Managementprinzipien sind organisatorische **Maßnahmen und Verhaltensnormen zur Verwirklichung bestimmter Führungsstile,** an denen sich alle Führungskräfte eines Unternehmens orientieren sollen. Die Handlungsempfehlungen reichen von einfachen Grundsätzen bis zu sehr ausgefeilten Ansätzen. Das Ziel ist es, eine einheitliche Art der Führung zu erreichen.

- **Management by Exception:** Die Mitarbeiterinnen und Mitarbeiter treffen in ihrem Arbeitsbereich selbständig Entscheidungen und nur in Ausnahmefällen (außerhalb der Routine-Regelungen) greift die Unternehmensführung ein.

- **Management by Delegation:** Jeder Mitarbeiter erhält einen bestimmten Aufgaben- und Zuständigkeitsbereich, in dem er selbständig handeln soll. (Delegation, Verantwortung und Kompetenz sind die wesentlichen Bestandteile dieser Methode; begleitet wird sie von Dienstaufsicht und Erfolgskontrolle.)

- **Management by Planning and Controlling:** Hier werden Ziele in Form von Plänen gesetzt. Kontrolliert wird das Ergebnis, nicht der Mensch!

exception
Ausnahmefall

delegate
anvertrauen, übertragen

Management by Objectives

Das umfassendste Managementprinzip ist **Management by Objectives (MbO) – Führen durch Zielvereinbarung.** Bei diesem Managementprinzip werden sowohl die Sachziele der Organisation als auch die Bedürfnisse der Mitarbeiter im Führungsprozesses berücksichtigt. Voraussetzung dafür ist eine klare **Abgrenzung von Verantwortungsbereichen.**

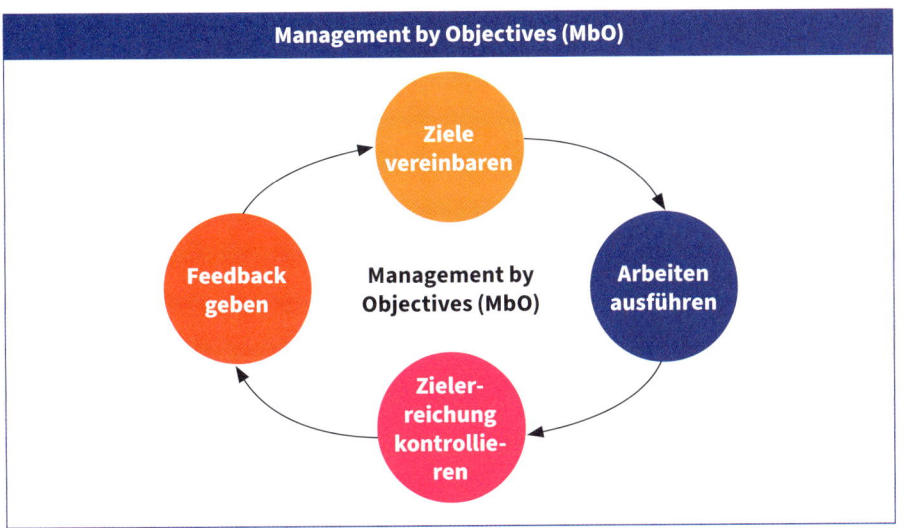

Management by Objectives (MbO)

Ziele vereinbaren → Arbeiten ausführen → Zielerreichung kontrollieren → Feedback geben

Es werden für die wesentlichen Verantwortungsbereich der Mitarbeiterinnen und Mitarbeiter die erwarteten Ergebnisse definiert und im Mitarbeitergespräch als **Ziel vereinbart.** Ziele müssen **messbar** sein. Daher ist zu vereinbaren: Was soll erreicht werden? In welcher Qualität soll es erreicht werden? Bis wann soll es erreicht werden?

Durch einen **laufenden Soll-Ist-Vergleich** kann der Grad der Zielerreichung festgestellt werden. Falls nötig, können Korrekturmaßnahmen vorgenommen werden:

1. Die Führungskraft und der Mitarbeiter legen gemeinsam fest, welche **Ziele** der **Mitarbeiter erreichen** soll.

2. Der Mitarbeiter übt die **Tätigkeiten eigenverantwortlich** aus. Er kann laufend überprüfen, ob er die Ziele erreicht hat.

3. Die **Führungskraft kontrolliert,** ob vereinbarte Ziele erreicht wurden.

4. Es wird besprochen, welche Probleme es bei der Zielerreichung gab und was **verbessert** werden kann.

5. Die Führungskraft und der Mitarbeiter legen die **Ziele für die nächste Periode** wiederum gemeinsam fest

Damit Ziele motivierend sind, müssen sie **erreichbar** sein, aber auch eine **Anstrengung erfordern:**

Mitarbeiter werden sich bemühen, Ziele zu erfüllen, die mit entsprechender Anstrengung erreichbar sind. Ist das Ziel zu einfach zu erreichen, bildet es keine Herausforderung und die Motivation geht verloren. Auch Ziele, die trotz größter Anstrengung unerreichbar bleiben, sind nicht motivierend und der Mitarbeiter wird sich nicht anstrengen.

Maßstäbe setzen
Für die Messung der Zielerreichung werden Benchmarks (Messpunkte) vereinbart.

effort
Anstrengung

ÜBEN

In dieser Lerneinheit hast du verschiedene Führungsstile und Führungsinstrumente kennengelernt. Mithilfe der folgenden Aufgaben kannst du das Gelernte üben und festigen.

Ü 6.19 Macht D

Analysiere jeweils, um welche Art von Macht es sich in folgenden Fällen handelt.

LINK
Ü 6.19 Macht
interaktive Übung

Situation	Art von Macht
Die Mitarbeiter fragen ihren Vorgesetzten, weil sie von seinen fachlichen Fähigkeiten überzeugt sind.	
Ein Lieferant bekommt einen Auftrag, weil er zu Weihnachten der Einkäuferin Geschenke bringt.	
Eine Kollegin erledigt für eine andere eine private Arbeit, weil sie gemeinsam Karten spielen.	
Bei persönlichen Problemen wird ein Kollege einer anderen Abteilung befragt, der ein überzeugendes Auftreten hat.	
Die Anordnungen der Vorgesetzten werden befolgt, obwohl sie wenig fachliches Wissen hat.	

Ü 6.20 Einstellungen – Managerial Grid B

Entscheide, welchem Punkt im Managerial Grid (Verhaltensgitter) folgende Verhaltensweisen entsprechen.

LINK
Ü 6.20 Einstellungen –
Managerial Grid
interaktive Übung

Verhaltensweise	Punkt im Managerial Grid
Führungskraft, die im Stil der wissenschaftlichen Betriebsführung führt	
Führungskraft, die sich den Human-Relations-Ideen verpflichtet fühlt	
Führungskraft, die folgende Meinung vertritt: „Auch wenn Sie abends eingeladen sind, müssen Sie Überstunden machen. Wir können sonst den Auftrag nicht rechtzeitig erledigen."	
Führungskraft, die folgende Meinung vertritt: „Ich weiß, dass Sie heute Abend bei einer Familienfeier eingeladen sind. Ich werde einen anderen Kollegen bitten, länger zu bleiben."	
Führungskraft, die folgende Meinung vertritt: „Gehen Sie ruhig heim, wenn Sie wollen. Mir ist es gleich, ob wir den Liefertermin einhalten können."	

Ü 6.21 Führungsstil B

Entscheide, welchem Führungsstil folgende Aussagen entsprechen:

LINK
Mitarbeitergespräch
Vorlage für ein Protokoll

a) „Ich schreibe meinen Mitarbeitern nichts vor, sie suchen sich ihre Arbeit selbst."

b) „Ich schreibe meinen Mitarbeitern jeden Handgriff genau vor."

c) „Vor wichtigen Entscheidungen werden die Mitarbeiter um ihre Meinung gefragt."

d) „Ich sorge für meine Mitarbeiter auch außerhalb des Betriebs, dafür dulde ich keine Widersprüche."

Ü 6.22 Führungsinstrument Mitarbeitergespräch B

a) Beschreibe den Unterschied zwischen einem herkömmlichen Gespräch und einem strukturierten Mitarbeitergespräch.

b) Entscheide, in welche Kategorie von Führungsinstrumenten das Mitarbeitergespräch eingeordnet werden kann.

- ☐ wertorientiertes Führungsinstrument
- ☐ dialogorientiertes Führungsinstrument
- ☐ potenzialorientiertes Führungsinstrument
- ☐ ergebnisorientiertes Führungsinstrument

Ü 6.23 Managementprinzipien B

Stelle den Unterschied zwischen Management by Delegation und Management by Objectives dar.

KÖNNEN

In diesem Kapitel hast du die Grundlagen der Mitarbeiterführung kennengelernt. Bei den folgenden Aufgaben kannst du dein Wissen praktisch anwenden und festigen.

K 6.1 Mitarbeiterführung – Wissenschaftliches Management B

Nenne die Prinzipien, nach denen F. W. Taylor versuchte, die Effizienz von Organisationen zu steigern. Wie bewertest du diese Prinzipien?

K 6.2 Sozialer Status B

Erkläre, was man unter dem „sozialen Status" im Betrieb versteht.

K 6.3 Informelle und formelle Gruppen im Betrieb B

Beschreibe die Unterschiede zwischen informellen und formellen Gruppen.

K 6.4 Zwei-Faktoren-Theorie B

Erläutere, was man unter Hygienefaktoren bzw. unter Motivatoren versteht.

K 6.5 Einstellungen – Wahrnehmungsfehler D

Florian Ritter hat seine Aufgaben immer pünktlich und gewissenhaft erledigt. Seine Vorgesetzte ist mit ihm sehr zufrieden. Aufgrund privater Probleme hat Florians Leistung in letzter Zeit allerdings nachgelassen und ihm sind mehrmals Fehler unterlaufen.

Überlege, welche der folgenden Meinungen seine Vorgesetzte am ehesten vertreten wird. Diskutiert die möglichen Reaktionen.

a) Die Vorgesetzte wird dies als einmaligen Fehltritt sehen und Florian weiterhin als verlässlichen Mitarbeiter betrachten.

b) Die Vorgesetzte wird Florian ehestmöglich zurechtweisen.

c) Die Meinung der Vorgesetzten über Florian wird sich schlagartig ändern.

d) Die Vorgesetzte wird Sanktionen verhängen und ihre Meinung über Florian ändern.

e) Die Vorgesetzte wird mit Florian reden, um die Gründe für sein Fehlverhalten zu verstehen.

K 6.6 Führungsinstrument Mitarbeitergespräch – Rollenspiel D

Führe mit einer Person deiner Klasse ein Mitarbeitergespräch durch, wobei eine/
einer die Rolle der/des Vorgesetzten und eine/einer die Rolle der Mitarbeiterin/des
Mitarbeiters übernimmt. Verfasse ein Protokoll, in dem du

- die im Gespräch definierten Arbeitsschwerpunkte,
- Aus- und Weiterbildungsmaßnahmen sowie
- sonstige Vereinbarungen festhältst.

KOMPETENZCHECK

Meine Kompetenzen	Kann ich?	Lernstoff	Aufgaben
Ich kann erklären, wie sich die Unternehmens-organisations- und Mitarbeiterführungstheorien im Laufe der Zeit geändert haben.		Lerneinheit 1	Ü 6.3
Ich kann die Vor- und Nachteile der bürokratischen Organisation erläutern.		Lerneinheit 1	Ü 6.3
Ich kann die unterschiedlichen Betriebshierarchien und deren sozialen Status erläutern.		Lerneinheit 1	Ü 6.4, Ü 6.5
Ich kann das Leistungsangebot eines Mitarbeiters im Tagesablauf erläutern.		Lerneinheit 2	Ü 6.11, Ü 6.12
Ich kann erläutern, warum es zwischen den Menschen hinsichtlich ihrer Bedürfnisse Unterschiede gibt.		Lerneinheit 2	Ü 6.8, Ü 6.14
Ich kann die zwei Gruppen von Faktoren erklären, die die Zufriedenheit der Mitarbeiter beeinflussen.		Lerneinheit 2	Ü 6.10, Ü 6.15
Ich kann die Unterschiede zwischen formellen und informellen Anreizsystemen erläutern.		Lerneinheit 2	Ü 6.13
Ich kann die Anreiz-Beitrags-Theorie erklären.		Lerneinheit 2	Ü 6.13
Ich kann die unterschiedlichen Formen der Macht erläutern.		Lerneinheit 3	Ü 6.19
Ich kann verschiedene Verhaltensweisen im Mangerial Grid (Verhaltensgitter) nach Mitarbeiter- und Leistungsorientierung zuordnen.		Lerneinheit 3	Ü 6.20
Ich kann die Vor- und Nachteile der unterschiedlichen Führungsstile erläutern.		Lerneinheit 3	Ü 6.21
Ich kann den Unterschied zwischen einem herkömmlichen Gespräch und einem strukturierten Mitarbeitergespräch erklären.		Lerneinheit 3	Ü 6.22
Ich kann die verschiedenen Managementprinzipien erläutern.		Lerneinheit 3	Ü 6.23

Platz zum Schreiben

Nicht nur für große
Konzerne
Unternehmen aller Größen
müssen marktgerichtet
handeln, um ihren Erfolg
langfristig zu sichern.

7 Marketing

Darum geht's in diesem Kapitel:

Marketing ist weit mehr als nur Werbung. Die Redewendung „Der Kunde ist König" zeigt, dass Kunden bei allen Überlegungen im Mittelpunkt stehen müssen. Die Festlegung der Marketingstrategie ist ein wichtiger Teil der Unternehmensführung.

Das lernst du in den folgenden Lerneinheiten:

1 Warum gibt es Marketing und wie läuft der **Prozess vom Kundenbedürfnis zum Kaufakt** ab?
2 Welche **Instrumente** stehen für die **Marktanalyse** zur Verfügung?
3 Was umfasst der **Marketing-Mix?**

Aktiviere dein MEHR!-Buch
online: **lernenwillmehr.at**

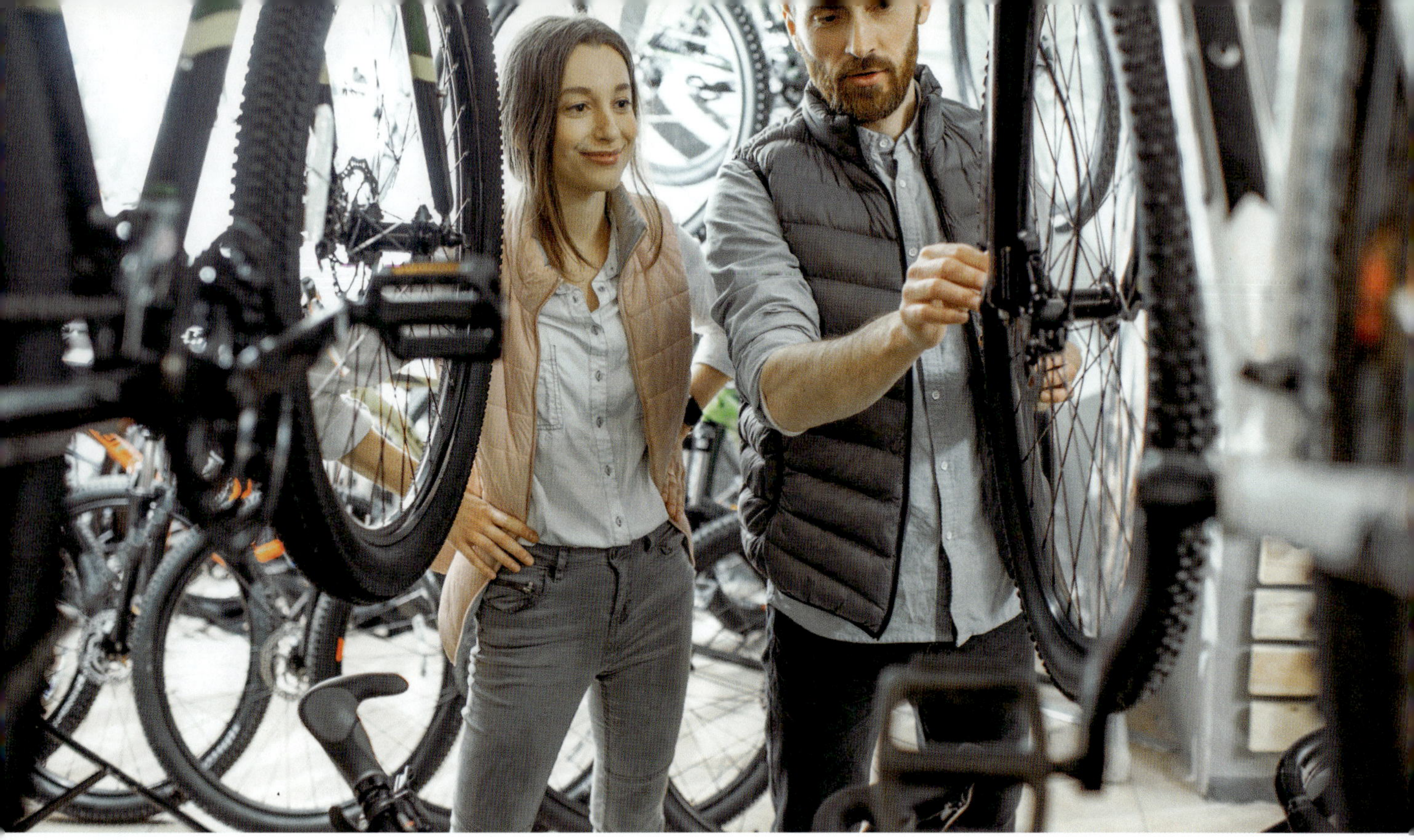

Viel mehr als nur verkaufen
Besonders bei beratungsintensiven Produkten kommt der Kundenbetreuung eine Schlüsselfunktion zu.

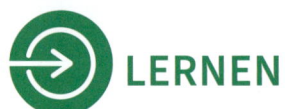

LERNEN

1 Der Kunde ist König

„Marketing heißt, die Welt aus der Sicht des Kunden zu sehen." (Peter F. Drucker, US-amerikanischer Wirtschaftswissenschafter). Es ist für ein Unternehmen grundlegend, sich mit den Bedürfnissen der Kunden auseinanderzusetzen.

Ü 7.1 Der Kunde steht im Mittelpunkt C

a) Nenne Anforderungen, die Kunden an ein Fahrradschloss haben könnten.

b) Du entschließt dich, ein Schloss basierend auf Textilien und Hightech-Materialien zu entwickeln. Es soll eine Alternative zu Stahlketten und Bügelschlössern sein. Beschreibe die Besonderheiten, die ein derartiges Schloss für Kunden bietet.

c) Erkläre, wie die Kunden von diesem neuen Produkt erfahren könnten.

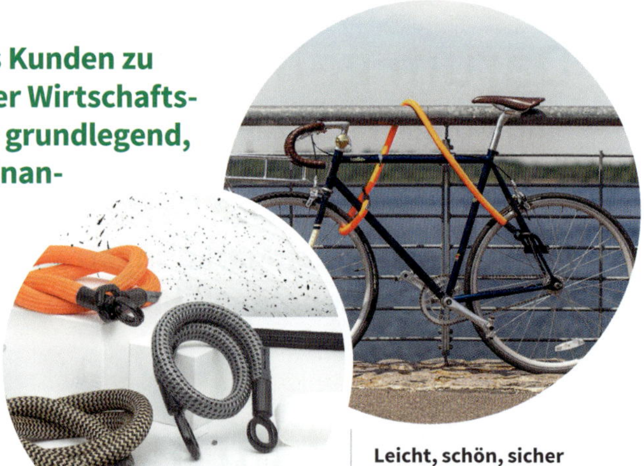

Leicht, schön, sicher
Die beiden Fahrradfans Alexandra Baum und Suse Brand waren der Meinung: Stoff kann mehr als nur Klamotten! Heute sind 20 Mitarbeiter/innen in ihrem Unternehmen tex-lock in Leipzig mit der Produktion und Vermarktung leichter und sicherer Fahrradschlösser beschäftigt.

1 Warum gibt es Marketing?

Die Aufgabe des Marketings ist die **Vermarktung,** d. h. die Förderung des Absatzes, **von Produkten oder Dienstleistungen** auf einem bestimmten Markt. Der Begriff Marketing stammt aus den USA. Durchgesetzt hat sich der Grundgedanke des Marketings im europäischen Raum in den 1960er-Jahren. Zu diesem Zeitpunkt erlebten die Unternehmen erstmals seit dem Zweiten Weltkrieg das Phänomen gesättigter Märkte.

gesättigter Markt
wenn die Nachfrage eines Marktes vollständig befriedigt ist

Bei der **Vermarktung eines Produkts** ist es wichtig,

- die **Bedürfnisse und Erwartungen der Kunden** und anderer Interessengruppen (Stakeholder) zu kennen und zu erfüllen,
- **Veränderungen auf dem Markt,** z. B. die Änderungen der Bedürfnisse von Kunden, frühzeitig zu **erkennen.**

Stakeholder
alle, die direkt oder indirekt von den Aktivitäten des Unternehmens betroffen sind

② Vom Bedürfnis zum Kauf

Die Kunden entscheiden über den Erfolg eines Unternehmens, indem sie dessen Produkte kaufen bzw. sich gegen einen Kauf entscheiden. Jene Produkte, die bestehende Kundenbedürfnisse am besten befriedigen, werden am erfolgreichsten verkauft.

Prozess vom Kundenbedürfnis zum Kauf: Eine Marketingstrategie ist dann erfolgreich, wenn es dem Unternehmen gelingt, ein Kundenbedürfnis zu einem Kaufakt zu leiten.

Vom Bedürfnis zum Kauf				
BEDÜRFNIS	**BEDARF**	**NACHFRAGE**	**NUTZEN**	**KAUF**
Empfundener Mangel	Fähigkeit zum Kauf	Bereitschaft zum Kauf	Maß der Bedürfnisbefriedigung	Bedürfnisbefriedigung

- **Bedürfnis:** Ein Bedürfnis ist das **Gefühl eines Mangels,** verbunden mit Wunsch, das Fehlende zu bekommen.
    - **Bewusste bzw. offene Bedürfnisse** werden von uns konkret verspürt, wie z. B. Hunger.
    - **Latente bzw. verdeckte Bedürfnisse** sind im Unbewussten. Sie können sich zu offenen Bedürfnissen entwickeln, wenn sie geweckt werden. Die „Weckung" dieser Bedürfnisse erfolgt mit den Mitteln der Kommunikationspolitik (z. B. TV-Spot, Werbeplakate, Social Media).

customers' need
Kundenbedürfnis

demand
Nachfrage

Beispiel: Latentes Bedürfnis

In einer Fahrradzeitschrift wird über ein neues Fahrradschloss aus Textilmaterial berichtet. Es ist so sicher wie andere Fahrradschlösser, allerdings viel leichter, zerkratzt das Fahrrad nicht und hat auch ein ansprechendes Design. Als jemand über diese Besonderheiten liest, löst dies bei ihm den Wunsch aus, ein derartiges Schloss zu besitzen. Ein latentes Bedürfnis hat sich somit zu einem offenen Bedürfnis entwickelt.

- **Bedarf:** Wenn aufgrund eines Bedürfnisses eine konkrete Kaufabsicht besteht, d. h., wenn der Kunde für die Befriedigung des Bedürfnisses in der Lage ist, etwas zu bezahlen, nennt man dies Bedarf.

- **Nachfrage:** Wenn der Kunde nicht nur in der Lage, sondern auch dazu bereit ist, das Bedürfnis zu befriedigen, entsteht auf dem Markt eine Nachfrage nach dem Produkt.

- **Kundennutzen** entsteht, wenn die Erwartungen des Kunden mit der wahrgenommenen Leistung übereinstimmen.

Shirt und Haarschnitt
Vereinfacht wird in diesem Kapitel von „Produkten" gesprochen: Die Erläuterungen beziehen sich sowohl auf Sachgüter als auch auf Dienstleistungen.

Die **Messung des Kundennutzens** sollte idealerweise in Zahlen angegeben werden (z. B. in Prozent oder Euro) und kann z. B. in folgenden Dimensionen dargestellt werden: Zeitersparnis, Platzersparnis, Geldersparnis, verbesserte Qualität …

Beispiele: reduzierte Lagerkosten, reduzierter Lagerraum, geringere Servicekosten, geringere Stillstandszeiten, kostengünstigere Verarbeitung, kostengünstigere Beschaffung, weniger Einzelteile bzw. Ersatzteile, geringere Ausfallsquote, geringerer Platzbedarf, geringerer Einkaufspreis, schnellere Reaktionszeit usw.

Je besser der Kundennutzen für ein Produkt messbar dargestellt wird, umso eher wird der Kunde bereit sein, dafür Geld auszugeben

- **Kaufakt:** Es kommt aufgrund der Nachfrage tatsächlich zu einem Kauf.

customer benefit
Kundennutzen

Kundenzufriedenheit

Das **Kano-Modell** (benannt nach dem japanischen Wissenschaftler Noriaki Kano) dient der Analyse von Kundenbedürfnissen. Es zeigt den Zusammenhang zwischen der Erfüllung von Kundenanforderungen und der Kundenzufriedenheit. Die Kundenanforderungen werden dazu in drei Kategorien eingeteilt:

Noriaki Kano (* 1940)
Qualitätsmanager, em. Professor an der Universität Tokio

Kundenanforderungen		
Basisanforderungen	**Leistungsanforderungen**	**Begeisterungsanforderungen**
Diese **müssen** unter allen Umständen **erfüllt sein.**	Diese werden meist vom Kunden **gewünscht.** • Bei **Nicht-Erfüllung** ist der Kunde unzufrieden. • Bei **Übertreffen** ist der Kunde zufrieden.	Diese werden vom Kunden **nicht erwartet;** sie überraschen ihn.
Beispiel: Airbag im Auto	Beispiel: Fachkompetenz von Verkaufsmitarbeitern und Freundlichkeit gegenüber den Kunden	Beispiel: gratis Fahrsicherheitstraining beim Autokauf

Im Laufe der Zeit kann ein **Gewöhnungseffekt** eintreten, d. h., dass Begeisterungsanforderungen zu Leistungs- bzw. Basisanforderungen „herabgestuft" werden. Beispiel: Ein Schlüssel mit Funksignal zum Öffnen der Autotür war vor zwanzig Jahren noch eine Begeisterungsanforderung, heute ist dieses Merkmal eine Basisanforderung.

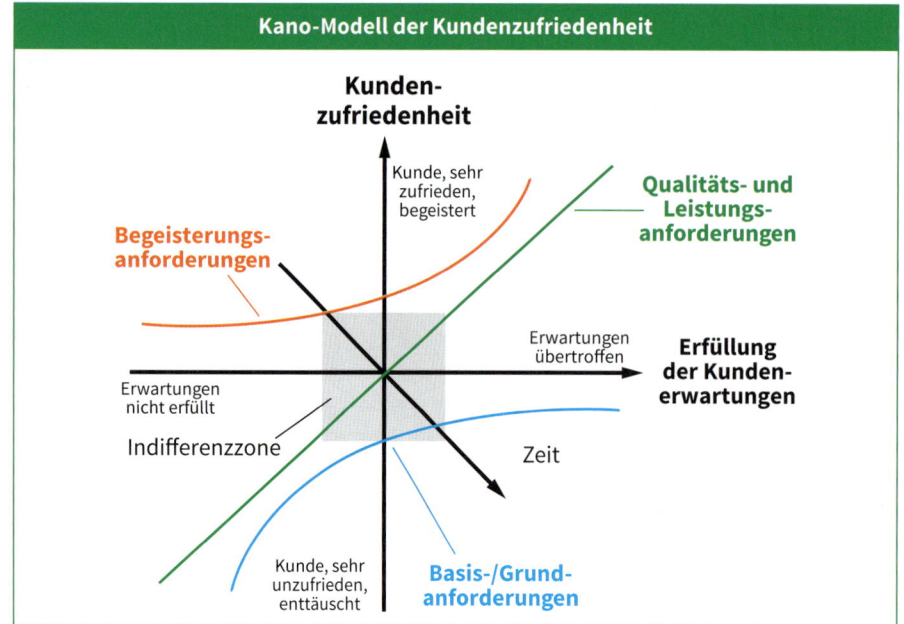

Wirtschaft für Technikerinnen und Techniker

3 Marktforschung

Um die Wahrscheinlichkeit für die erfolgreiche Umsetzung einer Idee gut abschätzen zu können, ist es wichtig, im Vorfeld möglichst viele Informationen zu erhalten. Die **gezielte und systematische Sammlung von Informationen** und deren Auswertung wird als **Marktforschung** bezeichnet.

Zur Marktforschung zählen die **Marktbeobachtung** und die **Marktanalyse**. Die Ergebnisse werden zur Erstellung einer **Marktprognose verwendet**.

Marktforschung	
Marktbeobachtung	**Marktanalyse**
langfristig	**kurzfristig**
Veränderungen im Marktgeschehen und im wirtschaftlichen Umfeld (z. B. Konjunkturschwankungen) werden erfasst und aufgezeichnet.	Die herrschende Marktstruktur wird als Momentaufnahme dargestellt.

Marktprognose

Die Marktanalyse ist der grundlegende Baustein eines Marketingplans, aus dem anschließend strategische und operative Ziele abgeleitet werden:

- **strategische Ziele:** langfristige Ziele, 3 bis 5 Jahre. Beispiel: In den nächsten 5 Jahren soll der Marktanteil um 20 % wachsen.

- **operative Ziele:** kurzfristige Ziele, einige Monate, Quartale, max. 1 Jahr. Beispiel: Ein Finanzplan muss erstellt werden, dazu gehören z. B. die monatliche Planung des Umsatzes und der Ausgaben, die erforderlichen Investitionen und deren Finanzierung. (Das operative Ziel steht in direktem Zusammenhang mit dem strategischen Ziel.)

Methoden der Marktforschung

Es gibt zwei Methoden der Informationsbeschaffung:

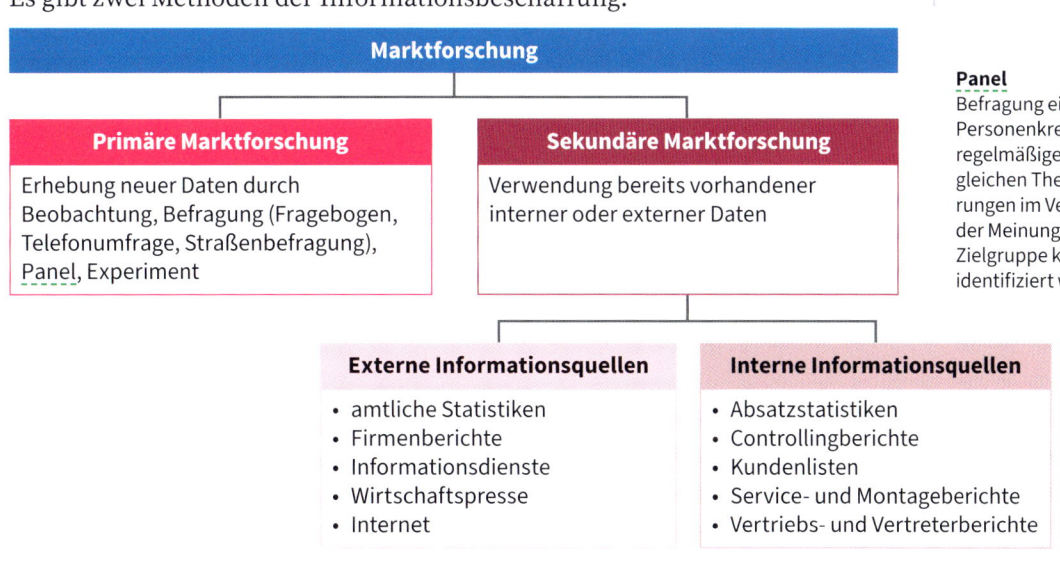

Panel
Befragung eines identischen Personenkreises in regelmäßigen Abständen zum gleichen Thema; Veränderungen im Verhalten oder in der Meinungsbildung der Zielgruppe können identifiziert werden

- **Primäre Marktforschung**
  Der **Vorteil** der **primären Marktforschung** besteht darin, dass die Informationen aktuell sind. **Nachteile** sind der große Aufwand und die hohen Kosten, was insbesondere für Klein- und Mittelbetriebe ein Problem ist, da weder die Zeit noch das Geld vorhanden ist. Eine Möglichkeit zur

primary market research
primäre Marktforschung

Zeitersparnis ist die Beauftragung eines Marktforschungsinstituts (z. B. Gallup Institut) mit der primären Marktforschung, dies ist jedoch mit erheblichen Kosten verbunden. **Bei der primären Marktforschung ist es wichtig, Teilnehmer zu befragen, die eine repräsentative Stichprobe darstellen.**

repräsentativ
die Gruppe der befragten Teilnehmer muss möglichst genau die Zusammensetzung der Bevölkerung widerspiegeln (z. B. nach Alter, Geschlecht, Wohnort).

secondary market research
sekundäre Marktforschung

- **Sekundäre Marktforschung**

  Der **Vorteil** der sekundären Marktforschung sind die geringen Kosten und der geringe Aufwand. Der **Nachteil** besteht darin, dass die Daten aus der Vergangenheit keine aktuelle Analyse des Marktgeschehens möglich machen und damit auch zukünftige Marktentwicklungen schwer ableitbar sind.

ÜBEN

In dieser Lerneinheit hast du gelernt, wie aus einem Kundenbedürfnis ein Kaufakt wird. Mithilfe der folgenden Aufgaben kannst du das Gelernte üben und festigen.

Ü 7.2 Begriff Marketing A
a) Erkläre den Begriff Marketing.

b) Erkläre die historische Entwicklung dieses Begriffs.

Ü 7.3 Kundenbedürfnisse B
a) Erkläre den Unterschied zwischen offenen und latenten Bedürfnissen und nenne jeweils ein Beispiel.

b) Beschreibe, wie aus einem latenten Bedürfnis ein offenes Bedürfnis wird.

c) Überlege, welche Auswirkungen ein offenes oder latentes Bedürfnis für die Festlegung der Marketingstrategie hat.

Ü 7.4 Kaufprozess C
a) Erläutere den Prozess vom Kundenbedürfnis bis zum Kauf eines Produkts.

b) Erkläre den Unterschied zwischen Bedürfnis und Bedarf.

c) Erkläre, was vor dem letzten Schritt – dem Kaufakt – von einem Unternehmen unbedingt berücksichtigt werden muss.

Ü 7.5 Kano-Modell C
a) Nenne die drei Kategorien des Kano-Modells, um die Kundenanforderungen darzustellen.

b) Stelle den Zusammenhang zwischen der Erfüllung der Kundenanforderung und der Kundenzufriedenheit her. Nenne für jede Kategorie des Kano-Modells ein selbstgewähltes Beispiel und begründe deine Auswahl.

c) Erkläre im Zusammenhang mit dem Kano-Modell den Begriff Gewöhnungseffekt.

Ü 7.6 Marktbeobachtung, Marktanalyse A
a) Erläutere den Unterschied zwischen Marktbeobachtung und Marktanalyse.

b) Nenne den Begriff für die Kombination von Marktbeobachtungund Marktanalyse.

Ü 7.7 Marktforschung B
a) Nenne und vergleiche die beiden Methoden der Marktforschung.

b) Überlege, welche Methoden der Marktforschung für einen Klein- und Mittelbetrieb infrage kommen. Begründe deine Antworten.

c) Nenne Quellen für die Durchführung der sekundären Marktforschung.

Reifenwerbung 1960
Ab den 1960er-Jahren überstieg das Güterangebot die Nachfrage. Werbung wurde wichtiger, wobei die Produktpräsentation im Mittelpunkt stand.

LERNEN

2 Marktanalyse

Um die Attraktivität eines Marktes beurteilen zu können, ist es wichtig, die gesammelten Informationen zu analysieren. Die Ergebnisse zeigen, welche Gewinnchancen mit dem Verkauf eines bestimmten Produkts verbunden sind.

Ü 7.8 Überlege, welche Informationen wichtig sind, um mit deinem Produkt aus Ü 7.1 Erfolg zu haben. Welche Faktoren entscheiden über die Höhe der Umsatzzahlen und ob der kalkulierte Produktpreis von den Kunden akzeptiert wird?

1 Der Markt

Als **Markt** wurde ursprünglich der Ort bezeichnet, an dem Waren regelmäßig gehandelt oder getauscht werden. Heute wird unter dem Begriff „Markt" das **Zusammentreffen von Angebot und Nachfrage** verstanden.

Werden die Bedürfnisse durch Kaufkraft gedeckt, werden sie zum Bedarf. Ist der Bedarf der Kunden groß genug, wird er zur Nachfrage und trifft am Markt auf das **Angebot der Unternehmen.**

Ü 7.9 Verschiedene Märkte B

Findet in Partnerarbeit drei Begriffe, in denen „Markt" vorkommt, und erklärt diese Begriffe anschließend im Klassenplenum.

Mittendrin im Markt
Der Markt ist nichts Abstraktes – wir beeinflussen ihn durch unsere Wünsche, Bedürfnisse und schließlich Kaufentscheidungen.

market
Markt

Einteilung von Märkten: Märkte können in verschiedene Kategorien eingeteilt werden.

Einteilung von Märkten nach den gehandelten Gütern	
Gütermärkte	**Faktormärkte**
Es werden Güter und Dienstleistungen gehandelt.	Es werden die Produktionsfaktoren Arbeit, Boden und Kapital gehandelt.

Gütermärkte:

Konsumgütermarkt
Güter für den Endverbraucher; z. B. Lebensmittel

Investitionsgütermarkt
Güter für die Herstellung anderer Güter, wie z. B. Maschinen

Dienstleistungsmarkt
Handel mit Dienstleistungen, z. B. Versicherungen, Tourismus, Pflege

Faktormärkte:

Geldmarkt
Bereitstellung von kurzfristigem Kapital (< 1 Jahr)

Kapitalmarkt
Bereitstellung von langfristigem Kapital (> 1 Jahr)

Arbeitsmarkt
Angebot und Nachfrage von Arbeitskraft

Immobilienmarkt
Handel mit Grundstücken und Gebäuden

Einteilung von Märkten nach der räumlichen Ausdehnung			
Lokale Märkte	**Nationale Märkte**	**Internationale Märkte**	**Weltmarkt**
Produkte, die durch hohe Transportkosten oder eine schnelle Verderbnis gekennzeichnet sind; personalisierte Dienstleistungen, die nicht „mobil" sind (z. B. Friseur)	Markt, der durch die nationalen rechtlichen Rahmenbedingungen entsteht, z. B. Österreich. Unterschiedliche Steuergesetze oder Normen erschweren den grenzüberschreitenden Handel und grenzen nationale Märkte voneinander ab.	benachbartes Ausland, europaweit, transkontinental; z. B. der Markt der Europäischen Union	weltweiter Handel von Gütern und Dienstleistungen; Transportkosten, Zölle und andere Handelshemmnisse bewirken, dass der Weltmarktpreis von den lokalen oder nationalen Preisen abweicht.

Marktsegmentierung

Da es sehr schwierig ist, ein Produkt anzubieten, das den Bedürfnissen aller Kunden entspricht, ist es wichtig, einen Markt in **Teilmärkte** zu zerlegen. Aus einer heterogenen Kundenstruktur (Kunden mit verschiedenen Bedürfnissen) wird eine möglichst **homogene Kundengruppe** (Kunden mit gleichen oder ähnlichen Bedürfnissen) gebildet.

- **Marktsegmentierung:** Zerlegung eines Marktes nach bestimmten Kriterien

- **Zielgruppe:** eine in diesem Marktsegment angesprochene Kundengruppe, die ähnliche Bedürfnisse hat

- **Target Marketing:** die für diese Zielgruppe ausgewählte Marketingstrategie

market segmentation
Marktsegmentierung

target group
Zielgruppe

Ein **Teilmarkt** repräsentiert Kunden mit gleichen oder ähnlichen Bedürfnissen. Beispiel: Der Markt für Zahnpasta ist ein stark segmentierter Markt, da die Kundenbedürfnisse an eine Zahnpasta sehr unterschiedlich sind: Zahnpasta für Kinder, für Raucher, für Menschen, die besonders weiße Zähne haben wollen, für Menschen mit empfindlichen Zähnen, für gesundheits- oder umweltbewusste Menschen usw.

geografische Kriterien

nach Regionen

demografische Kriterien

Alter, Geschlecht, Haushaltsgröße

gruppenbezogene Kriterien

Privatkunden, Firmenkunden

Kriterien der Marktsegmentierung

verhaltensorientierte Kriterien

- Charakter, Lebensstil
- modern, sportlich, freizeitorientiert, konservativ, anspruchsvoll
- Preisverhalten
- Mediennutzung

sozio-ökonomische Kriterien

Einkommen, Schulbildung, Beruf

Trend

Ein **Trend** ist eine neue Entwicklung in Gesellschaft, Wirtschaft oder Technologie. Eine dauerhafte Veränderung wird als **Trendwende** bezeichnet. Jene, die einen neuen Trend einführen, werden **Trendsetter** genannt. Branchen werden durch Trends jedenfalls dauerhaft verändert.

Beispiel: Das Thema Umweltschutz und die steigenden Ölpreise haben die Energiebranche verändert. Der Bedarf nach alternativer Energiegewinnung (z. B. Photovoltaik und Windenergie) steigt. Gleichzeitig verändert sich die Automobilbranche durch die verstärkte Nachfrage nach E-Autos, E-Mopeds und E-Bikes.

Demografie
Wissenschaft von der Bevölkerungsstruktur

2 Wettbewerb bzw. Konkurrenz

Um die Konkurrenzsituation beurteilen zu können, ist es wichtig, die **drei Marktformen** zu kennen.

competition
Wettbewerb
market forms
Marktformen

Marktformen unterscheiden sich durch die Anzahl der Mitbewerber. Dies hat Einfluss auf den Preis.

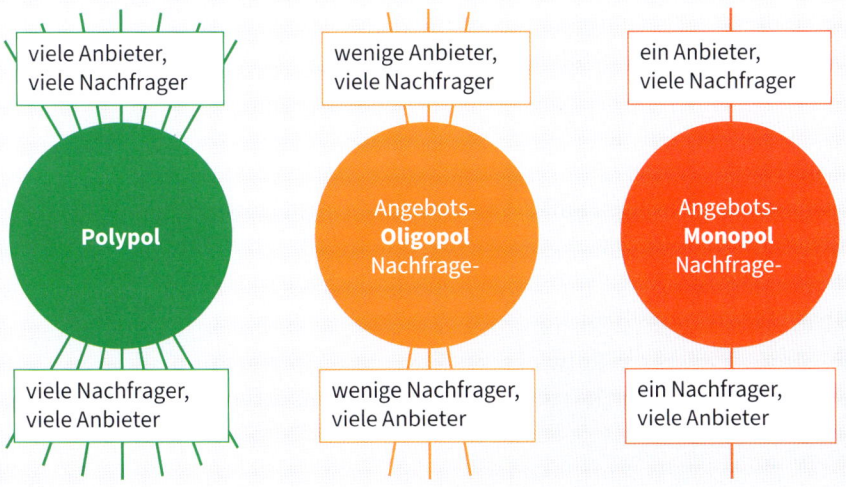

viele Anbieter, viele Nachfrager

wenige Anbieter, viele Nachfrager

ein Anbieter, viele Nachfrager

Polypol

Angebots-**Oligopol**
Nachfrage-

Angebots-**Monopol**
Nachfrage-

viele Nachfrager, viele Anbieter

wenige Nachfrager, viele Anbieter

ein Nachfrager, viele Anbieter

Monopol

Ein **Monopol** besteht dann, wenn am Markt genau **ein Anbieter** (Angebots-monopol) oder genau **ein Nachfrager** (Nachfragemonopol) auftritt.

Bei einem Angebotsmonopol ist der Preisspielraum für das Unternehmen groß, für den Kunden hingegen besteht eine große Abhängigkeit. Deshalb versucht die Europäische Union, im Rahmen des Konsumentenschutzes durch gesetzliche Wettbewerbsregeln Monopole zu verhindern.

Beispiel für ein Monopol:

Der Softwareanbieter Microsoft hatte im Bereich Betriebssysteme, Browsertechnologie und Office-Programme über viele Jahre hinweg eine monopolartige Stellung. Das Unternehmen hat es verstanden, den Marktanteil für seine Produkte auf hohem Niveau aufrechtzuerhalten. Mitbewerber, die sich allein auf eine Produkt-schiene konzentrieren, haben es stets schwer, der Macht von Micro-soft entgegenzutreten und sich selbst als namhaften und starken Marktteilnehmer zu etablieren. Um die Marktmacht von Microsoft zu durchbrechen, können Unternehmen in der Regel nur durch innovative Produkte (Apple) oder durch günstige Preise bzw. kostenlose Angebote (Firefox als Browsertechnologie) überzeugen.

Oligopol

Ein **Oligopol** besteht dann, wenn grundsätzlich Konkurrenz herrscht, sich diese Konkurrenz aber auf **einige wenige Anbieter** (Angebots-Oligopol) oder einige **wenige Nachfrager** (Nachfrage-Oligopol) beschränkt.

Durch die überschaubare Anzahl der Marktteilnehmer würde die Preissenkung eines Anbieters zu einer sofortigen Reaktion der anderen Marktteilnehmer führen. Absprachen zwischen den Marktteilnehmern (z. B. Preisabsprachen) werden als **Kartell** bezeichnet und sind gesetzlich verboten.

Beispiel für ein Oligopol:

Die Mineralölindustrie besteht aus nur wenigen Anbietern, die den Markt für Kraftstoffe mit Benzin und Diesel versorgen. International agierende Konzerne verpachten Tankstellen an lokal agierende Betreiber. Die Preise werden zentral, allerdings abhängig von der geografischen Lage der Tankstelle, unterschiedlich vorgegeben. Dafür werden die Preise der umlie-genden Tankstellen der Konkurrenz beobachtet. So ist es häufig der Fall, dass das Benzin an der einen Tankstelle stets einen Cent günstiger ist als das Benzin der anderen. Hierzu braucht es keine Absprachen, die Anbieter agieren aufgrund von Beobachtung der Konkurrenz.

Polypol

Ein Polypol oder „vollständige Konkurrenz" besteht, wenn **viele Marktteil-nehmer** völlig **gleichartige Wirtschaftsgüter anbieten** und **Kunden** über die Angebote **vollständig informiert** sind. Gewinner solcher Entwicklungen sind die Kunden, da der Preisspielraum für die Unternehmen durch die große Konkurrenz sehr gering ist.

Die **Globalisierung** verstärkt die Entwicklung dieser Marktform. Für die Unternehmen und deren Mitarbeiter wird der Druck, die Marktanteile zu halten, größer.

monopoly
Monopol

scope of pricing
Preisspielraum

Angebotsmonopol
Nur die Österreichischen Lotterien dürfen in Österreich bestimmte Glücksspiele (z. B. „6 aus 45") anbieten.

oligopoly
Oligopol

Kartell
Bündnis zwischen Unternehmen, das den Wettbewerb zwischen diesen beschränkt, z. B. Preiskartell

polypoly (perfect competition)
Polypol (vollständige Konkurrenz)

Beispiel für ein Polypol:

Die Börsen, an denen Wertpapiere von Unternehmen gehandelt werden, sind ein typisches Polypol. An der Börse treffen viele Anbieter auf viele Nachfrager. Aktiengesellschaften bieten eine bestimmte Anzahl von Aktien an. Die Aktienkäufer bzw. Aktieninhaber sind über die Börsenkurse vollständig informiert und können durch Kauf und Verkauf schnell auf sich ändernde Börsenkurse reagieren.

Substitut(-ionsgüter)
Ein Produkt, das ähnliche Bedürfnisse erfüllt, wird vom Kunden als gleichwertiges Ersatzgut angesehen.

3 Instrumente der Marktanalyse

Nachhaltiger Erfolg setzt eine klare Strategie und eine regelmäßige Überprüfung voraus. Für die Markt- und Wettbewerbsplanung stehen verschiedene Instrumente zur Verfügung.

Abschätzung der Marktgröße

Die **Marktgröße** in einer bestimmten Branche ist entscheidend für die erfolgreiche Umsetzung einer Idee. Die Marktgröße wird vom **Marktpotenzial**, **Marktvolumen** und **Marktanteil** bestimmt.

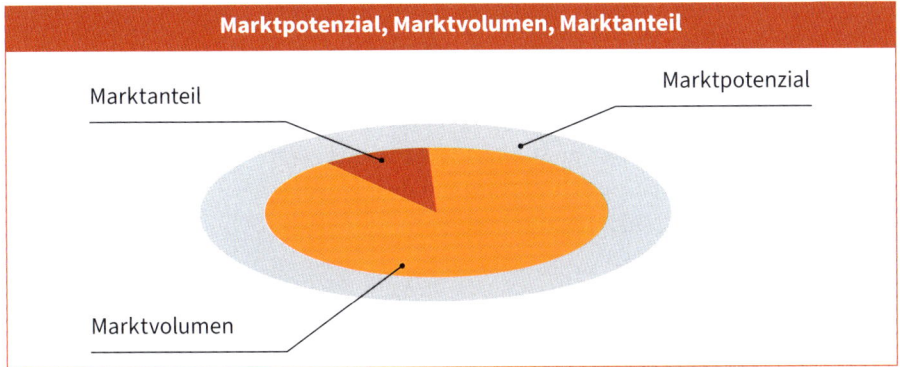
Marktpotenzial, Marktvolumen, Marktanteil

- Das **Marktpotenzial** ist die Absatzmenge, die in einem bestimmten Zeitraum realisiert werden könnte. Es beschreibt die Aufnahmefähigkeit des Marktes.

market potential
Marktpotenzial

Marktpotenzial = Anzahl potenzieller Kunden × Kauffrequenz

Umsatzgröße = Anzahl potenzieller Kunden × Kauffrequenz × Verkaufspreis

- Das **Marktvolumen** kennzeichnet die tatsächliche Absatzmenge einer Branche und gibt die Menge an Produkten an, die alle Anbieter gemeinsam verkaufen.

market volume
Marktvolumen

- Der **Marktanteil** beschreibt den Anteil eines Unternehmens in Prozent am Marktvolumen.

market share
Marktanteil

Marktanteil = Absatzvolumen eines Produkts / Marktvolumen × 100

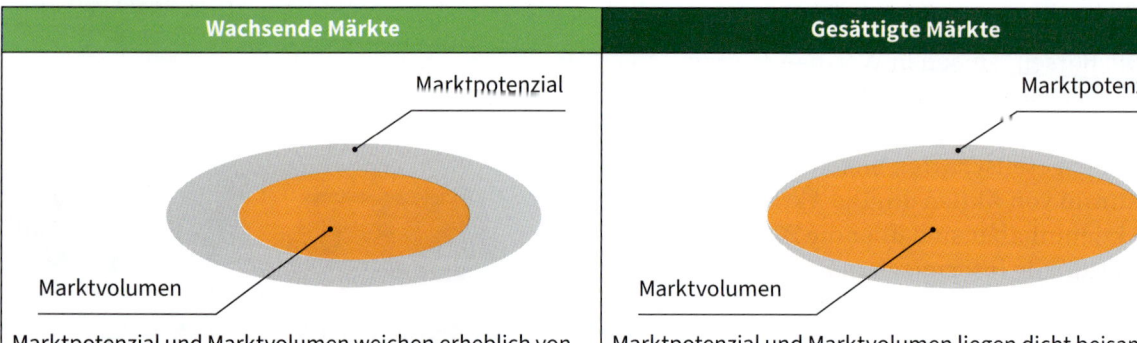

Wachsende Märkte	Gesättigte Märkte
Marktpotenzial Marktvolumen	Marktpotenzial Marktvolumen
Marktpotenzial und Marktvolumen weichen erheblich voneinander ab. Infolge des stark wachsenden, nicht ausgeschöpften Marktpotenzials sind für die einzelnen Unternehmen große Zuwachsraten im Absatz erreichbar.	Marktpotenzial und Marktvolumen liegen dicht beisammen. Wesentliche Umsatzsteigerungen sind nur zulasten der Marktanteile von Mitbewerbern möglich. Um den Verlust von Marktanteilen zu verhindern, muss ein intensiver Einsatz der Marketinginstrumente erfolgen.

Beispiel: Marktgröße Smartphone

In einem Land leben 7 Millionen Bürger im Alter zwischen 15 und 85 Jahren. Jeder dieser Menschen kommt als Kunde für ein Handy infrage. Demnach liegt das Marktpotenzial bei 7 Millionen Stück. Multipliziert man diese Menge mit einem Durchschnittspreis, bekommt man den Wert des Marktpotenzials.

Nimmt man dagegen die tatsächlich verkauften Handys, spricht man vom Marktvolumen. Dieses kann man ebenfalls in Mengen- oder Werteinheiten ausdrücken.

Dividiert man das Marktvolumen durch das Marktpotenzial, bekommt man die Marktsättigung.

Eine weitere Frage ist die nach dem Umsatz oder dem Absatz der wichtigsten Anbieter, wie zum Beispiel Apple oder Samsung. Dividiert man den Umsatz oder Absatz einzelner Anbieter durch das Marktvolumen, bekommt man deren Marktanteile.

growing marktes
wachsende Märkte
saturated marktes
gesättigte Märkte

Ü 7.10 Berechnungen der Marktgröße für E-Bikes C

Im Jahr 20X1 wurden in Österreich insgesamt 414.000 Fahrräder verkauft. Im Trend liegen weiterhin vor allem Elektrofahrräder. Alleine von diesen wurden gut 120.000 Stück in den Handel gebracht. Der E-Bike-Absatz teilte sich auf rund 67.000 E-Mountainbikes und knapp 53.500 E-Citybikes auf.

Der starke E-Bike-Absatz wirkt sich auf die erzielten Gesamtdurchschnittspreise – aus Verkäufersicht – positiv aus. Der Durchschnittspreis liegt im Jahr 20X1 bei € 1.050,–.

a) Gib das Marktvolumen für E-Bikes in Österreich im Jahr 20X1 an.

b) Berechne den Anteil der E-Bikes am gesamten Fahrradmarkt in Österreich im Jahr 20X1.

c) Berechne das Marktpotenzial, wenn 75 % der Österreicher zwischen 15 und 70 Jahren (laut Statistik Austria im Jahr 20X1 sind das 6,67 Mio. Personen) im Durchschnitt alle 9 Jahre ein neues Fahrrad kaufen.

d) Beurteile, ob der Markt für E-Bikes in Österreich ein wachsender oder ein gesättigter Markt ist. Begründe deine Antwort.

Service für E-Biker
Der Anteil der E-Biker unter den Radtouristen nimmt rasant zu. Damit verbunden sind neue Anforderungen an die Tourismusregionen, wie z. B. Ladevorrichtungen bei den Radreiserouten.

5-Kräfte-Modell nach Michael E. Porter

Michael E. Porters 5-Kräfte-Modell beruht auf der Erkenntnis, dass sich die Strategie eines Unternehmens an seinem Umfeld orientieren muss.

 Fünf-Kräfte-Modell: Dieses Modell zeigt Faktoren, die sowohl für neu gegründete als auch für bestehende Unternehmen bei ihren strategischen Überlegungen berücksichtigt werden müssen.

five-forces model
5-Kräfte-Modell

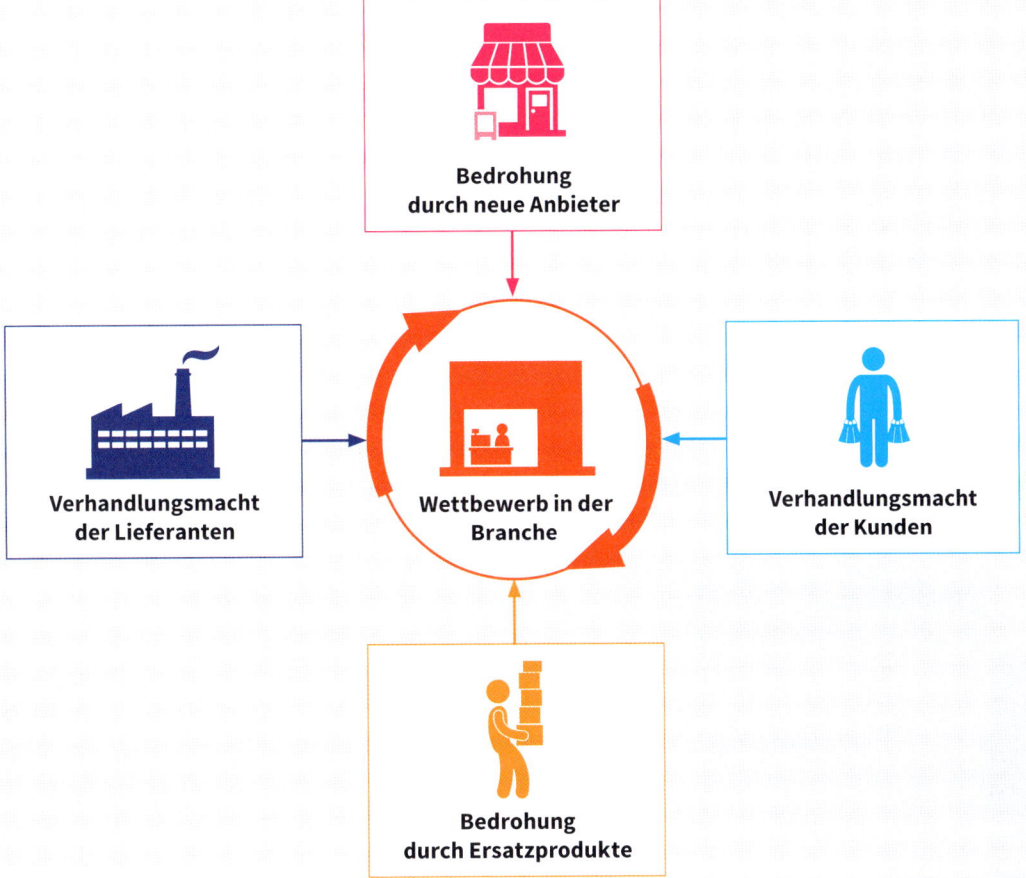

Je stärker die Bedrohung durch die von Porter formulierten fünf Wettbewerbskräfte ist, desto unattraktiver ist die betrachtete Branche und desto schwieriger ist es, einen nachhaltigen Wettbewerbsvorteil zu erzielen.

1. Neue Anbieter

Potenzielle Konkurrenten können mit möglichen Markteintrittsbarrieren konfrontiert werden:

- **Economies of Scale** (Skalenerträge): Bei wachsender Produktionsgröße sinken die Herstellkosten pro Stück, da der Anteil an fixen Kosten pro Einheit immer kleiner wird (Fixkostendegression). Dies ist die ökonomische Erklärung für die Massenproduktion (z. B. Automobilbranche). Ein größeres Unternehmen kann daher günstiger produzieren als ein kleines.

- **Produktdifferenzierung:** Das ist die deutliche Abgrenzung zu Produkten der Konkurrenz, z. B. durch ein Alleinstellungsmerkmal (USP).

- **Know-how:** Das spezifische Wissen des Managements oder der Mitarbeiter stellt einen Wettbewerbsvorteil dar.

- **Zugang zu Vertriebskanälen:** Der Zugang kann erschwert werden, z. B. durch bestehende Verträge mit Lieferanten und damit verbundene Auflagen.

Michael E. Porter (*1947)
US-amerikanischer Wirtschaftswissenschafter an der Harvard Business School, einer der führenden Managementtheoretiker

threat of new entrants
Bedrohung durch neue Konkurrenten

USP
Unique Selling Proposition

2. Verhandlungsmacht der Kunden

Kunden können eine Branche beeinflussen, indem sie z. B. die Preise drücken, höhere Qualität und/oder bessere Leistungen verlangen oder Mitbewerber gegeneinander ausspielen. Je wichtiger ein Kunde für die Branche ist, desto größer ist die Macht dieses Kunden.

bargaining power of customers
Verhandlungsmacht der Kunden

3. Verhandlungsmacht der Lieferanten

Je wichtiger der Lieferant für die Branche ist, desto größer ist die Macht des Lieferanten. Dieser ist in der Lage, günstigere Konditionen auszuhandeln.

bargaining power of suppliers
Verhandlungsmacht der Lieferanten

4. Bedrohung durch Ersatzprodukte

Wenn der Kunde die Möglichkeit hat, ein Produkt durch ein gleichwertiges Produkt (Substitut) zu ersetzen, ist die Preiselastizität der Nachfrage sehr groß.

threat of substitutes
Bedrohung durch Ersatzprodukte

5. Bestehende Konkurrenz

Durch die zunehmende Zahl der Anbieter steigt automatisch der Wettbewerbsdruck. Es ist somit entscheidend, ob aktuell ein Monopol, Oligopol oder ein Polypol vorliegt.

competition within a branch
Bedrohung durch Konkurrenz in der Branche

Marktpositionierung

Nach Michael Porters Ansicht können Unternehmen nur dann einen Wettbewerbsvorteil erzielen, wenn sie sich für eine strategische Hauptrichtung entscheiden. Er unterscheidet zwischen folgenden **drei strategischen Marketingstrategien:**

Strategischer Vorteil			
		Einzigartigkeit	Kostenvorsprung
Wettbewerbsvorteil	**Gesamtmarkt**	Differenzierung	Kostenführerschaft
	Teilmarkt	Fokussierung (Nischenstrategie)	

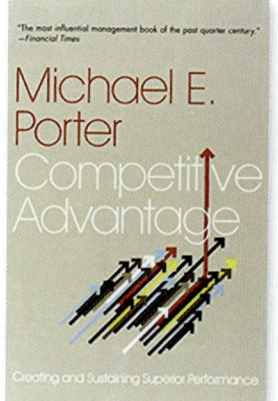

Porters Hauptwerk
Porter stellte das Konzept der strategischen Hauptrichtungen (generic strategies) im Jahr 1985 in seinem Buch „Competitive Advantage: Creating and Sustaining superior Performance" (Wettbewerbsvorteile. Spitzenleistungen erreichen und behaupten) vor.

Strategie der Kostenführerschaft	Strategie der Differenzierung	Nischenstrategie
Geringe Produktionskosten werden in Form von niedrigen Preisen an die Käufer weitergegeben.	Unterscheidung zur Konkurrenz hinsichtlich Image, Kundensupport, Design, Qualität … Dies führt zu höheren Kosten, die aber über höhere Verkaufspreise („Premiumpreise") ausgeglichen werden.	Das Unternehmen bearbeitet mit seinen Produkten nicht den gesamten Markt, sondern nur einen Teil davon (Marktnische). Innerhalb der Nische kann die Kostenführerschafts- oder die Differenzierungsstrategie verfolgt werden.
Beispiele: Hofer, Penny, KiK, Mömax	**Beispiele:**	**Beispiele:** Outdoorbekleidung, Arbeitsbekleidung, Übergrößen (statt gesamter Textilbranche)

Marktnische
Ist ein kleiner Ausschnitt eines Gesamtmarktes. Die Zielgruppe ist klein, dafür aber keine oder kaum spezialisierte Konkurrenz. Das Geschäft ist trotzdem rentabel, da sich mangels Konkurrenz höhere Gewinnspannen ergeben.

BCG-Matrix – Portfolio-Modell der Boston Consulting Group

Eine im Marketing häufig verwendete Matrix ist das BCG-Portfolio. BCG steht für Boston Consulting Group, eine der weltweit größten Firmen im Bereich der Unternehmensberatung.

Die verschiedenen Produkte eines Unternehmens werden auf Basis zukünftiger Gewinnchancen (**Marktwachstum**) und der gegenwärtigen Wettbewerbsposition (**relativer Marktanteil**) bewertet.

Portfolio
Matrix, in der auf den beiden Achsen entscheidungsrelevante Größen aufgetragen werden.

Kriterien für die Bewertung des Marktwachstums	Kriterien für die Bewertung des relativen Marktanteils
Marktvolumen, Marktpotenzial, Zahl und Größe der Konkurrenten, Markteintrittsbarrieren für neue Konkurrenten, Intensität der Marktbearbeitung (Werbung)	Relativer Marktanteil = eigener Marktanteil/ Marktanteil der stärksten Konkurrenten Ein Unternehmen gewinnt mit steigendem Absatz an Erfahrung. Diese zusätzliche Erfahrung führt zu Kostenreduktion (z. B. Economies of Scale).

 Portfolio-Analyse: In einer Vier-Felder-Matrix werden der Marktanteil von Produkten und deren Wachstumschancen dargestellt.

- **Stars (Sterne):** Diese Produkte haben einen hohen Marktanteil in einem stark wachsenden Markt. Sie haben die Einführungsphase gut durchlaufen und benötigen nun Investitionen, um die Position halten oder ausbauen zu können.

- **Cash Cows (Goldesel):** Bei diesen Produkten hat ein Unternehmen einen hohen Marktanteil in einem langsam wachsenden Markt. Von Cash-Cows erwartet man, dass sie viel Umsatz bringen, ohne selbst viel zu benötigen. Man kann sie „melken" und damit z. B. die Stars oder Forschung und Entwicklung finanzieren.

- **Question Marks (Fragezeichen):** Diese Produkte sind die Problemkinder. Sie haben einen niedrigen Marktanteil in einem wachsenden Markt. Sie benötigen hohe Investitionen, denn sie müssten wachsen. Aber man weiß noch nicht, was aus ihnen wird: Stars oder Poor Dogs.

- **Poor Dogs (Arme Hunde):** Bei diesen Produkten verliert das Unternehmen Geld. Der Marktanteil ist gering und der Markt wächst kaum. Für einen Poor Dog kann man in der Regel nicht viel tun. Es ist möglich, jedoch kaum wahrscheinlich, dass man für ihn eine kleine Marktnische findet, aber in der Regel muss man solche Produkte aufgeben.

Anschließend werden die verschiedenen Produkte anhand ihrer Werte in das Diagramm eingetragen. Die Fläche eines Kreises stellt den Umsatz des jeweiligen Produkts dar. Je nach Zuordnung ergeben sich wichtige strategische Entscheidungen im Marketing.

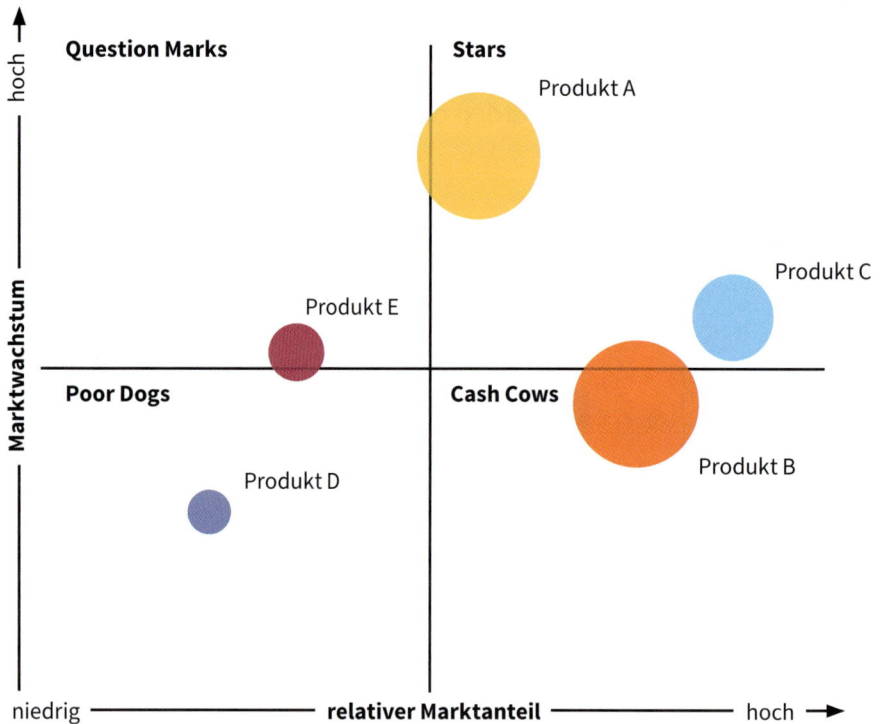

Boston Consulting Group
Das Unternehmen wurde 1963 in Boston gegründet, beschäftigt heute mehr als 14.000 Mitarbeiter und ist in 48 Ländern vertreten. Die BCG-Matrix wurde im Jahre 1970 vom Gründer des Unternehmens, Bruce Henderson, entwickelt.

Anhand der Positionen der Produkte in der BCG-Matrix werden strategische Entscheidungen im Marketing getroffen.

strategisches Marketing
langfristig orientiertes Marketingkonzept

Segment	Produkt	Strategie
Stars (Marktanteil hoch, Marktwachstum hoch)	Produkt A, Produkt C	Marktführerschaft anstreben: investieren, eventuell Deckungsbeiträge erhöhen
Cash Cows (Marktanteil hoch, Marktwachstum gering)	Produkt B	Position halten: keine weiteren Investitionen, hohe Cashflows, aber Gewinnspanne wird kleiner
Question Marks (Marktanteil gering, Marktwachstum hoch)	Produkt E	Risiko abwägen: Chance auf hohes Wachstum, investieren oder eliminieren
Poor Dogs (Marktanteil gering, Marktwachstum gering)	Produkt D	Rückzug planen: Produkt eliminieren, sobald der Deckungsbeitrag negativ ist

Produktlebenszyklus

Zur Analyse der eigenen Produkte oder Produktgruppen ist es wichtig, die einzelnen **Phasen, die das Produkt „durchlebt",** zu kennen. Ein Produkt bietet dem Kunden nur eine begrenzte Zeit einen Nutzen.

Der Produktlebenszyklus beginnt mit der **Idee,** danach folgt die **Erstellung eines Prototypen**, dann die **Einzel- oder Massenfertigung.** Der Charakter des Produkts ändert sich während der Lebensdauer **(Produktvariation),** weil sich auch die Anforderungen der Kunden ändern. Wenn das Produkt keinen Kundennutzen mehr bietet, wird es aus dem Sortiment herausgenommen **(Produkteliminierung).**

Der Produktlebenszyklus: Es ist wesentlich zu wissen, in welcher Phase sich ein Produkt befindet. Dies hilft bei der Entscheidung, welche Maßnahmen für das Produkt ergriffen werden sollen.

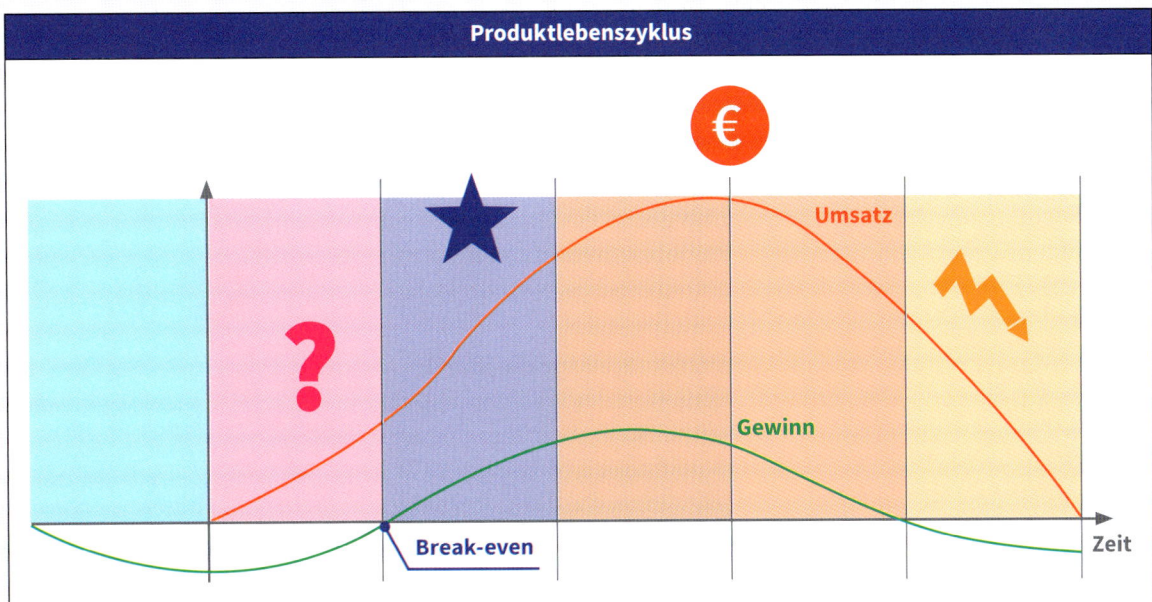

Entwicklung	**Einführung**	**Wachstum**	**Reife**	**Sättigung**	**Rückgang**
• keine Umsätze • keine Gewinne • hohe Kosten für Entwicklung und Pretest	• geringe Absätze • negative Gewinne • Bekanntheit schaffen – hohe Werbeausgaben • nur einige Konkurrenten	• schnell wachsender Absatz • Produkt kommt in die Gewinnphase • weiter hohe Werbeausgaben • zunehmende Konkurrenten	• langsam wachsender Absatz • hohe Gewinne • Gewinn maximieren, Anteil halten • tendenziell weniger Konkurrenten	• Absatz hoch bzw. stagniert • hohe Gewinne • Gewinnabschöpfung, Marktanteil stabilisieren	• Absatz rückläufig • fallende Gewinne • Werbung herunterfahren bzw. einstellen

- **Entwicklung:** In dieser Phase findet der Ideenfindungsprozess statt, d. h. die Suche nach einer Innovation. Anschließend erfolgt die Ausarbeitung eines Geschäftsmodells, indem geprüft wird, ob mit dieser Idee Gewinne möglich sind. Danach beginnt die Entwicklung eines Prototyps. In dieser Phase erwirtschaftet das Unternehmen mit dem Produkt noch keinen Umsatz. Die Kosten für die Entwicklung sind sehr hoch.

- **Einführung:** Nach der Produktentwicklung beginnt die Markteinführung des Produkts in zumeist kleinen Stückzahlen. Da der Bekanntheitsgrad noch gering ist, die Vertriebsstrukturen erst aufgebaut werden müssen

introduction
Einführung

und der Erfolg einer Markteinführung noch nicht sicher ist, wird das Produkt in dieser Phase als **„Question Mark"** bezeichnet. In dieser Phase fallen sehr hohe Kosten für Werbung und Vertrieb an, sodass sich trotz hoher Produktpreise Verluste ergeben.

- **Wachstumsphase:** Mittels entsprechender Marketingmaßnahmen wird das Produkt bekannt. Der Umsatz steigt zum Teil sprunghaft an, das Unternehmen erreicht den Break-even-Point, d. h. die Gewinnzone. Da zu Beginn noch keine Konkurrenz herrscht, ist der Marktanteil des Unternehmens sehr hoch (Marktführerschaft).

Das Produkt wird in dieser Phase als **„Star"** bezeichnet. Aufgrund der hohen Gewinnspannen (Gewinn „abschöpfen") treten die ersten Konkurrenten auf. Um den Wettbewerbsvorsprung zu halten und den Markteintritt für die Konkurrenten zu erschweren, müssen weitere Investitionen getätigt werden (z. B. Patent anmelden).

- **Reifephase:** Hinter dem Umsatzanstieg versteckt sich nun ein leichter Rückgang der Gewinnspanne, denn jetzt setzt der Kampf um Marktanteile ein. Preissenkungen sind oft die einzige Möglichkeit, sich gegen die Konkurrenz durchzusetzen.

Der Markt ist zunehmend gesättigt, d. h., das Marktwachstum sinkt. Da das Unternehmen aber bereits einen hohen Marktanteil besitzt, kann es die erarbeiteten Kostenvorteile (Economies of Scale) ausschöpfen. Trotz sinkender Nachfrage können aufgrund der Umsatzgröße und den geringen laufenden Kosten (keine weiteren Investitionen notwendig) hohe Gewinne abgeschöpft werden. Das Produkt wird deshalb als **Cash Cow** bezeichnet.

„Cash-Cow-Produkte sind die Geldlieferanten für die Star-Produkte." Diese Aussage bedeutet, dass ein Produkt in der Wachstumsphase die Entwicklung neuer Produkte finanziert. Die Entwicklung neuer Produkte (Innovationskraft) ist wiederum ein wichtiger Erfolgsfaktor für jedes Unternehmen. Beispiel: Die hohen Gewinne, die das Unternehmen Apple mit dem iPod gemacht hat, wurden für die Entwicklung weiterer Produkte wie iPhone und iPad verwendet.

- **Sättigungsphase:** Der Kampf um Marktanteile verstärkt sich. Das Umsatzvolumen erreicht sein Maximum. Der Gewinn sinkt deutlich. Das Produkt muss für den Kunden wieder interessant gemacht werden. Dabei werden die Eigenschaften des Produkts verändert und den Marktbedürfnissen angepasst (z. B. neue Version einer Software, „Facelift" in der Automobilbranche). Diese Wiederbelebung des Produkts nennt man **Relaunch.**

- **Rückgangsphase (Degeneration):** Das Produkt besitzt nur mehr eine geringe Marktattraktivität und eine geringe Wettbewerbsstärke, d. h., das Interesse für das Produkt sinkt. Ursachen sind der technische Fortschritt, neue gesetzliche Bestimmungen, eine allgemeine Trendwende oder der extreme Preisdruck der Mitbewerber. Das Produkt wird nun als **„Poor Dog"** bezeichnet. Die Produktion sollte eingestellt werden. Beispiel: Der Walkman wurde durch den MP3-Player ersetzt.

Wie lange die einzelnen Phasen dauern, kann nicht genau vorhergesagt werden. Dennoch ergeben sich wichtige **Schlussfolgerungen** aus dem **Konzept des Produktlebenszyklus:**

- **Produkte oder Geschäftsfelder,** die in Zukunft die Rentabilität des Unternehmens garantieren sollen, müssen **frühzeitig entwickelt** und auf den Markt gebracht werden.

growth
Wachstumsphase

Gewinnspanne
Differenz zwischen dem Nettoverkaufspreis und den Selbstkosten

maturity
Reifephase

Anmeldung beim Patentamt
Patente schützen neue technische Lösungen, die auf einer erfinderischen Leistung beruhen und gewerblich anwendbar sind. Patente sind beim Patentamt zu melden.

saturation
Sättigungsphase

Relaunch
Versuch, den zurückgehenden Absatz eines Produkts erneut zu beleben

decline
Rückgangsphase

- Eine starke Marktposition kann ein Unternehmen am ehesten in einer **frühen Phase der Marktentwicklung** erreichen.

- Aufgrund der Globalisierung werden die **Produktlebenszyklen immer kürzer.**

- Die **Dauer des Produktlebenszyklus** ist durch Marketingmaßnahmen **beeinflussbar.**

Die **Marketingmaßnahmen** müssen in jeder Phase des Produktlebenszyklus **angepasst werden,** z. B. sind in der Einführungsphase die Ausgaben für Werbung meist sehr hoch. In späteren Phasen ist dagegen z. B. der Einsatz von preispolitischen Maßnahmen sinnvoll.

Starke Marken
Marken wie Nivea, Maggi, Odol oder Persil sind mehr als 100 Jahre alt und haben eine Bekanntheit von weit über 90%. Diese Produkte erzielen hohe Umsätze.

types of customers
Kundentypen

Kundentypen

Das Kundenverhalten und die Entscheidungsprozesse sind nicht bei allen Kunden gleich. Der amerikanische Wissenschaftler Everett M. Rogers analysierte die **Kunden** und das **Kundenverhalten** und fügte diese Daten im folgenden Modell zusammen.

Everett M. Rogers (1931–2004)
Kommunikationswissenschaftler, Soziologe, Schriftsteller, Lehrer; nach Rogers entstehen bei der Verbreitung eines Produkts am Markt bestimmte Käufergruppen

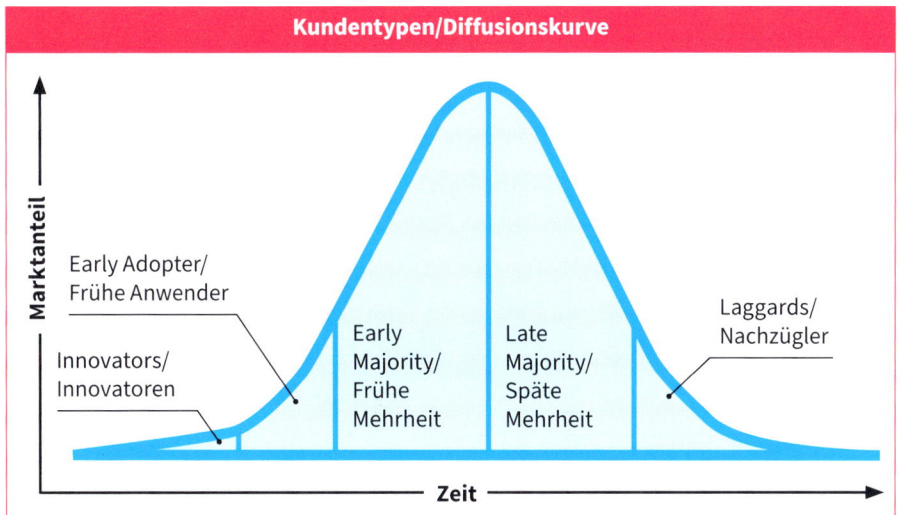

- **Innovators und Early Adopters (Frühe Anwender):** Dies sind meist technisch versierte Personen, die über ein hohes Einkommen verfügen und immer am Puls der Zeit sein wollen. Sie gehören zu den Ersten, die neue Technologien oder Produkte einsetzen und somit eine Vorreiterrolle für andere übernehmen. Early Adopters akzeptieren, dass das Produkt noch unausgereift, fehlerhaft und der Preis noch sehr hoch ist. Sie sind Meinungsbildner und sorgen für Mundpropaganda.

  Diese Kundengruppe sollte insbesondere in der **Einführungsphase** erreicht werden, es werden verschiedene Instrumente der Kommunikationspolitik eingesetzt.

- **Early Majority (Frühe Mehrheit):** Dies sind jene Kunden, die dann kaufen, wenn sie den Gebrauch des Produkts bei anderen Personen oder Gruppen beobachtet haben. Hier tritt der sogenannte Mitläufereffekt ein. Unternehmen können versuchen, Mitläufereffekte aktiv hervorzurufen und gezielt zu nutzen.

  Wenn dies gelingt, erreicht das Unternehmen die **Wachstumsphase,** in der die größten Umsatzsteigerungen erzielt werden.

LINK
Early Adopter
Hier findest du einige Charakteristika von Early Adopter – und wie Unternehmen darauf reagieren können.

- **Late Majority (Späte Mehrheit):** Die Gruppe der Late Majority ist meistens sehr skeptisch und wartet, bis sich ein Produkt bewährt hat. Eine eigene Marketingstrategie für diese Kundengruppe ist nicht sinnvoll.
- **Laggards (Nachzügler):** Die Nachzügler sind Personen, die sehr lange alle Vor- und Nachteile abwägen und meistens über ein geringes Einkommen verfügen. Auch für diese Kundengruppe ist keine eigene Marketingstrategie erforderlich.

SWOT-Analyse

Vor der Markterschließung und Marktbearbeitung ist die Analyse des Unternehmens und des Unternehmensumfeldes von entscheidender Bedeutung.

 SWOT-Analyse: Im ersten Schritt wird die aktuelle Situation des Unternehmens durchleuchtet (Situationsanalyse). Dazu werden sowohl innerbetriebliche Stärken und Schwächen (Strengths, Weaknesses) als auch externe Chancen und Gefahren (Opportunities, Threats) analysiert.

Interne Analyse	
Stärken (Strengths)	**Schwächen (Weaknesses)**
Was lief bisher gut? Was schätzen die Kunden besonders? Ist die Kernkompetenz des Unternehmens ein Zukunftsthema? Ist das Unternehmen flexibel genug, um auf Veränderungen zu reagieren?	Was machen andere Unternehmen besser? Welche Markteintrittsbarrieren müssen überwunden werden? Was kann aus Kundensicht besser gemacht werden?
Beispiele: • neues innovatives Produkt • Produktqualität • Patente • Standort • Kostenvorteile (Economies of Scale) • Reputation • Marke/hoher Wiedererkennungswert • gute Vertriebskanäle	**Beispiele:** • gering ausgebauter Vertrieb • schlechte Eigenkapitalquote • hohe Beschaffungspreise • hohe Mitarbeiterfluktuation • hohe Fremdkapitalkosten • hohe Lagerkosten • geringer Bekanntheitsgrad • hohe Erklärungsbedürftigkeit des Produkts

Fluktuation
Schwankungen im Mitarbeiterstand eines Unternehmens

Externe Analyse	
Chancen (Opportunities)	**Risiken (Threats)**
Welche Trends der Branche können genutzt werden? Hat das Unternehmen Markteintrittsbarrieren aufgebaut?	Welche Gefahren sind von der Konkurrenz zu erwarten? Welche negativen Einflussfaktoren sind in Zukunft zu erwarten? Gibt es Substitute bzw. ist das Produkt leicht nachahmbar?
Beispiele: • niedriges Marktalter/niedrige Lebenszyklusphase • Subventionen/Förderungen • hohes Marktpotenzial • Lockerung von gesetzlichen Bestimmungen • strategische Allianzen (Fusionen) • Abbau von Handelshemmnissen • schwache Konkurrenz	**Beispiele:** • neue gesetzliche Bestimmungen • steigende Beschaffungskosten • kurze Produktlebenszyklen • schlechte Wirtschaftslage • starker Preiskampf

■ Bei der **internen Analyse** werden die Stärken bzw. Schwächen untersucht, für die das Unternehmen selbst verantwortlich ist.

■ In der **externen Analyse** wird die Unternehmensumwelt untersucht. Die Chancen bzw. Risiken kommen von außen und ergeben sich aus Veränderungen im Markt.

Aus der Kombination der Stärken/Schwächen-Analyse (interne Analyse) und der Chancen/Risiken-Analyse (externe Analyse) können in einem zweiten Schritt **Strategien für die Entwicklung des Unternehmens** abgeleitet werden. Die Darstellung dieser Kombinationen erfolgt in der SWOT-Analyse.

Standortbestimmung
Durch die SWOT-Analyse ergibt sich ein übersichtliches Bild des Ist-Zustandes.

SWOT-Analyse		Interne Analyse	
		Stärken (Strengths)	**Schwächen (Weaknesses)**
Externe Analyse	**Chancen (Opportunities)**	**S-O-Strategie:** Verfolgen von neuen Chancen, die gut zu den Stärken des Unternehmens passen *Dank der ausgezeichneten Qualität unserer Produkte können wir den gehobenen Qualitätsansprüchen der Kunden gerecht werden und einen Wettbewerbsvorteil erreichen.*	**W-O-Strategie:** Schwächen eliminieren, um neue Möglichkeiten zu nutzen *Weil wir noch keine Erfahrungen auf dem internationalen Markt haben, wird es schwer, Fuß zu fassen. Um das hohe Marktpotenzial stark wachsender Märkte zu nutzen, sollte man überlegen, Kooperationen einzugehen.*
	Gefahren (Threats)	**S-T-Strategie:** Stärken nutzen, um Bedrohungen abzuwenden *Durch das hervorragenden Know-how des Managements und des gesamten Teams können wir die Kunden stark an das Unternehmen binden und somit Billiganbieter abwehren.*	**W-T-Strategie:** Verteidigungsstrategien entwickeln, um vorhandene Schwächen nicht zum Ziel von Bedrohungen werden zu lassen. *Da der Gewinn der letzten Jahre für weitere Investitionen verwendet wurde, konnten wir keine Rücklagen bilden. Eine Verschlechterung der gesamtwirtschaftlichen Situation wäre eine starke Bedrohung für das Unternehmen. Die Stärkung der Eigenkapitalbasis ist notwendig, um flexibel zu bleiben.*

◎ ÜBEN

In dieser Lerneinheit hast du Instrumente für die Marktanalyse kennengelernt. Mithilfe der folgenden Aufgaben kannst du das Gelernte üben.

Ü 7.11 Markt und Branche A

a) Erläutere den Begriff „Markt".

b) Erläutere den Begriff „Branche".

c) Beschreibe den Begriff „Trendsetter".

Ü 7.12 Einteilung von Märkten B

a) Ordne folgende Märkte der Tabelle zu:

Märkte nach Art des Gegenstandes		Märkte nach Art der räumlichen Ausdehnung
Gütermärkte	**Faktormärkte**	

b) Erläutere den Unterschied zwischen Gütermärkten und Faktormärkten.

c) Erläutere den Unterschied zwischen regionalen, nationalen, internationalen und Weltmärkten. Nenne jeweils ein Beispiel.

Ü 7.13 Marktform A

a) „Die Festsetzung des Marktpreises hängt von der Marktform ab." Nimm zu dieser Aussage Stellung und beschreibe die drei Marktformen.

b) Nenne jene Marktform, in der es am ehesten zu Preisabsprachen kommen kann. Nenne auch den Fachbegriff für „Preisabsprache".

Ü 7.14 Marktsegmentierung A

a) Erläutere die Bedeutung der Marktsegmentierung.

b) Nenne Kriterien für Marktsegmentierungen.

Ü 7.15 Marktgröße C

a) Nenne und beschreibe jene Größen, die für eine erfolgreiche Umsetzung einer Idee in einem bestimmten Marktsegment von Bedeutung sind.

b) Skizziere und erläutere den Unterschied zwischen wachsenden und gesättigten Märkten.

Ü 7.16 Marktgröße – Berechnung `C`

In Österreich soll ein neues Wellnessgetränk auf den Markt gebracht werden. Die Zielgruppe sind gesundheitsbewusste 25- bis 35-jährige Frauen. Es wurden Frauen in Fitness-Studios und auf der Einkaufsstraße befragt und es ist davon auszugehen, dass jede 10. Frau an einem derartigen Wellnessgetränk interessiert sein könnte.

a) Recherchiere bei Statistik Austria (www.statistik.at) die Zahl der Frauen zwischen 25 und 35 Jahren in Österreich.

b) Wie groß ist das Marktvolumen?

c) Berechne das Marktpotenzial und gib die Formel für die Berechnung des Marktpotenzials an.

d) Überlege, welche zusätzlichen Informationen für die Berechnung des Marktanteils notwendig sind.

Ü 7.17 5-Kräfte-Modell `B`

a) Erkläre die Bedeutung der fünf Kräfte nach Michael E. Porter für die Marketingstrategie.

b) Erläutere den Begriff „Economies of Scale".

c) Erkläre den Begriff „Substitut".

d) Welche Maßnahmen kann ein Unternehmen setzen, damit die Verhandlungsmacht der Kunden und der Lieferanten nicht zu groß wird?

Ü 7.18 Marktpositionierung `A`

Michael E. Porter stellte das Konzept der strategischen Hauptrichtungen in seinem Buch „Competitive Advantage: Creating and Sustaining Superior Performance" vor.

a) Übersetze den Titel dieses Buches in die deutsche Sprache.

b) Nenne und beschreibe diese drei Marketingstrategien.

Ü 7.19 BCG-Portfolio `C`

a) Stelle den Aufbau der BCG-Matrix grafisch dar.

b) Beschreibe die Bewertungskriterien für das Marktwachstum und den relativen Marktanteil.

c) Erkläre den Zusammenhang zwischen relativem Marktanteil und dem Erfahrungskurvenkonzept.

d) Die Kategorisierung der Produkte in der BCG-Matrix liefert wichtige Informationen für das strategische Marketing. Überlege und beschreibe die Schlussfolgerung und Marketingstrategien, die sich aus der Position der verschiedenen Produkte in der BCG-Matrix ableiten lassen.

Ü 7.20 Produktlebenszyklus `C`

a) Stelle den Produktlebenszyklus grafisch dar.

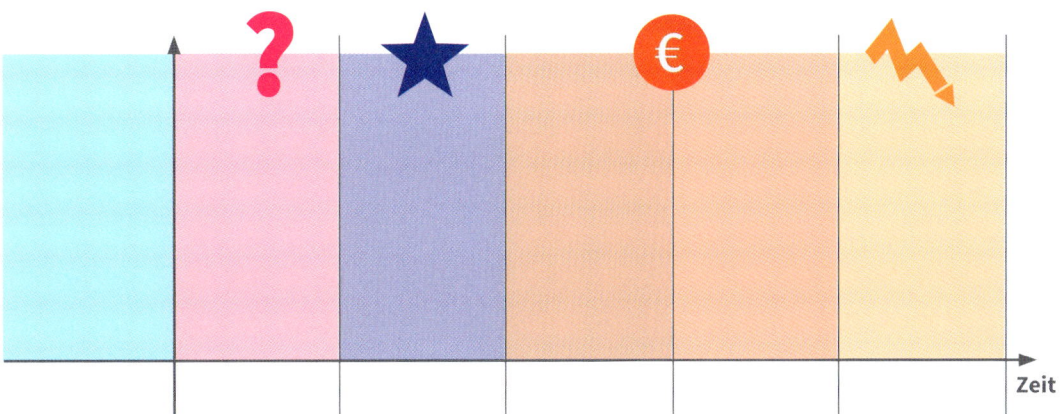

b) In welcher Phase sind der Umsatz und der Gewinn am größten?

c) Trage die vier Kategorien der BCG-Matrix in die Grafik des Produktlebenszyklus ein.

d) Erläutere die strategische Bedeutung des „Star"-Produkts und des „Cash Cow"-Produkts für ein Unternehmen. Überlege, warum diese beiden Bezeichnungen gewählt wurden.

e) Überlege und nenne Maßnahmen, die eingesetzt werden können, um die Sättigungsphase eines Produkts hinauszuzögern.

Ü 7.21 Kundentypen B

a) Kategorisiere und beschreibe mögliche Verhaltensweisen der Kunden nach E. M. Rogers.

b) Erkläre die Bedeutung des „Early Adoptors" für die erfolgreiche Markteinführung eines innovativen Produkts.

Ü 7.22 SWOT-Analyse C

a) Erläutere den Begriff „Situationsanalyse".

b) Nenne die vier englischen Wörter, für die „SWOT" steht. Übersetze diese in die deutsche Sprache.

Übernachten vor dem Apple Store
Wenn Apple neue Produkte auf den Markt bringt, gibt es stets Technologie-Enthusiasten, die vor dem Geschäft campieren. Sie zählen zu den Innovators.

c) Teile die SWOT-Situationsanalyse in eine „Externe Analyse" und eine „Interne Analyse". Nenne jeweils ein Beispiel.

d) Nenne und beschreibe die vier Kombinationsmöglichkeiten in der SWOT-Analyse.

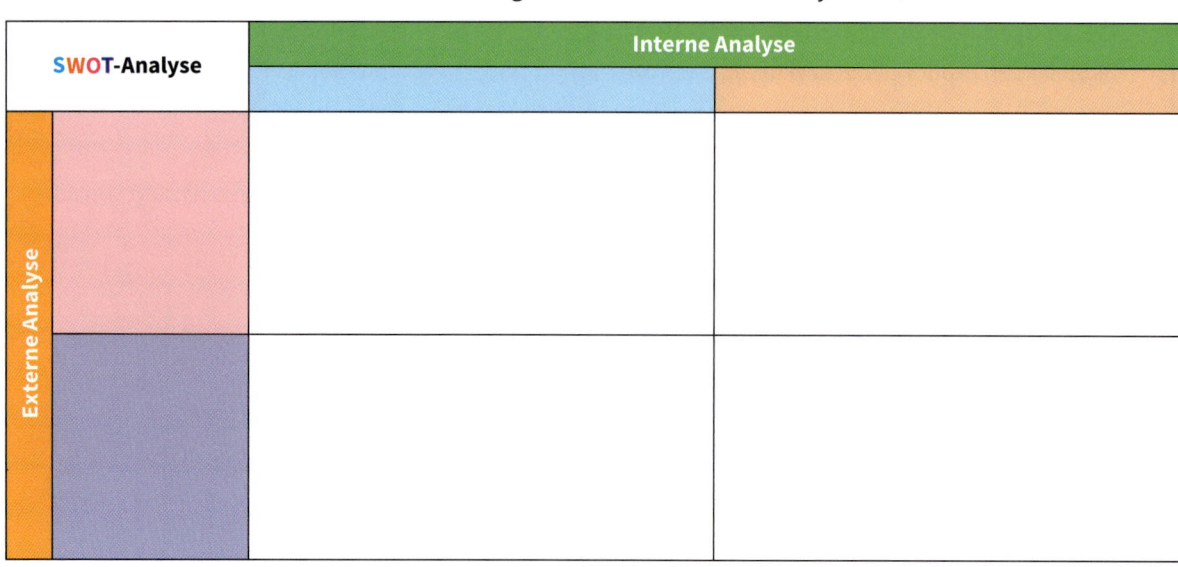

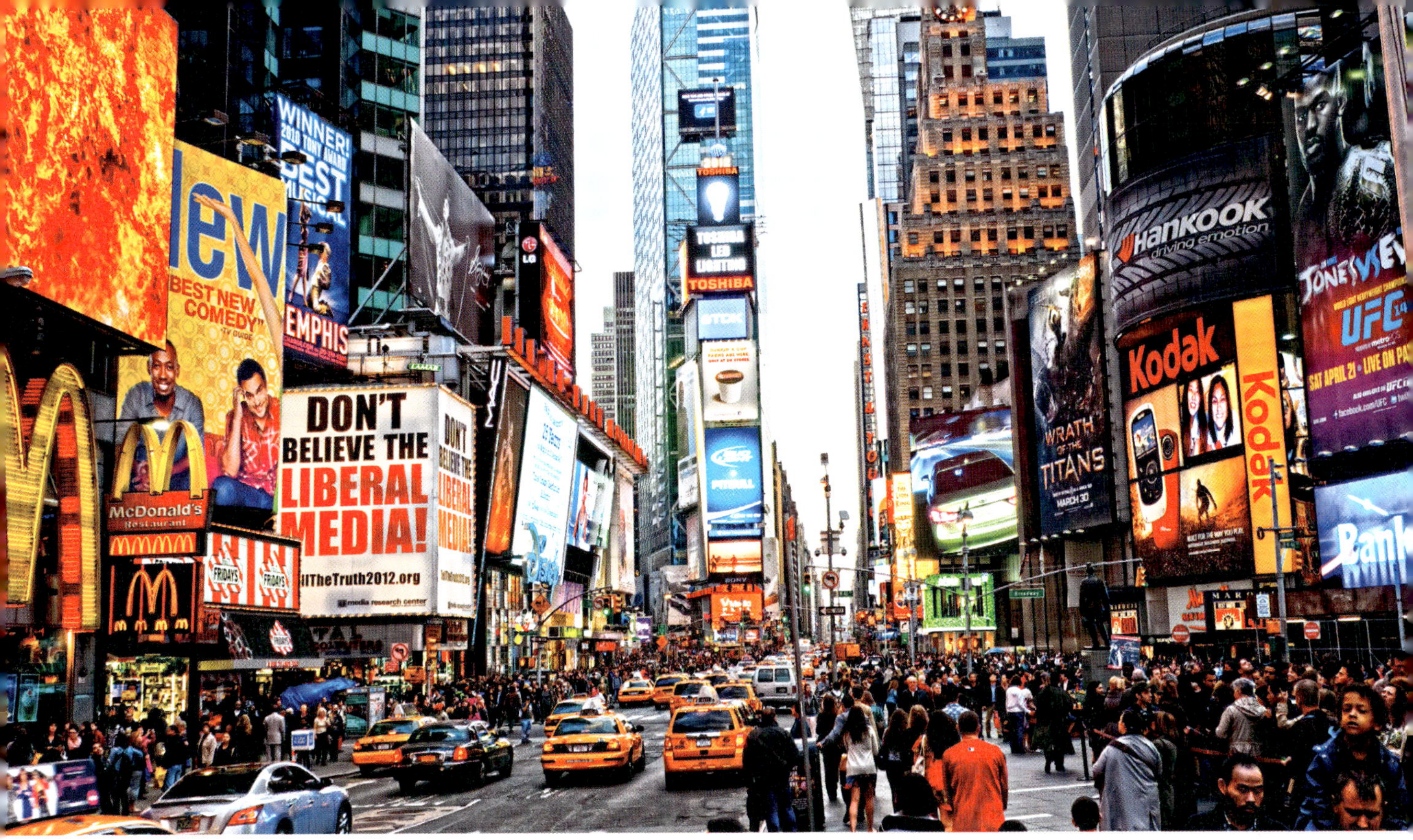

LERNEN

3 Marketing-Mix

Viele denken bei Marketingmaßnahmen in erster Linie an Werbung. Werbung ist aber nur ein Teil davon. Um ein Produkt erfolgreich zu verkaufen, ist es wichtig, eine optimale Abstimmung der vier klassischen Marketinginstrumente zu finden.

Ü 7.23 Nenne Beispiele für Marketingmaßnahmen, die dich besonders angesprochen haben. Wodurch haben sie sich von anderen unterschieden?

1 Die vier Ps des Marketings

Ein Unternehmen kann verschiedene Marketinginstrumente einsetzen, um seine Marketingziele zu erreichen. Die **systematische Kombination der einzelnen Marketinginstrumente** bezeichnet man als **Marketing-Mix.** Er umfasst vier Themenbereiche, die im Englischen alle mit „P" beginnen. Daher spricht man von den vier Ps des Marketings:

- **Product** (Produktpolitik)
- **Price** (Preispolitik)
- **Promotion** (Kommunikationspolitik)
- **Place** (Vertriebspolitik)

Der Marketing-Mix
Wie bei einem Puzzle müssen die einzenen Teile genau zusammenpassen.

② Produktpolitik

„**Produkt**" im Sinne des Marketings ist **jede am Markt angebotene Leistung**. Ein Kaugummi um wenige Cent ist ebenso ein Produkt wie ein Luxusurlaub.

Produktebenen und Kundennutzen

Bevor wichtige strategische Entscheidungen im Zusammenhang mit dem Produktangebot getroffen werden, ist das Produkt **in drei Ebenen** zu unterteilen.

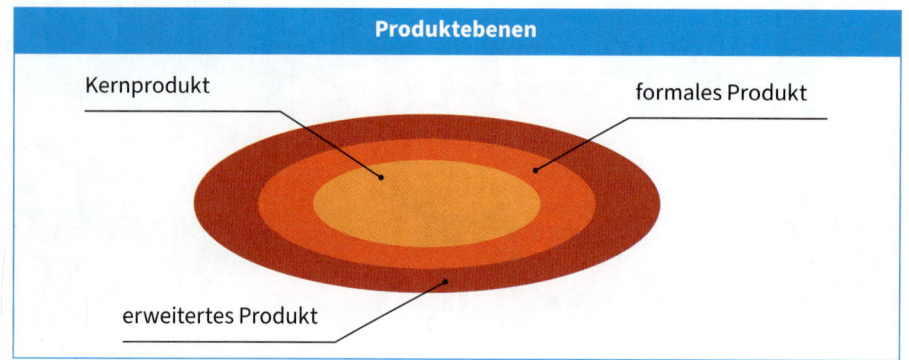

core product
Kernprodukt

actual product
formales Produkt

augmented product
erweitertes Produkt

Abgeleitet von den Produktebenen kann der **Kundennutzen** eines Produkts unterteilt werden in **Kernnutzen** und **Zusatznutzen,** der in vielen Branchen längst ein unverzichtbares Mittel zur Differenzierung geworden ist.

Differenzierung
Unterscheidung von der Konkurrenz

Produktebenen		Kundennutzen	
Kernprodukt		**Kernnutzen**	
bezieht sich auf die Eigenschaften eines Produkts, die der eigentlichen Problemlösung dienen.	**Beispiel Smartphone:** mobile Telekommunikation, Internetzugang, Organisation (Kalender etc.), Touchscreen	Befriedigung des Grundbedürfnisses	**Beispiel Smartphone:** telefonieren, Textnachrichten schreiben, Internet nutzen
Formales Produkt		**Zusatznutzen**	
beinhaltet Produkteigenschaften, wie Qualität, Verpackung, Design, Markenname.	**Beispiel Smartphone:** Design (z. B. Größe des Displays, Farbe), Akkuleistung, Speicherkapazität, Betriebssystem	Eigenschaften, die für die Kaufentscheidung relevant sind	Kundensupport, Informationen über Neuentwicklungen/ Gratistest, Rabatte auf Updates, Gratis-Einschulung, Regionalität, Umweltzertifikat
Erweitertes Produkt			
beinhaltet alle zusätzlichen Leistungen, die mit dem Produkt angeboten werden, d. h. Dienstleistungen, die pauschal als Service bezeichnet werden: kostenlose Lieferung, Garantieleistungen, Service, gratis Erstinstallation …	**Beispiel Smartphone:** Auswahl an Apps, Kamera, Datenspeicher, Spiele-Plattform		

Möglichkeiten zur **Schaffung von Zusatznutzen:**

	vor der Nutzung	während der Nutzung	nach der Nutzung
technische Leistungen	technische Beratung, Demontage alter Geräte oder Anlagen	technische Einweisung, Installation, Reparatur und Wartung	Umbau/Erweiterungen, Abbau/Entsorgung
kaufmännische Leistungen	Finanzierungsberatung, Testlieferung	Schulung, Ersatzteilversorgung, Beschwerdemanagement	Informationen über Neuentwicklungen, Rabatte bei Updates

Produktdifferenzierung und Produktvariation

Die **Produktdifferenzierung** und die **Produktvariation** sind Möglichkeiten, einen Wettbewerbsvorteil zu erzielen und das Absatzvolumen zu erhöhen.

- Bei der **Produktdifferenzierung** wird ein Produkt in verschiedenen Ausführungsvarianten angeboten, um auf die Bedürfnisse unterschiedlicher Zielgruppen besser eingehen zu können. Es existieren das alte und das veränderte Produkt zur gleichen Zeit am Markt.

  Beispiel: VW Golf, den es mit verschiedenen Motorleistungen als GTI und als Kombi gibt; Waschmittel Persil in Pulverform, als Tab, als Flüssigwaschmittel, ohne Parfum usw.

- Mit der **Produktvariation** wird im Wesentlichen versucht, das Produkt den gewandelten Kundenanforderungen anzupassen. Damit wird im Erfolgsfall die Lebensdauer nach dem Produktlebenszykluskonzept verlängert (Relaunch; Face-Lifting). Das alte Produkt existiert dann nicht mehr am Markt.

Face-Lifting
Automobilhersteller bringen PKWs in regelmäßigen Abständen mit veränderter Form und veränderter Ausstattung auf den Markt.

Produktsortiment

Eine wichtige Entscheidung für jedes Unternehmen ist die Gestaltung des Gesamtangebots, d. h. die Auswahl an Produkten.

Die Gesamtheit aller Produkte, die ein Unternehmen auf dem Markt anbietet, wird als **Sortiment** bezeichnet. Das Ziel der **Sortimentspolitik** ist die optimale Zusammensetzung der angebotenen Produkte. Das führt zu

- Steigerung der Absatzmengen und somit von Umsatz und Gewinn,
- Verminderung der Kosten,
- Verbesserung der Wettbewerbssituation,
- Streuung der Risiken,
- Auslastung und evtl. Rationalisierung der Produktions- und Lagerhaltung,
- klare Positionierung auf dem Markt.

Die **Sortimentsstrategie** wird von der Sortimentsbreite und der Sortimentstiefe beeinflusst.

- **Sortimentsbreite:** Anzahl verschiedener Warengruppen
- **Sortimentstiefe:** Anzahl der Sorten eines Artikels in einer Warengruppe

		Sortimentsbreite	
		schmal	breit
Sortimentstiefe	flach	Discountstrategie	Universalstrategie
	tief	Spezialisierungsstrategie	Multispezialisierungsstrategie

Die **Discountstrategie** und die **Spezialisierungsstrategie** eignen sich für kleinere Unternehmen.

Die **Universalstrategie** und die **Multispezialisierungsstrategie** sind sehr aufwands- und kapitalintensiv. Diese Strategien werden daher bevorzugt von mittelständischen und großen Unternehmen eingesetzt.

Bei der Entscheidung für ein breites oder tiefes Sortiment sind Vor- und Nachteile zu berücksichtigen:

Breites Sortiment	
Vorteile	**Nachteile**
• Angebotsvielfalt wirkt anziehend • verschiedene Zielgruppen werden angesprochen • große Kundenzahl wird erreicht • hoher Umsatz wird erzielt • geringeres Risiko, höhere Flexibilität • „Cross-Selling" möglich	• keine Spezialisierung • Sonderwünsche können nur bedingt berücksichtigt werden

Tiefes Sortiment	
Vorteile	**Nachteile**
• Spezialisierung möglich • exklusive Zielgruppen • hohe Qualität, qualifizierte Kundenberatung, gutes Image • höhere Gewinnspannen	• hohes Risiko bei einer Trendwende und durch Konkurrenzprodukte • hohe Personalkosten

3 Preispolitik

Die Aufgabe der Preispolitik ist, den **Preis** und die **Preiskonditionen** für die am Markt angebotenen Produkte festzulegen. Preise werden im Zeitablauf geändert. Eine Produktmodifikation oder -differenzierung kann Anlass für eine Preisvariation sein.

Preisbildung: Bei der Festsetzung des Preises müssen die Selbstkosten, die Nachfrage und die Konkurrenz berücksichtigt werden.

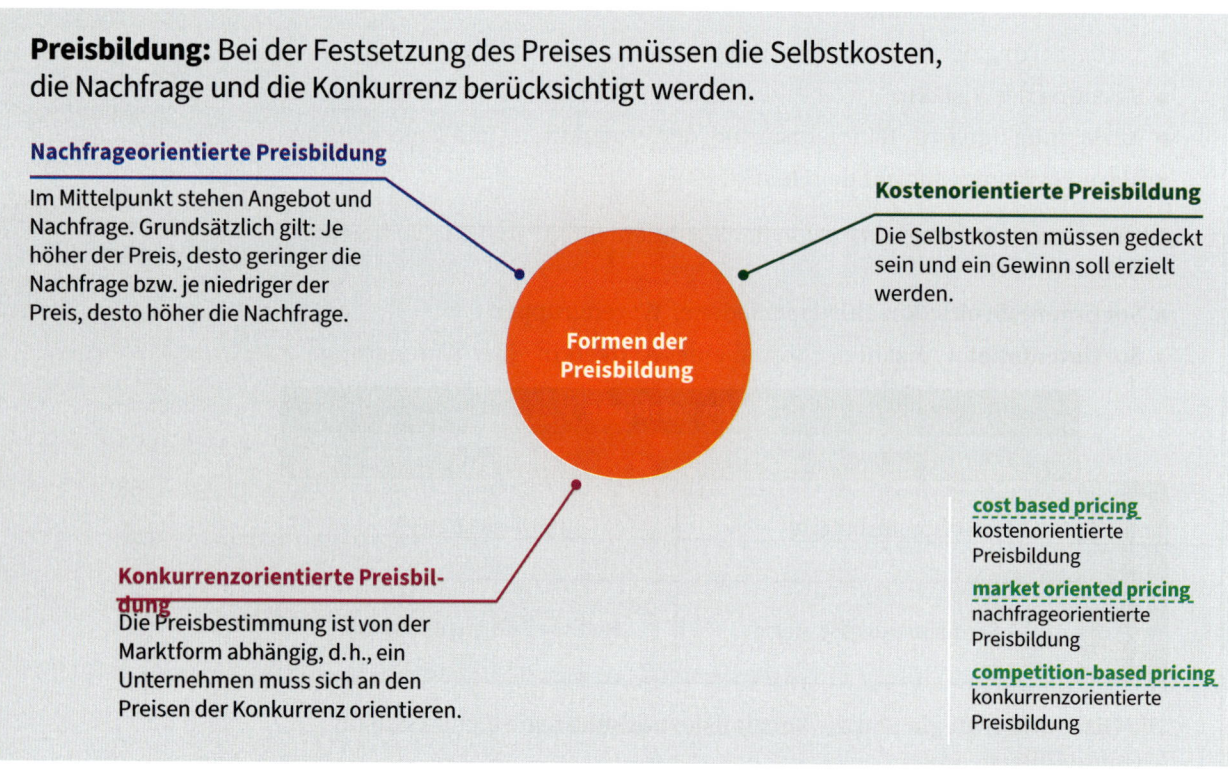

Nachfrageorientierte Preisbildung

Im Mittelpunkt stehen Angebot und Nachfrage. Grundsätzlich gilt: Je höher der Preis, desto geringer die Nachfrage bzw. je niedriger der Preis, desto höher die Nachfrage.

Kostenorientierte Preisbildung

Die Selbstkosten müssen gedeckt sein und ein Gewinn soll erzielt werden.

Formen der Preisbildung

Konkurrenzorientierte Preisbildung

Die Preisbestimmung ist von der Marktform abhängig, d.h., ein Unternehmen muss sich an den Preisen der Konkurrenz orientieren.

---

wide product range
breites Sortiment

„Cross-Selling"
Angebot von ergänzenden Produkten oder Dienstleistungen, die zum ursprünglichen Kaufwunsch des Kunden passen: z.B. Schi und Helme, Schibrillen, Schiunterwäsche

deep product range
tiefes Sortiment

cost based pricing
kostenorientierte Preisbildung

market oriented pricing
nachfrageorientierte Preisbildung

competition-based pricing
konkurrenzorientierte Preisbildung

Der Kunde ist bereit, einen **höheren Preis** zu bezahlen, wenn folgende Kriterien zutreffen:

- besonderes Image, besondere Marke
- besonderer Kundenservice
- knappe Güter (z. B. „limited edition")

Wie stark die Kunden auf eine Preisänderung reagieren, wird als **Elastizität der Nachfrage** bezeichnet.

- **Elastische Produkte:** Die Nachfrage reagiert sehr stark auf eine Preisänderung. Das bedeutet, dass eine geringe Preisänderung zu einer prozentuell stärker reagierenden Nachfrage führt. Die Preiselastizität hängt ab vom Vorhandensein von Ersatzprodukten (Substituten) und von den Preisen der Ersatzprodukte. Dies betrifft v. a. Produkte, auf die man leicht verzichten kann, wie Luxusartikel, exotische Früchte, Reisen, Schmuck, Konzerte.

  Beispiel: Der Preis von Fernreisen steigt um 30 %, in der Folge sinkt die Nachfrage nach Fernreisen um mehr als 30 %. Man sucht nach Urlaubszielen, die günstiger sind, oder bleibt zu Hause.

- **Unelastische Produkte:** Die Nachfrage reagiert wenig bis überhaupt nicht auf Preisänderung. Die betrifft v. a. Produkte, auf die man nicht gern verzichten möchte, wie Benzin, Heizöl, Strom, Medikamente, Wohnung, Grundnahrungsmittel, Zigaretten.

  Beispiel: Der Preis für Heizöl steigt um 30 %. Die nachgefragte Menge sinkt um weniger als 30 %. Die Besitzer eines Hauses mit Ölheizung können nicht kurzfristig auf das Heizen verzichten.

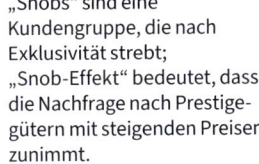

Teure Uhr, teures Auto
„Snobs" sind eine Kundengruppe, die nach Exklusivität strebt; „Snob-Effekt" bedeutet, dass die Nachfrage nach Prestigegütern mit steigenden Preisen zunimmt.

Preisstrategien

Unter Einbeziehung der drei Formen der Preisbildung können folgende **Preisstrategien** in Erwägung gezogen werden:

Preisstrategien	
Hochpreisstrategie	Güter werden dauerhaft zu hohen Preisen angeboten. Anstelle des Preises stehen Qualität und Image im Vordergrund. **Beispiel:** Luxusgüterbereich
Niedrigpreisstrategie	Es wird versucht, sich durch niedrige Preise von der Konkurrenz abzuheben. Dadurch soll schnell ein hoher Absatz erzielt und große Marktanteile gewonnen werden. **Beispiele:** Hofer, Lidl, KiK
Penetrationsstrategie	Die Markteinführung beginnt mit einem niedrigen Preis und dieser wird dann nach und nach erhöht. **Beispiel:** „Lockvogelangebote", um Kunden zu gewinnen – notwendig bei Vorhandensein von Konkurrenzprodukten (Substituten).
Skimming- oder Abschöpfungsstrategie	Die Markteinführung beginnt mit einem hohen Preis und wird dann nach und nach gesenkt. **Beispiel:** Innovative Produkte sind Star-Produkte, die eine hohe Gewinnspanne ermöglichen
Preisdifferenzierung	Für verschiedene Kundengruppen oder Zielmärkte (Marktsegmentierung) werden unterschiedliche Preise festgelegt. • **regionale Preisdifferenzierung:** Wenn man versucht, in neuen Regionen den Markt zu erobern, kann dies durch eine Senkung des Preises erfolgen. • **kundenspezifische Preisdifferenzierung:** wenn z. B. für Schüler und Studenten das gleiche Produkt billiger angeboten wird. • **zeitliche Preisdifferenzierung:** In Abhängigkeit von verschiedenen Zeitpunkten/-räumen wird das gleiche Produkt zu verschiedenen Preisen angeboten (z. B. Haupt- und Nebensaisonpreise im Tourismus).

Preiskonditionen

Attraktive Bedingungen schaffen für Kunden zusätzliche Kaufanreize.

Rabattpolitik (Preisnachlässe)

Rabatte sind Nachlässe vom Listenpreis, die ein Unternehmen seinen Kunden gewährt. Das Ziel ist, die Kunden dadurch stärker zu binden bzw. die Kunden zu einem bestimmten Kaufverhalten zu bewegen. Die wichtigsten Rabattarten sind:

- **Skonti (Bar- bzw. Schnellzahlungsrabatte):** erhält ein Kunde, wenn er den Betrag innerhalb einer festgelegten kurzen Zahlungsfrist (z. B. 7, 10 oder 14 Tage) begleicht

- **Mengenrabatte:** erhält ein Kunde, wenn er bei der Bestellung eine bestimmte Mindestmenge eines Produkts kauft

- **Zeitrabatte:** Frühbucherrabatt für Reisen, Last-Minute-Reisen; für saisonale Produkte, z. B. Nebensaisonpreise im Tourismus

- **Sonderrabatte:** Jubiläumsrabatte, Treuerabatte

Mengenrabatt
Auch im Einzelhandel gibt es Vergünstigungen beim Kauf ab einer bestimmten Menge.

Liefer- und Zahlungsbedingungen (in den AGBs geregelt)

Diese werden im Kaufvertrag zwischen dem Käufer und dem Lieferanten festgelegt. Sie enthalten alle vereinbarten Einzelheiten über die Art, den Zeitpunkt und den Preis der Lieferung sowie die Umtausch- und Rückgabemöglichkeiten innerhalb eines bestimmten Zeitraums.

AGB
Allgemeine Geschäftsbedingungen

Finanzierung und Kreditgewährung

Beim Kauf von Anlagevermögen (z. B. Produktionsanlage, Firmen-Pkw) ist es üblich, dass die Finanzierung des Kaufpreises Vertragsbestandteil beim Kaufabschluss ist.

4 Vertriebspolitik

Im Rahmen der Vertriebspolitik (Distributionspolitik) soll die räumliche und zeitliche Distanz zwischen Unternehmen und Kunden überwunden werden. Für den Vertrieb von Produkten gibt es zwei grundsätzliche Möglichkeiten, nämlich den **direkten** und den **indirekten Vertrieb.**

distribution policy
Vertriebspolitik

Direkter Vertrieb

Beim direkten Vertrieb verkauft der Hersteller **direkt an den Letztverbraucher.** Die produzierten Güter gelangen ohne Einschaltung des Handels vom Produzenten unmittelbar zum Kunden. Es bestehen u. a. folgende direkte Vertriebsmöglichkeiten:

direct distribution
direkter Vertrieb

- Außendienstvertreter, die im Unternehmen angestellt sind

- eigene Stände auf Wochenmärkten

- eigene Einzelhandelsfilialgeschäfte (Filialen; Factory Outlet Center)

- Versand von Katalogen über das Internet (Onlineshop)

Bei einem sehr erklärungsintensiven Produkt ist der direkte Vertrieb von **Vorteil,** da auf die Qualität der Beratung Einfluss genommen werden kann. Der **Nachteil** des direkten Vertriebs liegt in den hohen Fixkosten (z. B. Schulung des Personals, Reisekosten der Außendienstvertreter).

retailer
Einzelhändler
wholesaler
Großhändler

Indirekter Vertrieb

Beim indirekten Vertrieb erfolgt der Verkauf **über einen oder mehrere Zwischenhändler.** Es bestehen u. a. folgende indirekte Vertriebsmöglichkeiten:

- über den Einzelhandel
- zwischen Produzenten und Einzelhandel wird noch ein Großhandel zwischengeschaltet
- über einen Makler
- mittels Franchising

Der **Vorteil** des indirekten Vertriebs besteht darin, dass ohne viel Aufwand eine große Kundengruppe erschlossen werden kann. Die Fixkosten werden somit reduziert. Weiters kann vom speziellen Know-how des Handels profitiert werden. Der große **Nachteil** liegt in den zumeist sehr hohen umsatzabhängigen Provisionen.

indirect distribution
indirekter Vertrieb

Franchising
Nutzung eines Geschäftskonzepts gegen Entgelt. (z. B. McDonald`s)

5 Kommunikationspolitik

Die Kommunikationspolitik umfasst alle Maßnahmen des Unternehmens, die darauf ausgerichtet sind, den Kundinnen und Kunden **Informationen über das Leistungsangebot** zu vermitteln. Die Kommunikationspolitik lässt sich in folgende Bereiche unterteilen:

- klassische Werbung
- Verkaufsförderung
- Öffentlichkeitsarbeit
- persönlicher Verkauf

Das **AIDA-Stufenmodell** zeigt die **vier Phasen der Werbewirkung,** durch die die gewünschte Zielgruppe erreicht werden soll.

A	Attention	**Aufmerksamkeit erregen:** Der Kunde soll die neue Botschaft wahrnehmen.
I	Interest	**Interesse wecken:** Die Bedürfnisse des Kunden sollen angesprochen werden. Der Kunde entwickelt Interesse für dieses Produkt.
D	Desire	**Besitzwunsch auslösen:** Der Kunde soll überzeugt werden, dass genau dieses Produkt seine Bedürfnisse befriedigt.
A	Action	**zum Handeln inspirieren:** Der letzte Schritt ist die Phase von der Kaufbereitschaft zum Kaufakt (gratis Probeexemplar, Besuch der Website, beigelegtes Bestellformular ausfüllen)

Beispiel: E-Mail-Marketing anhand des AIDA-Modells für eine Photovoltaik-Anlage

- Attention: Haben Sie die hohen Strompreise satt?
- Interest: Die Sonne liefert ihre Energie kostenlos und fast unerschöpflich.
- Desire: Stromkosten sparen und gleichzeitig etwas für die Umwelt tun!
- Action: Derzeit gibt es hohe staatliche Förderungen, die die Errichtung Ihrer eigenen Photovoltaikanlage äußerst lukrativ machen. Nutzen Sie diese Fördermöglichkeiten, lassen Sie sich von uns beraten und verschiedene Möglichkeiten aufzeigen. Füllen Sie dazu einfach das Anfrageformular auf unserer Website aus, damit wir Ihnen ein individuelles Angebot machen können.

Aufmerksamkeit erregen
Dem „Betreff" und dem Eröffnungssatz kommen eine entscheidende Bedeutung zu. In wenigen Sekunden entscheidet der Leser, ob er sich dem Inhalt weiter widmet.

Klassische Werbung

Werbeinhalte werden durch sogenannte **Werbemittel** transportiert. Die Gestaltung des Werbemittels ist abhängig von der Zielgruppe. (Beispiele: Newsletter, TV-Spot, Inserat, Werbeflyer, Social Media usw.)

Werbeträger bieten die nötige Plattform, um die Werbemittel gezielt einzusetzen (z. B. Zeitungen, Magazine, Kataloge, Fernsehen, Radio, Plakatsäulen, Promotion-Pkw, Bekleidung, Internet usw.).

Eine weitere Möglichkeit ist das Verteilen von **Werbeartikeln.** Als sogenannte „Give-aways" werden sie gerne bei Promotions, Messeständen etc. eingesetzt.

Geschenke aus geretteten Lebensmitteln
Das Wiener Start-up „Unverschwendet" macht aus überschüssigem Obst und Gemüse Produkte wie Marmelade, Sirup, Chutney …

Verkaufsförderung

Verkaufsförderung ist eine ergänzende Maßnahme zur klassischen Werbung. Kunden werden **am Verkaufsort** (Point of Sale – POS) mit speziellen Maßnahmen und Methoden angesprochen und über das Angebot informiert, z. B. Gratisproben, Testversionen u. a.

Öffentlichkeitsarbeit

Das Unternehmen tritt nicht direkt mit dem Kunden in Kontakt, sondern versucht durch diverse Maßnahmen, in der Öffentlichkeit ein gutes Bild des Unternehmens zu vermitteln. Methoden der Öffentlichkeitsarbeit sind z. B. Pressekonferenzen, Presseaussendungen, unternehmenseigene Veröffentlichungen, PR-Anzeigen in Zeitungen, Tag der offenen Tür.

Öffentlichkeit
Vertreter von Medien, Behörden und politischen Parteien, aber auch Kunden, Lieferanten, Aktionäre und Konkurrenten

Public Relations (PR)
Öffentlichkeitsarbeit

Persönlicher Verkauf

Verkäufer treten am Verkaufsort (Point of Sale – POS) in **direkten Kontakt mit dem Käufer** im Rahmen eines Verkaufsgesprächs. Dies ist besonders bei erklärungsbedürftigen Produkten notwendig. Das Unternehmen gewinnt so auch aussagekräftige Informationen über den Kunden. Auf diese Weise können langfristige und beständige Geschäftsbeziehungen aufgebaut werden.

personal selling
persönlicher Verkauf

Weitere Kommunikationsmittel

- **Sponsoring:** Ein Sponsor stellt einer Institution Geld zur Verfügung und platziert dafür im Gegenzug sein Logo (z. B. auf Eintrittskarten, Aufstellen eines Werbeplakats bei Veranstaltungen, Link auf der Website).
- **Product-Placement:** Markenprodukte werden als Requisite bei Filmen, TV Serien usw. gezielt platziert.
- **Online-Werbung:** Das Internet als Massenmedium hat sich in den letzten Jahren am Werbemarkt enorm etabliert. Bei der Online-Werbung ist nachvollziehbar, wie viele Menschen die Werbung gesehen haben, wie viele User wirklich auf die Werbung geklickt haben usw.

  Im Internet kann man schon für wenig Geld Werbung schalten. Banner und Buttons sind relativ einfach und kostengünstig zu erstellen. Selektierte Online-Werbung ist vor allem für Unternehmen mit kleinem Werbebudget interessant, besonders in Verbindung mit zielgenauem Targeting.

Targeting
auf bestimmte Zielgruppen abgestimmtes Schalten bzw. Einblenden von Werbebannern

Werbeplanung

Bei der Gestaltung von Werbung sind vier Grundregeln zu beachten:

1	Wirksamkeit	Die Werbeaussage und die Werbemittel müssen so gewählt werden, dass sie die Zielgruppe beeinflussen.
2	Wahrheit	Die Werbung muss sachlich richtig informieren, sie darf nicht täuschen oder in die Irre führen.
3	Klarheit	Die Werbeaussage muss klar und leicht verständlich sein.
4	Wirtschaftlichkeit	Die Kosten der Werbung müssen in einem vernünftigen Verhältnis zum Werbeerfolg stehen.

Die Werbeplanung muss im Rahmen des **Werbebudgets** erfolgen. Das Werbebudget ist die Summe der finanziellen Mittel, die für einen bestimmten Zeitraum (i. d. R. für ein Jahr) zur Verfügung stehen. Das Werbebudget bestimmt oder begrenzt die Auswahl der Werbemittel und Werbeträger und damit die Reichweite der Werbung.

Anhand der Kennzahl „**Tausender-Kontaktpreis (TKP)**" kann ermittelt werden, wie teuer eine geplante Werbekampagne auf dem gewünschten Werbemittel sein wird. Die Kennzahl gibt die Häufigkeit der eingeblendeten Werbung im Verhältnis zu den ausgegebenen Werbekosten an.

Tausender-Kontaktpreis = (Werbekosten/Reichweite) × 1000

Beispiel: Tausender-Kontaktpreis

Eine Website wird im Monat 1.500.000-mal aufgerufen. Die Werbung auf dieser Website kostet pro Monat € 20.000,–.

TKP = (20.000 / 1 500 000) × 1000 = € 13,33

Es kostet € 13,33, um 1000 Personen einer bestimmten Zielgruppe zu erreichen.

Ad Impression
Im Online-Marketing wird ein Sichtkontakt auch als Ad Impression bezeichnet. Der Aufruf wird auf einem Ad Server protokolliert. So kann die Effizienz von Werbemitteln und Medienkanälen beurteilt werden.

 # ÜBEN

In dieser Lerneinheit hast du erfahren, welche Bereiche der Marketing-Mix umfasst. Mithilfe der folgenden Aufgaben kannst du das Gelernte üben und festigen.

Ü 7.24 Marketinginstrumente [A]

Nenne die „4 Ps" des Marketings.

Ü 7.25 Produktpolitik [B]

a) Beschreibe die Ebenen eines Produkts anhand eines selbst gewählten Beispiels.

b) Erkläre den Unterschied zwischen dem Kernnutzen und dem Zusatznutzen.

c) Erläutere den Unterschied zwischen Produktvariation und Produktdifferenzierung.

Ü 7.26 Sortimentspolitik [B]

a) Erläutere den Begriff Sortimentspolitik.

b) Beschreibe die Kriterien für ein flaches und ein schmales Sortiment.

c) Überlege und erläutere die optimale Sortimentspolitik für einen Imbissstand.

d) Beschreibe die Vor- und Nachteile eines „breiten Sortiments" und eines „tiefen Sortiments" anhand eines Beispiels.

	breites Sortiment	tiefes Sortiment
Vorteile		
Nachteile		
Beispiele		

Ü 7.27 Preispolitik C

a) Nenne die drei Methoden der Preisbildung.

b) Erläutere die „Elastizität der Nachfrage" und den Einfluss auf die Preispolitik. Nenne Beispiele für elastische und unelastische Produkte.

c) Erkläre den Zusammenhang zwischen den drei Marktformen (Konkurrenzsituationen) und der Preispolitik.

d) Interpretiere die nachstehende Grafik.

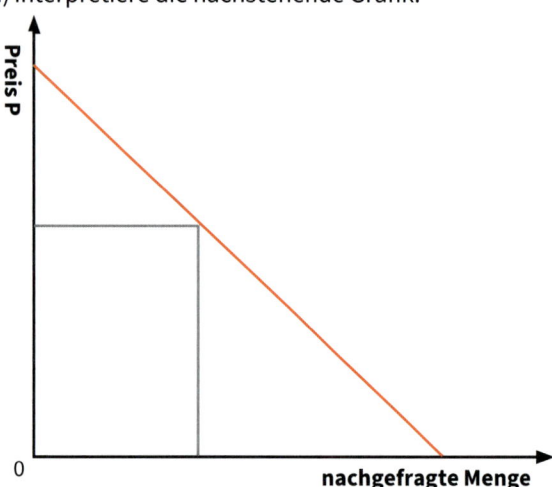

Ü 7.28 Preisstrategien B

a) Erläutere den Unterschied zwischen Penetrationsstrategie und Skimmingstrategie. Überlege dir Situationen, in denen diese Strategien eingesetzt werden.

b) Erläutere den Begriff Preisdifferenzierung.

c) Nenne Beispiele für Preisdifferenzierung und welches Ziel damit verfolgt wird.

Ü 7.29 Vertriebspolitik C

a) Erläutere Faktoren, die die Wahl der Vertriebsform beeinflussen.

b) Erkläre den Begriff „Franchising" und ordne ihn einer Vertriebsform zu.

c) Nenne Vor- und Nachteile des direkten und des indirekten Vertriebs anhand eines Beispiels.

	direkter Vertrieb	indirekter Vertrieb
Vorteile		
Nachteile		
Beispiele		

Franchise-Unternehmen
Nicht jeder, der als Unternehmer selbständig tätig sein möchte, muss unbedingt ein neues Unternehmen gründen. Es gibt Möglichkeiten, bei bewährten Konzepten einzusteigen.

Ü 7.30 Kommunikationspolitik `B`

a) Beschreibe die Begriffe Werbemittel und Werbeträger in der klassischen Werbung. Nenne jeweils ein Beispiel.

b) Erkläre die Abkürzungen POS und PR.

c) Beschreibe den Begriff Target Marketing. Überlege ein dafür optimales Kommunikationsmittel.

d) Überlege ein optimales Kommunikationsinstrument für ein innovatives Produkt. Begründe deine Auswahl.

Ü 7.31 Werbeplanung `A`

Die vier Grundregeln bei der Gestaltung von Werbung sind Wirksamkeit, Wahrheit, Klarheit, Wirtschaftlichkeit. Erläutere die Bedeutung dieser Begriffe.

Ü 7.32 AIDA-Modell `B`

a) Erkläre die Phasen des AIDA-Modells.

b) Verfasse einen Werbebrief anhand des AIDA-Modells für ein von dir gewähltes Produkt.

KÖNNEN

In diesem Kapitel hast du über die Grundlagen des Marketings kennengelernt. Bei den folgenden Aufgaben kannst du dein Wissen anwenden.

K 7.1 Kano-Modell `D`

Ein Kunde lässt sich einen neuen Kaminofen vom Ofensetzer in sein Wohnzimmer einbauen. Die Kaufmotivation war, eine angenehme Wärme und Behaglichkeit für die Familie zu schaffen. Ferner wollte er ein Qualitätsprodukt mit einem besonderen Sicherheitsstandard und eine fachmännische Installation, daher wandte sich der Kunde an einen Ofensetzer-Betrieb und nicht an einen Baumarkt. Hat der Ofensetzer den Kunden gefragt, ob er in Kooperation mit einem Elektrounternehmen bzw. mit einem Elektrikermeister in der Wohnung Rauchmelder für die Sicherheit einbauen soll? Vermutlich nicht.

Aber gerade diese „Mitverkäufe", auch Cross-Selling genannt, sind gut geeignet, den Kunden zu zeigen, dass man bemüht ist, die beste Lösung für den Kunden zu finden. Nebenbei erhöhen sie den Umsatz, stärken lokale Kooperationen mit anderen Branchen oder sorgen für Begeisterung, wenn sie für den Kunden als Service erbracht werden.

a) Erläutere die drei Dimensionen der Kaufmotive des Kano-Modells.

b) Ordne die im Text beschriebenen Kundenanforderungen den drei Kategorien des Kano-Modells zu.

c) Beschreibe den Zusammenhang zwischen Erfüllung der Kundenanforderung und der Kundenzufriedenheit.

d) Stelle die drei Produktebenen dar.

e) Erläutere den Kernnutzen und den Zusatznutzen dieses Angebots.

K 7.2 Instrumente der Marktanalyse `C`

Erkläre den Zusammenhang zwischen:

- den Kundentypen nach E. M. Rogers
- den Kategorien der BCG-Matrix und
- den Produktlebenszyklusphasen.

K 7.3 Marktanalyse A

Ordne die Begriffe den passenden Definitionen zu.

① **Marktanteil**	○ die Aufnahmefähigkeit des Marktes für ein Produkt
② **Early Adopter**	○ wenn eine Vielzahl von Anbietern einer Vielzahl von Nachfragern gegenübersteht
③ **Marktpotenzial**	○ Kundengruppe, die immer am Puls der Zeit sein will
④ **Polypol**	○ Absatzvolumen eines bestimmten Unternehmens am Marktvolumen
⑤ **Cash Cow**	○ Chancen nutzen, die gut zu den Stärken des Unternehmens passen
⑥ **S-O-Strategie**	○ ein Produkt in der Wachstumsphase

K 7.4 Berechnung des Marktpotenzials C

Ein Handwerker möchte ein Unternehmen in der Region Salzburg Stadt gründen. Er ist überzeugt, dass er durch seine jahrelange Erfahrung in einem Handwerksbetrieb und seine Zuverlässigkeit eine hervorragende Qualität und einen tollen Kundenservice bieten kann.

Die Zielgruppe sind Wohnungseigentümer, die ihre Wohnung renovieren möchten. Laut einer Markterhebung gibt es in dieser Region 50.000 Wohnungen. Aus Erfahrung weiß er, dass Wohnungen alle 10 Jahre komplett renoviert und der Preis pro Renovierung durchschnittlich 1.500 Euro beträgt.

a) Nenne die Größe der Zielgruppe.

b) Wie groß ist die Frequenz?

c) Ermittle das Marktpotenzial.

K 7.5 SWOT-Analyse `D`

a) Ordne die Faktoren Strengths, Weaknesses, Opportunities, Threats den folgenden Kriterien zu.

	Strengths	Weaknesses	Opportunities	Threats
hohe Qualitätsstruktur				
wenige Verkaufskanäle				
kaum Finanzrücklagen				
keine globale Aufstellung				
Qualität				
hohe Mitarbeitermotivation				
einengende Gesetze				
altmodisches Image				
ökonomische Entwicklung in Osteuropa				
asiatische Billiganbieter				
geringer Bekanntheitsgrad				
Joint-Venture				
hohes technisches Know-how				
Fusion mit einem Mitbewerber				
Innovationen der Mitbewerber				

b) Erläutere, welche Kriterien das Unternehmen selbst beeinflussen kann.

c) Interpretiere die SWOT-Analyse. Leite die vier Strategien ab.

S-O-Strategie	**W-O-Strategie**
S-T-Strategie	**W-T-Strategie**

K 7.6 Marketinginstrumente A

Ordne folgende Sachverhalte und Begriffe den vier Marketinginstrumenten durch Ankreuzen zu.

	Product	Price	Place	Promotion
Für den Verkauf wird ein Außendienstmitarbeiter angestellt.	☐	☐	☐	☐
Regionale Sportveranstaltungen werden finanziell unterstützt (Sponsoring).	☐	☐	☐	☐
Ein Unternehmen möchte sich als Spezialist positionieren und bietet ein tiefes Sortiment an.	☐	☐	☐	☐
Ein Newsletter wird nach den Grundsätzen der AIDA-Formel aufgesetzt und soll die Präsentation eines neuen Produkts ankündigen.	☐	☐	☐	☐
Der Kunden-Support wird weiter verbessert.	☐	☐	☐	☐
Für ein neu entwickeltes Produkt können hohe Gewinne abgeschöpft werden. Die Marktanalyse ergab ein hohes Marktpotenzial.	☐	☐	☐	☐
Der Tausender-Kontaktpreis wird berechnet.	☐	☐	☐	☐
Die steigende Konkurrenz macht eine Sortimentserweiterung notwendig.	☐	☐	☐	☐
Für Studenten und Senioren werden günstigere Preise angeboten.	☐	☐	☐	☐
Um die Attraktivität eines Produkts nach rückläufigen Verkaufszahlen zu erhöhen, wird das Design leicht verändert („Facelift").	☐	☐	☐	☐
Die Produkte werden über den Versandhandel angeboten.	☐	☐	☐	☐
Ein Produkt wird als Requisit in Spielfilmen platziert (Product-Placement).	☐	☐	☐	☐
Der Verkauf der Produkte soll über einen Online-Shop erfolgen.	☐	☐	☐	☐

K 7.7 Werbekosten D

Die Werbeeinschaltung in einem bekannten Wochenmagazin kostet € 50.000,–. Die Zeitschrift hat eine Auflage von 150 000 Stück. Jedes Exemplar wird durchschnittlich von vier Lesern gelesen. Das bedeutet, dass ca. 600 000 Leser erreicht werden.

a) Wie hoch ist der Tausender-Kontaktpreis?

b) Erläutere das Ergebnis.

Fortsetzung:

Die Werbeeinschaltung in einer regionalen Wochenzeitschrift kostet € 4.000,–. Die Auflage beträgt 15 000 Stück. Jedes Exemplar wird durchschnittlich von drei Lesern gelesen.

c) Berechne für diesen Fall den Tausender-Kontaktpreis.

d) Erläutere, wovon die Entscheidung abhängt, in welcher Zeitschrift das Inserat geschaltet werden soll.

KOMPETENZCHECK

Meine Kompetenzen	Kann ich?	Lernstoff	Aufgaben
Ich kann die Herkunft des Begriffs „Marketing" und die Bedeutung für Unternehmen erklären.		Lerneinheit 1	Ü 7.1, Ü 7.2
Ich kann den Prozess vom Kundenbedürfnis bis zum erfolgreichen Kaufabschluss erklären.		Lerneinheit 1	Ü 7.3
Ich kann verschiedene Arten von Bedürfnissen nennen.		Lerneinheit 1	Ü 7.3
Ich kann das Kano-Modell erklären und den Zusammenhang zum Begriff „Kundennutzen" beschreiben.		Lerneinheit 1	Ü 7.5
Ich kann den Begriff Marktforschung und die Methoden der primären und sekundären Marktforschung erläutern.		Lerneinheit 1	Ü 7.6, Ü 7.7, Ü 7.8
Ich kann den Begriff „Markt" und „Branche" unterscheiden und kann verschiedene Kategorien von Märkten nennen.		Lerneinheit 2	Ü 7.10, Ü 7.11
Ich kann die drei Marktformen erklären.		Lerneinheit 2	Ü 7.12
Ich kann die Kriterien und Gründe für die Marktsegmentierung nennen.		Lerneinheit 2	Ü 7.13
Ich kann die Begriffe Marktgröße, Marktvolumen und Marktanteil erläutern und berechnen.		Lerneinheit 2	Ü.7.14, Ü 7.15
Ich kann die Bedeutung des 5-Kräfte-Modells und die Möglichkeiten der Marktpositionierung nach Michael E. Porter erklären.		Lerneinheit 2	Ü 7.16, Ü 7.17
Ich kann die BCG-Matrix, die Kenntnisse des Produktzyklus und die Möglichkeiten des Kundenverhaltens nach E. Rogers kombinieren und als Hilfsmittel bei der Festlegung der Marketingstrategie erklären.		Lerneinheit 2	Ü 7.18, Ü 7.20, Ü 7.21
Ich kann die SWOT-Analyse im Rahmen der Situationsanalyse und der Festlegung der Marketingstrategie erklären.		Lerneinheit 2	Ü 7.20
Ich kann die vier Marketinginstrumente erläutern.		Lerneinheit 3	Ü 7.22
Ich kann die Produktebenen erläutern und Möglichkeiten der Sortimentspolitik analysieren.		Lerneinheit 3	Ü 7.23, Ü 7.24
Ich kann die drei grundsätzlichen Einflussfaktoren auf die Preisbildung nennen und erklären.		Lerneinheit 3	Ü 7.25, Ü 7.26
Ich kann die Möglichkeiten des Vertriebsweges erklären und anhand von Vor- und Nachteilen vergleichen.		Lerneinheit 3	Ü 7.27
Ich kann Instrumente und wichtige Begriffe der Kommunikationspolitik nennen und erklären sowie das AIDA-Modell für die Gestaltung von Kommunikationsmitteln beschreiben.		Lerneinheit 3	Ü 7.28, Ü 7.30
Ich kann die Grundregeln der Werbeplanung erläutern.		Lerneinheit 3	Ü 7.29

Platz zum Schreiben

8 Unternehmensgründung

Darum geht's in diesem Kapitel:

Die Gründung eines Unternehmens bedeutet, Visionen mit großer Leidenschaft umzusetzen, Freiheit durch Selbstbestimmung zu erleben, Verantwortung zu übernehmen sowie Stolz und Anerkennung zu erfahren. Das Know-how über die ersten Gründungsschritte hilft bei der erfolgreichen Umsetzung der Geschäftsidee.

Das lernst du in den folgenden Lerneinheiten:

1. Wie kommt man zu einer **erfolgversprechenden Geschäftsidee?**
2. Was ist beim Erstellen eines **Businessplans** zu beachten?
3. Welche Schritte sind zur **Unternehmensgründung** erforderlich?
4. Was sind die Schlüsselfaktoren in der **Umsetzungsphase?**

Die Vision wurde Realität
Anexia wurde 2006 von Alexander Windbichler in Klagenfurt als Einzelunternehmen gegründet. Der Grundstein war ein HTL-Projekt. Heute macht Anexia cloudindigene Informationstechnik. Mit über 250 Mitarbeitern in Europa und den USA werden 2020 knapp 100 Rechenzentrumsstandorte weltweit betreut.

company founding
Unternehmensgründung

Aktiviere dein MEHR!-Buch
online: **lernenwillmehr.at**

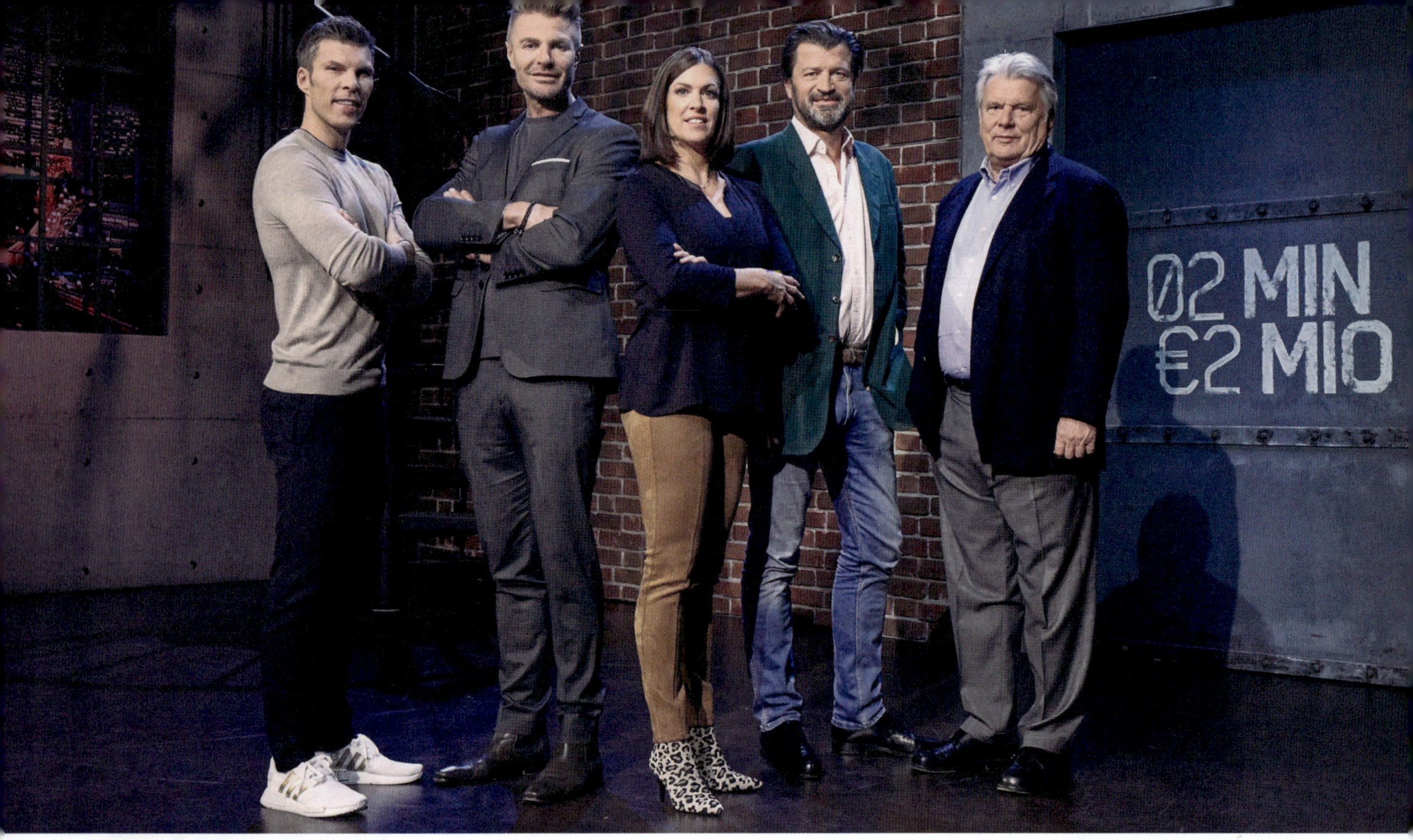

LERNEN

1 Die Geschäftsidee

Jede Selbständigkeit beginnt mit einer Idee. Durch technologische und gesellschaftliche Entwicklungen entstehen immer wieder neue Produkte und Dienstleistungen. Im Idealfall erkennen Neugründer Trends frühzeitig und setzen sie am Markt um. Damit erzielen sie klare Wettbewerbsvorteile.

Ü 8.1 In den Sendungen „Dragons' Den" (GB), „Höhle der Löwen" (D), „2 Minuten 2 Millionen" (A) stellen Unternehmensgründer ihre innovativen Geschäftskonzepte vor und bieten Investoren Geschäftsanteile an. Wähle eine dieser Sendungen und eine für dich interessante Geschäftsidee aus und notiere:

- welche Merkmale die Geschäftsidee für dich interessant macht,
- den präsentierten Unternehmenswert, die Höhe der Verkaufszahlen, den Umsatz, der bis zu diesem Zeitpunkt erwirtschaftet wurde, und wofür das Kapital genutzt werden soll,
- ob die Investoren bereit waren zu investieren – falls ja: in welcher Höhe h; falls nein: mit welcher Begründung haben sie sich gegen eine Beteiligung entschieden.

1 Suche nach einer Geschäftsidee

Ein neu gegründetes bzw. auch ein bestehendes Unternehmen kann entweder eine neue Idee entwickeln oder bewährte Ideen erweitern, verbessern oder verändert anbieten. Die Entwicklung einer neuen Idee bezeichnet man als Innovation. Eine **Innovation** ist eine Geschäftsidee, die vollkommen neu auf dem Markt ist. Dabei kann es sich z. B. um ein neues technisches Produkt, einen neuen Vertriebsweg, eine neue Dienstleistung oder einen neuen Fertigungsprozess handeln.

business idea
Geschäftsidee

innovation
Innovation

Arten von Innovationen	
Neue Idee für einen neuen Markt ("Blue Ocean")	**Neue Idee für einen bestehenden Markt ("Red Ocean")**
Eine **neue Geschäftsidee** wird durch Forschung und Entwicklung gefunden. Es ist zu prüfen, ob die Erfindung wirklich neu ist und nicht bereits von jemand anderem geschützt wurde (Patentrecherche erforderlich). **Blue Ocean:** neuer Markt, der durch ein Unternehmen selbst geschaffen wird; es gibt keine oder kaum Konkurrenz, neue Nachfrage wird geweckt.	**Bewährte Produkte** oder Dienstleistungen werden durch eine **neue Idee** erweitert oder verbessert, z. B. Design-Änderungen an Produkten, Verbesserung des Kundenservice, Verbesserung der Funktionalität. **Red Ocean:** bestehender Markt, das Unternehmen muss sich gegenüber der Konkurrenz behaupten, um die existierende Nachfrage zu nutzen.
Vorteile	**Vorteile**
• hohes Marktpotenzial • kurzfristig eine Monopolstellung • hohe Gewinnspannen	• keine Kosten für Forschung und Entwicklung • begrenztes Risiko
Nachteile	**Nachteile**
• hohe Kosten • zeitintensiv • höheres Risiko	• Konkurrenz • geringeres Marktpotenzial • niedrige Gewinnspannen • hohe Abhängigkeit

Recherche beim Patentamt
Mit dem Service „Pre Check Erfindungsmeldung" um € 450,- kann festgestellt werden, ob eine Technik oder Idee bereits patentiert ist und wie deren Erfolgsaussichten sind.

Beispiele: Erfolgreiche Geschäftsideen

■ **Facebook:** Mark Zuckerberg gründete während der Studienzeit die Website Facemash, aus der später das soziale Netzwerk Facebook wurde, was ihn binnen weniger Jahre zu einem der reichsten Menschen der Welt machte.

In diesem Geschäftsmodell werden menschliche Bedürfnisse, wie Neugier, Spieltrieb und Mitteilungsdrang berücksichtigt. Für die Nutzerinnen und Nutzer ist Facebook kostenlos, das Unternehmen verdient pro Klick auf eine der vielen Banner-Ads.

■ **Runtastic:** Der Oberösterreicher Florian Gschwandtner gründete 2009 mit drei Kollegen das Unternehmen Runtastic. 2015 wurde das Unternehmen an die adidas-Gruppe verkauft.

Runtastic ist eine Smartphone-App, die Sport-Aktivitäten dokumentiert und die Möglichkeit bietet, mit Nutzern aus aller Welt Erfahrungen auszutauschen. Bei der App-Entwicklung wurde darauf geachtet, durch kommunikative Möglichkeiten die Motivation zu unterstützen.

Durch die Anmeldung bei Runtastic kann anhand der Benutzerdaten das sportliche Verhalten des Benutzers erfasst werden Dies wird als Anknüpfungspunkte für sehr genaue personenbezogene Werbung genutzt.

Freiraum für neue Ideen
Die Methode „Brainstorming" wurde 1939 vom US-amerikanischen Werbefachmann Alex F. Osborn entwickelt. Der Begriff kommt von „using the brain to storm a problem" (das Gehirn benutzen, um ein Problem in Angriff zu nehmen).

2 Kreativitätstechniken

Um ungewöhnliche Ideen, Gedanken oder Lösungen zu entwickeln, müssen gewohnte Verhaltensmuster aufgebrochen und mentale Schranken überwunden werden. Das gelingt durch die **Anwendung von Kreativitätstechniken.** Die Kreativität der Mitarbeiter zu nutzen und zu fördern, ist ein wichtiger Erfolgsfaktor. Es gibt viele verschiedene Techniken, um Kreativität zu fördern. Drei davon werden hier näher erläutert:

Brainstorming

Brainstorming ist der „Klassiker" unter den Kreativitätstechniken. Diese Methode wird sehr häufig bei der Produktentwicklung oder beim Konstruieren neuer technischer Geräte angewendet.

creativity technology
Kreativitätstechnik

Die vier Brainstorming-Regeln: Je größer die Anzahl der Ideen, desto größer ist die Wahrscheinlichkeit, dass brauchbare darunter sind.

1. **Quantität vor Qualität:** Je mehr Ideen, desto besser.
2. **Wilde, unsinnige Ideen** sind ausdrücklich erwünscht.
3. Es gibt **keine Gewinner** und **keine Verlierer.**
4. **Verbot von Beurteilung und Kritik:** Killerphrasen sind Ideenkiller („Das funktioniert doch nie!", „Das haben wir schon einmal versucht." „So ein Quatsch!", „Das geht nicht, weil …").

Erst nach Beendigung des Brainstormings erfolgt die Bewertung und Diskussion der Ideen.

Brainwriting/6-3-5-Methode

Die Technik des Brainwritings ist eine weiterentwickelte Variante des Brainstormings. Im Gegensatz zum Brainstorming wird bei dieser Methode nicht gesprochen, sondern die Teilnehmenden schreiben ihre Ideen auf.

Die Technik wird 6-3-5 genannt, weil **sechs Teilnehmende** auf ein Blatt jeweils **drei Ideen** schreiben. Das Blatt wird dann **fünf Mal weitergereicht.**

Ablauf der 6-3-5-Methode: Diese Technik kann auch online durchgeführt werden.

1. Schritt
Problemstellung visualisieren
Die Problemstellung wird gut sichtbar auf ein Flipchart geschrieben.

2. Schritt
Drei Lösungsideen aufschreiben
Jeder Teilnehmende bekommt ein Blatt und schreibt drei Ideen auf, die für das genannte Problem eine Lösung bieten.

3. Schritt
Ideen weitergeben
Das Blatt wird nach einer vorgegebenen Bearbeitungszeit im Uhrzeigersinn an die nächste Person weitergegeben.

4. Schritt
Weiterentwickeln und wiederholen
Diese Person liest die bereits aufgeschriebenen Ideen, lässt sich davon inspirieren und versucht, die Ideen weiterzuentwickeln. Dieser Vorgang wird fünf Mal wiederholt.

Vorteile dieser Methode:

- Innerhalb von weniger als zehn Minuten entstehen **108 Ideen**.
- Es wird im Vergleich zu vielen anderen Kreativitätstechniken **kein Moderator** benötigt.
- Die Technik ist sehr **einfach.**
- **Jede Person** kann bzw. muss sich **einbringen.**

Die sechs Denkhüte

Die Basis dieser Methode ist ein **Rollenspiel:** Jeder der sechs verschiedenfarbigen Denkhüte repräsentiert eine bestimmte Rolle. Diese Rollen werden an sechs Gruppenmitglieder verteilt. Die Verteilung kann zufällig oder, falls jemand für eine bestimmte Rolle besonders gut geeignet ist, gezielt erfolgen. Ein Nebeneffekt dieser Methode ist die Verbesserung der Teamkommunikation.

six thinking hats
sechs Denkhüte

 Die sechs Denkhüte: Jede teilnehmende Person nimmt eine bestimmte Denkrichtung ein. Dadurch sollen alle möglichen Sicht- und Denkweisen zu einem Thema berücksichtigt werden.

analytisch, konzentriert auf Tatsachen (objective)

strukturiert, ordnend, moderierend (process)

emotional, konzentriert auf Gefühle und Meinungen (emotional)

kreativ, assoziativ, konstruktiv (creative)

pessimistisch, kritisch, skeptisch, ängstlich (negative)

optimistisch (positive)

Beispiel: In der Tech AG werden Mobiltelefone hergestellt. Es wird überlegt, diese in Zukunft auch selbst zu vertreiben. In der Diskussion werden folgende Haltungen eingenommen:

Edward de Bono (* 1933)
britischer Mediziner und Psychologe, entwickelte eine großes Zahl an Kreativitätstechniken, u.a. auch die Methode der „sechs Denkhüte"

Denkrichtung	Haltung
weißer Hut	Diese Person ist auf Tatsachen fixiert und denkt analytisch: „Wir müssen uns Ziele setzen, diese untersuchen und die Maßnahmen verfeinern."
roter Hut	Diese Person ist empfindlich und emotional; sie ist ein harmoniebedürftiger und gefühlvoller Mensch: „Wir sollten die Werbemaßnahmen auf die Zielgruppe ausrichten und auch den Kontakt über soziale Kanäle suchen."
schwarzer Hut	Diese Person ist stets skeptisch und ängstlich. Der schwarze Hut symbolisiert die Sorge um die Zukunft: „Unsere Konkurrenten sind stark und etabliert. Es wird echt schwer, sich durchzusetzen. Ich glaube nicht, dass wir das schaffen."
gelber Hut	Der gelbe Hut steht für Lebensfreude und Unbesorgtheit. Diese Person sieht in allem nur das Gute und ist stets optimistisch: „Super, den Einstieg sollten wir mit einer schwungvollen Werbekampagne begleiten, das wird ein Erfolg."
grüner Hut	Diese Person ist innovativ und hat kreative Ideen. Sie sieht in erster Linie nicht die Probleme, sondern die Lösungen: „Können wir eigentlich besondere, neue Tarife anbieten oder einen anderen Mehrwert bieten? Die Startkampagne kann mit Gewinnspielen gestärkt werden."
blauer Hut	Diese Person ist der Planer, das Organisationstalent, das stets den Überblick bewahrt. Sie übernimmt meistens die Rolle der Moderatorin bzw. des Moderators.

3 Übernahme einer bestehenden Idee

to take over a business idea
eine Idee übernehmen

Es muss nicht immer eine neue Geschäftsidee sein. **Bewährte Konzepte** zu übernehmen bedeutet, ein geringeres Risiko einzugehen.

Franchising

Beim Franchising wird ein **bestehendes Unternehmenskonzept** übernommen. Der Unternehmer profitiert von einer eingeführten Marke, den Werbekonzepten, den Kontakten des Franchisegebers sowie vom Know-how und gegenseitigen Gedanken- und Erfahrungsaustausch.

Der **Franchisegeber** geht mit dem **Franchisenehmer** eine **Kooperation** ein. Der Franchisenehmer erhält gegen Bezahlung die Erlaubnis, Rechte des Franchisegebers in einem genau festgelegten Rahmen zu verwenden, z. B. Benutzung von Markennamen, Anwendung einer Rezeptur, Erzeugung und/oder Vertrieb einer Warengruppe usw.

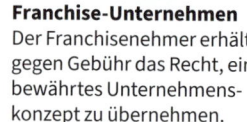

Franchise-Unternehmen
Der Franchisenehmer erhält gegen Gebühr das Recht, ein bewährtes Unternehmenskonzept zu übernehmen.

Die unternehmerischen Gestaltungsmöglichkeiten sind bei dieser Form der Unternehmensgründung allerdings eingeschränkt, da sich der Franchisenehmer an sehr genaue Regeln zu Design, Preisen und Qualitätsvorschriften zu halten hat.

Beispiele für Franchisesysteme: McDonald's, Burger King, Subway, die Hotelgruppe Ibis, die Autovermietung Hertz

Ü 8.2 Gruppenarbeit – Franchising C

Wählt ein erfolgreiches Franchise-Unternehmen aus (z. B. Burger King).

- Beleuchtet die Geschichte, den Aufbau und aktuelle Daten dieses Unternehmens.
- Analysiert, wie dieses Unternehmen so bekannt wurde und welche Rolle das Franchisesystem dabei gespielt hat.
- Überlegt, welche Vor- und Nachteile sich aus dem Franchisesystem für dieses Unternehmen ergeben haben.

Betriebsübernahme

acquisition
Betriebsübernahme

Eine weitere Möglichkeit, in ein bewährtes Unternehmen einzusteigen, ist eine Betriebsübernahme.

Wenn Unternehmer sich aus verschiedenen Gründen **aus ihrem etablierten Unternehmen zurückziehen** wollen (Pensionierung, Krankheit, geänderte Lebensplanung) und in der Familie niemand das Unternehmen übernehmen kann oder will, wird häufig außerhalb des Unternehmens ein **Nachfolger** gesucht.

LINK
Nachfolgebörse
Die Plattform der WKO bietet aktuelle Ausschreibungen von Unternehmern, die eine Nachfolgerin oder einen Nachfolger suchen.

Vorteile für Unternehmensnachfolger	Nachteile für Unternehmensnachfolger
• Das Unternehmen ist bereits am **Markt bekannt,** es sind rascher Umsätze zu erzielen. • Man übernimmt einen **bestehenden Kundenstock** und eine eingespielte Belegschaft. • Man kann auf die **Erfahrungen des Vorgängers** zurückgreifen.	• Die technische Einrichtung ist evtl. zu **modernisieren.** • Bei den Kunden oder der Belegschaft kann es zu Beginn **Akzeptanzprobleme** geben. • Der **Unternehmenswert** ist **schwierig zu ermitteln.** Es kann sein, dass man zu viel für das Unternehmen bezahlt.

4 USP – Unique Selling Proposition

Gleichgültig, ob es sich beim Geschäftsmodell um ein Produkt oder um eine Dienstleistung handelt: Einer der Schlüsselfaktoren zum Erfolg ist das **Vorhandensein eines Wettbewerbsvorteils.** Der Kunde muss den **einzigartigen Nutzen** erkennen; dieser wird auch als **Alleinstellungsmerkmal** oder als **Unique Selling Proposition (USP)** bezeichnet.

Beispiele für Unique Selling Propositions (USPs): Preis, Formgebung, technologische Eigenart, Kundenservice …

Die Beschreibung des Alleinstellungsmerkmals sollte keine technische Produktbeschreibung sein, sondern die Geschäftsidee muss **aus der Sicht des Marktes** dargestellt werden: Welches Problem des Kunden wird durch das Produkt oder die Dienstleistung gelöst? Falls es Konkurrenzprodukte gibt, müssen jene Produkteigenschaften betont werden, die andere Produkte nicht haben. Die Bedürfnisse des Kunden stehen im Mittelpunkt. Produkte oder Dienstleistungen müssen sich stets am **Kundennutzen** orientieren.

Das Alleinstellungsmerkmal verändert sich während der Lebensdauer eines Produkts, d. h. im Produktlebenszyklus.

Rosser Reeves (1910–1984)
Der Begriff USP wurde 1940 vom US-amerikanischen Werbepionier Rosser Reeves in die Marketingtheorie und -praxis als ein „einzigartiges Verkaufsversprechen" im Rahmen der Werbung eingeführt.

Phase des Produktlebenszyklus	Beschreibung	Alleinstellungsmerkmal
Einführungs- und Wachstumsphase	Ein **neues Produkt** kommt auf den Markt.	Das Alleinstellungsmerkmal ist die Einzigartigkeit und führt zu einer starken Marktposition.
Reifephase	**Konkurrenzprodukte** drängen auf den Markt, die gleiche oder ähnliche Merkmale aufweisen (Substitute).	Das Alleinstellungsmerkmal ist die Marktpositionierung und die Differenzierung zu den Konkurrenzprodukten, z. B. Preisführerschaft (monetärer USP), Markenimage (psychologischer USP).
Sättigungsphase	Das ursprüngliche Alleinstellungsmerkmal ist nicht mehr gegeben. Das Unternehmen muss **Alternativen suchen,** um sich neue Wettbewerbsvorteile zu verschaffen.	Ein neues Alleinstellungsmerkmal wird geschaffen durch einen Relaunch oder ein Facelifting (neue technische Features bzw. Designs).

Ü 8.3 USP und Kundennutzen B

Ein Unternehmen produziert und vertreibt Niedrigtemperaturheizungen. Das Angebot weist drei Alleinstellungsmerkmale auf: lange Lebensdauer, hoher Wirkungsgrad und computergestützter Support.

Definiere für diese drei Merkmale den Kundennutzen.

5 Geschäftsmodell

Ein Geschäftsmodell ist das **Konzept einer Geschäftsidee,** das den **Nutzen und Ertrag** beschreibt. Es sollte gleich zu Beginn genau formuliert und in verschiedenen Varianten sorgfältig geprüft werden. So können unternehmerische Risiken rechtzeitig reduziert und damit die Erfolgschancen erhöht werden. Es gibt keine allgemeingültigen Regeln für die Erstellung eines Geschäftsmodells, es sollte aber logisch aufgebaut und nicht zu komplex sein.

Business Model Canvas (BMC)

Das **Business Model Canvas (BMC)** von Alexander Osterwalder ist eine Hilfestellung, um eine **Geschäftsidee** klar zu strukturieren und zu optimieren. Ein bestehendes oder zukünftiges Geschäftsmodell wird wie auf einer Leinwand (= canvas) abgebildet. So wird das Gesamtkonzept zur Umsetzung der Geschäftsidee deutlich. Das Modell hilft,

■ den **Fokus auf das Wesentliche** zu richten, **z. B.** Kundenwünsche erkennen, Schwachstellen identifizieren.

■ **neue Dinge zu probieren.** Es ist ein einfaches Tool, um sich Gedanken über sein Geschäftsmodell zu machen. Man kann verschiedene Modelle parallel austesten.

■ einfach und schnell zu erklären, wo die **Erfolgsfaktoren** liegen und wie die **Umsetzung** gelingen kann.

■ ein **Grundgerüst für den Businessplan** zu erstellen.

Das Modell besteht aus **9 Bausteinen, mit deren Hilfe** die wichtigsten Bereiche des Geschäftsmodells geplant werden.

Die Geschäftsidee strukturiert darstellen
Es muss ein gemeinsames Verständnis entwickelt werden, worin das Geschäftsmodell besteht.

LINK
Business Model Canvas
Hier findest du eine Vorlage der neun Bausteine.

Baustein	Beschreibung
Zielgruppen (Customer Segments)	Einteilung der Kunden in verschiedene Gruppen (Segmentierung), z. B. nach gleichen Bedürfnissen, Kaufverhalten, demografischen Merkmalen **Beispiele:** Geschlecht, Alter, Einkommensniveau, Familienstand, Bildung
Kundennutzen (Value Propositions)	Für jede Zielgruppe wird der Kundennutzen dargestellt. Jede Zielgruppe hat unterschiedliche Bedürfnisse. Daraus ergeben sich verschiedene Angebotspakete. **Beispiele:** Arbeit erleichtern, Design, Marke/Status, Preis, Hilfe bei Kostenreduktion, Bequemlichkeit/ Anwenderfreundlichkeit, Kombination von Produkten und Services
Kundenbeziehungen (Customer Relationships)	Mit jeder Zielgruppe wird eine bestimmte Art der Kundenbeziehung gepflegt. Es hängt in großem Maße von der Kundenbeziehung ab, wie der Kunde das Angebot wahrnimmt. Das betrifft sowohl die Kundengewinnung als auch die Kundenpflege. **Beispiele** für Maßnahmen der Kundenbeziehung: • Persönliche Unterstützung über einen Kundenberater (am Point of Sale, im Call-Center, per E-Mail) • Mitbeteiligung: Kunden werden eingeladen, bei der Weiterentwicklung z. B. durch Feedback mitzuarbeiten • Individuelle persönliche Unterstützung: ein spezieller Kundenberater für einen bestimmten Kunden • Automatisierte Dienstleistung (persönliches Online-Profil) • Online-Community • Selbstbedienung
Erlösquellen (Revenue Streams)	Je nach Geschäftsmodell ergeben sich verschiedene Möglichkeiten, Geld zu verdienen. **Beispiele:** Verkauf von Produkten, Nutzungsgebühr, Mitgliedsgebühren, Verleih/Vermietung/Leasing, Lizenzen, Werbeeinnahmen, Maklergebühren für die Vermittlung von Dienstleistungen
Vertriebskanäle (Channels)	Kommunikation, Distribution und Verkaufsstellen sind die Berührungspunkte eines Unternehmens zu seinen Kunden. **Beispiele:** Verkaufsabteilung, Online-Shop, eigene Filialen, Partnerfilialen, Großhändler Der Vertrieb kann direkt oder indirekt erfolgen.
Schlüsselressourcen (Key Resources)	Ressourcen sind notwendig, damit ein bestimmtes Geschäftsmodell funktioniert. Schlüsselressourcen können sich im Eigentum des Unternehmens befinden, geleast oder von Schlüsselpartnern erworben werde. **Beispiele** für Ressourcen: • physische Ressourcen: Räumlichkeiten, Produktionsmaschinen • intellektuelle Ressourcen: Wissen, Patente, Partnerschaften, Kundenstamm etc. • personelle Ressourcen: Mitarbeiter • finanzielle Ressourcen: verfügbares Kapital, Sicherheiten etc.

Baustein	Beschreibung
Schlüssel-aktivitäten (Key Activities)	Ein Unternehmen muss bestimmte Handlungen setzen, um im Rahmen des Geschäftsmodells erfolgreich zu agieren. **Beispiele:** • Produktion: Beschaffung von Rohstoffen oder Fertigteilen, Wartung von Maschinen • Problemlösung: CRM, Wissens- und Beschwerdemanagement • Plattform/Netzwerk: wichtig bei Online-Business
Schlüssel-partnerschaften (Key Partnerships)	Unternehmen bilden Partnerschaften, um Geschäftsmodelle zu optimieren, Risiken zu mindern oder Ressourcen zu beschaffen. **Beispiele** für verschiedene Arten von Partnerschaften: • strategische Allianzen: zwischen Nicht-Wettbewerbern • Coopetition: Strategische Partnerschaft zwischen Wettbewerbern • Joint Ventures: zur Entwicklung neuer Ideen • Käufer-Anbieter-Beziehung: zur Sicherung einer zuverlässigen Versorgung
Kostenstruktur (Cost Structure)	Es werden alle Kosten beschrieben, die bei der Umsetzung des Geschäftsmodells auftreten und in die Finanzplanung eingerechnet werden müssen. Die Kosten ergeben sich aus den geplanten Schlüsselressourcen, Schlüsselaktivitäten und Schlüsselpartnerschaften. **Beispiele** für Geschäftsmodell-Kostenstrukturen: • kostenorientiert: Der Schwerpunkt liegt auf der Minimierung der Kosten. • wertorientiert: erstklassiges Wertangebot und ein hohes Maß an persönlicher Betreuung

Quelle: Osterwalder/Pigneur: Business Model Generation (2010)

Beispiel: Business Model Canvas von Tesla

■ **Customer Segments:** umweltbewusst, sicherheitsbewusst, höheres Einkommen, Gebrauchtwagen für mittlere Einkommensschicht, für Technikbegeisterte

■ **Value Propositions:**
  – sicheres Fahren mittels Autopilot (teilautonomes Fahren), sehr schnelle Beschleunigung, größte Reichweite, Bedienelemente über Touchscreen
  – „Tesla Wall Connector" ermöglicht doppelt schnelle Aufladung
  – Frühere Tesla-Modelle sind als Gebrauchtwagen verfügbar und bedienen eine neue Kundengruppe.

■ **Customer Relationships:** Auf der Tesla-Website kann eine Probefahrt vereinbart werden. Eine Systemüberwachung erfolgt rund um die Uhr mittels Smart-Alerts (Ferndiagnose und Softwareaktualisierungen).

■ **Revenue Streams:** Verkauf von Fahrzeugen, weitere Einnahmequellen durch Verkauf des Wall Chargers und von Wartungsplänen.

■ **Channels:** Direktvertrieb durch eigene Stores, Angebot von Service über Service Center und Mobile Service Vans.

■ **Key Activities:** Produktion, Kfz-Service, Weiterentwicklung, Software-Updates

■ **Key Resources:** vereinfachtes Engineering (Konzept für ein Produkt, das weniger Wartung erfordert), Produktentwicklung, Wartung und Service, qualifizierte Mitarbeiter in allen Bereichen von Forschung und Entwicklung

Nachhaltige Mobilität
"The world does not need another car company, but they need electric vehicles!"
(Elon Musk)

■ **Key Partnerships:** Kooperation mit vielen Standorten (z. B. Hotels und Werkstätten), damit Kunden ihr Fahrzeug an ihrem Bestimmungsort aufladen können. Tesla bietet Service mit eigenen Mitarbeitern.

■ **Cost Structure:** hohe Kosten für Entwicklung, Einsatz modernster Technologie, ICT- und Softwareentwicklung. Weitere Kosten: beziehen sich auf Produktion, Verkauf, Marketing und Wartung, hoch qualifizierte Mitarbeiter

Value Proposition Canvas (VPC)

Dies ist eine Ergänzung zum Business Model Canvas:

- VPC liefert eine zusätzliche **kundenzentrierte Komponente** für das Business Model Canvas.

- Im Mittelpunkt steht die Schöpfung von Wert und **Nutzen für den Kunden (Value Proposition).**

- Die **Zielgruppe (Customer Segments) wird systematisch betrachtet,** damit kann zielgerichtet auf Probleme und Bedürfnisse eingegangen werden.

Value Proposition Canvas
Mit diesem Modell werden konkrete Überlegungen zum Kundennutzen und USP angestellt.

Vom Business Model Canvas zum Value Proposition Canvas

Value Proposition

- Gain Creators
- Products and Services
- Pain Relievers

→ Problem-Solu-tion-Fit ←

Customer Segment

- Gains
- Customer Job(s)
- Pains

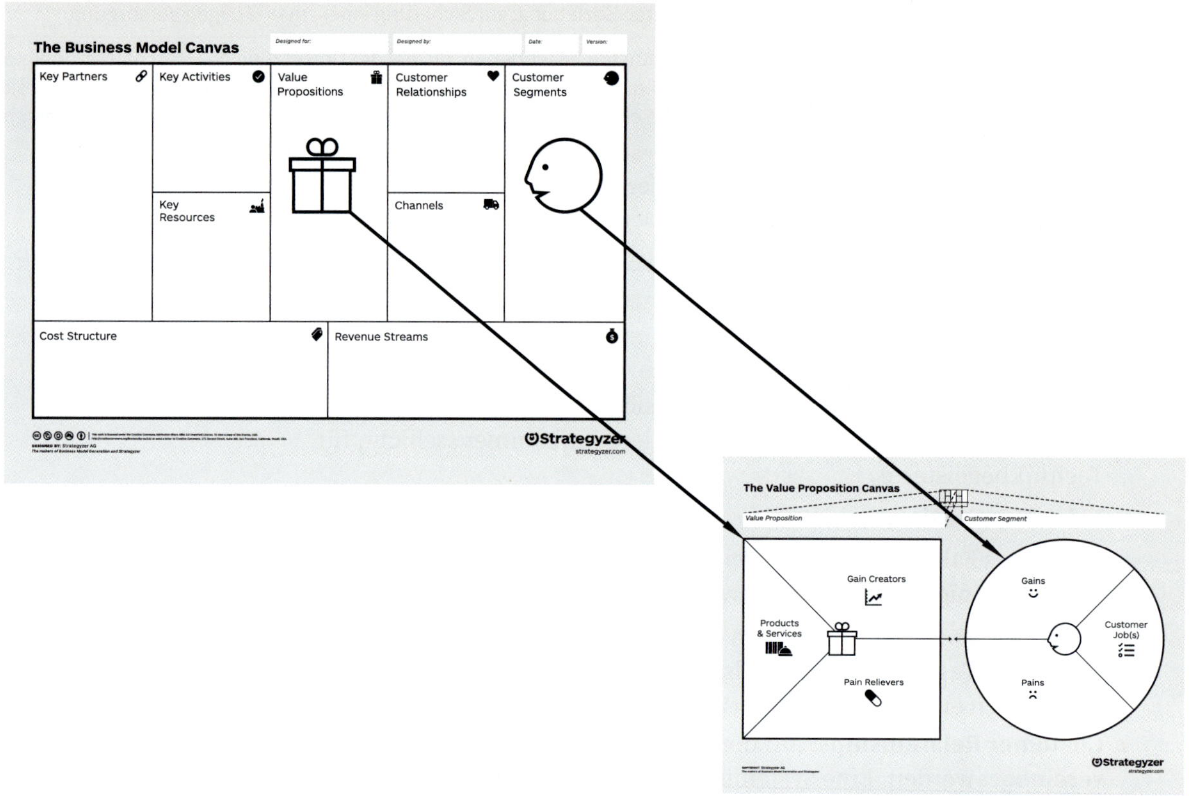

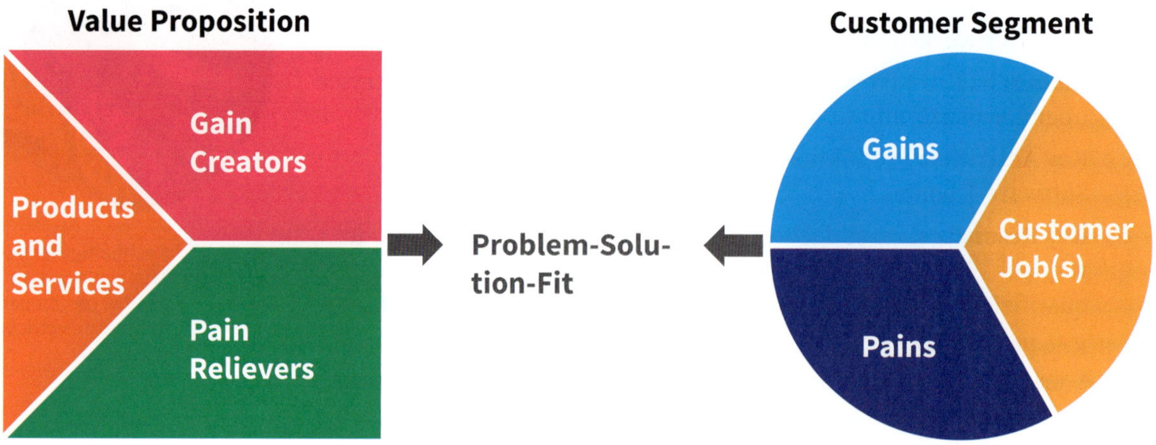

Quelle: Osterwalder, Alexander u. a.: Value Proposition Design. Frankfurt: Campus Verlag 2015. S. XVII.

Genau wie beim Business Model Canvas kann die Geschäftsidee anhand einer vorgegebenen Struktur auf einer „Leinwand" entwickelt und in grafischer Form veranschaulicht werden.

LINK
Value Proposition Canvas
Hier findest du eine Vorlage des Konzepts sowie ein Online-Tool.

Customer Segments (rechte Seite des VPC)	
Kundenaufgaben (Customer Jobs)	Welche Jobs oder Aufgaben möchten die Kunden einer bestimmten Zielgruppe erledigen? (Problem lösen) – Es handelt sich dabei um die Basisanforderungen des Kunden, die jedenfalls befriedigt werden müssen.
Schmerzen (Pains)	Welche Situationen haben den Kunden bisher Unannehmlichkeiten bereitet? – z. B. negative Emotionen, unerwünschte Kosten oder Schwierigkeiten bei der Erledigung der Aufgaben.
Nutzen (Gains)	Welche Vorteile oder Nutzen erwarten sich die Kunden? – z. B. Ersparnis an Zeit, Geld, Aufwand, Arbeit

Wenn die rechte Seite der Leinwand fertiggestellt ist, wird die linke Seite bearbeitet.

Value Propositon (linke Seite des VPC)	
Produkte & Dienstleistungen (Products & Services)	Bezieht sich auf „Customer Jobs" (Anforderungen des Kunden). Im Angebot werden alle Produkte und Dienstleistungen aufgelistet, die die Basisanforderungen des Kunden befriedigen.
Schmerzkiller (Pain Relievers)	Bezieht sich auf „Pains" (Schmerzen des Kunden). Es wird beschrieben, wie das Angebot negative Situationen verhindert (z. B. wie es Schwierigkeiten löst bzw. eine bessere Lösung anbietet als andere).
Nutzenstifter (Gain Creators)	Bezieht sich auf „Gains" (Nutzen des Kunden). Es wird beschrieben, wie der vom Kunden erwartete Nutzen geschaffen wird (Beschreibung von Lösungsansätzen, die für den Kunden einen Mehrwert haben).

Problem-Solution-Fit (passende Lösung für ein Problem): Die rechte Seite des VPC gibt Antworten auf die Themen der linken Seite des VPC. Wenn das Wertversprechen (Value Proposition) zu den Bedürfnissen der Kunden (Customer Jobs) passt, wird tatsächlich eine passende Lösung für ein Problem geboten.

Beispiel: Value Proposition Canvas von Tesla

- **Kundenaufgaben (Customer Jobs):** wichtiger sozialer Aspekt, sich von anderen zu unterscheiden (Image des Erfolgs), Bequemlichkeit, Lifestyle, Bedürfnis nach nachhaltiger Mobilität

- **Schmerz (Pains):** Bei Elektroautos mangelt es an Ladestationen. Man muss nach einem Parkplatz suchen, der über eine Ladestation verfügt. Hinzu kommt, dass das Auto sehr oft aufgeladen werden muss; häufige Sorge, dass die Energie nicht für die Fahrt ausreicht.

- **Nutzen (Gains):** Design, Anerkennung für guten Geschmack und Komplimente von Freunden, sicheres Reisen und High-End-Batterie-Technologie.

Kundenprobleme lösen
Für jedes Kundenprofil muss das richtige Wertangebot gefunden werden,

ÜBEN

In dieser Lerneinheit hast du einige Kreativitätstechniken und Modelle zur Darstellung des Geschäftsmodells kennengelernt. Mithilfe der folgenden Aufgaben kannst du das Gelernte üben und festigen.

Ü 8.4 Suche nach einer Geschäftsidee A

Verbinde die Definitionen mit den Begriffen.

LINK
Ü 8.4 Suche nach einer Geschäftsidee
interaktive Übung

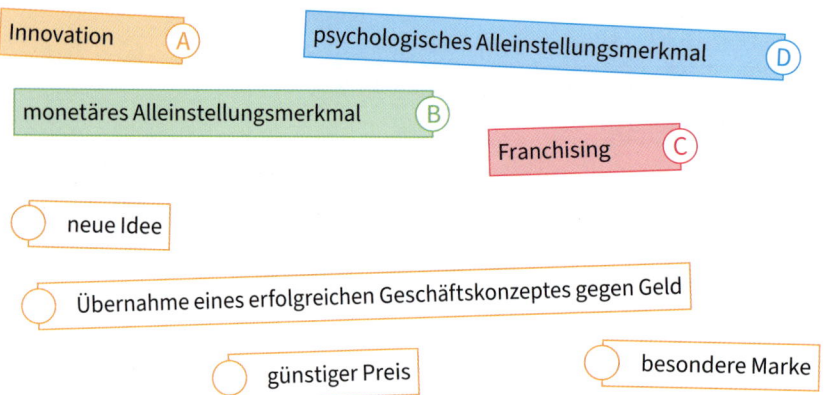

Ü 8.5 Innovation C

Ein Unternehmen hat viel Geld in die Entwicklung einer neuen Verfahrenstechnik investiert.

a) Analysiere die Produktlebenszyklusphasen und den USP für neue Ideen.

b) Erkläre die strategische Bedeutung von innovativen Geschäftsideen.

c) Erläutere, wie diese neue Verfahrenstechnik vor Nachahmungen geschützt werden kann.

Ü 8.6 Alleinstellungsmerkmal/USP B

„In der Sättigungsphase muss ein neues Alleinstellungsmerkmal gefunden werden."

Erläutere diese Aussage.

Ü 8.7 Suche nach einer Geschäftsidee B

Um ein Unternehmen zu gründen, braucht man eine gute Idee.

a) Beschreibe verschiedene Möglichkeiten, mit einer Geschäftsidee eine Unternehmensgründung zu realisieren.

b) Nenne jeweils die Vor- und Nachteile dieser Möglichkeiten.

Ü 8.8 Kreativitätstechniken C

Nenne und vergleiche mögliche Kreativitätstechniken, die zur Ideenfindung herangezogen werden können.

LERNEN

2 Die Planung der Gründung

Zwei HTL-Schüler haben im Rahmen ihrer Diplomarbeit eine neue Applikation entwickelt. Gemeinsam denken sie über die Gründung eines Unternehmens nach. Sie haben davon gehört, dass es die Möglichkeit einer Förderung gibt. Der Förderantrag verlangt ein schriftliches Unternehmenskonzept.

Ü 8.9 Kapitalgeber wollen sich vor ihrer Entscheidung ein umfassendes Bild der Geschäftsidee machen. Welche Punkte sollte das Unternehmenskonzept daher deiner Meinung nach beinhalten?

1 Wozu ein Businessplan?

Der **Businessplan** ist ein **schriftliches Unternehmenskonzept.** Er soll die schrittweise Umsetzung der Geschäftsidee darstellen.

Ein Businessplan ist zunächst **für den Unternehmer selbst** wichtig. Bei der Erstellung eines Businessplans setzt man sich intensiv mit wichtigen betriebswirtschaftlichen Fragestellungen auseinander und ist dadurch gezwungen, exakt zu planen.

Exakte Planung der Geschäftsidee
Ein gut durchdachtes Konzept verhindert den unternehmerischen „Blindflug" und überzeugt die Kapitalgeber.

Insolvenzstatistik
Laut KSV (Kreditschutzverband) sind bis zu 40% der Insolvenzen auf innerbetriebliche Fehler zurückzuführen.

Funktionen des Businessplans für Unternehmer		
Orientierung	**Steuerung und Kontrolle**	**Kommunikationsmittel**
• Geschäftsvorhaben wird auf die Realisierbarkeit überprüft.	• Vergleich von Plan-Werten mit den Ist-Werten • Anpassung der Zielsetzung	• für die Präsentation der Geschäftsidee und der geplanten Umsetzung

Ein Businessplan ist auch wichtig **für mögliche Kapitalgeber.** Er ist die Grundlage für die Beantragung von Förderungen und Krediten.

Funktion des Businessplans für Kapitalgeber		
Banken	**Investoren**	**Förderinstitute**
• Banken sind daran interessiert, das geliehene Kapital plus vereinbarten Zinsen zurückzubekommen.	• Ein Investor möchte sich vor der Beteiligung von den Ertragsaussichten des Unternehmens überzeugen. Insbesondere sind für ihn die erwarteten Renditen von Interesse.	• Der Staat oder andere Organisationen (wie die EU) sind dem Steuerzahler gegenüber verantwortlich, dass das Fördergeld nachhaltig eingesetzt wird (Fördergeld = Steuergeld) .

② Aufbau des Businessplans

Der Businessplan soll die Neugier des Lesers wecken. Damit das gelingt, muss Folgendes berücksichtigt werden:

- **überschaubarer Umfang:** Der Businessplan sollte zwischen 20 und 30 Seiten haben.

- **ständige Aktualität:** Ein Businessplan lebt. Wenn sich wesentliche Grundannahmen ändern, sollte der Businessplan überarbeitet werden.

- **klare und verständliche Formulierung:** Der Businessplan sollte insbesondere auch für technische Laien verständlich sein.

- **Angabe von Quellen:** Alle Prognosen sollten durch Zahlen und Quellenangaben belegt sein.

- **Layout und Struktur:** Inhaltsverzeichnis, Seitennummerierung, die Verwendung von Abbildungen und Grafiken, eine gut lesbare Schriftgröße und ein einheitliches Layout machen den Businessplan gut nachvollziehbar.

Für die **Struktur eines Businessplans** gibt es **keine allgemeingültigen Vorgaben.** In der Praxis hat sich jedoch eine bestimmte Form und Reihenfolge herausgebildet.

> **Rendite**
> gibt das Verhältnis von Gewinn zu Kapitaleinsatz an. Damit wird der jährliche prozentuale Gesamterfolg einer Geld- oder Kapitalanlage dargestellt. Sie ist ein Maßstab zur Beurteilung der Rentabilität.
>
> **fundraising institution**
> Förderinstitut

> **structure of a business plan**
> Aufbau des Businessplans

Ⓜ Der Businessplan beinhaltet das Unternehmenskonzept. Er ist die Beschreibung der Geschäftsidee und der einzelnen Schritte, wie diese Ideen verwirklicht werden sollen.

Executive Summary — Unternehmen und Management — Produkt/Dienstleistung — Erfolgs- und Finanzplanung — Businessplan — Markt und Wettbewerb — Meilensteine für die Umsetzung — Marketing — Anhang

Executive Summary

Das Executive Summary ist eine **kurze Zusammenfassung** (maximal 1 A4-Seite) der wichtigsten Punkte des Unternehmenskonzepts. Es sollte die **kritischen Erfolgsfaktoren** des Projekts beinhalten:

- die Geschäftsidee
- die Zielgruppe
- das Marktpotenzial
- den Kundennutzen
- den USP
- die wichtigsten Meilensteine
- die Art der Finanzierung der Gründungskosten, der fixen Kosten, und der erforderlichen Anfangsinvestitionen

Da erst nach der abgeschlossenen Detailplanung die wesentlichen Erfolgsfaktoren klar ersichtlich sind, wird das **Executive Summary am Schluss der Erstellung des Businessplans** geschrieben. Dieser Teil des Businessplans ist für potenzielle Kapitalgeber von besonderem Interesse und dient für sie als **wesentliche Entscheidungsgrundlage,** deshalb ist das Executive Summary Abschnitt 1 des Businessplans.

Produkt/Dienstleistung

Das Produkt- oder Dienstleistungsangebot wird anhand folgender Faktoren dargestellt:

- Detailbeschreibung der wesentlichen Merkmale
- bei modulartigem Aufbau: Beschreibung der Module
- USP, Stärken/Schwächen-Analyse
- Kundennutzen
- Entwicklungsstand (z. B. Prototyp)
- Schutzrechte (Patente, Lizenzen, Gebrauchsmuster, Markenrechte)
- wichtige Konkurrenzangebote

Markt und Wettbewerb

Wenn die Zielgruppe bestimmt ist, kann der für diese Kunden relevante Markt festlegt werden. In diesem Abschnitt werden die Ergebnisse der Marktforschung und der Marktanalyse dargestellt.

Marktforschung	Marktanalyse
primäre Daten: Die Daten werden speziell für diese Fragestellung erhoben.	SWOT-Analyse, BCG-Matrix, ABC-Analyse, Fünf-Kräfte-Modell, Produktlebenszyklus
sekundäre Daten: Bereits vorhandene Daten werden ausgewertet.	

Das **Ergebnis der Markt- und Wettbewerbsanalyse** kann nach den folgenden Faktoren gegliedert und dargestellt werden:

- Marktvolumen
- Trends
- Marktpotenzial und Marktanteil
- klare Definition der Zielgruppen
- Wettbewerbsanalyse: die Anzahl der direkten Konkurrenten, eventuelle Markteintrittsbarrieren, Differenzierung zur Konkurrenz bzw. Positionierung am Markt

critical success factors
kritische Erfolgsfaktoren

Elevator Pitch
Der Elevator Pitch ist das mündliche Gegenstück zum schriftlichen Executive Summary – ein kurzer, informativer Überblick einer Idee. Die Idee soll so kurz und prägnant formuliert werden, dass sie bei einer Aufzugsfahrt, die ca. 60 Sekunden dauert, überzeugend dargestellt werden könnte.

product
Produkt

service
Dienstleistung

Patent
gewerbliches Schutzrecht auf eine Erfindung

Lizenz
Nutzungsrecht

market and competition
Markt und Wettbewerb

Differenzierung
Abgrenzung des eigenen Produkts von Produkten der Wettbewerber

Positionierungskreuz
Bei der Produktpositionierung sind Preis und Leistung häufige Kategorien. Anhand eines Koordinatensystems aus Preis und Leistung kann relativ einfach abgelesen werden, wo man sich im Vergleich zur Konkurrenz bewegt.

Marketing

In diesem Abschnitt werden die geplanten Marketinginstrumente und der Marketing-Mix zur Umsetzung der Geschäftsidee beschrieben.

- **Produktpolitik:** Konkretes Angebot: Welche Produkte, Services, Beratungen werden angeboten?

- **Preispolitik:** Preisgestaltung inkl. Konditionen: Welche Preise sollen erzielt und welche Zahlungskonditionen (Rabatte, Zahlungsziele) sollen gewährt werden?

- **Vertriebspolitik:** Wie soll der Vertrieb erfolgen: direkt oder indirekt?

- **Kommunikationspolitik:** Wie werden die Kunden angesprochen: welche Werbemaßnahmen, Verkaufsförderung, Öffentlichkeitsarbeit, Art der Kommunikationskanäle?

Unternehmen und Management

Das **Unternehmen** und das **Team** werden beschrieben:

- Firmenname

- Standort: Je nach Unternehmensart werden verschiedene Aspekte berücksichtigt.

Produktionsunternehmen	Handelsunternehmen
Flächenwidmung, Verkehrslage (Parkplätze, Lademöglichkeiten), Nähe zu Rohstoffen, verfügbare Arbeitskräfte, Entfernung zu Lieferanten und Kunden, Subventionen und Förderungen, Umweltschutzauflagen	Grundstückskosten, Wettbewerbslage, Kaufkraft und Kaufgewohnheiten der Kundinnen und Kunden, Verkehrslage, Infrastruktur und potentielle Mitbewerber

- Gründungsdatum

- Rechtsform und Namen der Gesellschafter

- Geschäftsführer, Eigentumsverhältnisse

- Teammitglieder und deren Kompetenzen; Mitarbeiter in Schlüsselpositionen

- Unternehmensgegenstand, Standort

- Organisation (Organigramm)

- Sozialversicherung und Steuern

- externe Partner (z. B. Steuerberatung)

- evtl. Kooperationsverträge, Gesellschaftsverträge

- Status der Gründung

Erfolgs- und Finanzplanung

In diesem Teil sollen folgende Faktoren dargestellt werden:

- Kapitalbedarf für Investitionen und Gründungskosten

- Art der Finanzierung: Eigenmittel, Fremdkapital, sonstige Kapitalgeber oder Unternehmensförderungen

- Fixkosten, laufende Kosten, Personalkosten und Kosten für die private Lebensführung (kalkulatorischer Unternehmerlohn)

- Berechnung des Mindestumsatzes: Ermittlung des erforderlichen Umsatzes, der für die Deckung der privaten Ausgaben, der kommenden Fixkosten und der voraussichtlichen Betriebskosten notwendig ist.

- Entwicklung von Umsatz, Aufwendungen und Erträgen (Plan-Gewinn-und-Verlust-Rechnung)

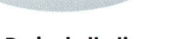

Preise kalkulieren
Eine fundierte Preispolitik darf nicht „aus dem Bauch heraus" erfolgen.

firm
Firmenname

location
Standort

production company
Produktionsunternehmen

trading company
Handelsunternehmen

environmental regulations
Umweltschutzauflagen

traffic situation
Verkehrslage

workforce
Arbeitskräfte

purchasing power
Kaufkraft

buying habit
Kaufgewohnheit

raw material
Rohstoff

land costs
Grundstückskosten

line of business
Unternehmensgegenstand

social contribution
Sozialversicherungsbeitrag

taxes
Steuern

equity financing
Eigenkapitalfinanzierung

debt financing
Fremdkapitalfinanzierung

founding costs
Gründungskosten

Unternehmensförderungen
Zuschüsse zu Investitionen, günstige Kredite, Haftungs- und Garantieübernahmen, Beteiligungskapital, Begünstigungen bei Abgaben und Gebühren, Beratungszuschüsse

minimum sales/ minimum turnover
Mindestumsatz

Meilensteine für die Umsetzung

Hier werden alle wichtigen **Aktivitäten zur Umsetzung der Geschäftsidee** als kurz- und mittelfristige Zielformulierungen beschrieben. Ziele sollten nach den **SMART-Kriterien** formuliert werden:

S Specific (spezifisch)

M Measurable (messbar)

A Achievable (ausführbar)

R Reasonable (realistisch)

T Time-bound (terminisiert)

Die grafische Darstellung der wichtigen Schritte und Ereignisse (Meilensteine) kann z. B. anhand eines **Balkendiagramms** oder einer **Road Map** erfolgen.

Woche	5	6	7	8	9	10	11	12	13
Wochenstart	26/1	2/2	9/2	16/2	23/2	2/3	9/3	16/3	23/3
Phase 1: Orientierung									
• Formulierung Idee									
• Analyse Fähigkeiten									
• Wahl Gründungsart									
Phase 2: Businessplanung									
• Geschäftsidee									
• Unternehmerteam									
• Marketingplan									
• Geschäftssystem & Orga									
• Realisierungsfahrplan									
• Chancen und Risiken									
• Finanzplan									
Phase 3: Start-up									
• Ausgangssituation									
• Markteintritt									
• erste Schritte									

Zeitachse

Meilenstein   Meilenstein

Anhang

In diesem Abschnitt können **ergänzende oder detailliertere Unterlagen** beigelegt werden, z. B. Tabellen, Lebensläufe, technische Beschreibungen, Verträge, Angebote für geplante Investitionen, Lebensläufe der Gründer, eventuelle Vorverträge, Maßnahmenpläne etc.

LINK
Mindestumsatzrechner der WKO
Hier kannst du den erforderlichen Mindestumsatz deines Unternehmens berechnen.

yard sticks
Meilensteine

LINK
Vorlagen für die grafische Darstellung
Hier findest du verschiedene Möglichkeiten, Projekte grafisch darzustellen.

appendix
Anhang

ÜBEN

In dieser Lerneinheit hast du die Bedeutung und den Aufbau eines Businessplans kennengelernt. Mithilfe der folgenden Aufgaben kannst du das Gelernte üben und festigen.

LINK
Ü 8.10 Inhalte eines
Businessplans
interaktive Übung

Ü 8.10 Inhalte eines Businessplans A

Verbinde die zusammengehörigen Begriffe und Erklärungen.

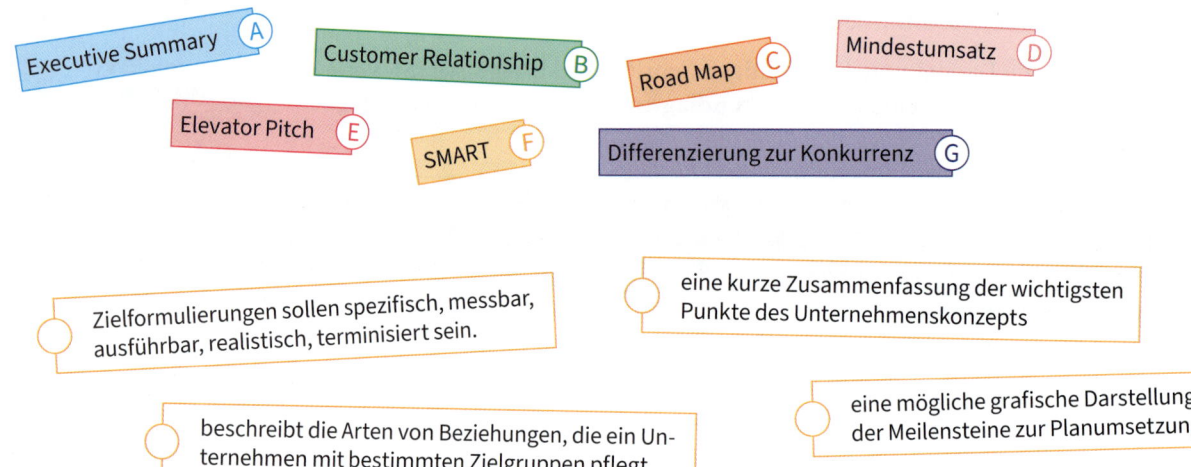

Executive Summary A Customer Relationship B Road Map C Mindestumsatz D

Elevator Pitch E SMART F Differenzierung zur Konkurrenz G

Zielformulierungen sollen spezifisch, messbar, ausführbar, realistisch, terminisiert sein.

eine kurze Zusammenfassung der wichtigsten Punkte des Unternehmenskonzepts

beschreibt die Arten von Beziehungen, die ein Unternehmen mit bestimmten Zielgruppen pflegt

eine mögliche grafische Darstellung der Meilensteine zur Planumsetzung

eine kurze, mündliche Präsentation einer Idee; aufgrund der Kürze von max. 60 Sekunden auch „Aufzugspräsentation" genannt

Ein Unternehmen hebt sich durch bestimmte Merkmale von der Konkurrenz ab und positioniert sich so am Markt.

Umsatz, der für die Deckung der privaten Ausgaben, der kommenden Fixkosten und der voraussichtlichen Betriebskosten erzielt werden muss

Ü 8.11 Ziel eines Businessplans A

Viele Kapitalgeber verlangen einen Businessplan.

a) Nenne mögliche Kapitalgeber.

b) Erläutere die Gründe, warum für diese Kapitalgeber ein Businessplan die Voraussetzung ist.

Ü 8.12 Executive Summary B

„Das Executive Summary ist die ‚Visitenkarte' eines Unternehmens."

Interpretiere diese Aussage.

Ü 8.13 Umsetzung eines Businessplans A

Für die Umsetzung eines Businessplans gibt es wesentliche Meilensteine.

a) Nenne einige wichtige Meilensteine für die Gründung eines Unternehmens.

b) Beschreibe, welche grafische Form für die Darstellung geeignet ist.

Ü 8.14 Finanzplan B

„Die Liquidität ist das Wichtigste in jeder Unternehmensphase."

a) Welchen Teil des Finanzplans sollte ein Unternehmer daher immer „im Auge behalten"?

b) Nenne weitere Bestandteile eines vollständigen Finanzplans.

Steuerrecht und Rechtsform

- **Einkommensteuer** unterliegen
  - Einzelunternehmer
  - Gesellschafter von Personengesellschaften (OG, KG, …)

- **Körperschaftsteuer** unterliegen
  - Kapitalgesellschaften (AG, GmbH)

 **LERNEN**

3 Die Gründung

Die ersten Schritte zur Unternehmensgründung müssen gut geplant werden. Es sind rechtliche Entscheidungen zu treffen, Behördenwege zu erledigen, die Kosten in der Gründungphase im Auge zu behalten und auch persönliche Risiken abzuwägen.

Ü 8.15 Welche Überlegungen müssen die beiden HTL-Absolventen, die eine neue Applikation entwickelt haben (siehe Ü 8.9), bei der Gründung des Unternehmens anstellen?

Gründertag
Die Wirtschaftkammer Wien bietet für Gründer und Jungunternehmer die Möglichkeit, sich über die wesentlichen Rahmenbedingungen einer Unternehmensgründung beraten zu lassen. Im Jahr 2019 informierten sich 780 Personen.

① Gewerbeberechtigung

Zu Beginn der Tätigkeit als Unternehmerin bzw. Unternehmer muss ein **Gewerbe angemeldet** werden. Eine gewerbliche Tätigkeit wird **selbständig, regelmäßig** und mit der **Absicht, Gewinn zu erzielen,** durchgeführt.

Da es gewerbliche Tätigkeiten gibt, von denen größere oder geringere Gefahren ausgehen, unterscheidet die Gewerbeordnung **verschiedene Kategorien von Gewerben.**

trade licence
Gewerbeberechtigung

free trade
freies Gewerbe

licenced trade
reglementiertes Gewerbe

Kategorien von Gewerben	
Freie Gewerbe	**Reglementierte Gewerbe**
Voraussetzungen: Erfüllung der allgemeinen Voraussetzungen	**Voraussetzungen:** Erfüllung der allgemeinen Voraussetzungen, Erfüllung der besonderen Voraussetzungen: Nachweis von Kenntnissen und Fertigkeiten
Beispiele: Betrieb einer Tankstelle, Musikproduktion, Betrieb eines Fitnessstudios, Hausbetreuung	**Beispiele:** Elektrotechnik, Kommunikationselektronik, Mechatroniker für Maschinen- und Fertigungstechnik, Baumeister

Ausgenommen von der Gewerbeordnung sind die selbständigen Berufe, die meist durch andere Gesetze geregelt sind (z. B. Ärzte, Apotheker, Notare, Landwirte usw.), bzw. die „Neuen Selbständigen" (z. B. Psycho- und Physiotherapeuten, Vortragende usw.) oder auch manche Berufsgruppen wie z. B. Bilanzbuchhalter, Buchhalter, Personalverrechner etc.

Persönliche Voraussetzungen zum Gewerbeantritt	
Allgemeine Voraussetzungen (gelten für alle Gewerbearten)	**Besondere Voraussetzungen (gelten für die reglementierten Gewerbe)**
• vollendetes 18. Lebensjahr • Staatsbürgerin oder Staatsbürger eines EU-/EWR-Mitgliedstaates oder der Schweiz • Unbescholtenheit; dh keine Ausschließungsgründe (z. B. Finanzstrafdelikte, gerichtliche Verurteilungen, Insolvenzverfahren)	Es muss ein **Befähigungsnachweis** erbracht werden: • Meister- bzw. Befähigungszeugnis • Zeugnis von bestimmten Bildungseinrichtungen (z. B. HTL-Reifeprüfung) Falls solche Zeugnisse nicht vorliegen, gibt es **zwei andere Möglichkeiten:** • Die individuelle Befähigung kann festgestellt werden. • Ein gewerberechtlicher Geschäftsführer, der dem Unternehmen seine Gewerbeberechtigung zur Verfügung stellt, wird angestellt.

Ü 8.16 Gewerbeart C

Handelt es sich bei der Entwicklung und Vermarktung der App der beiden HTL-Absolventen um ein freies oder um ein reglementiertes Gewerbe?

Ü 8.17 Befähigungsnachweis mittels Nachweises von Zeugnissen B

Eine Absolventin der Höheren technischen Lehranstalt für Elektronik mit dem Schwerpunkt Biomedizin möchte sich als Hörgeräteakustikerin selbständig machen. Prüfe, ob sie die erforderlichen Voraussetzungen für die Anmeldung dieses Gewerbes erfüllt.

Gewerbliche Betriebsanlage

Eine gewerbliche Betriebsanlage ist eine örtlich gebundene Einrichtung, die einer gewerblichen Tätigkeit dient. Die **Genehmigung zur Errichtung einer Betriebsanlage** muss bereits vor Baubeginn eingeholt werden.

Beispiele für Betriebsanlagen: Werkstatt, Hotel, Supermarkt, Restaurant, Abstellplatze für LKW, Garage, Lagerplatz für Gasflaschen.

2 Wahl der Rechtsform

Welche Rechtsform am besten geeignet ist, ergibt sich aus den **persönlichen Zielvorstellungen** des Unternehmers und dem **verfügbaren Kapital** für die Umsetzung der Geschäftsidee. Es ist wichtig, sich mit folgenden Kriterien auseinanderzusetzen:

- Haftung mit dem Privatvermögen
- Vertretung nach außen (das Recht, Verträge zu unterschreiben)
- Kapitaleinsatz
- Gründungskosten
- Steuern

Meister- bzw. Befähigungszeugnis
erhält man nach bestandener Befähigungsprüfung. Diese beinhaltet Ausbilderprüfung, Unternehmerprüfung und eine fachliche Prüfung

certificate of competence
Befähigungsnachweis

Gewerberechtlicher Geschäftsführer
unbeschränkt haftender Gesellschafter oder ein voll versicherungspflichtiger Arbeitnehmer (muss die Hälfte der wöchentlichen Normalarbeitszeit im Betrieb tätig sein)

LINK
Individuelle Befähigung
Was für die Feststellung der individuellen Befähigung anrechenbar ist, erfährst du hier.

Genehmigung erforderlich?
Eine Betriebsanlagen-Genehmigung ist nicht notwendig, wenn sich die Betriebsanlage nicht nachteilig auf die Schutzinteressen der Gewerbeordnung auswirkt (z. B. bei reinen Bürobetrieben).

business premise
Betriebsanlage

legal forms of business organisation
Rechtsformen

Rechtsformen von Unternehmen: Folgende Rechtsformen stehen durch Gesetz zur Verfügung:

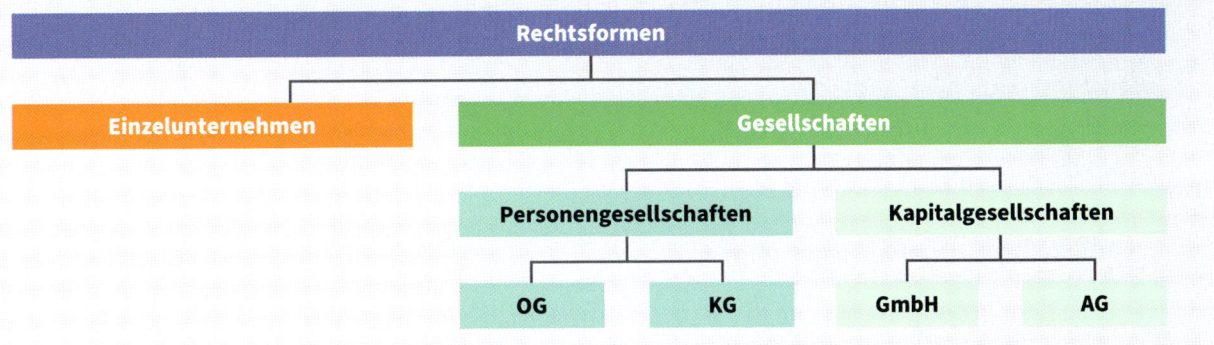

Einzelunternehmen

Der Inhaber des Einzelunternehmens ist eine einzige Person, die das Unternehmen **auf eigenen Namen** und **eigene Rechnung** betreibt. Die meisten Start-ups wählen zunächst die Rechtsform des Einzelunternehmens.

Unternehmensneugründungen 2019 nach Rechtsformen

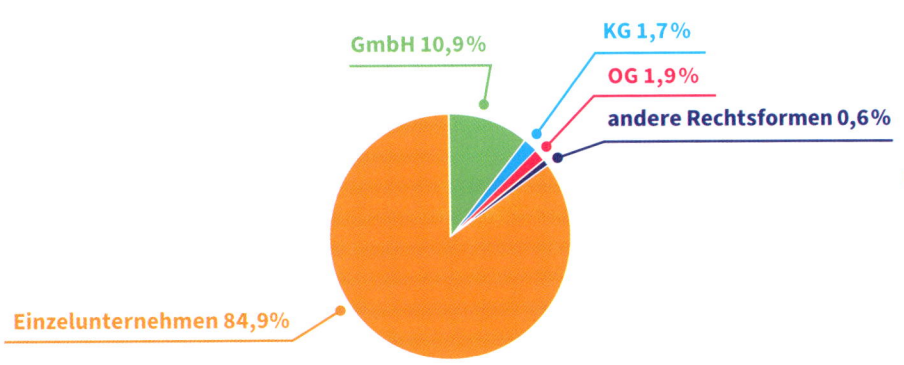

Quelle: WKO

Es gibt viele **Gründe,** die die **Rechtsform des Einzelunternehmens** für Start-ups **attraktiv** machen:

- **niedrige Gründungskosten:** Es fallen nur die Kosten für einen freiwilligen Eintrag ins Firmenbuch an.
- **hohe Flexibilität:** ermöglicht schnelle Entscheidungen
- **vereinfachte Buchführungsvorschriften**
- **Gewinn** muss **nicht geteilt** werden

Bei der **Gründung eines Einzelunternehmens** sollten folgende Punkte berücksichtigt werden:

- **Eigenkapital für den Gründungsstart ist von Vorteil**
- **persönliche unbeschränkte Haftung** ist zu beachten
- Gründer sollte **ausreichendes fachliches und kaufmännisches Know-how besitzen**
- Gründer sollte die **entsprechende Gewerbeberechtigung** für die Ausübung des Gewerbes besitzen

---

Die GesbR (Gesellschaft bürgerlichen Rechts) ist im ABGB geregelt und entsteht durch den vertraglichen Zusammenschluss von mindestens zwei Personen, die mit ihrer Tätigkeit einen gemeinsamen Zweck verfolgen, z.B. 3 Studenten mieten gemeinsam eine Wohnung (WG), Rechtsanwälte gründen eine Kanzleigemeinschaft.

LINK
Welche Rechtsform?
Hier findest du einen Online-Ratgeber zum Thema Rechtsformen.

sole proprietorship
Einzelunternehmen

personal unlimited liability
persönliche, unbeschränkte Haftung. Im Falle eines Konkurses des Unternehmens muss der Eigentümer mit seinem gesamten Vermögen (Firmen- und Privatvermögen) haften.

Falls die Unternehmensgründung und -führung von einer Person alleine nicht bewältigt werden kann, sollte über eine **Kooperation mit einem Partner** nachgedacht werden. Diese bietet einige Vorteile:

- gegenseitiges Ergänzen in Erfahrung, Wissen und Können
- bessere Arbeitseinteilung und Zeitersparnis
- leichtere Kapitalaufbringung (höhere Kreditwürdigkeit)
- geringeres Gründungsrisiko
- dynamischeres Unternehmenswachstum
- höhere Erfolgschancen
- Aufteilung der persönlichen Haftung

Im Falle der Kooperation mit einem Partner wird bei der Rechtsformwahl zwischen **Personen- und Kapitalgesellschaften** unterschieden.

Personengesellschaften

Zu den Personengesellschaften zählen u. a. die **Offene Gesellschaft (OG)** und die **Kommanditgesellschaft (KG).**

Bei den Personengesellschaften stehen die **Personen im Vordergrund.** Das ist insbesondere für die Besteuerung von Bedeutung: Nicht das Unternehmen (die Gesellschaft) ist steuerpflichtig, sondern die einzelnen Gesellschafter mit ihrem Gewinnanteil. Die Besteuerung erfolgt mit dem progressiven Einkommensteuersatz. Für die Gründung ist **kein Mindestkapital** vorgeschrieben und es gelten **vereinfachte Buchführungsvorschriften.** Diese Rechtsformen werden erst mit dem Eintrag in das Firmenbuch existent.

Offene Gesellschaft (OG)	Kommanditgesellschaft (KG)
Alle Gesellschafter haben die **gleichen Rechte und Pflichten:** • Alle haben eine Vertretungsbefugnis (Einzelvertretung). • Alle arbeiten mit. • Alle haben einen Anteil am Gewinn. • Alle haften unbeschränkt, persönlich und solidarisch.	Es gibt zwei Arten von Gesellschaftern mit **unterschiedlichen Rechten und Pflichten:** • **Komplementäre** haben die gleiche Stellung wie die Gesellschafter einer OG. • **Kommanditisten** haben keine Vertretungsbefugnis, dürfen aber Einsicht in die Bücher nehmen. Sie haften mit ihrer Einlage.

Ü 8.18 Wahl der Rechtsform `C`

Die beiden HTL-Absolventen (siehe Ü 8.9) möchten sich gleichberechtigt in ihr Unternehmen einbringen, mitarbeiten und Entscheidungen treffen. Das Kapital für den Start können beide aufbringen. Sie möchten die Kosten am Beginn so gering wie möglich halten.

Welche Rechtsform sollten sie wählen?

Grundlage für die Zusammenarbeit der Gesellschafter ist ein **Gesellschaftsvertrag,** in dem folgende Punkte festgelegt werden müssen:

- Namen der Gesellschafter
- Geschäftsführung und Vertretung: Grundsätzlich ist jeder unbeschränkt haftende Gesellschafter berechtigt, die Gesellschaft nach außen zu vertreten.
- Gewinn- und Verlustbeteiligung
- Abstimmungsverhältnis für wichtige Entscheidungen
- Regelungen für den Todesfall

partnerships
Personengesellschaften

general partnership
Offene Gesellschaft (OG)

limited partnership
Kommanditgesellschaft (KG)

Unternehmensgesetzbuch (UGB) als Grundlage
Die Offene Gesellschaft (OG) und die Kommanditgesellschaft (KG) sind im UGB geregelt.

sole representation
Einzelvertretung; ein Vertrag ist mit der Unterschrift eines Gesellschafters gültig

joint and several liability
solidarische Haftung; jeder Gesellschafter haftet für die gesamten Schulden des Unternehmens (nicht nur für seinen Anteil) persönlich und unbeschränkt

partnership agreement
Gesellschaftsvertrag

- Ausscheiden von Gesellschaftern
- Liquidation der Gesellschaft

Der Gesellschaftsvertrag ist an **keine Form gebunden**. Er kann auch mündlich abgeschlossen werden, allerdings wird die **Schriftform empfohlen.** Bei der Gründung einer Kapitalgesellschaft hingegen ist die Form eines Notariatsaktes verpflichtend.

Falls ein unbeschränkt haftender Gesellschafter von der Geschäftsführung ausgeschlossen werden soll, muss dies im Gesellschaftsvertrag vereinbart und im Firmenbuch eintragen werden.

Kapitalgesellschaften

Zu den wichtigsten Kapitalgesellschaften zählen die **Gesellschaft mit beschränkter Haftung (GmbH)** und die **Aktiengesellschaft (AG).**

Kapitalgesellschaften besitzen eine **eigene Rechtspersönlichkeit**, d.h., die Gesellschaft ist unabhängig von deren Mitgliedern Träger von Rechten und Pflichten. Der große Vorteil und der Hauptgrund für die Popularität der GmbH ist die **Haftungsbeschränkung.** An die Stelle der Haftung der Gesellschafter tritt die **Haftung des Stammkapitals,** das bei der Gründung aufgebracht werden muss.

Die **Gründung einer Kapitalgesellschaft** ist viel aufwendiger als die einer Personengesellschaft:

- Der **Gesellschaftsvertrag** muss durch einen Notar beurkundet werden.
- Das **Mindeststammkapital** muss aufgebracht werden: Mindeststammkapital für eine GmbH sind € 35.000,–, davon muss die Hälfte auf ein Geschäftskonto eingezahlt werden; eine Bankbestätigung ist beim Firmenbucheintrag vorzulegen.
- Die **doppelte Buchhaltung** ist verpflichtend.

Steuerliche Aspekte bei der Wahl der Rechtsform

Die **Besteuerung des Gewinns** hängt von der gewählten Rechtsform ab. Folgende Faktoren sind von Bedeutung:

- **Phase, in der sich das Unternehmen befindet** (z. B. Anfangsphase, Wachstumsphase): In der Anfangsphase sind die Betriebsausgaben meist hoch. Das bedeutet, dass in dieser Phase Anlaufverluste auftreten können.

Einzelunternehmen oder Personengesellschaft	Kapitalgesellschaft
Bis zu einem Jahresgewinn von € 11 000,– fällt aufgrund der Steuerprogression keine Einkommensteuer an.	Auch bei Verlusten der Gesellschaft fällt die Mindestkörperschaftsteuer in der Höhe von 5 % des Mindestkapitals an.

- **Aufteilung der Einkünfte im Familienverband:** Für Einzelunternehmer und Personengesellschaften besteht der Steuervorteil darin, dass niedrige Einkommensteuersätze der unteren Progressionsstufen ausgenutzt werden können. Im Einzelunternehmen kann dies z. B. durch Dienstverhältnisse mit den mittätigen Familienangehörigen, in Personengesellschaften durch die Beteiligung von Familienangehörigen erreicht werden.
- **Vergleich des Steuertarifs und Entnahme- bzw. Ausschüttungspolitik:** Bei Kapitalgesellschaften erfolgt zunächst die Besteuerung des Gewinns mit 25 % Körperschaftsteuer (KÖSt). Falls der Gewinn an die Anteilseigner

Liquidation
Verkauf eines Unternehmens mit dem Ziel, das Vermögen in Bargeld umzuwandeln

Notariatsakt
schriftliche Urkunde, die von einem Notar über ein Rechtsgeschäft verfasst wird. Durch die Mitwirkung des Notars wird die Urkunde zu einer öffentlichen Urkunde, d.h. ihr kommt besondere Beweiskraft zu.

limited liability company (ltd)
Gesellschaft mit beschränkter Haftung (GmbH)

public limited company (plc)
Aktiengesellschaft (AG)

nominal capital
Stammkapital

Gründungsprivilegierte GmbH
Neu gegründete GmbHs erhalten ein Gründungsprivileg. Sie müssen nur € 10.000,– aufbringen, davon die Hälfte in Bargeld (bzw. Kontoguthaben). Nach 10 Jahren verfällt das Privileg. Ab diesem Zeitpunkt beträgt das Mindestkapitalerfordernis € 35.000,–.

ausgeschüttet wird, wird diese Ausschüttung beim Gesellschafter mit 27,5 % Kapitalertragsteuer (KESt) besteuert.

- **Umsatzsteuer:** Unternehmer, die im Jahr weniger als € 30.000,– (ohne Umsatzsteuer) Umsatz erwirtschaften, sind unecht steuerbefreit **(Kleinunternehmerregelung)**. Das bedeutet, dass für Verkäufe keine Umsatzsteuer an das Finanzamt abgeführt werden muss, dafür bekommt das Unternehmen aber auch keine Vorsteuer rückerstattet.

Hinweis: Kleinunternehmerregelung siehe „Recht für Techniker".

Wahl der Rechtsform nach steuerlichen Perspektiven:

- **Bei Anlaufverlusten** kann aufgrund der Steuerprogression die Rechtsform eines Einzelunternehmens oder durch die Aufteilung des Gewinns auf Familienangehörige eine Personengesellschaft vorteilhaft sein.
- **Bei höheren Gewinnen** ist bei Einbehaltung des Gewinns (Bildung von Rücklagen) die Kapitalgesellschaft vorteilhafter.

Ü 8.19 **Steuerliche Aspekte bei der Wahl der Rechtsform** B

Wäre aus steuerlicher Sicht die Wahl der Offenen Gesellschaft (OG) als Rechtsform für die beiden HTL-Absolventen (siehe Ü 8.9) zu empfehlen?

③ Behördenwege und Gründungskosten

Bevor es ganz offiziell losgeht, müssen Neugründerinnen und Neugründer noch einige Behördenwege erledigen. In diesem Zusammenhang fallen **Gebühren** an.

Durch das **Neugründungsförderungsgesetz (NeuFöG)** werden Neugründungen von diversen Abgaben und Gebühren befreit. Eine Neugründung liegt vor, wenn der Neugründer in den letzten fünf Jahren weder im Inland noch im Ausland selbständig tätig war. Das NeuFög gilt in etwas eingeschränkter Form auch für die Betriebsübernahmen.

Die Befreiung ist durch das Ausfüllen des **NeuFöG-Formulars** (Erklärung der Neugründung) und einer **Beratungsbestätigung der Wirtschaftskammer** zu beantragen. Die Befreiung erfolgt für:

- **Stempelgebühren** für die Gewerbeanmeldungen und Betriebsanlagengenehmigungen
- **Gerichtsgebühren** für die Eintragung in das Firmenbuch
- **Grunderwerbsteuer** sowie die Gerichtsgebühren für die Eintragung in das Grundbuch

Meldung bei der Bezirksverwaltungsbehörde

Bei der **Bezirksverwaltungsbehörde** (Magistrat oder Bezirkshauptmannschaft) erfolgt die:

- **Gewerbeanmeldung**
- **Betriebsanlagengenehmigung:** Genehmigungspflichtig sind Anlagen, von denen nachteilige (Umwelt-)Auswirkungen zu erwarten sind.

official channels
Behördenwege

authorities
Behörden

founding costs
Gründungskosten

Ⓜ **LINK**
Elektronische Anmeldung
Einzelunternehmen und Ein-Personen-GmbHs können am Unternehmensserviceportal den Gründungsprozess elektronisch durchführen.

chamber of commerce
Wirtschaftskammer

entry in the commercial register
Firmenbucheintrag

entry in the land register
Grundbucheintrag

trade registration
Gewerbeanmeldung (andere Bezeichnungen: Auszug aus dem Gewerberegister, früher: Gewerbeschein)

Erforderliche Unterlagen und Kosten bei der Anmeldung:

Einzelunternehmen	Gesellschaften
• Reisepass • Unterlagen über akademische Grade • Erklärung über das Nichtvorliegen von Gewerbe-Ausschlussgründen • NeuFöG-Bestätigung der Wirtschaftskammer • Befähigungsnachweis	• Firmenbuchauszug (nicht älter als sechs Monate) • Gesellschaftsvertrag bei Personengesellschaften • Erklärung für den Gewerbeanmelder im Fall der Bestellung eines gewerberechtlichen Geschäftsführers

Gewerberechtliche Geschäftsführer:

- Reisepass
- Bestätigung der Gebietskrankenkasse
- Befähigungsnachweis(e)
- Geschäftsführer-Erklärung

Die Gewerbeanmeldung ist in beiden Fällen kostenlos.

Erstellung eines Gesellschaftsvertrags

Bei einer Gesellschaft wird je nach Rechtsform ein Gesellschaftsvertrag unter Mitwirkung eines Rechtsanwaltes und Notars erstellt.

Die Kosten für die Vertragserrichtung können nach dem Umfang der Rechtsberatung stark variieren. In der Regel ist die Rechtsberatung bei Personengesellschaft und Ein-Mann-GmbH am geringsten.

Sozialversicherung

Personen, die unter dem Begriff **„Selbständige"** zusammengefasst werden, sind nach dem GSVG (Gewerbliches Sozialversicherungsgesetz) in der Kranken-, Pensions- und Unfallversicherung pflichtversichert. Die Arbeitslosenversicherung ist nicht verpflichtend. Es besteht aber die Möglichkeit, freiwillig Beitragszahlung zu leisten („Opting in").

Die Meldung ist innerhalb eines Monats bei der zuständigen **Sozialversicherungsanstalt der gewerblichen Wirtschaft** (SVA) zu machen. Zu den nach dem GSVG versicherten Personengruppe zählen u. a.:

- Einzelunternehmer mit Gewerbeberechtigung
- Gesellschafter einer OG und Komplementäre einer KG, wenn die Gesellschaft Mitglied der Wirtschaftskammer Österreich ist
- Werkvertragstätigkeit mit Gewerbeberechtigung
- geschäftsführende Gesellschafter einer GmbH, die mehr als 25% beteiligt sind, wenn die Gesellschaft Mitglied der Wirtschaftskammer Österreich ist
- „neue Selbständige" (Personen, die eine betriebliche Tätigkeit ausüben und für diese Tätigkeiten keine Gewerbeberechtigung benötigen, z. B. Autoren, Vortragende, Psychotherapeuten, „Werkvertragsnehmer" ohne Gewerbeberechtigung)

Beitragsgrundlagen für die Kranken- und Pensionsversicherung sind die jährlichen Einkünfte aus Gewerbebetrieb, die im Einkommensteuerbescheid nachgewiesen werden. Die Unfallversicherung ist ein fixer Betrag.

Für **Neugründer** fallen in den ersten beiden Jahren ermäßigte Beiträge an: € 2.050,20/Jahr (€ 170,85/Monat, € 512,55/Quartal)

managing director
gewerberechtlicher Geschäftsführer

Ausnahme bei der Gewerbeanmeldung
Das Buchhalter- und das Bilanzbuchhaltergewerbe sind kostenpflichtig.

Notar
Person, die Beglaubigungen und Beurkundungen von Rechtsgeschäften, Tatsachen, Beweisen und Unterschriften vornimmt, weiters auch zuständig für die Hinterlegung von Geld und Kostbarkeiten

notary
Notar

Sozialversicherung für Unternehmer
Die Gewerbebehörde übermittelt automatisch die Gewerbeanmeldung an die Sozialversicherungsanstalt der gewerblichen Wirtschaft.

Werkvertrag
Ist auf Erfolg ausgerichtet (Erfolgsgarantie); es werden eigene Arbeitsmittel verwendet, es ist gleichgültig, wann und wo gearbeitet wird

---

Die Beiträge für die gesetzliche Sozialversicherung fallen auch bei niedrigen Gewinnen oder eventuellen Verlusten an und sind somit immer zu kalkulieren. Ab dem **3. Jahr** ist mit Beitragserhöhungen und Nachzahlungen zu rechnen.

Finanzamt

Innerhalb eines Monats muss die Tätigkeit beim **zuständigen Betriebs- bzw. Wohnsitz-Finanzamt** gemeldet werden. Dies kann in einer formlosen Mitteilung erfolgen.

Das Finanzamt schickt einen Fragebogen zu. Nach Rücksendung des ausgefüllten Fragebogens und Überprüfung der Identität teilt das Finanzamt eine **Steuernummer** zu.

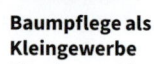

Firmenbuch

Das **Firmenbuch** ist **eine öffentlich zugängliche Datenbank** der Firmenbuch-Gerichte. Im Firmenbuch sind wichtige Informationen über Unternehmen zu finden:

- **Firmenbuchnummer:** eine einzigartige Nummer bestehend aus Ziffern und 1 Kleinbuchstaben, die vom Firmenbuchgericht im Zuge der Eintragung generiert wird (z. B. FN 324578h)
- **Firma:** ins Firmenbuch eingetragener Name eines Unternehmers, unter dem er seine Geschäfte betreibt und die Unterschrift abgibt
- **Rechtsform**
- **Sitz und Geschäftsanschrift**
- **Geschäftszweig** nach eigenen Angaben
- Vorhandensein etwaiger **Prokuristen**
- **Zweigniederlassungen**
- Hinweise zu laufenden **Insolvenzverfahren**

Bei einer Firmenbuchabfrage fallen Gebühren an (pro Firmenbuchauszug € 12,90).

Im **Firmenbuch** werden **folgende Rechtsformen** eingetragen:

- Offene Gesellschaft (OG)
- Kommanditgesellschaft (KG)
- Aktiengesellschaft (AG)
- Gesellschaft mit beschränkter Haftung (GmbH)

Einzelunternehmen sind ab Überschreiten eines Jahresumsatzes von € 700.000,– eintragungspflichtig und können sich bei Unterschreiten freiwillig eintragen lassen.

Die Kosten variieren je nach Rechtsform. Am günstigsten ist der Eintrag eines Einzelunternehmens und einer Personengesellschaft. Am teuersten – bis zu einigen hundert Euro – ist der Eintrag einer Kapitalgesellschaft.

Baumpflege als Kleingewerbe
Einzelunternehmer, deren Gewinn € 5.256,60/ Jahr und Umsatz € 30.000,00/Jahr nicht übersteigt, sind von der Sozialversicherung befreit. Die Unfallversicherung (€ 115,20 jährlich) müssen sie jedoch trotzdem bezahlen.

tax office
Finanzamt

commercial register
Firmenbuch

commercial register number
Firmenbuchnummer

power of attorney
Prokurist

 LINK
Kosten für die Eintragung
Hier findest du nähere Informationen zu den Kosten einer Firmenbucheintragung.

Gesetzliche Interessenvertretung (Wirtschaftskammer)

Es besteht eine **gesetzliche Pflichtmitgliedschaft** bei der zuständigen **Wirtschaftskammer.** Ausgenommen davon sind „Neue Selbständige".

Arten der Beiträge	Bemessungsgrundlage
Kammerumlage (KU1 und KU2)	• „Vorsteuern" • Lohn- und Gehaltssumme
Grundumlage	• Lohnsumme, Sozialversicherungsbeitrag, Umsatz usw. • Sie wird in einem fixen Betrag (je nach Sparte) festgelegt.

Wirtschaftskammer
Die Wirtschaftskammer Österreich (WKO) vertritt ca. 517.000 Mitgliedsbetriebe.

Die Wirtschaftskammer ist die gesetzliche Interessenvertretung der Unternehmer. Ihre Aufgabe ist die **Unterstützung und Beratung von Unternehmen** in allen unternehmensrelevanten Fragen, z. B.:

- **Gründungsberatung:** Die Gründungsberatung muss im Falle eines Förderansuchens (z. B. NeuFöG) nachgewiesen werden.

- **Junge Wirtschaft:** Serviceangebot für Jungunternehmer

ÜBEN

In dieser Lerneinheit hast du die wichtigsten Behördenwege im Zuge der Gründung eines Unternehmens kennengelernt. Mithilfe der folgenden Aufgaben kannst du das Gelernte üben.

Ü 8.20 Gewerbeberechtigung A

Erläutere, welche Arten von Gewerben es gibt und welche Voraussetzungen dafür jeweils erfüllt werden müssen.

Ü 8.21 Nachweis durch Zeugnisse B

Erkläre die Vorteile, die die Reife- und Diplomprüfung einer HTL für die Unternehmensgründung bringt. Erkläre weiters die zusätzlichen Berechtigungen, die du durch die Reife- und Diplomprüfung deiner spezifischen Ausbildung erlangst.

Ü 8.22 Wahl der Rechtsform C

Führe Argumente an, die für die Gründung eines Einzelunternehmens sprechen.

Ü 8.23 Kapitalgesellschaften B

a) Analysiere, welche Bedeutung das Mindestkapitalerfordernis für die Gründung einer GmbH hat.

b) Erläutere die Vor- und Nachteile, die mit der Wahl der Rechtsform der GmbH verbunden sind.

Ü 8.24 Personengesellschaften B

Vergleiche Vor- und Nachteile der unterschiedlichen Personengesellschaften.

Ü 8.25 Gesellschaftsvertrag B

Nenne wichtige Inhalte und die Form eines Gesellschaftsvertrags.

Ü 8.26 Rechtsform – Haftung C

Nenne jene Rechtsformen, in denen der Unternehmer nur mit seiner Kapitaleinlage und nicht mit dem gesamten Privatvermögen haftet.

Ü 8.27 Rechtsformen B

Entscheide, ob die folgenden Aussagen richtig oder falsch sind, und stelle falsche Aussagen gegebenenfalls richtig.

Aussage	richtig	falsch	Korrektur
Für den Erfolg eines Unternehmens ist es wichtig, die richtige Rechtsform für das Unternehmen zu wählen.			
Der Gründungsaufwand für ein Unternehmen ist immer gleich.			
Wenn ich Unternehmer/in bin, kann ich immer allein entscheiden.			
Personengesellschaften erfordern normalerweise die Mitarbeit der Gesellschafter.			
Ich habe €4.000,– gespart. Das ist ausreichend, um eine GmbH zu gründen.			
Ich will niemandem verantwortlich sein, deshalb gründe ich ein Einzelunternehmen.			
Ich gründe eine AG. Die Kosten für den Notar spare ich mir, damit ich die €35.000,– Grundkapital zusammenbringe.			

Ü 8.28 Rechtsform – steuerliche Aspekte C

Beschreibe jene Faktoren, die aus steuerlicher Sicht für die Unternehmensgründung von Bedeutung sind.

Ü 8.29 Sozialversicherung B

Erkläre die Versicherung des Unternehmers nach dem GSVG:

a) Nenne die Sozialversicherungsanstalt, die für die Anmeldung und Abwicklung der Sozialversicherung eines Unternehmers zuständig ist.

b) Nenne die gesetzliche Grundlage.

c) Definiere den Begriff „Werkvertrag".

Ü 8.30 Behördenwege bei der Gründung C

Beschreibe die Behördenwege, die bei einer Gründung zu erledigen sind, und entstehende Kosten.

Ü 8.31 Formalitäten bei der Gründung A

Verbinde die zusammengehörenden Begriffe und Erklärungen.

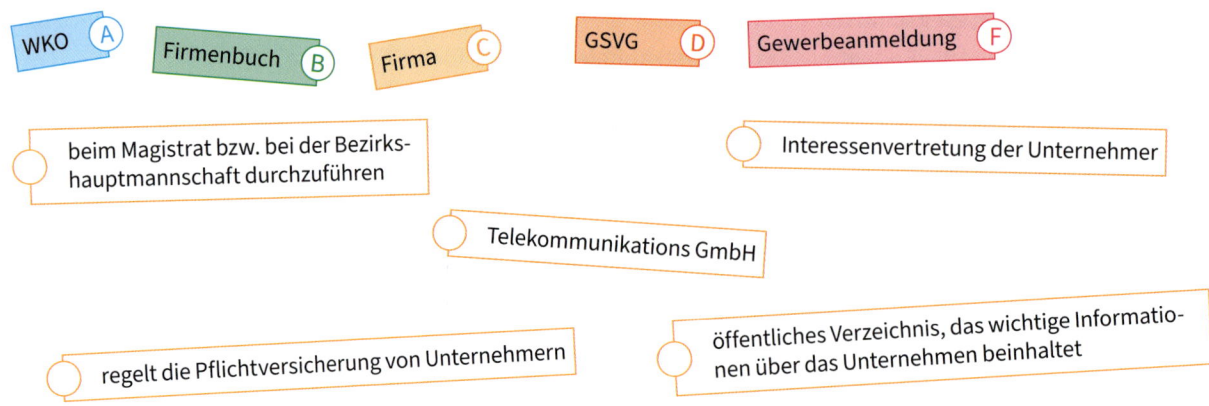

WKO Ⓐ Firmenbuch Ⓑ Firma Ⓒ GSVG Ⓓ Gewerbeanmeldung Ⓕ

beim Magistrat bzw. bei der Bezirkshauptmannschaft durchzuführen

Interessenvertretung der Unternehmer

Telekommunikations GmbH

regelt die Pflichtversicherung von Unternehmern

öffentliches Verzeichnis, das wichtige Informationen über das Unternehmen beinhaltet

LERNEN

4 Umsetzung des Unternehmenskonzepts

Nach der Gründung ist es wichtig, die Schlüsselfaktoren, die über Erfolg oder Misserfolg eines Unternehmens entscheiden, nicht aus den Augen zu verlieren. Dazu ist es wesentlich, sich möglichst viele Informationen über die Branche und den Markt zu beschaffen, die rechtlichen Risiken abzuschätzen und Liquiditätsengpässe zu vermeiden.

Robotik-Set für Kinder
Das 2015 von Anna Iarotska und Rustem Akishbekov gegründete Wiener Start-up bietet Spielzeug-Roboter-Bausätze, die in Kombination mit einer App Kindern auf spielerische Weise das Programmieren näherbringen sollen. Das Unternehmen hat nun 15 Mitarbeiter (2019).

1 Wichtige Entscheidungen in der Umsetzungsphase

Wenn man die Gründungsphase gut überstanden hat, ist schon viel erreicht. Um das Unternehmen jedoch weiter erfolgreich zu führen, müssen verschiedene Bereiche weiter im Blick behalten werden.

Bereich	Inhalte
Betriebliches Rechnungswesen	**Buchhaltung (verpflichtende Aufzeichnung)** • Belege sammeln und 7 Jahre aufbewahren • Aufzeichnungen führen (drei Möglichkeiten der Gewinnermittlung bzw. Aufzeichnungspflicht) • Registrierkassa **Kostenrechnung (freiwillige Aufzeichnung)** Voraussetzung für eine verantwortungsbewusste Unternehmensführung (Kalkulation der Selbstkosten für die Preisfestsetzung).

Bereich	Inhalte
Versicherungen	**Haftpflicht:** um vor Schadenersatzansprüchen, die aus der beruflichen Tätigkeit entstehen können, geschützt zu sein
	Rechtsschutz: Rechtsanwalts-, Sachverständigen- und Gerichtskosten (u. a. Verteidigung in einem Strafverfahren, Abwehr oder Durchsetzung eines Schadenersatzanspruches)
	Betriebsunterbrechung: bei Arbeitsunfähigkeit wegen einer Krankheit oder eines Betriebsunfalls
	Datenverlustversicherung: versichert sind verloren gegangene Daten und Programme aufgrund eines Hardwareschadens
Mitarbeiter einstellen	Die Vor- und Nachteile der **Arten der Beschäftigung** sind abzuwägen: • geringfügige Beschäftigung • freier Dienstnehmer • Angestelltenverhältnis
	Werkvertrag als Alternative: Der Werkvertrag bietet arbeitsrechtliche, sozialversicherungsrechtliche und steuerliche Vorteile. Der Werkvertragsnehmer arbeitet selbständig und unabhängig, es sind lediglich fachliche Anweisungen zur Ausführung des Werks denkbar (Pflichtenheft). Der Werkvertragsnehmer muss für Fehler einstehen (Gewährleistung).
	Hinweis: EPUs können für den 1. Mitarbeiter eine Lohnnebenkostenförderung in Anspruch nehmen. Die Förderung gilt für jene, die beim AMS als arbeitssuchend gemeldet waren (Ausnahmen: Verwandte bis zu 2. Grad). Gefördert wird 25% des Bruttogehalts 12-mal für max. 1 Jahr.

2 Erfolgsfaktoren

Es gibt verschiedene Größen, die Einfluss auf den Erfolg eines Unternehmens haben.

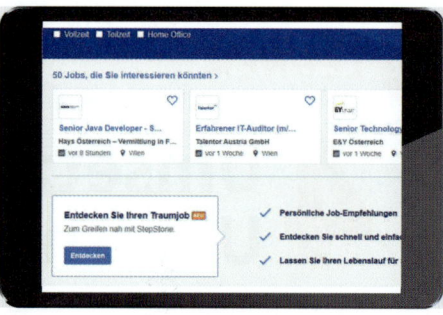

Erfolgsfaktoren aus Sicht des Risikomanagements

Zur eigenen Risikobeurteilung und zur Risikobeurteilung für die Kreditinstitute gilt es, die **Risiken und die Chancen für das Unternehmen** zu analysieren.

Die Chancen und Risiken für den fortlaufenden Betrieb des Unternehmens unterscheiden sich von denen für die Unternehmensgründung. Folgende Punkte sollten beachtet werden:

- **strategische Chancen/Risiken:** z. B. Markt/Branche, Wettbewerb, Produkte, Lieferanten, Kunden
- **operative Chancen/Risiken:** z. B. rechtliche Risiken, Personal
- **finanzielle Chancen/Risiken:** z. B. Liquiditätssicherung, neue finanzielle Partner

Eine seriöse Darstellung dieser Punkte erleichtert die Kreditvergabe und verbessert bei entsprechender Einstufung der Bonität auch die Kreditkonditionen (d. h. den Zinssatz). Wenn man über die Chancen und Risiken des Unternehmens gut Bescheid weiß, kann man Probleme schnell erkennen und darauf reagieren.

Erfolgsfaktoren aus Sicht der Banken

Der **Businessplan** ist eine sehr gute Grundlage für Gespräche mit der Bank, um die benötigten Kredite zu erhalten. Unter Umständen können dadurch auch günstigere Kreditkonditionen erreicht werden.

Die Bonität wird für KMUs meist durch ein **bankeninternes Prüfverfahren** ermittelt. Nach der EU-Richtlinie Basel II wird jeder einzelne Kreditnehmer mit einem eigenen Rating (Risikobewertung bzw. Einteilung in einer Risikoskala) versehen. Je schlechter das Rating, umso teurer wird der Kredit.

Stelleninserat richtig verfassen
Bei der **Stellenausschreibung** ist auf den Gleichbehandlungsgrundsatz zu achten (Diskriminierungsverbot hinsichtlich Geschlecht, Religion, Alter, sexuelle Orientierung, einer Behinderung). Der Mindestverdienst ist anzugeben.

success factors
Erfolgsfaktoren

Erfolgsfaktoren aus Sicht des Unternehmensgründers

■ **Erfolgsfaktor 1: „Kunden sind die besten Berater."**

Die besten Berater sind die derzeitigen und künftigen Kunden. Der Kontakt zum Kunden ist für jeden Unternehmer sehr wichtig und sollte mit dem notwendigen Engagement betrieben werden. Die Beantwortung der folgenden Fragen gibt Aufschluss über die Kundennähe:

– Kann ich mein Produkt auch einem Nicht-Fachmann in Kürze erklären?

– Habe ich schon vor der Erstellung des Businessplans mit potenziellen Kunden gesprochen?

– Wie reagiere ich auf unbequeme und fordernde Kunden?

■ **Erfolgsfaktor 2: „Kontrolle der Planzahlen und -ziele"**

Das Verständnis für Planzahlen und deren betriebswirtschaftliche Bedeutung muss bei jedem Unternehmer gegeben sein.

Kundenreaktionen ernst nehmen
Aus jedem Kundengespräch kann sowohl durch Bestätigung als auch Kritik viel gelernt werden.

■ **Erfolgsfaktor 3: „Unternehmerflexibilität bewahren"**

Die Grundlagen des Businessplans sollten von Zeit zu Zeit kritisch hinterfragt werden. Anders gesagt: Man sollte sich als Unternehmen ständig neu erfinden.

■ **Fehler 1: „Der Markt bin ich."**

Der Gründer schließt aus der eigenen Erlebniswelt heraus auf die Allgemeinheit und unterliegt dabei sehr leicht einer Fehleinschätzung. Es ist daher zu empfehlen, andere Personen und Unternehmen zu den eigenen Plänen zu befragen.

■ **Fehler 2: „Allein das Produkt entscheidet über den Erfolg."**

Ein konkurrenzfähiges Produkt bzw. eine konkurrenzfähige Dienstleistung zu haben, stellt sicherlich die Basis für einen Erfolg dar. Aber nicht der objektive Wert des Produkts ist entscheidend, sondern der subjektive Wert, der vom Kunden wahrgenommen wird. Es müssen also die objektiven Produktwerte in für den Kunden verständlichen Begriffen formuliert und durch geeignete PR-Maßnahmen zum Kunden transportiert werden. Nach der Markteinführung des Produkts/der Dienstleistung ist auf eine **nachhaltige Kundenbetreuung** (CRM) zu achten.

■ **Fehler 3: „Umsatz ist gleich Gewinn."**

Besonders für ein Start-up ist die Versuchung groß, die ersten Verkaufserfolge sofort zur Befriedigung der eigenen Bedürfnisse zu verwenden (Kauf eines teuren Autos, Anschaffung eines luxuriösen Büros usw.). Es wird dabei zu wenig beachtet, welche Kosten noch zu begleichen sind (Außenstände von Lieferanten, Abgaben für das Finanzamt u. a.).

3 Checkliste für den Erfolg

Zum Schluss noch eine Checkliste für einen erfolgreichen Unternehmensstart:

Checkliste: Unternehmensstart
☐ **40 % des Gewinns** für Steuer und sonstige Zahlungen ansparen
☐ genügend **finanzielle Reserven** schaffen, um die Fixkosten im ersten Geschäftsjahr abdecken zu können
☐ **eigene Arbeitszeit** in der Kostenrechnung berücksichtigen (kalkulatorischer Unternehmerlohn)

	Checkliste: Unternehmensstart
☐	**Liquidität** sichern: • Rechnungen zeitnah versenden • Fakturierungssystem samt Mahnwesen
☐	**Gründungen mit Businessplan** verlaufen erfolgreicher.
☐	**Planung der Liquidität:** Kalkulieren Sie den monatlichen Cashflow für die ersten 12 Monate.
☐	**Marktsegmentierung:** Teilen Sie die Kunden in Gruppen, um auf die jeweiligen Kundenbedürfnisse besser eingehen zu können.
☐	**Wechsel der Rechtsform ist teuer:** Die gewählte Rechtsform sollte für einige Jahre bestehen, denn es ist teuer, nach kurzer Zeit die Rechtsform zu wechseln.
☐	**Qualität des Standorts:** Abwägen, welche Standortfaktoren für die Umsetzung der Geschäftsidee am wichtigsten sind. Kaum ein Standort kann alle Anforderungen optimal erfüllen.
☐	Damit die **Liquidität jederzeit aufrecht** bleibt, ist es wichtig, zu Beginn die Ausgaben möglichst niedrig zu halten: • Es muss zu Beginn kein neuer Laptop, Drucker, Schreibtisch oder ein neues Auto sein. • Gegengeschäfte prüfen: „Entwirf mir ein Logo, dafür programmiere ich deine Website." • Preisvergleich bei Telefon und Internet wegen der zeitlichen Bindung • Alternativen zur fixen Anstellung neuer Mitarbeiter überlegen (z. B. Aufträge über Werkvertrag) • Einmieten in eine Bürogemeinschaft oder ein Gründungszentrum (ab ca. € 66,81 pro Monat)

ÜBEN

In dieser Lerneinheit hast du einiges über die Phase nach der Gründung erfahren. Mithilfe der folgenden Aufgaben kannst du das Gelernte üben und festigen.

Ü 8.32 Erfolgsfaktoren aus Sicht des Unternehmensgründers `C`

Erfolgsfaktor 1: „Kunden sind die besten Berater."

a) Erläutere diese Aussage.

b) Erläutere Maßnahmen, um diesen Erfolgsfaktor zu erreichen.

Ü 8.33 Überlegungen in der Umsetzungsphase `A`

Nenne jene Bereiche, die bei der Umsetzung des Unternehmenskonzepts besonders zu beachten sind.

Ü 8.34 Entscheidungen in der Umsetzungsphase `A`

Verbinde die zusammengehörenden Begriffe und Erklärungen.

Fakturierung
Rechnungsausstellung

monatlicher Cashflow
zeigt die Einnahmen und Ausgaben, die jeden Monat auf dem Geschäftskonto zu erwarten sind

start-up centre
Gründerzentrum

CRM (A) Gute Bonität (B) Erfolgsfaktor (C) Betriebsunfähigkeitsversicherung (D) Planung der Liquidität (F)

○ erleichtert die Kreditvergabe und verbessert bei entsprechender Einstufung die Kreditkonditionen

○ wenn der Betriebsinhaber wegen einer Krankheit oder eines Betriebsunfalls arbeitsunfähig ist

○ nachhaltige Kundenbetreuung

○ Größe, die Einfluss auf den Erfolg eines Unternehmens hat

○ durch Kalkulation des monatlichen Cashflows

Ü 8.35 Risikomanagement `B`

Vergleiche die Kategorien von Chancen und Risiken.

Ü 8.36 Fehlerquellen bei der Gründung `B`

Beschreibe mindestens zwei Fehler, die bei der Gründung eines Unternehmens zu vermeiden sind.

# KÖNNEN

In diesem Kapitel hast du die wesentlichen Schritte für die Gründung eines Unternehmens kennengelernt und Tipps, die man in der Anfangsphase beachten sollte, erhalten. Bei den folgenden Aufgaben kannst du dein Wissen anwenden.

K 8.1 Kreativitätstechnik 6-3-5-Methode `C`

Das Thema für die Ideenentwicklung kann frei gewählt werden. Ein Vorschlag: „Gesunde Schüler/innen lernen besser. Wie kann in unserer Schule das gesunde Essen gefördert werden?"

Zum gewählten Thema sollen mithilfe der Kreativitätstechnik „Brainwriting/6-3-5-Methode" möglichst viele Ideen gesammelt werden. Das Brainwriting wird in einer Gruppe mit jeweils 6 Teilnehmern durchgeführt. Es sollte eine festgelegte Reihenfolge geben, in der die Formulare an die anderen Teilnehmer weitergegeben werden. Es ist wichtig, eine gewisse Bearbeitungszeit zu bestimmen. Diese sollte von Runde zu Runde angepasst werden, da die Fülle an Informationen, die verarbeitet werden muss, steigt. Denkbar ist z.B. eine zusätzliche Minute Bearbeitungszeit pro Runde.

• Jede teilnehmende Person bekommt ein Formular.

LINK
Formular 6-3-4-Methode
Hier findest du eine Tabelle mit mehr Platz zum Eintragen.

	Idee 1	Idee 2	Idee 3
Person 1			
Person 2			
Person 3			
Person 4			
Person 5			
Person 6			

• Jeder der sechs Personen schreibt drei Ideen auf.
• Jede teilnehmende Person gibt nach der vereinbarten Arbeitszeit das Formular in der vorher bestimmten Reihenfolge weiter. Dieses Vorgehen wird insgesamt fünf Mal wiederholt.

K 8.2 Standortfaktoren `B`

a) Erkläre den Unterschied zwischen einem Handelsunternehmen und einem Produktionsunternehmen.

b) Nenne jeweils ein dir bekanntes Beispiel für ein Handelsunternehmen und ein Produktionsunternehmen.

c) Liste Standortfaktoren auf, die für diese beiden Unternehmen wichtig sind.

K 8.3 Alleinstellungsmerkmal/USP C

Recherchiere die Lebensphasen des Produkts „Photovoltaik-Modul".

a) Beschreibe das Alleinstellungsmerkmal in den einzelnen Produktlebenszyklusphasen.

Phasen	Alleinstellungsmerkmal
Einführung	
Wachstum	
Reife	
Sättigung	

b) Beurteile die aktuelle Produktlebenszyklusphase von PhotovoltaikModulen.

K 8.4 Business Model Canvas/Value Proposition Canvas C

Mit einem Energiemanager soll es möglich sein, elektrische Geräte im Haushalt zu steuern und z. B. aus der Ferne ein- und auszuschalten.

a) Überlege und definiere den USP und den Kundennutzen dieses Energie-
managers für den Haushalt. Verwende für deine Überlegungen das Modell des Value Proposition Canvas (VPC).

b) Überlege ein Business Modell Canvas (BMC) für dieses Angebot.

Hinweis: Es gibt keine einzig richtige Lösung. Je nach Überlegung kann es verschiedene Modellvarianten geben.

 LINK
Vorlagen für VPC und BMC
Die Vorlagen können online erstellt oder heruntergeladen werden.

K 8.5 Wahl der Rechtsform C

Die Umsetzung deiner Geschäftsidee erfordert Kapital. Die mögliche Fördersumme wurde ausgeschöpft. Für das erforderliche Restkapital wurde der Kreditantrag aufgrund zu geringer Bonität abgewiesen. Das Unternehmen Create Success ist von deiner Idee überzeugt und möchte als Investor und Miteigentümer das erforderliche Restkapital aufbringen. Eine Grundbedingung ist, dass der Investor nicht mit dem Privatvermögen haften möchte.

a) Nenne für diese Situation die möglichen Rechtsformen.

b) Erläutere die Vor- und Nachteile, die sich aus der Wahl der Rechtsform ergeben.

KOMPETENZCHECK

Meine Kompetenzen	Kann ich?	Lernstoff	Aufgaben
Ich kenne wichtige Begriffe im Zusammenhang mit der Suche nach einer Geschäftsidee.		Lerneinheit 1	Ü 8.1, Ü 8.4, Ü 8.6
Ich kenne die Vor- und Nachteile, die eine Innovation bzw. die Übernahme einer Geschäftsidee mit sich bringt.		Lerneinheit 1	Ü 8.2, Ü 8.7
Ich kenne die Erfolgsfaktoren einer Innovation.		Lerneinheit 1	Ü 8.5
Ich kenne Kreativitätstechniken, die eine Ideenfindung unterstützen.		Lerneinheit 1	Ü 8.8
Ich kann die USP erklären und in den einzelnen Produktlebenszyklusphasen beschreiben.		Lerneinheit 1	Ü 8.3, Ü 8.6
Ich kenne die Grundstruktur und den Inhalt eines einfachen Businessplans.		Lerneinheit 2	Ü 8.12, Ü 8.13
Ich kann wichtige Erfolgsfaktoren im Businessplan nennen und erklären.		Lerneinheit 2	Ü 8.10
Ich kenne die Bedeutung eines Businessplans als Mittel zur Kapitalbeschaffung.		Lerneinheit 2	Ü.8.9, Ü 8.11
Ich kenne die Bedeutung und den Inhalt eines Finanzplans.		Lerneinheit 2	Ü 8.14
Ich kenne die Gewerbearten und die Voraussetzungen für die Anmeldung eines Gewerbes.		Lerneinheit 3	Ü 8.16, Ü 8.17, Ü 8.20, Ü 8.21
Ich kann die verschiedenen Arten der Rechtsformen nennen und erklären.		Lerneinheit 3	Ü 8.24, Ü 8.26
Ich kenne Faktoren, die die Wahl der Rechtsform bestimmen.		Lerneinheit 3	Ü 8.18, Ü 8.22, Ü 8.27
Ich kenne die Unterschiede zwischen Personengesellschaften und Kapitalgesellschaften.		Lerneinheit 3	Ü 8.23, Ü 8.24, Ü 8.25
Ich kenne steuerliche und sozialversicherungsrechtliche Faktoren, die bei der Wahl der Rechtsform von Bedeutung sind.		Lerneinheit 3	Ü 8.19, Ü 8.28, Ü 8.29
Ich kenne die formalen Schritte, die bei der Gründung eines Unternehmens zu beachten sind.		Lerneinheit 3	Ü 8.30, Ü 8.31
Ich kenne Faktoren, die bei der Gründung und Führung eines Unternehmens über Erfolg oder Misserfolg entscheiden.		Lerneinheit 4	Ü 8.32, Ü 8.33, Ü 8.34
Ich kenne die Faktoren, die Kapitalgeber für die Risikobewertung heranziehen.		Lerneinheit 4	Ü 8.35, Ü 8.36

Platz zum Schreiben

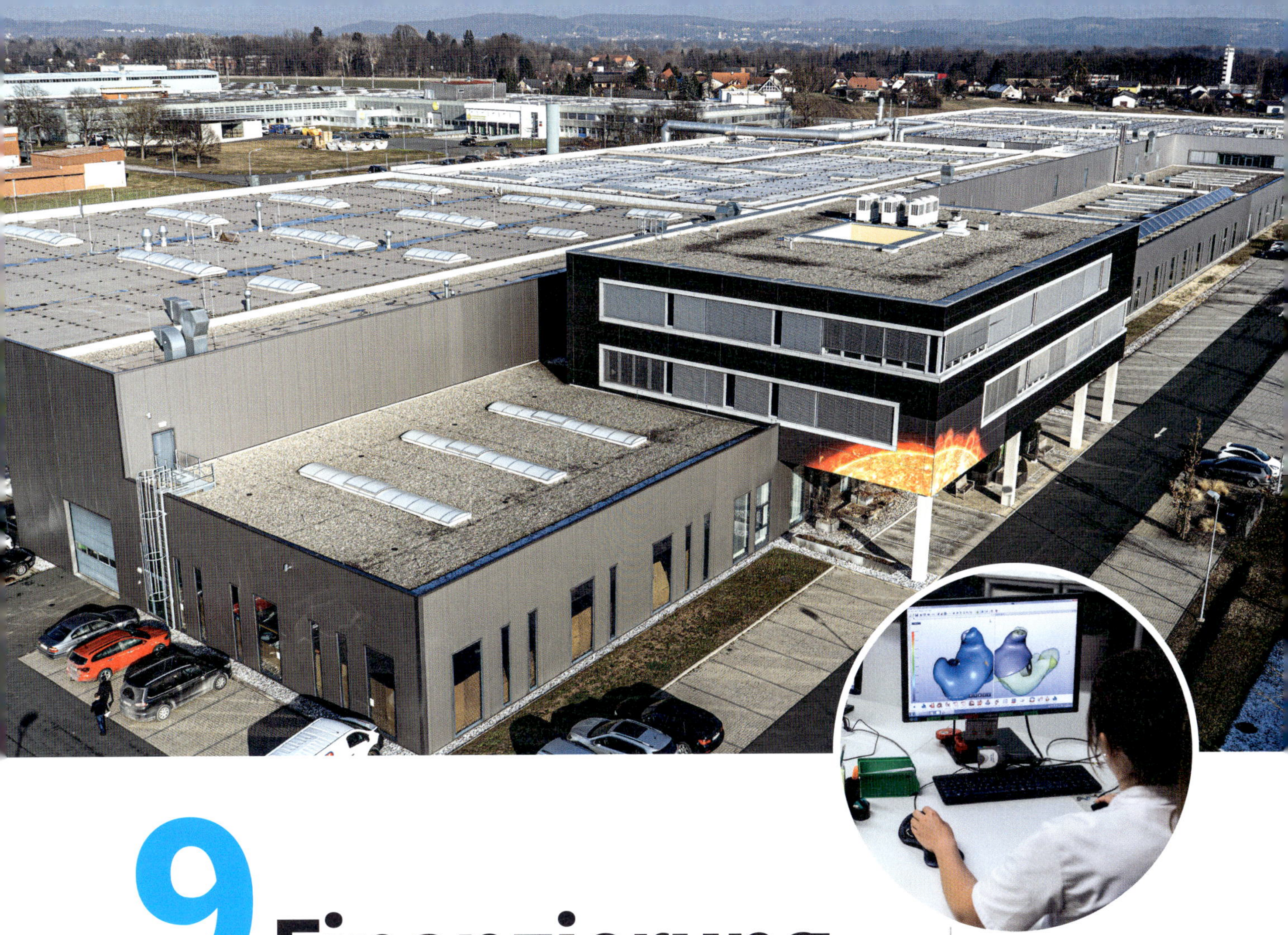

9 Finanzierung

Darum geht's in diesem Kapitel:

Die Hauptaufgabe der Finanzierung besteht darin, die Versorgung des Unternehmens mit Geldmitteln sicherzustellen. Dabei ist zu klären, auf welche Art und Weise ein Unternehmen Geldkapital beschafft und für welche Zwecke es diese Mittel einsetzt.

Das lernst du in den folgenden Lerneinheiten:

1 Mit welchen Methoden des Finanzwesens lässt sich der **Bedarf an Finanzierungsmitteln** feststellen?
2 Woher werden die Zahlungsmittel für eine **Kapitalbeschaffung** genommen?
3 Wie soll die **Geldveranlagung** erfolgen?
4 Welche **Sonderformen der Finanzierung** gibt es?

Neuer Produktionsstandort
Der Hörakustiker Neuroth übersiedelt mit seinem Technik- und Logistikcenter Ende 2020 nach Lebring (Stmk.). Die Kosten für Adaptierungen am Objekt liegen im einstelligen Millionenbereich.

Aktiviere dein MEHR!-Buch
online: **lernenwillmehr.at**

LERNEN

1 Das Finanzwesen

Bei der Analyse des Betriebsgeschehens sollten der Leistungsbereich und der Finanzbereich gedanklich getrennt werden. Während im Leistungsbereich Erlöse und Kosten (Betriebsergebnis) bzw. Erträge und Aufwendungen (Gewinn/Unternehmensergebnis) im Mittelpunkt der Betrachtung stehen, sind es im Finanzbereich vorwiegend Einzahlungen und Auszahlungen.

Ü 9.1 Du hast seit kurzem bei deiner Hausbank ein eigenes Girokonto. Seit langem möchtest du dir schon ein neues Mountainbike kaufen. Welche Arten bzw. Möglichkeiten der Finanzierung kennst du, um diese Investition zu tätigen?

1 Aufgaben des Finanzwesens

Unternehmen sind im Wesentlichen mit folgenden **finanziellen Fragen** konfrontiert:

- Wie kann das Unternehmen **Geldkapital beschaffen?** – z. B. durch Eigenmittel, Kreditfinanzierung, Landes-, Bundes- oder EU-Förderungen
- Für welche **Zwecke setzt es** diese **Mittel ein?** – z. B. für Investitionen in Gebäude, Grundstücke, Geschäftsausstattung, Fuhrpark oder Betriebsmittel.

Betriebliches Finanzwesen
Nur ein gutes finanzielles Fundament kann Unternehmen in die Lage versetzen zu wachsen, neue Märkte zu erschließen oder die angebotenen Produkte zu verändern.

finance
Finanzwesen, Finanzwirtschaft, Finanzierung

EU-Förderung im Agrarbereich
Zahlreiche österreichische Unternehmen erhalten Investitions- oder Absatzförderungen für ihre Produktion z. B. von Wein oder Fruchtsaft.

Ziele des Finanzwesens: Die Versorgung des Unternehmens mit Geldmitteln muss sichergestellt und so das finanzielle Gleichgewicht gewährleistet sein.

Das gleichzeitige Erreichen aller drei Ziele ist nicht möglich, da eine hohe Liquidität einen hohen Bestand an Barmitteln bedeutet, die wiederum keine Zinsen bringen. Umgekehrt kann eine bessere Verzinsung durch eine längere Bindung der veranlagten Mittel und durch das Eingehen größerer Risiken erzielt werden. Daher ist **Planung** notwendig, damit

- **benötigte finanzielle Mittel** rechtzeitig **beschafft** und
- **vorhandene finanzielle Mittel** gewinnbringend **eingesetzt** werden.

Finanzierung (Kapitalbeschaffung)	Investition (Kapitalverwendung)
Bereitstellung benötigter finanzieller Mittel	Einsatz vorhandener finanzieller Mittel
Beispiele: • Einzahlung des Eigentümers • Aufnahme neuer Gesellschafter • Kreditaufnahme	**Beispiele:** • Ankauf einer Maschine • Beschaffung von Vorräten • Kauf von Wertpapieren • Veranlagung auf einem Sparbuch

financing
Finanzierung

investment
Investition

equity capital
Eigenkapital

borrowing capital
Fremdkapital

Finanzierungsmöglichkeiten für Unternehmen

Grundsätzlich bestehen für Unternehmen die Möglichkeiten, durch **Eigenkapital** oder durch **Fremdkapital** zu finanzieren.

Finanzierungsmöglichkeiten durch Eigen- und Fremdkapital	
Eigenkapital	**Fremdkapital**
Finanzielle Mittel, die **vom Eigentümer** (von den Eigentümern) eingebracht werden und dem Unternehmen während der gesamten Dauer seines Bestehens zur Verfügung stehen	Finanzielle Mittel, die **von Dritten** in das Unternehmen eingebracht werden und dem Unternehmen nur während einer vereinbarten Dauer zur Verfügung stehen
Vorteile: • keine Zinsen zu zahlen • Eigentümer erhält Anteil am Gewinn **Nachteile:** • Mitbestimmungsrecht der Kapitalgeber • Geld ist langfristig im Unternehmen gebunden	**Vorteile:** • höhere Liquidität • größere Finanzierungsspielräume **Nachteile:** • Zinsen verschlechtern die Liquidität • Zinsen fallen auch in Zeiten von Unternehmensverlusten an
Beispiele: • nicht ausgeschüttete Gewinne • Grundkapital bei AG • Stammkapital bei GmbH	**Beispiele:** • Lieferantenkredite • Bankkredite

Die Finanzierungsmöglichkeiten für Unternehmen können auch danach gegliedert werden, **woher das Kapital stammt:** ob es das Unternehmen selbst erwirtschaftet hat **(Innenfinanzierung)** oder ob es von außen zur Verfügung gestellt wird **(Außenfinanzierung)**.

Finanzierungsmöglichkeiten nach Kapitalherkunft			
Innenfinanzierung		Außenfinanzierung	
Die finanziellen Mittel wurden durch die Unternehmenstätigkeit erwirtschaftet.		Die finanziellen Mittel wurden von Außenstehenden zur Verfügung gestellt.	
durch Kapitalbildung	durch Vermögensumschichtungen	Fremdfinanzierung	Einlagen- bzw. Beteiligungsfinanzierung
Beispiele: • Einbehalt von Gewinnen • Bildung von langfristigen Rückstellungen • Bildung stiller Reserven	**Beispiele:** • Verkauf nicht benötigter Vermögensgegenstände • Senkung des betriebsnotwendigen Vermögens durch Rationalisierung	**Beispiele:** • Kreditaufnahme • Crowdfunding (Finanzierung durch viele einzelne Geldgeber)	**Beispiele:** • Ausgabe junger Aktien • Aufnahme eines neuen Gesellschafters • Einlagen der bisherigen Gesellschafter

Investition und Finanzierung
Die Unterscheidung zwischen Investition und Finanzierung spiegelt sich auch in der Bilanz wider: Die Investitionen sind auf der Aktivseite zu finden, die Finanzierung auf der Passivseite.

internal finance
Innenfinanzierung

external finance
Außenfinanzierung

Bei der Fremdfinanzierung kommen als **Kreditgeber** u. a. infrage:

- **Lieferanten:** wenn erst einige Zeit nach Lieferung bezahlt wird
- **Kunden:** wenn diese An- oder Vorauszahlungen leisten
- **Kreditinstitute:** wenn das Unternehmen kreditwürdig ist

2 Verzinsung

interest
Verzinsung

Zinsen sind eine Vergütung für überlassenes Kapital: **Habenzinsen** bekommt man z. B. für Spareinlagen oder Guthaben auf einem Konto; **Sollzinsen** zahlt man z. B. für Kontoüberziehung oder einen Kredit.

Zinsenrechnung

Die Zinsenrechnung ist eine spezielle Anwendung der Prozentrechnung, erweitert um die Rechengröße der Zeit.

Die Zinsenrechnung: Wichtige Größen der Zinsenrechnung sind das Kapital, der Zinssatz sowie die Zinsperiode. Im allgemeinen Geschäftsverkehr wird der Zinssatz in Prozent pro Jahr (Prozent per anno = % p. a.) angegeben.

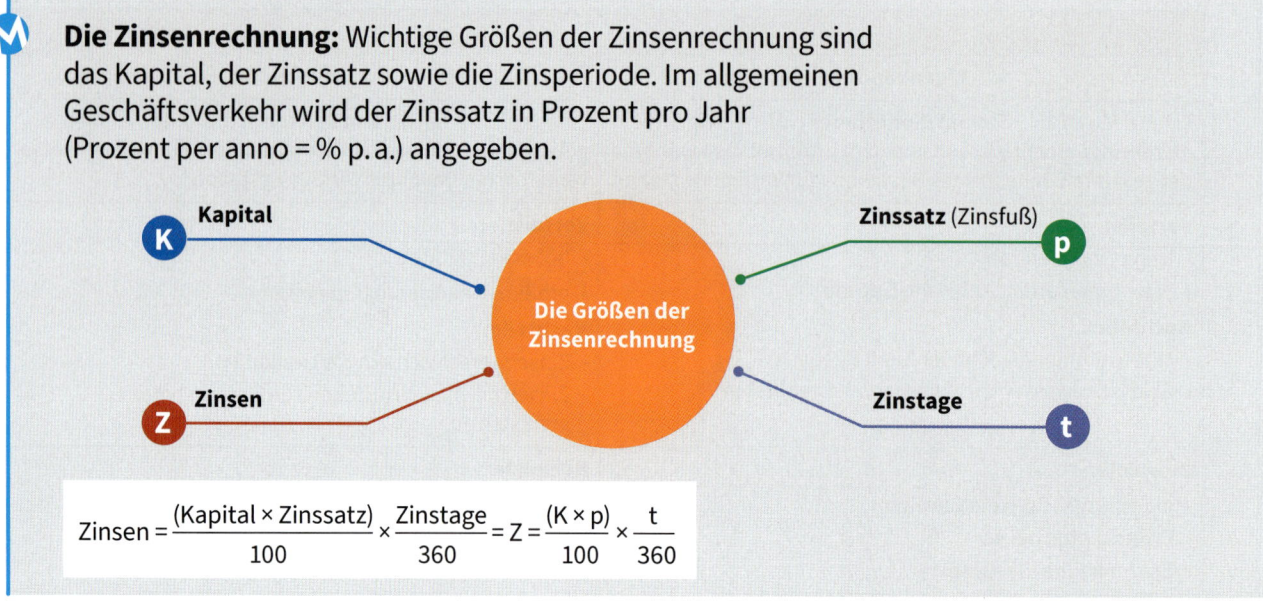

$$\text{Zinsen} = \frac{(\text{Kapital} \times \text{Zinssatz})}{100} \times \frac{\text{Zinstage}}{360} = Z = \frac{(K \times p)}{100} \times \frac{t}{360}$$

L 9.1 Berechnung der Zinsen für ein Jahr

Auf einem Sparbuch werden € 1.500,– für ein Jahr mit 1 % p.a. verzinst. Wie viel an Zinsen (ohne Berücksichtigung der Kapitalertragsteuer) erhält der Inhaber des Sparbuchs nach einem Jahr?

Lösung:

$$\text{Zinsen} = \frac{(\text{Kapital} \times \text{Zinssatz})}{100} = \frac{(1.500 \times 1)}{100} = € 15,-$$

Da im allgemeinen Geschäftsverkehr eine Zinsperiode von einem Jahr zu lang ist, wird auch mit kürzeren Perioden gerechnet:

- **Banken** rechnen nach der deutschen oder kaufmännischen Methode jeden **Monat mit 30 Tagen,** das **Jahr mit 360 Tagen (30/360).**

- Die bürgerliche oder englische Methode rechnet pro Monat mit der **Anzahl der Kalendertage** (1 Jahr = 365 Tage; **klm/klm).**

Zwischen diesen Methoden kommt es zu geringfügigen Abweichungen.

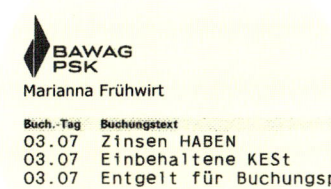

BAWAG
PSK
Marianna Frühwirt

Buch.-Tag	Buchungstext
03.07	Zinsen HABEN
03.07	Einbehaltene KESt
03.07	Entgelt für Buchungsp

L 9.2 Berechnung der Zinsen nach Zinstagen

Auf einem Sparbuch werden am 31. August € 1.500,– einbezahlt und am 16. Dezember wird dieser Betrag wieder entnommen. Der Jahreszinssatz beträgt 1 %. Wie viel an Zinsen (ohne Berücksichtigung der Kapitalertragsteuer) erhält der Inhaber des Sparbuchs?

Lösung:

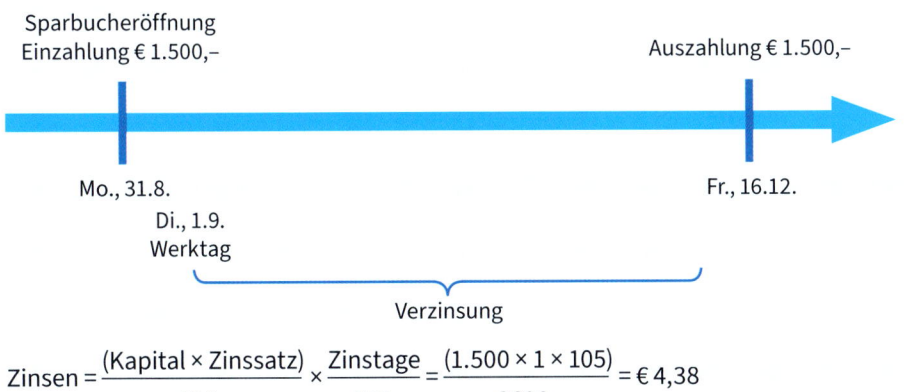

$$\text{Zinsen} = \frac{(\text{Kapital} \times \text{Zinssatz})}{100} \times \frac{\text{Zinstage}}{360} = \frac{(1.500 \times 1 \times 105)}{3600} = € 4,38$$

Besteuerung der Zinserträge
Von den auf einem Sparbuch oder Girokonto gutgeschriebenen Zinsen werden von der Bank 25 % Kapitalertragsteuer (KESt) einbehalten und an das Finanzamt abgeführt.

Verzinsung

September	30 Tage
Oktober	30 Tage
November	30 Tage
Dezember	15 Tage
Gesamt	105 Tage

compound interest
Zinseszins

Zinseszinsenrechnung
Das Wachstum eines Kapitals erfolgt mit Zinsen und Zinseszinsen.

Berechnung von Zinseszinsen: Die Zinsen werden dem Kapital der Vorperiode dazugeschlagen.

Das Endkapital K_n errechnet sich wie folgt:

$$K_n = K_0 + Z = K_0 \times \left(\frac{1+p}{100}\right)^t = K_0 \times (1+i)^t$$

K_0	Anfangskapital
p	Zinssatz in % pro Jahr
i	Zinsfaktor $\quad i = \dfrac{p}{100}$
t	Laufzeit in Jahren
Z	Zinsen inkl. Zinseszinsen

L 9.3 Berechnung der Zinseszinsen

Es werden € 3.000,– auf ein Kapitalsparbuch mit einer Laufzeit von 5 Jahren angelegt. Der Zinssatz beträgt 3,5% p.a. Wie viel an Zinsen und Zinseszinsen kann am Ende der Laufzeit (ohne Berücksichtigung der Kapitalertragsteuer) erwartet werden?

Lösung:

$K_n = K_0 \times (1 + i)^t = 3000 \times (1 + 0,035)^5 = € \ 3.563,06$

$Z = K_n - K_0 = 3563,06 - 3000 = € \ 563,06$

Zinssatz beim Sparbuch
Die vereinbarte Bindungsfrist und der Zinssatz sind im Sparbuch eingedruckt.

3 Finanzplanung

financial planning
Finanzplanung

In einem Finanzplan werden die erwarteten Einzahlungen und die vorhandenen Zahlungsmittel den erwarteten Auszahlungen gegenübergestellt (Ermittlung des Cashflows). Der ermittelte Betrag entspricht dem geplanten Geldbestand und zeigt das **Innenfinanzierungspotential** des Unternehmens auf.

Einzahlungen erhält das Unternehmen z.B. durch

cash receipts
Einzahlungen

- Verkäufe,
- fällige Kundenforderungen,
- Einnahmen für Dienstleistungen,
- Zinsgutschriften.

Vorhandene Zahlungsmittel ergeben sich aus

- vorhandenem Vermögen (Kassa, Bankguthaben).

Auszahlungen sind z.B.

cash payments
Auszahlungen

- Löhne und Gehälter,
- Material, Waren,
- Miete, Strom, Büromaterial,
- Bezahlung von Steuern oder der
- Kauf neuer Maschinen und Anlagen.

Finanzplanung als Teil der Unternehmensplanung

Die **jährliche Unternehmensplanung** legt in allen betrieblichen Teilbereichen die Aktivitäten fest, die zur Erreichung der Unternehmensziele notwendig sind.

Hinweis: Sowohl die Positionen der Bilanz- als auch jene der Gewinn-und-Verlust-Rechnung sind ausführlich im Kapitel 1, Lerneinheit 4 „Buchhaltung" dargestellt.

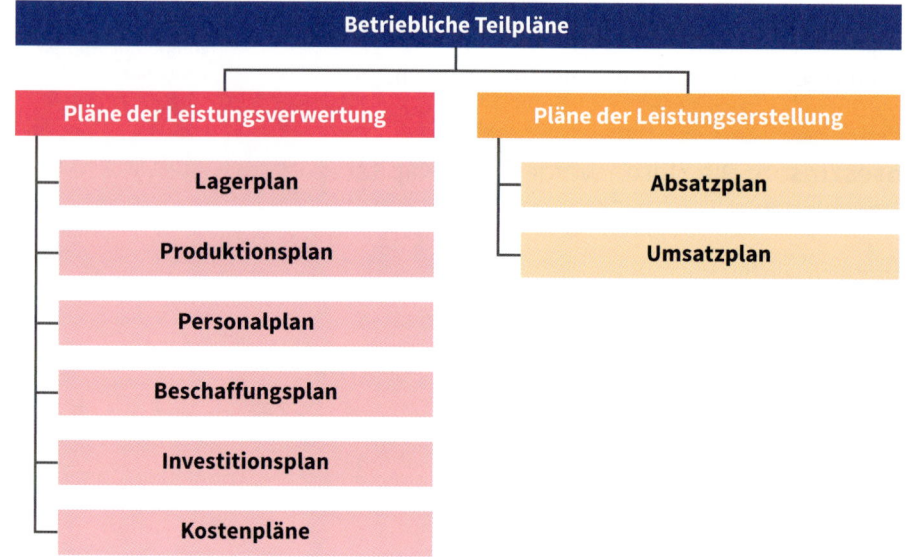

storage
Lager

production
Produktion

human resources
Personal

purchasing
Beschaffung

investment
Investition

costs
Kosten

sales
Absatz

revenue
Umsatz

Integrierte Unternehmensplanung: Sie geht von der Zusammenfassung sämtlicher betrieblicher Teilpläne aus.

- der Plan-Bilanz,
- der Plan-Gewinn-und-Verlust-Rechnung und
- dem Finanzplan.

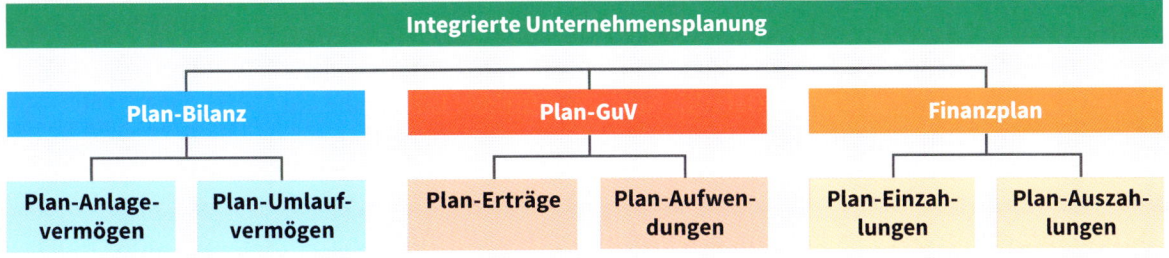

Controlling

Das **Controlling** umfasst das Erstellen einer gewinn- und finanzorientierten Planung, Kontrolle und Steuerung sowie die Erarbeitung von Korrekturmaßnahmen, um rechtzeitig Fehlentwicklungen, wie z. B. Kostenüberschreitungen, aufzuzeigen.

to control
regeln, steuern, beeinflussen

Ein Ziel anvisieren
So wie ein Kapitän sein Schiff steuert, muss auch ein Unternehmer bestmöglich zu den betrieblichen Zielen lenken. Die Infornationen aus dem Controlling unterstützen dabei.

Ziel des Controllings ist es, den **Unternehmenserfolg** durch das Streben nach ausreichendem Gewinn (erfolgswirtschaftliche Komponente) und Aufrechterhaltung des finanziellen Gleichgewichts (finanzwirtschaftliche Komponente) **sicherzustellen.**

Nach Abschluss der Planung wird im Rahmen des Controllings ein **Soll-Ist-Vergleich** durchgeführt. Dabei werden die vor einer bestimmten Periode geplanten Soll-Werte mit den nach Ablauf der betreffenden Periode angefallenen tatsächlich entstandenen Ist-Werten verglichen. Diese Ist-Werte stellen die Basis für die nächsten Soll-Werte dar.

target-performance comparison
Soll-Ist-Vergleich

Die **Ermittlung der Abweichungen** stellt ein wichtiges und wirksames Instrument dar, die geplanten wirtschaftlichen Unternehmensziele durch frühzeitiges Gegensteuern zu erreichen.

Arten der Finanzplanung

Bei der Erstellung des Finanzplans ist zu beachten, dass **Einzahlungen und Auszahlungen getrennt erfasst** werden, damit die Ursachen für einen Fehlbetrag bzw. Überschuss erkennbar sind. Die Saldierung erfolgt erst im Finanzplan selbst.

Überdies sollte eine **Reserve** für nicht absehbare Auszahlungen vorhanden sein. Grundsätzlich muss das Unternehmen jederzeit zahlungsfähig sein, daher wäre eine taggenaue Planung notwendig. Da weiter in der Zukunft liegende Perioden nur schwer und ungenau geschätzt werden können, ist die Planungsgenauigkeit und der Detaillierungsgrad für das 1. Planjahr am größten.

Ermittlung des Cashflows
Durch die Differenz der geplanten Einzahlungen gegenüber den Auszahlungen wird im Finanzplan der Cashflow ermittelt.

 Finanzplanung: Der Zusammenhang zwischen der Plan-Bilanz, der Plan-GuV und dem Finanzplan wird entweder auf direktem oder indirektem Wege hergestellt.

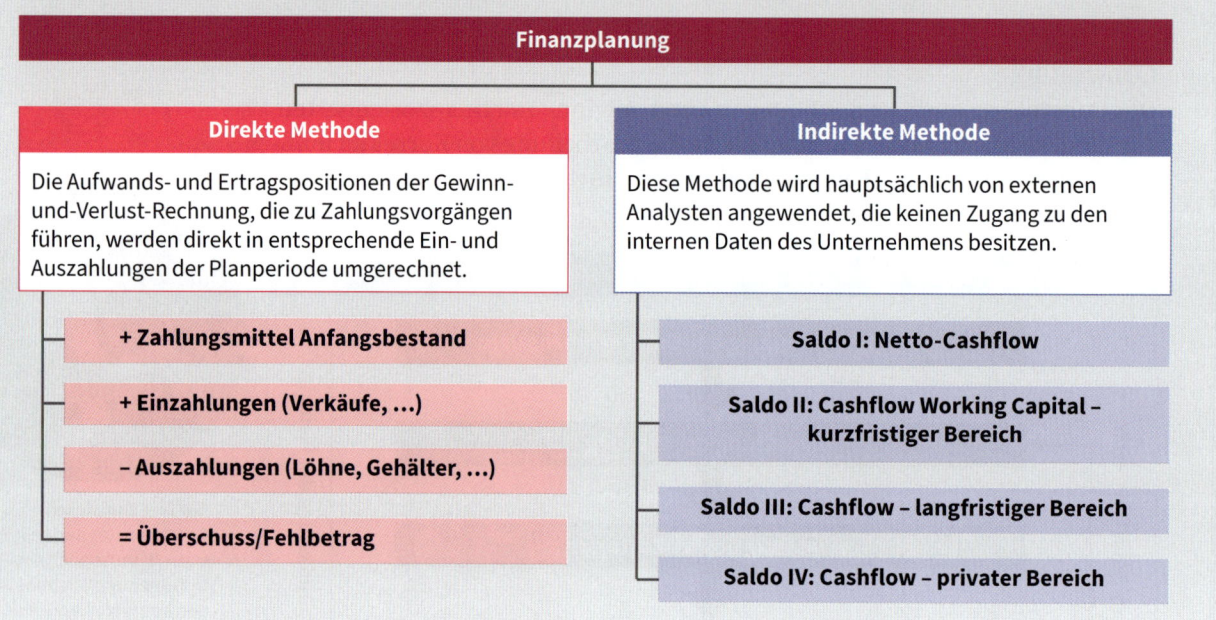

Die Form der Finanzplanung hängt von den individuellen Gegebenheiten im Unternehmen ab.

Finanzplan – direkte Methode

Die direkte Methode basiert auf der **Gegenüberstellung der betriebsinternen Zahlungseingänge und -ausgänge** und ist zeitnäher als die indirekte Methode.

Beispiel für einen Finanzplan mit direkter Überleitung:

	Jänner		Februar		März	
	Soll	Ist	Soll	Ist	Soll	Ist
1. Zahlungsmittel – Anfangsbestand						
1.1 Kassa	75	90	80		55	
1.2 Bankguthaben	143	138	221		152	
Summe	**218**	**228**	**301**		**207**	
2. Einzahlungen						
2.1 Barverkäufe	185	145	128		95	

	Jänner		Februar		März	
	Soll	**Ist**	**Soll**	**Ist**	**Soll**	**Ist**
2.2 Eingang Kundenforderungen	136	99	87		73	
2.3 Zinsgutschrift	0	20	5		0	
2.4 Verkauf Sachanlagen	0	0	0		10	
2.5 Verkauf Finanzanlagen	0	0	0		0	
2.6 sonstige Einzahlungen	10	5	0		0	
Summe	**331**	**269**	**220**		**178**	
Summe Zahlungmittel (1 + 2)	**549**	**497**	**521**		**385**	
3. Auszahlungen						
3.1 Löhne und Gehälter	130	132	135		130	
3.2 Material	25	40	63		87	
3.3 Energie	17	15	0		25	
3.4 Steuern	0	0	50		0	
3.5 Zinsen	10	10	10		10	
3.6 Anschaffung Maschinen	0	0	0		0	
3.7 Rückzahlung Bankkredit	41	41	41		41	
3.8 sonstige Auszahlungen	25	30	15		30	
Summe Auszahlungen	**248**	**268**	**314**		**373**	
4. Überschuss/Fehlbetrag (1 + 2 + 3)	**301**	**229**	**207**		**12**	
offene Kreditlinie	100	100	100		100	

In diesem Beispiel der direkten Ermittlung des Cashflows liegen die Istwerte nur für den Monat Jänner vor, daher kann ein Soll-Ist-Vergleich nur für diesen Monat durchgeführt werden.

Finanzplan – indirekte Methode

Der aufwendigen direkten Variante steht die indirekte Methode der Finanzplanung gegenüber. Diese wird hauptsächlich von externen Analysten angewendet, die keinen Zugang zu den internen Daten des Unternehmens besitzen.

- **Saldo I: Netto-Cashflow:** Aus dem Jahresüberschuss/-fehlbetrag der Gewinn-und-Verlust-Rechnung lässt sich nach Berücksichtigung der nicht auszahlungswirksamen Aufwendungen und nicht einzahlungswirksamen Erträge der Netto-Cashflow Saldo I ermitteln.

- **Saldo II: Cashflow Working Capital – kurzfristiger Bereich:** Es werden die Veränderungen der kurzfristigen Einzahlungen gegenüber den kurzfristigen Auszahlungen dargestellt.
  - **Einzahlungen** ergeben sich durch den Verkauf von Waren und Dienstleistungen. Über das Geld kann erst verfügt werden, wenn es am Bankkonto gutgeschrieben wird.
  - **Auszahlungen** ergeben sich durch die Zahlung an Lieferanten. Dafür muss zum Zahlungszeitpunkt der Abbuchung Geld am Bankkonto vorhanden sein.

- **Saldo III: Cashflow – langfristiger Investitionsbereich:** Da es sich in der Finanzplanung um eine Ein- und Auszahlungsrechnung handelt, sind im langfristigen Bereich sämtliche Einzahlungen (z. B. Verkauf von nicht mehr verwendeten Maschinen) für langfristige Investitionen zu berücksichtigen.

Hinweis: Die erfolgsneutralen Veränderungen der Aktiv- und Passivseite der Bilanz, die zu Zahlungsvorgängen führen, sind unter Cashflow Saldo II–IV zu erfassen.

- **Saldo IV: Cashflow – privater Bereich:** Handelt es sich um eine Kapitalgesellschaft (z. B. AG oder GmbH), braucht der private Bereich nicht berücksichtigt zu werden, da die Unternehmensleitung im Jahresabschluss eine eigene Aufwandsposition (Vorstands- bzw. Geschäftsführergehalt) aufweist. Sowohl in Einzelunternehmungen als auch bei Personengesellschaften (z. B. OG) hingegen muss der Unternehmerlohn aus dem Gewinn des Unternehmens entnommen werden.

Beispiel für einen Finanzplan mit indirekter Überleitung:

delivery of goods
Warenlieferung

Finanzplan 1.–3. – indirekte Methode				
	Geschäftsjahr lt. Jahresabschluss	Planjahr 1	Planjahr 2	Planjahr 3
Gewinn lt. Budget	38.315	79.713	102.003	191.115
+ nicht ausgabewirksame Aufwendungen (AfA, Dotierung RSt)	23.161	28.878	30.095	31.385
– nicht einnahmewirksame Erträge (Auflösung RSt)	–2.235	–	–	–
Saldo I – Netto Cashflow	**59.242**	**108.590**	**132.098**	**222.500**
+/– Erhöhung (Senkung) Verbindl. aus Warenlieferungen und Leistungen (WLL)	418	1.176	1.529	2.248
–/+ (Erhöhung) Senkung Forderungen aus WLL	–2.993	–4.273	–3.590	–6.533
Saldo II – CF working capital – kurzfristiger Bereich	**–2.575**	**–3.097**	**–2.061**	**–4.285**
+/– Sachanlagenveräußerung (-anschaffung) lt. Investitionsplan (angenommene Werte)	–40.000	–60.000	–100.000	–150.000
+/– Aufnahme (Tilgung) mittel- u. langfristige Bankkredite				
+/– Sonstige Ein- und Auszahlungen (z. B. Subventionen)				
Saldo III – CF langfristiger Bereich	**–40.000**	**–60.000**	**–100.000**	**–150.000**
+/– Privateinlagen(-entnahmen)	–	–	–	–
–/+ Privatsteuern (Steuergutschriften)	–	–	–	–
Saldo IV – CF Privatsphäre (nur bei Personengesellschaften zu berücksichtigen)				
Finanzüberschuss/-bedarf (Saldo I–IV)	16.667	45.493	30.038	68.214
Entwicklung Bankverbindlichkeiten	**150.768**	**105.768**	**75.237**	**7.023**

Nebenrechnung: Ermittlung Saldo II – CF Working Capital – kurzfristiger Bereich					
	Vorjahreswert	Geschäftsjahr	Planjahr 1	Planjahr 2	Planjahr 3
Verbindlichkeiten aus Lieferungen und Leistungen	28.988	29.406	30.582	32.111	34.359
Summe kurzfristige Verbindlichkeiten	**28.988**	**29.406**	**30.582**	**32.111**	**34.359**
Erhöhung (Senkung) Verbindlichkeiten aus WLL		418	1.176	1.529	2.248
Kurzfristige Forderungen und Kassa	82.475	85.468	89.741	93.331	99.864
Summe kurzfristige Förderungen	**82.475**	**85.468**	**89.741**	**93.331**	**99.864**
(Erhöhung) Senkung Forderungen aus WLL		**–2.993**	**–4.273**	**–3.590**	**–6.533**

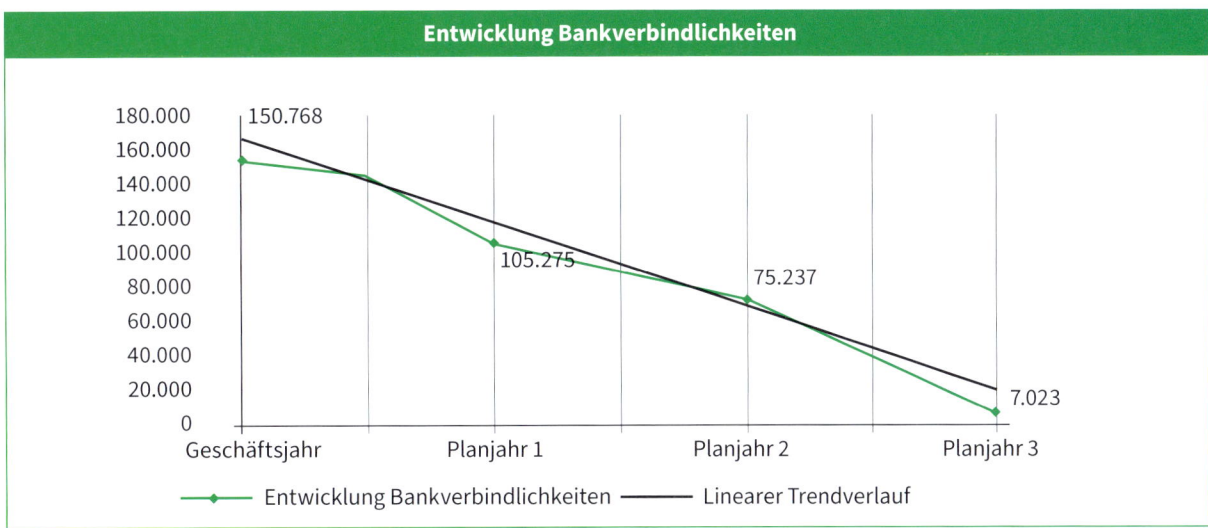

Entwicklung Bankverbindlichkeiten

- Entwicklung Bankverbindlichkeiten: 150.768 (Geschäftsjahr), 105.275 (Planjahr 1), 75.237 (Planjahr 2), 7.023 (Planjahr 3)
- Linearer Trendverlauf

Aus dem Finanzüberschuss/-bedarf (Cashflow Saldo I–IV) und unter Berücksichtigung des Anfangsbestands am Bankkonto kann die Entwicklung der Bankverbindlichkeiten über die Planperioden ermittelt werden.

Ist der **Überschuss** groß, d. h., sind die Einzahlungen größer als die Auszahlungen, so ist zu überlegen, wie der Betrag zinsbringend verwendet werden kann:

- Durchführung von Investitionen
- Rückzahlung (Tilgung) von Schulden
- zinsbringende Veranlagung

Ergibt der Finanzplan hingegen einen **Fehlbetrag,** d. h., sind die Auszahlungen größer als die Einzahlungen, so müssen Möglichkeiten gefunden werden, damit der Fehlbetrag gedeckt wird. Dies geschieht durch:

- Abbau der Kundenforderungen durch ein verbessertes Mahnwesen und Vereinbarung von kürzeren Zahlungszielen
- Senkung des Zinsaufwands durch Umbuchung des Bankguthabens (geringer Zinsertrag) zu den Bankverbindlichkeiten (hoher Zinsaufwand)
- Verkauf von Anlagegütern
- Leasing statt Kauf von Investitionsgütern
- Zufuhr von Eigenkapital durch die Gesellschafter
- Ausnutzung der Lieferantenskonti
- Verringerung der Lagerbestände

bank liabilities
Bankverbindlichkeiten

Cashflow-Analyse

In der Cashflow-Analyse werden die Zusammenhänge zwischen den **einzahlungswirksamen Umsatzerlösen** und **auszahlungswirksamen Kosten** gegenübergestellt und daraus der Cashflow-Punkt ermittelt.

Der **Cashflow-Punkt** wird auch **Liquiditätspunkt** genannt und gibt darüber Auskunft, bei welchem Umsatz die Einzahlungen den Auszahlungen entsprechen, d. h. der Geldbestand unverändert bleibt. Der Cashflow-Punkt sollte deshalb ebenfalls stets bei der Jahresplanung beachtet werden. Voraussetzung für die Anwendung ist eine genaue Aufteilung der Gesamtkosten in auszahlungswirksame fixe und variable Kosten. Um in der Praxis auf auszahlungswirksame fixe Kosten pro Periode zu kommen, geht man von den gesamten Fixkosten aus und vermindert diese um die nicht auszahlungswirksamen fixen Kosten, wie z. B. die Abschreibung.

Gewinnschwelle bei der Motorradproduktion
Jene Verkaufsmenge z. B. eines Motorrads, ab der das Unternehmen erstmals einen Gewinn erwirtschaftet, wird als Break-even-Punkt bezeichnet. Bei der Erstellung der Cashflow-Analyse geht man ähnlich vor wie bei der Break-even-Analyse.

Ermittlung des Cashflow-Punktes (Liquiditätspunkts) x_L

$$x_L[\text{Stück}] = \frac{\text{auszahlungswirksame Fixkosten } K_{\text{fix ausz.}}}{\text{Deckungsbeitrag je Stück } db} = \frac{K_{\text{fix ausz.}}}{db}$$

Deckungsbeitrag pro Stück db ... $p - k_v$ [€/Stück]

p ... Preis pro Stück [€/Stück]

k_v ... variable Kosten pro Stück [€/Stück]

L 9.4 Cashflow-Punkt/Liquiditätspunkt X_L

Für das laufende Geschäftsjahr sind folgende liquiditätsorientierten Positionen einer Firma gegeben:

Erlös je Stück p	€ 7.000,–/St.
fixe Kosten K_{fix}	€ 80.000,–
nichtauszahlungswirksame Fixkosten $K_{\text{fix n.a.}}$ (Afa)	€ 30.000,–
variable Stückkosten k_v	€ 6.000,–/St.

a) Ermittle den Break-even-Punkt x_{BE}.

b) Ermittle die auszahlungswirksamen Fixkosten.

c) Ermittle den Cashflow-Punkt x_L.

Lösung:

Kosten
Erlöse (€)

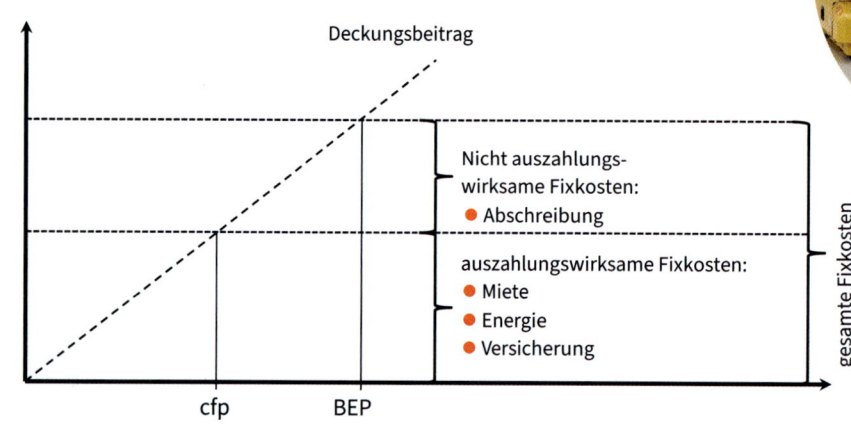

Antriebskomponenten für E-Mobilität
BMW baut seine E-Antriebsproduktion in Dingolfing (D) aus: Hergestellt werden Batteriemodule, Hochvoltbatterien und E-Motoren, um damit ihre elektrifizierten Fahrzeuge auszustatten.

$$x_{BE} = \frac{\text{Fixkosten } K_{\text{fix}}}{\text{Erlös je Stück } p - \text{var. Stückkosten } k_v}$$

$$x_{BE} = \frac{K_{\text{fix}}}{p - k_v} = \frac{80.000}{7.000 - 6.000} = 80 \text{ Stück}$$

$$x_L = \frac{\text{auszahlungswirksame Fixkosten } K_{\text{fix ausz.}}}{\text{Erlös je Stück } p - \text{var. Stückkosten } k_v} = \frac{80.000 - 30.000}{7.000 - 6.000} = 50 \text{ Stück}$$

$$x_L = \frac{K_{\text{fixausz.}}}{p - k_v} = \frac{80.000 - 30.000}{7.000 - 6.000} = 50 \text{ Stück}$$

Über einer Stückzahl von 50 Stück wird der Cashflow positiv, da ab dieser Stückzahl die Einzahlungen gegenüber den Auszahlungen überwiegen.

ÜBEN

In dieser Lerneinheit hast du die Grundbegriffe des Finanzwesens kennengelernt. Mithilfe der folgenden Aufgaben kannst du das Gelernte üben und festigen.

Ü 9.2 Aufgaben des Finanzwesens B

a) Nenne die Ziele des Finanzwesens.

b) Beschreibe die Finanzierungsmöglichkeiten, die einem Unternehmen grundsätzlich offenstehen.

c) Erkläre den Unterschied zwischen Kapitalverwendung und Kapitalherkunft.

Ü 9.3 Verzinsung B

a) Gerhard Reiter hat am 17. Mai ein Sparbuch mit einer Einlage von €5.200,– eröffnet. 2,5% Zinsen sind vereinbart. Das Sparbuch wird am 8. November aufgelöst. Nenne den Betrag, den Gerhard Reiter ausbezahlt bekommt (ohne Berücksichtigung der KESt).

b) Kurt Thanner legt €15.000,– auf ein Kapitalsparbuch mit einer Laufzeit von 10 Jahren. Der Zinssatz beträgt 3,5% pro Jahr. Wie viel an Zinsen (inkl. Zinseszinsen) kann er am Ende der Laufzeit erwarten (ohne Berücksichtigung der KESt)?

Ü 9.4 Finanzplan – direkte Methode C

Erstelle für den Einzelunternehmer Alexander Fuchs einen Finanzplan (direkte Methode) für Mai und Juni. Folgende Daten stehen dir zur Verfügung (überlege, welche Ausgabenkategorien dieses Unternehmen unterscheiden sollte):

Mai:

Die liquiden Mittel per 1. Mai betragen: Kassa €2.343,–, Bankguthaben €3.570,–.

Die am 2. Mai fälligen Löhne und Gehälter betragen €6.300,–. Am 15. Mai sind die Umsatzsteuer in der Höhe von €21.400,–, der Sozialversicherungsbeitrag in der Höhe von €1.250,– und €1.900,– Lohnsteuer fällig.

Am 15. Mai sind €4.600,– Miete zu zahlen, am 20. Mai €800,– Strom. Am 3. Mai ist eine offene Verbindlichkeit in Höhe von €32.800,–, am 14. Mai sind €1.050,– und am 28. Mai sind €76,40 zu begleichen.

Die Kreditrate in Höhe von €3.850,– ist am 30. Mai fällig. Der Unternehmer entnimmt jeden Monat €2.000,–.

Durchschnittlich werden €1.500,– pro Woche für Bareinkäufe ausgegeben. Für Treibstoffe sind €140,– aufzuwenden.

Das Unternehmen hat einen Wartungsvertrag für seine EDV-Geräte abgeschlossen. Dafür sind €800,– am 3. jedes Monats zu bezahlen. Weiters soll eine Maschine um €18.000,– am 9. Mai bezahlt werden.

Die Aufzeichnungen zeigen, dass im Monat durchschnittlich €90.000,– für Barverkäufe eingenommen werden. Dieser Betrag verteilt sich gleichmäßig auf den ganzen Monat. Am 6. Mai hat der Kunde Frisch eine Forderung in Höhe von €4.380,– und am 23. Mai der Kunde Millmann eine Forderung in Höhe von €12.320,– zu begleichen. Im Mai soll eine alte Maschine verkauft werden. Es wird mit Einzahlungen in Höhe von €150,– gerechnet.

Die Bank räumt einen Kreditrahmen von €25.000,– ein.

Die tatsächlichen Verkaufserlöse sanken im Mai auf €83.500,–, der Kunde Millmann ersuchte um Stundung bis 10. Juni, welche gewährt wurde. Der für die Maschine erzielte Preis betrug nur €100,–.

Der Unternehmer entnahm nur €1.500,–, die Auszahlungen für Einkäufe betrugen in der ersten Woche €1.120,–, in der zweiten Woche €1.770,–, in der dritten Woche

Fristen beim Finanzamt
Am 15. jedes Monats sind die lohnabhängigen Abgaben und die Umsatzsteuer an das Finanzamt abzuführen.

€ 2.219,–, in der vierten Woche € 730,–. Der Treibstoff wurde aufgrund einer Preissenkung um 5 % billiger.

Juni:

Die regelmäßigen Zahlungen bleiben unverändert: Löhne und Gehälter, Material, Energie, Steuern und Sozialabgaben, Miete, Kfz, EDV-Wartung, Zahlungen für Bankkredit und Privatentnahme.

Am 11. Juni ist eine Verbindlichkeit über € 3.950,–, am 18. Juni sind € 2.500,– fällig.

Fällige Forderungen im Juni: 5. Grüner € 5.600,–, 10. Millmann € 12.320,–, 23. Nieder € 900,–.

Weiters soll im Juni ein neues Kopiergerät um € 41.800,– gekauft werden.

Vergiss nicht, das Ergebnis vom Mai im Juni zu berücksichtigen.

Zusatzfrage: Müssen aufgrund der vorliegenden Daten Maßnahmen ergriffen werden oder soll das Unternehmen mit den Ergebnissen zufrieden sein? Falls Maßnahmen zu ergreifen sind, schlage einige vor!

Anschaffung eines Kopierers
Obwohl die meisten Dokumente und Informationen digital verarbeitet werden, gehört der Drucker noch immer zur Grundausstattung im Office.

Ü 9.5 Finanzplan – indirekte Methode C

Gegeben ist ein Finanzplan mit entsprechender Nebenrechnung der Fa. ProMe GmbH für die Planmonate Jänner bis März 20 . . .

LINK
Ü 9.5 Finanzplan – indirekte Methode
als Excel-Download

Fa. ProMe Finanzplan 1. Quartal 20..				
Werte in 1000 €				
	31.12.20..	**Jän**	**Feb**	**Mär**
Cashflow Maschinenbau				
Cashflow Projekte				
Saldo I – Cashflow				
Erhöhung (Senkung) Verbindl. aus WLL				
(Erhöhung) Senkung Forderungen aus WLL				
Saldo II – working capital – kurzfristiger Bereich				
Sachanlagen(anschaffung)veräußerung		–170,00	–490,00	–10,00
Aufnahme (Tilgung) mittel- u. langfristige Bankkredite		–30,00	–30,00	–30,00
sonstige Ein- u. Auszahlungen (z.B. Subventionen)		0,00	0,00	0,00
Saldo III – langfristiger Bereich		**–200,00**	**–520,00**	**–40,00**
Privateinlagen(entnahmen)		0,00	0,00	0,00
(Privatsteuern)		0,00	0,00	0,00
Saldo IV – Privatsphäre		**0,00**	**0,00**	**0,00**
Finanzüberschuss(-bedarf) (Saldo I–IV)				
Entwicklung Bankverbindlichkeiten	2.780,00			

Nebenrechnung Finanzplan 1. Quartal 20..				
	31.12.20..	**Jän**	**Feb**	**Mär**
Einkauf Maschinenbau	657	692	732	782
Einkauf Projekte	328	346	366	391
Summe Einkauf				
Erhöhung (Senkung) Verbindl. aus Warenlieferungen und Leistungen (WLL)				
Zahlungsziel 30 Tage				
	31.12.20..	**Jän**	**Feb**	**Mär**
Dotierung RST Projekte		25		10
AfA Maschinenbau		247	247	247
AfA Projekte		123	124	124
Gewinnsumme Maschinenbau		76	226	426
Gewinnsumme Projekte		38	113	213
Verkauf Maschinenbau	2.655	2.755	2.815	2.935
Verkauf Projekte	1.327	1.377	1.407	1.467
Summe Verkauf				
(Erhöhung) Senkung Forderungen aus Warenlieferungen und Leistungen (WLL)				
Zahlungsziel 30 Tage				

a) Ermittle anhand der Nebenrechnung den jeweiligen Saldo I – Netto-Cashflow im Maschinenbau- und Projektbereich sowie den Saldo II – Working Capital durch die Veränderungen der Verbindlichkeiten bzw. Forderungen aus Warenlieferungen und Leistungen (WLL).

b) Bilde die vier Salden des Finanzplans für die Planmonate Jänner bis März 20 . . .

c) Bestimme den Cashflow der Salden I–II. (Saldo III ist gegeben, Saldo IV fällt weg, da die Rechtsform der Firma eine GmbH ist.)

d) Ermittle die Finanzüber- und -unterdeckung sowie die Veränderung der Bankverbindlichkeiten und zeichne den grafischen Verlauf der Veränderung der Bankverbindlichkeiten ein. (Alle Werte sind in 1.000 € eingetragen.)

e) Kommentiere die Ergebnisse!

Warenlieferung
Im Unternehmensbereich werden Einkäufe oft nicht sofort bezahlt, es entstehen dadurch Forderungen bzw. Verbindlichkeiten.

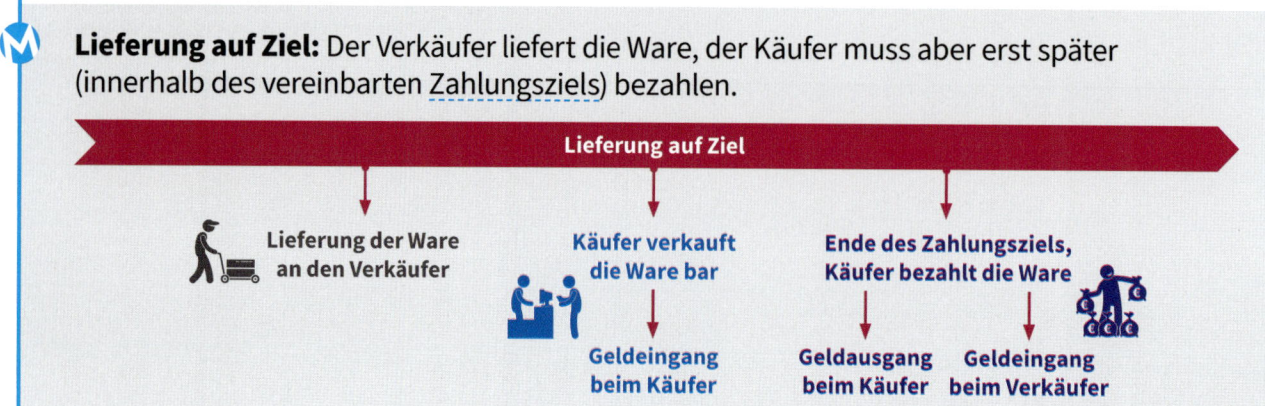

 LERNEN

2 Kapital-beschaffung

Unternehmen müssen den im Finanzplan ermittelten Kapitalbedarf decken, um stets zahlungsfähig zu bleiben. Zahlungsmittel können entweder durch Erhöhung des Eigenkapitals (z. B. durch Einzahlungen der Gesellschafter) oder durch Aufnahme von Krediten beschafft werden.

Ü 9.6 Nenne mögliche Kreditgeber für Unternehmen.

1 Lieferantenkredit

Bei Geschäften zwischen Unternehmen wird häufig zuerst die Ware geliefert und vereinbart, dass erst einige Zeit später bezahlt wird.

Lieferung auf Ziel: Der Verkäufer liefert die Ware, der Käufer muss aber erst später (innerhalb des vereinbarten Zahlungsziels) bezahlen.

Europäische Zentralbank
Die Europäische Zentralbank (EZB) mit Sitz in Frankfurt am Main legt den Leitzinssatz fest. Dies ist der Zinssatz, zu dem sich Banken von der EZB Geld borgen können. So wird auch der Zinssatz für Bankkunden beeinflusst.

capital funding
Kapitalbeschaffung

supplier credit
Lieferantenkredit

Zahlungsziel
Frist, die der Verkäufer dem Kunden für die Zahlung gewährt

Käufer	Verkäufer
Für den **Käufer** bedeutet die Lieferung auf Ziel eine **Liquditätsentlastung,** wenn er die Ware innerhalb des Zahlungsziels verkaufen und aus dem Verkaufserlös die Verbindlichkeit beim Lieferanten abdecken kann.	Für den **Verkäufer** bedeutet die Lieferung auf Ziel eine **Liquiditätsbelastung.** Er wird versuchen, sein Geld rasch zu bekommen.

Eine Möglichkeit, Kunden zu einer schnelleren Bezahlung zu bewegen, ist die **Gewährung eines Skontos.**

cash discount
Skonto

Skonto

Unter **Skonto** versteht man einen **Preisnachlass,** den der Verkäufer dem Käufer gewährt, wenn die **Zahlung innerhalb einer kurzen Frist** erfolgt. Gründe für die Gewährung eines Skontos sind:

- Der Verkäufer erhält sein Geld früher und **gewinnt dadurch Zinsen.**
- Der Verkäufer **erspart sich den Verwaltungsaufwand** für die Vormerkung der offenen Kundenforderungen und deren Mahnung.
- Der Verkäufer hat ein **geringeres Risiko,** überhaupt kein Geld zu erhalten.

Zahlungsbedingungen vereinbaren
Einen Skontoabzug darf der Käufer nur dann anwenden, wenn er vorab ausgemacht wurde.

L 9.5 Skonto mit Bankkredit finanzieren?

Auf einer Eingangsrechnung der Becker GmbH über € 10.000,– ist Folgendes vermerkt: „Zahlungsbedingungen: Zahlbar mit 3 % Skonto innerhalb von 8 Tagen oder 30 Tage netto. Bei Zielüberschreitungen werden Verzugszinsen in banküblicher Höhe verrechnet."

Entscheide, welche der folgenden Möglichkeit gewählt werden sollte, und begründe deine Antwort:

a) den Skonto innerhalb der Frist nutzen und dafür einen Bankkredit aufnehmen

b) den Skonto verfallen lassen und am Ende der Frist zahlen

Lösung:

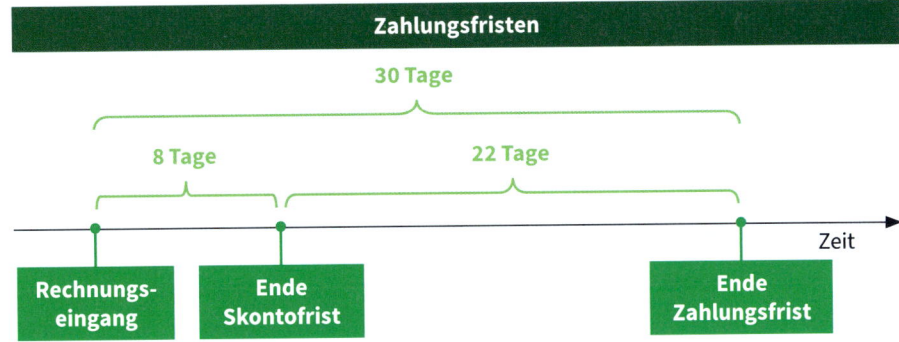

Bankkredit

Möchte der Käufer den Skonto nutzen, muss er 22 Tage (30–8) früher bezahlen. Wie hoch sind die Zinsen Z für diesen Zeitraum, wenn dafür ein Zinssatz von 10 % zu bezahlen sind?

$$Z = \frac{K \times p \times t}{360 \times 100} = \frac{10.000 \times 10 \times 22}{360 \times 100} = € 61,11$$

Z … Zinsen

K … Kredithöhe

p … Zinssatz in % pro Jahr

t … Laufzeit des Kredits in Tagen

Der Käufer muss dem Geldinstitut €61,11 an Zinsen bezahlen, wenn er sich €10.000,– für 22 Tage zu einem Zinssatz von 10% ausborgt.

Lieferantenkredit

Skonto = 10.000 × 0,03 = €300,–

Der Käufer erspart sich €300,–, wenn er den Skonto nutzt und spätestens am 8. Tag bezahlt. Rechnet man den Skonto auf einen Jahreszinssatz um, ergibt sich:

$$\frac{\text{Skontosatz} \times 360}{\text{Restlaufzeit des Kredits}} = \frac{3 \times 360}{22} = 49,09\%$$

Vergleich Bankkredit vs. Lieferantenkredit

Kann sich der Käufer das Geld zu einem Zinssatz von weniger als 49,09% ausborgen, dann ist es günstiger, einen Bankkredit aufzunehmen und den Skonto zu nutzen. Erst wenn der Zinssatz höher ist, sollte der Skonto ungenutzt bleiben und erst am Ende der Frist bezahlt werden.

2 Bankkredit

Ein **Kredit** ist ein Vertrag zwischen einem **Kreditnehmer** (Schuldner, Debitor) und einem **Kreditgeber** (Gläubiger, Kreditor – meist ein Geldinstitut). Vor der Errichtung des Kreditvertrags wird sich der Kreditnehmer genau über die Kreditkonditionen (Zinsen, Nebenkosten etc.) informieren, der Kreditgeber wiederum wird die Bonität des möglichen Kunden genau prüfen.

Prüfung und Klassifizierung der Kreditwürdigkeit

Geldinstitute müssen das Risiko, dass ein Kreditnehmer seinen Kredit nicht zurückzahlt, bemessen. Die Abschätzung der Wahrscheinlichkeit, dass der Kunde nicht zahlen kann, wird **Rating** genannt.

Der Baseler Ausschuss der Bank für Internationalen Zahlungsausgleich (BIZ) hat Richtlinien für die Vergabe von Krediten beschlossen, die von sämtlichen Banken beachtet werden müssen. Diese Richtlinien, **Basel III** genannt, sollen die Finanzwelt stabiler machen und fordert von Banken eine **höhere Eigenkapitalquote.**

In den Richtlinien wird u.a. gefordert, dass Banken die **Kreditwürdigkeit** ihrer Kunden **bewerten.** Bei der Kredit- und Bonitätsprüfung sind neben Hard Facts auch Soft Facts zu beachten.

bank loan
Bankkredit

Bonität
Einschätzung einer Person oder Firma im Hinblick auf ihre Zahlungsfähigkeit oder Kreditwürdigkeit

Rating von Kreditnehmern
Das Rating kann entweder von der Bank intern durchgeführt werden oder durch ein Ratingunternehmen. Die bekanntesten Rating-Agenturen sind Moody's Investors Service, Standard & Poors's und Fitch IBCA.

creditworthiness
Bonitätswürdigkeit

Klassifizierung der Kredit- bzw. Bonitätswürdigkeit	
Soft Facts	**Hard Facts**

• Businessplan
• Rechnungswesen, Controlling
• Anlagen und Systeme
• Unternehmens- und Personalmanagement
• Auftragslage
• Konjunkturanalysen und Markttrends
	• Kennzahlen aus dem Jahresabschluss
	  – Eigenkapitalquote
	  – Schuldentilgungsdauer
	  – Gesamtkapitalrentabilität
	  – Cashflow/Betriebsleistung
	• Vorlage eines Finanzplans

Durch das Basel-Abkommen bekamen Soft Facts, also nicht-finanzwirtschaftliche Daten, höhere Bedeutung. Die höhere Gewichtung von weichen Faktoren im Kreditrating basiert auf der Höhergewichtung der Zukunftsorientierung. Neben Konjunkturanalysen oder Markttrends sind hier auch Faktoren, *wie Unternehmens- oder Personalmanagement,* zu nennen.

Prüfung der Zahlungswilligkeit

Zur **Prüfung der Zahlungswilligkeit** kann der Kreditgeber folgende **Auskunftsquellen** heranziehen:

- Erfahrungen aus bereits abgewickelten eigenen Geschäften mit dem Kreditwerber
- Erfahrungen anderer mit dem Kreditwerber

Diese Daten sind entgeltlich bei Auskunfteien erhältlich bzw. über Informationssysteme der Geldinstitute („Schwarze Liste").

Sicherheiten

Geldinstitute versuchen sich abzusichern, falls der Kreditnehmer seinen Rückzahlungsverpflichtungen nicht nachkommt.

Art der Besicherung	
Personalsicherheiten	**Realsicherheiten**
Ein Dritter haftet persönlich mit seinem gesamten Vermögen für die Schuld. Zahlt der Schuldner nicht, muss der Dritte die Schuld aus seinem Vermögen begleichen und kann sie dann vom eigentlichen Schuldner zurückfordern.	Neben dem Schuldner haftet eine Sache. Zahlt der Schuldner nicht, kann der Gläubiger die Sache verwerten, d.h., er verkauft die Sache und verwendet den Verkaufserlös zur Abdeckung der Schuld.
Beispiel: Bürgschaft	**Beispiel:** Pfand (Lombard, Hypothek)

Bürgschaft

Bei der Bürgschaft **verspricht ein Dritter** (der Bürge) dem Kreditgeber, den **Kredit zurückzuzahlen,** wenn dieser das Geld vom Kreditnehmer nicht erhält. Der Bürge haftet für diesen Betrag mit seinem gesamten Vermögen.

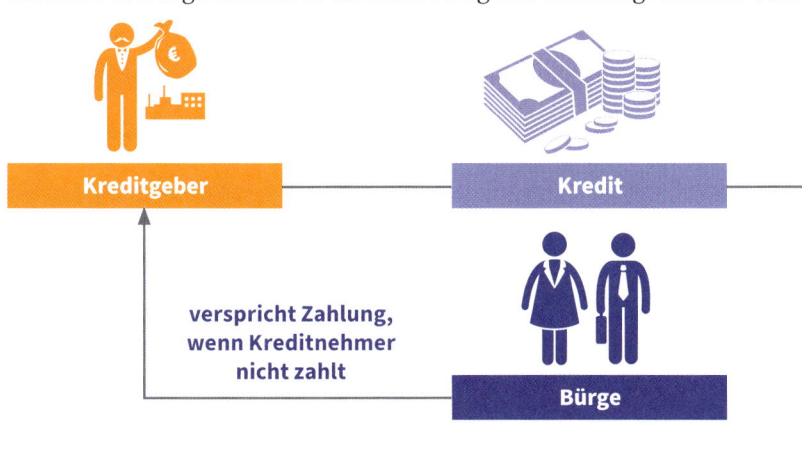

Kreditgeber — Kredit — Kreditnehmer

verspricht Zahlung, wenn Kreditnehmer nicht zahlt — Bürge

Pfand

Schuldner und Gläubiger können vereinbaren, dass für eine bestimmte Schuld **eine Sache haften** soll.

Die Pfandsache kann Eigentum des Kreditnehmers oder einer anderen Person sein. Der Eigentümer muss jedoch der Verpfändung zustimmen. Dabei muss die **Pfandsache dem Pfandgläubiger übergeben** werden. Eine symbolische Übergabe, z.B. durch Hinterlegung des Typenscheins anstelle eines Autos, reicht nicht. Dadurch wird kein Pfandrecht begründet.

Häufig werden Wertpapiere verpfändet und als Sicherstellung hinterlegt. Da diese zumeist auf einem Konto bei der Bank gehalten werden, ist die Abwicklung einfach, da nur ein Pfandvertrag geschlossen werden muss, die

KSV1870
Auskunftsquellen für Banken
Die größten in Österreich tätigen Kreditschutzunternehmen sind Kreditschutzverband von 1870 (KSV) und Alpenländischer Kreditorenverband (AKV).

collaterals
Sicherheiten

Gehaltszettel prüfen
Der Kreditgeber wird auch die Einkommens- und Vermögensverhältnisse des Bürgen durchleuchten, da für ihn nur ein zahlungsfähiger Bürge ein Vorteil ist.

deposit
Pfand

Übergabe kann unterbleiben, da die Bank die Wertpapiere bereits verwahrt. Diese Form der Sicherheit wird **Wertpapierlombard** genannt. Bei Aktien werden rund 50–70 % des Kurswerts als Sicherheit anerkannt.

Der Pfandgläubiger hat die Pfandsache sorgfältig zu verwahren und darf sie nicht benutzen. Auch erwirbt er kein Eigentum an den Früchten der Pfandsache (z. B. Zinsen).

Kommt der Kreditnehmer seinen Verpflichtungen nicht nach, kann der Kreditgeber die **verpfändete Sache verwerten** und aus dem Erlös der Verwertung die Forderung abdecken. Die Verwertung erfolgt meist durch öffentliche Versteigerung, lediglich bei Waren, die einen Börse- oder Marktpreis haben (z. B. Wertpapiere), kann der Pfandgläubiger frei verkaufen.

Andere Gläubiger können auf die verpfändete Sache nicht zugreifen und sich daraus befriedigen. Der Pfandgläubiger wird daher bei Verwertung der Pfandsache bevorzugt, er hat dadurch eine größere Wahrscheinlichkeit, seine Forderung zu bekommen.

Zahlt der Kreditnehmer seine Schuld zurück, dann ist der Pfandgläubiger verpflichtet, die **Pfandsache zurückzugeben.** Der Pfandschuldner kann dann wieder frei über die Sache verfügen.

Liegenschaft als Sicherstellung
Das Pfandrecht an Grundstücken und Wohnungen wird Hypothek genannt.

mortgage
Hypothek

Kreditarten

Die Rückzahlung eines Kredits kann auf folgende Arten erfolgen:

loan repayment
Kreditrückzahlung

- **Festkredit:** Während der Laufzeit werden nur die Zinsen bezahlt, am Ende der vereinbarten Zeit wird der gesamte Kredit auf einmal rückerstattet.

fixed rate credit
Festkredit

Festkredit				
Laufzeit	**Kredithöhe zu Jahres-anfang**	**Tilgung**	**Zinszahlung** (Annahme 5 % p. a.)	**Rückzahlung** (Tilgung und Zinsen)
1	€ 10.000,00	€ –	€ 500,00	€ 500,00
2	€ 10.000,00	€ –	€ 500,00	€ 500,00
3	€ 10.000,00	€ –	€ 500,00	€ 500,00
4	€ 10.000,00	€ –	€ 500,00	€ 500,00
5	€ 10.000,00	€ 10.000,00	€ 500,00	€ 10.500,00

Festkredit — Tilgung, Zinsen

- **Annuitätenkredit:** Es werden laufend gleich hohe Raten an den Kreditgeber bezahlt. Diese Raten umfassen die laufenden Zinsen und einen Tilgungsanteil.

annuity credit
Annuitätenkredit

Annuitätenkredit				
Laufzeit	**Kredithöhe zu Jahres-anfang**	**Tilgung**	**Zinszahlung** (Annahme 5 % p. a.)	**Rückzahlung** (Tilgung und Zinsen)
1	€ 10.000,00	€ 1.809,75	€ 500,00	€ 2.309,75
2	€ 8.190,25	€ 1.900,24	€ 409,51	€ 2.309,75
3	€ 6.290,02	€ 1.995,25	€ 314,50	€ 2.309,75
4	€ 4.294,77	€ 2.095,01	€ 214,74	€ 2.309,75
5	€ 2.199,76	€ 2.199,76	€ 109,99	€ 2.309,75

Annuitätenkredit — Tilgung, Zinsen

■ **Ratenkredit:** Die Rückzahlung erfolgt in Teilbetragen (Raten). Dabei wird regelmäßig ein konstanter Betrag des Kredits getilgt und zusätzlich werden die Zinsen für die offene Schuld verrechnet.

installment credit
Ratenkredit

Ratenkredit					
Laufzeit	**Kredithöhe zu Jahresanfang**	**Tilgung**	**Zinszahlung** (Annahme 5% p.a.)	**Rückzahlung** (Tilgung und Zinsen)	
1	€ 10.000,00	€ 2.000,00	€ 500,00	€ 2.500,00	
2	€ 8.000,00	€ 2.000,00	€ 400,00	€ 2.400,00	
3	€ 6.000,00	€ 2.000,00	€ 300,00	€ 2.300,00	
4	€ 4.000,00	€ 2.000,00	€ 200,00	€ 2.200,00	
5	€ 2.000,00	€ 2.000,00	€ 100,00	€ 2.100,00	

Verzinsung

Es können verschiedene **Formen der Verzinsung** vereinbart werden:

■ **fixer Zinssatz:** Das Geldinstitut sagt zu, den Zinssatz während einer bestimmten Zeit nicht zu ändern. So kann der Schuldner leichter kalkulieren.

■ **variabler Zinssatz:** Die Zinsen werden in bestimmten Abstanden an das aktuelle Zinsniveau angepasst. Im Vertrag muss genau angegeben werden, wie der Zinssatz ermittelt wird. Auch Zinssenkungen müssen an den Kunden weitergegeben werden.

Die **Höhe des verlangten Zinssatzes** hängt ab von den **Marktzinsen** und von der **Bonität des Schuldners:**

■ **Marktzinsen:** Zinssatz, den die Banken untereinander für Einlagen bzw. Kredite gewähren, dieser beeinflusst das allgemeine Zinsniveau. Die Höhe des Zinssatzes richtet sich nach dem Kapitalmarktzinssatz, der von der Europäischen Zentralbank (EZB) beeinflusst werden kann.

■ **Bonität des Schuldners:** Ist nicht sicher, dass ein Schuldner seine Verpflichtungen erfüllt, übernimmt die Bank ein höheres Risiko. Dies muss durch höhere Zinsen abgegolten werden. Daher muss ein schlechter Schuldner höhere Zinsen zahlen als ein guter.

Rückzahlungen
Regelmäßig wiederkehrende Zahlungen in gleicher Höhe werden Rente bzw. Annuität genannt.

fixed/variable interest rate
fixe/variable Verzinsung

market interest
Marktzinsen

Berechnung von Zinsen

■ Zinsen können sowohl im Anschluss an die Zinsperiode als auch vorab berechnet werden.

 Dekursive (nachschüssige) Verzinsung: Die Zinsen werden vom Anfangskapital berechnet und dem Kapital am Ende der Laufzeit (bzw. der Zinsperiode) zugeschlagen.

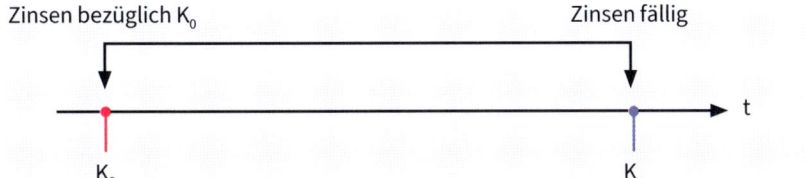

K_0 [€]	Anfangskapital
K_n [€]	Endkapital
p [%]	Nominalzinssatz pro Jahr
n [Jahre]	Anzahl der Zinsperioden
$i = p/100$	Zinssatz als Dezimalzahl

Berechnung der dekursiven Zinsen und des Endkapitals bei einer Laufzeit ≤ 1 Jahr

Zinsen Z_n [€] = $K_0 \times n \times i$

Endkapital K_n [€] = $K_0 + Z_n = K_0 \times (1 + i \times n)$

Berechnung der dekursiven Zinsen und des Endkapitals bei einer Laufzeit > 1 Jahr

Zinsen Z_n [€] = $K_n - K_0$

Endkapital K_n [€] = $K_0 + Z_n = K_0 \times (1 + i)^n$

L 9.6 Kredit mit dekursiver Verzinsung

Der Weiser GmbH wird ein Kredit in Höhe von € 10.000,– zum Zinssatz p = 4 %
gewährt. Welcher Betrag an Zinsen muss gezahlt werden, wenn die Laufzeit
a) 6 Monate und b) 10 Jahre beträgt?

Lösung:

a) Laufzeit 6 Monate:

Zinsen Z_n (€) = $K_0 \times n \times i$ = 10.000 × 6/12 × 0,04 = € 200,–

Endkapital K_n (€) = $K_0 + Z_n = K_0 \times (1 + i \times n)$ = € 10.200,–

b) Laufzeit 10 Jahre:

Zinsen Z_n (€) = $K_n - K_0$ = 14.802 – 10.000 = € 4.802,–

Endkapital K_n (€) = $K_0 + Z_n = K_0 \times (1 + i)^n$ = 10.000 × (1 + 0,04)^{10} = € 14.802,–

Antizipative (vorschüssige) Verzinsung: Die Zinsen werden vom Endkapital berechnet
und am Beginn der Laufzeit gezahlt.

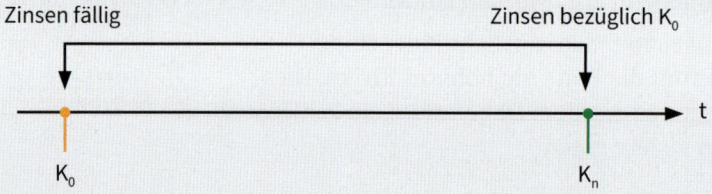

K_0 [€]	Anfangskapital
K_n [€]	Endkapital
p [%]	Nominalzinssatz pro Jahr
n [Jahre]	Anzahl der Zinsperioden
i = p/100	Zinssatz als Dezimalzahl

Berechnung der antizipativen Zinsen und des Anfangskapitals bei einer Laufzeit ≤ 1 Jahr

Zinsen Z_n [€] = $K_n \times n \times i$

Anfangskapital K_0 [€] = $K_n - Z_n = K_n \times (1 - n \times i)$

Berechnung der antizipativen Zinsen und des Anfangskapitals bei einer Laufzeit > 1 Jahr

Zinsen Z_n [€] = $K_n - K_0$

Anfangskapital K_0 [€] = $K_n - Z_n = K_n \times (1 - i)^n$

L 9.7 Kredit mit antizipativer Verzinsung – Laufzeit ≤ 1 Jahr

Der Weiser GmbH wird ein Kredit in Höhe von € 10.000,– zum Zinssatz p = 4 % gewährt, wobei die Zinsen bereits am Beginn zurückgezahlt werden. Welcher Betrag an Zinsen muss gezahlt werden, wenn die Laufzeit a) 6 Monate und b) 10 Jahre beträgt?

Lösung:

a) Laufzeit 6 Monate:

Anfangskapital $K_0(€) = K_n - Z_n = K_n \times (1 - n \times i) = € 10.000,-$

→ $K_n = K_0 / (1 - i \times n) = 10.000 / (1 - 0,04 \times 6/12) = € 10.204,-$

Zinsen $Z_n(€) = K_n - K_0 = K_n \times n \times i = 10.204 \times 0,04 \times 6/12 = € 204,-$

b) Laufzeit 10 Jahre:

Anfangskapital $K_0(€) = K_n - Z_n = K_n \times (1 - i)^n$ → $K_n = K_0 / (1 - i)^n$

$K_n = 10.000 / (1 - 0,04)^{10} = € 15.041,-$

Zinsen $Z_n(€) = K_n - K_0 = 15.041 - 10.000 = € 5.041,-$

Bei langfristiger Kreditfinanzierung (Tilgung in festen Raten lt. Tilgungsplan) können die Zinsen sowohl antizipativ bzw. dekursiv (häufiger) berechnet werden.

Effektivzinssatz

Der Nominalzinssatz, der bei den Kreditkonditionen angegeben ist, berücksichtigt keine Nebenkosten, z. B. Bearbeitungsgebühren. Berücksichtigt man aber sämtliche Finanzierungskosten (Nebenkosten und Zinsen), kommt man zum Effektivzinssatz, das ist jener Zinssatz, der die **tatsächliche Verzinsung** angibt.

$$\text{Effektivzinssatz} = \frac{\text{Finanzierungskosten FK} \times 100}{\text{Auszahlungsbetrag AB}}$$

Vergleich von Kreditangeboten
Banken müssen in ihren Angeboten verpflichtend den Effektivzinssatz nennen. So kann man die Konditionen vergleichen.

effective interest rate
Effektivzinssatz

L 9.8 Ermittlung des Effektivzinssatzes

Für ein Darlehen von € 10.000,– wurden folgende Bedingungen vereinbart: 1,5 % Bearbeitungsgebühr, 5 % Zinsen, Nebenkosten werden sofort abgezogen.

a) Ermittle den Effektivzinssatz bei einer Laufzeit von 1 Jahr.

b) Ermittle den Effektivzinssatz bei einer Laufzeit von 5 Jahren.

Lösung:

a)

Ermittlung des Effektivzinssatzes – Laufzeit 1 Jahr		
Bezeichnung	**Konditionen**	**Betrag**
Darlehensbetrag		€ 10.000,00
Bearbeitungsgebühr	1,50 %	€ 150,00
Auszahlungsbetrag		€ 9.850,00
Zinsen	5,00 %	€ 500,00
Rückzahlungsbetrag		€ 10.500,00
Rückzahlungsbetrag		€ 10.500,00
Auszahlungsbetrag AB		**€ 9.850,00**
Finanzierungskosten FK		**€ 650,00**
Effektivzinssatz = FK × 100 / AB	= 650 × 100 / 9850	= 6,60 %

b)

Ermittlung des Effektivzinssatzes – Laufzeit 5 Jahre		
Bezeichnung	**Konditionen**	**Betrag**
Darlehensbetrag		€ 10.000,00
Bearbeitungsgebühr	1,50%	€ 150,00
Auszahlungsbetrag		€ 9.850,00
Zinsen (5 Jahre)	5,00%	€ 2.500,00
Rückzahlungsbetrag		€ 12.500,00
Rückzahlungsbetrag		€ 12.500,00
Auszahlungsbetrag AB		**€ 9.850,00**
Finanzierungskosten FK		**€ 2.650,00**
Effektivzinssatz = FK × 100 / AB	**= 2650 × 100 / (9850 × 5)**	**= 5,38%**

Da die Finanzierungskosten auf die Laufzeit aufgeteilt werden, sinkt der Effektivzinssatz bei einer Laufzeit von 5 Jahren.

Kontokorrentkredit

Hat man bei der Bank ein Girokonto, dann wird oft vereinbart, dass man das Konto „überziehen" darf. Das heißt, man darf mehr abheben, als man Guthaben hat: Die Bank gewährt einen Kredit.

Der **Kontokorrentkredit** ist die **auf einem Girokonto** befristete, von einem Kreditinstitut eingeräumte **limitierte Überziehungsmöglichkeit.** Auf Kontokorrentkonten erfolgen laufend Ein- und Auszahlungen, die gegeneinander aufgerechnet werden. Am Ende der Abrechnungsperiode wird der Saldo in Rechnung gestellt.

Der mit der Bank vereinbarte Kreditrahmen kann immer wieder ausgenutzt werden. Die Prüfung des Kreditnehmers erfolgt zumeist bei Eröffnung des Kontos. Danach überwacht die Bank, ob der Kontoinhaber seinen laufenden Verpflichtungen nachkommt und in welcher Höhe Eingänge erfolgen.

Kontokorrentkredit am Automaten
Achtung! Wenn du dein Girokonto überziehst, nimmst du einen Kredit in Anspruch.

ÜBEN

In dieser Lerneinheit hast du den Lieferanten- und den Bankkredit kennengelernt. Mithilfe der folgenden Aufgaben kannst du das Gelernte üben und festigen.

Ü 9.7 Skonto B

Die Zahlungsbedingungen einer Rechnung über € 6.850,– lauten: „Zahlung innerhalb von 8 Tagen abzüglich 2% Skonto oder 20 Tage netto". Das Unternehmen erhält von seiner Bank Kredit zu einem Zinssatz von 12,5%.

a) Entscheide, ob der Skonto genutzt werden soll, wenn dafür der Kredit beansprucht werden muss.

b) Berechne, welchem Jahreszinssatz der Skonto entspricht.

Ü 9.8 Darlehen B

Die Fa. Sandmann OG nimmt am 1.2. bei der X-Bank ein Darlehen in Höhe von € 10.000,– auf. Die Konditionen lauten: Zinssatz: 7% p.a.; Bearbeitungsgebühr: € 100,–; Laufzeit: 2 Jahre.

Die Fa. Sandmann OG erhält den Darlehensbetrag abzüglich Bearbeitungsgebühr ausbezahlt. Zum Ende jedes Jahres werden die bis dahin aufgelaufenen Zinsen dem Kapital zugeschlagen. Am Ende der Laufzeit werden Zinsen und Kapital zurückgezahlt.

a) Berechne den Auszahlungsbetrag.

b) Berechne den Rückzahlungsbetrag.

c) Berechne den Effektivzinssatz.

Ü 9.9 Effektivzinssatz B

Dominik Müller erhält einen Wohnbau-Festkredit in Höhe von € 40.000,–. Dabei wurden folgende Bedingungen vereinbart: Bearbeitungsgebühr: 1,5 % vom Kredit; Zinssatz: 3,5 % p. a.; Laufzeit: 10 Jahre

Berechne den effektiven Zinssatz für diesen Festkredit.

Ü 9.10 Dekursive Verzinsung – antizipative Verzinsung B

Martina Sailer leiht sich von jemandem € 1.000,– ein Jahr lang zum Zinssatz p = 10 % aus. Ermittle die Zinsen bei dekursiver und antizipativer Verzinsung.

Ü 9.11 Prüfung und Klassifizierung der Kreditwürdigkeit C

Geldinstitute prüfen anlässlich der Vergabe eines Kredites die Hard Facts, Soft Facts und auch die Zahlungswilligkeit.

a) Stelle den Unterschied zwischen Hard und Soft Facts dar.

b) Erkläre. wie ein Kreditinstitut die Zahlungswilligkeit überprüfen kann.

Ü 9.12 Rückzahlung des Kredites B

Die Rückzahlung eines Kredites kann auf unterschiedliche Arten erfolgen.

Beurteile, ob die folgenden Aussagen richtig oder falsch sind. Stelle falsche Aussagen richtig.

LINK
Ü 9.12 Rückzahlung des Kredites
interaktive Übung

Aussage	richtig	falsch	Richtigstellung
Bei dekursiver Verzinsung des Kredites werden die Zinsen vom Endkapital berechnet und am Beginn der Laufzeit gezahlt.			
Beim Annuitätenkredit erfolgt die Gesamttilgung am Ende der Laufzeit.			
Während der Laufzeit werden nur die Zinsen bezahlt, am Ende der vereinbarten Zeit wird das gesamte Darlehen auf einmal rückerstattet.			
Beim Ratenkredit erfolgt die Rückzahlung in Teilbeträgen. Dabei wird regelmäßig ein bestimmter Betrag des Darlehens getilgt und zusätzlich werden die Zinsen für die offene Schuld verrechnet.			
Beim Festkredit werden während der Laufzeit nur die Zinsen bezahlt, am Ende der vereinbarten Zeit wird das gesamte Darlehen auf einmal rückerstattet.			

Wiener Börse
Die Drehscheibe des Kapitalmarkts ist die Börse – in
Österreich ist das die 1771
gegründete Wiener Börse.

⊙ LERNEN

3 Geld-
veranlagung

**Die passende Form der Geldveranlagung hängt primär von den
Erwartungen der Investoren an Sicherheit, Rendite und Liquidität
ab. Ein perfektes Finanzprodukt, das die Bedürfnisse aller Anleger
gleichermaßen erfüllt, gibt es nicht.**

financial investment
Geldveranlagung

**Ü 9.13 Führe eine klasseninterne Befragung durch, ob und wie viel monatlich
gespart wird und welche Sparform bevorzugt wird.**

1 Formen der Geldanlage

Wenn man Kapital anlegen möchte, gibt es dafür verschiedene
Möglichkeiten.

 Formen der Geldanlage: Kapital kann auf unterschiedliche Art veranlagt werden.

Geldanlage		
Spareinlagen	**Wertpapiere**	**Andere Formen**

• Sparbuch
  – Online-Sparen
  – Kapitalsparbuch
  – Prämiensparbuch
• Bausparen
	• Forderungswertpapiere
	  – Anleihen
	  – Pfand- und Kommunalbriefe
	• Beteiligungswertpapiere
	  – Aktien
	  – Investmentzertifikate
		• Immobilien
		• Versicherungssparen
		• Edelmetalle

2 Veranlagung bei Banken

Unternehmen können ebenso wie Private ihr Geld bei Banken anlegen.

Sparbuch

Ein Sparbuch dient der Geldanlage, nicht dem Zahlungsverkehr. Einlagen auf ein Sparbuch können bar oder unbar, z. B. durch Überweisung, vorgenommen werden. Für Abhebungen ist die **Vorlage des Sparbuchs** notwendig.

Die Höhe der Zinsen, die der Sparer erhält, richtet sich nach dem Kapitalmarktzinssatz, der von der Europäischen Zentralbank (EZB) beeinflusst wird. Die Geldinstitute geben die aktuellen Zinsen durch Aushang in den Filialen bekannt.

Ein **höherer Zinssatz** kann vereinbart werden, wenn

- sich der Sparer verpflichtet, eine bestimmte Zeit das Geld nicht abzuheben (z. B. Bindung von 1 Jahr; derartige Sparbücher werden je nach Geldinstitut als Kapitalsparbücher, Gewinnsparbücher o. Ä. bezeichnet),
- das Sparbuch ein größeres Guthaben aufweist.

savings book
Sparbuch

 LINK
Vergleich von Bankkonditionen
Hier findest du aktuelle Sparkonditionen und Angebote der Banken im Vergleich.

Kapitalsparen

Das Kapitalsparen ist eine der beliebtesten Sparformen Österreichs und wird von fast allen heimischen Banken unter diesem Namen angeboten. Man legt **einmalig einen Betrag** auf ein Sparbuch. Nachträgliche Einlagen auf das gleiche Sparbuch sind nicht möglich – man kann aber Kapitalsparbücher in unbegrenzter Anzahl (und bei allen Banken) eröffnen.

Die **Mindesteinlage** liegt zumeist zwischen 100 und 500 Euro. Eine Maximaleinlage ist nicht vorgesehen. Der fixe Zinssatz bei Kapitalsparbüchern richtet sich nach der jeweiligen Marktlage – normalerweise gilt: Je länger die Laufzeit, desto höher der Zinssatz. Zinssenkungen gibt es beim Kapitalsparen genauso wenig wie Erhöhungen.

capital savings
Kapitalsparen

Strategien beim Kapitalsparbuch	
Niedrigzinsphasen	**Hochzinsphasen**
In Niedrigzinsphasen sollte man keine langen Bindungen eingehen. Die Laufzeit soll in dieser Phase zwischen einem halben Jahr bis zu zwei Jahren dauern.	In Hochzinsphasen macht es durchaus Sinn, längere Laufzeiten zu wählen, da der höhere Zinssatz über die Laufzeit garantiert ist.

Bausparen

Bausparen ist eine **staatlich geförderte Sparform mit Zweckbindung.** Die Idee des Bausparens ist, Personen, die Grundstücke, Häuser oder Wohnungen erwerben, errichten bzw. sanieren wollen, oder Personen, die Geld für Pflege- und Bildungsmaßnahmen benötigen, günstige Darlehen zur Verfügung zu stellen. Der Staat fördert das Bausparen durch eine Prämie, die sich nach der Höhe der Einzahlung in den Bausparvertrag richtet und nach oben hin beschränkt ist.

Wird im Anschluss an das Bausparen ein Bauspardarlehen gewährt, ist die Höhe des Zinssatzes mit 6 % begrenzt, d. h., diese Begrenzung ist besonders während hoher Zinsphasen ein Pluspunkt. Die Zinssätze steigen und fallen je nach Zinsanpassungsklausel.

building societies
Bausparen

Einen „Bausparer" nutzen
Das Bauspardarlehen kann u. a. für „wohnungswirtschaftliche Zwecke" genutzt werden, z. B. für den Kauf oder die Renovierung von Wohneigentum, aber nicht für Konsumgüter, wie z. B. ein Auto.

3 Veranlagung durch Wertpapiere

Wertpapiere sind **Urkunden, die Vermögensrechte verbriefen.** Zur Ausübung dieses Rechts ist der **Besitz der Wertpapierurkunde** notwendig. Nur gegen Vorlage des Wertpapiers muss der Verpflichtete seine Leistung erbringen.

Wertpapiere werden in zwei Kategorien eingeteilt:

<table>
<tr><th colspan="2">Wertpapiere</th></tr>
<tr><th>Forderungspapiere</th><th>Beteiligungspapiere</th></tr>
<tr>
<td>Der Investor borgt einem Emittenten Kapital. Für den Emittenten ist die Ausgabe einer Anleihe Fremdkapital.

Der Inhaber
• hat das Recht auf Verzinsung,
• erhält die Rückzahlung des eingesetzten Kapitals am Ende der Laufzeit und
• trägt ein relativ geringes Risiko.</td>
<td>Der Investor erwirbt einen Anteil an einem Unternehmen.

Der Inhaber
• ist am Unternehmen beteiligt,
• erhält einen Gewinnanteil,
• trägt ein relativ großes Risiko.</td>
</tr>
<tr>
<td>**Beispiele:** Anleihen, Pfandbriefe</td>
<td>**Beispiele:** Aktien, Investmentzertifikate</td>
</tr>
</table>

Anleihen

Eine Anleihe ist ein **festverzinsliches Wertpapier.** Mithilfe einer Anleihe nimmt ein Großschuldner (Staat, Unternehmen) zu genau festgelegten Bedingungen ein Darlehen auf, das von **vielen verschiedenen Gläubigern** gemeinsam zur Verfügung gestellt wird.

L 9.9 Effektive Verzinsung einer Anleihe

Auszug aus einem Prospekt:

> **3,25 % Erste Group fünfjährige Fixzinsanleihe im Überblick:**
> • Verzinsung: fix 3,25 % p.a.
> • Laufzeit: 5 Jahre
> • Ausgabekurs: 100,5
> • Tilgung am Laufzeitende: zu 100 %
> • Die Kupons werden jährlich ausgezahlt. Die Tilgung erfolgt in fünf Jahren am 23. April zu 100 % des Nennwerts.
> • Die kleinste Stückelung beträgt € 1.000,–.
>
> **Zu beachten ist:**
> • Rückzahlung zu 100 % gilt nur am Laufzeitende.
> • Während der Laufzeit sind Kursschwankungen möglich und ein vorzeitiger Verkauf kann zu Kursverlusten führen.
> • Der Anleger trägt das Emittentenrisiko der Erste Group Bank AG.
>
> **Steuerliche Behandlung:** Die Erträge dieser Anleihe unterliegen bei in Österreich steuerpflichtigen Privatpersonen der Kapitalertragsteuer (KESt) in Höhe von 27,5 % des Ertrags. Mit Abzug der KESt ist bei in Österreich steuerpflichtigen Personen die Einkommensteuer abgegolten.

Berechne die effektive Verzinsung (Rendite).

---

capital market
Kapitalmarkt

Emittenten
Unternehmen oder öffentliche Einrichtungen, die zur Kapitalbeschaffung Wertpapiere ausgeben

bond
Anleihe

Prospekt
Broschüre für Anleger mit allen für die Investitionsentscheidung benötigten Informationen zur Einschätzung des Risikos

Erste Bank am Wiener Graben
Die Erste Group mit Sitz in Wien ist eine der größten Bankengruppen in Zentral- und Osteuropa.

Lösung:

Ein Emittent verspricht 3,25 % Zinsen. Die Stückelung beträgt € 1.000,–. Der Ausgabekurs ist 100,5, die Laufzeit beträgt 5 Jahre, der Tilgungskurs 100.

Ermittlung des Gewinns des Investors:

Er hat € 1.005,– hergeborgt (Kaufpreis) und erhält € 1.000,– (Tilgung) zurück, also € 5,– weniger, als er hergegeben hat. Daher hat er einen zusätzlichen jährlichen Verlust von: € –5/5 Jahre = € –1,– pro Jahr. Die Rendite beträgt daher tatsächlich:

$$\text{Gewinn} = \text{Zinsen} + \frac{\text{Tilgung} - \text{Kaufpreis}}{\text{Laufzeit}}$$

$$\text{Gewinn} = 32{,}5 + \frac{1000 - 1005}{5} = 32{,}5 - 1 = \textbf{€ 31,50}$$

Ermittlung der effektiven Verzinsung (Rendite) des Investors:

$$\text{Effektive Rendite} = \frac{\text{Gewinn}}{\text{Kaufpreis}} \times 100 = \frac{31{,}5}{1005} \times 100 = 3{,}134\,\%$$

(Die Kapitalertragsteuer [KESt] in Höhe von 27,5 % wurde noch nicht berücksichtigt.)

Wichtige Begriffe aus L 8.9:

- Der **vereinbarte Zinssatz** bezieht sich immer auf das **Nominale** der Anleihe.

- Die **Laufzeit** liegt derzeit üblicherweise zwischen **4,5 und 15 Jahren.**

- **Emittentenrisiko:** Ist der Schuldner zahlungsunfähig, erhält der Anleihegläubiger weder das eingesetzte Kapital zurück noch die versprochenen Zinsen.

- Als **Kuponanleihen** bezeichnet man Anleihen mit fester Nominalverzinsung.

- **Ausgabekurs:** Betrag, den der Anleihezeichner dem Anleiheschuldner tatsächlich borgt.

- **„Anleihe zeichnen"** bedeutet, ein Angebot zum Kauf der Anleihe zu unterzeichnen. Daher ist der „Zeichner der Anleihe" der Käufer der Anleihe.

- **Tilgungskurs** ist jener Betrag, den der Gläubiger zurückerhält. Er ist in der Regel 100 (= pari). Das heißt, der Schuldner erhält den Nominalwert zurück, auch bei Anleihen, bei denen der Emissionskurs nicht 100 betragen hat.

Durch **Veränderung des Emissionskurses** kann die effektive Verzinsung geändert werden, ohne die nominellen Zinsen zu ändern. Ist der Ausgabekurs geringer als das Nominale, nennt man dies **„unter pari",** ist der Ausgabekurs höher, wird dies als **„über pari"** bezeichnet. Der Abschlag bei einer „unter pari"-Emission, die Differenz Nominale – Ausgabekurs, wird **Abschlag, Abgeld oder Disagio** genannt.

Der **Emittent haftet** für die Anleihe mit seinem **gesamten Vermögen.**

Grundsätzlich kann der Gläubiger **während der Laufzeit der Anleihe** diese **nicht kündigen,** d. h., er kann das Kapital vom Schuldner nicht zurückverlangen. Der Gläubiger kann daher

- das Papier bis zum Ende der Laufzeit behalten. Er erhält dann vom Schuldner das Kapital rückerstattet.

- das Papier an jemand anderen weitergeben, der dann die Rechte aus dem Papier (Verzinsung, Kapitalrückzahlung) geltend machen kann.

Tilgung
Rückzahlung

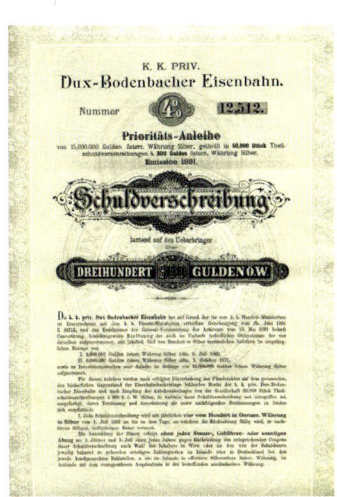

Kunstvoll gestaltete Urkunde
Früher erhielten die Zeichner einer Anleihe ein Papier, heute werden die Anleihen elektronisch geführt.

Aktien

Durch den Aktienkauf wird der Käufer **Miteigentümer einer Aktiengesellschaft,** er ist somit am Unternehmen beteiligt. Der Besitz von Aktien verbrieft neben dem Eigentumsrecht auch das **Stimmrecht in der Hauptversammlung**, das **Recht auf Dividende** oder das **Recht auf Bezug junger Aktien** bei Kapitalerhöhungen.

Als **Dividende** bezeichnet man jenen Betrag in Summe oder je Aktie, den eine Aktiengesellschaft an ihre Aktionäre ausschüttet. Die meisten Aktiengesellschaften schütten nicht ihren gesamten Gewinn, sondern lediglich einen Teil davon (Ausschüttungsquote z. B. 60 %) an ihre Eigentümer aus. Die Höhe der Dividende wird durch die Hauptversammlung beschlossen.

Wichtige Begriffe im Zusammenhang mit Aktien:

- veröffentlichte Dividendenrendite $= \dfrac{\text{Dividende} \times 100\,\%}{\text{Aktienkurs}}$

- persönliche Dividendenrendite $= \dfrac{\text{Gewinn} \times 100\,\%}{\text{Kaufpreis der Aktie}}$

- Earnings per Share (EPS) $= \dfrac{\text{Gewinn}}{\text{Anzahl der Aktien}}$

- Gewinn = Dividende + allfällige Kursgewinne

L 9.10 Aktienrendite

Michael hat an der Wiener Börse am 10. Juni des Vorjahres 200 Stück Aktien der Andritz AG mit einem Kurswert von € 38,94 je Aktie gekauft. Am 27. März dieses Jahres erfolgte die Ausschüttung der Dividende mit einem Kurswert von € 0,50 je Aktie an die Aktionäre. Am selben Tag verkauft Michael sein Aktienpaket der Andritz AG mit einem Kurswert von € 44,25 je Aktie

a) Wie hoch ist die veröffentlichte bzw. persönliche Dividendenrendite?

b) Welche Gesamtrendite vor und nach KESt ergibt sich beim Verkauf des gesamten Aktienpakets?

Lösung:

Kaufpreis je Aktie	€ 38,94/Aktie
Kaufvolumen in Stück	200 Stück
gesamter Kaufpreis der Aktien	€ 7.788,00
aktueller Kurswert je Aktie	€ 44,25/Aktie
gesamter aktueller Kurswert	€ 8.850,00
aktuelle Dividende je Aktie	€ 0,50/Aktie
Gesamtwert der Dividendenzahlung	**€ 100,00**
Ergebnisse:	
Dividendenrendite = Dividende × 100 %/aktueller Kurswert	1,13 %
persönliche Dividendenrendite = Dividende × 100 %/Kaufpreis	1,28 %
Gesamtverkaufswert inkl. Dividendenzahlung vor KESt	€ 8.950,00
Gesamtgewinn vor Steuern	€ 1.162,00
– 27,5 % Kapitalertragsteuer (KESt)	€ 319,55
Gesamtverkaufswert nach KESt	€ 8.630,45
Gesamtrendite vor Steuern = (Gesamtverkaufswert inkl. Dividende × 100 % – Kaufpreis der Aktien)/Kaufpreis der Aktien	14,92 %
Gesamtrendite nach Steuern = (Gesamtverkaufswert nach Steuern × 100 % – Kaufpreis der Aktien)/Kaufpreis der Aktien	10,82 %

share, stock
Aktie

shareholder
Aktionär

Vertretung der Aktionäre
Die Anliegen der Aktionäre können in der Hauptversammlung durch einen Vertreter, eine Person eigener Wahl, eine Depotbank oder eine Aktionärsvereinigung geltend gemacht werden.

dividend yield
Dividendenrendite

earnings per share
Gewinn je Aktie

Aktiengesellschaft aus Graz
Die Andritz AG, ein österreichischer Konzern für Anlagenbau, notiert an der Wiener Börse.

ÜBEN

In dieser Lerneinheit hast du die Veranlagung bei Banken bzw. die Veranlagung in Wertpapieren am Kapitalmarkt kennengelernt. Mithilfe der folgenden Aufgaben kannst du das Gelernte üben und festigen.

Ü 9.14 Bundesanleihe [C]

Für eine Bundesanleihe wurden folgende Bedingungen bekanntgemacht:

- Emittent: Republik Österreich
- Laufzeit: 10 Jahre, endfällig
- Kupon: 3,9 % p. a., 16. 9. ganzjährig
- Valutatag: 15. 9. d. J.
- Stückelung: Nominale € 1.000,–
- Emissionskurs: 99,70
- Tilgung: zu 100,00
- Kündigung: ausgeschlossen

a) Wer kann über das durch die Anleihe aufgebrachte Kapital verfügen?

b) Wer haftet den Anleihezeichnern für Zinsen und Kapital?

c) Wie viel Kapital muss ein Anleger mindestens aufwenden?

d) Nenne das Datum, zu dem die Zinsen ausbezahlt werden.

e) Nenne das Datum, zu dem das Kapital zurückgezahlt wird.

f) Ermittle die jährlichen Zinsen in Euro.

g) Ermittle die Effektivverzinsung p. a.

Ü 9.15 Anleihenkauf [C]

Du willst Anleihen kaufen. Folgende Papiere – beide mit einer Restlaufzeit von 4 Jahren – werden derzeit angeboten:

- Kurs 94,5, Zinssatz 4,5 %
- Kurs 101, Zinssatz 6,3 %

Du möchtest eine möglichst hohe Rendite. Erkläre, welche Anleihen du kaufen wirst.

Ü 9.16 Aktienrendite [C]

Anna kauft am 3. Januar dieses Jahres 300 Stück Aktien mit einem Kurswert von € 21,14 je Aktie. Am 27. November dieses Jahres erfolgte die Ausschüttung der Dividende mit einem Kurswert von € 1,50 je Aktie an die Aktionäre. Am selben Tag verkauft sie das Aktienpaket mit einem Kurswert von € 26,33 je Aktie.

a) Wie hoch ist die veröffentlichte bzw. persönliche Dividendenrendite?

b) Welche Gesamtrendite vor und nach KESt ergibt sich beim Verkauf des gesamten Aktienpakets?

Bundesanleihen
Auch der Staat nutzt Anleihen als Finanzierungsinstrument. Bundesanleihen werden durch die Österreichische Bundesfinanzierungsagentur (OeBFA) im Namen und auf Rechnung der Republik Österreich begeben.

New York Stock Exchange (NYSE)
Die New York Stock Exchange (NYSE) ist die weltweit größte Wertpapierbörse. Der bekannteste Aktienindex ist der Dow Jones. Er setzt sich aus 30 US-Unternehmen zusammen.

⊙ LERNEN

4 Sonderformen der Finanzierung

Neben den bisher dargestellten Kreditgeschäften existieren noch weitere in der Praxis verbreitete Finanzierungsmöglichkeiten, z. B. Leasing, Factoring oder Crowdfunding.

Ü 9.17 Recherchiere, worin die grundlegenden Unterschiede zwischen einer Kredit- und einer Leasingfinanzierung eines Autos bestehen.

1 Leasing

Anlagevermögen kann nicht nur gekauft, sondern auch gemietet werden: Beim Leasing wird dem **Leasingnehmer** ein **Anlagegut** für einen längeren Zeitraum **vom Leasinggeber überlassen.** Für die Nutzung des Leasinggutes muss der Leasingnehmer ein **Entgelt zahlen.**

Der **Leasinggeber** kann sowohl eine Leasinggesellschaft als auch ein Hersteller sein.

- Die **Leasinggesellschaft** erwirbt eine vom Leasingnehmer gewünschte Sache und gibt sie an diesen zur Nutzung weiter. Leasinggesellschaften sind meist Tochterunternehmen von Banken. Dies ist in der Praxis der häufigere Fall.

- Der **Hersteller** verkauft dem Kunden die Sache nicht, sondern stellt sie ihm gegen Zahlung eines laufenden Entgelts für einen längeren Zeitraum zur Verfügung. Dies kommt in der Praxis seltener vor.

lessee
Leasingnehmer
lessor
Leasinggeber

lease rate
Leasingrate

Leasing: Bei der Leasingfinanzierung handelt es sich rechtlich um keinen Kredit, sondern um einen Leasingvertrag, der einem Mietvertrag ähnlich ist.

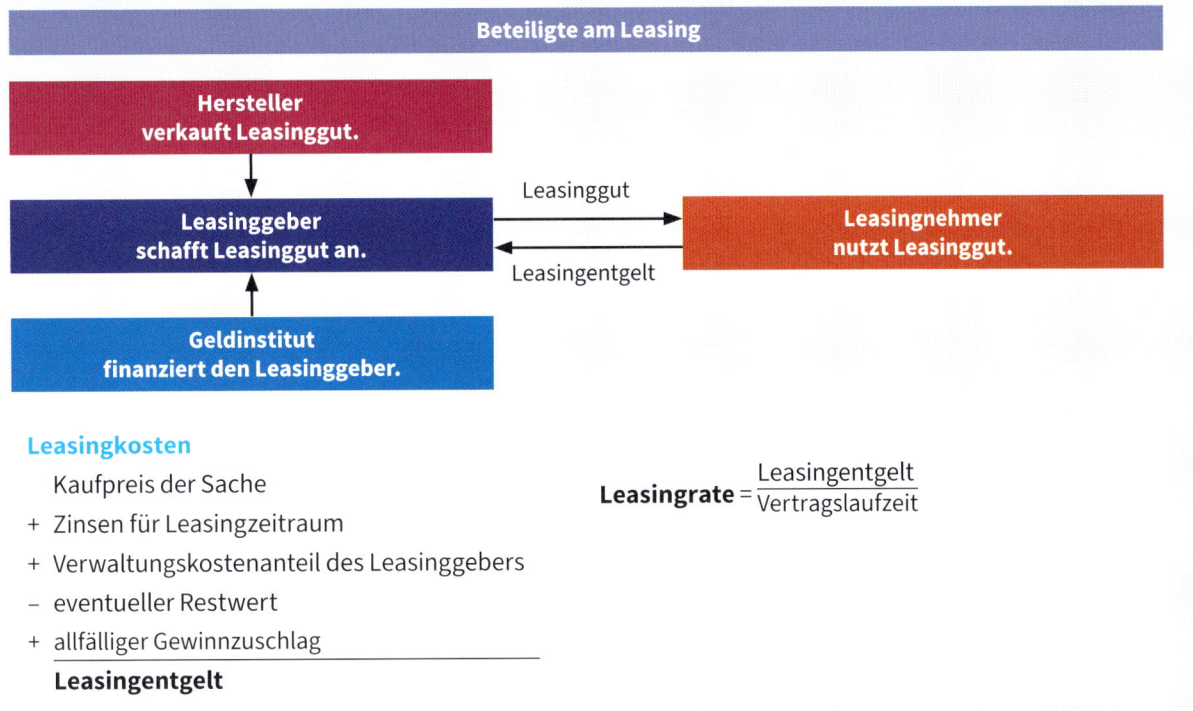

Leasingkosten

Kaufpreis der Sache

+ Zinsen für Leasingzeitraum

+ Verwaltungskostenanteil des Leasinggebers

– eventueller Restwert

+ allfälliger Gewinnzuschlag

Leasingentgelt

$$\text{Leasingrate} = \frac{\text{Leasingentgelt}}{\text{Vertragslaufzeit}}$$

Zumeist treffen den **Leasingnehmer** jene Verpflichtungen, die üblicherweise der Eigentümer einer Sache hat. Nimmt der Leasingnehmer noch weitere Leistungen in Anspruch, wie Wartung, Bereitstellung eines Ersatzgeräts bei Ausfall oder Schaden, dann erhöhen sich die Leasingkosten. Für den Leasingnehmer bietet Leasing gegenüber einem Kauf **folgende Vorteile:**

- Wird die Sache gekauft, ist der Kaufpreis sofort zur Gänze fällig. Der Käufer bekommt den Preis aber nur über die Abschreibung von den Kunden ersetzt, weshalb sich im Kaufzeitpunkt seine Liquidität verschlechtert.

- Obwohl der Kaufpreis bei der Anschaffung zur Gänze zu zahlen ist, wird die Steuerbemessungsgrundlage nur um die Abschreibung vermindert. Die Leasingrate hingegen kann i. d. R. im Jahr der Zahlung als Aufwand verbucht werden. Während der Nutzungszeit steht dem Käufer der Kaufpreis nicht (zur Gänze) zur Verfügung, er verliert daher Zinsen. Wird die Sache hingegen geleast, wird die Liquidität weniger belastet, da die Leasingrate sofort über die den Kunden verrechneten Preise verdient wird und die Leasingrate auch die Steuerbemessungsgrundlage sofort mindert. Die fixe Leasingrate ermöglicht eine bessere Kalkulation.

Leasingverträge können nach folgenden Kriterien **eingeteilt** werden:

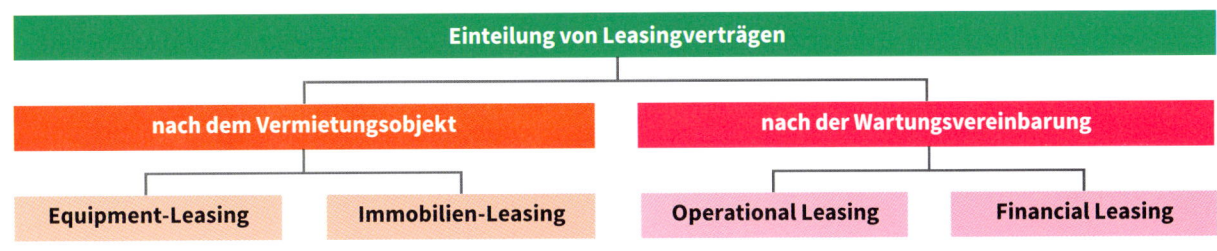

- **Equipment-Leasing:** Es werden bewegliche Anlagen, wie Fahrzeuge, Büromaschinen, Werkzeuge, Baumaschinen, Transportgeräte usw., vermietet.

- **Immobilien-Leasing:** Es werden z. B. Verwaltungsgebäude, Garagen, Supermärkte, Wohngebäude, Fabriken usw. vermietet.

- **Operational Leasing:** meist kurzfristige und jederzeit kündbare Nutzung von Ausrüstungsgegenständen (Equipment-Leasing) mit vollem Service und evtl. Personalstellung, dadurch entsprechend hohe Leasingraten

- **Financial Leasing:** Leasingnehmer ist für Wartung und Instandsetzung verantwortlich, kann den Vertrag innerhalb der Nutzungsdauer nicht kündigen, dadurch geringere Leasingraten

Nach Ablauf des Vertrags hat der Leasingnehmer folgende Möglichkeiten:

- das Objekt weiterleasen
- das Objekt an die Leasinggesellschaft zurückgeben oder
- das Objekt ankaufen

Aufstocken der Lieferwagen-Flotte
Betriebliche Fahrzeuge sind häufig geleast.

2 Factoring

Unter Factoring versteht man den **Verkauf von offenen, noch nicht fälligen Forderungen** aus Lieferungen oder Dienstleistungen an eine Bank, den Factor. In der Regel muss das Unternehmen sämtliche Forderungen an den Factor verkaufen. Durch das Factoring verbessern sich die Liquiditätssituation und die entsprechenden Kennzahlen des Unternehmens, da es sein Geld früher erhält.

 Factoring: Beim Factoring verkauft ein Unternehmen (Factoring-Kunde) seine Forderungen aus Lieferungen und Leistungen an einen Factor.

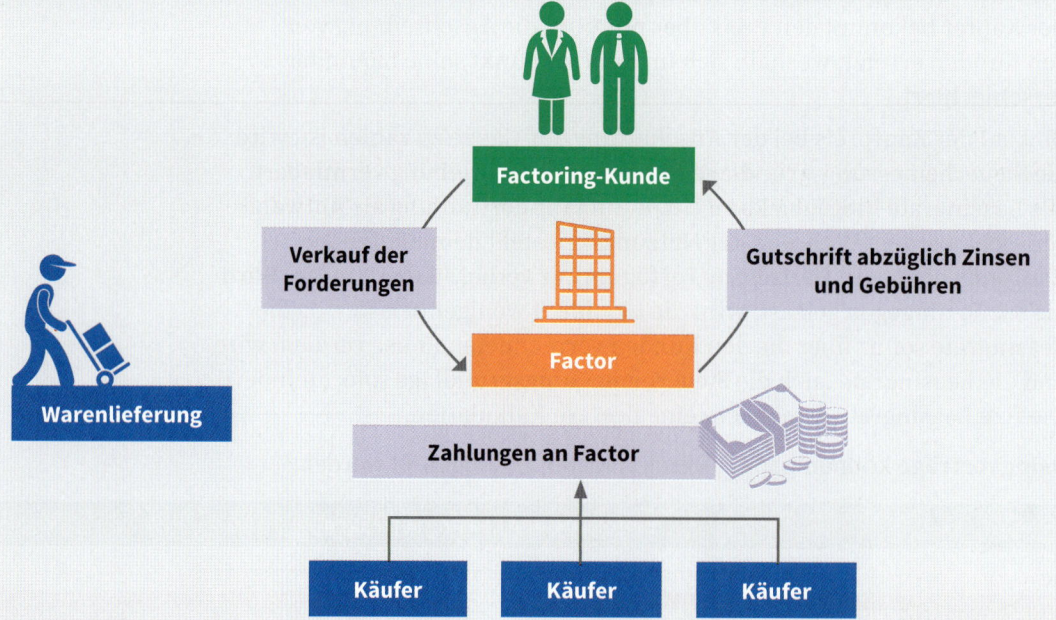

Der Factor zahlt dem Verkäufer bis zu 80 % des Rechnungsbetrags. Sobald der Kunde bezahlt hat, wird der Restbetrag von 20 % abzüglich der Kosten des Factors auf das Konto des Verkäufers überwiesen.

Teilweise übernimmt der Factor neben der Bevorschussung (Kreditgewährung) noch weitere Leistungen, wie

- Mahnung und Inkasso der fälligen Rechnungen,
- Führen der Debitorenbuchhaltung,
- statistische Auswertungen,
- Risiko, dass der Rechnungsbetrag nicht einlangt (Delcredererisiko).

Factor sind daran interessiert, dass der Kunde viele kurzfristige Forderungen gegenüber verschiedenen Kunden hat, so ist das Risiko geringer. Vor dem Vertragsabschluss wird die Bonität des Kunden geprüft.

Vorteile des Factorings

- Der Lieferant erhält den Großteil seiner Forderung (70 bis 90 Prozent) innerhalb von zwei Tagen. Im Schnitt kommen nach Abwicklung des Forderungsverkaufs 93 bis 97 % des Forderungsbetrags beim Unternehmen an.
- Das Unternehmen verfügt dadurch über höhere Liquidität und kann als „Barzahler" Skonti in Anspruch nehmen.
- Es benötigt keine Kredite für Zwischenfinanzierungen.
- Es ist gegen Kundeninsolvenz bzw. Zahlungsausfall bei Exporten abgesichert.

Factoring-Kosten

- Abhängig vom Jahresumsatz und der Anzahl der Rechnungen werden **Gebühren zwischen 0,1 % und 1,5 % des Jahresumsatzes** verrechnet. Für das reine Finance-Factoring (= nur die Bevorschussung der Forderung) beträgt die Gebühr 0,1 %. Weitere in Anspruch genommene Dienstleistungen (Mahnwesen, Debitoren-Management) erhöhen den Prozentsatz.
- **Factor-Zins (5 % bis 7 %)** für die durch die Bevorschussung der Forderungen entstehenden Refinanzierungskosten des Factors und die Kosten für das Einziehen des Rechnungsbetrags (Mahnwesen, Debitoren-Management, Versicherung gegen Zahlungsausfall).

Delcredere
Garantie für die Zahlungsfähigkeit des Schuldners (Factor verlangen Mindestjahresumsätze von €300.000,– bis €1 Mio.)

Prüfung von Forderungen
Factor übernehmen nicht jede Forderung. Die Leistung muss z. B. in einer Warenlieferung oder nachvollziehbaren Dienstleistung begründet sein. Manche Banken schließen daher Miet- oder Provisionsforderungen aus.

③ Crowdfunding

Crowdfunding ist eine alternative Form der Finanzierung. Mit dieser Methode der Geldbeschaffung lassen sich über Plattformen im Internet verschiedenartige Projekte finanzieren. Dazu gehören beispielsweise Kleinkredite, aber auch die Beteiligung an einem Start-up oder der Miterwerb einer Immobilie.

Crowdfunding-Projekte weisen eine enorm hohe Bandbreite auf. Sie haben jedoch gemeinsam, dass in der Regel **drei Beteiligte** eingebunden sind:

- **Gründer:** Initiatoren, die ihr Projekt finanzieren lassen möchten. Ihr Ziel ist es, die Projektidee durch Kapital aus fremden Quellen, der „Crowd", finanzieren zu lassen, weil ihre eigenen Mittel nicht ausreichen.
- **Crowd:** eine Gruppe von Menschen, die die Projektidee aus ganz verschiedenen Gründen für interessant erachten und einen oftmals kleinen Geldbetrag zur Verfügung stellen.
- **Plattform:** eine Art digitaler Marktplatz, der Geldgeber und -nehmer bei einem Crowdfunding zusammenbringt. Dies sind auf der Anlegerseite meist Privatpersonen, die ein Eigenkapital-Investment oder einen Kredit

crowdfunding
Schwarmfinanzierung

gewähren. Das Kapital fließt an Kapitalsuchende, also etablierte Firmen, junge Start-ups oder auch Projekte, die bestimmte Ideen oder eine Innovation umsetzen wollen.

Beispiele für Crowdfunding Plattformen:

- Seedmatch.de: v. a. Unternehmen, die innovative Technologien mit gesellschaftlichem Nutzen verbinden
- Kickstarter.com: weltweit größte Crowdfunding-Plattforn für kreative Projekte
- Startnext.de: größte Plattform im deutschen Sprachraum, richtet sich vor allem an Kreative und Social Entrepreneurs

Auf Crowdfunding greifen (junge) Unternehmen oft dann zurück, wenn eine mangelnde Eigenkapitalausstattung und fehlende Sicherheiten Kreditverhandlungen scheitern lassen würden, sodass das Projekt letztendlich nicht umgesetzt werden kann.

Arten des Crowdfundings

- **Crowd-Investing:** Die Crowd investiert Geld in Start-ups oder für Selbständige. Gegenleistung ist eine erfolgsabhängige Beteiligung am Projekt.
- **Crowd-Lending:** Die Crowd verleiht Geld z. B. für mittelständische Unternehmen oder Immobilien. Das Geld wird mit Zinsen zurückgezahlt.
- **Crowd-Sponsoring:** Die Crowd gibt Geld für Kulturprojekte oder Erfindungen. Als Gegenleistung gibt es meistens das Produkt.
- **Crowd-Donating:** Die Crowd spendet Geld, das für gemeinnützige Tätigkeiten verwendet wird. Es gibt keine materielle oder finanzielle Gegenleistung.

Crowdinvesting-Plattformen in Österreich
Conda.at: bringt Unternehmer und Investoren zusammen, um erfolgversprechende Geschäftsideen zu verwirklichen; Dagobertinvest.at: führende Crowdinvesting-Plattform in Österreich, es wird ausschließlich Kapital für Immobilien Projekte vermittelt

Für Crowd-Investing und Crowd-Lending gilt, dass Privatpersonen maximal € 5.000,00 investieren dürfen. Darüber hinaus gibt es bei größeren Projekten rechtliche Bestimmungen über Informationspflichten (Prospektpflicht).

ÜBEN

In dieser Lerneinheit hast die Grundbegriffe von Leasing, Factoring und Crowdfunding kennengelernt. Mithilfe der folgenden Aufgaben kannst du das Gelernte üben und festigen.

Ü 9.18 Ermittlung der Leasingrate B

Ermittle für den neuen Pkw des Leasingnehmers die monatliche Leasingrate bei folgenden Angaben:

- Pkw-Anschaffungswert (AW) € 35.000,–
- Anzahlung (AZ) € 7.000,–
- Restwert (RW) am Ende der Laufzeit € 10.000,–
- Vertragslaufzeit 60 Monate
- Zinssatz p 5,00 %
- Verwaltungskosten in % von AW 0,50 %
- Gewinnzuschlag in % der Leasingkosten 0,50 %C

Ü 9.19 Factoring C

Ein Handwerksbetrieb erhält seine offenen Forderungen von seinen Kunden oft erst nach vier Monaten oder noch später bezahlt. Obwohl er lt. Vertrag Anspruch auf frühere Zahlung hätte, kann er seine Kunden nicht mahnen oder klagen, da er sonst keine weiteren Aufträge bekommen würde. Andererseits hat er Probleme, einen Kredit für die Anschaffung einer neuen Anlage zu erhalten, da er nur eine geringe Liquidität aufweist und keine hohen Gewinne hat.

Berate den Handwerksbetrieb zu seinen Möglichkeiten.

Ü 9.20 Factorbank A

Nenne Gründe, warum Factorbanken daran interessiert sind, dass der Kunde viele kurzfristige Forderungen gegenüber vielen verschiedenen Kunden hat.

Ü 9.21 Crowdfunding C

Die Firma Leitner GmbH ist ein kürzlich gegründetes Unternehmen mit einer innovativen Geschäftsidee und hohem Wachstumspotential. Das Start-up entwickelt hochpräzise Unterwasser-Ortungsdetektoren. Um das Eigenkapital zu stärken, erwägt die Firmenleitung, den Kapitalbedarf über eine Crowdinvesting-Plattform mit Wertsteigerungsbeteiligung für Anleger abzuwickeln. Folgende Unternehmensplanzahlen bzw. Angaben für den Anleger sind gegeben:

Platzierung eines Tauchsonars
Unterwasser-Ortungsanlagen werden als Sonar (Sound, Navigation and Ranging) bezeichnet. Für die Ortung werden Schallwellen eingesetzt.

Crowdfunding für Fa. Leitner GmbH	
Anleger-Investment (Nominalwert)	€ 1.000,00
laufende Verzinsung	4,75 %
Laufzeit in Jahren	5
Eigenkapital Unternehmung	€ 900.000,00
Kapitalbedarf (Crowdinvesting)	€ 500.000,00
Summe Startkapital	€ 1.400.000,00
Anleger Anteil am Startkapital = Anleger Investment/Startkapital	0,07143 %
– 25 % Abwicklungskosten	0,01786 %
korr. Anlegeranteil	0,05357 %
Geplanter Unternehmenswert (UW 5. Jahr)	€ 2.100.000,00
Anleger Unternehmens-Wertbeteiligung 5. J. vor Steuern = geplanter UW 5. J × korr. Anlegeranteil	€ 1.125,00

Ermittle anhand dieser Angaben

a) die zu zahlenden Anlegerzinsen (vom Nominalwert)

b) den Gesamtauszahlungsbetrag im 5. Jahr zu Gunsten des Anlegers vor Steuern und Kosten

c) iterativ den internen Zinsfuß i (Wertsteigerungsindex p. a.) des eingesetzten Anleger-Investments K_0 nach der Formel der dekursiven Verzinsung: $K_n = K_0 \times (1 + i)^n$.

KÖNNEN

In diesem Kapitel hast du die Grundlagen der Finanzierung kennengelernt. Bei den folgenden Aufgaben kannst du dein Wissen anwenden.

K 9.1 Finanzwesen B

Beurteile, ob die folgenden Aussagen richtig oder falsch sind. Stelle falsche Aussagen richtig.

LINK
K 9.1 Rückzahlung des Kredites
interaktive Übung

Aussage	richtig	falsch	Richtigstellung
Liquidität heißt, dass eine hohe Verzinsung angestrebt wird.			
Ein Ziel des Finanzwesens ist, das Kapital zu erhalten.			
Investitionen findet man auf der Passivseite der Bilanz.			
Das Eigenkapital wird vom Eigentümer oder den Eigentümern befristet zur Verfügung gestellt.			
Bei der Innenfinanzierung wird das Geld vom Unternehmen durch Vermögensumschichtungen und/oder durch Kapitalbildung erwirtschaftet.			

K 9.2 Finanzplan A

Führe Gründe an, warum es wichtig ist, einen Finanzplan zu erstellen.

K 9.3 Unternehmensplanung B

Beurteile, ob die folgenden Aussagen richtig oder falsch sind. Stelle falsche Aussagen richtig.

LINK
K 9.3 Unternehmensplanung
interaktive Übung

Aussage	richtig	falsch	Richtigstellung
Die jährlich festzulegende Unternehmensplanung wird aufgrund der Unternehmensziele und unter Zusammenfassung aller betrieblichen Teilpläne erstellt.			
Die Unternehmensplanung setzt sich aus der Plan-Kosten- und Erfolgsrechnung und dem Jahresabschluss zusammen.			
Das Erarbeiten der Unternehmensplanung erfolgt durch die Geschäftsleitung.			

K 9.4 Finanzplan – direkte Methode A

Entscheide, ob die folgende Aussage korrekt ist. Wenn nicht, korrigiere sie.

„Die direkte Methode basiert auf betriebsinternem Zugang von Zahlungsein- und -ausgängen und ist somit zeitnäher als die indirekte Methode."

K 9.5 Working Capital A

Erkläre, was man bei indirekter Ermittlung des Finanzplans unter dem Begriff „Working Capital" versteht.

K 9.6 Kreditrückzahlung B

Beurteile, ob die folgenden Aussagen über die verschiedenen Formen der Kreditrückzahlung richtig oder falsch sind. Stelle falsche Aussagen richtig.

LINK
K 9.6 Kreditrückzahlung
interaktive Übung

Aussage	richtig	falsch	Richtigstellung
Bei dekursiver Verzinsung des Kredits werden die Zinsen vom Endkapital berechnet und am Beginn der Laufzeit gezahlt.			
Beim Annuitätenkredit erfolgt die Gesamttilgung am Ende der Laufzeit. Während der Laufzeit werden nur die Zinsen bezahlt, am Ende der vereinbarten Zeit wird das gesamte Darlehen auf einmal rückerstattet.			
Beim Ratenkredit erfolgt die Rückzahlung in Teilbeträgen. Dabei wird regelmäßig ein bestimmter Betrag des Darlehens getilgt und zusätzlich werden die Zinsen für die offene Schuld verrechnet.			
Beim Festkredit werden während der Laufzeit nur die Zinsen bezahlt, am Ende der vereinbarten Zeit wird das gesamte Darlehen auf einmal rückerstattet.			

K 9.7 Kreditsicherung A

Geldinstitute versuchen sich abzusichern, falls der Kreditnehmer seinen Rückzahlungsverpflichtungen nicht nachkommt. Beschreibe, welche Arten der Sicherstellung es gibt.

K 9.8 Kapitalverzinsung A

Du willst dein Kapital gewinnbringend anlegen. Entscheide, welche Art der Verzinsung du bei den verschiedenen Angeboten vergleichen wirst, und begründe deine Antwort.

☐ Nominalverzinsung   oder   ☐ Effektivverzinsung

K 9.9 Sparbuch B

Roland Müller ist Eigentümer eines Sparbuchs. Zur Verzinsung und Kündigung wurden keine besonderen Vereinbarungen getroffen.

a) Wie hoch ist derzeit die Verzinsung für ein Sparbuch?

b) Wonach richtet sich die Höhe des Zinssatzes?

c) Wie kann Roland Müller eine höhere Verzinsung des Guthabens bekommen?

K 9.10 Anleihen – Aktien B

a) Beschreibe die Unterschiede zwischen Anleihen und Aktien.

b) Erkläre, was unter einer Dividende und Dividendenrendite verstanden wird.

c) Erläutere, wie die Aktienrendite vor und nach Steuern ermittelt wird.

K 9.11 Leasing B

Beurteile, ob die folgenden Aussagen über Leasing richtig oder falsch sind. Stelle falsche Aussagen richtig.

LINK
K 9.11 Leasing
interaktive Übung

Aussage	richtig	falsch	Richtigstellung
Leasing von Anlagen ist gleich teuer wie der Kauf.			
Beim Leasing trägt das Risiko einer Fehlinvestition immer der Leasinggeber.			
Der Leasingnehmer kann beim Financial Leasing innerhalb der Grundmietzeit (Zeitraum innerhalb der Nutzungsdauer) den Vertrag kündigen.			
Das Operating Leasing wird wegen der saisonalen Ausrüstungsvermietung auch als Equipment-Leasing bezeichnet.			

K 9.12 Factoring B

Beurteile, ob die folgenden Aussagen über Factoring richtig oder falsch sind. Stelle falsche Aussagen richtig.

LINK
K 9.12 Factoring
interaktive Übung

Aussage	richtig	falsch	Richtigstellung
Dem Factor können einzelne Forderungen verkauft werden.			
Beim Factoring trägt immer der Factor das Risiko, dass der Schuldner zahlt.			

K 9.13 Leasing – Factoring A

a) Nenne Vorteile, die Leasing für Unternehmen bietet.

b) Nenne Vorteile, die Factoring für Unternehmen bietet.

K 9.14 Crowdfunding A

a) Analysiere, warum immer mehr innovative Unternehmen auf Crowdfunding als Finanzierungsform zurückgreifen.

b) Beschreibe den Unterschied zwischen Crowdfunding und Crowdinvesting.

KOMPETENZCHECK

Meine Kompetenzen	Kann ich?	Lernstoff	Aufgaben
Ich kann die Aufgaben und Ziele des Finanzwesens erklären.		Lerneinheit 1	Ü 9.2
Ich kann die Zinsen beim Sparbuchsparen pro Jahr bzw. unterjährig berechnen und die Zinseszinsrechnung anwenden.		Lerneinheit 1	Ü 9.3
Ich kann den Unterschied zwischen der direkten und indirekten Methode der Finanzplanung erläutern.		Lerneinheit 1	Ü 9.4, Ü 9.5
Ich kann das Working Capital im Rahmen der indirekten Methode der Finanzplanung erklären und berechnen.		Lerneinheit 1	Ü 9.5
Ich kann den Break-even-Punkt x_{BE} und den Cashflow-Punkt x_L berechnen und die Ergebnisse erläutern.		Lerneinheit 1	L 9.4
Ich kann den Unterschied zwischen Bank- und Lieferantenkredit erklären.		Lerneinheit 2	Ü 9.7
Ich kann die unterschiedlichen Kreditformen beschreiben und berechnen.		Lerneinheit 2	Ü 9.7, Ü 9.8, Ü 9.9
Ich kann den Skonto auf einen Jahreszinssatz umrechnen.		Lerneinheit 2	Ü 9.7
Ich kann den Effektivzinssatz eines Darlehens ermitteln.		Lerneinheit 2	Ü 9.10
Ich kann einen Kredit sowohl mit der dekursiven als auch mit der antizipativen Verzinsung berechnen.		Lerneinheit 2	Ü 9.10
Ich kann die Rendite von Anleihen ermitteln.		Lerneinheit 3	Ü 9.15
Ich kann die Dividenden- und Gesamtrendite von Aktien berechnen.		Lerneinheit 3	Ü 9.16
Ich kann eine Leasingrate ermitteln.		Lerneinheit 4	Ü 9.18
Ich kann die Vor- und Nachteile des Factorings erklären.		Lerneinheit 4	Ü 9.19
Ich kann den Unterschied zwischen Crowdfunding und Crowdinvesting erklären.		Lerneinheit 4	Ü 9.21

Platz zum Schreiben

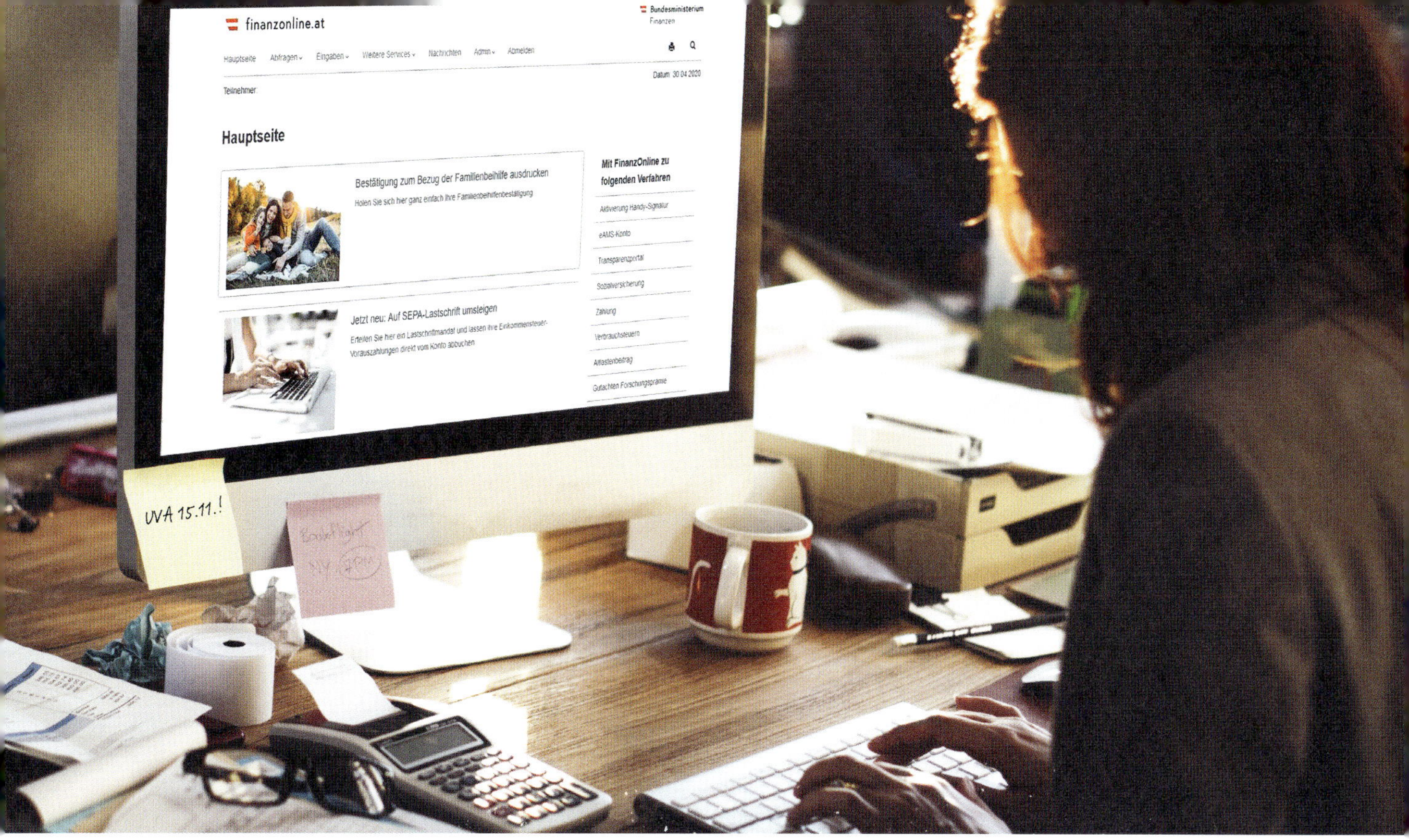

10 Personal-verrechnung

Darum geht's in diesem Kapitel:

Aufgabe des Human-Resource-Managements ist es, Personal aufzunehmen, es laufend zu betreuen und Arbeitsverhältnisse zu beenden. Zu den wiederkehren-den Arbeiten gehört u. a. das Berechnen und Auszahlen der Entgelte sowie die Überweisung der Steuern und Sozialversicherungsbeiträge an die zuständigen Stellen.

Das lernst du in der folgenden Lerneinheit:

1 Wie wird eine **Lohn- oder Gehaltsabrechnung** durchgeführt?

Aktiviere dein MEHR!-Buch
online: **lernenwillmehr.at**

1 Abrechnung von Löhnen und Gehältern

Arbeitnehmer beziehen für ihre Arbeitsleistung Lohn oder Gehalt. Bevor aber das Arbeitsentgelt ausbezahlt wird, muss vom Arbeitgeber eine Lohn- bzw. Gehaltsabrechnung durchgeführt werden.

Arbeit gegen Geld
Die meisten Personen sind erwerbstätig, weil sie mit diesem Geld ihr Leben finanzieren.

Ü 10.1 Recherchiere, wie viel ein Absolvent einer HTL deiner Fachrichtung bei seinem ersten Job ungefähr bezahlt bekommt. Versuche zu klären, warum er weniger ausbezahlt bekommt, als er mit dem Unternehmen vereinbart hat.

1 Das Arbeitsentgelt

Folgende Formen des Arbeitsentgelts werden nach dem Zeitraum, für den es bezahlt wird, unterschieden:

Arbeitsentgelt	
laufender Bezug	**sonstige Bezüge**
Bezug des Arbeitnehmers für die im Abrechnungszeitraum (= ein Monat) geleistete Arbeit	Bezüge, die der Arbeitnehmer einmalig oder in größeren Zeiträumen neben dem laufenden Bezug erhält (z. B. Weihnachtsremuneration, Urlaubszuschuss …)

Was im Kollektivvertrag steht
Kollektivverträge regeln u. a. Mindestlöhne und -gehälter, Sonderzahlungen, Arbeitszeitfragen sowie Kündigungsfristen und -termine.

Der Anspruch auf Weihnachts- und Urlaubsgeld (Weihnachtsremuneration und Urlaubszuschuss) ist im jeweiligen Kollektivvertrag (KV) geregelt. Ohne Kollektivvertrag besteht kein Anspruch darauf.

Je nach Rechtsstellung des Mitarbeiters wird das Entgelt anders bezeichnet:

- **Arbeiter:** Lohn
- **Angestellte:** Gehalt
- **Lehrlinge:** Lehrlingseinkommen

worker
Arbeiter

employee
Angestellter

apprentice
Lehrling

wage
Lohn

salary
Gehalt

L 10.1 Arbeitsentgelt

Michael	Anna
Michael ist Arbeiter und bekommt €2.108,– pro Monat. Er ist nicht verheiratet und hat keine Kinder. Die Entfernung von der Wohnung zum Betrieb beträgt 3 km. Er leistet keine Überstunden.	Anna ist Angestellte und bekommt €3.650,– pro Monat. Vergangenen Monat hat sie neben ihrer Normalarbeitszeit 8 Überstunden geleistet. Sie lebt mit einem Partner, der kein Einkommen hat. Sie hat ein 12-jähriges Kind. Die Entfernung von der Wohnung zum Betrieb beträgt 22 km. Vergangenes Jahr hat sie Sonderausgaben geltend gemacht. Für heuer hat sie einen Freibetragsbescheid über €12,– pro Monat vom Finanzamt bekommen.

2 Abrechnungsschema

Der Arbeitgeber ist verpflichtet, bei jeder Entgeltauszahlung die **Lohnsteuer** und die **Beiträge des Dienstnehmers zur Sozialversicherung** zu berechnen und einzubehalten. Die Steuer hat er an das Finanzamt, die Sozialversicherungsbeiträge an die Krankenkasse abzuführen.

wage-tax calculation
Lohnverrechnung

Vom Bruttobezug zum Nettobezug: Die Abrechnung laufender Bezüge erfolgt nach folgendem Schema:

Bruttobezug
− Sozialversicherung
− Lohnsteuer
―――――――――
Nettobezug

Der Dienstgeber ist verpflichtet, dem Dienstnehmer eine detaillierte Entgeltabrechnung auszuhändigen. Dadurch ist der Arbeitnehmer in der Lage, die Richtigkeit der Abrechnung zu kontrollieren.

Lohn- und Gehaltszettel lesen
Der Lohn- und Gehaltszettel ist eine genaue Aufstellung über die Zusammensetzung des Entgelts. Der Arbeitnehmer soll den Auszahlungsbetrag nachvollziehen können.

```
                    Lohn-/Gehaltsabrechnung Februar 20..
Klient          :  Kellner & Steinberger Solutions
Kostenstelle    :
Personalnummer  :  54

Ingrid Krainer                        Beruf    :  Kfm. Angestellte
Franzingergasse 29/3                  Eintritt :  2013/03/16
1150 Wien                             Austritt :

LSt-Tage  SV-Tage  Freibetrag   AVAB   Penderlpau/-euro  Verw.gruppe 3  Einstufung  DV
   30       30                  Nein                                        15       10

BA Lohnart              Einheiten        Satz      Betrag      SV-pfl.      LSt.-Pfl.
 10  Gehalt                                        3.004,91    3.004,91     3.004,91
300  ÜStd-Grundlohn       10,00       21,0130       210,13      210,13       210,13
301  ÜSt-Zu50%/10fr(68/2)   ,50       10,5070         5,25        5,25         5,25
482  BMG 68/2                                                                 5,25-
     Urlaub: Rest          7,00
     BV:     Bmg/Beitrag  3.220,29     49,27
                                      Brutto       3.220,29
BMG SV lfd    3.220,29     SV lfd.      583,52
BMG SV SZ                  SV SZ
BMG LSt lfd   2.631,52     LSt lfd.     505,19
BMG LSt SZ                 LSt SZ
                          Abzüge       1.088,71
                          Netto        2.131,56
```

3 Bruttobezug

Als **Bruttobezug** wird das Entgelt bezeichnet, das dem Dienstnehmer für die im Abrechnungsmonat geleistete Arbeit zusteht.

gross salary/gross pay
Bruttogehalt, Bruttolohn

Zusammensetzung des Bruttobezugs: Der Bruttobezug kann einen oder mehrere der folgenden Teile enthalten.

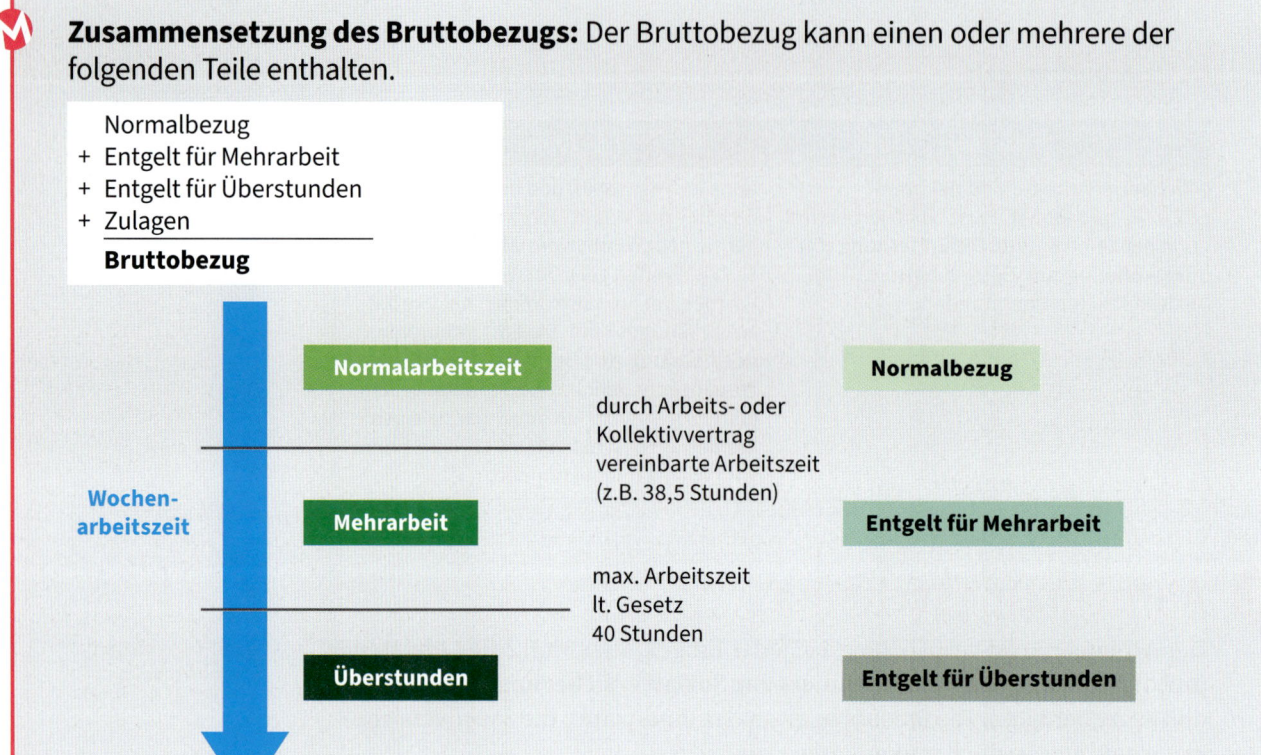

Normalbezug
+ Entgelt für Mehrarbeit
+ Entgelt für Überstunden
+ Zulagen
Bruttobezug

- **Normalbezug** ist das Entgelt für die im Kollektivvertrag bzw. Arbeitsvertrag vereinbarte Normalarbeitszeit (z. B. 38,5 bzw. 40 Stunden je Woche). Der laufende (Normal-)Bezug kann zeitabhängig oder leistungsabhängig sein:

incentive wages
leistungsabhängige Lohnformen

overtime charges
Überstundenentgelt

Normalbezug	
zeitabhängiger Bezug	**leistungsabhängiger Bezug**
Das Entgelt ist nur von der geleisteten Arbeitszeit abhängig.	Die Höhe des Entgelts ist von der Leistung des Mitarbeiters abhängig, z.B.: • Akkordlohn • Prämienlohn (z.B. Verkaufsprämie)

L 10.2 Normalbezug

Michael	Anna
Michael erhält € 2.108,– Normalbezug. Sein Lohn ist ein zeitabhängiger Bezug.	Anna erhält € 3.650,– Normalbezug. Dieser ist – wie bei Angestellten, die Büroarbeiten leisten, üblich – ebenfalls ein zeitabhängiger Bezug.

- **Entgelt für Mehrarbeit:** Das Arbeitszeitgesetz erlaubt eine maximale Normalarbeitszeit von 40 Stunden je Woche. In vielen Kollektivverträgen ist eine kürzere Normalarbeitszeit vereinbart (z. B. 38,5 Stunden). Leistet ein Mitarbeiter mehr Stunden, als im Kollektivvertrag als Normalarbeitszeit vereinbart, wird die Differenz auf 40 Stunden als „Mehrarbeit" bezeichnet.

Wurde ein Monatsbezug vereinbart, so ist daraus das **Entgelt pro Stunde** zu berechnen. Im Durchschnitt arbeitet ein Mitarbeiter bei einer 40-Stunden-Woche 173,2 Stunden im Monat:

52 Wochen : 12 Monate = 4,33 Wochen je Monat.

4,33 Wochen × 40 Stunden = 173,2 Arbeitsstunden je Monat

Die tatsächliche Ermittlung des Stundenbezugs ist zumeist im Kollektivvertrag geregelt. Dort wird häufig ein für den Mitarbeiter günstigerer Faktor festgelegt (**„Mehrarbeitsteiler"**). Beispiel Kollektivvertrag für Angestellte des Gewerbes: „Der Monatsbezug ist durch 167 zu dividieren, um zur Grundvergütung für die Mehrarbeit zu gelangen."

■ **Entgelt für Überstunden:** Arbeitet der Arbeitnehmer länger als die gesetzlich vorgesehene Maximalarbeitszeit von 40 Stunden, so sind dies Überstunden. Für eine Überstunde erhält der Arbeitnehmer ein Überstundenentgelt.

  Überstundenentgelt = Überstundengrundbezug + Überstundenzuschlag

– Der **Überstundenteiler** (= Faktor, durch den der Normalbezug zu teilen ist, um zum Überstundengrundbezug zu gelangen) ist dem Kollektivvertrag (KV) zu entnehmen. Auch hier ist oft ein für den Arbeitnehmer günstigerer Faktor (z. B. im KV für Angestellte in der Industrie 1/143) vereinbart.

– Der **Überstundenzuschlag** beträgt lt. Gesetz

  – 50 % für Werktagsüberstunden,

  – 100 % für Sonntags-, Feiertags- und Nachtüberstunden.

47,7 % der Frauen arbeiten in Teilzeit
Im Arbeitsvertrag kann auch eine kürzere Normalarbeitszeit vereinbart werden. Auch diesfalls gilt: Arbeitet der Mitarbeiter mehr als die vertraglich vereinbarte Zeit, sind dies Mehrstunden. Die Überstunden beginnen erst bei Überschreiten einer wöchentlichen Arbeitszeit von 40 Stunden.

Hinweis: In einigen Kollektivverträgen ist vorgesehen, dass auch für Mehrstunden ein Zuschlag gebührt.

L 10.3 Überstunden

Michael	Anna
Der Bruttobezug von Michael entspricht dem Normalbezug und beträgt € 2.108,–, da er keine Überstunden geleistet hat.	In Annas Betrieb beträgt die Normalarbeitszeit 40 Stunden. Daher hat sie keine Mehrarbeitsstunden. Jede Stunde, die sie länger arbeitet, ist eine Überstunde. Anna hat vergangenen Monat 8 Werktagsüberstunden geleistet. Der Überstundenteiler beträgt lt. Kollektivvertrag 1/143. Sie erhält daher für die Überstunden:

Für Anna:

$$\text{Überstundengrundbezug} = \frac{€\ 3.650}{143} = €\ 25,52$$

$$\text{Überstundenzuschlag} = \frac{€\ 25,52}{2} = €\ 12,76$$

Überstundengrundbezug für 8 Überstunden	= 25,52 × 8 =	€ 204,16
Überstundenzuschlag für 8 Überstunden	= 12,76 × 8 =	€ 102,08
Überstundenentgelt		€ 306,24

Der Bruttobezug von Anna beträgt in diesem Monat:

Normalbezug	€ 3.650,00
Überstundengrundbezug	€ 204,16
Überstundenzuschlag	€ 102,08
Bruttobezug	€ 3.956,24

■ **Zulagen:** Diese sind im Kollektivvertrag, in einer Betriebsvereinbarung oder im Arbeitsvertrag vereinbart für besonders schmutzige, gefährliche oder schwere Tätigkeiten.

4 Sozialversicherung

Die **Sozialversicherung** soll die **wirtschaftliche Existenz erhalten** im Falle von

- Krankheit,
- Arbeitslosigkeit,
- hohem Alter,
- Invalidität und
- bei Arbeitsunfällen.

Fast alle Beschäftigten in der Privatwirtschaft sind nach dem **Allgemeinen Sozialversicherungsgesetz (ASVG)** versichert.

Der Dienstgeber ist verpflichtet, jeden Arbeitnehmer **vor Arbeitsantritt** bei der Österreichischen Gesundheitskasse (ÖGK) anzumelden. Die Anmeldung erfolgt online. Ein **Ausdruck der Anmeldung** ist dem Dienstnehmer zu übergeben.

Es besteht **Versicherungspflicht:** Die Pflichtversicherung beginnt jedenfalls mit Aufnahme der Tätigkeit, auch wenn keine Anmeldung erstattet wurde, und endet grundsätzlich mit dem Tag der Beendigung des Arbeitsverhältnisses.

Bei jeder Entgeltauszahlung hat der Arbeitgeber die Beiträge des Dienstnehmers einzubehalten und **bis zum 15. des Folgemonats** gemeinsam mit dem Dienstgeberbeitrag an die Österreichische Gesundheitskasse einzuzahlen. Die Beiträge werden von den Dienstgebern und Dienstnehmern gemeinsam nach folgendem Schlüssel aufgebracht:

social security
Sozialversicherung

Kontrolle durch die Finanzpolizei
Werden bei einer Kontrolle nicht angemeldete Arbeitnehmer angetroffen, wird der Arbeitgeber bestraft.

health insurance
Krankenversicherung
pension insurance
Pensionsversicherung
accident insurance
Unfallversicherung
unemployment insurance
Arbeitslosenversicherung

Art des Beitrags	Dienstnehmer	Dienstgeber
Krankenversicherung	3,87%	3,78%
Unfallversicherung	–	1,20%
Pensionsversicherung	10,25%	12,55%
Arbeitslosenversicherung	3,00%*	3,00%
Arbeiterkammerumlage**	0,50%	–
Wohnbauförderungsbeitrag	0,50%	0,50%
Beitrag nach dem Insolvenzentgeltsicherungsgesetz	–	0,20%
Summe SV-Beitrag	**18,12%**	**21,23%**
Beitrag zur Mitarbeitervorsorgekasse (Abfertigung)***	–	1,53%
Beitrag inkl. Mitarbeitervorsorge	**–**	**22,76%**

* Der Dienstnehmeranteil zur Arbeitslosenversicherung ist nach Einkommenshöhe gestaffelt.
** Ist der Dienstnehmer nicht Mitglied der Arbeiterkammer (z.B. Beamte, Vertragsbedienstete, leitende Angestellte), so ist keine Arbeiterkammerumlage zu bezahlen.
*** Der Dienstgeber hat laufend 1,53% des monatlichen Entgelts (inkl. Sonderzahlungen) in eine Mitarbeitervorsorgekasse einzuzahlen. Wird das Arbeitsverhältnis beendet, bleibt das Geld für den Dienstnehmer in der Mitarbeitervorsorgekasse und der nächste Dienstgeber zahlt weiter ein. Wenn der Mitarbeiter in Pension geht, erhält er daraus eine Zusatzpension.
Wird das Arbeitsverhältnis ohne Verschulden des Dienstnehmers nach mindestens drei Jahren beendet, kann sich der Dienstnehmer das Geld sofort auszahlen lassen, statt bis zur Pension zu warten.

IEF
LOHN.SICHER.SERVICE.

Ansprüche der Arbeitnehmer gesichert
Der Insolvenz-Entgelt-Fonds (IEF) ersetzt Arbeitnehmern die Bezüge, wenn der Arbeitgeber Konkurs anmeldet oder ein Sanierungsverfahren beantragt.

Beitragsgrundlage

Der **Sozialversicherungsbeitrag** ist ein **Prozentsatz der Beitragsgrundlage.**
Diese wird errechnet:

> Bruttobezug des Monats
> + Sachbezüge
> + Beträge, die der Mitarbeiter von Dritten erhält
> – beitragsfreie Bezugsteile
> _____
> Beitragsgrundlage

Auch für Sachbezüge (z. B. Dienstauto) und für Gelder, die der Dienstnehmer von Dritten erhält (z. B. Trinkgelder), sind Sozialversicherungsbeiträge zu zahlen.

Für **bestimmte Teile** des Bezugs muss **kein Sozialversicherungsbeitrag** geleistet werden. Sind solche Bezugsteile im Bruttobezug enthalten, müssen sie vor Berechnung des Sozialversicherungsbeitrags abgezogen werden.

Beispiele für beitragsfreie Bezüge:

- **Auslagenersätze,** z. B. Fahrtkostenersatz, Tagesgelder (bis € 26,40 je Tag) und Nächtigungsgelder (bis € 15,00 je Nacht inkl. Frühstück oder nachgewiesener höherer Betrag)

- **Schmutzzulage,** wenn sie auch von der Lohnsteuer befreit ist (für die übrigen Zulagen muss Sozialversicherungsbeitrag bezahlt werden)

- Beiträge des Dienstgebers an die **Mitarbeitervorsorgekasse**

- freie oder verbilligte **Mahlzeiten,** auch Essensbons

social security contribution
Sozialversicherungsbeitrag

basis for mandatory social security contribution
Beitragsgrundlage für die gesetzliche Sozialversicherung

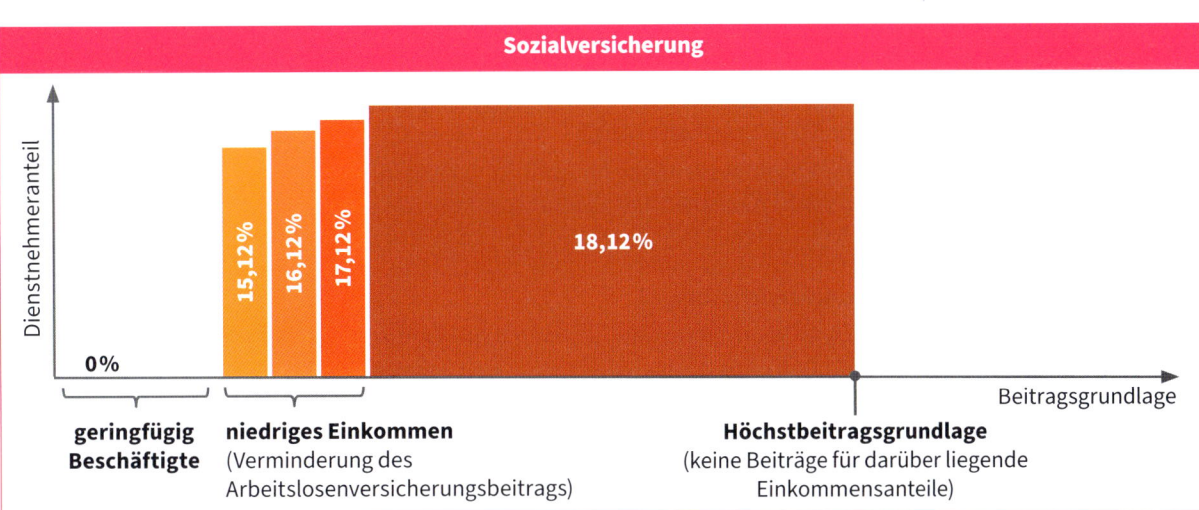

- **Geringfügig Beschäftigte:** Erhält der Mitarbeiter ein sehr geringes Entgelt, da er z. B. nur teilbeschäftigt ist, zahlt nur der Arbeitgeber den Beitrag zur Unfallversicherung. Dem Dienstnehmer wird kein Sozialversicherungsbeitrag abgezogen. Er ist dann auch nur in der Unfallversicherung sozialversichert. Diese Personen werden **geringfügig Beschäftigte** genannt.

- **Personen mit niedrigem Einkommen:** Für Personen, die ein niedriges Einkommen erhalten, **vermindert** sich der **Dienstnehmeranteil zur Arbeitslosenversicherung** und damit der zu zahlende Sozialversicherungsbeitrag. Der Dienstgeberbeitrag bleibt unverändert.

- **Personen mit hohem Einkommen:** Dienstnehmer, die sehr viel verdienen, zahlen für den Teil des Einkommens, der über der **Höchstbeitragsgrundlage** liegt, keine Sozialversicherung. Allerdings sind Geldleistungen der Sozialversicherung (z. B. Pension, Krankengeld) auch mit der Höchstbeitragsgrundlage gedeckt.

LINK
Jährliche Anpassung der Verdienstgrenzen
Die Höchstbeitragsgrundlage, die Grenzen der geringfügigen Beschäftigung und die Grenzbeträge, ab denen sich der Arbeitslosenversicherungsbeitrag vermindert, ändern sich jährlich. Hier findest du die aktuellen Werte.

Höchstbeitragsgrundlage
Einkommensschwelle, oberhalb der keine Beiträge zur Sozialversicherung geleistet werden müssen

L 10.4 Sozialversicherungsbeitrag

Michael	Anna
Beitragsgrundlage = Bruttobezug, da keine sozialversicherungsfreien Bestandteile enthalten sind. Da Michael wenig verdient, beträgt sein Beitragssatz nur 17,12 %: € 2.108 × 17,12 % = € 360,89	Beitragsgrundlage = Bruttobezug, da keine sozialversicherungsfreien Bestandteile enthalten sind. Der Beitragssatz für Anna beträgt 18,12 %. € 3.956,24 × 18,12 % = € 716,87

Ü 10.2 Sozialversicherung Dienstnehmer C

Recherchiere die Grenzbeiträge zur Sozialversicherung des heurigen Jahres.

Berechne den Sozialversicherungsbeitrag, der einem Arbeitnehmer abgezogen wird, wenn er folgendes Gehalt bezieht:

a) € 2.064,59

b) € 3.684,70

c) € 6.985,30

Ü 10.3 Sozialversicherungszweige A

Erkläre, gegen welche Risiken dich die Sozialversicherung schützt.

Ü 10.4 Berechnung Sozialversicherungsbeitrag Dienstnehmer C

Ein Angestellter erhält € 1.960,00 Normalbezug, € 65,00 Überstundengrundbezug, € 32,50 Überstundenzuschlag sowie € 28,50 Gefahrenzulage und € 26,00 Schmutzzulage.

Berechne den Bruttobezug und den vom Dienstnehmer zu tragenden Sozialversicherungsbeitrag.

Ü 10.5 Abfuhr der Sozialversicherungsbeiträge A

Ein Unternehmen rechnet die Mitarbeiterentgelte für April ab. Erläutere, bis zu welchem Termin die Sozialversicherungsbeiträge abgeführt werden müssen und an wem.

Ü 10.6 Anmeldung zur Sozialversicherung B

Daniel Grainer, wohnhaft in 1200 Wien, Wexstraße 19, hat mit der Fa. Karl Weiss, Handel mit Küchengeräten, 3500 Krems, Langenloiser Straße 22, vereinbart, dass er am Montag, 1. März 2021, um 19:30 Uhr seine Tätigkeit als Nachtportier in diesem Unternehmen antritt. Erkläre,

a) wann er bei der Sozialversicherung anzumelden ist,

b) bei welcher Sozialversicherung er anzumelden ist,

c) ob er überprüfen kann, ob er ordnungsgemäß bei der Sozialversicherung angemeldet wurde,

d) was passieren kann, wenn er ohne Meldung bei einer Kontrolle aufgegriffen wird.

Ü 10.7 Entgelt im Konkurs B

Die Fa. Rainer Rinner meldet den Konkurs an und ist Fabian Grün das Entgelt für zwei Monate schuldig. Prüfe, welche Möglichkeiten Fabian hat, sein Geld zu bekommen.

Operation am Knie
In vielen Ländern gibt es keine Sozialversicherung. Wenn nach einem Sportunfall eine Operation notwendig ist, kann es je nach Aufenthaltsdauer im Spital rasch zu Kosten von mehreren tausend Euro kommen.

5 Lohnsteuer

Der Arbeitgeber hat bei jeder Entgeltauszahlung die Lohnsteuer zu berechnen, abzuziehen und **bis zum 15. des Folgemonats** an das Finanzamt abzuführen. Für die richtige Berechnung und korrekte Abfuhr der Lohnsteuer und der übrigen entgeltabhängigen Abgaben **haftet der Arbeitgeber.**

wage tax
Lohnsteuer

basis for assessing wage tax
Bemessungsgrundlage für die Lohnsteuer

Ⓜ Lohnsteuerbemessungsgrundlage: Die Bemessungsgrundlage für die Lohnsteuer ist der Wert, der die Grundlage für die Steuerberechnung darstellt. Sie wird nach folgendem Schema ermittelt:

> Bruttobezug inkl. sämtlicher Zulagen und Zuschläge
> – Sozialversicherungsbeitrag
> – Freibeträge lt. Freibetragsbescheid
> – max. 10 Überstundenzuschläge
> – Sonntags-, Feiertags-, Nachtarbeitszuschläge
> – Schmutz-, Erschwernis- und Gefahrenzulagen
> – Pendlerpauschale
> **Bemessungsgrundlage**

Einen **Freibetragsbescheid** erhält man, wenn man im vorvergangenen Jahr Werbungskosten oder Sonderausgaben hatte und zu erwarten ist, dass diese auch im aktuellen Jahr wieder anfallen werden. Der Freibetragsbescheid muss beim Finanzamt beantragt werden. Dadurch wird die monatliche Lohnsteuer geringer.

Begünstigte Zuschläge und Zulagen

Bestimmte Zuschläge und Zulagen, die neben dem laufenden Bezug gewährt werden, sind steuerbegünstigt.

supplements
Zulagen

Begünstigte Zuschläge und Zulagen		
Normal-Überstunden	**Sonntags-, Feiertags-, Nachtarbeit**	**Schmutz-, Erschwernis- und Gefahrenzulagen**
max. 50 % Zuschlag für max. 10 Stunden	Zuschlag + evtl. Überstundenzuschlag	
max. € 86,00 je Monat steuerfrei	max. € 360,00 je Monat steuerfrei	

Leisten Arbeitnehmer Überstunden oder arbeiten sie an Sonntagen, Feiertagen oder in der Nacht, dann haben sie Anspruch auf:

- **Grundlohn** (Stundenlohn für geleistete Arbeitszeit): wird immer normal versteuert

- **Zuschlag** (lt. Gesetz oder Kollektivvertrag): kann steuerlich begünstigt sein

Der Zuschlag (max. 50 %) für die **ersten 10 Überstunden** pro Monat ist steuerfrei, wenn er nicht mehr als € 86,00 beträgt. Werden mehr Überstunden geleistet oder ist der Zuschlag für die Überstunden höher als € 86,00, so ist der darüber hinausgehende Teil des Zuschlags normal zu versteuern.

Es sind genaue Aufzeichnungen über die Anzahl und zeitliche Lage der Überstunden zu führen. Daneben ist auch der Grund für die Leistung dieser Stunden zu vermerken.

Besteuerung von Zuschlägen
Leistet der Arbeitnehmer Stunden, für die er einen geringeren Zuschlag erhält (z. B. Mehrarbeit), werden diese Zuschläge wie Überstundenzuschläge besteuert.

Zuschläge für Sonntags-, Feiertags- und Nachtarbeit und damit zusammenhängende Überstundenzuschläge sind bis zu einem Betrag von € 360,00 pro Monat steuerfrei. Darüber hinausgehende Beträge werden normal versteuert. Steuerrechtlich gilt als Nachtarbeit eine zusammenhängende Arbeitszeit von mindestens drei Stunden in der Zeit zwischen 19:00 und 7:00 Uhr.

Schmutz-, Erschwernis- und Gefahrenzulagen sind ebenfalls von der Lohnsteuer befreit. Sie werden zu den Zuschlägen für Sonntags-, Feiertags- und Nachtarbeit addiert und dürfen gemeinsam den Betrag von € 360,00 nicht übersteigen, um steuerfrei behandelt zu werden.

L 10.5 Zuschläge und Zulagen

Michael	Anna
Michael bekommt keine Zuschläge oder Zulagen, die begünstigt besteuert werden.	Anna erhält Überstundenzuschläge, die steuerfrei sein können.
	Überstundenzuschlag für 1 Überstunde: € 12,76, Überstundenzuschlag für 8 Überstunden: € 102,08.
	Sie erhält mehr als € 86,–. Daher sind € 86,– steuerfrei. Die Differenz von € 16,08 muss normal versteuert werden.

Pendlerpauschale und Pendlereuro

Beträgt die Entfernung Wohnung-Arbeitsstätte mehr als 20 km bzw. kann kein öffentliches Verkehrsmittel benutzt werden, kann der Arbeitnehmer einen weiteren Freibetrag, das Pendlerpauschale, beantragen.

Pendlerpauschale				
einfache Fahrtstrecke	öffentliches Verkehrsmittel zumutbar		öffentliches Verkehrsmittel nicht zumutbar	
	monatlich	jährlich	monatlich	jährlich
2 bis 20 km			€ 31,00	€ 372,00
20 bis 40 km	€ 58,00	€ 696,00	€ 123,00	€ 1.476,00
40 bis 60 km	€ 113,00	€ 1.356,00	€ 214,00	€ 2.568,00
über 60 km	€ 168,00	€ 2.016,00	€ 306,00	€ 3.672,00

das Pendlerpauschale
Im österreichischen Steuerrecht wird für „Pendlerpauschale" der sächliche Artikel verwendet; in Deutschland hingegen heißt es „die Pendlerpauschale".

Ein **öffentliches Verkehrsmittel ist nicht zumutbar,** wenn mindestens die Hälfte des Weges kein öffentliches Verkehrsmittel fährt oder es der Arbeitnehmer aus gesundheitlichen Gründen nicht nutzen kann. Diesfalls kann ab einer Entfernung von 2 km das Pendlerpauschale beantragt werden.

Die Entfernung Wohnung–Arbeitsstätte und die Beurteilung, ob ein öffentliches Verkehrsmittel zumutbar ist, erfolgt mithilfe des **Pendlerrechners**: www.bmf.gv.at/pendlerrechner. Damit der Dienstgeber dies bei der Personalverrechnung berücksichtigen darf, muss ihm der Mitarbeiter einen Ausdruck übergeben. Wird das Pauschale und der Pendlereuro zu Unrecht beantragt, haftet der Arbeitnehmer für die zu wenig bezahlte Lohnsteuer.

Hat ein Arbeitnehmer Anspruch auf das Pendlerpauschale, dann steht ihm zusätzlich der Pendlereuro zu. Der **Pendlereuro** ist ein Jahresbetrag und wird berechnet, indem die Entfernung zwischen Wohnung und Arbeitsstätte

Zur Arbeit pendeln
In Ostösterreich penden rund 167.000 Arbeitnehmer nach Wien; rund 57.000 Wiener pendeln in die Nachbarbundesländer.

mit 2 multipliziert wird. Er wird als **Absetzbetrag berücksichtigt** und mindert direkt die zu zahlende Steuer.

L 10.6 Pendlerpauschale, Pendlereuro

Michael	Anna
Michael steht kein Pendlerpauschale zu, da die Entfernung Wohnung–Arbeitsstätte nur 3 km beträgt.	Anna wohnt 22 km vom Arbeitsort entfernt. Sie hat daher Anspruch auf € 58,– Pendlerpauschale. Dieses mindert die Steuerbemessungsgrundlage. Weiter steht ihr der Pendlereuro zu. Dieser beträgt für sie: 2 × 22 = € 44,– pro Jahr oder € 44/12 = € 3,67 pro Monat

Michael		Anna	
Bruttobezug	€ 2.108,00	Bruttobezug	€ 3.956,24
– Sozialversicherung	€ 360,89	– Sozialversicherung	€ 716,87
Bemessungsgrundlage	€ 1.747,11	– Freibetrag lt. Bescheid	€ 12,00
		– 10 Überstundenzuschläge	€ 86,00
		– Pendlerpauschale	€ 58,00
		Bemessungsgrundlage	€ 3.083,37

Ermittlung der Lohnsteuer

Die **Lohnsteuer** samt **zustehenden Absetzbeträge** kann mithilfe der Effektiv-Tarif-Tabelle ermittelt werden.

Auf die **Bemessungsgrundlage** ist der jeweilige **Grenzsteuersatz** anzuwenden. Von dem errechneten Betrag ist dann der Abzug und danach die zustehenden Absetzbeträge in der Reihenfolge der Tabelle abzuziehen, Zuletzt ist der Pendlereuro zu subtrahieren.

Die errechnete Lohnsteuer kann € 0,00 betragen, darf aber nicht negativ werden. Erhält der Steuerpflichtige aufgrund der Absetzbeträge eine Steuergutschrift ausbezahlt, erfolgt dies durch das Finanzamt.

Monatslohnsteuertabelle für Arbeitnehmer (Effektiv-Tarif-Tabelle)											
Bemessungs-grundlage		Grenz-steuer-satz	Abzug	Absetzbeträge					Alleinverdiener oder Alleinerhalter		
				Familienbonus Plus < 18 Jahre		Familienbonus Plus > 18 Jahre		Verkehrs-absetz-betrag	1 Kind	2 Kin-der	für jedes weitere Kind
von	bis			ganz	halb	ganz	halb				
	€ 927,67	0,00%									
€ 927,68	€ 1.511,00	20,00%	€ 185,53	€ 125,00	€ 62,50	€ 41,68	€ 20,84	€ 33,33	€ 41,17	€ 55,75	€ 18,33
€ 1.511,01	€ 2.594,33	**35,00%**	**€ 412,18**	€ 125,00	€ 62,50	€ 41,68	€ 20,84	€ 33,33	€ 41,17	€ 55,75	€ 18,33
€ 2.594,34	€ 5.011,00	**42,00%**	**€ 593,79**	**€ 125,00**	€ 62,50	€ 41,68	€ 20,84	**€ 33,33**	**€ 41,17**	€ 55,75	€ 18,33
€ 5.011,01	€ 7.511,00	48,00%	€ 894,45	€ 125,00	€ 62,50	€ 41,68	€ 20,84	€ 33,33	€ 41,17	€ 55,75	€ 18,33
€ 7.511,01	€ 83.344,33	50,00%	€ 1.044,67	€ 125,00	€ 62,50	€ 41,68	€ 20,84	€ 33,33	€ 41,17	€ 55,75	€ 18,33
über	€ 83.344,33	55,00%	€ 5.211,88	€ 125,00	€ 62,50	€ 41,68	€ 20,84	€ 33,33	€ 41,17	€ 55,75	€ 18,33

Michael	Anna
Die Lohnsteuer für Michael beträgt:	Die Lohnsteuer für Anna beträgt:

Michael		Anna	
Bemessungsgrundlage	€ 1.747,11	Bemessungsgrundlage	€ 3.083,37
davon **35,00%**	€ 611,49	davon **42,00%**	€ 1.295,02
− Abzug lt. Tabelle	**€ 412,18**	− Abzug lt. Tabelle	**€ 593,79**
− Verkehrsabsetzbetrag	**€ 33,33**	− Familienbonus Plus	**€ 125,00**
Lohnsteuer	€ 165,98	− Verkehrsabsetzbetrag	**€ 33,33**
		− Alleinverdienerabsetzbetrag	**€ 41,17**
		− Pendlereuro	€ 3,67
		Lohnsteuer	€ 498,06

Die Lohnsteuer kann auch mithilfe der **Formel für die Einkommensteuer** errechnet werden:

Jahreseinkünfte (unselbständige Arbeit 1.747,11 × 12)	€ 20.965,32
− Werbungskostenpauschale	€ 132,00
Einkommen	€ 20.883,32

Berufliche Fortbildung
Jedem Arbeitnehmer steht ein Werbungskostenpauschale von € 132,00 zu. Dies deckt z. B. beruflich benötigte Kurse ab, die der Arbeitnehmer selbst bezahlt.

Einkommensteuertarif		
Einkommen		Steuersatz
von	bis	
bis	€ 11.000,00	0%
€ 11.000,01	€ 18.000,00	20%
€ 18.000,01	€ 31.000,00	35%
€ 31.000,01	€ 60.000,00	42%
€ 60.000,01	€ 90.000,00	48%
€ 90.000,01	€ 1.000.000,00	50%
über	€ 1.000.000,00	55%

Einkommensteuer laut Tarif				
€ 0,00	€ 11.000,00	0%		€ 0,00
€ 11.000,01	€ 18.000,00	20%	(€ 18.000−€ 11.000) × 20%	€ 1.400,00
€ 18.000,01	€ 31.000,00	35%	(€ 20.833,32−€ 18.000) × 35%	€ 991,70
− Verkehrsabsetzbetrag				−€ 400,00
Jahresbetrag der Lohnsteuer				€ 1.991,70
monatliche Lohnsteuer (Jahresbetrag : 12)				**€ 165,98**

6 Abrechnung laufender Bezüge

Die Abrechnung von Bezügen erfolgt nach einem bestimmten Schema.

Vom Bruttobezug zum Nettobezug: Die Personalverrechnung erfolgt in drei Schritten.

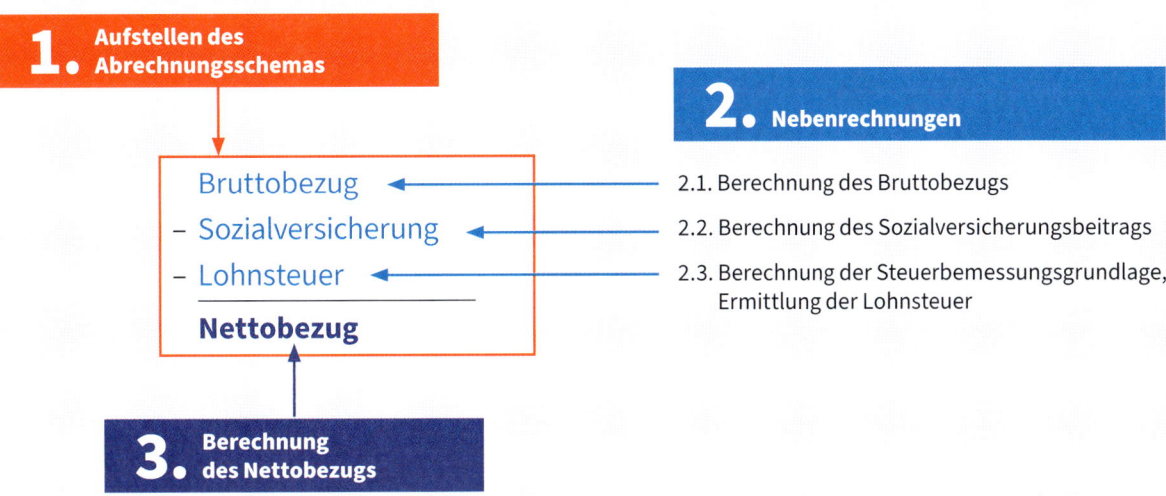

1. Aufstellen des Abrechnungsschemas

2. Nebenrechnungen

Bruttobezug
– Sozialversicherung
– Lohnsteuer
_____
Nettobezug

2.1. Berechnung des Bruttobezugs

2.2. Berechnung des Sozialversicherungsbeitrags

2.3. Berechnung der Steuerbemessungsgrundlage, Ermittlung der Lohnsteuer

3. Berechnung des Nettobezugs

L 10.8 Laufende Bezüge

Die Abrechnungen der Bezüge von Michael und Anna zeigen folgende Ergebnisse:

Michael		Anna	
Normalbezug	€ 2.108,00	**Normalbezug**	€ 3.650,00
		+ 8 × Überstundengrundbezug	€ 204,16
		+ 8 × Überstundenzuschlag	€ 102,08
Bruttobezug	€ 2.108,00	Bruttobezug	€ 3.956,24
– Sozialversicherung	€ 360,89	– Sozialversicherung	€ 716,87
– Lohnsteuer	€ 165,98	– Lohnsteuer	€ 498,06
Nettobezug	€ 1.581,13	Nettobezug	€ 2.741,31
Sozialversicherung		**Sozialversicherung**	
€ 2.108,00 × 17,12 %	€ 360,89	€ 3.956,24 × 18,12 %	€ 716,87
Lohnsteuer		**Lohnsteuer**	
Bruttobezug	€ 2.108,00	Bruttobezug	€ 3.956,24
– Sozialversicherung	€ 360,89	– Sozialversicherung	€ 716,87
Bemessungsgrundlage	€ 1.747,11	– Freibetrag lt. Bescheid	€ 12,00
davon 35,00 %	€ 611,49	– 10 × Überstundenzuschlag	€ 86,00
– Abzug lt. Tabelle	€ 412,18	– Pendlerpauschale	€ 58,00
– Verkehrsabsetzbetrag	€ 33,33	Bemessungsgrundlage	€ 3.083,37
Lohnsteuer	€ 165,98	davon 42,00 %	€ 1.295,02
		– Abzug lt. Tabelle	€ 593,79
		– Familienbonus Plus	€ 125,00
		– Verkehrsabsetzbetrag	€ 33,33
		– Alleinverdienerabsetzbetrag	€ 41,17
		– Pendlereuro	€ 3,67
		Lohnsteuer	€ 498,06

Gehaltszettel verstehen
Als Arbeitnehmer sollte man seinen Gehaltszettel vollständig verstehen. Wenn etwas unklar ist, kann man nachfragen.

Der Arbeitgeber ist verpflichtet, dem Dienstnehmer am Ende jeder Abrechnungsperiode (Monat) eine **detaillierte Abrechnung** auszuhändigen, auf welcher der Bruttobezug und dessen Zusammensetzung sowie die Abzüge ersichtlich sind. Dadurch ist der Arbeitnehmer in der Lage, die Richtigkeit der Abrechnung zu kontrollieren.

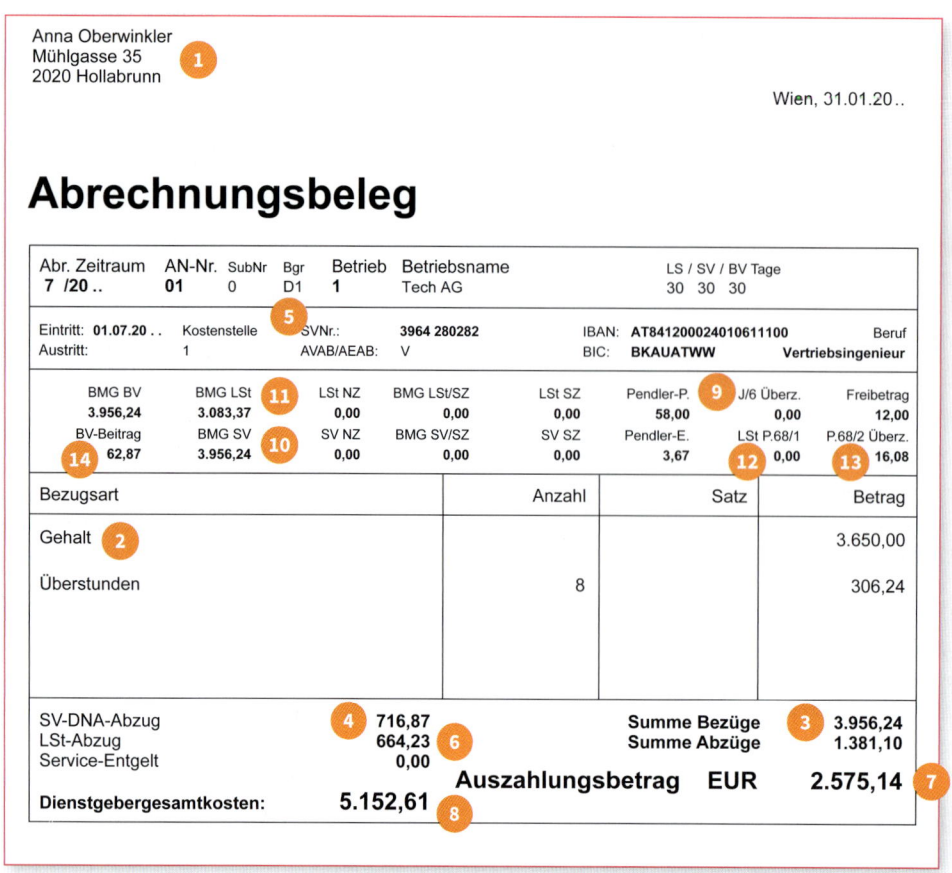

Abrechnungsbeleg

Abr. Zeitraum	AN-Nr.	SubNr	Bgr	Betrieb	Betriebsname		LS / SV / BV Tage
7 /20 ..	01	0	D1	1	Tech AG		30 30 30

Eintritt: 01.07.20 ..	Kostenstelle	SVNr.:	3964 280282	IBAN:	AT841200024010611100	Beruf
Austritt:	1	AVAB/AEAB:	V	BIC:	BKAUATWW	Vertriebsingenieur

BMG BV	BMG LSt	LSt NZ	BMG LSt/SZ	LSt SZ	Pendler-P.	J/6 Überz.	Freibetrag
3.956,24	3.083,37	0,00	0,00	0,00	58,00	0,00	12,00
BV-Beitrag	BMG SV	SV NZ	BMG SV/SZ	SV SZ	Pendler-E.	LSt P.68/1	P.68/2 Überz.
62,87	3.956,24	0,00	0,00	0,00	3,67	0,00	16,08

Bezugsart	Anzahl	Satz	Betrag
Gehalt			3.650,00
Überstunden	8		306,24

SV-DNA-Abzug	716,87	Summe Bezüge	3.956,24
LSt-Abzug	664,23	Summe Abzüge	1.381,10
Service-Entgelt	0,00	**Auszahlungsbetrag EUR**	**2.575,14**
Dienstgebergesamtkosten:	5.152,61		

Bestandteile einer Lohn- und Gehaltsabrechnung:

1. Gehaltsbezieher
2. Zusammensetzung des Bruttobezugs
3. Bruttobezug
4. Dienstnehmer-Beitrag zur Sozialversicherung
5. SV-Beitragsgruppe (z. B. D1 → Angestellte, A1 → Arbeiter)
6. Lohnsteuer
7. Nettobezug
8. Arbeitgeber-Gesamtkosten:
   - Bruttobezug
   - Sozialversicherung Dienstgeberanteil
   - Betriebliche Mitarbeitervorsorgekasse
   - Dienstgeberbeitrag zum Familienlastenausgleichsfonds
   - Zuschlag zum Dienstgeberbeitrag
   - Kommunalsteuer
   - Wiener Dienstgeberabgabe („U-BahnSteuer")
9. Höhe des Pendlerpauschales
10. Beitragsgrundlage Sozialversicherung
11. Bemessungsgrundlage Lohnsteuer
12. steuerfreie Schmutz-, Erschwernis- und Gefahrenzulagen sowie Sonntags-, Feiertags- und Nachtarbeitszuschläge
13. wenn mehr als 10 Überstunden geleistet wurden oder Zuschlag € 86,00 übersteigt
14. Beitrag zur Mitarbeitervorsorgekasse

Ü 10.8 Auszahlungsbetrag Angestellter C

Berechne den Auszahlungsbetrag:

Angestellter, Monatsgehalt € 2.410,00, kein Alleinverdienerabsetzbetrag

Ü 10.9 Auszahlungsbetrag Angestellter mit Überstunden C

Berechne den Auszahlungsbetrag für einen Angestellten:

Normalbezug € 4.689,00, 20 Normalüberstunden (Überstundenteiler = 1/150), Alleinverdienerabsetzbetrag, 1 Kind unter 18 Jahren

Ü 10.10 Auszahlungsbetrag Angestellter mit Überstunden C

Berechne den Nettobezug:

Angestellter: Monatsbezug € 3.069,00, 25 Normalüberstunden (Überstundenteiler 1/143), Pendlerpauschale € 58,– monatlich für 39 km, kein Alleinverdienerabsetzbetrag

7 Sonderzahlungen

Die meisten Arbeitnehmer erhalten ihren Bezug 14-mal.

Sonderzahlungen sind Bezüge, die der Arbeitnehmer in **größeren Zeitabständen** neben dem laufenden Bezug erhält, z. B. Weihnachtsremuneration, Urlaubszuschuss, Belohnungen … Der Anspruch und die genaue Berechnung richten sich nach dem Kollektiv- oder Arbeitsvertrag. Gesetzlich besteht kein Anspruch auf Sonderzahlungen.

Sozialversicherung

Für Sonderzahlungen fallen **keine Kammerumlage** und **kein Wohnbauförderungsbeitrag** an, daher ermäßigt sich der SV-Beitrag, der dem Arbeitnehmer abgezogen wird, um 1 %. Die Höchstbeitragsgrundlage für sämtliche Sonderzahlungen eines Jahres beträgt 2-mal die monatliche Höchstbeitragsgrundlage. Darüber hinausgehende Sonderzahlungen sind beitragsfrei.

Lohnsteuer

Für die **Besteuerung von sonstigen Bezügen** gelten spezielle Regeln, sie sind günstiger besteuert. Die Begünstigung ist jedoch begrenzt:
Arbeitnehmer erhalten i. d. R. 12 laufende Monatsbezüge sowie je 1 Monatsbezug als Urlaubs- und als Weihnachtsgeld (= sonstige Bezüge). Die sonstigen Bezüge sind daher 2/12 oder 1/6 der laufenden Bezüge. Dies wird auch **Jahressechstel** genannt.

Nur das Jahressechstel wird begünstigt besteuert.

1. Die ersten € 620,– sind steuerfrei.

2. Weitere sonstige Bezüge bis € 83.333,– werden günstiger besteuert.

3. Sonstige Bezüge über € 83.333,– werden als laufender Bezug lt. Tarif besteuert.

Mehr Geld als der übliche Bezug
Das Sozialversicherungsrecht nennt Zahlungen wie Weihnachtsremuneration oder Urlaubszuschuss Sonderzahlungen. Steuerlich werden sie als „sonstige Bezüge" bezeichnet.

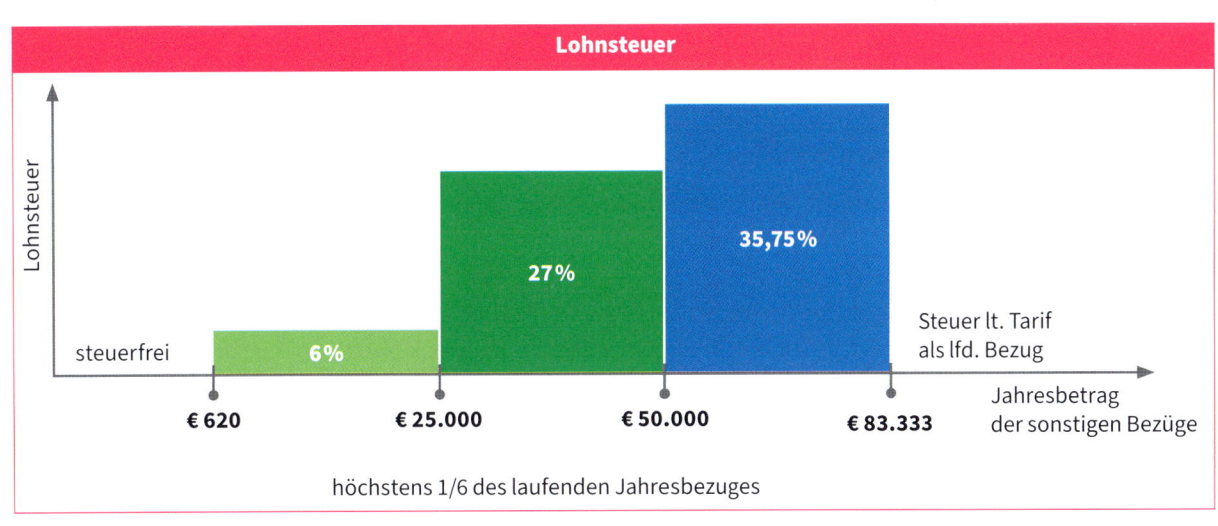

Die **Bemessungsgrundlage** für die Besteuerung der sonstigen Bezüge errechnet sich wie folgt:

Sonstiger Bezug
- SV Sonderzahlung
- € 620,00 Freibetrag (1 × pro Jahr)
Bemessungsgrundlage

Beträgt das Jahressechstel nicht mehr als € 2.100,00 (Freigrenze), bleiben die sonstigen Bezüge steuerfrei.

8 Personalnebenkosten

non wage labour costs
Personalnebenkosten

Der Unternehmer hat für jeden Arbeitnehmer neben dem Dienstgeberbeitrag zur Sozialversicherung folgende Abgaben zu leisten:

- **Dienstgeberbeitrag zum Familienlastenausgleichsfonds (DB):** Es sind 3,9 % der Summe der Arbeitslöhne zu entrichten. Für Betriebe, die nur ganz geringe Bezüge ausbezahlen, gibt es eine Ermäßigung.

- **Zuschlag zum Dienstgeberbeitrag (DZ):** Der Zuschlag muss von den Mitgliedern der Wirtschaftskammer als Beitrag an diese geleistet werden und wird vom Finanzamt eingehoben. Er setzt sich zusammen aus einer Bundeskammer- und einer Landeskammerumlage, die von der jeweiligen Landeskammer festgelegt wird. Daher hat der DZ in jedem Bundesland eine andere Höhe. Auch beim DZ gibt es eine Begünstigung für Betriebe, die nur ganz geringe Bezüge ausbezahlen.

Finanzierung der Schülerfreifahrt
Aus dem Familienlastenausgleichsfonds (FLAF) werden z. B. die Familienbeihilfe, die Schülerfreifahrt und die Schulbücher bezahlt.

Der Zuschlag zum Dienstgeberbeitrag beträgt:

Bundesland	Höhe des DZ
Burgenland	0,42 %
Kärnten	0,39 %
Niederösterreich	0,38 %
Oberösterreich	0,34 %
Salzburg	0,39 %
Steiermark	0,37 %
Tirol	0,41 %
Vorarlberg	0,37 %
Wien	0,38 %

- **Kommunalsteuer (KomSt):** Dies ist eine Gemeindeabgabe, die das Unternehmen direkt mit der Gemeinde verrechnet. Sie beträgt 3 % der ausbezahlten Arbeitslöhne.

municipal tax
Kommunalsteuer

- **Wiener Dienstgeberabgabe** (U-Bahn-Steuer): Dies ist eine zweckgebundene Abgabe, die ausschließlich in Wien zur Finanzierung des Baus der Wiener U-Bahn eingehoben wird. Sie beträgt € 2,– je Arbeitnehmer (bis zum 55. Lebensjahr) und Woche, auch wenn diese nur angefangen ist.

- **Taxe nach dem Behinderteneinstellungsgesetz:** Grundsätzlich sind Unternehmen, die 25 oder mehr Dienstnehmer beschäftigen, verpflichtet, pro 25 Beschäftigte einen begünstigten Behinderten einzustellen. Tun sie dies nicht, müssen sie für jeden nicht beschäftigten Behinderten

Ausgleichstaxe zahlen. Dieses Geld wird zur Förderung von Arbeitsplätzen behinderter Personen verwendet.

Die im Rahmen der Personalverrechnung einbehaltenen Abzüge sind abzuführen:

Österreichische Gesundheitskasse	• Dienstnehmeranteil zur Sozialversicherung • Dienstgeberanteil zur Sozialversicherung
Finanzamt	• Lohnsteuer • Dienstgeberbeitrag zum Familienlastenausgleichsfonds • Zuschlag zum Dienstgeberbeitrag
Gemeinde	• Kommunalsteuer • Wiener Dienstgeberabgabe

L 10.9 Nebenkosten

Michael und Anna arbeiten in Niederösterreich, daher fällt keine U-Bahn-Steuer an.

Ihr Betrieb beschäftigt genügend begünstigte Behinderte. Daher ist keine Ausgleichstaxe zu zahlen.

Bei Michael und Anna sind Bruttobezug und Beitragsgrundlage jeweils gleich. Wenn aber jemand eine Schmutzzulage, Auslagenersätze etc. erhält, verringert dies die Beitragsgrundlage.

Bruttobezug (= Beitragsgrundlage) Michael	€ 2.108,00
Bruttobezug (= Beitragsgrundlage) Anna	€ 3.956,24
Summe	€ 6.064,24

An die Österreichische Gesundheitskasse sind die Dienstnehmeranteile zur Sozialversicherung zu überweisen, die den beiden abgezogen wurden. Dazu kommen die Dienstgeberanteile und die Beitrage zur Mitarbeitervorsorgekasse.

Dienstgeberanteil zur Sozialversicherung	€ 6.064,24	21,23%	€ 1.287,44
Beitrag zur Mitarbeitervorsorgekasse	€ 6.064,24	1,53%	€ 92,78
SV-Beitrag Michael			€ 360,89
SV-Beitrag Anna			€ 716,87
an die Krankenkasse zu überweisen			€ 2.457,98

Das Finanzamt erhält die einbehaltene Lohnsteuer, den Dienstgeberbeitrag zum Familienlastenausgleichsfonds und den Zuschlag zum Dienstgeberbeitrag. Insgesamt ist an das Finanzamt zu überweisen:

DB 3,9% von € 6.064,24	€ 248,63
DZ 0,38% von € 6.064,24	€ 23,04
Lohnsteuer Michael	€ 165,98
Lohnsteuer Anna	€ 498,06
an das Finanzamt zu überweisen	€ 935,72

Die Gemeinde erhält die Kommunalsteuer:

Kommunalsteuer	3% von € 6.064,24	€ 181,93

Die gesamten Zahlungen, die der Dienstgeber für die beiden Mitarbeiter für diesen Monat zu leisten hat, betragen:

Bruttobezug Michael	€ 2.108,00
Bruttobezug Anna	€ 3.956,24
Dienstgeberanteil zur Sozialversicherung	€ 1.287,44
Beitrag zur Mitarbeitervorsorgekasse	€ 92,78
Dienstgeberbeitrag zum Familienlastenausgleichsfonds	€ 248,63
Zuschlag zum Dienstgeberbeitrag	€ 23,04
Kommunalsteuer	€ 181,93
Summe	€ 7.898,07

Österreichische Gesundheitskasse

Versicherung für 7,2 Mio. Menschen
Die Gesundheitskasse erhält die Überweisung von den Dienstgebern und teilt diese auf die verschiedenen Träger der Sozialversicherung (Pensionsversicherungsanstalt, Unfallversicherungsanstalt, Arbeitsmarktservice) und die Arbeiterkammer auf.

ÜBEN

In dieser Lerneinheit hast du erfahren, wie eine Lohn- bzw. Gehaltsabrechnung durchgeführt wird. Mit den folgenden Aufgaben kannst du das Gelernte üben.

Ü 10.11 Beiträge des Arbeitgebers A

Ein Arbeitgeber in der Steiermark muss neben dem Bruttoentgelt noch verschiedene Beiträge bezahlen.

a) Nenne die Beiträge, die er bezahlen muss.

b) Erkläre, an wen sie abzuführen sind.

c) Ermittle, wie hoch die Beiträge insgesamt für einen Mitarbeiter sind.

Ü 10.12 Sonderzahlungen A

Entscheide, ob folgende Aussagen richtig oder falsch sind.

Verschiedene DZ in den Bundesländern
In der Steiermark und in Vorarlberg ist der Zuschlag zum Dienstgeberbeitrag gleich hoch.

Aussage	richtig	falsch
Sonstige Bezüge sind nur bis zu einem Sechstel der laufenden Bezüge steuerlich begünstigt.		
Für Sonderzahlungen gibt es keine SV-Höchstbeitragsgrundlage.		
Der Anspruch auf Sonderzahlungen steht im Gesetz.		
Für Sonderzahlungen ist ein höherer SV-Beitrag zu entrichten.		

 LINK
Ü 10.12 Sonderzahlungen
interaktive Übung

KÖNNEN

In diesem Kapitel hast du die Grundlagen der Personalverrechnung kennengelernt. Bei den folgenden Aufgaben kannst du dein Wissen anwenden.

K 10.1 Lesen eines Abrechnungsbeleges D

Benenne die wesentlichen Bestandteile der Lohn- und Gehaltsabrechnung auf der Folgeseite.

a) Wie hoch ist der Bruttobezug?

b) Wurden diesen Monat Sonderzahlungen ausbezahlt?

c) Bei welcher Vorsorgekasse wurde für Max Muster einbezahlt?

d) Steht Max Muster ein Alleinverdienerabsetzbetrag zu?

e) Wurden Überstunden geleistet?

f) Wurden Zulagen ausbezahlt?

g) Wurde ein Pendlerpauschale beansprucht?

LOHN – GEHALTSABRECHNUNG   *Jänner 20 . .*

DN: 11
Max. MUSTER,

SV-Nr.	0000-221168	LSt.-Fb.	0,00	Zul./Zuschl. §68(1)	0,00	Eintritt	01.02.20 . .
Besch. als	Angestellter	AV/AE-Ab.	–	Zul./Zuschl. §68(2)	0,00	Ersteintr.	01.02.20 . .
MV-Kasse	fair-finance	Pend.-P	58,00	Pendlereuro	4,17		
	Vorsorgek. AG	MVK-Leitz.	71150	MV-Pflicht ab	01.02.20 . .		

Entgelt		Menge		Satz	nur. Bem. SV/LSt/MV	Betrag (EUR)
Gehalt						1.980,00

Bem. SV - lfd.	Bem. SV – SZ	SV. lfd.	SV SZ	BRUTTO	1.980,00
1.980,00	0,00	338,98	0,00	SV	338,98
Bem. LSt.	Bem. LSt. Fest	LSt. lfd.	LSt. fest		
1.583,02	0,00	102,62	0,00	LSt.	102,62
SV – Tage 30	LSt. Tage 30	SV KZ 225	SV KZ 226		
		0,00	0,00		
Bem. MV-Beitrag	1.980,00	MV-Beitrag	30,29		

NETTO   1.538,40

AUSZAHLUNG   1.538,40

Dienstgeber – Gesamtkosten (incl. Lohn-Nebenkosten)   **2.574,79**

K 10.2 Bestandteile der Abrechnung C

Trage die passenden Werte aus der Lohn- und Gehaltsabrechnung (K 10.1) in die Tabelle ein. Erläutere, wie der Dienstnehmerbeitrag zur Sozialversicherung, die Lohnsteuer und der Nettobezug berechnet werden.

Bruttobezug	Berechnung/Betrag
Dienstnehmerbeitrag zur Sozialversicherung	
Lohnsteuer	
Nettobezug	
Dienstgeberbeiträge: • DB • DZ • Kommunalsteuer • Wiener Dienstgeberabgabe	

KOMPETENZCHECK

Meine Kompetenzen	Kann ich?	Lernstoff	Aufgaben
Ich kenne die möglichen Bestandteile des Bruttobezugs.		Lerneinheit 1	K 10.1, K 10.2
Ich kann erklären, wie der Beitrag zur Sozialversicherung berechnet wird.		Lerneinheit 1	Ü 10.2, Ü 10.4, Ü 10.8, Ü 10.9, Ü 10.10
Ich kann erklären, was der Unternehmer bei Begründung eines Arbeitsverhältnisses zu tun hat.		Lerneinheit 1	Ü 10.5, Ü 10.6
Ich kann den Lohnsteuerbetrag ermitteln und kenne jene Teile des Bruttobezuges, die steuerlich begünstigt sind.		Lerneinheit 1	Ü 10.8, Ü 10.9, Ü 10.10
Ich kenne das Abrechnungsschema der laufenden Bezüge und kann die Richtigkeit meiner Lohn- und Gehaltsabrechnung überprüfen.		Lerneinheit 1	Ü 10.8, Ü 10.9, Ü 10.10
Ich kenne die Abgaben, die der Arbeitgeber neben der Auszahlung des Bruttobezuges an den Arbeitnehmer zusätzlich zu tragen hat.		Lerneinheit 1	Ü 10.11
Ich kenne die steuer- und sozialversicherungsrechtliche Behandlung der Sonderzahlungen.		Lerneinheit 1	Ü 10.12

Anhang

Stichwortverzeichnis

5-Kräfte-Modell ... 221

A

Ablauforganisation ... 174
Abrechnungsschema ... 328
Abschlussbuchungen ... 75
AIDA-Stufenmodell ... 239
Aktien ... 314
Anderskosten ... 109
Anlagenverzeichnis ... 35
Anlagevermögen ... 28, 51, 72
Anleihen ... 312
Annuitätenkredit ... 304
Arbeitsanweisung ... 178
Aufbauorganisation ... 163
Aufgabengliederung ... 166
Aufwand ... 66
Aufwandskonten ... 59
Auszahlung ... 66
Autorität ... 187

B

Bankkredit ... 302
Bausparen ... 311
Bedarf ... 211
Bedürfnis ... 2, 211
Bedürfnispyramide ... 192
Beleg ... 20
Bestandskonten ... 53
Betrieb ... 8
Betriebsabrechnung ... 130
Betriebsüberleitung ... 106
Betriebsübernahme ... 254
Betriebswirtschaftslehre ... 6, 7
Bewertung ... 71
Bilanz ... 50, 86
Break-even-Analyse ... 149
Buchführungsgrenzen ... 18
Bürgschaft ... 303
bürokratische Organisation ... 183
Business Model Canvas (BMC) ... 256
Businessplan ... 261

C

Cashflow-Analyse ... 295
Controlling ... 291
Corporate Identity ... 10
Crowdfunding ... 319

D

Debitoren ... 57
Deckungsbeitragsrechnung ... 143
degressive Abschreibung ... 30
differenzierte Zuschlagskalkulation ... 136
Divisionskalkulation ... 117

E

Effektivzinssatz ... 307
Eigenkapital ... 51, 287
Einliniensystem ... 169
Einnahmen-Ausgaben-Journal ... 38
Einnahmen-Ausgaben-Rechnung ... 26
Einstandspreis ... 118
Einzahlung ... 66
Einzelkosten ... 114
Einzelunternehmen ... 269
Erfolgsfaktoren ... 278
Erfolgskonten ... 58
Ertrag ... 66
Ertragskonten ... 59
externes Rechnungswesen ... 17

F

Factoring ... 318
Fahrtenbuch ... 37
Finanzierung ... 285
Finanzplan – direkte Methode ... 292
Finanzplan – indirekte Methode ... 293
Firma ... 8
fixe Kosten ... 141
Fixkostendeckungsrechnung ... 147
Fixkostendegression ... 141
Fixkredit ... 304
Flussdiagramm ... 176
formelle Gruppen ... 185
Formvorschriften der Buchführung ... 20
Franchising ... 254
freie Marktwirtschaft ... 3
Fremdkapital ... 51, 287
Führungsinstrumente ... 201
Führungskraft ... 195
Führungsstil ... 199

G

Geldveranlagung ... 310
Gemeinkosten ... 114
geringwertige Wirtschaftsgüter ... 32
Geschäftsidee ... 250
Gewerbeberechtigung ... 267
Gewinnermittlung ... 35
Gewinnschwellenanalyse ... 149
Gewinn-und-Verlust-Rechnung ... 86
Gründungskosten ... 272

H

Hierarchie ... 163
Hilfskostenstellen ... 134
Höchstwertprinzip ... 71

I

informelle Gruppen ... 185
internes Rechnungswesen ... 17
Inventar ... 70
Inventur ... 69

J

Jahresabschluss ... 86

K

Kalkulation in Dienstleistungsunternehmen ... 123
Kalkulation in Handelsunternehmen ... 118
kalkulatorische Kosten ... 107
Kapitalbeschaffung ... 300
Kapitalgesellschaften ... 271
Kapitalsparen ... 311
Kennzahlen ... 88
Kommunikationspolitik ... 239
Kontokorrentkredit ... 308
Kosten ... 103
Kostenartenrechnung ... 106
Kostenrechnung ... 102
Kostenstellenrechnung ... 128
Kreativitätstechniken ... 251
Kredit ... 302
Kreditoren ... 57
Kundendeckungsbeitrags-rechnung ... 148
Kundentypen ... 227

L

latente Steuern ... 81
Lean Management ... 184
Leasing ... 316
Leistungskurve ... 190
Lieferantenkredit ... 300
lineare Abschreibung ... 28
Lohnkonto ... 36
Lohnsteuer ... 335

M

Management by Objectives ... 203
Managerial Grid ... 197
Marketing ... 209
Marktanalyse ... 215
Marktforschung ... 213
Marktsegmentierung ... 216
Matrixorganisation ... 171
Mischkosten ... 141
Mitarbeiterführung ... 181
Mitarbeitergespräch ... 202
Monopol ... 218
Motivation ... 191

N

Nachkalkulation ... 151
Niederstwertprinzip ... 71

O

ökonomisches Prinzip ... 3
ökosoziale Marktwirtschaft ... 3
Oligopol ... 218
Organigramm ... 163
Organisation ... 159

P

Pauschalierung 44
Pendlerpauschale 336
Personalkosten 112
Personalnebenkosten 342
Personalverrechnung 327
Personengesellschaften 270
Plan-Kosten 151
Planwirtschaft 3
Polypol 218
Portfolio-Analyse 223
Preispolitik 236
Primärsektor 5
Produktionsfaktoren 10
Produktlebenszyklus 225
Produktpolitik 234

Q

Quicktest 96

R

Ratenkredit 305
Rechnungsabgrenzung 75
Rechtsform 268
Rücklagen 80
Rückstellungen 77

S

Sekundärsektor 5
Skonto 301
SMART-Formel 9
Sonderzahlungen 341
soziale Marktwirtschaft 3
Sozialversicherung 332
Sparbuch 311
Spartenorganisation 167
Stabliniensystem 170
Stellenbeschreibung 165
Steuererklärung 40
SWOT-Analyse 228

T

Teilkostenrechnung 140
Tertiärsektor 5
Theorie X und Theorie Y 196

U

Überstunden 331
Umlaufvermögen 51, 71
Unique Selling Proposition ... 255
Unternehmen 8
Unternehmensgründung 249
Unternehmensleitbild 10

V

variable Kosten 141
Verkaufspreis 120
Vertriebspolitik 238
Verzinsung 288
Volkswirtschaftslehre 6
Vorkalkulation 151

W

Wareneingangsbuch 35
Wareneinkauf, Verbuchung 68
Wertpapiere 312
Wirtschaftskreislauf 5
Wirtschaftsordnung 3
Wirtschaftswachstum 4
Wirtschaftswissenschaften 6
wissenschaftliches Management ... 183

Z

Zinsenrechnung 288
Zusatzkosten 107
Zuschlagskalkulation 136

Fachbegriffe Deutsch – Englisch

In diesem Buch hast du Grundlagen des Rechnungswesens sowie der Unternehmensgründung und -organisation kennengelernt. Im Folgenden findest du eine Liste mit den wichtigsten Begriffen auf Deutsch und Englisch, geordnet nach Kapiteln und Lerneinheiten.

Kapitel 1: Die Wirtschaft

Lerneinheit 1: Einstieg in die Welt der Wirtschaft

Bedürfnisse	*needs*
ökonomisches Prinzip	*economic principle*
Minimalprinzip	*minimum principle*
Maximalprinzip	*maximum principle*
Wirtschaftssysteme	*economies*
Wirtschaftspolitik	*economic policies*
Wirtschaftsrecht	*business law*
Wirtschaftsethik	*business ethics*
Wirtschaftssektoren	*economic sectors*
Wirtschaftswissenschaften	*business sciences*
Betriebswirtschaftslehre	*business administration*
Volkswirtschaftslehre	*economics*

Lerneinheit 2: Die Betriebswirtschaftslehre

Betrieb	*enterprise*
Betriebsgröße	*size of enterprise*
Wirtschaftszweig	*branch of the economy*
erstellte Leistung	*output*
Unternehmen	*company*
Firma	*company name, firm*
Unternehmensplanung	*corporate planning*
Unternehmensziel	*business objective*
strategisches Ziel	*strategic objective*
operatives Ziel	*operative point*
Wertschöpfungskette	*value added chain*

Kapitel 2: Aufzeichnungen für die Gewinnermittlung

Lerneinheit 1: Grundlagen des Rechnungswesens

Rechnungswesen	*accounting*
Buchhaltung	*accounting, bookkeeping*
Kostenrechnung	*cost accounting*
Planung	*planning*
Gewinn	*profit*
Steuerrecht	*tax law*
Unternehmensrecht	*commercial code*
Beleg	*receipt*
Rechnung	*invoice, bill*

Lerneinheit 2: Die Einnahmen-Ausgaben-Rechnung

Einnahmen-Ausgaben-Rechnung	*cash-based accounting*

Betriebseinnahmen	*incomes*
Betriebsausgaben	*expenses/expenditures*
Anlagegüter	*fixed assets*
Abschreibung	*depreciation*
Nutzungsdauer	*useful life*
geringwertige Wirtschaftsgüter	*low value assets*
Lieferant	*supplier, contractor*
Ware	*product, commodity, article*
Sozialversicherung	*social insurance*
Bezug	*salary, wage*

Lerneinheit 3: Die Pauschalierung

Pauschalierung	*flat-rate bookkeeping*
Wareneinkäufe	*cost of sales*
Sozialversicherungsbeiträge	*social insurance contribution*

Kapitel 3: Die Buchhaltung

Lerneinheit 1: Grundbegriffe der Buchhaltung

Bilanz	*balance sheet*
Aktiva	*assets*
Passiva	*liabilities*
Verbindlichkeit	*liability*
Anlagevermögen	*fixed assets*
Umlaufvermögen	*current assets*
Eigenkapital	*equity capital*
Fremdkapital	*borrowed capital, liabilities*
Aufwand	*expense*
Ertrag	*revenue*
Gewinn-und-Verlust-Rechnung	*income statement*

Lerneinheit 2: Ein- und Verkauf von Waren

liquide Mittel	*liquid funds*
Bestandskonto	*asset account*
Warenvorrat	*stock, inventory*
Umsatz	*sales revenues*
Inventur	*stock-taking*

Lerneinheit 3: Abschlussbuchungen

Rechnungsabgrenzung	*accrual*
Rücklagen	*reserves*
Rückstellung	*provision*
Buchwert	*carrying amount*

Lerneinheit 4: Bilanzen lesen

Betriebsergebnis	*Earnings before interest and taxes (EBIT), Operating result*
Ergebnis der gewöhnlichen Geschäftstätigkeit (EGT)	*result on ordinary activities*
Finanzerfolg	*financial result*

Ergebnis vor Steuern	*result before tax*
Ergebnis nach Steuern	*result after tax*
Auflösung von Rücklagen	*dissolving reserves*
Zuweisung zu Rücklagen	*set up reserves*
Jahresabschluss	*annual financial statement*
Zinsertrag	*interest earned*
Zinsaufwand	*interest expenses*
Kennzahlen	*ratios*
Liquidität	*liquidity*
Rentabilität	*profitability*
Vergleichswert	*reference value*
Soll-Wert	*target value*
Eigenkapitalquote	*equity ratio*
Liquidität 1. Grades	*cash ratio*
Liquidität 2. Grades	*quick ratio*
Liquidität 3. Grades	*current ratio*
Verschuldungsgrad	*debt ratio*
Eigenkapitalrentabilität	*return on equity*
Gesamtkapitalrentabilität	*return on investment (ROI)*

Kapitel 4: Kostenrechnung

Lerneinheit 1: Grundlagen der Kostenrechnung

Kostenartenrechnung	*cost element accounting*
Kostenstellenrechnung	*cost center accounting*
Kostenträgerrechnung	*cost unit accounting*
Kosten	*costs*
angefallene Kosten	*incurred costs*
innerbetriebliche Kosten	*internal costs*

Lerneinheit 2: Kostenartenrechnung

Betriebsüberleitung	*cost adaption*
kalkulatorische Kosten	*imputed costs/implicit costs*
Opportunitätskosten	*opportunity costs*
kalkulatorischer Unternehmerlohn	*imputed entrepreneur's salary*
kalkulatorische Zinsen	*imputed interests*
kalkulatorische Miete	*imputed costs for rent*
kalkulatorische Abschreibung	*imputed depreciation*
kalkulatorische Wagnisse	*imputed entrepreneur's risks*
Personalkosten	*personnel costs*
Lohnnebenkosten	*non wage labour costs*
Einzelkosten	*primary costs*
Gemeinkosten	*overhead costs*

Lerneinheit 3: Kalkulation in Handel und Dienstleistung

Kalkulationsverfahren	*calculation methods*
Divisionskalkulation	*process costing*
Selbstkosten	*cost of sales*

Gewinnaufschlag	*mark up/margin*
Nettoverkaufspreis	*net sales price*
Bruttoverkaufspreis	*gross sales price*
Rohaufschlag	*gross profit margin*
Handelsspanne	*trade margin*

Lerneinheit 4: Kostenstellenrechnung

Kostenstelle	*cost center*
Kosten, die einem Kostenträger direkt zuordenbar sind	*costs directly allocated to a cost unit*
Betriebsabrechnungsbogen	*cost distribution sheet*
Kostenverursachungsprinzip	*cost by cause principle*
Schlüsselgröße	*distribution key*
Zuschlagssatz	*overhead rate*
Fertigung	*production*
Verwaltung	*administration*
Vertrieb	*distribution*
Zuschlagskalkulation	*overhead calculation*

Lerneinheit 5: Teilkostenrechnung

Teilkostenrechnung	*direct cost accounting/ marginal costing*
variable Kosten	*variable costs*
betriebliche Kosten	*operating costs*
fixe Kosten	*fixed costs*
Fixkostendegression	*fixed cost degression*
Deckungsbeitrag	*contribution margin*
Deckungsbeitrag pro Stück	*contribution margin per unit*
Gewinnschwelle	*break even point*
Break-even-Analyse	*break even analysis*

Kapitel 5: Organisation

Lerneinheit 1: Grundbegriffe der Organisation

Aufbauorganisation	*structural organization*
Ablauforganisation	*process organization*
Organisationsgrad	*level of organization*

Lerneinheit 2: Die Aufbauorganisation

Organigramm	*organizational chart*
Abteilung	*department*
Bereich	*area*
Division	*division*
Ausführungsstelle	*executive unit*
Leitungsstelle	*management position*
Stabsstelle	*staff position/unit*
Stellenbeschreibung	*job description*
funktionale Gliederung	*functional oriented organization*
Spartenorganisation	*divisional organization*
Materialwirtschaft	*materials management*

Vertrieb, Versand	*distribution, shipping*
Einliniensystem	*single line system*
Stabliniensystem	*staff-line system*

Lerneinheit 3: Die Ablauforganisation

Arbeitsablauforganisation	*workflow organization*
Prozess	*process*
Regelungen	*regulation*
Flussdiagramm	*flow chart*
Beschaffungsprozess	*procurement process*
Anfrage	*inquiry*
Angebot	*offer*
Kundenauftrag	*customer order*
Arbeitsvorbereitung	*work preparation*
Produktionsplanung, Steuerung	*production, controlling*
Kommissionierung	*picking*
Verpackung	*packaging*
Faktura	*billing*
Versand	*shipping*
Zahlung	*payment*
Mahnung	*warning*
Arbeitsanweisung	*work instruction*

Kapitel 6: Mitarbeiterführung

Lerneinheit 1: Mitarbeiterführung und ihr Umfeld

Mitarbeiterführung	*leadership*
sozialer Status	*social status*
Betriebshierarchie	*company hierarchy*
Stellung	*position*
Führungskraft	*manager*
Sachbearbeiter	*administrator*
fachliche Tätigkeit	*professional activity*
Sanktionen	*sanctions*
Autorität	*authority*

Lerneinheit 2: Die Mitarbeiterinnen und Mitarbeiter

Leistungsangebot des Mitarbeiters	*performance of the employee*
Fertigkeit	*skill*
Ermüdung	*tiredness*
Unfallgefahr	*risk of accident*
Anreiz	*incentive*

Lerneinheit 3: Die Führungskraft

Macht	*might, power*
formelle Macht	*formal rule*
faktische Macht	*de facto control*
Wahrnehmungsfehler	*cognitive error*

Verhaltensweise	*behavior*
Vorurteil	*prejudice*
Führungsstil	*leadership style*
Anweisung	*instruction*
Befehl	*command*
Führungsinstrument	*management tool*
Werte	*values*
Leistungen	*performances*
Ergebnisse	*results*
Mitarbeitergespräch	*employee interview*
Gesprächseinstieg	*conversation starter*
Funktionsbeschreibung	*functional description*
gegenseitiges Feedback	*mutual feedback*
Zielvereinbarung	*agreement on objectives*
Ausnahmefall	*exception*
anvertrauen, übertragen	*delegate*
Anstrengung	*effort*

Kapitel 7: Marketing

Lerneinheit 1: Der Kunde ist König

Kundenbedürfnis	*customers' need*
Nachfrage	*demand*
Kundennutzen	*customer benefit*
primäre Marktforschung	*primary market research*
sekundäre Marktforschung	*secondary market research*

Lerneinheit 2: Marktanalyse

Markt	*market*
Marktsegmentierung	*market segmentation*
Zielgruppe	*target group*
Wettbewerb	*competition*
Marktformen	*market forms*
Monopol	*monopoly*
Preisspielraum	*scope of pricing*
Oligopol	*oligopoly*
Polypol (vollständige Konkurrenz)	*polypoly (perfect competition)*
Marktpotenzial	*market potential*
Marktvolumen	*market volume*
Marktanteil	*market share*
wachsende Märkte	*growing marktes*
gesättigte Märkte	*saturated marktes*
5-Kräfte-Modell	*five-forces model*
Bedrohung durch neue Konkurrenten	*threat of new entrants*
Verhandlungsmacht der Kunden	*bargaining power of customers*
Verhandlungsmacht der Lieferanten	*bargaining power of suppliers*
Bedrohung durch Konkurrenz in der Branche	*competition within a branch*
Bedrohung durch Ersatzprodukte	*threat of substitutes*

Einführung	introduction
Wachstumsphase	growth
Reifephase	maturity
Sättigungsphase	saturation
Rückgangsphase	decline
Kundentypen	types of customers

Lerneinheit 3: Marketing-Mix

Kernprodukt	core product
formales Produkt	actual product
erweitertes Produkt	augmented product
breites Sortiment	wide product range
tiefes Sortiment	deep product range
kostenorientierte Preisbildung	cost based pricing
nachfrageorientierte Preisbildung	market oriented pricing
konkurrenzorientierte Preisbildung	competition-based pricing
Vertriebspolitik	distribution policy
direkter Vertrieb	direct distribution
indirekter Vertrieb	indirect distribution
Einzelhändler	retailer
Großhändler	wholesaler
indirekter Vertrieb	indirect distribution
Verkaufsförderung	sales promotion
persönlicher Verkauf	personal selling

Kapitel 8: Unternehmensgründung

Lerneinheit 1: Die Geschäftsidee

Unternehmensgründung	company founding
Geschäftsidee	business idea
Innovation	innovation
Kreativitätstechnik	creativity technology
sechs Denkhüte	six thinking hats
eine Idee übernehmen	to take over a business idea
Betriebsübernahme	acquisition
Alleinstellungsmerkmal	unique selling proposition
Kundennutzen	customer benefit
Geschäftsmodell	business model

Lerneinheit 2: Die Planung der Gründung

Förderinstitut	fundraising institution
Aufbau des Businessplans	structure of a business plan
kritische Erfolgsfaktoren	critical success factors
Produkt	product
Dienstleistung	service
Markt und Wettbewerb	market and competition
Firmenname	firm
Standort	location

Produktionsunternehmen	production company
Handelsunternehmen	trading company
Umweltschutzauflagen	environmental regulations
Verkehrslage	traffic situation
Arbeitskräfte	workforce
Kaufkraft	purchasing power
Kaufgewohnheit	buying habit
Rohstoff	raw material
Grundstückskosten	land costs
Unternehmensgegenstand	line of business
Sozialversicherungsbeitrag	social contribution
Steuern	taxes
Eigenkapitalfinanzierung	equity financing
Fremdkapitalfinanzierung	debt financing
Gründungskosten	founding costs
Mindestumsatz	minimum sales/minimum turnover
Meilensteine	yard sticks
Anhang	appendix

Lerneinheit 3: Die Gründung

Gewerbeberechtigung	trade licence
freies Gewerbe	free trade
reglementiertes Gewerbe	licenced trade
Befähigungsnachweis	certificate of competence
Betriebsanlage	business premise
Rechtsformen	legal forms of business organisation
Einzelunternehmen	sole proprietorship
persönliche, unbeschränkte Haftung	personal unlimited liability
Personengesellschaften	partnerships
Offene Gesellschaft (OG)	general partnership
Kommanditgesellschaft (KG)	limited partnership
Einzelvertretung	sole representation
solidarische Haftung	joint and several liability
Gesellschaftsvertrag	partnership agreement
Gesellschaft mit beschränkter Haftung (GmbH)	limited liability company (ltd)
Aktiengesellschaft (AG)	public limited company (plc)
Stammkapital	nominal capital
Behördenwege	official channels
Behörden	authorities
Gründungskosten	founding costs
Wirtschaftskammer	chamber of commerce
Firmenbucheintrag	entry in the commercial register
Grundbucheintrag	entry in the land register
Gewerbeanmeldung	trade registration
gewerberechtlicher Geschäftsführer	managing director
Notar	notary
Finanzamt	tax office

Firmenbuch	*commercial register*
Firmenbuchnummer	*commercial register number*
Prokurist	*power of attorney*

Lerneinheit 4: Umsetzung des Unternehmenskonzepts

Erfolgsfaktoren	*success factors*
Gründerzentrum	*start-up centre*

Kapitel 9: Finanzierung

Lerneinheit 1: Das Finanzwesen

Finanzwesen, Finanzwirtschaft	*finance*
Finanzierung	*financing*
Investition	*investment*
Eigenkapital	*equity capital*
Fremdkapital	*borrowed capital*
Innenfinanzierung	*internal finance*
Außenfinanzierung	*external finance*
Verzinsung	*interest*
Zinseszins	*compound interest*
Finanzplanung	*financial planning*
Einzahlungen	*cash receipts*
Auszahlungen	*cash payments*
Lager	*storage*
Produktion	*production*
Personal	*human resources*
Beschaffung	*purchasing*
Investition	*investment*
Kosten	*costs*
Absatz	*sales*
Umsatz	*revenue*
regeln, steuern, beeinflussen	*to control*
Soll-Ist-Vergleich	*target-performance comparison*
Warenlieferung	*delivery of goods*
Bankverbindlichkeiten	*bank liabilities*

Lerneinheit 2: Kapitalbeschaffung

Kapitalbeschaffung	*capital funding*
Lieferantenkredit	*supplier credit*
Skonto	*cash discount*
Bankkredit	*bank loan*
Bonitätswürdigkeit	*creditworthiness*
Sicherheiten	*collaterals*
Pfand	*deposit*
Hypothek	*mortgage*
Kreditrückzahlung	*loan repayment*
Festkredit	*fixed rate credit*
fixe/variable Verzinsung	*fixed/variable interest rate*

| Marktzinsen | *market interest* |
| Effektivzinssatz | *effective interest rate* |

Lerneinheit 3: Geldveranlagung

Geldveranlagung	*financial investment*
Sparbuch	*savings book*
Kapitalsparen	*capital savings*
Bausparen	*building societies*
Kapitalmarkt	*capital market*
Anleihe	*bond*
Aktie	*share, stock*
Aktionär	*shareholder*
Dividendenrendite	*dividend yield*
Gewinn je Aktie	*earnings per share*

Lerneinheit 4: Sonderformen der Finanzierung

Leasingnehmer	*lessee*
Leasinggeber	*lessor*
Leasingrate	*lease rate*
Schwarmfinanzierung	*crowdfunding*

Kapitel 10: Personalverrechnung

Lerneinheit 1: Abrechnung von Löhnen und Gehältern

Lohn	*wage*
Gehalt	*salary*
Arbeiter	*worker*
Angestellte/r	*employee*
Lehrling	*apprentice*
Lohnverrechnung	*wage-tax calculation*
Bruttogehalt, Bruttolohn	*gross salary/gross pay*
leistungsabhängige Lohnformen	*incentive wages*
Überstundenentgelt	*overtime charges*
Sozialversicherung	*social security*
Krankenversicherung	*health insurance*
Pensionsversicherung	*pension insurance*
Unfallversicherung	*accident insurance*
Arbeitslosenversicherung	*unemployment insurance*
Sozialversicherungsbeitrag	*social security contribution*
Beitragsgrundlage für die gesetzliche Sozialversicherung	*basis for mandatory social security contribution*
Bemessungsgrundlage für die Lohnsteuer	*basis for assessing wages tax*
Zulagen	*supplements*
Personalnebenkosten	*non wage labour costs*
Kommunalsteuer	*municipal tax*

Bildnachweis

Umschlagbild: © Cara-Foto – stock.adobe.com

S. VIII: mihaiulia / Shutterstock.com; SFIO CRACHO / shutterstock.com; S. IX: Rawpixel.com / shutterstock.com, sondem / shutterstock.com; S. X: Xaver Hiebner/Freiwillige Feuerwehr Neulengbach-Stadt; fizkes / shutterstock.com; S. XI: Jacob Lund / shutterstock.com; Anexia; S. XII: RUDI SCHNEEBERGER; www.lukasilgner.at; S. 1: mihaiulia / Shutterstock.com; S. 2: Radovan1 / shutterstock.com; H_Ko / shutterstock.com; ParabolStudio / shutterstock.com; S. 5: dreamstale / shutterstock.com; Babiina / shutterstock.com; S. 6: SeventyFour / shutterstock.com; Friends Stock / shutterstock.com; S. 7: MOLPIX / shutterstock.com; Andrey_Popov / shutterstock.com; S. 11: Everett Historical / shutterstock.com; S. 15: SFIO CRACHO / shutterstock.com; S. 16: alterfalter / shutterstock.com; RossHelen / shutterstock.com; S. 17: GaudiLab / shutterstock.com; S. 18: Moobin / shutterstock.com; S. 19: Stephan Huger Studio; S. 21: GaudiLab / shutterstock.com; S. 22: Stokkete / shutterstock.com; S. 25: Yulia Grigoryeva / shutterstock.com; S. 26: New Africa / shutterstock.com; Gorodenkoff / shutterstock.com ; David Spates / shutterstock.com; S. 27: fizkes / shutterstock.com; S. 28: REDPIXEL.PL / shutterstock.com; S. 29: mayday6510 / shutterstock.com; S. 30: emirhankaramuk / Shutterstock.com; S. 31: NavinTar / shutterstock.com; S. 32: Canetti / shutterstock.com; S. 34: leawtogoblack / shutterstock.com; S. 35: nexusby / shutterstock.com; Leremy, Andics / shutterstock.com; S. 37: mavo / shutterstock.com; S. 38: GaudiLab / shutterstock.com; S. 39: fizkes / shutterstock.com; S. 40: Rawpixel.com / shutterstock.com; S. 43: kurhan / shutterstock.com; S. 44: goodluz / shutterstock.com; smereka / Shutterstock.com; S. 45: Golubovy / shutterstock.com; S. 49: Rawpixel.com / shutterstock.com; S. 50: sianstock / shutterstock.com; Ölmühle Fandler; S. 55: Rawpixel.com / shutterstock.com; S. 56: Tobias Arhelger / Shutterstock.com; S. 61: © PÖTTINGER Landtechnik GmbH; S. 66: Scharfsinn / shutterstock.com; panuwat phimpha / shutterstock.com; S. 67: zhu difeng / shutterstock.com; S. 70: Fusionstudio / shutterstock.com; S. 71: hacohob / shutterstock.com; S. 72: pikselstock / shutterstock.com; S. 75: Ian Winslow / shutterstock.com; S. 77: Halfpoint / shutterstock.com; S. 80: Flughafen Wien; S. 86: FeelGoodLuck / shutterstock.com; LightField Studios / shutterstock.com; S. 88: LightField Studios / shutterstock.com; aoy2518 / shutterstock.com; S. 90: Karl Allen Lugmayer / Shutterstock.com; S. 101: sondem / shutterstock.com; S. 102: Oliver Foerstner / Shutterstock.com; S. 103: HYS_NP / Shutterstock.com; S. 106: kwanisik / shutterstock.com; Air Images / shutterstock.com; Andrey Armyagov / shutterstock.com; S. 109: Iam_Anupong / shutterstock.com; S. 110: Syda Productions / shutterstock.com; S. 111: Lisa-S / shutterstock.com; S. 113: ER_09 / shutterstock.com; Jag_cz / shutterstock.com; S. 115: Lineas_1703 / shutterstock.com; S. 116: Standret / shutterstock.com; Kzenon / shutterstock.com; S. 117: welcomia / shutterstock.com; S. 122: Siwakorn1933 / shutterstock.com; S. 123: SeventyFour / shutterstock.com; S. 124: Africa Studio / shutterstock.com; S. 126: Kzenon / shutterstock.com; S. 128: Dmitry Kalinovsky / shutterstock.com; mk Austria; S. 131: THINK A / shutterstock.com; S. 135: sylv1rob1 / shutterstock.com; S. 138: Friends Stock / shutterstock.com; S. 139: Florian Stuerzenbaum; S. 140: Arsenie Krasnevsky / Shutterstock.com; encierro / shutterstock.com; Bikeworldtravel / Shutterstock.com; S. 142: Nordroden / shutterstock.com; S. 144: Kai R Joachim; S. 146: Blum; S. 147: Brevillier; S. 148: Kzenon / shutterstock.com; S. 149: Christian Dusek; Uwe Strasser; S. 150: Pamalux; S. 152: Doppelmayr; S. 153: ENGEL; S. 159: Xaver Hiebner/Freiwillige Feuerwehr Neulengbach-Stadt; S. 160: ÖRK / Rotes Kreuz Burgenland / Daniel Neubauer; voestalpine; jorisvo / shutterstock.com; S. 162: Hofer; S. 163: Martin Eder; bibiphoto / Shutterstock.com; ; voestalpine; S. 174: DS AUTOMOTION GmbH, Foto Fleischmann; KTM; S. 175: G-Stock Studio / shutterstock.com; S. 181: fizkes / shutterstock.com; S. 182: seeshooteatrepeat / Shutterstock.com; S. 183: Wikimedia.org; S. 185: andersphoto / Shutterstock.com; emirhankaramuk / Shutterstock.com; S. 186: Monkey Business Images / shutterstock.com; H_Ko / shutterstock.com; S. 187: Vizilla / shutterstock.com; S. 189: FACC_Bartsch; S. 190: industryviews / shutterstock.com; S. 191: B Brown / Shutterstock.com; fizkes / shutterstock.com; S. 192: Wikimedia.org; S. 193: Wikimedia.org; S. 195: Sonnentor; Sonnentor/Markus Haffert; fizkes / shutterstock.com; S. 196: Wikimedia.org; S. 197: fizkes / shutterstock.com; S. 198: stockfour / shutterstock.com; S. 200: Wikimedia.org; Monkey Business Images / shutterstock.com; S. 203: fizkes / shutterstock.com; S. 204: Monster Ztudio / shutterstock.com; S. 209: Jacob Lund / shutterstock.com; S. 210: Texlock; RossHelen / shutterstock.com; S. 211: DavideAngelini / shutterstock.com; Jacob Lund / shutterstock.com; S. 212: Excellence Summit; S. 214: Semperit Reifen Ges.m.b.H.; S. 215: creativemarc / shutterstock.com; S. 218: ORF/Ramstorfer; S. 219: HstrongART / shutterstock.com; Photology1971 / Shutterstock.com; S. 220: moreimages / shutterstock.com; S. 221: Vector FX / shutterstock.com; Pensiri / shutterstock.com; Leremy / shutterstock.com; Wikimedia.org; S. 224: mariakray / Shutterstock.com; S. 226: Österreichisches Patentamt; S. 227: Tobias Arhelger / Shutterstock.com; Nastya Sokolova / Shutterstock.com; Wikimedia.org; S. 229: Lucky Business / shutterstock.com; S. 232: jessica.kirsh / Shutterstock.comS. 233: Luciano Mortula - LGM / shutterstock.com; S. 235: Rudiecast / shutterstock.com; S. 237: North Monaco / Shutterstock.com ; andersphoto / Shutterstock.com; S. 238: Billa; S. 239: fizkes / shutterstock.com; S. 240: Unverschwendet; S. 241: dennizn / Shutterstock.com; S. 242: Vytautas Kielaitis / Shutterstock.com; Bernhard Eder; S. 249: Anexia; S. 250: PULS 4/Gerry Frank Photography; S. 251: Vizilla / shutterstock.com; Österreichisches Patentamt; S. 253: Wiktoria Matynia / shutterstock.com; S. 254Tupungato / Shutterstock.com; Tupungato / Shutterstock.com; S. 255: Wikimedia.org; S. 256: Monkey Business Images / shutterstock.com; S. 257: Grzegorz Czapski / Shutterstock.com; S. 259: Jacob Lund / shutterstock; S. 261: G-Stock Studio / shutterstock.com; S. 263: TZIDO SUN / shutterstock.com; S. 264: Andrey_Popov / shutterstock.com ; S. 267: Foto Weinwurm; Foto Weinwurm; S. 268: Monkey Business Images / shutterstock.com; S. 270: MANZ'sche Verlags- und Universitätsbuchhandlung; S. 271: dotshock / shutterstock.com; S. 273: karnavalfoto / shutterstock.com; S. 274: JIL Photo / shutterstock.com; S. 277: Robo Wunderkind; S. S. 279: Drazen Zigic / shutterstock.com; S. 285: RUDI SCHNEEBERGER; www.lukasilgner.at; S. 286: vladm / shutterstock.com; Vera Larina / shutterstock.com; NicoElNino / shutterstock.com; S. 288: MANZ Verlag Schulbuch; S. 289: MANZ Verlag Schulbuch; S. 291: Aytug askin / shutterstock.com; S. 292: GaudiLab / shutterstock.com; S. 295: @MCAMPELLI; S. 296: Tom Kirkpatrick ; BMW AG; S. 297: Robert Cescutti; S. 298: Eakrin Rasadonyindee / shutterstock.com; S. 299: Siwakorn1933 / shutterstock.com; S. 300: Imagesine / shutterstock.com; S. 301: ASDF_MEDIA / shutterstock.com; S. 302: Daniel J. Macy / Shutterstock.com; S. 303: Leremy / shutterstock.com; Liderina / shutterstock.com; S. 304: Rudmer Zwerver / shutterstock.com; S. 305: Branislav Nenin / shutterstock.com; S. 307: ESB Professional / shutterstock.com; S. 308: LStock-

Platz zum Schreiben